常熟年鉴

2024

CHANGSHU YEARBOOK

常熟市地方志编纂委员会办公室　编

方志出版社
Publishing House of Local Records

图书在版编目（CIP）数据

常熟年鉴. 2024 / 常熟市地方志编纂委员会办公室编. -- 北京 : 方志出版社, 2024. 10. -- ISBN 978-7-5144-6378-1

Ⅰ. Z525.33

中国国家版本馆 CIP 数据核字第 2024CU2518 号

责任编辑：丛珺
责任校对：张玉霞
责任印制：梅中英
出 版 者：方志出版社
地　　址：北京市朝阳区潘家园东里 9 号（国家方志馆 4 层）
邮　　编：100021
网　　址：http://www.zgfzcb.cn
发　　行：方志出版社图书营销中心（010-67110500）
印　　刷：南京凯德印刷有限公司
开　　本：889 毫米×1194 毫米　1/16
印　　张：25.75
字　　数：945 千字
版　　次：2024 年 10 月第 1 版
印　　次：2024 年 10 月第 1 次印刷
定　　价：258.00 元

《常熟年鉴（2024）》编辑部

常熟撤县设市40年

◆ 1983年1月18日，国务院决定撤销常熟县建制，以常熟全境设立常熟市（县级），归苏州市管理。常熟成为改革开放后获批的全国首批、全省首个县级市，揭开历史的崭新一页。40年栉风沐雨，40年奋进超越，40年不忘初心共谱福地华章。在历届市委、市政府的领导下，在全市人民的共同努力下，常熟将山水城人的千年积淀，化作综合实力的持续跃升、“四千四万”的改革争先、绿色发展的融合共享、文明幸福的民生百态。

1983年1月18日，国务院决定撤销常熟县，设立常熟市。常熟成为全国首批、全省首个县级市。图为撤县设市之初，常熟市委、市政府办公场所
（市档案馆 提供）

20世纪80年代“碧溪之路”成为“苏南模式”的典型范例。图为1984年，碧溪社办工厂职工骑着自行车下班
（碧溪街道 提供）

1984年，常熟启动“退田还湖”，恢复尚湖生态平衡和山水景观。图为1985年尚湖退田还湖放水典礼

（市融媒体中心 提供）

尚湖退田还湖前 （20世纪80年代初摄 市档案馆提供）

尚湖退田还湖后 （20世纪80年代末摄 市档案馆提供）

1985年年初，琴南乡建办商品交易市场——常熟招商场；1992年6月，常熟市人民政府在招商场的基础上建办常熟招商城，后更名为常熟服装城。图为1985年拍摄的常熟招商场

（市档案馆 提供）

常熟服装城世界服装中心外景

（2023年摄 莫城街道提供）

1986年国家推动“一五”普法，到2021年，常熟连续7次获评“全国法治宣传教育先进县（市）”。图为2021年12月15日，常熟市“七五”普法成果展启动仪式　（市司法局 提供）

1986年12月，常熟被国务院列入第二批国家历史文化名城。图为2023年古城风貌　（虞山街道 提供）

1992年8月6日，常熟市经济技术开发区管理委员会成立　　（市地方志办 提供）

2021年，常熟经济技术开发区一隅　　（常熟经开区 提供）

1993年7月，常熟市港口筹建处成立；1996年11月16日，国家一类口岸常熟港正式对外开放。图为1996年常熟港首航仪式

（市融媒体中心 提供）

2020年，常熟港俯瞰 （市地方志办 提供）

1992年5月，全国县级综合改革经验交流会在常熟召开；1995年2月，常熟被确定为全国县级综合改革试点市
（市档案馆 提供）

2002年，常熟东南开发区成立，后更名为江苏省常熟东南经济开发区；2015年9月，经国务院批准升级为国家级，定名为常熟高新技术产业开发区。图为2020年，常熟高新技术产业开发区景观
（钱 伟 摄）

1999年9月，常熟正式创建成为“国家卫生城市”。图为2009年拍摄的珠江路街景　　（市融媒体中心　提供）

2004年，常熟“亮山工程”竣工开放，虞山实现亮山透绿，虞山公园成为常熟最大开放式公园。图为2021年虞山公园映山湖

（市融媒体中心 提供）

2007年8月，江苏通润装备科技股份有限公司成功登陆深圳证券交易所，是常熟首家在国内上市的企业。图为江苏通润装备科技股份有限公司智能生产线　（市融媒体中心 提供）

2007年6月，常熟市被建设部确定为“国家生态园林城市试点城市”。图为环城河绿带　（市融媒体中心 提供）

2008年6月，连接常熟和南通的苏通长江大桥全线通车　（市融媒体中心 提供）

2009年12月，常熟大学科技园通过省级验收；2010年10月21日，被科技部、教育部批准为国家级大学科技园。图为常熟国家大学科技园　（市融媒体中心 提供）

2013年4月11日，常熟沙家浜·虞山尚湖旅游区被正式批准为国家AAAAA级旅游景区。图为沙家浜景区
（钱　伟　摄）

2014年3月29日，世界联合学院（UWC）中国常熟分校举行奠基仪式，成为世界联合学院在中国内地设立的唯一分校 （市融媒体中心 提供）

2015年，农村生活污水治理“常熟模式”在全国推广。图为2015年11月25日，国家和省级媒体采访团到常熟参观采访 （市融媒体中心 提供）

2017年11月14日，常熟首获“全国文明城市”称号；2020年11月，成功摘下全国文明城市“两连冠”。图为志愿者上街宣传
（市委宣传部 提供）

2018年，琴湖片区开发建设启动，打造常熟“城市会客厅”。图为2022年琴湖夜景
（琴川街道 提供）

2019年，依托常熟服装城国家市场采购贸易方式试点，“市采通”跨境贸易平台应运而生。图为2022年，商家在服装城开展直播

（莫城街道 提供）

2020年，常熟实现两个养老服务全覆盖，创成省级居家和社区养老服务创新示范市。图为2018年10月17日，常熟市首批公办养老机构社会化运行开业仪式

（市融媒体中心 提供）

2020年，常熟全面启动实施“千村美居”工程，全面整治乡村风貌。图为莫城街道和甸村毛家廊　　（莫城街道 提供）

2020年7月1日，沪苏通铁路全线通车，常熟站同步启用，常熟正式进入“高铁时代”（市融媒体中心 提供）

2020年8月，常熟获评国际化营商环境建设示范县（市、区）。图为2020年7月举行的常熟市服务民企360圆桌会议
（市工商联 提供）

2020年11月30日，苏州 · 中国声谷全球推介会在常熟经济技术开发区举行，拉开常熟声学产业发展帷幕
（常熟经开区 提供）

特色田园乡村建设

◆ 自2018年起，常熟市结合省、市工作部署和文件精神，出台实施方案启动特色田园乡村建设。通过科学规划设计、培育发展产业、改善人居环境、彰显文化特色，建设立足乡土社会、富有地域特色、承载田园乡愁、体现现代文明的特色田园乡村，打造特色产业、特色生态、特色文化，塑造田园风光、田园建筑、田园生活，建设美丽乡村、宜居乡村、活力乡村。至2023年年末，全市累计创建江苏省特色田园乡村14个、苏州市特色精品乡村22个。

古里镇坞坵村陈家湾　　（2023年摄　古里镇提供）

支塘镇蒋巷村蒋巷　（2023年摄　市农业农村局提供）

董浜镇观智村天主堂　（2023年摄　市农业农村局提供）

海虞镇铜官山村上山巷　　（2023年摄 市农业农村局提供）

海虞镇福山村寺前　　（2023年摄 市农业农村局提供）

虞山林场三峰管理区张鸟园 （2023年摄 市农业农村局提供）

常福街道中泾村汤巷　　（2023年摄　市农业农村局提供）

沙家浜镇芦荡村章基　　（2023年摄　市农业农村局提供）

常福街道福圩村沉海圩　　（2023年摄　常福街道提供）

董浜镇智林村钟家巷　　（2023年摄 市农业农村局提供）

常福街道小义村归城
（2023年摄 常福街道提供）

碧溪街道李袁村费巷　　（2023年摄 市住房城乡建设局提供）

虞山街道大湖甸村钱家村　　（2023年 王　健 摄）

常福街道明晶村韩家桥 （2023年摄 市住房城乡建设局提供）

城市荣誉 2023

◎ 全国综合实力百强县第 4 名

◎ 全国绿色发展百强县第 2 名

◎ 全国新型城镇化质量百强县市第 2 名

◎ 全国科技创新百强县第 3 名

◎ 中国县域高质量发展百强县第 3 名

◎ 中国县域投资竞争力百强县第 2 名

常熟高新区夜景

◎ 全国县域经济基本竞争力百强县第 3 名

◎ 全国县域旅游综合实力百强县第 2 名

◎ 2023 年消费品工业“三品”战略示范城市

◎ 国家知识产权强县建设示范县

◎ 全国平安渔业示范县

◎ 全国县域商业“领跑县”

（钱 伟 摄）

数字常熟 2023

地区生产总值

单位：亿元

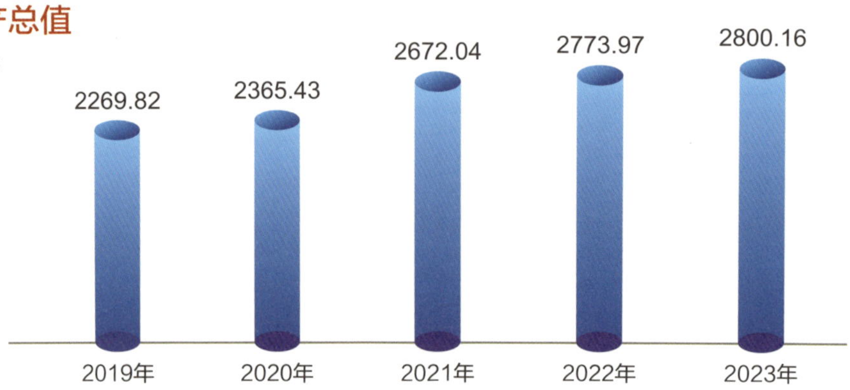

一般公共预算收入

单位：亿元

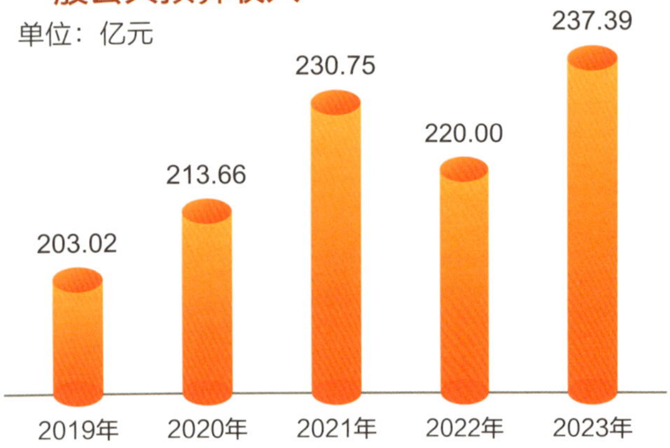

规模以上工业总产值

单位：亿元

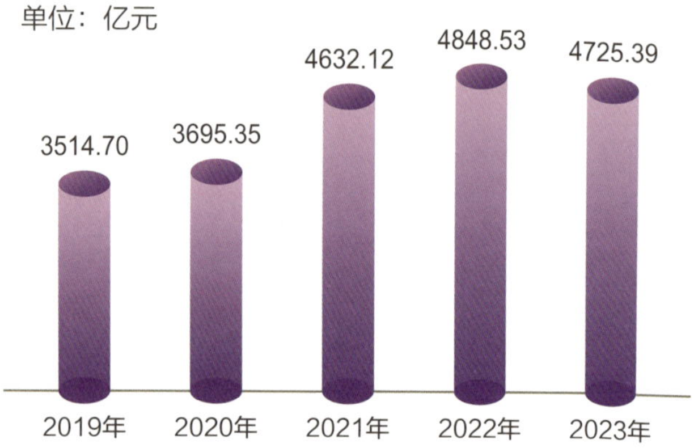

固定资产投资

单位：亿元

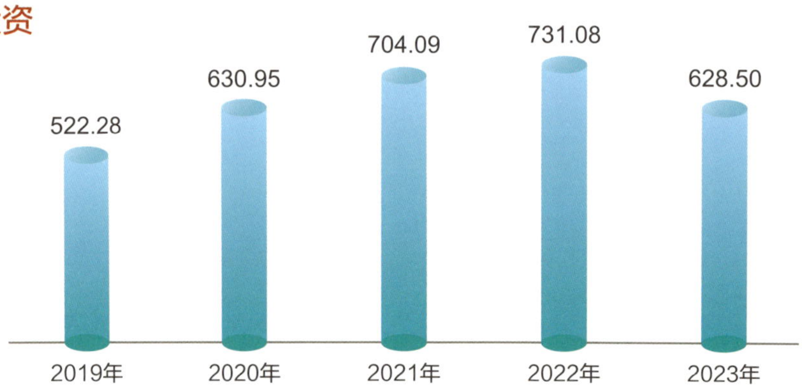

社会消费品零售总额

单位：亿元

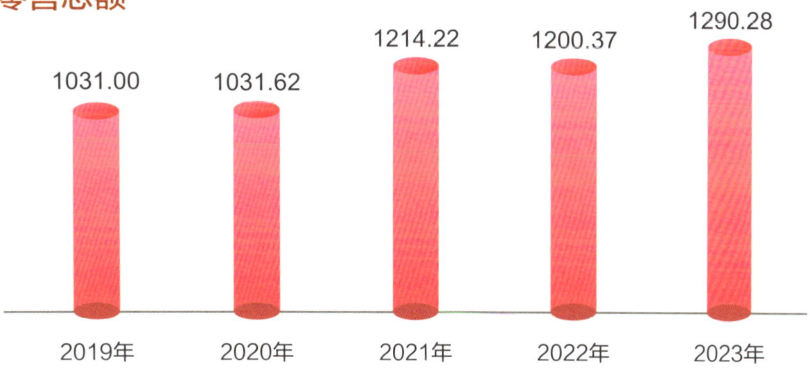

金融机构人民币存款余额

单位：亿元

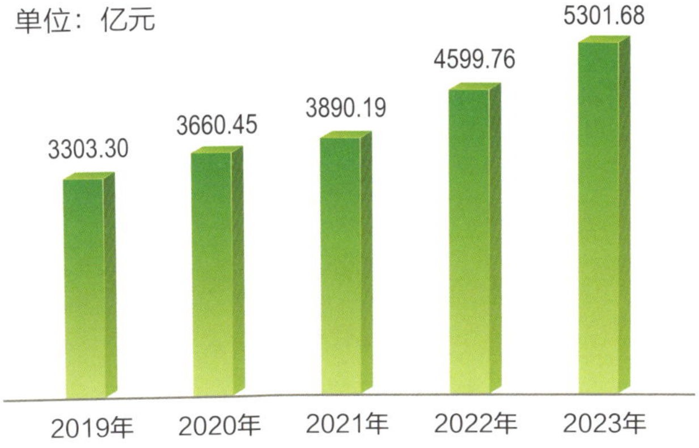

金融机构人民币贷款余额

单位：亿元

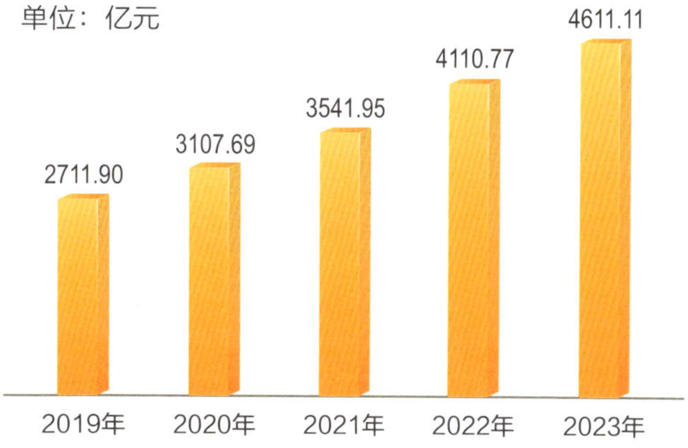

城乡居民人均可支配收入与城乡居民人均生活消费支出

单位：元

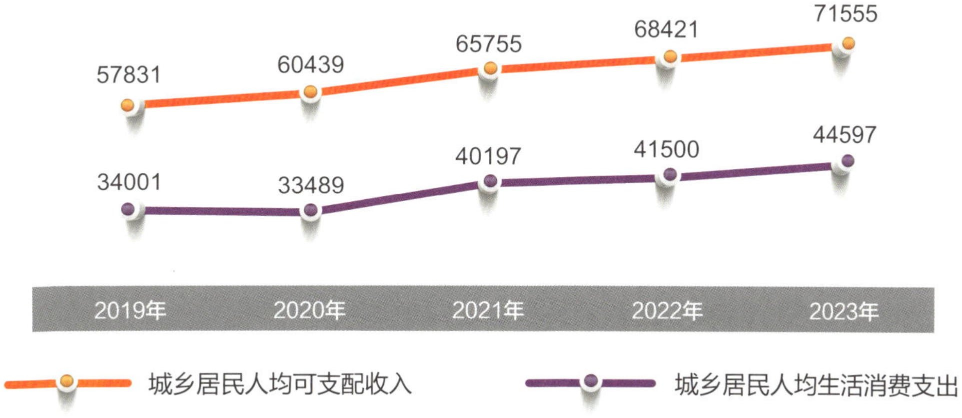

编辑说明

一、《常熟年鉴》是由常熟市地方志编纂委员会办公室承编的年度资料性文献，1996年首次出版，每年公开出版1卷，本卷为第29卷。

二、《常熟年鉴（2024）》以马克思列宁主义、毛泽东思想、邓小平理论、“三个代表”重要思想、科学发展观、习近平新时代中国特色社会主义思想为指导，坚持辩证唯物主义和历史唯物主义的立场、观点和方法，系统记述2023年常熟市自然、政治、经济、文化、社会和生态建设情况，旨在为社会各界和海内外人士了解常熟提供基本信息、为宣传常熟提供基本资料、为研究常熟提供基本素材。

三、本卷年鉴记述起讫时间原则上为2023年1月1日至2023年12月31日。为保持内容完整性、连续性，部分图文资料上溯或下延。

四、本卷年鉴依据本行政区域经济社会发展特点，参照有关分类标准，采用分类编排法，设类目、分目、条目3个层次，条目为记述的基本层次，条目标题加【 】标识。

五、卷首设常熟撤县设市40年、特色田园乡村建设图片专题。专记刊登“常熟市学习贯彻习近平新时代中国特色社会主义思想主题教育纪实”“常熟高新技术产业开发区成立20周年纪实”。全卷设专记、大事记、市情概览、中国共产党常熟市委员会、常熟市人民代表大会、常熟市人民政府、中国人民政治协商会议常熟市委员会、中共常熟市纪律检查委员会 常熟市监察委员会、民主党派・工商联、群众团体、法治、军事、经济管理、开发园区、开放型经济、区域发展与合作、数字经济、农业、工业、建筑业、商贸服务业、常熟服装城、房地产业、旅游业、金融业、历史文化名城与保护、城市建设与管理、乡村振兴、交通运输、生态建设、苏州・中国声谷、科学技术、教育、文化、卫生健康、体育、收入与分配、社会事务、公共安全、镇・街道、人物・荣誉、附录42个类目。与2023卷年鉴相比，2024卷年鉴新增数字经济、苏州・中国声谷类目。取消信息服务业、人力资源类目，相应内容移入数字经济、中国共产党常熟市委员会、常熟市人民政府类目；区域合作改为区域发展与合作，交通・水利改为交通运输，原水利内容移入城市建设与管理类目。全书设分目267个，收入条目1357条、随文图照124张、表格108张。

六、本卷年鉴数字用法、标点符号用法分别采用国家标准《出版物上数字用法》（GB/T 15835—2011）、《标点符号用法》（GB/T 15834—2011），计量单位采用国家技术监督局1993年12月发布的《量和单位》系列国家标准。一次文献中数字、计量单位等保持原貌。“大事记”中“同日”用“△”表示。

七、本卷年鉴中的全市综合性统计资料，由市统计局提供。由于统计来源、口径、方法和时间不一，个别条目释文数据和统计资料会有出入，以统计局公布的数据为准。部分数据因四舍五入等原因，总计与分项之间存在合理范围内误差。

八、本卷年鉴稿件资料由全市各有关部门、单位和镇、街道专人撰写，并经各单位负责人审阅。条目署撰稿人及协作者名字，多个连续条目供稿相同者，仅在末尾署名。为全面反映相关领域的发展情况，《常熟年鉴》编辑部采编和补充了部分内容，并以“年鉴编辑部”署名。

九、本卷年鉴的检索方法有目录和索引2种。目录在卷首，编排至条目；索引在卷末，设主题索引、表格索引和随文图片索引3种。

目 录

专 记

大 事 记

市情概览

中国共产党常熟市委员会

常熟市人民代表大会

常熟市人民政府

中国人民政治协商会议常熟市委员会

中共常熟市纪律检查委员会 常熟市监察委员会

民主党派·工商联

群众团体

法　　治

军　事

经济管理

开发园区

开放型经济

区域发展与合作

数字经济

农　业

工　业

建筑业

商贸服务业

常熟服装城

房地产业

旅 游 业

金 融 业

历史文化名城与保护

城市建设与管理

乡村振兴

交通运输

生态建设

苏州·中国声谷

科学技术

教　育

文　化

卫生健康

体 育

收入与分配

社会事务

公共安全

镇·街道

人物·荣誉

附　　录

索　　引

保持信心定力 矢志接续奋斗 以主题教育新成效推进中国式现代化常熟新实践

——常熟市学习贯彻习近平新时代中国特色社会主义思想主题教育纪实

根据党中央关于开展第二批学习贯彻习近平新时代中国特色社会主义思想主题教育部署要求，2023年9月至2024年1月，常熟市委在党中央、省委和苏州市委的坚强领导下，牢牢把握习近平总书记“五个更加注重”“三个实实在在”等重大要求，把学习贯彻习近平新时代中国特色社会主义思想作为首要政治任务，高质高效推进理论学习、调查研究、推动发展、检视整改、建章立制等重点工作，带动全市5000余个基层党组织、7万余名党员上下一心、真抓实干、奋发进取，不断把主题教育成效转化为中国式现代化常熟新实践的实绩。

推动主题教育在基层落地生根

（一）坚持一级带着一级抓，在统筹推进中凝共识强实效

常熟市把握主题教育总要求，系统推动以学铸魂、以学增智、以学正风、以学促干有机融合，既抓县处级以上领导班子和领导干部示范引领，又抓基层党组织和党员全面覆盖，确保各项任务有力有序开展。

*一是层层传导压实责任。*制定市委书记、党委（党组）书记、基层党组织书记三级书记任务清单。市委书记定期进行专题调度、每月召开领导小组会议，带头推动县处级以上领导干部高质量开展主题教育。分领域召开主题教育座谈会、推进会、汇报会4场，督促各党委（党组）书记“第一责任人”职责、领导班子成员“一岗双责”落实落细。全市83家参加单位书记召开下属单位推进会和现场辅导300余场，走访下属党组织近1200家，指导党支部书记贯彻落实重点任务。推动律师行业、社会组织等党组织书记结合工作特点抓好融合推进，组织货运、网约车、外卖、直播等行业党委书记加强与属地板块联学联建联动。

*二是步步深入精准施策。*在市级实施方案基础上，推出市级机关、镇（街道）2类工作方案示例，村、社区、企业3类工作计划示例，形成“1+2+3”各领域指导体系。同步制定下发处级党员领导干部、科级党员领导干部、普通党员三张任务清单。加强过程性指引，针对关键节点、重点任务印发处级领导干部、基层党组织工作提示100余项。择优确定主题教育各领域现场观摩点21个、典型培育对象14个。常态化进行主题教育宣传纪律提示提

10月29日，常熟市委理论学习中心组召开学习贯彻习近平新时代中国特色社会主义思想主题教育专题学习会 （市委组织部 提供）

醒，分领域编发本级简报20期，刊发各类报道近200篇，《人民日报》等上级媒体和简报录用常熟相关做法30余则。梳理汇编各党委（党组）特色做法107则、成果转化典型案例18个。

三是环环相扣扎实推进。主题教育办每周召开工作组例会集体研究、复盘剖析。建立“一问两听三必清”工作推进机制，依托1张调查提纲，常态化对下开展模拟推演督导调研，访谈听取书记和党员2类对象意见，共通过电话抽查、实地走访、专题座谈等方式督导基层党组织191家，全覆盖走访民生窗口、学校、医院，推动实现党组织重点任务清、书记工作目标清、党员具体内容清。实施“三把关双统筹一调阅”内控制度，开展前预先把关各层级“学—干—改”三项工作计划清单，过程中实时统筹领导干部和基层组织落实进度，完成后及时调阅记录、审核质量，相关做法先后被《新华日报》、中国江苏网等刊载推介。

（二）坚持一级带着一级学，在上下贯通中夯根基铸信念

常熟市坚持把“学思想”作为首要任务贯穿始终，切实用习近平新时代中国特色社会主义思想统一思想、统一意志、统一行动，推动“牢记嘱托、感恩奋进、走在前列”成为全市党员干部的普遍自觉和共同行动。

一是重点示范引领学。深化“三带三入”（带着嘱托学、带着感情学、带着责任学，推动习近平新时代中国特色社会主义思想真正入脑、入心、入行）大学习要求，县处级以上领导干部结合分工，清单化制定个人理论学习计划。办好读书班，党政班子全员对照习近平总书记对江苏、苏州工作重要讲话重要指示精神，围绕补短锻长、改进工作深入交流研讨。落实“第一议题”制度，市委常委会围绕坚持和加强党的全面领导、树立和践行正确政绩观、推动经济高质量发展等专题开展理论学习中心组研讨交流5次。完成专题党课、“牢记嘱托、感恩奋进、走在前列”大讨论等重点任务。

二是长效常态深入学。制定机关党组织“三转三服务”（转学风、转理念、转作风，服务经济发展、服务基层治理、服务人民群众）深化提升行动，推出“4个1”长效学习机制，即每年1份学习计划、每季1次学习讲堂、每月1次交流研讨、每周1次集中学习。各党委（党组）召开理论学习中心组专题研讨近500次，以党支部为单位组织近5000次专题党课、“牢记嘱托、感恩奋进、走在前列”讨论。组织7个省级示范轮训班参训工作，举办常熟市级示范培训班，1116名书记参与学习。同步推出党的二十大报告、党章和《习近平新时代中国特色社会主义思想专题摘编》解读视频课程，推动基层党员轮训规范化标准化开展。

三是立足实际灵活学。构建机关单位党建分组协作、镇村企抱团共建模式，综合运用芦荡学堂、铜官山乡村振兴学院等开展联学联训1143次，赴沙家浜、蒋巷村等开展实境教学1.4万余次，召开15次组（团）内会点评“四学四强”（以学铸魂、紧跟核心强忠诚，以学增智、理论武装强本领，以学正风、廉洁奉公强宗旨，以学促干、推动发展强担当）落实情况。结合“党课开讲啦”、主题党日活动等方式，围绕学习常德盛、端木银熙、苏咏梅等16个身边榜样交流研讨4000余次，邀请全国英模冯志强等先进典型走进轮训示范班课堂，开设“榜样引领”“先锋来哉”新媒体学习专栏，发布典型故事短视频20期、播放量超250万次。市镇两级协同排摸，建立2000余名流动党员、227名新业态新就业群体党员数据库，开展结对帮学、区域联学、云端共学等850余次，为货车司机打造“虞路赤程”在线自学平台、为主播开设“海棠直播间”交流研讨平台、为“快递小哥”提供“驿寄初心”上门助学平台。

（三）坚持一级带着一级干，在合力攻坚中解难题促发展

常熟市把解决实际问题作为工作的出发点和落脚点，党员领导干部直奔基层、直面问题、直击矛盾，研究提升高质量发展和民生服务的有效举措，将主题教育成效转化为攻坚克难的发展动力。

一是同向发力真调实研。根据各部门自查自纠、信访难点案件等梳理建立面上短板清单，市委主要领导牵头召开专题会，将重点问题转化为“小切口”调研课题，全市58名县处级以上领导干部共领办课题73个，带领各级领导干部深入一线走访调研1270余次。市四套班子围绕“农村人居环境优化提升——‘千村美居’工作”和“以湖鹤村‘4·15’火灾为代表的消防安全事故”正反典型案例深入开展解剖式调研，分别成立调研小组，实地走访乡村宅基、重点企业8次，提炼经验助力提质增效，总结教训扩大警示效应。召开主题教育调研成果交流会暨市委务虚会，聚焦调研课题发现

12月17日，市委举行主题教育调研成果交流会暨市委务虚会

（市委组织部　提供）

的272个问题，形成651项举措，针对性出台《苏州市域一体化（常熟）融合创新区空间统筹协同规划》等28项制度文件。

二是同题共答一线解难。落实“四下基层”要求，市四套班子领导带头开展“千村万企、千家万户”大走访，全市党员干部下沉联系走访172个村（社区）、1550户居民家庭、2120家企业，新化解信访积案6件、上级交办重点信访事项5件，及时解决集宿区充电桩建设、下岗工人再就业、企业知识产权申请等基层所需所盼问题987个，探索形成“心连心”家访等一批联系服务群众的机制做法。开展基层微调研“组团剖析、同题共答、统一转化”专项工作，机关部门组团式走村入企、民情访谈，系统梳理群众、企业反映的共性问题，共商共办协调处置，落实首个水上综合物流驿站建设、农民工工资保障金缴纳办理、党群服务中心延时服务等实事项目117个。

三是同频共振服务发展。推深做实重大项目“集中服务月”，市领导牵头召开多场项目现场办公会、融资需求对接会、竣工验收专题会，协调解决项目障碍11个，获得融资13亿元，招引落地省重点储备项目未势氢能等143个项目。围绕人才引育突出问题开设“链盟”企业沙龙，为重点行业上下游企业孵化工匠、招引团队。集中开展“先锋行动月”，发动67家机关事业单位开展46场“在职党员统一服务日”，组织在职党员、志愿者4.6万名依托“先锋领治”小程序领办小游园设施更新等微实事1013件，服务群众超8万人次。全面落实“聚力提升月”，动员各领域党员开展“立足岗位作贡献·六强六争当”专项行动，选树党员先锋岗100个、党员责任区100个、党员先锋队100个。用好“江南福地·四敢先锋”及时通报表扬机制，评选优秀基层党组织51个、党员67名。

（四）坚持一级带着一级改，在开门检视中动真格促长效

常熟市将开门整改贯穿主题教育全过程，探索建立闭环式整改整治机制，坚持“当下改”与“长久立”紧密结合，以可看可感的实际成果取信于民。

一是线上线下查问题。各级领导干部第一时间深入重大项目一线、审批服务一线、民生服务一线听取意见建议，综合运用“12345”热线、书记市长信箱、“常熟联动”App等线上渠道收集社情民意，累计征集问题近4000条，全部纳入各级党组织检视整改范畴。在此基础上，复盘巡视巡察、审计督查、工作考核等反映的问题，落实“1+7”工作清单制度，汇总形成县处级以上领导干部问题清单60项，对照习近平总书记关于安全生产、民生保障的重要论述，党政正职分别领办“仓库消防安全领域隐患较多”和“城区部分区域停车难收费贵”专项整治项目，排查确定“农村道路交通安全常态长效机制不健全”和“基层医疗服务能力不强”2个省级联动整改问题。有序衔接上下联动专项整治项目，市领导根据分工挂帅督办、部门依据职责主动领题。基层党组织同步开展党性分析，查摆形成问题清单5628条。

二是群策群力抓整改。通过召开群众、企业等服务对象座谈访谈，细化完善县处级以上领导干部问题清单整改方案，全部问题按期完成销号。其中，围绕党政正职领办的专项整治项目，对全市5300余个仓储场所进行摸排，闭环整治隐患4159处；推动商圈、菜场、医院等重点区域泊位周转率从2次/天提升至12次/天，收费订单占全部停车订单的比例低至8%以下。针对2个省级联动整改问题，成立市镇两级道路交通安全委员会，试点村取得半年“零亡人”成效；完成9个板块基层医疗机构整合，制定《常熟市进一步改善护理服务行动计划》。针对上下联动专项整治，明确7个牵头部门，全面开展自查自纠，每月调度工作进展，紧跟上级步伐完成阶段性任务。基层党组织依托党建引领网格化议事协商载体，开展建言献策活动2324次，通过向各领域党员群众在线征集，收集采纳4800余条关于用工管理、集体经济发展等工作的金点子融入整改方案，累计制定整改措施8159项。

三是落实落地广问效。加快整改措施落地和成果转化运用，围绕高质量发展、民生实事、作风效能、理论学习、“四下基层”五个方面建章立制58个，建立完善涉电商行业社区矫正对象“监管+服务”、社区“益元租”、产业项目招商会审等微机制119个，实施“瓶改管”行动、爱心平价菜、涉企行政合规指导等实事项目248个。组织开展全市“两代表一委员看督议”活动，邀请227名不同领域不同层级“两代表一委员”实地走访40个整改进展成效明显的点位，通过集中座谈、问卷调查评议问题整改和成果转化情况，评价为“好”的占比超96%，对新提出的增设快递集散点、建立社区食堂、调整厂房扩建用地指标等意

11月12日，市级机关党建第三协作组开展在职党员统一服务日活动。图为市委党史工办党员代表向市敬老院赠送红色书籍　　（市委组织部　提供）

见建议，全部第一时间反馈至相关单位跟进落实。

推动主题教育在基层开花结果

第二批主题教育启动以来，常熟市各级党组织广泛动员，广大党员积极参与，理论学习入脑入心、调查研究深入深刻、推动发展敢为善为、检视整改动真碰硬，以扎实举措推动中央、省委和苏州市委各项决策部署落地见效，彰显出“走在前、做示范”的常熟担当。

一是谋好长远之计，高质量发展更具质效。始终牢记“代表未来发展方向”的殷切期望，出台10个《高质量发展行动方案》等文件，切实把习近平总书记重要讲话指示精神细化为推动发展的具体路径。围绕“3+5+2”产业方向，全力以赴“引进推进”项目，续建项目140个、竣工投产104个，新开工项目183个，新签约亿元以上项目106个，工业投资总量连续5年保持苏州第一。聚焦长三角一体化发展重大战略，统筹推进产创融合、城市南融重点工作，新增国家级人才11个、国家级专精特新“小巨人”企业18家，正力新能入选“中国独角兽企业”，中新昆承湖园区核心区全面开工，临港常熟绿洲芯城一期顺利开园。常熟5项工作先后获省政府督查激励，获省级以上“苏州第一、唯一”荣誉56项。

二是办好民生之事，高品质生活更加可感。始终坚持以人民为中心，聚焦“民生七优”，突出抓好“重民生、暖民心、顺民意”的实事项目，建成投用日航、凯悦、经开区文体中心等一批载体配套，“千村美居”实施覆盖率近82%，“五治融合”实现行政村全覆盖，完成老旧小区改造15万平方米、惠及居民1840户，开展城中村自主更新147户、既有建筑更新改造项目19个，实施家庭适老化改造2416户、累计数苏州第一，适老化改造经验在全国推广，慈善总会AED普及项目开全国慈善会系统先河。加强“重硬件”向“优服务”转变，建立健全社区卫生服务站一体化管理、农房建设一件事、关爱青少年生命健康“润心”行动等104项

8月22日，常熟市举行年轻干部述职述廉述学活动　（市委组织部　提供）

微创新举措。市文体旅游局有力处置培训机构“退费难、卷款跑路”，进一步打造“常优培”监管平台规范市场、优化服务，获群众送锦旗点赞。

三是行好固本之举，高效能治理更显精细。严守安全环保底线，用好用活“班前班后5分钟”“一带一帽”等微举措，强化事前预防，安全生产事故起数和亡人数分别下降30%和25.8%，完成徐六泾治理工程等重点水利项目建设，投用洪洞水质净化厂，动态清零劣V类水体，省生态环境厅水平衡核算生活污水收治率全省县市第一，空气质量改善率苏州第一。持之以恒抓基层打基础，深化扩面乡村治理全国试点工作，划分城乡微网格6609个，选聘2.5万名网格长、网格员参与基层治理，开展首届党建引领基层治理创投大赛，发动企业、社会组织、居民能人等参与项目63个，共建共治共享的治理格局逐步形成。康博村获评全国乡村治理示范村，辛庄镇“大家讲莊”协商议事获评全国新时代“枫桥经验”优秀案例。

四是抓好作风之要，高素质队伍更有作为。市委主要领导以“牢固树立和践行正确政绩观 推动高质量发展走在前列”为题上专题党课，号召全市党员干部加深理解“政绩为谁而树、树什么样的政绩、靠什么树政绩”，不断升腾干事创业激情。围绕转作风提效能出台文件14个，深入落实调整不适宜担任现职领导干部办法、推动“干部敢为”锻造过硬队伍若干措施、年轻干部“严选严育严管严用”若干规定、“八小时外”活动负面清单和监管清单、搭建中层干部市级交流平台等制度，进一步锻造服务高质量发展的过硬队伍。紧盯党风廉政建设开展“双提双促”专项监督、“新风护航”专项行动，制定推动落实“四敢”要求12条举措，2023年累计容错纠错19例、风险备案36例、澄清正名32例、回访教育167次，查处违反中央八项规定精神问题44起、54人，一体推进“三不腐”，立案443件、给予党纪政务处分381人、留置12人、移送检察机关14人，巩固发展风清气正的政治生态。

主题教育开展期间，中央巡回指导组、省委巡回督导组先后到常熟调研并给予肯定鼓励，“在职党员进社区”工作被央视《新闻联播》报道，“校园快线”服务群众机制被《人民日报》头版专栏刊载，市四套班子反面典型案例解剖式调研报告被评为省委主题教育办优秀典型案例剖析材料，构建农村物流生态圈做法入选省委主题教育整改整治案例汇编，常熟相关经验做法被《光明日报》《新华日报》和省委、苏州主题教育办简报刊发10余次，“五治融合”提升农村道路安全指数案例被公安部主题教育栏目录用，“城区部分区域停车难收费贵”专项整治特色做法获苏州市委主要领导批示肯定。　（钱韵娅）

砥砺奋进二十载，锚定“高”“新”再出发

——常熟高新技术产业开发区成立20周年纪实

2023年是常熟高新技术产业开发区（以下简称高新区）成立20周年，20年来，高新区以时不我待、奋斗不止的精神，壮大产业集群、赋能科技创新、增进民生福祉，逐渐发展成为产城融合的新高地、品质生活的新城区、绿色低碳的新湖区，实现了从“阡陌田野”到“未来可期”的精彩蝶变。

20载光阴，高新区在时代浪潮中砥砺前行，走出了一条波澜壮阔的奋进崛起之路。

20年前，第一代高新区人踏上了“从零开始”的创业之旅，他们以敢做善成的闯劲、时不我待的干劲、一抓到底的韧劲，披荆斩棘，逐梦前行，创出了干部作风效能和园区建设的“常昆精神”“东南速度”。20年中，高新区主要经济指标稳步增长，地区生产总值由5.1亿元增加到390.2亿元，一般公共预算收入由23.2万元增加到41.9亿元，工业总产值由300万元增加到1242.2亿元，全年社会固定资产投资从13.4亿元增加到151.7亿元，年工业投资从8.4亿元增加到85.5亿元，一串串数字的背后，凝聚着无数干部群众的拼搏和汗水。20年来，高新区全力以赴抓招商，自恩斯克（2004年）、大陆汽车（2007年）落户至今，已有20多个国家和地区的数千家企业落户扎根，33家“世界500强”在高新区投资设立56个项目，辖区内有规模以上工业企业330家，外资企业308家，累计吸引外资138亿美元。高新区从最初的“三园合一”到现在的区域一体化管理，始终保持昂扬奋进的精神状态，与时俱进、茁壮成长。先后获得国家级的创新型特色园区、新型工业化特色产业示范基地、汽车零部件高新技术产业化基地、高技术服务产业基地核心区、创新人才培养示范基地、产学研合作创新示范基地等众多荣誉。高新区在高质量综合考核中，连续三年位列全市第一；在国家高新区排名中，从最初的第126位上升到第62位，实现了历史“七连进”。

20载光阴，高新区在转型发展中跨越奋进，走出了一条低碳绿色的提档升级之路。

高新区着力构建环境友好与资源集约利用双轮驱动的发展模式，重点发展“4+5”现代产业体系，汽车核心零部件、智能装备制造、新一代信息技术、现代服务业等主导产业壮大成势，新能源、新材料、生命健康、数字经济、低空经济等新兴产业蓬勃兴起、不断壮大。如今的高新区，围绕四大主导产业，集聚了以丰田、大陆、上汽等为代表的200余家国内外汽车及核心零部件企业；集聚了以三菱电机、索特传动、日立产机等为代表的400余家智能装备制造企业；集聚了生益科技、新世电子、中来光伏等为代表的200余家电子信息企业；引进了以丰田、马勒为代表的先进技术研发中心，以三井住友、汇丰、瑞穗为代表的外资金融机构，以中金资本、蔚来资本、华映资本为代表的投资机构，以万宝盛华、CDP为代表的人力资源服务企业，以及永旺梦乐城、日航酒店、凯悦酒店等一批现代服务业企业130余家。围绕五大新兴产业，引进了重塑、治臻、擎动等43家国内外氢能企业投资的54个新能源核心项目；拥有以高晶新材料、海德新材料、中佳新材料等为代表的100多家新材料企业；引进了以西兰花科技、迈宝国际、合数科技等为代表的80多家数字经济企业；引进了智享、佰鸿、熹微、美墨尔特等为代表的50余家生物科技和医疗器械企业。

5月8日，常熟高新区高质量发展大会召开　（李献　摄）

20载光阴，高新区在创新驱动中开拓新局，走出了一条科技赋能的创新发展之路。

高新区坚持以创新谋发展，将人才作为支撑高新区高质量发展的第一资源，持续激活创新要素，加速集聚创新资源，厚植创新沃土。从科技镇长团发源、国家大科园成立，到大院大所相继落户、校地合作开花结果，再到创新生态日臻完善，新经济新产业加速迭代，科技创新成果精彩纷呈。如今的高新区，高新技术产业产值729.1亿元，占规比重58.7%，全社会研发投入占GDP比重6.3%，技术合同成交额57.85亿元。拥有科技型中小企业344家，高新技术企业279家，中国独角兽企业1家，潜在独角兽企业10家次，专精特新企业56家，省、苏州市瞪羚企业31家。建有丰田研发中心、马勒汽车技术中心、中欧氢能技术创新中心、亨弗劳恩轻量化复合材料研究院等研发创新平台50多个，省级以上研发机构

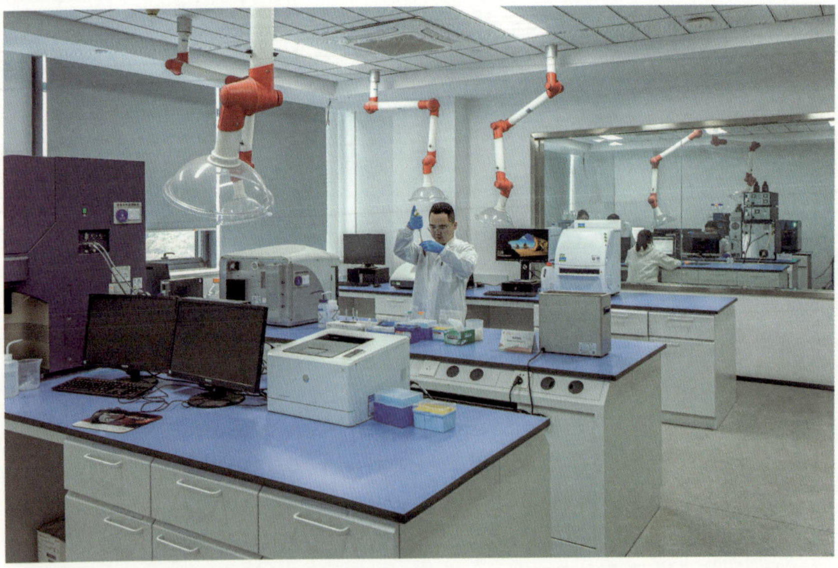

北京大学分子工程苏南研究院实验室　（2023年摄　常熟高新区提供）

136家，各级科技孵化器、众创空间22家，液晶所、金属所、北大苏南院3个平台累计孵化项目156个，“单晶叶片”项目纳入苏州实验室首批启动项目。高新区每万人口高价值发明专利拥有量56.75件，获批常熟唯一的省知识产权建设示范（园区）。深化“双招双引”（招商引资、招才引智）机制，累计引进和培育常熟市级以上领军人才588人次，其中国家级领军人才26人次、省双创人才44人次、姑苏人才131人次；全区拥有博士约1000人、硕士3000人、本科超3万人，人才总量占全市46%。

20载光阴，高新区在改善民生中增进福祉，走出了一条利民惠民的共建共享之路。

高新区始终聚焦民生需求，着力完善生产生活配套功能，构建集约高效、宜居适度、共生共融的高品质空间格局，擦亮“福地东南”民生底色。如今的高新区，持续优化空间布局，全方位建设产、学、医、住、购、游、娱等各类服务及配套设施。优质教育资源不断集聚，现有省属本科院校1所、职业教育学校1所、高中2所、初中6所、小学7所、幼儿园10所以及成人教育中心校1所，拥有中国大陆第一所世界联合学院（UWC）。医疗服务体系不断完善，陆续引进海吉亚医院、新宁诊所、哈佛BI等高端医疗项目。商贸集聚水平显著提高，拥有地标级商业综合体永旺梦乐城，日航、昆承湖凯悦等五星级酒店，另有涉外宾馆、国际生活社区、酒店式公寓等配套设施。休闲文旅融合发展，拥有沙家浜、唐市古镇等历史文化旅游资源，常态化举办昆承湖帆船赛、“昆承杯”足球联赛等品牌赛事。全面完善交通路网布局，G524苏常快速路、昆承快速路、锡太公路、青墩塘快速路等多条主干道路在辖区内交会，常台高速公路沙家浜互通、常熟东互通、常熟高新区互通先后通车，形成了苏州市内半小时交通圈和对沪、宁、杭等重点城市一小时交通圈，形成了常熟市内古城、交通枢纽、城市商圈一刻钟交通圈，实现了区域内10分钟上高速，5分钟上快速路。

（朱晓明）

责任编辑　归岳嵚

1月

2日 苏州市轨道交通10号线（苏虞张段）工程开工仪式在常熟举行。

△ 苏州市新能源汽车产业创新集群建设推进大会暨项目集中开工签约仪式举行，常熟27个项目参加集中开工签约投产活动。

2至4日 政协常熟市第十五届委员会第二次会议在常熟会议中心举行。

3至5日 常熟市第十六届人民代表大会第二次会议在常熟会议中心举行。

5日 常熟市第十六届人民代表大会第二次会议通过投票表决，确定8大类23项2023年常熟市民生实事项目。

6日 常熟市与中新集团合作建设中新昆承湖园区后落地的首个产业项目——泰晶微半导体项目签约落地常熟高新区。

9日 第四届全球钙钛矿与叠层电池（苏州）产业化论坛暨钙钛矿光伏学术+产业+资本融合创新年会开幕式在常熟举行。

△ 常熟市文化博览中心、常熟市旅游发展中心、常熟市体育发展中心揭牌成立。

10日 常熟市文化艺术中心揭牌成立。

△ 常台高速公路常熟高新区互通通车。

△ 常熟虞山文化旅游度假区被文化和旅游部确定为国家级旅游度假区。

17日 2023年常熟市文化科技卫生“三下乡”集中行动暨“党的声音进万家”新时代文明实践活动启动仪式举行。

△ 省中医药管理局发文确认常熟市中医院为三级甲等中医医院。

29日 中新昆承湖园区开工。

2月

11日 江苏省供销合作总社党组书记、理事会主任陶长生到常熟调研，并出席常熟市消费帮促展示馆启用暨鲜丰汇平台合作签约仪式。

14日 第六届“京常来·常来常熟，创新昆承”主题活动在常熟高新区举办。

28日 全国特殊困难老年人家庭适老化改造工作推进会在常熟召开。

3月

1日 常熟首条惠农公交专线——“惠农1路”开行。

6日 全国《中小学食堂管理服务规范》团体标准调研组到常熟调研。

7日 江苏省人大常委会副主任魏国强到常熟，就《江苏省家庭农场促进条例（意见征求稿）》开展立法调研，并召开座谈会。

9日 常熟首座具备全电压等级成熟技术的一键顺控智能变电站——220千伏新闸变启动送电任务完成。

10—11日 长三角中医药一体化工作座谈会在常熟召开。

31日 第32届江苏（常熟）尚湖牡丹花会在尚湖风景区开幕。

4月

7—8日 中国新闻技术工作者联合会市县融媒体分会2023年学术年会在常熟举办。

15日 苏州市委书记曹路宝到常熟专题调查研究绕纺织服装产业开展，并召开企业座谈会。

4月18日—6月28日 省委第二巡视组对常熟市进行巡视。10月9日，省委第二巡视组向常熟市反馈巡视情况。

19日 2023年江苏省首届农耕体育健身大赛在海虞镇铜官山乡村乐园举行。

20日 第四届中国未来景区大会（常熟小城故事）在常熟开幕。

△ 2023常熟国际纺织服装智能制造博览会在常熟国际展览中心开幕。

27日 苏州市名城名校融合创新大会暨科技镇长团15周年主题活动在常熟举行。

28日 苏州·中国声谷科技产业园开工奠基暨全市重点项目二季度集中开工仪式举行。

5月

8日 常熟高新区高质量发展大会召开，庆祝高新区成立20周年。

16日　全市产业链党建工作推进会暨“先锋行动月”启动仪式举行，集中发布系列措施和服务举措。

17日　江苏省首个快手直播电商集聚区落户常熟。

18日　首届长三角汽车产业技能邀请赛暨第八届奇瑞全球制造技能大赛总决赛在奇瑞捷豹路虎汽车有限公司开幕。

20日　江苏“高质量发展调研行”主题采访活动走进支塘镇蒋巷村。

22日　2023年全国科技活动周暨苏州市第35届科普宣传周、常熟市第31届科普宣传周在常熟开幕。

30日　2023年常熟市劳动模范命名大会举行，100名劳模受到表彰。

31日　常熟市疾病预防控制局挂牌。

6月

1日　中国声学产业创新发展大会暨中国（苏州）声学产业博览会在常熟国际展览中心开幕。

5日　苏州市委书记曹路宝在常熟开展学习运用“千万工程”经验专题调研。

7日　全国工商联副主席方光华率全国工商联与生态环境部联合调研组到常熟调研。

10日　2023年常熟市“文化和自然遗产日”系列活动启动。

15日　省委书记信长星到苏州常熟的企业调研。

16日　首届长三角乡村“微度假”旅游节开幕式在红豆山庄举行。

17日　2023常熟虞山文化暨沙家浜旅游节、第九届古琴艺术节开幕式在常熟大剧院举行。

△　常熟撤县设市40周年暨2023常熟精英创业联盟大会举行。

21日　常熟市临港·绿洲芯城开园。

29日　2023常熟市首届双拥运动会在常熟市体育中心开幕。

30日　琴湖溪里花园城北岸区开业。

△　2023中国桨板公开赛（常熟站）在常熟琴湖开赛。

△　常熟经开区文体中心投用。

7月

1日　常熟市庆祝中国共产党成立102周年座谈会在常熟会议中心召开。

10日　常通汽渡停止渡运。

12日　退役军人事务部到常熟调研基层服务体系建设、思想政治工作开展情况。

13日　苏州英华特涡旋技术股份有限公司（股票简称：英华特，股票代码：301272）在深圳证券交易所创业板上市。

△　2023年（第十五届）苏州国际精英创业周常熟分会场暨2023服装产业数字化创新峰会召开。

20日　常熟市与法国博若莱区市镇共同体建立友好交流城市关系。

△　全市大暴雨，常熟站累计雨量114.1毫米。

27日　苏州市汽车产教融合发展大会暨苏州汽车及零部件产教融合联合体成立仪式在常熟理工学院举行。

29日　2023常熟企业数字化转型发展论坛暨常熟市智能制造产业联盟第二届一次会员大会在常熟会议中心举行。

8月

1日　中国共产党常熟市第十四届委员会第六次全体会议在常熟会议中心召开。

2日　市政协十五届七次常委会会议在常熟会议中心召开。

△　2023年江苏省青少年跳水锦标赛开赛仪式在市体育中心跳水馆举行。

4日　苏州市政协主席朱民在常熟主持召开苏州各市区政协主席座谈会。

17日　2023中国苏州商用服务设备产业带峰会在尚湖镇货架产业园举行。

27日　苏州市委书记曹路宝到常熟调研企业创新发展、产业园区建设等工作。

9月

6日　阿科玛常熟基地25周年暨常熟研发中心10周年庆典举行。

8日　常熟直播官方选品中心正式揭牌成立。

10日　第三届“中国新农民”故事会暨海峡两岸青年农民交流活动在常熟举行。

17日　常熟市洪洞水质净化厂一期工程完成综合验收投入运营。

20日　言子研究新著《百世风骨——言子家族文化及其遗产》首发。

20—22日　2023苏州国际时装周暨第二十三届中国江苏（常熟）服装服饰博览会举行。

21日　中国纺织服装跨境贸易发展大会暨外贸新业态交流会在常熟举行。

△　2023长三角直播电商行业数字赋能大会暨“织造中国”抖音电商女装“你的宝藏衣橱”秋上新发布会在常熟举办。

△　“同心·拾萃”——长三角国家历史文化名城（区、县）政协交流会在常熟举行。

△　2023年常熟市中小学生田径运动会开幕。

25日　安徽省太湖县与常熟市签订战略合作框架协议。

27日　全国政协副主席沈跃跃到常熟调研新污染物治理工作。

28日　沪宁沿江高铁通车暨常熟站（北厅）投用仪式举行。

10月

8日　常熟市苏常外国语学校新校落成典礼暨学校发展大会举行。

10日　中央编办到常熟开展综合执法专题调研督导。

15日　2023年江苏省龙舟精英

赛（常熟站）在琴湖举行。

18日　2023—2024赛季中国女子篮球联赛（WC-BA）在常熟市体育中心开赛。

△　首届常熟家装行业百强工匠颁奖典礼暨十佳名匠大比武启动仪式举行。

20日　常熟市第十九届百对金银婚夫妻代表大会在石梅广场举行。

21日　“共建共享　健康常熟”2023年健康城市月大型宣传活动在沙家浜镇举行。

25—29日　法国博若莱区政府代表团到常熟访问。

28日　“湖畔现代城杯”2023首届常熟昆承湖帆船赛开赛。

△　杭州第四届亚洲残疾人运动会闭幕，常熟运动员共获3金、3银、1铜。

29日　“江南福地常跑常熟”常熟银行2023常熟尚湖半程马拉松在尚湖景区举行。

30日　省委常委、苏州市委书记刘小涛到常熟专题调研苏州推动长江经济带高质量发展工作。

11月

3日　2023常熟市金秋经贸洽谈会举行。

△　江苏省药监局审评核查常熟工作站、常熟市生命健康产业创新服务中心揭牌。

9日　中国供销商贸集团曹家桥冷链生鲜加工配送中心项目启用仪式在董浜镇举行。

13日　2023年全国革命文物展示联盟年会在常熟举行。

17日　“竭诚奉献不负人民”——新时代地方人大代表履职精神研讨会在常熟举行。

20日　常熟市现代产业技能实训中心启用。

21日　沙阳线改造工程竣工通车。

24日　常熟数字科技新城科创港项目奠基暨签约仪式举行。

25日　第十三届“中国智能车未来挑战赛”在中国（常熟）智能车综合技术研发与测试中心开幕。

30日　苏州湿地自然学校鸟类调查员首次在昆承湖区域观测到国家一级重点保护野生动物东方白鹳。

12月

1日　中国中检所属中国汽研华东总部氢能测评技术创新中心暨常熟市高技能人才实训基地能力发布活动举行。

2日　“遇见沙家浜”全国戏曲票友大赛城市海选暨常熟旅游推介会首站在西安易俗社举行。

△　铁琴铜剑楼纪念馆展陈更新后对外开放。

7日　2023年全国“宪法进农村”主场活动在全国民主法治示范村古里镇康博村举行。

14日　中国常熟“一带一路”（巴基斯坦）中心启动。

△　苏州港常熟港区管理委员会正式实体化运作。

16日　住房城乡建设部到常熟调研环境卫生工作。

18日　江苏省太湖水利水情教育基地在常熟启用。

△　常熟工匠学院成立。

20—22日　第五届全球钙钛矿与叠层电池（苏州）产业化论坛暨中国国际科技促进会钙钛矿产业分会成立大会在常熟经开区举行。

23—24日　由省篮协主办的2023—2024赛季江苏省小篮球巡回赛常熟站在常熟经开区文体中心举行。

25日　中国湿地保护协会小微湿地专业委员会成立大会暨小微湿地交流会在南京大学常熟生态研究院举行。

28日　中国共产党常熟市第十四届委员会第七次全体会议暨市委经济工作会议召开。

△　全国工商联艺术品商会文创产业分会在常熟成立。

责任编辑　汤　涵

市情概览

自然环境

【位置面积】 常熟市境域地处北纬31°31′~31°50′、东经120°33′~121°03′，南北最大距离为37千米，东西最大宽度为49千米，位于江苏省东南部，北濒长江，与南通市隔江相望，东邻太仓市，南接苏州市相城区和昆山市，西连无锡市锡山区和江阴市，西北与张家港市接壤。总面积1276.32平方千米，其中长江水域面积102.39平方千米。常熟城市原点位于方塔园内的崇教兴福寺塔塔刹顶。

【地质地貌】 常熟境域地层归属江南地层区，已知有古生界、中生界与新生界。境域所在地区属于扬子准地台，属地壳相对较稳定的构造单元。在扬子准地台范围内，包孕常熟及其邻近区域的次一级构造单元，为下扬子—钱塘褶皱带，是曾经历地壳运动较显著的地带，在下扬子—钱塘褶皱带的东部，发育有一系列中生代的断褶凹陷与隆起，均属更次一级的构造单元。

常熟境域南部偏低，属太湖水网平原，为阳澄湖、昆承湖等浅水湖群的分布区域；西北部与东北部略高，属长江冲积平原，为江口段南岸冲积物的覆盖区域，其中西北部地面多分布老冲积物，东北部地面多分布新冲积物。境域的平原为长江三角洲的一部分，土地平旷，地势低洼，水网交织。地势大致由西北向东南微倾，海拔多在3~7米，少数低洼区域为2.5米左右，局部高亢地段可达8米，地面几乎全部为第四系沉积物所覆盖。依地表结构，常熟境内平原通常析为沿江平原、昆承平原和虞西平原3片。境域内山丘有虞山、顾山、殿山、铜官山和西山等，依其形态，虞山属低山类型，余者形体矮小，属零星散布的孤丘。虞山略呈长条状，大致由西北向东南延伸，山脊线长约6400米，主峰为锦峰，峰顶海拔261.1米。

【自然资源】 常熟市农用地5.63万公顷，占国土面积44.12%；建设用地4.47万公顷，占国土面积35.03%；未利用地2.66万公顷，占国土面积20.85%。

常熟市典型地带性植被为亚热带常绿落叶阔叶混交林，是由中亚热带常绿阔叶林向温带落叶阔叶林的过渡类型。野生植物资源有乔木、灌木、药材、草、蕈菌5大类200多种；野生乔木主要有紫檀、柘树；野生灌木主要有山楂、金樱子；野生药材有何首乌、蒲公英等765种；草类繁多，有芦苇、野燕麦等20多种；蕈菌类有松树蕈等。野生动物主要有哺乳类、鸟类800余种。

（徐　勉）

【气候水文】 常熟位于北亚热带湿润地区东部，四季分明，气候温和，雨量充沛。

2023年，常熟市全年平均气温17.7摄氏度，比常年值（1991—2020年）偏高1.0摄氏度；全年降水量1314.2毫米，比常年值偏多92.1毫米；全年平均风速为2.6米/秒，较常年值偏大0.2米/秒。

气温　7月为全年最热月份，月平均气温为29.4摄氏度，年极端最高气温为38.1摄氏度，出现在7月12日和8月12日；1月为全年最冷月份，月平

1月15日，常熟迎来2023年第一场雪　（朱琪　摄）

均气温为5.5摄氏度，年极端最低气温为零下6.8摄氏度，出现在1月12日。年平均气温日较差为7.8摄氏度，比常年值偏高0.3摄氏度。

降水　月降水量最多的是6月，为359.6毫米，月降水量最少的是11月，为16.6毫米。常熟市年降水日数为137天，比常年多10天。常熟市6月17日入梅，比常年偏晚1天，7月10日出梅，与往年持平，梅长24天、较常年偏长3天，梅雨量419.1毫米、较常年偏多55.0%。6月17日8时至7月10日14时，区域自动站最大累计雨量506.8毫米（沙家浜镇），最大1小时降雨量46.9毫米（沙家浜镇，7月1日0时至1时）。

风速　年极大风速出现在6月10日，为30.7米/秒。

相对湿度　全年平均相对湿度为72%，较常年值偏低4%。

日照　全年日照时数为1788.1小时，比常年值偏少1.9小时，年日照百分率为41%，与常年值持平。

水系　常熟地处太湖流域下游，境内水网密布，湖荡众多，河港纵横。以望虞河为界，虞西地区属澄锡虞水系，主要河流有望虞河、张家港、锡北运河、北福山塘等；望虞河以东地区属阳澄水系，主要由3条环形河、13条向城外放射的骨干河道组成。全市范围内河道分布主要有长江、望虞河、张家港、走马塘、白茆塘、常浒河、七浦塘等27条市级以上河道，水域面积较大的湖荡21个，92条镇级河道，777条村级河道，4423条生产河，组成一个可供引、排、调、蓄、航的水系网络，容蓄量大，水资源丰沛。

【异常天气】　2023年，常熟市梅雨量偏多，大雾天气频发，汛期梅雨持续24天，其间，强对流天气（雷雨大风、短时强降水等）频发。

强对流　6月10日16时至22时，常熟市自动站最大累计雨量59.1毫米（常熟海事1号基地站），最大小时雨强46.4毫米（常熟海事1号基地），出现在10日18时。全市有14个站点出现8级以上大风，极大风速为30.7米/秒（11级，常熟海事2号基地）。

6月17日至19日，常熟普降暴雨、局部大暴雨。根据气象监测显示，从17日8时至19日20时全市累计雨量为138.4至280.9毫米，其中常熟国家气象站累计雨量233.4毫米，区域自动站最大累计雨量280.9毫米（出现在铁黄沙站）。其间局部伴有短时强降水，最大小时雨强43.1毫米（出现在辛庄镇张家桥站，19日17时至18时）。过程期间，常熟地区极大风速6级，出现在董浜镇（12.3米/秒，19日19时3分）。

6月23日20时至26日20时，全市各地累计雨量为41.7至123.2毫米，其中自动站最大累计雨量123.2毫米（支塘镇），最大小时雨强42.5毫米（海虞镇沙槽河站），出现在25日15时。

7月7日8时至8日20时，全市自动站最大累计雨量72.1毫米（支塘镇站），常熟国家基本站累计降水44.3毫米，最大小时雨强24.1毫米（沙家浜下甲站），出现在8日1时，极大风速为15.8米/秒（7级，常福街道农科所站），出现在7日16时9分。

7月20日5时至13时，全市出现大雨到暴雨、局部大暴雨，各自动站累计雨量为35.4至141.9毫米，有22个自动站累计雨量达50毫米以上，其中8个自动站累计雨量达100毫米以上。常熟国家基本气象站累计雨量为114.1毫米。其间4个自动站出现1小时50毫米以上的短时强降水，最大小时雨强为66.2毫米（海洋泾站）。

表1　　2023年常熟市主要气象数据一览表

月份	平均气温	较历史平均（摄氏度）	最高气温（摄氏度）	出现日期	最低气温（摄氏度）	出现日期	降水量（毫米）	较历史平均（毫米）	日照时间（小时）	较历史平均（小时）	日照百分率（%）	平均相对湿度（%）	平均风力（米/秒）
1	5.5℃	偏高2.1	19.8	12日	−6.8	25日	44.1	偏少14.7	186.2	偏多64.9	58	67	2.7
2	6.6℃	持平	19.2	18日	−0.9	26日	64.2	偏多35.9	106.7	偏少28.8	35	75	2.8
3	12.1℃	偏高2.1	26.6	10日	3.2	3日	66.3	偏少17.3	158	偏多17.8	43	64	2.8
4	17.2℃	偏高1.5	32.8	18日	7.6	8日	31	偏少52.5	165.4	偏多3.1	43	63	3.2
5	21.9℃	偏高1.5	35.1	29日	11.4	9日	58.9	偏少29.0	146.7	偏少26.3	35	68	2.8
6	25.6℃	偏高1.1	36.0	29日	17.9	7日	359.6	偏多141.1	120.3	偏少6.8	28	77	2.4
7	29.4℃	偏高1.2	38.1	12日	23.7	1日	316.1	偏多132.1	110.3	偏少80.8	26	81	2.6
8	28.8℃	偏高0.6	38.1	12日	19.9	30日	72.7	偏少100.9	178.0	偏少10.9	43	80	2.6
9	23.7℃	偏低0.1	34.0	19日	18.7	24日	227.0	偏多136.2	114.5	偏少46.1	31	84	2.1
10	19.9℃	偏高0.8	28.3	19日	11.7	21日	19.2	偏少58.8	174.3	偏多14.9	49	72	2.1
11	13.8℃	偏高0.9	28.9	5日	4.3	13日	16.8	偏少44.2	196.2	偏多65.7	62	64	2.8
12	6.1℃	偏低0.5	22.3	8日	−6.0	22日	38.3	偏少4.9	131.5	偏多0.1	42	70	2.7

（数据来源：市气象局）

7月20日，暴雨突袭常熟，造成城区部分地段房屋积水。图为虞山街道工作人员在菱塘南村协助居民抢排积水 （朱琪 摄）

7月21日16时至21日21时，全市大部分地区中到大雨、局部暴雨。区域自动站最大累计雨量72.7毫米（东南天安站），最大小时雨强41.9毫米（东南天安站，21日19时），极大风力6级出现在东南天安站（12.0米/秒，21日19时）。

9月12日8时至14日14时，全市大部分地区中到大雨、局部暴雨。其中常熟国家气象站累计雨量114.8毫米，区域自动站最大累计雨量155.5毫米（碧溪新区吴市）。其间局部伴有短时强降水，最大小时雨强50.3毫米（碧溪新区吴市，13日15时）。

大雾 2023年，常熟市共发布大雾黄色预警信号3次，大雾橙色预警信号4次，大雾红色预警信号1次。12月27日至28日，全市受大雾影响，部分地区出现能见度不足50米的特强浓雾，对日常出行和交通运输产生严重影响。常熟市气象台在12月27日21时23分发布大雾黄色预警信号，28日0时12分升级发布大雾橙色预警信号，28日7时35分继续升级发布大雾红色预警信号，11时46分解除大雾红色预警信号。 （孙嘉路）

历史人文

【建置沿革】 常熟古称琴川、海虞、南沙等，简称虞、虞城。商末为勾吴北境。

西周时期，常熟地方属吴国。春秋战国时，先后属越、楚、秦。秦代常熟属会稽郡吴县。

西汉时期，常熟境内设有虞乡。东汉时属吴郡吴县，境内有虞乡、南沙乡，在南沙乡设司盐都尉，是地方设吏治的开始。

三国时期，在虞乡设虞农都尉。

西晋太康四年（283年），以虞乡设置海虞县，县治设海虞城（今虞山街道），常熟境域开始有县治。东晋咸康七年（341年），在南沙乡建立南沙县，隶属晋陵郡。

南朝齐永泰元年（498年），海虞县北境设置海阳县，隶于晋陵郡。南朝梁大同六年（540年），南沙之地置常熟县，县治设南沙城（今海虞镇福山），隶于信义郡，常熟县名由此始。

隋朝建立后，变州、郡、县三级制为州、县两级，废信义郡，以海阳、前京、信义、兴国、海虞、南沙六县并入常熟县，县治设南沙城，隶属吴州（今苏州）。隋代开皇九年（589年），以常熟县置常州，设常州理。不久，常州理移至晋陵县，常熟复为县，隶于苏州。

唐代武德七年（624年），常熟县治由南沙城移至海虞城。

元代元贞元年（1295年），常熟县升为常熟州（中州），属平江路。

明代洪武二年（1369年）常熟州复为县，隶苏州府。

清代雍正四年（1726年），常熟县析分为常熟、昭文两县，同城分治。

1911年辛亥革命后，常熟、昭文两县合并为常熟县。

1949年4月27日，常熟解放。5月，以常熟县城区及近郊设常熟市，市、县合署办公。1958年4月，撤销常熟市，常熟市境归常熟县管辖。1983年1月18日，常熟县建置撤销，常熟全境设立常熟市（县级），归苏州市管理。

2023年，常熟市人民政府所在地为虞山街道金沙江路8号。

（年鉴编辑部）

【行政区划】 2023年，常熟市有镇（街道）14个、村民委员会214个、社区居委会136个。年内，新增1个虞山街道春晖社区。 （徐之佼）

表2 2023年常熟市行政区划一览表

行政区	村委会名称	社区名称
梅李镇	胜法村、聚沙村、天字村、寨角村、梅南村、塘桥村、沈市村、珍南村、珍北村、新丰村、圩港村、海城村、赵市村、瞿巷村、师桥村	梅李社区、赵市社区、珍门社区、天和社区
海虞镇	河口村、府东村、东泾村、望虞村、龙墩村、邓市村、聚福村、福山村、铜官山村、徐桥村、新州村、虞南村、香桥村、汪桥村、里泾村、郑家桥村、肖桥村	王市社区、福山社区、周行社区、海福新城社区、南塘社区、海洲社区、丽都社区

续表2

行政区	村委会名称	社区名称
古里镇	苏家尖村、新桥村、湖东村、琴东村、双港村、高长村、下甲村、吴庄村、陈塘村、李市村、联泾村、康博村、紫霞村、芙蓉村、坞坵村	淼泉社区、紫芙社区、双港社区、金湖社区、红豆社区
沙家浜镇	横泾村、红石村、昆南村、芦荡村、昆承湖村、沙南村、苏南村、华阳村、朗城村、常昆村、新湖村、唐东村、唐北村	唐市社区、芦荡社区
支塘镇	八字桥村、窑镇村、枫塘村、长桥村、阳桥村、支东村、丰联村、盛泾村、凤泾村、徐政村、蒋巷村、任南村、何东村、何南村、项桥村、何北村	市镇社区、任阳社区、何市社区
董浜镇	观智村、红沙村、天星村、新民村、永安村、杜桥村、陆市村、智林村、旗杆村、东盾村、北港村、黄石村、里睦村、杨塘村	市镇社区、徐市社区
尚湖镇	河金村、车路坝村、福寿村、东桥村、张村村、家鑫村、南村坝村、山鑫村、大河村、新和村、新鑫村、新巷村、湖庄村、蒋巷镇村、新裕村、常兴村、鸳鸯桥村、罗墩村、吉桥村、练南村、颜巷村、翁家庄村	王庄社区、冶塘社区、练塘社区
辛庄镇	吕舍村、金荡村、华欣村、合泰村、辛中村、常南村、潭荡村、张港泾村、沈浜村、双浜村、洞港泾村、朱家桥村、杨中村、桃园村、东旺村、张家桥村、嘉菱村、旺倪桥村、平墅村、卫家塘村	辛庄社区、杨园社区、张桥社区、辛阳社区
碧溪街道	溪南村、港南村、溪东村、溪西村、周泾村、李村村、小市村、太平桥村、万福村、泗湖村、三湾村、周家桥村、留下村、浒东村、浒西村、李袁村、新苑村、龙桥村、中南村、白莲村、横塘村、徐虎村	浒浦集镇社区、碧溪社区、吴市市镇社区、东张社区、滨江社区、浒浦渔业社区、聚和佳苑社区、阅江佳苑社区
东南街道	苏锋村、东渔村、昆承村、小康村	湖畔社区、东湖社区、启文社区、金麟社区
虞山街道	宝岩村、甸桥村、元和村、泄水村、大湖甸村、建华村	花园浜社区、四丈湾社区、学前社区、报本社区、清和坊社区、北门大街社区、西泾岸社区、西庄街社区、烟雨社区、南门社区、湖中社区、尚湖社区、山前社区、菱塘社区、常福社区、甬江社区、泰安社区、五星社区、琴枫社区、阅江社区、张坝社区、星海社区、李桥社区、兴福社区、明晖社区、报南社区、报北社区、华山社区、南沙社区、枫林社区、虞北社区、望湖社区、梅园社区、福泰社区、嵩山社区、春晖社区
琴川街道	渠中村、湖圩村、新厍村、梦兰村、戈庄村、泰慈村、东环村、泰安村、石墩村、浦浜村、九里村、景龙村、新造村、泯泾村、大虹桥村	藕渠社区、枫泾社区、颜北社区、绿源社区、洪泾里社区、阜湖社区、漕湖社区、湖苑社区、迎春社区、花溪苑社区、荷花社区、庞浜社区、环湖社区、青龙社区、花溪社区、锦荷社区、金山社区、富阳社区、胜湖社区、昭文社区、衡山社区、兴隆社区、虞园社区、虞东社区、杨荡社区、漕泾社区、泰山社区、世茂社区、珠江社区、润欣社区、衡泰社区、中南南苑社区、虞枫社区、锦丰社区、百盛社区、星茂社区、凯文社区、金桂社区、竞文社区、静海社区、陈家市社区、前港社区
莫城街道	东青村、东始村、三瑭村、言里村、长瑞村、燕巷村、安定村、和甸村、湖鹤村、三星村、三和村、湖泾村、新建村、青莲村	山湖社区、琴南社区、莫城社区、和莫社区、聆湖社区
常福街道	合丰村、联盟村、顶山村、永红村、常福村、新红村、毛桥村、明晶村、勤丰村、翻身村、福圩村、方浜村、小山村、五新村、常隆村、中泾村、蜂蚁村、小义村、东联村、压路机村、光明村	丁坝社区、谢桥社区、绿地社区、大义社区、景泰社区、碧海社区、新义社区、怡馨社区、游文社区、珠海社区、景华社区

（资料来源：市民政局）

【史迹遗存】 常熟是吴文化的发祥地之一，1986年被国务院公布为国家历史文化名城。常熟境内有属于马家浜文化时期距今约6738年的何村遗址、属于崧泽文化时期距今约5500年的钱底巷遗址、属于良渚文化时期距今4000多年的罗墩遗址。宋代方塔、明代綵衣堂、清代中国四大藏书楼之一的“铁琴铜剑楼”和曾赵园、燕园等一批历史建筑保护完好。

【历史名人】 商末，陕西岐山周族首领古公亶父次子仲雍带部分族人迁徙至常熟一带，与其兄太伯共同建立勾吴国，任第二任君主，逝后葬于常熟虞山。常熟素有“人文昌盛之邦，文物著于江南”之称，涌现出孔子南方弟子言偃、清代“两朝帝师”翁同龢等一大批名贤。以“虞山”命名的诗派、琴派、画派、印派享誉华夏，代表人物有钱谦益、严澂、黄公望、王翚、沈和、林皋等，明清两代常熟有藏书家近300人。常熟历史上产生过状元8人、宰相10人及进士486人，1955年以来，常熟籍两院院士（含原中国科学院学部委员）有26人。（年鉴编辑部）

【民族宗教】 截至2023年年底，常熟市有户籍少数民族人口2816人，族别37个，其中人口数量较多的有壮族560人，土家族480人，回族356人，满族353人，苗族219人等；全市有外来流动少数民族人口28328人，族别50个，其中人口数量较多的有苗族4558人、土家族4134人、回族3523人、彝族3331人、壮族2481人。

常熟市是江苏省宗教工作重点县（市）之一，境内有佛教、道教、天主教、基督教等。2023年，全市依法登记的宗教活动场所50处，其中佛教32处、道教2处、天主教9处、基督教7处。

（池铭晰）

【人口方言】 截至2023年年底，全市总户数31.919万户，户籍总人口105.1万人。其中，男性50.78万人，占48.32%；女性54.32万人，占51.68%。全市登记外来人口数89.6万人，比上年增长3.5%。全市申报出生3780人，人口出生率为3.59‰；死亡12482人，人口死亡率为11.84‰，人口自然增长率为-8.26‰。全市人均期望寿命（户籍人口）82.59岁，其中男性80.39岁，女性84.81岁。

常熟方言为吴语方言的一种，属吴语太湖片苏沪嘉小片，和苏州话、上海话等北吴其他方言等基本能互通。常熟方言是吴方言中保留古音最完整的方言，有33个声母、50个韵母，清浊、尖团音、平翘判然有别，有整齐的八声调，接近中古发音，和唐朝语言较为接近，是一种较为独特而又颇具代表性的吴语次方言。

（范炟奇　唐建华　年鉴编辑部）

【习俗】 常熟传统岁时习俗有：过立春（又名逢春）、二月二（过花朝节）、三月三（过上巳日）、轧神仙、过立夏、看杨梅、过夏至、过七夕、过立秋、过中元节，以及十月朝、过冬至、过廿四夜等。在婚嫁、丧葬、取名、寿庆、造房、待客、忌讳等方面有礼仪习俗。农耕习俗有：打春牛、祭土地、做青苗、祭田神、加田财、看参星、照田蚕等。生育习俗有：催生、吃满肚饭、吊宿姆、坐月子、开奶、做三朝、剃胎发、去娘舅家、做期果、寄命等。社会习俗有：伦理与公德、开业、析产、承嗣、祭祖、谢灶、祀神等。饮食习俗有：立春吃春饼、二月二吃撑腰糕（煎年糕）、端午吃粽子、七夕吃巧果、中秋节吃糖芋艿和月饼、重阳吃重阳糕、腊八节吃腊八粥、冬至喝冬酿酒、廿四夜和元宵节吃团子等。

夏至后的15天里，是常熟看杨梅、品杨梅的最佳时节，宋代起当地人民就有“看杨梅，烧蒔香”的传统。图为6月23日，游客在宝岩杨梅林观赏和采摘杨梅

（顾雪怡　提供）

【特产】 常熟阳澄湖大闸蟹　阳澄湖是常熟渔民传统渔场，常熟阳澄湖大闸蟹以“青壳、白肚、黄毛、金爪”为特征，将其置于平滑玻璃上也能悬空撑立，爬行自如。这种蟹健壮有力，肉质鲜嫩，脂厚膏盈，蟹黄凝结成块，尤以“九月团脐十月尖”为珍，即农历九月的雌蟹和农历十月的雄蟹最肥美。螃蟹的烹饪方法有清蒸、水煮、酒醉、油炸、面拖（裹上面粉烹制）、红烧等，各具风味。

常熟叫化鸡　又称“叫花鸡”。民国初期，由常熟城区山景园饭店推出。其主材选用常熟“三黄”（黄羽、黄嘴、黄脚）母鸡，配以鸡肫、鲜肉、干贝、火腿、香菇等作鸡腹填料，然后用猪网油紧包鸡身，外加荷叶包扎，再用细草绳扎紧呈枕形，整鸡外面涂上揉黏黄泥，在火上烘烤4至6小时即成。打开泥壳，满屋飘香，入口酥烂肥嫩，风味独特。此菜是常熟地区传统名菜，也是苏州三鸡（叫化鸡、西瓜童鸡和早红橘酪鸡）之一。1957年，“叫化鸡”被江苏省商业厅编入《江苏菜谱》，1960年被商业部编入《中国名菜谱》，2008年，叫化鸡制作工艺被列入苏州市第三批非物质文化遗产名录。

常熟鸭血糯　又名红莲糯，为名贵水稻品种。因米粒外表殷红如鸭血，故名。该品种由清康熙年间栽培的稻种变异而来，曾作为朝廷贡米。经常熟农业科研单位多年培育改良，于1983年定型，称矮鸭血糯，并开始推广种植。鸭血糯富含蛋白质，有强身补血之功效，营养价值很高。民间视鸭血糯为补食，饭店常用其制作点心，鸭血糯八宝饭、炒鸭血糯因色泽美观、香甜可口而成为筵席上的特色食品。常熟鸭血糯获得中国绿色食品认证、入选全国名特优新农产品名录，鸭血稻作文化系统入选江苏省第二批重要农业文化遗产，2023年，“常熟鸭血糯”注册为国家地理标志证明商标，获第二十二届中国绿色食品博览会暨第十五届中国国际有机食品博览会金奖“最受欢迎产品奖”。

王四桂花酒　又称常熟桂花酒，是常熟著名特产。其酿制工艺独特，所酿之酒，一般要陈伏3年以上才可上堂供饮。桂花酒色呈琥珀晶莹，酒质味甜香醇，品质优，酒度低，入口有桂花香，微甜。100多年来，王四桂花酒已成为常熟市民馈赠和到访客人饮用的佳品。

常熟炒浇面　属于常熟地方特色小吃，以小锅现场炒制的浇头浇面而得名。浇头常见的种类有虾腰、鳝糊、焖肉、肥肠、生煎大排、雪菜黄鱼、三鲜等，其中，以当地虞山野生松树蕈熬制的蕈油作为浇头制作的蕈油面最为出名。常熟人吃炒浇面有很多术语，对汤有红汤、白汤、拌面、宽卤拌、紧汤、宽汤等说法；对面有轻面、重面、断生、硬面、软面、烂面等说法；对调料有素油、荤油、轻油、重油、重青、带咸、和淡、加辣、带甜、免油、免鲜等说法。

虞山绿茶　虞山（古称乌目山）种植茶树始于明清之际。民国时期，虞山山顶的祖师庙后、虞山北麓的兴福寺两侧山地均有茶树种植。1958年常熟建立虞山茶场，从闽、浙、皖引进茶苗，初植于虞山山麓平地，继向山坡、山脊扩展。每年清明至谷雨期间茶农采摘嫩芽，加工炒制成绿茶。虞山绿茶以"香气浓、汤色绿、滋味醇"为特色，尤以"剑毫""茗毫""珍毫"为珍品，誉为"乌目三毫"，其中，用虞山白叶茶树新生叶片制作的茶品——"剑门太白""虞山白茶"尤为名贵。1996年，"剑门绿茶"获评苏州市第一批绿色食品。2023年，"剑门碧螺春"获第二十二届中国绿色食品博览会暨第十五届中国国际有机食品博览会金奖。

桂花栗子　常熟虞山兴福一带村民有将栗子树与桂花树混栽的传统。每至中秋时节，桂花盛开，浓香扑鼻，这时大批的栗子逐渐成熟采收，一树桂花香，一树栗子黄。其出产的桂花栗子以色白、肉厚而闻名。有"顶山之栗，质而香囊，自古著名，其嫩时剥而食之，犹带有桂花香也"的说法。

王庄西瓜　民国《重修常昭合志》中就有常熟种植西瓜记载，王庄西瓜是尚湖镇的传统农产品，以"皮薄、汁多、味甜、口感爽脆"而著称。20世纪五六十年代，王庄西瓜在上海、苏州、南京等地有很高的声誉度。王庄西瓜果实近圆球形，单果重6~8千克。果皮绿色，覆盖墨绿色窄条带。瓜皮厚8~10毫米。瓜瓤鲜红色，色泽均匀，肉质细嫩，瓤沙松脆，汁多味甜。瓜子少，黝黑色，分布均匀。2006年被中国绿色食品发展中心认定为"绿色食品"，2020年被农业农村部批准实施国家农产品地理标志登记保护。

董浜黄金小玉米　董浜黄金小玉米种植历史悠久，为董浜镇传统品种。种植时间为3月上旬到7月上旬。果实金黄，果穗小巧，籽粒排列整齐，果穗长10~13厘米，穗行数12~16行，穗粗3~4厘米，单果带壳鲜重100~120克，单果去皮鲜重75~85克。烹煮时香味四溢，口感香糯。2020年被农业农村部批准实施农产品地理标志登记保护。

董浜筒管玉丝瓜　主要种植在董浜镇，果实均匀顺直，形似纺纱筒管，长30~35厘米，直径4~5厘米。果皮薄、皮色翠绿，有浅条纹，果肉白玉色。熟制后果肉淡绿色，不易褐变，肉质细嫩无筋，口感爽滑，清香微甜。2020年被农业农村部批准实施国家农产品地理标志登记保护。（年鉴编辑部）

经济发展

【古代经济】　常熟地理位置、气候条件、土壤水系适宜农耕养殖，古代长期以农为本。6700多年前常熟境内就有人类活动。5000年前，常熟已种植水稻。

常熟境内湖荡密布，每遇洪涝，东南低区常成为泽国。春秋时期，常熟境内即围垦洼地。

南朝梁大同六年（540年）设常熟县，当时北方士族南下，加速了太湖流域的开发。经过多年治理，常熟一带水利达到较高的水平，旱涝无忧，"常熟其田"。

唐代，常熟商业逐步发展，有茶、盐、酒等税收。

北宋，常熟已是"县庭无讼乡间富，岁岁加收常熟田"的丰饶之区，商业遍布城乡。朝廷在城区及福山、梅李、浒浦等地设务，征收商税。南宋时期，国家政权重心南移，江南开发加快，农业经济发展迅速，常熟成为全国粳稻的主要产区之一。南宋晚期，境内浒浦港成为重要的渔、盐集散地。

元末明初，常熟沿江开始引种棉花，形成棉麦两熟制。随着棉花的引种，纺织品交易形成市集。有"陆海盐绨锻冶之饶，闻于东南"之称。

明清时期，常熟是国家粮赋重地、财税渊薮。明朝建立后，常熟大量荒地得到开垦，水稻种植面积扩大。常熟商业活动渐趋繁荣，市集增多，县城商业初具规模，且多数与农副产品有关，唐市（今沙家浜镇）地区形成粮食集散地。清代中期后，受西方影响及上海工商业辐射，外地到常熟开店经营的商人增多，常熟工商业得到快速发展。

【近代经济】　清末，常熟开始出现近代工业。宣统年间，常熟有商贸服务行业近40种。20世纪30年代中期，苏常公路与锡沪公路建成通车，常熟餐饮业、旅馆业一度繁荣。后受日本侵华战争影响，常熟诸业凋敝。抗战胜利后，常熟商业一度复兴。后因通货膨胀，物价上涨，国外剩余物资倾销，商业遭受灾难性打击。中华人民共和国成立前夕，常熟多数行业处于萧条状态，全县有纺织、机械加工等工业企业近600家。

【现代经济】　中华人民共和国成立后，常熟逐步建立起工业体系和国民经济体系。中共十一届三中全会后，常熟抓住改革开放契机，农村面貌发生巨变，农民生活大为改善，被誉为"苏南四小龙"之一。1979年，常熟预算内财政收入超过1亿元。1980年，常熟工业产值占工农业总产值的比例上升至76.8%，工业成为常熟经济的主体产业。1983年，常熟成为江苏省首个农村储蓄超1亿元的县。20世纪80年代，常熟大力发展乡镇企业，"碧溪之路"成为苏南模式的代表。1985年，常熟市招商场（今常熟服装城前身）开业。1986年，全市第一家中外合资企业建成投产。20世纪末，常熟民营经济突飞猛进，全市经济形成民营经济、外贸经济、品牌经济"三驾马车"齐头并进的格局。21世纪初，常熟财政收入首次超过40亿元，常熟全部达到省定全面小康指标，形成基本实现现代化的初步形态。

中共十八大以后，常熟坚持推动经济高质量发展，经济发展水平继续保持全国前列，连续多年跻身全国县级市前五。2023年，常熟市实现地区生产总值2800.16亿元，比上年增长3.6%。实现一般公共预算收入237.39亿元，比上年增长7.9%。（年鉴编辑部）

责任编辑　归岳嵚

中国共产党常熟市委员会

综　述

【强化使命担当】 2023年，中共常熟市委把深入学习宣传贯彻党的二十大精神、习近平总书记对江苏、苏州工作重要讲话重要指示精神和学习贯彻习近平新时代中国特色社会主义思想主题教育（以下简称主题教育）三件大事结合起来、一体推进。市委理论学习中心组专题学习交流，带动各级党组织开展学习讨论，抓好贯彻落实。践行“以学促干”要求，全面对标对表，大兴调查研究，出台贯彻落实《中共常熟市委关于深入学习贯彻习近平总书记对江苏工作重要讲话精神在推进中国式现代化中走在前做示范谱写更高品质“江南福地”现代化建设新篇章的决定》和10个“高质量发展行动方案”，把习近平总书记重要讲话重要指示精神细化为“任务书”“路线图”，进一步明确更高品质“江南福地”现代化建设的目标定位。开展第二批主题教育，落实读书班、专题党课、大讨论、典型案例解剖式调研等重点任务，开展“千村万企、千家万户”大走访，推动问题检视整改5688个，解决企业群众问题4865个，主题教育取得成效。

【全面从严治党】 2023年，中共常熟市委纵深推进全面从严治党，配合做好省委巡视和苏州市委联动巡察，从严从实抓好反馈问题整改，建立“1+7”工作清单制度，一批突出问题得到解决。强化基层党组织建设，推进抓党建促乡村振兴“十百千”工程，实施产业链党建“聚力赋能”行动，成立重点产业链党组织14个。持续优化干部队伍建设，出台推动“干部敢为”锻造过硬队伍若干措施，制定年轻干部“严选严育严管严用”若干规定、“八小时外”活动负面清单和监管清单，选派年轻干部“上下内外”交互式挂职锻炼。推进党风廉政建设，开展“双提双促”专项监督、“新风护航”专项行动，出台推动落实“四敢”要求12条举措，巩固发展良好政治生态。推进意识形态基层建设年工作，守牢前沿阵地。

【省委巡视和巡视整改工作】 4月18日至6月28日，省委第二巡视组对常熟市开展巡视。市委配合做好省委巡视各项工作，成立省委巡视联络工作领导小组，加强组织协调、做好服务保障、推进问题整改。处办巡视移交立行立改3项、巡视建议11项。10月9日，收到省委巡视反馈意见后，成立整改落实工作领导小组，先后召开专题会议6次、专题民主生活会1次，部署推动巡视整改落实工作。针对省委巡视组反馈的5个方面42项问题，细化形成148项具体整改任务，明确牵头市领导、责任单位、参与单位和完成时限，并将巡视问题全部纳入“1+7”工作清单问题库，常态化督查推进。市委组织部、市委宣传部、市委巡察办分别牵头抓好选人用人、意识形态工作责任制、巡察工作专项检查3个专项巡视整改工作。市纪委监委、市委办、市政府办、市委巡察办等部门形成联同监督机制并开展专项督查，通过实地走访、查阅台账、现场问询等方式掌握问题整改进度，对发现的相关问题即时反馈督促整改，推动销号管理，确保巡视整改落到实处。

重要会议与活动

【市委全会】 2023年，中国共产党常熟市第十四届委员会先后召开全体会议2次。

8月1日，中国共产党常熟市第十四届委员会第六次全体会议召开。全会坚持以习近平新时代中国特色社会主义思想为指导，贯彻省委、苏州市委全会精神，对深入学习贯彻习近平总书记对江苏工作重要讲话精神作出全面部署，结合总结上半年工作、部署下半年任务，动员全市上下牢记嘱托、感恩奋进，以“走在前、做示范”的果敢担当，谱写更高品质“江南福地”现代化建设新篇章。会议由市委常委会主持。市委书记周勤第代表市委常委会向大会作题为《奋进再出发 矢志走在前 谱写更高品质“江南福地”现代化建设新篇章》的报告。全会审议通过《中共常熟市委关于深入学习贯彻习近平总书记对江苏工作重要讲话精神在推进中国式现代化中走在前做示范谱写更高品质“江南福地”现代化建设新篇章的决定》《中国共产党常熟市第十四届委员会第六次全体会议决议》。

12月28日，中国共产党常熟市第十四届委员会第七次全体会议暨市委经济工作会议召开。会议高举习近平

8月1日，中国共产党常熟市第十四届委员会第六次全体会议在常熟会议中心召开（朱琪 摄）

新时代中国特色社会主义思想伟大旗帜，深入学习贯彻党的二十大、二十届二中全会精神和习近平总书记对江苏、苏州工作重要讲话重要指示精神，全面落实中央、省委经济工作会议和省委全会、苏州市委全会暨经济工作会议要求，总结2023年工作，部署下年任务，动员全市上下更加坚定自觉地牢记嘱托、感恩奋进、走在前列，奋力谱写更高品质“江南福地”现代化建设新篇章。市委常委会主持会议。市委书记周勤第讲话。市委副书记、市长秦猛就当前工作作具体部署。会议听取和讨论周勤第受市委常委会委托作的工作报告，审议通过《中国共产党常熟市第十四届委员会第七次全体会议决议》，书面审议《中共常熟市委常委会2023年度落实全面从严治党主体责任情况的报告》。

【常委会会议】 2023年，中国共产党常熟市第十四届委员会举行常委会会议32次。市委常委会学习贯彻习近平总书记系列重要讲话和指示批示精神，学习贯彻习近平总书记考察江苏重要讲话精神。审议《常熟市新型产业用地管理试行办法》《常熟市种业创新创优争当种业强市工作方案》《常熟市加快构建新能源智能汽车产业生态三年行动方案（2023—2025年）》《常熟市生态环境基础设施建设规划（2023—2025年）》《关于支持辛庄镇南向发展、加快融入苏州市域一体化的有关意见》等文件。听取关于2023年市委、市政府重点工作，以及市人大常委会、市政协和市有关领导、市级机关部门、各板块2023年“十项”重点工作安排以及全市经济运行、安全生产工作等情况汇报。

表3　2023年常熟市第十四届市委常委会会议一览表

会议名称	时间	议题内容
第十四届市委常委会第55次会议	1月14日	学习贯彻习近平总书记系列重要讲话和指示批示精神；学习贯彻苏州两会精神；听取同级人大、政府、政协、法院、检察院党组2022年工作情况以及2023年工作计划的汇报；听取近期常熟市疫情防控工作情况汇报，研究部署下一阶段工作；听取关于2022年度安全生产事故分析的情况汇报；听取关于2023年市级重点产业项目情况的汇报；听取关于成立市金融风险化解委员会建议方案的汇报，审议《常熟市金融风险化解委员会工作规则》《常熟市金融风险化解委员会办公室工作细则》；审议《常熟市种业创新创优争当种业强市工作方案》；审议《常熟市“十四五”时期“无废城市”建设实施方案》；听取关于第四季度全市信访和社会安全稳定形势的汇报；听取关于2022年度关工委工作情况的汇报；审议《常熟市市级国有企业总经理助理管理办法（试行）》；审议《常熟市市级专班人员管理办法（试行）》；听取关于文体旅局事业单位改革相关方案的汇报；听取关于2022年度市管干部处分情况的汇报
第十四届市委常委会第56次会议	2月5日	学习贯彻习近平总书记系列重要讲话和指示批示精神；学习贯彻省十四届人大一次会议精神；听取关于2023年春节后复工复产安全防范工作建议的汇报；审议《关于加强新时代离退休干部党的建设工作的实施方案》；听取关于隆力奇相关工作情况的汇报；传达学习上级纪委全会精神，听取十四届市纪委三次全会工作报告起草情况的汇报
第十四届市委常委会第57次会议	2月12日	学习贯彻习近平总书记系列重要讲话和指示批示精神；审议《市委常委会2023年工作要点》，听取关于2023年全市重点会议活动安排情况的汇报；审议《关于开展“双提双促”专项监督护航中国式现代化常熟新实践的实施方案》；传达学习中央、省委、苏州市委农村工作会议精神，听取常熟市贯彻落实建议的汇报；听取2023年度全市党政领导干部定期接待群众来访工作计划的汇报，研究部署常熟市全国两会期间信访工作；审议《常熟市存量产业用地更新指导意见（试行）》；听取关于隐性债务化解方案相关情况的汇报；审议《常熟文旅发展有限责任公司高质量发展三年行动计划（2023—2025）》；听取关于辛庄镇经济发达镇培育工作的汇报；听取关于2022年全市纪检监察工作、组织工作、宣传工作、统战工作、政法工作情况以及2023年工作计划的汇报
第十四届市委常委会第58次会议	2月22日	听取有关干部事项的汇报

续表3

会议名称	时间	议题内容
第十四届市委常委会第59次会议	3月5日	学习贯彻习近平总书记系列重要讲话和指示批示精神；听取关于当前经济运行情况的汇报；听取常熟市民营经济创新发展大会及常来常熟2023常熟“旅游+消费”暨城市品牌（上海）推介会筹备工作情况的汇报；审议《常熟市贯彻落实第二轮中央生态环境保护督察报告整改方案》；传达学习上级安全生产会议精神，听取关于全国两会期间全市安全生产工作情况的汇报，通报安全生产“回头看”监督检查情况；听取关于2023年市委、市政府重点工作，以及市人大常委会、市政协和市有关领导、市级机关部门、各板块2023年“十项”重点工作安排的汇报；听取关于修订《中共常熟市委常委会“三重一大”事项议事决策规则》相关事项的汇报；审议《常熟市新型产业用地管理试行办法》；听取关于2023年常熟市劳动模范推荐评选方案的汇报；审议《关于推动“干部敢为”锻造过硬队伍的若干措施》；听取关于中利集团破产重整工作情况的汇报；听取关于常熟市哲学社会科学界联合会第三次代表大会方案的汇报；听取有关案件情况的汇报；听取有关干部事项的汇报
第十四届市委常委会第60次会议	3月18日	学习贯彻习近平总书记在全国两会期间有关重要讲话精神及近期其他重要讲话重要指示精神；审议《常熟市“六不五优化”营商环境专项行动方案》；审议《关于贯彻落实〈苏州市户籍准入登记管理办法〉的实施意见》；审议《常熟市加快构建新能源智能汽车产业生态三年行动方案（2023—2025年）》；审议《常熟市生态环境基础设施建设规划（2023—2025年）》；审议《关于支持辛庄镇南向发展、加快融入苏州市域一体化的有关意见》
第十四届市委常委会第61次会议	4月4日	学习贯彻习近平总书记系列重要讲话和指示批示精神；听取全市当前经济运行情况和下一步重点工作建议的汇报；传达学习上级统战部长会议精神，研究部署全市贯彻落实举措；听取关于全市党的建设相关工作情况的汇报；听取关于常熟撤县设市40周年暨2023常熟精英创业联盟大会暨虞山文化沙家浜旅游节开幕式筹备工作情况的汇报；听取关于一季度全市信访和社会安全稳定形势的报告；审议《关于加强和改进新时代政协工作的实施意见》；研究部署关工委、老龄委、老龄协会有关事项；研究经开区、高新区成立招商公司有关事项；听取关于2022年度苏州综合考核情况的分析，以及2022年度综合考核结果及等次建议情况的汇报；审议《中共常熟市委2023年度全面从严治党主体责任清单》
第十四届市委常委会第62次会议	4月16日	学习贯彻习近平总书记系列重要讲话和指示批示精神；审议《关于在全市各级党组织和广大党员干部中大兴调查研究的实施方案》；传达学习省文明委、苏州市创建办会议精神，听取全市贯彻落实情况的汇报；听取关于近期全市生产安全事故分析的汇报，研究部署下一阶段工作；听取关于中国声学产业创新发展大会暨中国（苏州）声学产业博览会筹备工作情况的汇报；审议《关于设立常熟市“村庄清洁日”暨深入开展“净美家园我负责”主题实践活动的通知》；听取关于“我为群众办实事——五一面对面”新时代文明实践活动方案的汇报；学习《中国共产党巡视工作条例》，传达上级巡视工作会议精神，听取全市做好省委巡视工作建议方案的汇报；听取有关案件情况汇报；听取关于2022年市管领导班子和领导干部年度考核情况的汇报
第十四届市委常委会第63次会议	5月3日	学习贯彻习近平总书记系列重要讲话和指示批示精神；听取关于2023年高质量发展综合考核系列文件的汇报；审议《关于进一步做好整治形式主义问题为基层减负相关工作的通知》；传达学习上级深改委会议精神，审议改革有关文件；听取关于2023年生态环境质量“首季争优”工作情况的汇报；审议《2023年常熟市推进批零住餐企业纳统工作若干措施》；听取关于2023年度市政府重大行政决策目录编制情况的汇报；听取关于一季度化债情况及下阶段债务管理工作要点的汇报；审议市委向省委第二巡视组的《工作情况汇报》
第十四届市委常委会第64次会议	5月9日	听取有关干部事项的汇报
第十四届市委常委会第65次会议	5月13日	学习贯彻习近平总书记系列重要讲话和指示批示精神；传达常熟市委工作情况汇报会精神，部署配合做好省委巡视有关工作；审议《常熟市新增工业载体用地项目评价管理办法（试行）》；审议《常熟市基层医疗机构优化整合实施意见》；听取关于2023年常熟市劳动模范人选的汇报；审议《市委领导班子成员意识形态工作责任清单》《2023年度全市意识形态工作重点任务清单》；听取有关干部事项的汇报
第十四届市委常委会第66次会议	6月4日	学习贯彻习近平总书记系列重要讲话和指示批示精神；听取关于《省政府办公厅关于对2022年落实有关重大政策措施真抓实干成效明显地方予以督查激励的通报》相关情况及2023年努力目标的汇报；审议《市委常委会成员、市政府领导班子成员2023年安全生产重点工作清单》；听取关于2023常熟虞山文化暨沙家浜旅游节系列活动方案的汇报；审议《关于推进年轻干部严选严育严管严用的若干规定》《常熟市优秀年轻干部发现识别“拔萃”行动实施方案》
第十四届市委常委会第67次会议	6月18日	学习贯彻习近平总书记系列重要讲话和指示批示精神；听取关于开展进京访突出矛盾“百日会战”的情况汇报；听取关于全市河湖长制工作情况的汇报；听取关于市级部门党组设置调整和乡镇组织、宣传、统战、政法“四委员”调整规范建议方案的汇报；审议《关于进一步加强全市编外用工管理的指导意见》《关于进一步规范市级机关事业单位编外用工的管理办法》《关于加强乡镇（街道）编外及村、社区工作人员管理的意见》《关于进一步规范市级机关事业单位编外用工薪酬分配的指导意见》

续表3

会议名称	时间	议题内容
第十四届市委常委会第68次会议	6月30日	学习贯彻习近平总书记系列重要讲话和指示批示精神；听取关于江苏省药品监督管理局审评核查常熟工作站筹建工作及共建协议起草情况的汇报；审议《关于加强新时代关心下一代工作委员会工作的实施意见》；听取关于庆祝中国共产党成立102周年活动安排相关事项及全市“江南福地·四敢先锋”优秀共产党员、先进基层党组织评选工作有关情况的汇报；传达贯彻省安委会会议精神，听取全市上半年安全生产及城镇燃气安全排查整治工作情况的汇报；传达学习苏州市委农村工作领导小组会议精神，部署推进全市村庄垃圾清理整治工作
第十四届市委常委会第69次会议	7月9日	学习贯彻习近平总书记系列重要讲话和指示批示精神；传达学习中央文明办改革改进文明城市创建工作专题调研座谈会主要精神，听取全市贯彻落实情况的汇报；传达学习习近平总书记在二十届中央审计委员会第一次会议上的讲话精神，审议《关于常熟市2022年度市级预算执行和其他财政收支情况的审计工作报告》《常熟市内部审计情况调研报告》；听取关于2023年度镇（街道）、开发区综合考核指标调整优化情况的汇报；审议《关于进一步加强农村住房建设管理工作的意见（试行）》；听取有关干部事项的汇报
第十四届市委常委会第70次会议	7月29日	学习贯彻习近平总书记系列重要讲话和指示批示精神；审议《新建南通至宁波高速铁路常熟西站站房合作建设协议》《新建南通至宁波高速铁路常熟西站配套工程建设框架协议》，听取关于农科公司法定代表人登记有关事项的情况汇报；听取关于苏州综合考核指标半年度自查评估情况的汇报；听取关于市委十四届六次全会报告、当前工作部署材料起草情况及会议筹备工作情况的汇报，审议有关文件材料；听取关于2023年上半年全市消防安全形势分析的汇报，研究下半年消防工作；听取关于2023年上半年深入打好污染防治攻坚战工作情况的汇报，审议《关于优化排污总量指标管理服务高质量发展的实施办法》；审议《常熟市交通系统国企改革方案》；听取关于2023年二季度全市信访和社会安全稳定形势的报告；听取有关案件情况的汇报
第十四届市委常委会第71次会议	7月29日	学习贯彻习近平总书记考察江苏重要讲话精神
第十四届市委常委会第72次会议	8月10日	学习贯彻习近平总书记系列重要讲话和指示批示精神；传达学习全国生态环境保护大会精神，听取全市贯彻落实建议的汇报；传达学习上级有关会议及文件精神；传达学习中央、省委、苏州市委保密委员会、密码工作领导小组会议和《中央保密委员会关于2022年全国窃密泄密案件情况的通报》精神；传达学习省委国安委和全省党委国安办主任会议、苏州市委国安委和苏州市党委国安办主任会议精神，审议《中共常熟市委国家安全委员会2023年工作要点》；传达学习苏州市委对台工作领导小组会议精神，研究部署对台工作；传达学习中央巡视工作规划专题培训班以及全国新任职县级巡察办主任培训班精神；听取有关干部事项的汇报
第十四届市委常委会第73次会议	8月20日	学习贯彻习近平总书记系列重要讲话和中央有关重要会议及文件精神，部署下一步经济工作；听取2023年上半年全面从严治党工作汇报，传达学习省委主题教育领导小组办公室相关文件精神，听取全市贯彻落实情况的汇报；传达学习全省加重村级组织负担突出问题专项整治推进会议精神，听取全市贯彻落实情况的汇报；审议《常熟市红十字会第八次会员代表大会方案》；听取有关案件情况的汇报
第十四届市委常委会第74次会议	9月3日	学习贯彻习近平总书记系列重要讲话和指示批示精神；学习贯彻习近平总书记对党的建设和组织工作的重要指示精神，传达学习全国、全省、苏州市组织工作会议精神，听取全市贯彻落实建议的汇报；听取关于全市慈善工作情况的汇报，组织集中募捐；听取关于2023年团职军转干部积分选岗职位的建议方案
第十四届市委常委会第75次会议	9月14日	听取上级主题教育工作有关精神及全市相关工作情况的汇报
第十四届市委常委会第76次会议	9月16日	学习贯彻习近平总书记系列重要讲话和指示批示精神；审议《常熟深化科技创新与先进制造融合推动制造业高质量发展行动方案（2023—2026）》；审议《常熟市虞山尚湖古城保护和利用高质量发展行动方案（2023—2026）》；审议《常熟经开区高质量发展行动方案（2023—2026）》；审议《常熟高新区高质量发展行动方案（2023—2026）》；听取关于全市防范化解地方债务风险工作情况的汇报
第十四届市委常委会第77次会议	9月26日	学习贯彻习近平总书记系列重要讲话和指示批示精神；听取《常熟市国民经济和社会发展“十四五”规划纲要》实施中期评估报告起草情况的汇报；审议《常熟融合创新区高质量建设行动方案（2023—2026）》；审议《常熟市农业农村高质量发展行动方案（2023—2026）》；审议《常熟市文体旅产业高质量发展行动方案（2023—2026）》；审议《2023常熟市金秋经贸洽谈会建议方案》；审议《常熟市关于深化质量强市建设的工作方案》；听取有关案件情况汇报
第十四届市委常委会第78次会议	10月6日	学习贯彻习近平总书记系列重要讲话和指示批示精神；听取我市学习贯彻习近平新时代中国特色社会主义思想主题教育开展情况的汇报；听取市委人才工作相关情况的汇报，审议有关文件；听取全市三季度经济运行情况和下一步重点工作建议的汇报；审议《常熟市优化“一老一小”保障工作行动方案（2023—2026）》；审议《常熟市基层社会治理突出问题攻坚行动方案（2023—2026）》；审议《常熟市直播电商产业高质量发展行动方案（2023—2026）》；听取关于苏州市委常委会专题调研常熟市工作相关准备工作情况的汇报；听取有关干部事项的汇报

续表3

会议名称	时间	议题内容
第十四届市委常委会第79次会议	10月12日	专题研究部署省委第二巡视组巡视常熟市反馈意见整改工作
第十四届市委常委会第80次会议	10月29日	学习贯彻习近平总书记系列重要讲话和指示批示精神；审议《常熟市推进新一轮太湖综合治理行动方案》；听取关于苏州市国家食品安全示范城市创建工作省级测评以及常熟市创建工作情况的汇报；听取关于2023年三季度全市信访和社会安全稳定形势的报告；听取关于与阿那亚控股集团合作的情况汇报；听取有关苏州高铁北城产业先导区项目的情况汇报；审议《苏州港常熟港区管理委员会办公室主要职责》；听取关于纪检监察机构监察官等级确定工作的情况汇报
第十四届市委常委会第81次会议	11月10日	学习贯彻习近平总书记系列重要讲话和指示批示精神；听取我市学习贯彻习近平新时代中国特色社会主义思想主题教育开展情况的汇报；听取关于贯彻落实苏州市“1+7”工作清单制度实施方案的汇报；听取关于贯彻落实苏州市“千村万企、千家万户”大走访工作实施方案的汇报；听取关于今年以来全市安全生产情况的汇报；审议省委巡视整改有关方案；听取关于《十四届常熟市委巡察工作规划》修订情况的汇报；听取关于支持正力新能做优做强的情况汇报
第十四届市委常委会第82次会议	11月17日	学习贯彻习近平总书记系列重要讲话和指示批示精神；听取1—10月全市经济运行情况汇报
第十四届市委常委会第83次会议	12月2日	学习贯彻习近平总书记系列重要讲话和指示批示精神；传达全国、全省、苏州党委和政府秘书长办公室（厅）主任会议精神，研究全市贯彻落实工作（书面汇报）；传达苏州市规范各类论坛、展会、会议等举办工作调研座谈会主要精神；听取关于做好常熟市政府投资基金问题专项治理工作的汇报；审议《关于中国少年先锋队常熟市第七次代表大会方案》；听取有关案件情况的汇报；听取有关干部事项的汇报
第十四届市委常委会第84次会议	12月13日	听取有关干部事项的汇报
第十四届市委常委会第85次会议	12月17日	学习贯彻习近平总书记系列重要讲话和指示批示精神；传达全国、全省及苏州市宣传思想文化工作会议精神，听取我市贯彻落实建议的汇报；听取全市学习贯彻习近平新时代中国特色社会主义思想主题教育开展情况的汇报；传达学习省委巡视整改情况专题汇报会精神，听取关于我市巡视反馈问题整改工作进展情况的汇报；听取关于2023年民生实事项目实施情况及2024年民生实事项目建议方案的汇报；听取关于2024年常熟市重点项目清单编制情况的汇报；听取关于2023年市级投资（含国企）项目进展和2024年计划草案编制情况的汇报；听取关于召开市十六届人大三次会议、市政协十五届三次会议筹备工作情况的汇报；听取关于建立开发区人大工作协调会议制度和人大代表联席会议制度有关事项的汇报
第十四届市委常委会第86次会议	12月25日	学习贯彻习近平总书记系列重要讲话和指示批示精神；听取关于市委十四届七次全会暨市委经济工作会议报告、2023年度落实全面从严治党主体责任报告及会议筹备工作情况的汇报；听取关于市人大常委会和市政协常委会工作报告起草情况的汇报；听取关于市级2024年部门预算编制情况的汇报；听取关于市委党校2023年工作的汇报；听取关于市十六届人大三次会议组织机构等有关建议人选名单的汇报；听取有关干部事项的汇报

【市委深改委会议】 2023年，常熟市召开市委深改委会议4次，会议由市委书记周勤第主持。内容涉及听取《关于文体旅局事业单位改革相关方案》《关于经开区、高新区成立招商公司有关事项》的汇报。学习贯彻习近平总书记在二十届中央全面深化改革委员会第一次会议上的重要讲话精神，传达学习省委、苏州市委深改委会议精神，听取关于《中共常熟市委全面深化改革委员会2022年工作总结》《中共常熟市委全面深化改革委员会2023年工作要点》《常熟市农业科技发展有限公司深化改革方案》《常熟市交通系统国企改革方案》起草情况汇报等。

表4　2023年常熟市创一代本土企业家、新生代优秀创业者、新时代双创领军者一览表

类型	姓名	工作单位
创一代本土企业家	高德康	波司登股份有限公司
	季丙元	常熟市龙腾特种钢有限公司
	邵建洪	常熟市交电家电有限责任公司
	罗小春	江苏常熟汽饰集团股份有限公司
	王春华	常熟开关制造有限公司（原常熟开关厂）
	陶惠平	江苏新泰材料科技有限公司
	包乾申	江苏新合作常客隆数科商业有限公司
	张　鹤	苏州通润驱动设备股份有限公司
	江建龙	常熟华东汽车有限公司
	朱克明	苏州长城精工科技股份有限公司

续表4

类型	姓名	工作单位
新生代优秀创业者	郭　健	日禾戎美股份有限公司
	张晓良	江苏尚科聚合新材料有限公司
	霍李均	江苏博涛智能热工股份有限公司
	顾学峰	永华化学股份有限公司
	陈　军	苏州英特模科技股份有限公司
	朱向东	江苏雪中飞电子商务有限公司
	陆　骏	江苏万宝桥梁构件有限公司
	陆　雯	常熟市伟恒模具铸造有限公司
	应　立	江苏强盛功能化学股份有限公司
	金志明	江苏华益科技有限公司
新时代双创领军者	陈锦魁	苏州锦艺新材料科技股份有限公司
	陈　默	江苏舒茨测控设备股份有限公司
	蒋　新	苏州晶洲装备科技有限公司
	王　敕	苏州艾科瑞思智能装备股份有限公司
	洪　坚	多科智能装备（常熟）有限公司
	罗小帆	苏州聚复科技股份有限公司
	陈毅敏	苏州英华特涡旋技术股份有限公司
	顾勇涛	江苏亨睿碳纤维科技有限公司
	刘　杰	苏州东瑾服饰科技有限公司
	林卫斌	苏州德扬数控机械有限公司

（资料来源：市委办）

【市民营经济创新发展大会】 3月22日，常熟市民营经济创新发展大会召开。市委书记周勤第出席会议并讲话。市委副书记、市长秦猛发布《常熟市“六不五优化”营商环境专项行动方案》。会议强调，要坚持以习近平新时代中国特色社会主义思想为指导，深入学习贯彻党的二十大精神，坚持“两个毫不动摇”，落实“四敢”要求，持续打造最优营商环境，让民营经济走上高质量发展的康庄大道，助力全面推进中国式现代化常熟新实践、加快建设更高品质“江南福地”。会上，市委、市政府对10名创一代本土企业家、10名新生代优秀创业者、10名新时代双创领军者予以通报表彰。

【省委第二巡视组巡视常熟市工作动员会】 4月18日，省委第二巡视组巡视常熟市工作动员会召开。省委第二巡视组组长蔡骏作动员讲话，对做好巡视工作提出要求。苏州市委常委、纪委书记、监委主任刘乐明就常熟市委接受巡视监督、配合和支持巡视工作提出要求。常熟市委书记周勤第主持会议并作表态发言。会议强调，省委巡视组将围绕政治巡视“四个落实”要求，紧盯权力和责任，紧盯“一把手”和领导班子，紧盯群众反映强烈的问题，深入开展政治监督。

【主题教育调研成果交流会暨市委务虚会】 12月17日，主题教育调研成果交流会暨市委务虚会召开。市委书记周勤第主持会议并讲话。市委副书记、市长秦猛部署具体工作，市人大常委会主任王建国和市政协主席沈晓东作交流发言。会议回望2023年全市经济社会发展情况。会议强调，要拿出“拼”的干劲、“闯”的势头，争第一、创唯一、攀新高，不负韶华、不负期待，奋力书写“江南福地”建设新篇章。

【主题教育工作汇报会暨2023年度抓基层党建工作述职会】 12月24日，主题教育工作汇报会暨2023年度抓基层党建工作述职会召开，市委书记周勤第主持会议并讲话，市委副书记、市长秦猛出席会议。会上，各板块党（工）委代表汇报主题教育工作情况，并就抓基层党建工作进行述职，市委教育工委、市国企党工委作书面述职。周勤第逐一点评各板块党（工）委工作，在肯定成绩的同时着重指出问题，并明确下一阶段工作重点。会议强调，要坚持围绕中心服务大局，为高质量发展勇担使命、实干争先。周勤第要求，要坚持大抓基层鲜明导向，为高质量发展筑强根基、聚势赋能。

巡察工作

【概况】 2023年，十四届常熟市委完成2轮常规巡察任务，对4个镇（街道）、9家机关部门、50个村（社区）开展政治体检，对巡察中发现的问题形成专题报告，推动相关职能部门加强监管、专项整治。常熟市委巡察机构配合做好江苏省委巡视、苏州市委巡察及整改工作。（顾春晖）

【巡视巡察保障】 4月18日—6月28日，省委第二巡视组对常熟市进行巡视，市委巡察机构配合市委、市政府成立省委巡视联络工作领导小组，落实专人24小时驻点联络，常态化做好协调保障工作。完成台账资料收集汇总、交办任务协调收送、下沉调研服务保障等任务，累计收集整理台账资料200多套、协调报送各类材料393份、服务保障下沉调研50余次、协调处办巡视移交立行立改3项、巡视建议11项。配合做好苏州市委联动巡察市纪委监委机关、市委组织部、常熟经济技术开发区，以及县级联动巡察组“两主两专”专项巡察服务保障相关工作。

【巡视问题整改】 2023年,常熟市做好省委巡视反馈意见整改落实工作,年内,省委巡视反馈的42项问题已整改到位4项,38项持续推进中。市委巡察机构配合成立巡视反馈意见整改落实工作领导小组,会同各部门对照巡视反馈意见和问题清单,梳理分解42项整改任务,形成148项具体整改任务,协助推动各牵头部门研究制定整改举措,形成整改工作方案、整改进展情况报告,推进整改各项工作。贯彻落实"1+7"工作清单制度,将巡视反馈问题纳入"1+7"工作清单重点内容,梳理形成《巡视巡察问题清单》,推进清单化管理。

【常规巡察】 2023年,常熟市修订完善《十四届常熟市委巡察工作规划》,开展2轮常规巡察。上半年十四届市委开展第四轮巡察,对市自然资源规划局、市行政审批局、市妇联、市工信局、市科技局、市科协、市卫生健康委、市检验检测中心、市文联等9家市级机关部门开展政治巡察,下半年十四届市委开展第五轮巡察,对莫城街道、尚湖镇、古里镇、碧溪街道4个镇(街道)和50个村(社区)开展巡察工作,发现各类问题1087个,移交问题线索16条,移交立行立改问题18个。年内,市委巡察机构制定出台《关于高质量推进对村(社区)巡察全覆盖工作的实施方案(试行)》《关于发挥基层网格员作用助力对村(社区)巡察工作的实施方案》,全年累计通过基层网格员张贴巡察公告532张,向228个网格服务微信工作群发送巡察公告信息,收集群众反映情况76条。

【巡察整改提示建议机制建立】 2023年,市委巡察机构制定出台《关于健全完善提示建议工作机制提升巡察整改质量的实施方案》,构建分级分类整改落实机制。对9名被巡察党组织主要负责人开展集体约谈,明确被巡察党组织主要负责人巡察整改"第一责任人"责任,加强对新任主要负责人抓好巡察整改的提醒工作,推动接续落实巡察整改要求。2023年,累计向各责任主体发放《整改提示单》18份,向3家单位新任主要负责人制发《关于履行巡察整改政治责任提醒函》。

【巡察成果转化】 2023年,市委巡察机构加强对巡察中发现的制约高质量发展、群众反映强烈、涉及体制机制等深层次问题的分析研判,形成5篇专题报告呈报市委,并推动相关职能部门开展专项整治。针对巡察中发现镇属集贸市场管理、村级联合体监管、市自然资源规划局下属分局职能相关情况及问题,形成专题报告5篇,针对超标准配备办公用房、办公电话等问题形成巡察建议1份。 (张文静)

10月9日,省委第二巡视组巡视常熟市情况反馈会议举行 (李献 摄)

组织工作

【概况】 2023年,全市有基层党组织5315个,其中党委249个,党总支314个,支部4752个;全年新发展党员800人,转入党员3788人,转出党员3401人,有党员78115人。全市有市管干部1318人,其中女干部202人,占比15.33%;非中共党员31人,占比2.35%。年内,市委组织部以政治建设为统领,用习近平新时代中国特色社会主义思想凝心铸魂,提升党员干部政治判断力、政治领悟力、政治执行力。坚持新时代好干部标准,围绕高素质专业化、挑重担扛重责两大关键,树牢选人用人正确导向,提振干部敢为精气神。贯彻落实省委"五聚焦五落实"深化提升行动部署要求,突出系统化谋划、项目化推进、节点化落实,推动基层党组织全面进步、全面过硬。围绕服务发展大局,坚持党管人才原则,聚力机制创新、重点突破、产才融合,集聚爱国奉献的各方面优秀人才,为经济社会高质量发展注入人才动能。

【干部队伍建设】 2023年,市委组织部完成换届后第一轮"全覆盖"走访调研,加强届中领导班子和领导干部综合分析研判。加强干部资源储备,深化"无任用推荐"工作机制,分层分类完善干部储备库。做好省委到常熟巡视、选人用人专项检查及后续整改相关工作。深入落实"四敢"要求,出台推动"干部敢为"锻造过硬队伍若干措施,明确20条举措。出台《关于推进年轻干部严选严育严管严用的若干规定》《优秀年轻干部发现识别"拔萃"行动实施方案》,招录定岗特选专业人才21名。深化"海棠讲坛"品牌建设,举办主体班13期、"干部说"10期、院士课堂3期,推动2500多名中层以上干部走上讲台。提升选人用人规范水平,对4个板块、9个市级机关单位开展选人用人专项检查,对15家单位开展2022年度选人用人专项检查"回头看"。

【公务员管理】 2023年，全市考试录用公务员106人，其中市级机关（含参公管理）76人，乡镇（街道）机关30人。深化聘任制公务员县域试点探索，常熟市作为唯一县级市代表在全省公务员管理视频培训班上作经验交流。落实“海棠蓓蕾”培育工程，中央组织部、省委组织部就新录用公务员培训情况赴沙家浜开展专题调研。打造沙家浜理想信念淬炼基地、社会矛盾纠纷调处磨炼基地、综合行政能力历练基地、经济社会发展一线冶炼基地、政德教育锤炼基地5个公务员实训基地，全年实训新录用公务员超450人次。评选“最美公务员”40人，晋升四级主任科员（含相当职务层次）57人，组织207人参加优秀公务员健康休养，162人参加市级机关公务员荣退仪式。开展清理规范公务员工资津贴补贴工作，组织海棠“薪”星公务员工资业务培训暨技能比赛，做好2022年度受处分人员工资执行情况自查工作。

【综合考核】 2023年，常熟市全面承接苏州综合考核指标体系，出台《常熟市2023年度综合考核实施办法》等系列文件。将上级考核加减分事项单列，建立半年评估扣分机制和重点工作协作加分机制。明确上级考核指标排名与责任部门考核结果相挂钩。召开综合考核专题协调会，推动市党政领导班子成员认领薄弱指标项目，提出整改措施和预期目标。每季度编印《板块高质量发展监测专报》，下发《前三季度评估反馈意见书》，细化87项反馈内容，明确提醒事项超570项。组织开展2023年终综合考核，调度党建办、统计局、发展改革委、编办等考核牵头部门发动对下考核。

【农村党建】 2023年，常熟市有村级党组织214个，其中党委140个、党总支74个；村“两委”班子平均年龄32岁，其中男性占比65.2%，大学及以上学历占比56.5%；村书记平均年龄45岁，其中男性占比93.9%，大学及以上学历占比46.73%。开展抓党建促乡村振兴“十百千”工程，培育命名首批10家“百万收入”家庭农场。成立全省县级市首个金融服务乡村振兴合作联盟，推动36家金融机构与全市集体经济相对薄弱村开展结对帮扶，谋划推动7个重点培育村（社区）建设，解决9个重点帮促村产业发展卡脖子问题。推进9个乡村振兴重点帮促村建设，围绕经济增长、产业发展、规划布局、基础设施、社会治理等目标，“一村一策”制定三年发展规划，组织村书记赴嘉兴、南通、无锡等地跟岗学习，选派6名市级机关优秀年轻干部担任“第一书记”，9个乡村振兴重点帮促村的经营性总收入比上年增长12.5%。深化全国党建引领乡村治理试点工作，划细做实基层微网格6600余个。组织各类志愿力量下沉网格，推动机关企事业单位、“三新”组织与村（社区）开展结对，引导各方资源赋能乡村治理。制定出台《关于进一步培育壮大优秀村（社区）带头人队伍的若干措施》，会同太仓、相城，跨区域举办村书记头雁实训营，常态开展村（社区）党组织“海棠讲坛·书记说”，提升村干部队伍能力素质，新获评“百名示范”村书记1名、“千名领先”村书记7名。

【城市党建】 2023年，常熟市有社区党组织125个，其中城市社区党组织111个、涉农社区党组织14个，党委12个、党总支89个、党支部24个；社区“两委”班子平均年龄39岁，其中男性占比39.9%，大学及以上学历占比64.9%；社区书记平均年龄43岁，其中女性占比61.6%，大学及以上学历占比62.4%。琴川街道接受中组部关于城市基层党建引领基层治理专题蹲点调研，相关工作获上级肯定。组织开展首届党建引领基层治理创投大赛，收到各类申报项目63个，注入专项扶持资金46万元，带动居民参与1.2万人次，海福新城社区架空层“蝶变”项目获《中国组织人事报》刊载推荐。开展党建引领集宿区治理，建立集宿区管理“大党委”组织架构，明确党建攻坚点、先行点创建点位26处。依托“海棠有约·共商共办”机制，推动解决“停车难”项目7个、“揭榜领办”民生项目7个、“我为群众办实事”结对共建项目133个。开发“先锋领治”小程序“先锋联户”功能，引导在职党员318人主动包联居住地小区困难群众，相关经验做法获中央宣传部《党建》杂志报道。新获评“千名领先”社区书记7名。

【机关党建】 2023年，常熟市有市级机关党组织64个，其中机关党委25个、党总支15个、党支部24个。全年新发展预备党员207人，预备党员转正168人。评选2022年度五星级党支部13个，四星级党支部44个，三星级党支部94个。组织机关单位申报102个党组（党委）“书记项目”，督促“一把手”增强带头抓党建责任意识和示范效应，推动基层党建工作整体提升。持续深化机关党建“托举工程”品牌培育，确定年度重点项目12个，入库项目43个。开展机关党组织“三转三服务”深化提升行动，引导机关党组织、党员干部转学风、转理念、转作风。完善市级机关党建分组交流协作制度，划分5个机关党建协作组，组织开展“先锋行动月”“分组交流述职”“晾晒互评”等特色活动34次，“在职党员进社区”做法获央视报道。

【国企党建】 2023年，常熟市有国有企业党组织184个，其中党委14个、党总支8个、党支部162个；党员2165人，其中女党员628人，具有大专以上学历党员1971人；全年新发展预备党员59人，预备党员转正51人。落实学习贯彻党的二十大精神“五个全覆盖”举措，举办党组织书记轮训国企示范班。深化沪虞国有企业党建合作联盟建设，举办“惠企有约•廉企同行”主题活动，赴上海临港集团参观学习。制定《关于激励市属国有企业党组织落实“四敢”要求勇当先锋的实施意见》，发布国企党支部“六项先锋指数”，开展全覆盖政治体检。通过组织联建、活动联办、党员共学，推动财政国企领域党建融合。

【“三新”党建】 2023年，常熟市有“三新”（新经济组织、新社会组织、新就业群体）党组织2390个，年内新建"三新"党组织83个；党员19195人，其中女党员7268人；全年新发展预备党员362人，预备党员转正358人。持续巩固拓展"三新"领域"两个覆盖"成果，分类分级开展"递进培育"工程，"三新"组织"双有"比例稳步提升，全市"三新"组织50人以上有党员率94.79%，100人以上有党组织率98.5%。实施产业链党建"聚力赋能"行动，构建"市级产业链综合党委—细分领域产业党委—企业党组织"的三级组织架构，建立产业链党建"6+2"内联外畅机制和运行保障机制。全市成立5个重点产业链党委、4个产业创新集群党委以及5个产业党建联盟，发布27个重点赋能项目和30余项"先锋行动月"任务清单。出台《关于支持新业态新就业群体职业发展的十条措施》，提升新就业群体劳动权益保障水平，加快构建新就业群体职业成长体系，评选"最美流动党员""最美司机"等46名。建强"三新"党建工作队伍，规范"三新"党建工作指导员选派与管理工作，新选聘专职两新党务工作者5名。会同工商联成立"3+N"护商优企服务团，抽调7名退出领导岗位干部，充实行业协会商会党建专业化力量，累计走访调研行业协会商会30家，列席组织生活20余次，推动解决各类问题59个。

【党员教育管理】 2023年，常熟市完成市管科级领导干部、基层党组织书记、新任党务工作者、新党员全覆盖轮训，举办轮训班次22期、培训7183人次。依托"常熟党建"线上平台组织开展党务干部履职资格考试、党员干部"政治三力"测试。全年举办3期拟发展对象和新党员标准化培训班，发展党员800名。表彰全市"江南福地·四敢先锋"先进基层党组织191个、优秀共产党员193名。召开先进典型选育培养工作联席会议，拓展典型培育库。用好红色先锋站、海虞路"初心轴"、党建公交专车等线下宣传载体，集中展示先进典型事迹，开设"先锋来哉"等先进典型短视频专栏。承制中组部党员教育中心联合制片项目《漫说二十大党章"新"在哪》系列微动漫，推送"四敢"先锋手记、善治"锋"景、实"惠"民生、发展焕新等微信专栏，每月推出远教"固定学习日"学习资源包，组织开放式主题党日观摩点53个，开展直播活动4场，开设"先锋来哉""打卡百万家庭农场"等短视频专栏，3部作品获评中组部优秀新媒体作品、总量居全省第一。参与第十六届全省党员教育作品观摩交流活动，获一等奖1项、二等奖3项。

【"海棠"党建品牌建设】 2023年，实施流动党员"海棠暖流"系列行动，探索建立流动党员安家、教育、成长全链条服务机制，组建新就业群体各类志愿服务队，选树命名8名"最美流动党员"。加强"海棠花红"先锋阵地建设，试点开设26个延时服务、25个"假日课堂"服务点位，常态化实施助老助幼、关心关爱、便民服务等先锋行动。打通先锋领治志愿积分、农村人居环境长效管理积分线上商品兑换渠道，形成"8+106"线下点位布局，延伸线上购买、线下提货服务半径。利用闲置空间，打造"海棠铺子"城市能量站、"海棠茶水铺""海棠缝纫铺"等12处便民服务点。推出"海棠铺子·社区颐养"助老惠老项目，提供商品团购、家电维修、健康义诊等服务。开展"海棠铺子"进商圈、进村社、专题直播等活动40余场，惠及居民6512户，服务群众28500多人次，获评江苏省"互联网+"帮促助农活动典型案例。

（王雨舟）

【全市产业链党建工作推进会暨"先锋行动月"启动】 5月16日，全市产业链党建工作推进会暨"先锋行动月"启动仪式举行，集中发布系列措施和服务举措。市委组织部牵头建立"从市级产业链综合党委到细分领域产业党委到企业党组织"的三级组织架构，将党的组织和党的工作覆盖到产业发展的神经末梢。活动现场，产业链综合党委、细分产业链党委名单、产业链党建"六项赋能"行动计划发布。苏州市级机关部门、产业链上下游企业、高校院所等一批单位与本市产业链龙头企业举行结对共建签约。"先锋行动月"系列活动期间，各产业链党委成员单位围绕推动重点产业链发展，打造人才会客厅、创新集群发展论坛等一批平台载体。

（年鉴编辑部）

人才工作

【概况】 2023年，常熟市调整市委人才工作领导小组，加快战略科技人才、科技创新创业领军人才引育。全年新增市级以上"双创"领军人才244个，其中国家级11个；省"双创人才"17个，"双创"博士22个；姑苏人才计划47个，南智芯材入选姑苏重大创新团队。华东理工大学研究院于赐龙入选省卓越博士后、龙腾特钢吴国江获评姑苏高技能领军人才。聚焦新一代通信技术、声学、数字经济、人工智能等领域，举办精英周、创新创业大赛、科技招商等活动18场，超1000个产业链上科创项目落户。人才归谷两大高能级载体UWC+创新岛与常春藤国际人才港完成封顶，人才归谷获评"欧美同学会企业家联谊会（常熟）人才归谷"，吸引擎波探索、飞蝶科技等高质量项目以及多家独角兽、专精特新"小巨人"、研发机构等落户。集成政务服务和市场资源推动人才企业高质量发展，上线伙伴计划"马上办"平台，助力40余家人才企业获头部市场机构投资，14家启动上市流程，英华特上市。优化人才服务，更新12345"尚贤"人才服务热线政策，线上受理人才咨询1637件；上线"常易居"人才公寓平台，实现人才公寓管理数字化，服务2120位本科及以上人才入住。

（王雨舟）

【高层次人才引进】 2023年，全市新增留学归国人员330人，新增博士后工作站入站博士后17人，完成职业技能取证1.35万人，新增高技能人才8439人，新增数字技能人才4449人。年内，常熟市新增江苏博涛智能热工股份有限公司、江苏迎阳无纺机械有限公司、

2023年，常熟市开展“校园苏州日”系列活动，启动武汉、合肥、南京高校引才专列，全年组织高校引才线路28条　（市委组织部　提供）

常熟市泓博通讯技术股份有限公司3家博士后科研工作站，新增江苏省博士后创新实践基地8家，设立全省首个县域农商行博士后创新实践基地。

【高技能人才培养】 2023年，常熟市新增技师及以上人才389人次，比上年增加89.8%，新增专业技术人才参加职业技能评价发证181人次，新增职业技能等级认定备案企业32家。开展职业技能等级直接认定试点工作，常熟市龙腾特种钢有限公司入选首批省职业技能等级直接认定试点单位，常熟开关制造有限公司成为全市首批特级技师评聘工作试点企业，完成全市首位特级技师的评聘工作。年内完成4批、181名专业技术人员申报技师、高级技师的贯通考核和发证工作。

【2023年（第十五届）苏州国际精英创业周常熟分会场活动】 7月13日，2023年（第十五届）苏州国际精英创业周常熟分会场暨2023服装产业数字化创新峰会召开，活动以“韧性”为主题，围绕“品牌创新之韧”“数字营销之韧”“研发设计之韧”和“数字供应链之韧”四大维度展开，涵盖直播电商、AIGC、数字人、AI工业机器人、3D仿真等诸多前沿热点话题。全年对接意向公共项目1032个，深度对接项目361个，创业周落户项目123个。

（徐党月）

宣传工作

【概况】 2023年，常熟以习近平新时代中国特色社会主义思想为指导，紧紧围绕谱写更高品质“江南福地”现代化建设新篇章各项目标任务，把牢正确方向导向、紧扣鲜明主题主线，思想理论武装持续强化、主流思想舆论巩固壮大、文化品牌特色逐步彰显、主流核心价值全面涵育、意识形态防线筑牢织密，为推进中国式现代化常熟新实践、建设更高品质“江南福地”提供思想保证、精神力量、文化条件。年内，全市获评2022年度全省基层党员冬训工作示范乡（镇、街道）2个、工作先进个人1名；联合创作的报道《潮起东方 寻找百强“共富”密码》获得2022年度中国新闻奖“融合报道二等奖”；2个项目入选2023年江苏省优秀版权作品产业转化重点培育项目；3人（组）被评“江苏好人”；1个组织获评全省首个社会组织性质的爱国主义教育基地。

【理论武装】 2023年，常熟市印发《2023年度全市党委（党组）理论学习中心组专题学习计划》，市委中心组开展6次专题学习会、8次集体学习研讨和1次现场研学。组织学习贯彻党的二十大精神宣讲、“百名局长百场宣讲”“虞燕送理：政奋人心”宣讲等各类主题宣讲活动2000多场次。组织学习贯彻党的二十大精神市委宣讲团开展集中宣讲200场，受众1万多人次。组织开展“百名局长百场宣讲”活动23场、“虞燕送理：政奋人心”宣讲活动59场。打造冬训样板课堂“‘蜂’声驿站 理韵声声入虞城”新业态党员联学项目，创新打造“1站—2区—3新”数链冬训模式，全市党员冬训参训率100%，获评2022—2023年度苏州市“众说学习：我是冬训主讲人”项目优秀视频6个、县级市（区）、镇（街道）冬训创新案例2个。举办“学习新思想 奋进新征程”2023年常熟市“学习达人”挑战赛。举办“百姓名嘴”风采展示比赛6场，全市“虞燕送理”基层特色理论宣讲团队开展党的二十大精神“六进”宣讲活动1500多场次，受众5万多人次。启动苏州市新时代基层理论宣讲名师工作站（常熟市）“晓”理堂·“益”起讲项目，组织孵化对象拔节培育推进工程现场宣研展示活动和4场全市分站交流研讨活动，1人入选第四批苏州市基层理论宣讲名师、1人入选名师培育对象。

【新闻舆论工作】 2023年，常熟市围绕改革开放45周年、撤县设市40周年等重要时间节点，组织市融媒体中心开设《福地华章》等专题专栏报道，邀请央媒、省媒和头部网络媒体开展宣传报道。围绕苏州市域一体化发展、加快建设更高品质“江南福地”等中心工作，主动策划优化营商、项目建设、乡村振兴、民生发展、文明创建等专题宣传，组织市融媒体中心开设“全面推进中国式现代化常熟新实践”“高质量发展怎么干——系列行动方案解读”“民生实事进行时”等专题专栏，刊发全媒体报道超400篇。每季度组织开展新闻阅评工作，提升新闻宣传报道质量，深入贯彻落实“走转改”工作要求，全年获评苏州市级以上新闻奖项71个。

【对外宣传】 2023年，常熟市围绕改革开放45周年、撤县设市40周年等重大时间节点，服务撤县设市40周年暨精英创业联盟大会、中国声学产业创新发展大会、民营经济创新发展大会、2023金秋经贸洽谈会等重大会议活动，有力有序开展城市外宣工作。拍摄撤县设市40周年暨精英创业联盟大会宣传片《我们都是常熟人》、城市形象宣传片（招商版）《常来常熟》，与《三联生活周刊》合作推出主刊报道，发行《恁好，常熟》别册，设计制作《常熟概览2023》中英文版。深化与各级主流媒体和重点网络平台合作。在央视、新华社、《人民日报》《新华日报》、江苏电视台等央媒、省媒宣传常熟市相关情况，《江苏常熟纺织服装产业走上升级之路》《常熟不惑》等报道受到普遍关注，重点央媒、省媒刊发关于常熟的相关报道超700篇。与今日头条、新浪、微博等合作开展的“万象常熟比比皆燃”网络宣传、“V你40 见证常熟发展”大V行等活动，全网阅读量超6000万。“一城山水 自在生活”文旅品牌深度宣传，8篇解读和推介常熟文旅的深度文章在澎湃新闻专题页总阅读量超300万，话题“常熟旅游攻略”和“一城山水，自在生活”在抖音平台阅读量超过800万，话题“citywalk之常熟”登上抖音同城热榜第二名。

【版权管理】 2023年，常熟市正式上线“常熟版权”微信小程序。首次组织常熟市版权奖励申报、认定工作，向波司登等5家版权企业共发放版权奖励40万元。组织开展“剑网2023”专项行动、青少年版权保护季、亚运会亚残运会版权保护专项行动等版权保护行动。首次举办全市版权保护与产业发展专题培训班。组织“4·26”知识产权宣传周版权宣传系列活动。片刻文化《接好柿猫》文创产品转化项目、波司登“水墨提花迷彩”服饰产品转化项目入选2023年江苏省优秀版权作品产业转化重点培育项目，苏州声学产业技术研究院有限公司“超构消声器辅助设计软件”获2023年度苏州市优秀版权奖。

【新时代文明实践】 2023年，常熟市开展“五一面对面”实践活动，召开新时代文明实践现场推进会，举办文明实践“站长擂台赛”。与如皋市、祁连县开展“文明走亲”结对共建。全域推广文明实践应急驿站，“‘救’在身边——文明实践应急驿站提升全社会安全防护能力”被评2023年度苏州市精神文明建设十佳新事。编印文明实践年度汇编《笃行》，发布第五批市级实践点18个，推广文明实践创新案例30个，评选年度新时代文明实践示范站30个。2个带头人、1个项目、1个实践所、5个实践站入选2023年度苏州市新时代文明实践工作优秀带头人、优秀项目、示范所（站）。依托文明实践阵地开展“文明实践暖新春”“文明常熟夜精彩”“文明实践开学季”“文明实践温暖秋冬”“家门口的暑托班”系列活动千余场。

【精神文明建设】 2023年，常熟市召开全国文明城市创建工作推进会暨点评交办会、文明城市建设市长点评交办会、“文明润万家 常熟更美好”专题会议、居民小区管理提升行动现场会等会议。组织评选、命名第三届市文明家庭和2020—2022年度市级文明村镇、文明单位、文明社区。印发年度精神文明建设指导委员会工作要点，编印《常熟市市民文明手册》，动员全员参与，共同推进文明城市创建。

【文明创建】 2023年，常熟市有10个楼道获评苏州市首批文明示范楼道，5个集贸市场获评苏州市文明菜场。年内建成投用覆盖全市的新风礼堂65家，“新风礼堂”模式获评全国第四批“文明乡风建设”典型案例、江苏省首批移风易俗优秀案例、苏州市2023年度宣传思想文化工作创新成果。

【志愿服务】 2023年，常熟市组织“学习雷锋精神 争做时代新人”学雷锋志愿服务月活动，召开志愿服务组织座谈会，扶持重点志愿服务项目30个，发布年度常态化阵地化志愿服务项目菜单，表彰2022年度志愿服务“四个十佳”，嘉许激励高时长志愿者1285名。虞山街道北门大街社区被评江苏省优秀志愿服务社区。

【精神文明典型选树】 2023年，常熟市推选苏州市级以上典型，3人（组）被评“江苏好人”，1人被评苏州市精神文明建设十佳新人，5人（组）被评“苏州时代新人”。常态化每月发布“最美人物”，评选发布第四届“师德模范”“医德之星”，持续深化“八个一”关爱礼遇道德模范活动。

表5　　2023年常熟市获苏州市级以上精神文明典型一览表

类别	姓名	获奖时间	工作单位或社会身份
江苏好人	周红良　杨章全	3月	饿了么外卖公司外卖骑手
	钱玉芬	6月	古里镇新桥村第三党支部书记
	韩凤明	9月	支塘镇项桥村村民
苏州市精神文明建设十佳新人	钱玉芬	12月	古里镇新桥村第三党支部书记
苏州时代新人	周红良　杨章全	3月	饿了么外卖公司外卖骑手
	钱玉芬	4月	古里镇新桥村第三党支部书记
	韩凤明	5月	支塘镇项桥村村民
	鲍培育	11月	辛庄镇陶荡小学退休教师
	邢献根	12月	沙家浜镇华阳村村民

（资料来源：市委宣传部）

【未成年人思想道德建设】 2023年，常熟市印发《2023年常熟市未成年人思想道德建设工作方案》。连续18年组织开展“缤纷的冬日”“七彩的夏日”系列活动，发布100多项市级重点活动，5万余人次参与。举办常熟市2023年入学仪式、成长仪式、青春仪式、成人仪式全市观摩展示活动。组织开展“童声里的中国”“童真里的色彩”等“童”字系列活动。组织开展“阳光润心 快乐成长”未成年人心理健康教育宣传月活动，创新开设全媒体未成年人心理健康教育栏目《四点半课堂》，为全市青少年及家长提供线上多元化心理疏导阵地。练塘中心小学被评“全国国防教育示范学校”、开元小学被评“省级国防教育示范学校”。陈映竹、唐宇豪、朱何驿、张星澎4人获评2023年“新时代苏州好少年”。

【宣传文化人才队伍建设】 2023年，常熟市深入实施人才优先发展战略，召开高层次宣传文化人才座谈会。组织2022年度“昆承英才”宣传文化人才（第三批常熟市高层次宣传文化人才）项目申报，分批开展人才项目沟通会，鼓励和支持高层次宣传文化人才开展专业项目研究与实践，共扶持项目9个，拨付首年度资助金额64万元，给予该批高层次宣传文化人才个人奖励共32万元。实施“青蓝相续”文艺人才培养行动，举办文艺家读书班。开展乡土文化人才和民间文艺团队发展情况和柔性引进宣传文化人才的调研。开展青年文化人才信息摸底工作。1人获第五届江苏报告文学奖新人奖，5名青年文化人才入选苏州市姑苏宣传文化新秀培育计划。扶持第二批高层次宣传文化人才李谦在苏州美术馆举办“传承文脉”——李谦书历代名人咏常熟书法作品展，秦健在深圳关山月美术馆举办“春和景明”——庞薰琹美术馆藏秦健书法作品展，寇忠理在南京玄武艺术馆举办“种子·寇忠理书画作品展”。

【“江南文化”品牌塑造】 2023年，常熟市深入实施“江南文化”品牌塑造常熟行动计划，持续推动江南文化研究等八大工程。推进长江国家文化公园常熟段12个重点项目建设。开展言子与江南文化文献整理、研究和出版工作。举办虞山文化暨沙家浜旅游节、尚湖半程马拉松赛等节庆活动和体育赛事，创新夜游演艺，打造品牌活动。常熟江南爱乐合唱团获江苏省紫金合唱节决赛第一；锡剧《南方夫子——言偃》入选江苏省紫金文化艺术节新创剧目；中篇评弹《望虞河》荣获2023江苏省文艺大奖·曲艺奖节目奖；纪录片《江河连心·脱贫圆梦》、广播剧《王淦昌》获苏州市精神文明建设“五个一工程”奖；7件作品获苏州繁星奖金奖。组织“我们的中国梦 文化进万家”文化惠民系列公益文艺巡演260场，开展“常熟最温馨 文化润人心”2023年常熟市公共文化配送158场。常熟市文化馆入选2022年江苏省文化科技卫生“三下乡”活动优秀团队。“我的舞台我的梦”全民才艺秀等品牌入选江苏省群众文化“百千万”工程。推进文化数字化建设，沙家浜革命历史纪念馆完成中华民族文化基因库（一期）红色基因库建设，博物馆完成国家级专项资金“馆藏文物数字化保护利用项目”。常熟铜官山长江文化主题展览馆正式开馆。 （杨　阳）

统战工作

【概况】 2023年，市委统战部学习贯彻习近平新时代中国特色社会主义思想，围绕中心，服务大局，提升统一战线各领域工作。在全市统一战线领域贯彻学习党的二十大精神，加强常熟籍精英联络工作，组建精英联谊组织；实施“六不五优化”营商环境专项行动，推进商会建设，助力全市民营经济发展；召开基层统战工作推进会，落实基层统战工作责任；发挥民主党派和无党派人士作用，加强党外干部选配；举办常熟市第二十个民族团结进步宣传月活动。

【统一战线思想政治引领】 2023年，市委统战部召开全市统一战线领域学习贯彻党的二十大精神宣讲报告会，举办“学习贯彻二十大、携手奋进新征程”全市统战骨干线上政治共识教育专题培训班，举办全市意识形态和统一战线工作能力提升专题培训班、全市党外中青年骨干培训班，参加苏州市基层统战干部培训班等线下学习培训，组织侨台民宗各界人士学习贯彻党的二十大精神各类专题讲座、交流40余场次，持续推动“党的二十大精神进商会进民企”，深化宗教场所“四进”活动，增进宗教界人士“五个认同”。做好全市统一战线“党旗领航·同心同行”主题活动，开展“学雷锋‘5’来做”“五一面对面”、青少年暑托班、双节同庆传统文化主题文艺会演、主题教育党课宣讲、结对共建活动5场次，组织“同心向党 勇毅前行”常熟统一战线学习贯彻党的二十大精神线上有奖知识竞答活动。与常熟理工学院欧美同学会共同承办“留学报国·苏州故事”进高校“分享读书心语 追寻报国理想”暨同心大讲堂活动，2名留学报国故事志愿宣讲员在苏州宣讲常熟籍留学报国楷模李强、王淦昌的事迹。

【精英联盟工作】 2023年，市委统战部定期会同相关部门板块，梳理更新教育、科技、工商、金融等领域中青年、新生代常熟精英资源信息；跟踪关注常熟高质量发展顾问、重点科研院所骨干负责人、央企（大型国企）、外资企业高管等重点精英代表人士动态信息；调研拓展“985”“211”等重点高校潜在精英学子科研教育信息。常熟精英创业联盟信息资源库入库精英1600多名。开展“精英领办、共美常熟”恳谈会、宣传推介会，领办活动20余场次，领办声学、激光、医疗等重点领域项目62个，组织“精英面谈”200余人次，创新开展服务重点精英“健康管家”专项志愿服务行动。新设国内联盟分区5个，依托现有16个海内外联盟分区，协助组建省中北京校友会、美加校友会，市中海外校友会（筹）等联谊组织。联合开发区、部门板块、重点企业代表赴北京、广州、沈阳、大连、深圳、重庆、成都等一线重点城市拜访精英人士。组织“书记（镇长/主任）到我家”活动，协调帮助解决子女教育、长者就医、老宅翻建等困难需求。参与江苏、苏州发展大会系列工作得到苏州组委会表扬。举办常熟撤县设市40周年暨2023常熟精英创业联盟大会，制作发布大会主题歌MV《说时依旧》和专题片《我们都是常熟人》，现场集中项目签约总额553.4亿元。

【民营经济统战工作】 2023年，市委统战部开展重点产业链“登门三问”行动，召开“服务企业360”年轻一代优秀民营企业家座谈会，实施“六不五优化”营商环境专项行动。与常熟汇智纺织服装产业研究院、常熟理工学院商学院加强产教融合、协同育人、就业创业、培训赋能互动合作。与市科技局等部门围绕加大创新主体培育力度召开多次座谈探讨，《关于进一步推动年轻一代民营企业家高素质成长的建议》《扩大专精特新矩阵 提升特色制造水平》2篇政党协商重点课题调研，被列为市领导重点提案。组织100多位青年企业家参加“同心建功新时代”苏州市民营经济人士学习贯彻党的二十大精神暨理想信念教育培训班、“红色磁场”新一代民营企业家训练营暨理想信念教育实践活动。举办“虞商讲堂”数字经济下的苏州创新产业集群、知识产权保护专题培训，成立常熟市涉案企业合规第三方监督评估机制管理委员会，联合市公安局推出“党建引领·公安惠企”服务清单。成立新一代企业家商会，建立“虞商·青蓝”新一代企业家培育3+3工作新机制，开展“虞商青蓝 创新实干”增能行动，助力全市民营经济传承发展。推进商会改革发展，出台《商会分级管理机制》。

【基层统战工作】 2023年，市委统战部召开基层统战工作推进会，印发《基层党组织统战工作责任清单》，梳理明确426项重点责任和具体内容。创新实施“奋进新征程·领治有先锋”“‘E’起来！”常熟市网络人士助力乡村振兴公益行动等基层实践项目，承办在苏高校、市属国企、科研院所、统战干部专题研学。扩面常熟同心“e”家阵地载体，拥有国家级华侨文化交流基地1家，省级4家；省级对台交流基地1家；全国民族团结进步示范单位1家，省红石榴家园1处。指导打造琴川街道“同心楼立方”楼宇统战工作示范点位。指导黄公望文创产业园“一中心三馆”建设，推进“东方木雕博物馆”规划和原有场馆更新升级。

【民主党派和无党派人士工作】 2023年，市委统战部协助市委完成6次双月座谈会，创新完善以对口联系为主要形式的知情明政机制，指导协助各民主党派、知联会开展“一支部一调研”和“全议政”活动。开展“同心献智”活动，组织编印《2023常熟市统一战线同心献智调查研究成果选编》。全市配备副科职及以上党外干部34名（含政府工作部门10名）。

【党外知识分子和新的社会阶层人士统战工作】 2023年，市委统战部加强党外知识分子和新的社会阶层人士统战工作，指导成立全省首家卫生健康系统党外知识分子联谊会，召开党外知识分子工作“四联机制”（组织联动、理论联学、活动联办、队伍联建）建设座谈会，开展党外知识分子“走基地·看发展·聚力量”主题活动。完成市、镇（街道）两级新联会换届工作，成立市新的社会阶层人士联谊会“心联”党支部，开展“凝聚新力量·奋进新时代”主题活动。指导召开常熟市欧美同学会一届二次会员大会，全年开展文化观演3次。与南京大学欧美同学会开展“校地共建 服务发展”活动。围绕海外人才引进，争取欧美同学会总会与中国留学人才发展基金会合作支持。常熟UWC+创新岛获授“欧美同学会企业家联谊会（常熟）人才归谷”。推进网络统战工作，设立苏州市首个重点互联网企业统战工作联络点，组织开展“网络人士助力乡村振兴”系列活动，相关话题在自媒体平台关注量超过450万。

【民族宗教工作】 2023年，市委统战部举办常熟市第二十个民族团结进步宣传月启动仪式。指导梅李镇天和社区等3家单位创建苏州市民族团结进步示范基地。成立常熟市道教协会，完成市佛教协会换届工作，指导市佛协举办“华严学与佛教中国化”第五届华严论坛。举办第十二期“中青年僧才培训班”。编印《宗教工作知识50问》、民族宗教工作宣传海报。完善天主教季度联席会议制度，组织宗教工作培训5次。开展教育、卫生、养老和面向残疾人群体领域的非法传教、非法宗教活动排查整治。成立宗教活动场所安全生产专业委员会，印发《常熟市宗教活动场所安全生产专业委员会工作职责》，召开安全工作培训2次。推进消防安全、既有建筑和燃气使用安全领域专项整治，完成宗教活动场所两轮安全生产排查。

（池铭晰）

【常熟市无党派知识分子联谊会】 2023年，常熟市无党派知识分子联谊会有会员71名，平均年龄45岁。会员中有苏州市人大代表1名，苏州市政协委员2名，常熟市人大代表3名，常熟市政协委员21名（其中7名为政协常委）。知联会组织会员学习习近平总书记在江苏调研讲话精神专题会议。围绕“发扬江南文化特色，打造更高品质乡村风貌”和“整合交通资源，打造高铁站公交枢纽”等重点课题，联合自然资源规划局、农业农村局等部门开展联合调研。会员形成《强化立德树人导向，推进教育领域综合改革》《在营造法治化营商环境上作出更实举措》等系列调研报告。提案《借力电商产业，赋能地方经济发展》被评为市政协十五届一次会议优秀提案，提案《警惕不法分子通过比特币等方式支付毒资》《数据中心成“吃电”大户影响我国“双碳”进行亟待关注》被评为苏州市、常熟市政协2022年度优秀社情民意信息。开展拥军优属、捐资助学、义务送诊等服务社会活动，成立党外知识分子“医心为民工作室”和“创新实践基地”。

（芦美月）

调查研究

【概况】 2023年，常熟市制定《关于在全市各级党组织和广大党员干部中大兴调查研究的实施方案》，要求各地各单位围绕全面贯彻落实党的二十大精神，突出贯彻落实习近平总书记对江苏、苏州工作重要讲话重要指示精神，按照党中央明确的12个方面内容，结合常熟实际开展，全市四套班子领导牵头进行两批次调研，涉及课题47个。9月，全市召开会议部署学习贯彻习近平新时代中国特色社会主义思想主题教育，要求各级领导干部精准选定调研课题，坚持以“问题导向”引领“调研方向”，围绕贯彻上级要求，聚焦工作中最突出最迫切的问题和群众反映的热点问题，选定调研课题开展调查研究，全市县处级以上领导干部形成调研成果83项。

【重点调研课题】 2023年，市委研究室围绕城市南向发展、科创制造融合、重点项目建设等市委中心工作，开展各类调研超50次。“小切口”开展调查研究，贯彻落实上级关于大兴调查研究的部署要求，梳理制约高质量发展具体问题，形成两批高质量调查研究课题；结合主题教育开展典型案例解剖式调研，形成《“千村美居”绘就和美乡村新画卷》等调研报告。与上海华略智库合作，围绕“常熟如何对标学习临港先进经验，在融入苏州市域一体化中实现跨越发展”课题进行调查研究，形成《对标学习上海临港 推动产业沿江转型 打造先进制造业高地的路径思考》等调研成果；配合市第五届专家咨询团开展重点课题调研。 （顾春晖）

机构编制

【概况】 2023年，市委编办落实机构编制法定化要求，做好日常用编计划审批和机构编制事项调整。全年召开编委会4次，审议决定21项事项，召开主任办公会议13次，审议决定39项事项。年内，制定出台经济发达镇改革配套支持政策，推进基层“三整合”改革；推进事业单位改革，探索“大中心一体化”运作模式；研究形成常熟机构改革方案草案；加强编外用工管理，率先在苏州市范围内形成市、镇、村（社区）三级系统化、全覆盖的编外用工管理闭环；制定出台《高质量发展绩效评价考核指标体系》，开展机关绩效年度考核工作，完成部门“10件事”考核定格和赋分；连续3年开展有编无人单位、政法系统人员情况、法检审计机构及人员情况等专项排查。

【基层管理体制改革】 2023年，常熟市制定出台经济发达镇改革配套支持政策13条，累计形成政策支持案例46项。开展基层“三整合”改革专题调研督导，针对基层综合执法、一体化平台工作召开专题会议，做好基层管理体制改革质效评估。指导梅李镇、海虞镇研究制定经济发达镇改革工作要点，指导辛庄镇制定出台《发达镇培育三年行动计划》，实施“改革攻坚赋能经济发达镇培育”工程。年内，综合执法、发达镇培育等工作接受中央编办、省委编办专题调研。

【事业单位改革】 2023年，常熟市探索“大中心一体化”运作模式，整合调优基层治理、工会服务、“一老一小”等领域事业单位，分类制定改革方案，组建市社会矛盾纠纷调处化解中心并明确正科级建制；市便民服务中心整建制并入市社会治理现代化综合指挥中心并重新明确内设机构及职责；调整设置市职工服务中心和市青少年服务中心，优化整合基层医疗卫生机构，调整事业单位设置14家。对交通、文体旅、住建等9个部门14家事业单位开展改革“回头看”，研究制定13家事业单位“三定”规定，调整优化32家事业单位机构编制事项。

【重点领域改革】 2023年，常熟市做好党政机构改革前期准备，全面评估上轮机构改革37家涉改部门及其下属事业单位机构编制执行情况与使用效益，对照本轮改革方向摸底调研涉改重点领域、重点部门机构编制资源配置及职能运行情况，研究形成常熟机构改革方案草案。推进国防动员体制改革，落实涉改部门机构设置、职能划转、编制调整、事业单位转隶等事宜，推动国防动员现代化建设。完成疾控机构改革，设置疾病预防控制机构。持续推进开发区（功能园区）规范化管理，明确经开区化工园区管理办、新材料产业园应急救援职责，在常熟高新区设立行政审批局并首批承接36项市级管理权限。开展政府部门全口径权责清单编制试点工作，组织市退役

10月10日，中央编办到常熟开展综合执法专题调研督导

（市委编办 提供）

军人事务局、医保局编制形成16个领域123项事项清单。

【机构编制资源配置】 2023年，常熟市调优市政府办内设机构设置和职能配置，理顺宣传部机关党建职能并核增相关股级职数，强化发展改革委电力行政执法机构设置并明确相关职责。将江苏省常熟中学等6所四星级高中及江苏省常熟职业教育中心校定格为正科级，常熟市滨江职业技术学校和常熟高新园中等专业学校定格为副科级，明确副科级以上领导职数46名，统筹调剂学段间事业编制497名，按需调整154家学校编制数。将3家公办三级医院升格为正科级并明确领导职数24名，在中医院增挂“苏州市吴门医派研究院虞山医学研究所”牌子。推进基层医疗卫生机构优化整合，打造1镇（街道）1中心的基层医疗服务体系，调优基层医疗卫生机构事业编制1561名。

【编外用工管理】 2023年，常熟市制定出台“1+3”编外用工管理系统性制度文件，率先在苏州市范围内形成市、镇、村（社区）三级系统化、全覆盖的编外用工管理闭环。深化编办、财政、人社三部门编外人员管理会商机制，完善编外人员调动、招录补员等口径，召开联席会议8次，审议事项20余项。开展全市编外用工管理情况年度考核，加强编外用工实名制管理平台运用，实现编外用工计划审批、公开招聘、人员进出等全流程网上办、闭环管。

【事业单位登记管理】 2023年，市委编办制定出台事业单位法人登记管理工作“四项制度”，完成全市497个事业单位法人2022年度报告公示工作，完成事业单位新设立登记4个、变更登记131个、注销登记23个。完成机关、编办直接管理机构编制的群众团体的统一社会信用代码赋新设及变更登记21个。开展公立医院及公立学校信用等级评价工作，加强事业单位信用体系建设。推动“江苏省声学产业技术创新中心”登记层级升级。 （姚学淳）

老干部工作

【概况】 2023年，全市有离休干部96名，其中抗日战争时期参加革命11名，解放战争时期参加革命85名。年内，离休干部去世39名。市委老干部局落实中办《关于加强新时代离退休干部党的建设工作的意见》精神，统筹推进离退休干部党的建设、作用发挥、服务管理和自身建设。市老干部活动中心获评“2022—2023年江苏省示范性老干部活动中心（室）”。

【离退休干部党建工作】 2023年，市委老干部局建立健全“1+N”离退休干部党建制度机制，制定出台《关于加强新时代离退休干部党的建设工作的实施方案》，印发《学习宣传贯彻党的二十大精神指导方案》《党支部标准化规范化建设指导意见》等文件，开展星级支部评定，构建“市级示范、分级培育、一支部一特色”党建格局。围绕学习培训、主题党日、主题活动、理论宣讲、专题讨论、专项行动六大内容，持续推进“双线五学”教育模式，线下为老干部赠送政治读物近3000册，线上推送专题辅导报告8场，开展“虞城晚霞红·老干部说”，在“常熟老干部工作”微信公众号平台推送“银领·书记说党员谈二十大精神”10期，在常熟融媒体中心电台开设“银发生辉·银龄行动”访谈节目6期，开展“银发先锋”红色宣讲40场、“芸荟”学习沙龙6期。举办全市离退休干部党支部书记培训班、精品读书班，开展全市离退休干部党员“牢记嘱托、感恩奋进、走在前列”主题党日活动。实施“头雁领航·银雁齐飞”计划，开展“老书记晒党课”，刊印“银雁领航”老书记论坛汇集。打造“虞城晚霞红”银龄综合示范阵地（点）1个、“银龄微家”老干部服务站6个、老书记（老党员）工作室3个。

【离退休干部服务保障】 2023年，市委老干部局组织老干部参加重要会议和重大活动，召开全市老干部情况通报会，组织离退休干部参观考察经济社会发展成果。实施“致敬·聚力”暖心行动，升级“虞城金秋情”离休干部精准服务提质行动，开通“24小时关爱服务热线”，发布家庭病床、精神关爱、法律3个服务项目。推进离休干部看病就医“三有一落实”工作，做好家庭医生签约服务，做优“智慧养老”平台建设。组织开展离退休干部健康体检、义诊咨询活动，联合市级3家医院开通老干部就医问诊对接专科服务通道，挂牌成立中医院虞山分院老干部病区，探望住院老干部50多人次。坚持春节、高温、重阳逐户走访慰问老干部，持续开展“情暖九〇后、关爱送到家”活动，为7名90岁、3名100岁老干部上门祝寿。在妇女节前夕开展“春天里的走访”主题活动，为市四套班子离退休女领导和女离休干部送上节日问候。

【“涵养正气 银助清风”主题活动】 2023年，市委老干部局向全市离退休干部党支部及党员发放《争做风清气正良好政治生态的维护者》倡议书，号召老干部老党员模范遵守党章党规党纪。征集离退休干部党员家风家规家训作品，举办“红色家风家训家规——永不褪色的‘传家宝’老干部书法小品展”。联合市纪委开展离退休干部党员“我的家风家规家训故事”分享会，讲述家风故事、展示家风作品。编印《常熟市离退休干部党纪法规学习资料（摘编）》，赠阅《虞山惠风——常熟历史上的清官廉吏》读本。

【“银发人才库”成立】 2023年，市委老干部局开展“银发助力常熟高质量发展”主题实践活动，实施“银发生辉·10+5”运行机制，10个市四套班子老领导担任负责人的协会团体和5个“银龄服务团”入库，围绕经济科技、文脉传承、乡村振兴等8个重点领域开展调查研究，形成专题报告12篇，其中《常熟“五治融合”推动社会治理现代化的实践思考》获评苏州银龄人才智库“优秀调研成果”。举办离退休干部“志愿服务周”活动，30多支老干部志愿队伍近千名老同志参与，培育选树3个苏州市老干部志愿服务“两美一佳”。

【"全省示范性老干部活动中心"创建】 2023年，市委老干部局探索"党组织+团组协会+文体活动+志愿服务"的老干部学习活动新模式，成立老干部团组协会"彩虹桥"离退休干部党支部、"乐龄红雁"流动党员党支部、老干部大学联合临时党支部。设立老干部团组协会党建指导员，运用专题学习、主题党日等方式学习党的创新理论，引导团组协会党支部书记在组织活动学习中发挥好"头雁"效应。举办第九届"虞城彩虹韵"老干部文化体育节，开展"艺心向党映初心 银发聚力当先锋"基层行活动，成立歌舞、书画、诗词等4个行动支部，组织老干部志愿团队下基层开展"五送"活动，赴社区、养老院、银行、环卫处、石梅广场等地开展文化惠民活动20多场次。老干部大学全年开设教学班13个，参与老干部265名，推进"智慧助老"主题课程建设，开设手机摄影教学班。组织"虞尚松韵"老干部艺术团赴井冈山开展"弘扬老区精神 传承红色基因"结对共建，和井冈山龙市夕阳红文艺队同台演出。发挥"虞城彩虹韵"涉老活动联盟作用，共同开展"金秋乐龄行"公益徒步、退休人员文艺展演等活动，全方位多层次满足离退休干部精神文化需求。12月7日，常熟市老干部活动中心获评2022—2023年江苏省示范性老干部活动中心。

【"青蓝携手 一起向未来"计划启动】 8月10日，常熟市"青蓝携手 一起向未来"计划启动，市委老干部局发布市、镇（街道）、市级机关3个层级26个项目，组织离退休干部通过信仰对话、长者会客厅、青蓝结对等助推暖"新"助"青"护"少"。联合市关工委打造"银心系童心，牵手向未来"护航成长行动，以"五老"工作室为抓手，发挥市四套班子老领导优势引领作用，带领全市"五老"在铸魂育人、传承红色基因、树立社会主义核心价值观、加强法治教育和权益保护等方面发挥作用。开展"七彩的夏日"未成年人暑期系列活动，组织老干部团组协会开设4个教学班，满足学生需求、社区需要。该计划获"央广网"、《中国老年报》、"江苏老干部"微信公众号等国家级、省级媒体推广报道。 （吴静君）

8月10日，"青蓝携手 一起向未来"计划启动 （市委老干部局 提供）

党校工作

【概况】 2023年，中共常熟市委党校举办市内培训班73期，培训6898人次。其中主体班28期，培训4659人次；联办班24期，培训1237人次。承接福建、浙江、上海、江苏等省市培训班21期，培训1002人次。党校教师赴基层开展理论宣讲741场，受众63965人次。新增现场教学基地3个。市委党校实施青年教师"135"培养工程。组织年轻教师开展校内试讲评教活动12次，举办"熔炉"讲习堂12期。编辑4期《市情研究》；报送《信息专报》6期。年内，立项"江苏省社科应用研究精品工程"市县专项课题1项，江苏省委党校课题2项，环太湖研究中心课题2项，5名教师获"2021—2022年度常熟市社会科学应用研究课题"优秀项目。党校教师参赛课程获评苏州市党校系统"家国天下"精品课竞赛一等奖。

【教学科研】 2023年，市委党校深化教学改革，采用研讨式、案例式、行动式教学方法，继续探索电梯演讲、读书分享会等新型教学方式。推出"学习二十大·党校老师讲"系列视频微党课10讲。向全市发布"七一"主题宣讲菜单69门课程、习近平新时代中国特色社会主义思想宣讲菜单65门课程。组织教师开发"常熟历史人物系列课程"8门，举行常熟历史人物系列课程开发项目汇报会，并向全市发布宣讲菜单。完成更新2023年教学专题菜单130门课程，教学专题更新率21%以上。承办全省国有企业、"三新"领域党组织书记学习贯彻习近平新时代中国特色社会主义思想示范培训班（常熟分会场）两期，举办市国企青年干部综合能力提升班。组织教师撰写并完成《产学研合作推动民营企业创新的路径研究》《常熟促进科技型中小微企业成长对策研究》等惠企课题。全年与苏州市委党校协作课题3项；完成常熟市社科联课题15项，常熟市委党校校内课题18项，市政府研究室交办课题2项。在省级以上杂志刊文9篇，在省级以上报纸刊文4篇。党校教师1个课题获2021年度全省党校系统调研课题结项优秀，1篇论文获苏州市党校系统第九届优秀科研成果奖二等奖，2篇论文入选江苏省委党校"深入学习党的二十大精神"理论研讨会。

【理论惠企宣讲】 2023年，市委党校深化党建惠企行动，以"熔炉"党建联合体为平台，服务企业高质量发展。新增"熔炉"党建联合体结对共建单位6家，成员单位累计25家。年内举办全国两会精神学习会暨党建工作交流会、李强（曾培洪）革命历程专题讲座、党建品牌集中发布暨展示交流活动、"江苏方志大讲堂走进常熟"常熟藏书文化主题交流活动、何建明"五个一工程"获奖作品分享会、学习贯彻习近平新时代中国特色社会主义思想主题教育专题党课等。组织教师赴企业开展宣讲123场次，受众6761人次。

【名师工作站建设】 2023年，市委党校苏州市新时代基层理论宣讲名师工作站（常熟市）建立工作分站14家，实现全市各板块名师工作分站全覆盖，基层理论骨干成员队伍137人。组织宣“享”共研·联“站”齐“名”工作分站交流研讨活动4场，开展“春阅江南·聆学雅韵”世界读书日、“晓”理堂·“益”起讲项目启动暨孵化对象拔节培育推进工程现场宣研展示等活动。围绕习近平新时代中国特色社会主义思想、党的二十大精神和中国式现代化常熟生动实践等开发宣讲课程，全年组织工作站成员及孵化对象赴基层开展宣讲427场次，受众38861人次。 （胡敏玉）

党史工作

【概况】 2023年，市委党史工办承办2023年江苏省党史部门主任会议，并在会上展示党史编纂出版成果。举办纪念任天石烈士英勇就义75周年、“常熟民抗成立85周年专题展”和“重温芦荡烽火赓续红色血脉”——纪念新江抗成立84周年等活动。在北京理工大学启动“红色传奇——老院长李强革命历程展”。联合市委党校等部门研发常熟历史人物系列精品课程6门，推出年度系列“菜单式”专题讲座22个，到基层开展宣讲44场。指导董浜镇旗杆大院红色印迹陈列室布展开馆、退役军人事务局“虞城戎耀”馆展陈大纲编写和展陈布置。全市申报苏州市党史教育基地3个，1处革命旧址入选江苏省革命文物名录，1人入选江苏省文物保护专家库革命文物类成员。中共常熟党史馆入选江苏省科学家精神教育基地。

【党史书籍编纂】 2023年，市委党史工办编纂出版《常熟红色文物》《福地华章——常熟撤县设市四十周年发展图志》，完成《中国共产党常熟历史第三卷（1978—2012）》修改稿，启动《共同富裕之路——常熟乡镇企业发展口述史》编纂。

【党史理论研究】 2023年，市委党史工办联合市委宣传部、党校等部门召开“深入学习贯彻党的二十大精神理论研讨会”，征集研究成果34篇结集成册。在省级及苏州市级报刊发表党史研究文章2篇，1项党史研究课题获评“2012—2022年度常熟市社会科学应用研究课题”优秀项目。

【中共常熟党史馆】 2023年，中共常熟党史馆完成部分展馆调整，设置可容纳50人的“亦爱庐”初心讲堂及国家安全教育专题展陈区域，挂牌常熟市少先队校外实践教育基地、常熟理工学院思政课教育教学实践基地。全年接待团队435个，比上年增长140.33%；参观人数1.4万人次，比上年增长70.45%。 （经　颐）

关心下一代工作

【概况】 2023年，市关工委根据市委要求，突出心理健康、维权关爱、近视防控三项重点工作，强化“党建带关建”，出台常熟市《关于开展“五有五好”基层关工委建设三年（2023—2025）巩固深化年活动的通知》，推进全市校外教育辅导站优质化建设，启动“双零”社区创建试点工作，推进民企关工工作和“三扶两创”工作高质量发展。

【《关于加强新时代关心下一代工作委员会工作的实施意见》出台】 7月24日，市委办印发《关于加强新时代关心下一代工作委员会工作的实施意见》，文件从4个方面、14项内容明确目标要求和任务，要求全市各级党委政府探索建立“党建带关建”的长效机制，加强新时代关工委组织建设，深化工作保障。

【青少年主题教育】 2023年，全市各级关工委以省关工委“老少心向党 奋斗新征程”主题教育和苏州市关工委“五心”教育实践为主线，以“老少同心 筑梦未来”为主题，开展线上线下系列活动。联合市教育局等部门组织5万多名少先队员参加“致敬英烈 励志赋能”网上祭英烈活动，举办“六一”联欢会，承办苏州关工委“老少心向党 奋斗新征程”暨“五心”主题教育老少同台节目展演活动及“五心”主题教育推进会。选送老少同台演讲节目《重访沙家浜 礼赞新时代》代表苏州市参加省关工委会演获特等奖。

【校外教育辅导站建设】 2023年，常熟市转发苏州市《关于全面推进全市城乡校外教育辅导站优质化建设的若干意见》，为校外教育指引方向。建立5个由市四套班子老领导领衔的市级“五老”工作室。沙家浜镇红石村校外教育辅导站拍摄的《红石少年心向党 红色教育伴成长》获省关工委优秀活动视频特等奖。沙家浜革命历史纪念馆成为苏州市首家中国关工委“全国关心下一代党史国史教育基地”。

（黄奕宁）

【市级“五老”工作室授牌】 10月23日，市关工委举行市级“五老”工作室授牌仪式。活动为“薪火传承”红色护苗工作室、“常安同心圆”维权关爱工作室、“为爱有光”公益护眼工作室、“虞心润心”心理健康工作室和“关爱育新苗”曹映虹工作室授牌。“薪火传承”红色护苗工作室和“关爱育新苗”曹映虹工作室将加强红色传承教育，挖掘红色资源，开展富有常熟特色的“五心”主题教育；“常安同心圆”维权关爱工作室将发挥政法系统人才和资源优势，组织“五老”及志愿者积极参与预防青少年违法犯罪和未成年人司法保护，教育青少年学法、知法、守法、用法；“为爱有光”公益护眼工作室和“虞心润心”心理健康工作室将开展身心健康辅导，注重青少年近视防控和心理健康教育，利用多种途径向家长、学生普及健康常识，形成社会合力。

（年鉴编辑部）

责任编辑　汤　涵

常熟市人民代表大会

综　述

【人大年度工作概述】 2023年，常熟市人大常委会召开常委会会议8次、主任会议9次，开展执法检查3次、专题询问1次、专项视察8次、集体调研6次，听取和审议“一府一委两院”专项工作报告48项，依法任免国家机关工作人员79人次，作出决议决定10项。年内，市人大常委会承办“新时代地方人大代表履职精神”研讨会，试点建立教育和卫健专业代表小组；指导镇街人大创新打造“一镇一特色”，总结形成梅李“四同”、古里“五单”、虞山“六六”等一批优质工作法，以及“常福五线谱”“支心惠民”“董民心乐百姓”等一批特色品牌。组织5个政府工作部门及其主要领导履职用权情况的评议。召开全市开发区人大工作会议，在经开区（碧溪街道）、高新区（东南街道、沙家浜镇）全面建立开发区人大工作协调会议制度和人大代表联席会议制度。

【人大代表及组织机构】 2023年，常熟市有全国人大代表1名，省人大代表5名，苏州市人大代表79名。常熟市第十六届人民代表大会实有代表411名，其中中共和预备党员266人，占64.7%；民主党派人士51人，占12.4%；妇女130人，占31.6%。常熟市第十六届人民代表大会下设社会建设委员会、法制委员会、监察和司法委员会、财政经济委员会4个专门委员会；其常设机构有人大常委会主任1人，人大常委会副主任4人，常务委员会委员42人，设人事代表联络工作委员会、监察和司法工作委员会、财政经济工作委员会、农业农村工作委员会、城建环保工作委员会、教科文卫（民宗侨台）工作委员会6个工作机构。

1月3—5日，常熟市第十六届人民代表大会第二次会议在常熟会议中心举行

（市人大办　提供）

【重要事项决定】 年内，常熟市十六届人大常委会第八次会议通过关于批准《常熟市国土空间总体规划（2021—2035年）》的决议。常熟市十六届人大常委会第九次会议通过关于推动常熟市低效资产处置盘活工作的决定。常熟市十六届人大常委会第十一次会议通过关于批准常熟市2022年财政决算的决议。常熟市十六届人大常委会第十二次会议通过关于批准《常熟市国民经济和社会发展“十四五”规划纲要》部分指标调整方案的决议、关于批准2023年市级政府重大投资项目调整情况报告的决议、关于批准《常熟历史文化名城保护规划修编》的决议。常熟市十六届人大常委会第十三次会议通过关于批准常熟市本级2023年预算调整方案的决议。常熟市十六届人大常委会第十四次会议通过关于召开常熟市第十六届人民代表大会第三次会议的决定、关于批准2024年市级政府重大投资新开工项目计划的决定。

【国家机关工作人员任免】 2023年，市人大及其常委会依法任免地方国家机关工作人员79人次，其中人大工作机构3人次，市政府系统17人次，市法院系统47人次，市检察院系统12人次。

会议活动

【常熟市第十六届人民代表大会第二次会议】 1月3—5日，常熟市第十六届人民代表大会第二次会议在常熟会议中心举行。大会以无记名投票方式依法选举马维刚为常熟市人大常委会副主任，选举李梅为常熟市第十六届人大常委会委员。当选人员进行宪法宣誓仪式。大会审议并表决通过《关于政府工作报告的决议》《关于常熟市2022年国民经济和社会发展计划执行情况与2023年国民经济和社会发展计划的决议》《关于常熟市2022年财政预算执行情况和2023年财政预算的决议》《关于常熟市人大常委会工作报告的决议》《关于常熟市人民法院工作报告的决议》《关于常熟市人民检察院工作报告的决议》以及《关于实施“推进数字经济时代三大产业创新集群建设 着力打造经济高质量发展强大动力源”代表议案的决议》。大会还票决确定8大类、23项2023年民生实事项目。

【市人大常委会会议】 市十六届人大二次会议至市十六届人大三次会议期间，召开7次市人大常委会会议，即市十六届人大常委会第八次会议至第十四次会议。

第八次会议 2月23日召开。会议审议通过市人大常委会2023年工作要点和工作安排；听取审议关于《常熟市国土空间总体规划(2021—2035年)》编制情况的报告，并表决通过了关于批准《常熟市国土空间总体规划(2021—2035年)》的决议。会议还通过有关人事任免，涉及市法院系统35人次。

第九次会议 3月24日召开。会议听取审议关于全市公安刑事工作情况的报告，关于全市2022年度环境质量状况及生态环境保护目标完成情况、依法打好污染防治攻坚战情况的报告，关于全市低效资产处置盘活工作情况的汇报，关于全市公立医院重点专科学科及高层次人才队伍建设情况的汇报；审议通过《常熟市人民代表大会常务委员会关于推动我市低效资产处置盘活工作的决定(草案)》《常熟市人民代表大会常务委员会关于人大代表参与诉源治理，助推司法质效提升的实施意见(试行)(草案)》。会议还通过有关人事任免，涉及市政府系统1人次，市法院系统3人次。

第十次会议 5月26日召开。会议听取审议关于国资国企在苏州市域一体化重点片区开发中发挥作用情况的汇报，关于本市乡村振兴推进情况的报告；审议关于常熟市2022年度国有资产管理情况的综合报告；听取苏州市人大代表履职情况的报告。会议还通过有关人事任免，涉及市政府系统1人次，市检察院系统8人次。

第十一次会议 7月28日召开。会议听取审议关于常熟市2023年上半年经济社会发展情况和下半年重点工作安排的报告，关于常熟市2022年财政决算(草案)的报告，关于常熟市2022年度市级预算执行和其他财政收支情况的审计工作报告，关于全市“八五”普法中期工作情况的汇报；审议关于常熟市2023年上半年国民经济和社会发展计划执行情况的报告，关于常熟市2023年1—6月财政预算执行情况的报告；听取关于法官检察官履职情况的报告；审议通过关于《就业促进法》贯彻实施情况的执法检查报告，关于《江苏省农村集体资产管理条例》贯彻实施情况的执法检查报告。会议还通过有关人事任免，涉及市政府系统12人次，市法院系统2人次，市检察院系统1人次。

第十二次会议 9月27日召开。会议听取审议关于市十六届人大二次会议代表书面建议和重点督办建议办理情况的汇报；听取审议关于《常熟市国民经济和社会发展“十四五”规划纲要》实施中期评估情况的报告；听取审议关于《常熟市国民经济和社会发展“十四五”规划纲要》部分指标调整方案的报告；听取审议关于2023年市级政府重大投资项目调整情况的报告，并进行表决；听取审议关于《常熟历史文化名城保护规划修编》情况的报告；听取受评议部门工作情况及其主要负责同志履职情况的汇报，并开展评议；审议通过关于《固体废物污染环境防治法》部分条款贯彻实施情况的执法检查报告。会议还任命300名市法院陪审员。

第十三次会议 11月30日召开。会议听取审议关于常熟市2022年度市级预算执行和其他财政收支审计查出问题整改情况的报告，关于常熟市本级2023年预算调整方案的报告，关于常熟市“消劣争优”全面消除劣V类水体攻坚行动工作情况的报告；听取了苏州市人大代表履职情况的报告；审议通过了《常熟市人民代表大会常务委员会关于提高市人大常委会会议质量的实施办法》。会议还通过有关人事任免，涉及市法院系统3人次。

第十四次会议 12月29日召开。会议听取审议关于市级政府重大投资新开工项目2023年完成情况及2024年计划草案编制情况的汇报，并进行表决；听取关于2023年民生实事项目实施情况和2024年民生实事候选项目安排的汇报，并进行测评和初审；听取关于常熟市2023年财政预算执行情况和2024年财政预算草案的报告，并进行初审；听取关于街道人大工委工作情况的汇报；作出了关于召开市十六届人大三次会议的决定；讨论提请市十六届人大三次会议审议通过的各项文件草案和建议名单；决定市十六届人大三次会议列席人员名单；讨论市人大常委会工作报告；通过有关决定。会议还通过有关人事任免，涉及市人大工作机构3人次，市政府系统2人次，市法院系统4人次，市检察院系统3人次。

【市人大常委会主任会议】 2023年，市人大常委会召开主任会议9次，议题涉及提升人大工作质效、助推数字经济发展、推进水利工程建设、保障城市安全发展、加强法治政府建设、推动民生福祉增进等。

表 6　　2023 年常熟市人大常委会主任会议情况一览表

时间	会议名称	主要议题
1月31日	市十六届人大常委会第十次主任会议	讨论市人大常委会2023年工作要点和工作安排
2月17日	市十六届人大常委会第十一次主任会议	1.讨论关于人大代表联系监督2023年度民生实事项目实施的工作方案； 2.讨论市十六届人大二次会议重点督办建议名单； 3.讨论《常熟市人民代表大会代表履职积分管理办法》
3月13日	市十六届人大常委会第十二次主任会议	1.听取关于常熟市省级安全发展示范城市创建工作视察报告办理情况的汇报； 2.听取关于常熟市重点水利工程建设情况的审议意见办理情况的汇报； 3.讨论《关于人大代表参与诉源治理，助推司法质效提升的实施意见（试行）》
4月17日	市十六届人大常委会第十三次主任会议	1.听取关于"推进数字经济时代三大产业创新集群建设，着力打造经济高质量发展强大动力源"代表议案实施方案的汇报； 2.讨论《常熟市人大常委会"人大工作质效提升年"行动方案》； 3.讨论《关于2023年度市人大代表活动的意见》； 4.讨论《关于市人大常委会任命的有关人员向市人大常委会报告履职情况的办法（试行）》； 5.讨论《关于开展2023年度法官检察官履职评议工作的实施方案》； 6.讨论关于《中华人民共和国就业促进法》贯彻实施情况的执法检查活动方案； 7.讨论关于《江苏省农村集体资产管理条例》贯彻实施情况的执法检查活动方案； 8.讨论关于开展常熟市0~3岁婴幼儿托育服务体系建设情况的视察活动方案
6月13日	市十六届人大常委会第十四次主任会议	1.审议关于2023年度民生实事项目半年度实施情况的汇报； 2.讨论关于建立开发区人大代表联席会议制度的意见； 3.讨论关于组织人大代表评议部门工作的实施方案； 4.讨论关于《中华人民共和国就业促进法》贯彻实施情况的执法检查报告； 5.讨论关于《江苏省农村集体资产管理条例》贯彻实施情况的执法检查报告； 6.讨论关于推动文商旅深度融合，打造长三角旅游目的地专题询问工作的实施方案； 7.讨论关于《中华人民共和国固体废物污染环境防治法》部分条款贯彻实施情况的执法检查活动方案； 8.讨论关于常熟市"5分钟消防圈"建设工作情况的视察活动方案
8月16日	市十六届人大常委会第十五次主任会议	1.听取关于我市行政复议和行政诉讼工作情况的汇报； 2.听取关于法官检察官履职评议情况的汇报； 3.听取关于部门工作评议调研情况的汇报； 4.讨论关于《固体废物污染环境防治法》部分条款贯彻实施情况的执法检查报告； 5.讨论关于开展常熟市智慧三农推进情况的视察活动方案； 6.讨论关于开展常熟市中小学劳动教育推进情况的视察活动方案
10月13日	市十六届人大常委会第十六次主任会议	1. 听取关于常熟市"5分钟消防圈"建设工作视察报告办理情况的汇报； 2. 听取关于2023年度民生实事项目监督工作情况的汇报； 3.讨论《常熟市人民代表大会常务委员会关于提高市人大常委会会议质量的实施办法》； 4.讨论《关于推进全过程人民民主基层示范基地建设的意见》； 5.讨论《关于组建常熟市人大代表专业小组的意见》； 6.讨论关于建立教育和卫健专业代表小组的方案； 7.讨论关于开展"推进数字经济时代三大产业创新集群建设，着力打造经济高质量发展强大动力源"代表议案实施情况的视察活动方案； 8.讨论关于"两湖两线"特色田园乡村跨域示范区工作情况的视察活动方案
11月24日	市十六届人大常委会第十七次主任会议	1.听取受评议部门及市人大常委会任命人员关于落实人大评议意见情况的报告； 2.听取关于2023年度民生实事项目实施情况的汇报； 3.听取关于2024年度民生实事候选项目安排的汇报； 4.讨论关于开展2023年度民生实事项目完成情况的视察活动方案
12月27日	市十六届人大常委会第十八次主任会议	1.讨论2024年市级政府重大投资新开工项目计划草案； 2.讨论关于代表变动情况和补选代表资格的审查报告； 3.讨论提请市十六届人大三次会议审议通过的各项文件草案和建议名单； 4.讨论市人大常委会工作报告

（资料来源：市人大办）

【新时代地方人大代表履职精神研讨会】 11月17日，"竭诚奉献 不负人民——新时代地方人大代表履职精神"研讨会在常熟市举行。会议由省人大常委会研究室、省人大工作理论研究会指导，苏州市人大常委会、常熟市人大常委会共同组织，来自全国、江苏省、苏州市及其各区市的人大工作者、人大代表以及专家学者100多人参加会议，会议上，4名基层人大负责同志和4名常熟市人大代表就履职实践作交流发言，苏州大学马克思主义学院、地方人大理论与实践研究院院长田芝健、苏州市人大常委会决策咨询专家高志罡等分别发言。会议提

11月17日，参加“新时代地方人大代表履职精神”研讨会的与会代表参观常熟人大工作展板
（市人大办 提供）

炼出的“牢记嘱托，感恩奋进，竭诚奉献，不负人民”代表履职精神，被写入2023年度省人大常委会工作报告。

人大监督

【视察调研】 2023年，市人大常委会组织专项视察8次，视察内容包括：0~3岁婴幼儿托育服务体系建设情况、“5分钟消防圈”建设工作情况、智慧三农推进情况、中小学劳动教育推进情况、历史街区整理更新试点工作情况、“两湖两线”特色田园乡村跨域示范区工作情况、代表议案实施情况、民生实事项目推进情况等。组织集体调研6次，内容涉及企业上市情况、中新昆承湖园区规划建设情况、文化载体建设情况、交通规划建设情况、家庭教育促进工作情况、宗教团体规范化管理情况等，调研法院、检察院、经开区、高新区，各镇人大、各街道人大工委等单位工作。

【执法检查】 2023年，市人大常委会开展执法检查3次，分别对《就业促进法》《固体废物污染环境防治法》《江苏省农村集体资产管理条例》在常熟市的贯彻实施情况进行执法检查。

【预决算审查监督】 2023年，市人大常委会审查和批准财政决算、预算执行、预算调整方案的报告，听取审议市级预算执行和其他财政收支审计工作、“同级审”审计整改等情况的报告。

【政府部门工作评议】 6—11月，市人大常委会组织代表对市发展改革委、交通运输局、文体旅游局、商务局、信访局等5个部门开展工作评议。常委会组成评议调研组，通过广泛动员、个别谈话、召开各类座谈会、开展问卷调查等形式，就被评议部门在依法履职用权、服务地方发展、深化政务公开、部门协作配合、队伍自身建设等方面情况，听取代表、基层群众和服务对象的意见，在此基础上形成评议意见，由市十六届人大常委会第十二次会议审议通过，送交市政府及被评议部门予以整改，并对各被评议部门整改落实情况进行跟踪督查，市十六届人大常委会举行第十七次主任会议听取受评议部门关于评议整改落实情况的汇报。

【法官、检察官履职评议】 5—8月，市人大常委会对市人民法院、市人民检察院的6名员额法官和6名员额检察官履职情况进行调研和评议。在“两院”进行全面民主测评，组织市人大常委会组成人员现场旁听庭审并进行庭审评议，组织案卷评查小组随机抽查案件60件。市十六届人大常委会第十一次会议听取被评议法官、检察官履职情况的汇报，并进行满意度测评。综合民主测评、案卷评查和满意度测评分值，钱敏焰、陈洁2名法官，顾万炎、舒娜2名检察官获评“优秀”等次，其余法官、检察官获评“称职”等次。

【推动文商旅深度融合专题询问】 8月31日，市人大常委会就“推动文商旅深度融合，打造长三角旅游目的地”开展专题询问，听取市政府关于推动文商旅深度融合，打造长三角旅游目的地工作情况的专题汇报。市人大常委会组成人员、部分人大代表及市民代表就如何打响常熟旅游品牌、历史建筑活化利用、文商旅人才培养和引进等问题进行询问，市政府相关职能部门及相关企业负责人现场应询。此次专题询问采取“网络直播+在线互动”的方式接受市民线上提问，超10万名市民在线观看。

8月31日，市人大常委会就“推动文商旅深度融合，打造长三角旅游目的地”开展专题询问
（市人大办 提供）

代表工作

11月20日，常熟市人大代表之家揭牌成立　　（市人大办　提供）

【议案建议办理】 2023年，常熟市人大常委会做好“推进数字经济时代三大产业创新集群建设，着力打造经济高质量发展强大动力源”议案实施督办，推动三大产业创新集群发展，2023年1—9月三大产业创新集群完成规上产值1487亿元。常熟市十六届人大二次会议期间，市人大常委会收到人大代表建议、批评、意见217件，分别是政府口建议209件、党群口建议4件、法检口建议4件。其中，社会类建议16件、建设类建议27件、城建环资类建议27件、教科文卫类建议35件、综合管理类建议32件、农业农村类建议36件、财政经济类建议19件、监察司法类建议5件、民族宗教类建议1件、其他35件。建议按时办结率100%，其中采纳（问题已解决或基本解决）155件，占71.4%；纳入计划（正在解决或已列入计划）56件，占25.8%；解释（不符合法律、政策规定或受条件限制暂时解决不了）6件，占2.8%；留作参考的0件；代表反馈的满意和基本满意率99.5%。

【代表联络】 2023年，市人大常委会健全完善代表履职监管和考评体系，出台《代表履职积分管理办法》《代表在闭会期间开展活动的意见》等文件。依托代表之家（站、点），严格执行“五级代表进网格”“双联系”等工作机制，制度化开展主任接待代表日、代表统一接待日等活动，探索形成“海语云话坊”“春来有约”“莫城e家”等一批联系群众的特色做法。督办代表议案和217件书面建议；市镇两级人大协同组织培训2300人次，邀请超150人次参加监督活动并鼓励审议发言。

【人大代表之家】 2023年，市人大常委会出台《关于推进全过程人民民主基层示范基地建设的意见》，按照“1+14+N”布局和“七有九化”标准，推进代表之家（站、点）迭代升级，建成市级代表之家，在各镇（街道）全覆盖建设家（站、点）259个，并逐步向代表企业、专业行业延伸；协同法院提升“法庭代表联络站”，在全市8个基层法庭建成“古韵新声”“同辛共治”“尚法护架”等工作子品牌，以“八庭”联动构筑“家·庭融合”新矩阵。

【人大代表公益会】 2023年，常熟市人大代表公益会注重创新问效，设立“康博”健康关爱、“龙腾”助学奖学、“常开”创新创业、“风范”激励鼓励4个专项资金，开展活动80多次、惠及群众2000多人次；开办“众贤书画院”，30余名人大代表书画爱好者和书画名家受聘加入书画院，开展具有人大特色的书画工作、书画鉴赏、公益培训等活动；建立“人大代表法律服务站”2个，为人大代表提供法律咨询、司法调解等方面的服务。　（陈传法）

表7　2023年常熟市重点督办代表建议情况一览表

序号	建议号	主提议人	建议案由	序号	建议号	主提议人	建议案由
1	3	时雪峰	关于改革完善执行工作机制，各方助力破解执行难题的建议	9	86	奚　磊	关于退役军人优待证“含金量”再提升的建议
2	26	李志欢	关于村级财力可持续发展的建议	10	124	徐鹰健	关于提高乡镇卫生院和社区（村）卫生服务站（所）诊疗能力的建议
3	40	朱勤保	关于服务好存量企业、增强企业家发展信心的建议	11	141	陆仁华	关于合理利用崇文小学、崇文幼儿园周边空间资源，缓解交通压力的建议
4	54	屈建龙	关于发展壮大村级财力、增强村级集体经济发展后劲的建议	12	143	陆仁华	关于提升城市精细化治理水平加强社区“微治理”的建议
5	58	金　群	关于进一步做好生活垃圾分类工作的建议	13	150	丁　琪	关于完善三级医疗网络的建议
6	72	沈振新	关于加快跨市渣土运输、偷倒联合整治的建议	14	152	谭建元	关于加强关注法院“执行难”问题的建议
7	78	沈春芳	关于降低辛安塘继东桥桥梁高度的建议	15	184	张静涵	关于加强各部门各板块数据信息整合的建议
8	84	庄广强	关于加强公检法合作，加大对拒不履行法院生效判决、裁定罪的打击力度的建议	16	212	顾建东	关于加强老年人反诈意识的建议

（资料来源：市人大办）

责任编辑　归岳嵚

常熟市人民政府

综　述

【政府机构设置】 2023年，常熟市人民政府设置工作部门有市政府办公室（市政府研究室、市政府外事办公室、市大数据管理局、市委外事工作委员会办公室）、市发展和改革委员会［市粮食和物资储备局、市国防动员办公室（市人民防空办公室）、市长三角地区合作与发展办公室］、市教育局［市委教育工作委员会（合署）、市政府教育督导室］、市科学技术局（市科技创新办公室）、市工业和信息化局、市公安局、市民政局、市司法局（市委全面依法治市委员会办公室）、市财政局（市政府国有资产监督管理办公室）、市人力资源和社会保障局、市自然资源和规划局（市林业局）、市住房和城乡建设局、市城市管理局（市综合行政执法局）、市交通运输局、市水务局、市农业农村局（市乡村振兴局、市委农村工作领导小组办公室）、市商务局（市口岸办公室）、市文体广电和旅游局（市文物局）、市卫生健康委员会（市疾病预防控制局）、市退役军人事务局、市应急管理局（市安全生产委员会办公室）、市审计局（市委审计委员会办公室）、市行政审批局（市政务服务管理办公室）、市市场监督管理局（市知识产权局）、市统计局、市医疗保障局、市信访局［市委信访局（合署）］、市地方金融监督管理局（市政府金融工作办公室）。

（姚学淳）

【政府自身建设】 2023年，常熟市政府强化政治担当，配合市委接受省委巡视，抓好巡视整改。深化法治政府建设，完成全国首批普法守法示范城市试测评，推动行政争议实质性化解，行政诉讼案件数量和败诉率显著下降；办复人大建议209件、政协提案240件，办结率均为100%。推进政府改革，初步完成三大全生命周期管理服务平台建设，治理效能持续提升；完善新一轮国企高质量发展三年行动计划，形成9大市级国企架构体系，资产规模突破2000亿元。优化营商环境，实施“六不五优化”专项行动，持续推进“一件事一次办”改革，平均办理时间压缩69%。常熟市获评全国城市营商环境创新县（市）。

（韩　扬）

【政府民生实事】 2023年初，常熟市十六届人大二次会议票决确定加大教育惠民力度、丰富文化体育生活、完善健康养老服务、改善生态环境质量、提升城市保障水平、优化城乡人居环境、畅通交通出行网络、打造友好便利城市8大类、23项民生实事项目。

（汪　俐）

表8　　2023年常熟市政府民生实事项目实施情况一览表

项目分类	项目名称	项目主要内容	项目进度
一、加大教育惠民力度	1.基础教育学校改扩建工程	（1）新建梅李第二幼儿园，根据需要投入使用	竣工验收完成
		（2）改扩建任阳小学，完成一期工程，包括新建风雨操场、教学楼及市政配套工程，二期工程启动	一期9月正式投用，二期工程启动
		（3）新区小学加固改造工程，主体结构加固完成	主体结构加固完成
	2.常熟职教中心实训楼新建工程	新建一栋5层综合实训教学楼，总建筑面积约5500平方米，2023年完成主体施工	主体施工已完成，正准备竣工验收及设备安装
	3.中小学生视力保护项目	完成20所中小学校的教室照明改造	已完成全部20所学校的照明改造
		为全市中小学生免费提供屈光度检查	在春季学期，已为全市中小学生进行免费屈光度检查；在秋季学期，已为全市非毕业班中小学生进行免费屈光度检查

续表8

项目分类	项目名称	项目主要内容	项目进度
一、加大教育惠民力度	4.提升民办义务教育项目	新增1000个公办义务教育学位，吸纳符合条件的外来产业工人随迁子女。向随迁子女集中的民办义务教育学校购买10000个学位，确保区域内义务教育学位主要由公办学校和政府购买学位方式提供，将全市民办义务教育在校生规模占比控制在5%以内	新增1000个公办义务教育学位，民办义务教育在校生规模占比4.77%
	5.现代产业技能实训中心建设工程	对常福街道原达富集宿区部分建筑进行装修改造，建成现代产业技能实训中心并投用，实现1+x证书培训1500人、企业技术服务3000人次	实训中心已正式启用，完成企业技术服务3000人次，完成相关证书培训工作
二、丰富文化体育生活	1.常熟市工人文化宫工程	占地47.5亩，总建筑面积6.35万平方米，主要包括职工文化中心、职工体育中心、职工培训中心和职工服务中心四大板块，2023年竣工投用	已启动试运行
	2.公共文体惠民项目	策划举办文化惠民系列公益文艺巡演、公共文化服务配送、“我的舞台我的梦”常熟全民才艺秀等活动；办好体育精品赛事，组织开展青少年阳光体育联赛、“全民健身月”系列活动	已完成260场文化惠民系列公益文艺巡演和158场次公共文化项目配送；举办全民才艺秀活动；举办沙家浜镇景观龙舟赛等51项全民健身赛事，举办青少年阳光体育联赛共18场赛事
三、完善健康养老服务	1.“虞心”青少年心理关爱项目	为30所初、高中学生提供心理健康筛查，及时开展心理科普和有针对性的心理干预服务；对全市学校心理咨询师开展6次培训和督导	已完成全市30所初、高中学生的心理健康筛查，及时开展心理科普和有针对性的心理干预服务，对全市学校心理咨询师开展6次培训和督导
	2.养老服务提升项目	实施老年人家庭适老化改造，全年完成1000户；区域性养老服务中心全面投用；落实重点空巢老人巡访关爱制度	完成适老化改造2416户；海虞镇、董浜镇、辛庄镇、尚湖镇、碧溪街道的区域性养老服务中心正式投用；落实重点空巢老人巡访关爱制度，动态更新人员名册，定期进行巡访关爱工作
	3.医保服务便利化项目	（1）优化全市二级以上定点医院医保移动支付功能，提供预约挂号、诊间支付、处方流转等服务	所有二级以上定点医院移动支付和处方流转功能开发完毕并正式上线
		（2）延伸医保服务进村（社区），提供帮办代办等服务，持续巩固提升15分钟医保服务圈示范点服务质效	完成349个村（社区）15分钟医保服务圈示范点建设，覆盖率100%
四、改善生态环境质量	1.河流整治及沿岸加固工程	（1）徐六泾整治工程，河道整治约16千米，包括河道疏浚、护岸建设、堤防加固、景观绿化等	工程已完工，完成河道整治16.4千米
		（2）张家港河除险加固工程，对元和五区—大兴村段驳岸进行新建、修复；沙家浜段新建仿木桩护岸、圩堤等，提升沿河绿化	工程已完工
	2.生活污水治理工程	（1）新建生活污水管道主管网10千米	工程已完工，新建生活污水管道主管网21.9千米
		（2）对各板块小区地块污水支管及村庄污水进行治理，涉及2700户农户，2023年完成治理2000户	完成农村生活污水治理2337户
五、提升城市保障水平	1.集贸市场改造提升工程	（1）丁坝、唐市集贸市场完成达标化改造，练塘集贸市场启动改造	完成唐市、丁坝、常福、兴隆集贸市场达标化改造
		（2）完成8家集贸市场的智慧升级	完成8家集贸市场智慧升级
		（3）将徐桥集贸市场转型为集散疏导点	完成徐桥集贸市场集散疏导点转型
	2.绿色蔬菜示范基地建设工程	（1）在碧溪周泾村建设一个蔬菜基地，其中耕地面积200亩，包含连栋大棚10亩，单体大棚40亩，2023年完成基地主体建设	碧溪周泾村200亩基地（含3亩连栋大棚、47亩单体大棚）完成主体建设及验收
		（2）在董浜北港村建设一个蔬菜基地，其中耕地面积170亩，包含连栋大棚11亩，单体大棚31.5亩，2023年完成基地主体建设	董浜北港村140亩基地（含10.7亩连栋大棚、24.3亩单体大棚）完成主体建设及验收
六、优化城乡人居环境	1.美丽乡村建设暨农村人居环境长效管理工程	深入推进全域美丽宜居乡村建设，统筹实施农宅归并移位。具体开展道路铺设、河道清淤等工作，全面提升农村人居环境，深化“五治融合”，推进村庄长效管理。同步推进苏州市特色康居乡村、特色康居示范区建设	300个村组已通过“千村美居”验收；铺设农村道路175.7千米，清理河道38.6千米，建设驳岸67.1公里，新改建公厕227座，120个村庄通过苏州市特色康居乡村验收，获评苏州市特色康居示范区1个；发动村民参与人居环境建设，总结推广“一户四照”“村庄管家”“美丽菜园”等一批好经验好做法，实现“五治融合”行政村全覆盖

续表8

项目分类	项目名称	项目主要内容	项目进度
六、优化城乡人居环境	2.老旧小区改造工程	完成虞山街道报本片区、花园浜片区、南门片区、虞山北路片区，琴川街道昭文片区、青墩塘路片区，莫城街道商城路片区共7个片区的综合整治，涉及房屋101幢，居民1826户，建筑面积15.09万平方米	已完成7个片区的综合整治，惠及房屋101幢，居民1826户
	3.农村给水管网改造工程	改造农村老旧管网和低压区管网4000户	工程已完工，完成4127户农村老旧管网和低压区管网改造
	4.天然气入户工程	完成城乡2.2万户居民的中低压天然气管道安装	完成2.2万户中低压天然气管道的安装验收工作
七、畅通交通出行网络	1.农村公路（市道）大中修工程	对农村公路（市道）病害严重道路及时进行维修，对病害桥梁及时解危	看守所西侧道路、辛张线、尚湖大道、任蒋线、南渡桥、槐家桥、冶塘市镇桥工程均已完工
	2.城市道路新建工程	新建花溪东片区渠中路（香山南路—金山路）道路，长约493米，红线宽36米，同步建设桥梁2座，配套管线、交安、绿化、照明等附属工程	花溪东片区渠中路（香山南路—金山路）已正式通车
	3.汽车充电桩增量项目	（1）布局公共充电站，依托原有停车场建设30个充电站，完成300个车位改造； （2）推进小区专用充电站建设，在50个小区改造700个公共车位； （3）探索其他场景的充电泊位改造项目	30个公共充电站、300个车位改造全部建设完成并上线运营；700个小区车位全部改造完成并通电运营
八、打造友好便利城市	1.安康驿站建设完善项目	新建5家安康驿站，并对40家安康驿站进行功能完善，为环卫工人、网约车司机、外卖小哥等户外劳动者提供舒适的休息场所	常福街道黄浦路安康驿站等7家安康驿站已建成投用，40家安康驿站功能完善工作已完成
	2.就业服务能力提升项目	解决企业用工3.5万人；实现规上企业申报缺工10人以上的服务响应率100%、服务满意率90%以上	累计解决企业用工43839人；实现规上企业申报缺工10人以上的服务响应率100%、服务满意率100%

（资料来源：市政府办）

市政府常务会议

【市政府第16次常务会议】 1月11日，市政府第16次常务会议召开。会议听取2023年市级重点产业项目情况，审议《常熟市食盐安全供应应急处置预案》《常熟市开放型经济发展“十四五”规划》、文体旅游局事业单位改革相关方案，学习《江苏省行政程序条例》。

【市政府第17次常务会议】 2月11日，市政府第17次常务会议召开。会议传达学习中央、省委、苏州市委农村工作会议精神并听取常熟市贯彻落实情况，通报市政府党组2022年度民主生活会召开情况，听取政府系统承办市两会建议提案的工作情况、特种设备和专业市场安全生产工作情况、2022年常熟市市长质量奖评审工作情况、2023年镇级政府投资100万元及以上新实施项目情况的汇报，审议《2023年〈政府工作报告〉工作任务分工方案》《常熟市贯彻落实省、苏州市关于推动经济运行率先整体好转若干政策的实施方案》《2021年常熟市工业企业资源集约利用综合评价结果》《常熟市存量产业用地更新指导意见（试行）》《常熟市新型产业用地管理试行办法》《常熟市电子商务高质量发展行动计划（2023—2025）》《2023年常熟市房屋征收搬迁计划》《常熟文旅发展有限责任公司高质量发展三年行动计划（2023—2025）》，学习《江苏省公共法律服务条例》。

【市政府第18次常务会议】 3月14日，市政府第18次常务会议召开。会议听取做好当前重点经济工作、消防安全专项治理机制工作的汇报，审议《常熟市供水突发事件应急预案》《关于贯彻落实〈苏州市户籍准入登记管理办法〉的实施意见》《常熟市生态环境基础设施建设规划（2023—2025年）》《常熟市加快构建新能源智能汽车产业生态三年行动方案（2023—2025年）》《常熟市新增制造业用地项目评价推进机制方案（试行）（修订稿）》《常熟市高标准农田改造提升三年行动方案（2023—2025年）》《常熟市“五不五优化”营商环境专项行动方案》，学习《江苏省长江船舶污染防治条例》。

【市政府第19次常务会议】 4月20日，市政府第19次常务会议召开。会议听取行政规范性文件清理情况、全市校园安全生产工作情况、2023年度市政府重大行政决策项目初审情况的汇报，审议《常熟市出租资产出租方管理规定》《常熟市生态空间管控区域监督管理评估考核办法》《常熟市城市更新工作联席会议机制》《常熟市基层消防委托执法工作实施方案》《常熟市2023—2025年度市本级储备土地收储计划》，学习《江苏省消防条例》《江苏省乡村振兴促进条例》。

【市政府第20次常务会议】 5月7日，市政府第20次常务会议召开。会议听取第五次全国经济普查相关工作情况、常熟市加油站规划布点工作情况、2023年农业农村安全生产工作情况的汇报，研究部署当前防汛抗旱工作，审议《关于做好2023年重点领域火灾防控工作的实施意见》《常熟市2023年防汛抗旱工作意见》《市政府2023年度挂牌督办重点生态环境项目》《常熟市公交线路开行和调整办法》《常熟市公交线网优化指导意见》《常熟市新增工业载体用地项目评价管理办法（试行）》《常熟市新建住宅区物业服务用房管理意见》，学习《江苏省行政执法监督办法》《江苏省医疗保障条例》。

【市政府第21次常务会议】 5月28日，市政府第21次常务会议召开。会议审议《常熟市专精特新企业培育三年行动计划（2023—2025年）》。

【市政府第22次常务会议】 7月1日，市政府第22次常务会议召开。会议学习贯彻省、苏州市打击治理电信网络新型违法犯罪工作会议精神，听取重点城市商业综合体和餐饮业专委会安全生产工作情况、常熟市“菜篮子”工作情况的汇报，学习《中华人民共和国湿地保护法》。

【市政府第23次常务会议】 7月24日，市政府第23次常务会议召开。会议听取常熟港港口码头安全生产工作情况、常熟历史文化名城保护规划修编相关工作情况的汇报，审议《常熟市重点项目推进管理办法（暂行）》《常熟市全社会共同推进“无废城市”建设实施方案》《关于优化排污总量指标管理服务高质量发展的实施办法》《常熟市水环境区域补偿实施方案》，审议废止《常熟市生态红线区域保护规划》。

【市政府第24次常务会议】 8月17日，市政府第24次常务会议召开。会议听取全国生态环境保护大会精神常熟市贯彻落实情况、医疗卫生机构（护理院）安全生产工作情况，审议《常熟市推动长江经济带发展2023年重点工作安排》《关于深入推进计量工作的实施方案》。

【市政府第25次常务会议】 9月10日，市政府第25次常务会议召开。会议听取2023年第一批“昆承英才”科技创新创业领军人才计划项目评审情况的汇报，研究部署全市仓库消防安全工作，审议《常熟经开区高质量发展行动方案（2023—2026）》《常熟高新区高质量发展行动方案（2023—2026）》《常熟市虞山尚湖古城保护和利用高质量发展行动方案（2023—2026）》《常熟深化科技创新与先进制造融合推动制造业高质量发展行动方案（2023—2026）》《常熟市新建商品房预售资金监管办法》。

【市政府第26次常务会议】 9月23日，市政府第26次常务会议召开。会议听取交通运输安全生产专委会工作情况的汇报，审议《常熟融合创新区高质量建设行动方案（2023—2026）》《常熟市文体旅产业高质量发展行动方案（2023—2026）》《常熟市基层社会治理突出问题攻坚行动方案（2023—2026）》《常熟市农业农村高质量发展行动方案（2023—2026）》《常熟市优化“一老一小”保障工作行动方案（2023—2026）》《常熟市直播电商产业高质量发展行动方案（2023—2026）》《关于推进常熟商务高质量发展的若干政策措施（2023—2025）》《常熟市关于深化质量强市建设的工作方案》《常熟市水域银行管理实施细则（试行）》。

【市政府第27次常务会议】 10月21日，市政府第27次常务会议召开。会议听取全市道路交通安全情况、苏州市国家食品安全示范城市创建工作省级测评以及常熟市创建工作情况、长江水上交通安全生产专委会工作的汇报，审议《常熟市公平竞争审查工作重大政策措施会审制度（试行）》《常熟市推进新一轮太湖综合治理行动方案》《常熟市实施市容环卫管理区域范围、主要道路（街道）和重点地区》《“遇见沙家浜”全国戏曲票友大赛方案》，学习新修订的《江苏省养老服务条例》。

【市政府第28次常务会议】 11月20日，市政府第28次常务会议召开。会议听取2023年以来工矿商贸和危化品领域安全生产工作情况、提高学校生均公用经费标准的汇报，审议《常熟市加强生物多样性保护工作的实施方案》《关于加强职工集宿区社区化管理的工作方案》，学习新修订的《中华人民共和国科学技术进步法》。

【市政府第29次常务会议】 11月28日，市政府第29次常务会议召开。会议听取2023年民生实事项目实施情况及2024年民生实事项目建议方案的汇报，审议《常熟市“四好”社区建设试点工作方案》。

【市政府第30次常务会议】 12月16日，市政府第30次常务会议召开。会议传达全省学习运用“千万工程”经验加快建设新时代鱼米之乡推进会会议精神并听取常熟市贯彻落实情况，传达全国、全省、苏州党委和政府秘书长办公室（厅）主任会议精神，听取2024年常熟市重点项目清单编制情况、2023年常熟市农村公路“路长制”工作情况、危废处置及辐射领域安全生产工作情况的汇报，审议《2022年常熟市工业企业资源集约利用综合评价结果》《常熟市政府关于商品房屋起居室（厅）不得隔断出租居住的规定》《常熟市污水专项规划修编（2022—2035）》《常熟市供水专项规划修编（2022—2035）》《尚湖等9座湖泊“一湖一策”保护利用方案》，学习新修订的《中华人民共和国行政复议法》。

【市政府第31次常务会议】 12月27日，市政府第31次常务会议召开。会议听取《2024年政府工作报告》起草情况、《常熟市2023年国民经济和社会发展计划执行情况与2024年国民经济和社会发展计划草案》编制情况、2023年第二批“昆承英才”科技创新创业领军人才计划项目评审情况的汇报。（王妤婷）

政务服务

【概况】2023年，常熟市市镇两级政务服务大厅办件299.7万件，全市新登记各类市场主体4.25万户，比上年增长3.88%；实有各类市场主体30.24万户，比上年增长8.59%。企业固定资产投资项目立项1865个，意向投资额1499亿元。推出"立项+水电气信视""立项+节水""立项+中介超市"等3个套餐式服务，创新涉化项目云上会商模式、规划方案审查"云踏勘+云审批+云反馈"审批模式，线上审核速度提升80%，累计服务项目超700个。推进"拿地即开工"审批模式，32个项目实现"拿地即开工"、数量列苏州第一。

【公共资源交易】2023年，全市完成公共资源交易1404宗，成交额409.95亿元，增收节支17.65亿元。构建公共资源"不见面交易"体系，推进交易信息电子化、业务流程化、服务标准化，上线评标云签名应用，实施投标文件雷同性分析、投标报价自动算分等10项智能辅助评标功能，实现所有市级项目不见面交易。开发建设常熟市公共资源交易电子档案管理系统，实现项目文件同步收集、协调监督、共享利用、秒归秒查，完成电子档案归档2977卷、覆盖率81.9%。开拓数字人民币在公共资源交易领域应用场景，实现国有资产招租业务、CA数字证书支付等5个数币应用场景部署，数币使用频次841次、结算规模270.79万元。

【"放管服"改革】2023年，常熟市推进"个转企"试点，探索个人独资企业、合伙企业转型为有限责任公司，构建转型升级企业培育库，优化市场主体类型分布。运营发展常熟中介超市、"审管执信"闭环管理平台、公共资源"不见面交易"体系，强化分类监管，助力基层治理效能稳步提升。年内，中介超市项目成交6469个、成交额1.29亿元、分别增长124%和112%，成交规模全省县市第一。全省首推70项全省通办事项进自助终端、"政务+"基层政务服务模式，布局75个服务站，搭建"虞企通"企业服务总枢纽，实现政务服务、企业服务"一站式"办理。

【"一件事"集成改革】2023年，常熟市分类整合高频事项，归并为60个"一件事"主题场景，累计办件63.1万件，平均每件提交材料减少34.9%、跑腿次数减少3次、办理时间压缩69%。办理省定标准"一件事"办件6.5万件。全省首创居民身份信息变更一件事，实现社保、公积金等关联信息变更"一条龙办理、一揽子解决"；苏州首创农房建设一件事，变"多方勘验"为"一次勘验"。

【区域评估成果共享利用】2023年，常熟市推行水土保持、环境影响、文物资源等9项区域评估，打通自然资源规划局"一张蓝图"系统、CIM系统、"多测合一"平台和中介超市平台，推动评估成果免费共享，区域内所有新续建项目均可免费使用评估成果报告。年内56个项目引用区域评估成果，节约经费84万元，平均每个项目节约时间10个工作日以上。（金夏珂）

【政府信息公开】2023年，常熟市人民政府加强全市政务新媒体建设和运维管理，出台《常熟市政务新媒体管理细则》，明确各单位职责和要求。按要求向社会公布上一年度政府信息公开工作年度报告。"常熟市人民政府"网站发布信息17915条，回应公众关注热点或重大舆情13次，开设在线访谈46期。政务微博"常熟发布"发布信息103条，政务微信"i常熟"发布信息1225条。全市各行政机关处理政府信息公开申请637件。制定行政规范性文件24件，废止138件，现行有效规范性文件有165件。（陈　兵）

【"12345"热线】2023年，常熟市社会治理现代化综合指挥中心"12345"热线平台受理群众诉求120.90万件，比上年下降34.81%。其中，本级热线来源92.34万件，"常熟移车"小程序来源23.51万件，"苏周到"App来源2.10万件，"寒山闻钟"论坛交办件0.97万件，省"12345"平台等上级派发件1.05万件，其他来源0.93万件。完成"12369""12318""12319"3条热线整体并入，实现与110平台对接联动，"12345"平台与110平台互联互转工单0.60万件，按时办结率97.46%，满意率99.51%。开展"12345"热线与110报警平台联动工作推进会12次，制发"12345"热线与110平台高效对接联动工作简报9件。建设热线问答型知识库，梳理有效知识信息1.09万件，内容涵盖政务服务、财政税务、卫生健康、文化教育、新市民服务等多个领域。开发工单派发系统辅助功能，建立工单延时分级审核制度，成立热线回访组。"12345"平台派发任务单至承办单位办理27.77万件，办结27.76万件，及时办理率99.83%，回访满意率98.70%。2023年度人民网常熟市委书记留言板群众满意度97.92%，较2022年度提升4.95个百分点。建立"12345"热线协调处理机制，试行重复诉求终结答复机制，召开联动单位工作座谈会、业务培训会13次，专题协调11次。编发各类专报、简报123件，获市委、市政府主要领导签批19件；落实协同工作机制，向检察院推送公益诉讼线索115件，向污染防治综合监管平台推送线索1448条；2023年网格化服务管理平台受理案件195.04万件，办结193.61万件，数字化城市管理平台受理案件23.82万件，办结23.69万件。（陆　弋）

【"一网统管"平台】2023年，常熟市社会治理现代化综合指挥中心强化"一网统管"平台应用，在常态化开展本地人口、电子门牌数据纠错基础上，与市场监督管理局数字法人系统对接，建设单位纠错功能模块，实现市场主体纠错闭环；开发数据统计模块，对各板块纠错线索推送情况进行汇总。年内，平台推送纠错信息46021条，其中人口、数字门牌纠错信息42196条，市场主体纠错信息3825条，推进全市电子门牌、人口、数字法人基础库动态更新。完成与“数字苏州驾驶舱”单点登录对接，做好“数字苏州驾驶舱”指令签收办理，接收“数字苏州驾驶舱”指令123条，均办理完成。加强“一网统管”安全管理，委托第三方专业机构对系统定期巡检，对用户开展网络安全意识培训，提高平台安全防护能力。（陆　弋）

人事管理

【事业单位人员管理】 2023年，常熟市出台《关于进一步规范市级机关事业单位编外用工薪酬分配的指导意见》，优化工资结构，明确薪酬标准，鼓励单位将编外人员的工作考核结果与绩效奖金挂钩，提升用工效率。8月，市人力资源社会保障局出台《市级机关编外用工规范化服务保障操作规程》，建立编外人员规范化服务保障工作小组，明确各部门职责，初步形成国有人力资源管理平台统一招录、派遣编外人员的用工模式。8月17日，市级机关事业单位编外用工规范服务保障工作部署会暨业务培训会在市人力资源社会保障局召开，会议确定建立国有人力资源平台统一招录、培训及派遣的用工模式，创新实现编外人员“用工与劳动关系”的分离管理。

【人事考试】 2023年，全市计划公开招聘事业单位工作人员151名，通过面试、政审、聘前公示等环节，有2个岗位无录用人员，应录用149人，全程零差错、无投诉。

【工资福利和退休管理】 2023年，市人力资源社会保障局完成全市2万多事业人员薪级晋升工作，核定746名新进事业单位工作人员转正定级工资，审批6200多人次岗位晋升工资变动，完成2023年度绩效工资总量核定和应休未休年休假报酬审批工作，做好事业人员绩效考核奖励发放工作。全年办理事业单位到龄退休手续663人、遗属补助42人，审批丧葬费、抚恤金480人，对2023年度653名符合条件的退休人员核定退休一次性补贴。

（徐莞月）

外事工作

【概况】 2023年，常熟市人民政府外事办公室接待友好城市及友好交流城市团组4批、20人次，出访友城团组1批、1人次，与友城举办活动3场次，新建友好交流城市1个；举办、承办或参与外事活动7场次；接待和配合接待外宾6批、75人次；申办因公出国（境）团组21批、93人次；完成外国人来华邀请函核实单140批、229人次；授予14人“常熟之友”、8人“常熟市人民友好使者”称号。

表9　　2023年常熟市友城交往一览表

时间	交往活动内容
3月30日	举行常熟市与日本萨摩川内市第三十六次青少年文化视频交流活动
4月20—22日	德中友好协会联合会副主席、南巴登地区德中协会会长尤根·爱柏华一行2人访问常熟
4月26—28日	澳大利亚汤斯维尔市政厅经济发展和国际关系部前部长、“常熟市人民友好使者”西蒙·米尔考克一行2人访问常熟
6月28日	常熟市第一中学与友好学校韩国务安郡南岳中学视频交流会
7月20日	常熟市与法国博若莱区市镇共同体建立友好交流城市关系
8月18日	常熟市与韩国务安郡第二届青少年围棋视频交流赛
10月17—20日	日本萨摩川内市经济交流团一行3人访问常熟
10月25—29日	法国博若莱区政府代表团一行13人访问常熟

（资料来源：市外事办）

12月14日，巴基斯坦商务部部长戈哈尔·埃贾兹（右3）一行访问常熟，并出席中国常熟“一带一路”（巴基斯坦）中心启动仪式　（市政府办　提供）

【涉外活动】 2023年，市外事办接待和配合有关部门接待外宾6批75人次。到访人员主要来自加拿大驻上海总领事馆、孟加拉国人民联盟干部考察团、丹麦王国驻上海总领事馆、法国驻上海总领事馆、日本、巴基斯坦商务部等。年内，举办江苏千名外国友人“感知新时代新征程”暨“爱上常熟”在常外国友人第四次联谊活动，组织在常外国友人参加“2023洋笔书江苏”——在江苏外国人征文大赛、江苏省“汉字缘”2023国际故事大会、2023年第五届“第三只眼看中国”国际短视频大赛，向“同舟共济、继往开来——中昆友好图片展”提供反映常熟市与汤斯维尔市交往资料，参加2023年度在常日资企业恳谈交流会。

【因公出国（境）管理】 2023年，市外事办申办因公出国（境）自组团21批93人次，其中经贸招商团组18批次81人次。做好APEC卡申办和使用管理，推广APEC商务旅行卡，完成APEC卡申报54批、86张。（李　丹）

港澳台工作

【概况】 2023年，常熟市在澳门举办“智惠常熟 共创未来”苏州（常熟）全国创新创业大赛澳门专场赛，开展“中华优秀传统文化港澳行”——“传承精华、守正创新”虞山医派助推中医药文化传播澳门专场交流会暨合作签约仪式，与澳门大学中医国家重点实验室合作交流。加强香港常熟联谊会理事会规范化建设，建立分区活动机制，充实香港社团义工队伍，举办香港常熟联谊会青年骨干座谈会。开展“聚爱在常熟”、共建“美丽常熟、美好香港”主题活动，承办“家在苏州——相约江南牡丹、感受孝爱文化”在苏香港同胞联谊活动，组织在常熟的香港同胞进行重阳慰老、洁净虞山登高环保等系列活动。落实“惠港政策大礼包”，服务在常熟的香港同胞读书入学5人次、绿色就医10人次。举行台商沙龙暨重点台资企业专题座谈会，组织《企业劳动用工合规要点》专题授课，指导常熟市台湾同胞投资企业协会与常熟市人力资源服务行业协会签订战略合作协议，联合医保局开展“医保参保和医保待遇政策”台胞专场专题讲座，组织参加“百企千岗等你来”台湾青年专场招聘会。举办第五届黄公望主题两岸文创设计大赛颁奖典礼及大赛系列活动——“两岸大学生说文创”，协助开展第三届“中国新农民”故事会暨海峡两岸青年农民交流活动。编印《砥砺前行二十载 常台携手再跨越》常熟市台湾同胞投资企业协会成立二十周年纪念图册。（池铭晰）

【苏州（常熟）全国创新创业大赛澳门专场赛】 8月7日，苏州（常熟）全国创新创业大赛澳门专场赛暨苏州·中国声谷（澳门）创新中心揭牌仪式在澳门举行。大赛面向澳门地区优势创新领域，吸引13个优质科技创新创业项目参与项目路演，各项目主要围绕项目核心技术、产品优势、市场前景及发展规划等方面进行交流。大赛评出获奖项目5个，其中基于高频电外科集成手术系统智能医疗设备项目获一等奖。

9月10日，第三届“中国新农民”故事会暨海峡两岸青年农民交流活动在常熟举行（刘文忠　摄）

【虞山医派助推中医药文化传播澳门专场交流会】 8月8日，“‘传承精华守正创新’虞山医派助推中医药文化传播澳门专场交流会暨合作签约仪式”在澳门镜湖举行。常熟、澳门两地相关机构领导和嘉宾出席仪式并进行合作签约。常熟市中医院、常熟市虞山医派研究会有关负责人分别作《传承虞山医派文化谱写杏林满园华章——常熟市中医院中医药文化建设》《虞山医派传承与发展》主题报告。交流会现场播放《发展中医药谱写新篇章》宣传片，进行常熟市中医院及虞山医派中医药文化图文展示。

（年鉴编辑部）

侨务工作

【概况】 2023年，常熟市举办市侨联成立40周年座谈会。推出“惠侨助企融创共赢”服务侨商侨企专项行动。启动新时代基层侨联建设督导行动（2023—2025年），推广“侨爱有我”志愿集群服务，成立“常熟市侨联涉侨纠纷调解中心”。开展“虞城有约”看家乡——“芳华之路 与侨有约”city walk打卡常熟等联谊交流活动。接待“海智汇常熟”海外华侨华人高层次人才考察团、省海外新生代代表人士考察团到常熟考察交流，牵线生命健康等10多个人才项目对接洽谈。启动“侨联四海 同心筑梦”常熟市第五届侨界文化月活动，承办苏州市侨界第六届“法治宣传月”启动仪式，打造首家“苏州市侨界法治阅读空间”，打造“阅侨阅美”侨界读书品牌，推进中医惠侨、中餐繁荣、华文教育合作。

（池铭晰）

【侨文化建设】 2023年，全市有国家级华侨文化交流基地1家，省级华侨文化交流基地4家，苏州市级华侨文化交流基地14家。年内，市侨联组织“侨联四海，同心筑梦”常熟市第五届侨界文化月活动，聘请5位在书画艺术、中医药文化、中餐推广、摄影艺术等领域的海内外侨界代表为第二批“常熟市侨文化交流使者”，打造“阅侨阅美”侨界读书品牌。全市侨联系统组织开展各类文艺观演等文化活动20余场次，覆盖侨界群众1000余人。推进华侨文化交流基地建设，推出“芳华之路，与侨有约”侨文化特色展示线路，艺术鸭数字文创制造产业园获评“苏州市华侨文化交流基地”。

【侨法宣传】 2023年，市侨联开展侨界法治宣传月活动，承办苏州市侨界第六届“法治宣传月”启动仪式，打造首家“苏州市侨界法治阅读空间”，与市法院联合设立“共享法庭”“侨商侨企法治服务指引点”，成立“常熟市侨联涉侨纠纷调解中心”，聘请涉侨纠纷调解员6名。通过云端联动、送法上门、广泛辐射等方式，开展法律讲座、普法微课、知识竞赛、广场宣传等活动10余场。（季玉萍）

【第五届侨界文化月启动】 9月19日，“侨联四海同心筑梦”2023年常熟市第五届侨界文化月启动仪式暨“碧海常福情侨见铜官山”迎中秋联谊活动在海虞镇铜官山乡村乐园举行。活动中，第二批“常熟市侨文化交流使者”受聘；中医惠侨、中餐繁荣、华文教育合作签约，常熟市侨界非遗技艺交流基地、阅“侨”阅美侨界读书点授牌。现场发布“碧海福·侨馨汇”街镇品牌深度融合项目。（池铭晰）

信访工作

【概况】 2023年，常熟市信访局按照信访事项办理标准化规程，加强阳光信访信息系统操作规范程度。按照“合理诉求在初信初访中一次性解决到位”的原则，全程跟踪督办，重要事项形成信访事项情况概况报市级领导，疑难复杂信访事项由市信访联席会议办公室推动化解。

【党政领导接访下访】 2023年，常熟市党政领导接访下访179次，在形成“群众诉求一张表”基础上进行专题会办。其中，市主要领导亲自推动疑难信访事项化解，接访下访25次；化解25件。

【市级矛调中心建设】 2023年，常熟市信访局加强市级矛调中心建设，强化访调对接，对标“一站式接收、一揽子调处、一链条解决”，形成信访事件“事事有人办、件件有回音”。该中心自2022年12月启用以来共接待来访群众2038批、4800人次，调处化解纠纷692批次。

【信访积案化解】 年内，全市信访系统开展重点矛盾化解攻坚战，涉法涉诉、劳动和社会保障、城乡建设、金融领域信访矛盾专项整治等专项行动。围绕化解信访突出问题，采取联合督查、专项督查、实地督查等形式，先后组织开展重点专项督查行动5次，通过听取情况汇报、查阅工作台账、逐案研究，对重点事项、重点问题逐件分析、提出解决方法，明确责任落实，化解一批信访积案。（许　历）

机关事务

【办公用房和资产管理】 2023年，市市级机关事务管理中心推进13处办公用房专项维修工程，推动58处房屋完成过户登记，完成2处办公用房使用协议签订、税务系统24处办公用房调剂协议签订及2处办公用房交接工作。出台《关于加强和规范市级党政机关办公用房物业服务管理的指导意见》，开展办公用房专项督查，做好办公用房信息系统日常维护管理，提升办公用房信息化管理水平。确定金沙江路16号为公物仓市级“集中仓”，收纳各部门闲置资产715件，其中得到盘活再利用253件。

【公务用车管理】 2023年，市市级机关事务管理中心做好全年公车购置和旧车处置审核，完成2024年度全市车辆更新购置计划编制。联合市纪委监委在重要节假日时间节点，对全市61家单位公车使用情况开展集中督查。做好公务车智能化管理平台数据更新调整，完成102台2G终端设备更新，实现车辆购置、申请、审批全流程无纸化操作。梳理汇编公车管理文件24个，出台《公务用车服务规范细则》。

【机关财务集中核算】 2023年，市市级机关事务管理中心完成42家预算单位30个账套新旧核算系统的转换工作。为财务集中核算单位提供预决算公开、事业单位年检、预算绩效评价等业务必要的财务数据和操作指导。开展预算单位往来资金盘活清理。做好预算编制，压降“三公”经费等一般性支出。经费支出逐级审批留痕管理，加强预算执行监控，按月分析通报预算执行情况。

【市级机关后勤保障】 2023年，市市级机关事务管理中心实行部分后勤服务委托管理。香山北路集中办公区纳入后勤保障服务统一管理范围，督促指导市纪委监委留置点物业服务工作。做好集中办公区设施设备日常维修，完成市级机关大院洗车场改造和新能源充电装置安装。配合完成省委巡视组、苏州巡察组在常期间办公物资和餐饮保障，做好第十五、十六批科技镇长团食宿保障，规范易地到常熟任职干部入住周转房办理手续。升级食堂“刷卡、刷码、刷脸”消费模式，推出传统节日特色化餐饮服务，举办机关食堂及服务延伸点年货节等活动。开展机关医务室“名医坐堂”活动。（唐凯雯）

责任编辑　汤　涵

中国人民政治协商会议常熟市委员会

综 述

【政协年度工作概述】 2023年，中国人民政治协商会议江苏省常熟市第十五届委员会（以下简称市政协）协助市委制定《关于加强和改进新时代政协工作的实施意见》。年内，举行中国人民政治协商会议江苏省常熟市第十五届委员会第二次会议。首次建立专项领域常态化政情通报制度，定期组织委员听取市政府关于全市经济社会发展专项情况通报。围绕“产业创新集群建设”和“加快产业存量更新，推进特色产业园建设”专题召开议政性常委会会议，形成的建议案得到市委主要领导批示，举办“推进新能源产业创新集群发展”专题主席会议。开展专题调研监督，向市委、市政府报送综合调研报告，提出意见建议30多条。围绕社会广泛关注的养老、就业、医疗等公共服务体系建设，发动委员深入一线调查研究，形成协商成果。丰富“界别联镇（街道）、委员联村（社区）”创新实践内涵，全市累计建成29个委员工作室。开展“有事好商量”协商议事工作，解决实际问题185个，辛庄“大家讲莊协商议事”入选全国新时代“枫桥经验”优秀案例。建立由“全体委员+各专委会+各党派团体+信息员+特邀信息员”组成的信息报送网络。落实定期走访、协同履职等经常性工作机制，通过联合开展视察调研、组织协商议政、督办重点提案等进一步加强合作共事。探索建立政协民主监督与人大监督、纪委监委专责监督贯通协同工作机制，全年重点选取5个部门开展专项评议。市政协民主监督专项评议部门工作经验，得到全国政协主要领导肯定。

1月2—4日，中国人民政治协商会议江苏省常熟市第十五届委员会第二次会议在常熟会议中心举行（市政协办 提供）

【政协委员及组织机构】 2023年，政协常熟市第十五届委员会有23个界别，委员397人。其中，中共界别委员27人、民盟界别委员12人、民建界别委员14人、民进界别委员12人、农工党界别委员16人、无党派人士界别委员9人、共青团界别委员15人、总工会界别委员15人、妇联界别委员15人、工商联界别委员20人、科协界别委员15人、台胞台属界界别委员10人、侨联界别委员11人、文化艺术界界别委员19人、科学技术界界别委员24人、社会科学界界别委员16人、经济界界别委员40人、农业和农村界界别委员23人、教育界界别委员18人、医药卫生界界别委员16人、社会福利和社会保障界别委员12人、民族宗教界界别委员9人、特邀人士界界别委员29人。截至2023年年底，市政协有主席1人，副主席4人，秘书长1人，常务委员69人。市政协机关设办公室、研究室（办公室内设机构）、委员联络工作办公室（办公室内设机构）、提案委员会、经济科技和农业农村委员会、城乡建设委员会、社会事业委员会、港澳台侨（民族宗教）委员会、文化文史委员会，办公室下设秘书科、行政科、联络科，事业单位：常熟市政协委员联络服务中心。

【委员工作】 2023年，市政协组织125名委员分2批次赴厦门、井冈山，47名政协骨干成员赴江苏省社会主义学院开展履职培训，做好线上线下、分级分类培训25次。加强委员履职管理，实施政协常委、界别组长述职制度，着力推进委员履职档案建设，加大委员履职情况统计评价力度，定期开展"双岗尽责"优秀委员、优秀提案、优秀大会发言等评先评优工作。2023年，市政协委员累计参加各类协商视察活动600多人次，开展扶贫济困、送医助学、慈善公益等为民办实事活动100多场。新建"'碧水清流'长江大保护""琴剑书香·杏林驿站""一城山水""检·同心"等委员工作室10个，累计建成委员工作室29个。2023年，委员工作室围绕经济高质量发展、文化教育繁荣、卫生健康服务、基层群众自治等群众关心关切的热点，开展"微宣讲、微调研、微协商、微服务、微建言"五微联动160多场。

【文史工作】 年内，市政协举办"同心·拾萃"——长三角国家历史文化名城（区、县）政协首届交流会，同步举办首届长三角国家历史文化名城（区、县）政协书画作品联展。完成10多万字的《常熟老味道》文史专辑的编撰出版，全面推进《共同富裕之路——常熟乡镇企业发展口述史》采编工作。

【"书香政协"建设】 年内，市政协持续擦亮"悦读虞城·书香政协"委员读书活动品牌，打造"莫上花开""文润芦荡"等读书子品牌20多个，开展党的二十大精神读书学习宣讲系列活动60多场，举办"感悟虞城文脉·激发奋进动力"常熟文史大型分享会5场，群众现场参与互动1000余人次，网上视频点击量突破10万次。

会议活动

【政协常熟市第十五届委员会第二次会议】 1月2—4日，中国人民政治协商会议江苏省常熟市第十五届委员会第二次会议在常熟会议中心召开。会议学习和讨论中共常熟市委书记周勤第在开幕式上的讲话。全体政协委员列席常熟市十六届人大二次会议。会议听取并赞同市委副书记、市长秦猛所作的《政府工作报告》，讨论其他有关报告。会议审议并同意市政协主席沈晓东所作的《市政协十五届常务委员会工作报告》，审议并同意市政协副主席邓国华所作的《市政协十五届常务委员会关于一次会议以来提案工作情况的报告》。会议期间，委员们围绕苏州市域一体化（常熟）融合创新区建设，汽车、新能源和声学三大产业创新集群发展，医疗体制改革和医疗事业发展，种业现代化提升，新业态劳动者权益保障等内容，通过分组讨论、大会发言（10篇上台发言、15篇书面发言）、提交提案等形式协商讨论，建言献策。会议补选芮卫国为政协常熟市第十五届委员会副主席。

【市政协主席（扩大）会议】 2023年，市政协召开主席（扩大）会议5次，会议主题包括"提升公共就业服务能力，加快推进就业服务体系建设""加快构建多层次养老服务体系""推进新能源产业创新集群发展"等。

【市政协常委会会议】 2023年，市政协召开常委会会议4次。

5月17日，市政协召开十五届六次常委会会议，通报协商关于"加快产业存量更新，推动特色产业园建设"议题。会议听取市政府副市长徐正代表市政府作的专题通报。会上，4名调研组的市政协委员分别围绕课题作协商建言，2名常委结合界别特色和自身工作实际进行交流发言。

8月2日，市政协召开十五届七次常委会会议。会议深入学习贯彻习近平总书记考察江苏重要讲话精神，传达学习市委十四届六次全体会议决定精神。市委副书记、市长秦猛代表市政府通报2023年上半年全市经济社会发展情况，并专门对提案办理情况作介绍，充分肯定政协建言献策、参政议政作用。

10月12日，市政协召开十五届八次常委会会议，通报协商关于"推进城中村自主更新工作，提升城市形态风貌和社会治理水平"议题。会上，市政府副市长史纲出席会议并代表市政府通报全市城中村自主更新工作情况。3名市政协委员分别围绕课题作协商建言。会议还通报常熟市国民经济和社会发展"十四五"规划实施中期评估情况。经会议表决，决定增补1名第十五届市政协委员。

表10　2023年常熟市政协主席（扩大）会议情况一览表

会议名称	时间	会议内容
市政协十五届六次主席（扩大）会议	5月19日	围绕"提升公共就业服务能力，加快推进就业服务体系建设"议题进行专题协商。会议听取市政府副市长徐正代表市政府作的专题通报，3名市政协委员分别围绕议题进行协商建言
市政协十五届七次主席（扩大）会议	6月19日	围绕"加快构建多层次养老服务体系"议题进行专题协商。会议听取市政府副市长俞翔代表市政府作的专题情况通报，3名市政协委员围绕协商主题进行协商建言
市政协十五届八次主席（扩大）会议	7月27日	围绕"推进新能源产业创新集群发展"议题进行专题协商。会议听取市政府副市长杨晓峰代表市政府作的专题情况通报，3名市政协委员围绕协商主题进行协商建言
市政协十五届九次主席（扩大）会议	8月30日	围绕"加快推进镇级医疗机构整合优化，完善公共卫生服务体系建设"议题进行专题协商。会议听取市政府副市长徐正作的专题情况通报，3名市政协委员围绕协商主题进行协商建言
市政协十五届十次主席（扩大）会议	12月22日	会议听取《政协常委会工作报告》《提案工作情况报告》起草情况；原则通过《政协常熟市委员会关于加强委员联系界别群众的工作办法》；原则通过市政协十五届三次会议秘书处组成人员名单，提请九次常委会审议；听取镇（街道）、开发区考核情况、市级机关单位高质量考核情况通报；协商市政协十五届三次全会通报表扬项目及分配名额等

（资料来源：市政协办）

9月21日，市政协举办“同心·拾萃”——长三角国家历史文化名城（区、县）政协首届交流会 （市政协办　提供）

12月26日，市政协召开十五届九次常委会会议。会议协商讨论《政府工作报告》；协商通过《政协常委会工作报告》和《提案工作情况报告》；协商决定市十五届政协委员调整名单；审议通过相关人事事项；听取市政协十五届三次会议筹备情况汇报；协商决定召开市政协十五届三次会议有关事宜；审议市政府关于政府系统办理政协提案、建议案的情况通报；审议市政协各专门委员会工作报告；协商审议《政协常熟市委员会协商工作规则（修订稿）》。会上，部分政协常委和界别组长开展年度履职述职交流。

【长三角国家历史文化名城（区、县）政协交流会】 9月21日，由常熟市政协倡议发起，“同心·拾萃”——长三角国家历史文化名城（区、县）政协交流会在常熟举行，会议以“名城保护和文化传承”为主题，上海市奉贤区，浙江省临海市、龙泉市，安徽省寿县、歙县、黟县、绩溪县，江苏省宜兴市、高邮市、常熟市等十地政协在会上分别围绕主题进行交流发言，并联合主办政协书画联展。此次交流会上正式成立长三角国家历史文化名城（区、县）政协合作联盟。

协商议政

【民主协商】 2023年，市政协为各民主党派、工商联、无党派人士在政协平台发表意见、提出建议创造条件。落实定期走访、协同履职等经常性工作机制，通过联合开展视察调研、组织协商议政、督办重点提案等进一步加强合作共事，邀请各党派团体参加视察调研200多人次，安排在重要协商会议发言60多人次，推荐参加民主监督50多人次，形成助力常熟高质量发展专题调研报告15篇。联系走访民族宗教界代表人士、党外知识分子、非公有制经济人士、新的社会阶层人士300多人次。

【政情通报】 2023年，市政协举行政情通报会2次。

6月13日，市政协举行“推进国资国企改革，发挥国有企业更大作用”政情通报会。市委常委、常务副市长吴晓红出席会议并就全市国有企业建设、改革和发展情况作专题通报。

7月14日，市政协举办政情通报会，专题通报常熟“紧抓苏州市域一体化重大发展机遇，加快推动‘一区六组团’建设”落实推进情况。会议邀请江苏省城市规划设计研究院相关专家为与会人员作专题介绍。市政府副市长史纲应邀参加会议并作专题通报。

【民主监督专项评议】 2023年，市政协对市科技局、工信局、民政局、生态环境局、融媒体中心等5个职能部门开展民主监督专项评议，累计邀请各界人士座谈500多人次，征求各方意见建议200多条，形成评议报告5份。同时，为推动民主监督成果落实，开展专项评议“回头看”活动，重点督查上年度被评议部门对评议意见的落实情况，推动民主监督从“做了什么”向“做出了什么效果”转变。

【“有事好商量”协商载体】 2023年，市政协提升“有事好商量”协商议事工作，进一步规范阵地建设、制度流程、议事规则、结果运用等，常态化开展基层协商议事活动。打造“城心城议”“常相荟·建言者说”“铜心共治·海纳万家”等协商议事品牌，围绕农文旅跨界融合、交通路网及消防隐患改造、护航夜经济健康发展、老小区多方联动治理等党政工作要事、民生改善实事、社会治理难事，精准选题、广开言路、献计出力，不断提升协商议事开放度、融合度、活跃度。2023年开展基层协商议事活动200余场，委员、群众参与3000多人次，解决实际问题185个。辛庄镇“大家讲莊协商议事”案例在华东政法大学政府管理学院、中国社会科学院政治学研究所公共管理研究中心、北京大学公共治理研究所、清华大学社科学院数据治理研究中心、中国社科院大学政府管理学院共同主办，新时代枫桥经验与中国式现代化研究院联合承办的“新时代‘枫桥经验’优秀案例征集”活动中获优秀案例。

建言献策

【主席专题视察】 2023年，市政协组织主席专题视察4次。

3月29日，市政协围绕“大力发展直播电商产业，赋能经济高质量发展”课题开展主席专题视察活动。会议听取市政府副市长李汉中对全市直播电商产业发展情况的专题通报。会上，4名市政协委员围绕主题协商建言。会前，与会人员现场视察莫城街道依链服装数字化选品中心、琴川街道歌德云创产业园。

6月1日，市政协围绕“打造‘幸福河湖’新样板”课题开展主席专题视察活动。会议听取市政府副市长俞翔作的常熟市“幸福河湖”建设情况通报。3名市政协委员围绕主题协商建言。会前，与会人员视察了琴川街道顾家浜、海虞镇耿泾塘、梅李镇田垛里。

8月24日，市政协举行主席专题视察，围绕“建强‘15分钟政务服务圈’，深化‘放管服’改革”议题开展专题座谈协商。会议听取市政府副市长俞翔代表市政府作的专题情况通报。3名市政协委员围绕协商主题协商建言。会前，与会人员视察琴湖溪里政务e站、李袁村便民服务站和碧溪街道便民服务中心。

10月25日，市政协围绕“挖掘沙家浜红色资源，焕发红色文化生机活力”议题开展主席专题视察活动。会议听取市政府副市长徐正代表市政府作的专题情况通报。3名市政协委员分别围绕协商主题进行协商建言。会前，与会人员现场视察沙家浜镇芦荡村、沙家浜培训中心等处。

【在常熟的江苏省、苏州市政协委员调研】2023年，市政协组织在常熟的江苏省、苏州市政协委员调研活动2次。

8月11日，市政协组织在常熟的苏州市政协委员围绕“深化农文旅融合发展，助力乡村振兴”议题开展座谈协商。会上，委员们围绕“深化农文旅融合发展，助力乡村振兴”集思广益、出谋划策。会前，委员们参观考察常福街道福韵望虞·农旅融合委员工作室、农业科技展厅和恒洋文化产业园，以及虞山街道“蓝·原茸森林”文旅产业园和江苏省特色田园乡村大湖甸村。

11月16日，市政协组织开展在常熟的江苏省、苏州市政协委员异地视察调研活动。调研组先后参观昆山戏曲百戏博物馆、昆山元宇宙体验中心。

【提案办理】2023年，市政协收到以提案形式反映的书面意见和建议291件。经审查，立案251件，不立案提案转为社情民意信息7件。251件立案提案中，委员个人提案109件，联名提案64件，集体提案78件。立案提案交由65个承办单位办理，全部在规定时间内办结答复。其中，所提问题已经解决或基本解决的196件；列入计划拟逐步解决的52件；因条件所限，暂时难以解决，留作参考的3件。从收到委员意见反馈来看，总体满意率100%。市政协十五届二次会议以来表彰优秀提案20件、提案承办先进单位10个和提案办理优秀工作者15名。

【社情民意信息工作】2023年，市政协办处社情民意信息306篇，报送苏州市政协285篇，转送省政协91篇，转送全国政协12篇。开展社情民意信息沙龙活动5期。（陈　晨）

表11　2023年常熟市政协十五届二次会议以来优秀提案一览表

序号	提案者	案由及案号	序号	提案者	案由及案号
1	民盟市委	关于医疗养老融合的建议（210号）	11	政协辛庄镇工作委员会	加快常相协同发展 推动苏州高铁北城建设 以实际行动提升苏州市域一体化发展水平（8号）
2	民建市委	加快直播电商产业培育 促进行业升级发展（3号）	12	钱　彪	以种业引领常熟现代农业高质量发展新篇章（1号）
3	民进市委	发挥优势促转型 让服装产业迎来“微笑曲线”（14号）	13	邵　勇	关于尽快推广外国语学校“校园快线”做法经验的建议（41号）
4	农工党市委	关于我市医疗体制改革和医疗事业发展的几点建议（15号）	14	杨潇澜	关于加速打造新能源汽车关键零部件产业优势的建议（69号）
5	民革市基层委	关于乡村特色民宿发展 助力新时代乡村振兴的建议（190号）	15	钱　俊	关于推动民营企业创新发展 打响“常熟制造”品牌的建议（71号）
6	市工商联	关于进一步推动年轻一代民营企业家高素质成长的建议（2号）	16	刘红军	关于完善职业培训机制 促进劳动者实现高质量就业的建议（97号）
7	无党派知识分子联谊会	抢抓双城联袂机遇 打造江南文化常熟IP（191号）	17	王苏琪	关于加快建立地下管网“一张图”管理体系的建议（107号）
8	市政协妇联界别 市政协教育界别	综合施策 齐抓共管 为青少年心理健康保驾护航（4号）	18	周益峰	关于常熟市开展城市“一刻钟便民生活圈”工作的建议（156号）
9	市政协文化艺术界别	打响“沙家浜”红色主旋律 构建红绿相融新发展格局（11号）	19	邓国华（九三）等2名委员	关于完善推进居家医疗服务工作的建议（204号）
10	政协常福街道工作委员会	关于全力融入新发展格局 开启上市企业“二次创业”新征程的建议（5号）	20	陆益佳等9名委员	关于关注中老年人骨骼健康 加强骨质疏松筛查与防治的建议（208号）

（资料来源：市政协办）

责任编辑　归岳铁

中共常熟市纪律检查委员会
常熟市监察委员会

综　述

【概况】 2023年，中共常熟市纪律检查委员会、常熟市监察委员会（以下简称市纪委监委）组织学习宣传贯彻党的二十大精神系列活动，践行“四敢”（干部敢为、地方敢闯、企业敢干、群众敢首创）要求、忠诚履职尽责，自觉接受习近平新时代中国特色社会主义思想主题教育和纪检监察干部队伍教育整顿的锻造洗礼，坚持不懈推进全面从严治党，推进党风廉政建设和反腐败斗争。年内，召开中共常熟市第十四届纪律检查委员会第三次全会，研究部署全市党风廉政建设和反腐败工作重点任务。开展赋能课堂、微党课、业务研讨等各类学习活动，提升干部监督执纪能力。制定《关于开展“双提双促”专项监督 护航中国式现代化常熟新实践的实施方案》。开展廉洁文化品牌建设活动、廉洁警示教育活动，推进廉洁机关、廉洁学校、廉洁市场、廉洁开发区等廉洁单元建设，以点带面构建全域廉洁建设格局。对科技、渣土消纳处置、涉农补贴等重点领域开展专项整治。发挥派驻纪检监察组织监督“探头”作用，推动派驻监督全覆盖。

【纪检监察体制建设】 2023年，市纪委监委以接受苏州市委联动巡察为契机，建立完善“一岗双责”履责报告、常态化监督谈话等机制，制定审查调查规范事项核查清单、使用微信行为“十五条禁令”等规定。出台全市纪检监察系统“优作风提能力树标杆”专项行动实施方案，制定20条具体措施，从严加强自身监督，从实提升干部素养。建立书记办公会听取基层纪检组织负责人履责汇报制度，制定《关于调整不担当不作为纪检监察干部工作指引》。

【纪检监察队伍教育整顿】 2023年，市纪委监委开展专项整治纪检监察干部违规经商办企业、违规参与民间借贷等，梳理排查风险点54个，形成问题清单51张，逐条逐项整改落实。以能力建设为核心深化全员培训，举办赋能课堂、微党课、业务研讨，开展各类学习培训活动22期，覆盖纪检监察干部1000余人次。组织24名股职干部参加“海棠讲坛·青年说”年轻干部述职述廉述学活动，选派10名干部参与上级案件查办、巡视等工作。组织开展廉政家访及家庭助廉日活动，向全市纪检监察干部家属发出助廉倡议书，规范和约束纪检监察干部“八小时”内外言行举止。

【纪检监察信息化建设】 2023年，市纪委监委深入推进智慧纪委监委建设，构建养老、科技、社保等监督模型20个，推动立案102人，“失业保险金发放数据建模”被评苏州市纪委精品模型。加快权力运行监督制约数字化平台建设，在环卫收费、涉企科技项目管理、住宅维修基金等9个业务系统中嵌入监督模块，发生预警问题6464个，阻断可疑事项1358个。优化监督审查技术室机构设置，推进电子数据调查室建设，提升信息化支撑保障能力。1人获苏州市电子数据调查比武

2月5日，中国共产党常熟市第十四届纪律检查委员会第三次全体会议召开
（市融媒体中心　提供）

个人第二名，市纪委代表苏州市纪委参加全省比武获团体第一名、个人三等奖。

【市第十四届纪律检查委员会第三次全会】 2月5日，中共常熟市第十四届纪律检查委员会第三次全体会议召开。出席会议的有市纪委委员16人，列席会议217人。薛啸主持会议，市委书记周勤第出席会议并讲话。全会学习贯彻第二十届中央纪委二次全会、第十四届江苏省纪委三次全会、第十三届苏州市纪委三次全会精神，审议通过市纪委书记薛啸代表市纪委常委会所作的《深入学习贯彻党的二十大精神，推动全面从严治党向纵深发展——为全面推进中国式现代化常熟新实践提供坚强保障》工作报告，研究部署全市党风廉政建设和反腐败工作重点任务。

党风廉政建设

【概况】 2023年，常熟市出台《关于开展“双提双促”专项监督，护航中国式现代化常熟新实践的实施方案》，围绕党政机关及其部门工作人员纪律作风、工作落实、服务效能等方面开展监督。市纪委实施“新风护航”行动，出台推进落实“敢为敢闯敢干敢首创”12条举措。跟进监督53个重点产业项目推进情况，会同职能部门对6个重点产业项目开展现场督查。开展损害营商环境问题专项整治，聚焦行政执法、惠企奖补、政府采购等领域，实施个性化监督项目9个，严肃查处截留资金、吃拿卡要等违纪违法行为31起、55人，通报典型案例3批、8起。召开“廉洁有为，虞商有纪”营商环境监督工作推进会，聘任涉企廉勤监督员，推动解决企业咨询诉求636件。开展廉洁文化品牌建设活动、廉洁警示教育活动。

【政治生态监测评估】 2023年，市纪委监委制定监督责任清单，出台2023年度全面从严治党责任清单4张，对全市89家单位开展党风廉政建设责任制评价。加强“一把手”和领导班子监督，将12条监督措施嵌入履责记实平台，常态督促落实一事一记。扎实做好廉政档案信息维护工作，更新廉政档案信息22784条。落实“一月一报送、一季一研判”工作机制要求，常态化开展政治生态监测预警与分析研判工作，做好监测数据的组织报送和审核把关，累计报送数据12期、1692条。

【“1+X”作风建设】 2023年，市纪委监委依托“1+X”作风监督机制，聚焦节点易发多发问题，联合成员单位监督检查142家，各成员单位自行开展督查14次，专题通报违反中央八项规定精神典型问题4批次、12起、12人。开展纠治违规吃喝专项行动和违规公款旅游及隐形变异问题专项监督，立案查处18人。开展不担当不作为问题专项整治工作，大力整治党员干部不正确履职以及躺平甩锅、敷衍塞责等形式主义、官僚主义问题，立案查处20人。

【干部激励保护机制】 2023年，市纪委监委聚焦“关键少数”，对7个部门单位“一把手”进行政治画像，各级纪检监察组织负责人对下级党组织“一把手”开展谈话343人次。设立“暖心”咨询平台，向全市党员干部提供纪法咨询、答疑解惑服务。深化运用干部激励保护机制，实施改革创新风险备案36例、容错免责19例、澄清正名32例，多件案例入选《苏州市“三项机制”典型案例选编》。

【“碧水琴川”廉政品牌建设】 2023年，市纪委监委持续打造“碧水琴川”廉政文化品牌，开展常熟馆藏廉洁文物展、青廉Talk秀、“廉洁村居 大美常熟”基层行等活动。深挖本地特色廉洁文化资源，指导拍摄非遗文化微视频《风骨》，牵头组织撰写《福地仁风——历史上常熟籍清官廉吏》。微视频《初心日记》获第四届“玉琮杯”清廉微电影微视频大赛铜奖，被中央纪委国家监委宣传部评为优秀作品，《中华廉洁文化史》被评苏州市“青春担使命 青年爱廉说”活动最佳人气奖，关于常熟监察文化的调研报告入选苏州市纪委典型调研成果案例。

【全域廉洁建设】 2023年，市纪委监委着力营造“一域廉、廉一城”氛围。深化廉洁村居建设，表彰廉洁村居建设示范点23个、先进个人25人。深入推进廉洁国企建设，开展国企立项监督5个，推动国资监管数字化转型。推进廉洁民企、廉洁商会建设，组织企业、商会开展廉洁合规培训20场次、廉政警示教育活动15次，指导企业健全内控管理制度6个，推动波司登集团等企业试点开展廉洁民企建设。推进廉洁机关、廉洁学校、廉洁市场、廉洁开发区等廉洁单元建设，指导市行政审批局试点廉洁机关建设工作，召开廉洁学校建设工作推进会，评选首批廉洁学校建设先进校20所。打造服装城、沙家浜大闸蟹交易市场等廉洁市场、商圈点位，指导经开区建设廉洁开发区。

【廉政警示教育】 2023年，市纪委监委更新市反腐倡廉警示教育基地布展内容，协助市委召开全市领导干部警示教育大会，拍摄警示教育片《警醒知止 迷途之鉴》。加强个案和类案剖析，发布留置案件信息15条，对违反中央八项规定精神问题强化通报曝光。全市各地各部门累计借阅警示片148批次，观看人数达1.5万余人。

【第十五个“5·10”训廉日】 2023年，市纪委监委在全市组织开展第十五个“5·10”训廉日主题教育，把5月定为全市党风廉政建设宣传教育月。市纪委监委会同市委组织部组织新提任的市管领导干部代表，以“提振‘四敢’精气神，勤廉有为启新程”为主题，参观警示教育基地、观看警示教育片、开展集中廉政谈话、组织任前廉政测试、举行纪法案例思享汇、旁听职务犯罪庭审等开展廉政教育。组织“虞漾清波”常熟廉洁文物展，面向全市国企开展"'四敢'新姿态 廉音向未来"廉洁国企脱口秀。组织发动全市各地各部门分层分类开展党风廉政宣传教育。

【常熟监察印象馆启用】 2023年，常熟监察印象馆启用，该馆位于古里镇铁琴铜剑楼历史文化街区，以印象概念、时间脉络、人物主线为设计理念，突出监察文化的历史、特点和价值，是集文化传承、廉政教育、参观研学等多功能为一体的崭新空间和生动课堂。常熟监察印象馆分为序厅和"溯流追源 鉴古知今""德化乡梓 清廉传世""浴火淬砺 躬行实践""守正不渝 奋楫前行"4个篇章，结合微缩模型、水墨动画、多媒体互动等技术手段，辅之以铜镜、书册、漫画等艺术媒介，全面展示中国古代监察制度、中国历史上的常熟籍监察官的立体风貌和精神品质、中国共产党领导下的监察探索与实践以及新时代纪检监察体制改革。

执纪问责

【腐败案件查办】 2023年，全市纪检监察组织立案443件，党纪政务处分381人，其中科级干部39人、"一把手"案件24件，办理留置案件12件，移送检察机关14人，查处行贿人员15人，为国家和集体挽回直接经济损失1720万元。

【信访举报工作】 2023年，市纪委监委深化运用基层小微权力"监督一点通"平台，各类投诉事项按时办结率100%，群众满意度保持苏州前列。密切关注农村集体"三资"、工程建设、教育医疗等重点领域动态问题，扎实开展重复举报专项整治。贯通"12345"、政风行风"基层行"等民情直通平台，全面提升"信、访、电、网"举报办理质效。抓好省委巡视移送信访件办理工作，转办各类信访举报407件。

【协作联动机制】 2023年，市纪委监委协助市委强化反腐败协调小组工作，推动印发《关于常熟市委政法委员会协助常熟市纪委监委做好监督检查审查调查工作的实施方案（试行）》，与市法院、市检察院联合制发《关于追缴和纠正行贿所获不正当利益的工作意见》。与市人大常委会、市政协建立贯通协同监督工作机制，合力推进市委、市政府重点工作落实、党员干部廉洁履职、建议提案落地见效。

监督检查

【概况】 2023年，市纪委监委对科技、渣土消纳处置、涉农补贴等重点领域开展专项整治。全市派驻纪检监察组织发挥监督"探头"作用，全年处置问题线索83件，下发意见建议书21份，监察建议1份，运用"第一种形态"处理60人，党纪政务立案35件，推动派驻监督全覆盖。市监委派出监察员办公室与镇（街道）纪（工）委密切协作，全年处置各类问题线索224条，政务立案85件，其中科级干部7人、基层站所"一把手"28人，制发纪检监察建议4件，推动出台和完善制度30项。

【专项监督】 2023年，市纪委监委科技领域开展专项监督，立案26人，移送检察机关3人。对工程渣土消纳处置领域突出问题开展专项治理，立案15人，移送检察机关6人，"第一种形态"处理5人，同步向公安机关移送犯罪线索。在水资源领域立案15人，移送检察机关1人，向市水务局制发监察建议、向碧溪街道制发纪检监察建议，督促落实"三分开"制度。对市城管局开展的建筑垃圾专项治理工作实施专项监督，移送偷运偷倒建筑垃圾等问题线索3条，"第一种形态"处理5人，给予党纪政务处分9人、移送检察机关5人，推动完善制度机制4个。"室组地"联动配合开展医药领域腐败集中整治，重点排查医疗人员收受药品回扣等问题，党纪政务累计立案66人。开展新市民子弟学校"两免一补"政策落实情况专项监督，排查全市12所新市民子弟学校经费发放情况，对3所民办学校相关党员立案8人，追缴财政资金30余万元。开展建设工程检测质量领域专项监督，对工程质量检测中心70多万条检测业务数据进行分析梳理和数据建模，移送问题线索6条，党纪政务立案10人，制发监察建议1件。

【农村集体"三资"监管】 2023年，市纪委监委开展涉农补贴发放领域专项监督，立案8人，"第一种形态"处理1人；开展村级其他集体经济组织领域专项监督，排摸全市446家村级控股公司（包括村级联合抱团公司）、专业合作社等所有村级其他集体经济组织的基本情况，发现资金、资产类问题44个，立案8人；开展失地农民补贴发放领域专项监督，构建退休后领取补贴、死亡后领取补贴、冒领补贴、多处领取补贴等4个风险模型，发现异常数据112条，发现存在超发补贴问题21人，其中超发补贴逾一年的14人，立案10人，诫勉谈话1人。

【驻点监督工作】 2023年，市纪委监委完善跨组驻点监督工作机制，驻点监督18家单位，反馈问题381条，发现问题线索5条，立案2人，移交严重违纪违法线索并成功办理留置案件2件。针对发现的制度漏洞和薄弱环节，制发意见建议书6份，运用"第一种形态"谈话2人，推动建章立制71项。

【派出监察员办公室制度】 2023年，市纪委监委印发《常熟市监委派出监察员办公室联系地区廉政档案管理操作指引（试行）》《关于协同联动深化基层监督治理工作的实施方案》，加强各派出监察员办公室对联系地区党政领导班子和市管干部的监督管理，完善联动协作监督机制，努力实现"1+1＞2"的监督效能。年内，市监委各派出监察员办公室移送符合第三、第四种形态处置的问题线索10条，联合审查调查部门查办招标采购、渣土查禁等领域留置案件4件，移送检察机关7人。

（张文静）

责任编辑　张莉莉

民主党派·工商联

中国国民党革命委员会常熟市基层委员会

【概况】 2023年，中国国民党革命委员会常熟市基层委员会（以下简称民革基层委）有党员111人，党员平均年龄49.6岁，退休人员22人，年内新发展党员3人，下属7个支部。在职党员中100%为大专以上学历（其中博士10人，硕士15人），副高级以上职称32人；女党员40人，占36%；1人任苏州市人大代表，1人任苏州市政协委员，2人任常熟市人大代表，14人任常熟市政协委员；党员以政府机关、文教、经济和社会组织等单位人员为主。

【组织建设】 2023年，民革基层委运用内部监督委员会工作机制，加强党派内部监督工作，全年内部监督委员会对基层委及支部各项重大决策部署和贯彻落实情况开展督查26次。组织新党员、骨干党员参加民革苏州市委、常熟市委统战部举行的多期培训班。一支部与杭州拱墅区民革一支部、四支部与无锡市滨湖区基层委二支部结为友好支部。

【参政议政】 2023年，民革基层委参加市委组织召开双月座谈会、专题协商会和通报会等各项会议8次，围绕“推进教育领域综合改革”“推进农业农村现代化”“实施优化营商环境创新行动”“社会组织发展管理”“推动传统消费和商业载体提档升级”等专题建言献策。在2023年常熟两会上，基层委提交人大建议2篇，政协提案27件，其中基层委集体提案《关于高起点建设昆承湖沪苏协同创新发展示范区的几点思考》被评为常熟市政协十五届一次会议以来优秀提案。钱俊、沈愈获评常熟市政协“为常熟高质量发展作贡献，为新时代人民政协添光彩”双岗尽责优秀委员。全年各支部开展“一支部一调研”活动，选送的调研课题获民革苏州市委2023中山议政会三等奖。民革基层委被民革苏州市委表彰为2023年参政议政工作先进集体。

【社会服务】 2023年，民革基层委通过常熟民革社会服务品牌“绿色公益团”和百姓城管志愿服务总队民革志愿服务大队等载体，组织党员开展各类社会服务和公益活动13次，参与党员160多人次。组织党员赴常熟经济开发区等地开展绿色公益知识宣讲活动，向群众倡导绿色环保低碳生活理念。 （王　韵）

中国民主同盟常熟市委员会

【概况】 2023年，中国民主同盟常熟市委员会（以下简称民盟常熟市委）有盟员361人，其中年内发展盟员15人，有基层支部16个。机关内设秘书处、组织处2个职能处，设有参政议政、社会服务、青年工作、老年工作、妇女工作5个工作委员会和内部监督委员会。成员以教育界、科技界、文化界为主，主界别盟员占71.75%；盟员本科及以上学历占80.8%，高级职称占70.6%；在职盟员占68.97%，平均年龄57岁。有常熟市人大代表5人（其中

1月18日，民盟常熟市委开展“翰墨迎春 瑞兔送福”——送春联迎新年活动
（民盟常熟市委　提供）

常委1人);江苏省政协委员1人,苏州市政协委员1人,常熟市政协委员29人(其中常委9人)。

【组织建设】 2023年,民盟常熟市委开展"凝心铸魂强根基、团结奋进新征程"主题教育、纪念中共中央发布"五一口号"75周年系列活动,组织青年工作委员会全体盟员、2022年入盟的新盟员和入盟积极分子观看以民盟先辈陈望道为原型的影片《望道》。承办苏州民盟各市(区)盟务工作交流会。年内,民盟常熟市委获民盟江苏省委2023年度模范集体称号、民盟江苏省2022—2023年度宣传工作先进集体二等奖,民盟苏州市委2022年度思想宣传工作先进集体、2022年度社情民意信息工作先进集体、2022年度"一盟新思"议政工作先进集体,常熟市政协2022年度反映社情民意工作先进单位等多项表彰。

【参政议政】 2023年,民盟常熟市委向常熟市政协十五届二次会议提交集体提案10件,盟内政协委员提交个人提案28件,人大建议5件,就经济发展、旅游推动、养老等方面提出建议。提案《"设计+智造"现代工业组合打造本市经济增长新引擎》由副主委徐丽娟在市政协十五届二次会议上作大会交流;提案《探索市场采购融合跨境电商新模式为高质量发展注入新动能》作为市政协十五届二次会议书面交流材料;集体提案"关于常熟历史文化街区有机更新中适老化改造的建议"被副市长史纲领办。参加双月座谈会6期,分别从党风廉政建设和反腐败工作、推进教育领域综合改革、推进农业农村现代化进程、优化营商环境、社会组织发展以及推动传统消费和商业载体提档升级等方面为常熟市发展提出相关建议。盟员参加民盟省委及苏州民盟举办的研讨会和论坛,报送论文8篇,上报各类社情民意44条。1位盟员获省民盟宣传工作先进个人,2名盟员获苏州民盟参政议政工作先进个人、9名盟员获论坛研讨先进个人,3名盟员获议政活动先进个人,5名盟员获苏州民盟社情民意信息先进个人二等奖和三等奖。10多名盟员担任党风联络员、特约监察员及发改、人社、公安、城管等部门的行风监督员。

【社会服务】 2023年,民盟常熟市委继续开展"烛光行动"助学助教,到甘肃省陇南市礼县开展爱心助学活动,为礼县西城小学捐赠价值3万元的华为笔记本电脑6台,向礼县一中高三年级30名品学兼优的学子发放"光明奖学金"(每人1000元)。盟员周皞、查雪明、吴彦彰、陈丽洁与甘肃、贵州、常熟等地的贫困学生开展结对资助。组织盟员前往海虞镇聚福村、辛庄工业园、辛庄镇张家桥村、常福街道景泰社区、虞山街道学前社区、董浜镇旗杆村等开展义诊活动。与常熟市文体广电和旅游局承办"同心向党·奋斗有我"助力高考志愿填报公益讲座2场。民盟书画家们赴富阳社区、泰山社区、世茂社区、行政审批局等多地开展送春联活动,送出春联800余副。组织盟内优秀书画家来到海虞镇香桥村,开展"凝心铸魂强根基、团结奋进新征程"同心拥军送书画活动。 (*顾菊芳*)

中国民主建国会常熟市委员会

【概况】 2023年,中国民主建国会常熟市委员会(以下简称民建常熟市委)有会员453名,支部19个,新增支部1个,会员平均年龄52.2岁,以经济界为主,延伸至机关、水农、建设、交通、文教、医卫等领域。年内发展会员12人(硕士3人、高级职称5人),转入2人,转出1人,去世9人;在职会员311人,占68.7%;女会员126人,占27.8%;本科以上学历311人,占68.7%,其中博士10人、硕士50人;中高级职称256人,占56.5%;经济界人士336人,占74.2%;有苏州市人大代表7人、苏州市政协委员3人,常熟市人大代表13人(常熟市人大常委会副主任1人、常委1人)、常熟市政协委员38人(常委7人)。民建常熟市委设工作委员会5个(参政议政、社会服务、青年、老年、妇女)以及处室3个(组织处、宣传处、秘书处)。每季度出版期刊《常熟民建》,全年编发"常熟民建"公众号191期,对外宣传报道被《人民政协报》、各级统战网站、各级民建组织等刊载129篇次。民建常熟市委组建企业家联谊会,承办民建江苏省委会"百名丰宁村镇干部江苏行"活动暨丰宁县乡村振兴培训班,并协助丰宁(江苏)招商推介会在常熟召开。民建中央社会服务部副部长于艳斌率调研组到常熟调研民建社会服务工作。年内,民建常熟市委获民建江苏省委会思想政治工作先进集体;外经支部、交通支部获民建苏州市委会先进基层组织称号;文化支部"会员之家"被评为民建苏州市委会"优秀会员之家"。

【组织建设】 2023年,民建常熟市委完成13个支部的届中调整,成立近70年来民建苏州市委第二个高校基层组织,民建常熟市委首个高校支部——常熟理工学院支部。建设综合、水农支部2个"民建会员之家",至年底,累计建成"民建会员之家"9个。完善常熟市应急科普教育体验基地、常熟市安全文化教育体验基地2个民建会员实践基地的建设和服务功能,组织多个支部学习应急救援知识。常熟市政协民建界别组在民建会员企业惠健农业建设"蔬乡田韵·产业联合"委员工作室,在民建会员企业鸽球印染建立政协委员读书吧。组织各支部全员学习《中国民主建国会纪律处分办法(试行)》,并对部分支部班子成员进行谈话督促。开展"妙手生花,啡同一般"妇女节主题活动、"看美丽常熟聚银发动能"活动。组织9名支部负责人参加3期省民建基层组织主委培训,4名会员参加苏州民建中青年骨干培训,12名会员参加市委统战部中青年干部培训,近两年的新会员赴冷遹纪念馆开展实地教育培训。优化"五好"支部考核要求,19个支部全年开展各类活动104次。各支部分别与上海、

11月24日，民建常熟市委会成立首个高校支部——理工学院支部

（民建常熟市委会　提供）

常熟等地中共党组织以及重庆、上海闵行、江苏连云港、南京、徐州、南通、常州和太仓等地民建组织结对共建或联谊走访。

【参政议政】 2023年，民建常熟市委在政协常熟市十五届二次会议上作《加快直播电商产业培育促进行业升级发展》的大会发言，提交《关于我市声学产业创新集群发展的建议》的书面发言，《数字赋能促常熟市智慧停车平台增效提“智”》等10篇集体提案，《借直播电商发展之势，助力常熟纺织服装产业升级发展》等41篇个人（联名）提案。民建界别活动组获2022年市政协先进界别活动组；4篇提案获市政协十五届一次会议以来优秀提案；7名委员获2022年市政协双岗尽责优秀委员。大会发言获评优秀大会发言，并由市政协主席督办。在常熟市十六届人大二次会议上提交《关于规范涉企行政执法优化营商环境的建议》等13篇人大建议，《关于发展壮大村级财力、增强村级集体经济发展后劲的建议》由市人大常委会主任督办。民建常熟市委全年完成中共常熟市委6期双月座谈会发言，围绕“廉政建设”“名城保护”“教育领域综合改革”“优化营商环境”“社会组织发展”“促进消费”等课题开展调研。参与政协课题调研，围绕“直播电商”“特色产业园建设”“就业服务体系建设”“长江大保护”“新能源产业创新集群发展”等完成调研课题撰写。承担苏州市政党协商重点课题，完成高质量调研报告《挖掘创新“土特产”种质资源，探索特色农业发展新路径》。开展统战部联合调研，《关于更好发挥高铁、轨道等现代快速交通体系对常熟发展带动效应的建议》得到中共常熟市委书记批示。继续发挥“一支部一调研”工作机制作用，14个在职支部完成年度调研报告17篇。社情民意信息全年定稿42篇，其中全国政协录用1篇、江苏省政协录用3篇、民建江苏省委会录用7篇，企业界支部主委朱剑的社情民意信息《重度残疾人家庭“托孤难”问题》得到中共苏州市委副书记黄爱军的批示。年内，民建常熟市委获得民建苏州市委会2022年度参政议政先进集体二等奖，4名会员获民建苏州市委会参政议政先进个人三等奖，7名会员获民建苏州市委会参政议政先进个人优秀奖，获奖人数居苏州首位。4篇信息获常熟市政协2022年度优秀社情民意信息，民建常熟市委获2022年度反映社情民意信息工作先进单位，胡益梅获反映社情民意信息工作先进个人，6名会员被聘为市十五届政协社情民意和政协宣传特邀信息员。民建常熟市委被中共常熟市委统战部评为2022年度全市信息工作二等奖。

【社会服务】 2023年，民建常熟市委向河北省丰宁县胡麻营镇胡麻营村爱心超市捐赠物资3.6万元。组织会员对口帮扶宿迁市王官集镇花园村梨树认养，开展河北丰宁农产品消费扶贫助力乡村振兴。6个支部结对帮扶6户失独困难家庭年度开展走访慰问20余次，举行“‘粽’享温情，相伴端午”端午主题暖心活动与结对失独家庭共度佳节。组织开展百姓城管志愿活动，民建常熟市委获得“2022年度十佳社会服务单位”，姚德树获得“优秀志愿者”称号。连续10年开展“爱心轮椅”捐赠活动，向琴川街道慈善会捐赠爱心轮椅9辆。开展“同心拥军、慰问老兵”特色活动，开展“夏日送清凉”活动慰问尚湖华达路消防救援站消防指战员。举办“关爱未来，成就梦想”爱心助学活动2期，对部分结对学生进行家访，组织青少年“阅世界、悦自己”心理沙龙关爱结对学生心理成长。开展主题环保活动和森林防火活动，在重阳节组织慰问梅李镇环卫工人。东南支部委员徐静霞参与土耳其地震的抗震救灾，到甘肃积石山县地震灾区开展震后救援。建设支部委员陆晖向民建市委结对的尚湖镇2名特别困难的学生家庭各捐赠助学金1万元和部分生活物资。

【民建助民企】 2023年，民建常熟市委组建企业家联谊会，举办“公司治理与涉税风险防范”专题沙龙、新媒体产业发展交流研讨会，召开“助力民营经济健康发展、高质量发展”专题座谈会。组织会内企业家会员参加民建江苏省委、苏州市委的各类经济论坛、培训、线上专题讲座。

【民建中央到常熟调研民建社会服务工作】 6月27—28日，民建中央社会服务部副部长于艳斌率调研组到江苏调研民建社会服务工作，在常熟走访调研会员企业并召开企业家座谈会和社会服务工作座谈会。于艳斌一行还参加“百名丰宁村镇干部江苏行”活动暨丰宁县乡村振兴培训班开班仪式、丰宁（江苏）招商推介会，先后考察常熟市东方红木家俱有限公司、常熟市新达模塑成型有限公司等民建会员企业，并到常熟蒋巷村调研乡村振兴实践经验。 （盛 晔）

中国民主促进会常熟市委员会

【概况】 2023年，中国民主促进会常熟市委员会（以下简称民进常熟市委）有会员391人，支部16个，会员平均年龄57岁，年内发展新会员13人。在职会员226人，占57.8%；本科以上学历307人，占78.5%，其中博士5人，硕士22人；中高级职称291人，占74.4%；女会员179人，占45.8%；苏州市人大代表1人，政协委员2人，常熟市人大代表5人，政协委员35人。年内，民进常熟市委获民进全省宣传思想工作先进集体，在民进全省机关目标考核中获一等奖，2023年度苏州民进"江南文化行"活动优秀组织奖。万惠琴获评"民进全国宣传思想工作先进个人"，职教中心支部、小教一支部被民进江苏省委会评为"民进全省宣传思想工作先进集体"，吴佳林、卢丽英、顾杰被评为"民进全省宣传思想工作先进个人"；医疗卫生支部、文化支部被民进苏州市委会评为优秀支部，邵柳青、茅胜、陆恒、徐骁、季晓红被评为2023年度苏州民进优秀会员；俞斌被评为2023年度苏州民进宣传思想先进个人；王燕华、崔艳华被评为2023年度苏州民进"江南文化行"活动优秀会员。

【组织建设】 2023年，民进常熟市委推进"作风建设"主题年工作，开展调查研究；加强与中共党委部门的沟通，开展后备干部队伍建设情况调研，建立后备人才库，做好推荐。把好新会员"入口关"，全年发展会员13人。选拔推荐青年骨干参加市委统战部组织的全市党外中青年骨干培训班，组织骨干会员到民进江苏省委会、安徽芜湖等地学习，累计40多人次。实施《民进常熟市委支部工作考核办法（试行）》，对支部在思想作风建设、参政议政和组织生活等方面进行规范；严格会员管理，发挥各支部在学校、社会发展中的战斗堡垒作用和民进会员的先锋模范作用；探索基层支部、支部与专委会"跨界融合"，牵线书画支部与经济支部，小教二支部与联二支部，经济支部与医卫支部联合活动；利用春节、妇女节、教师节、重阳节等重要节日开展插花、做重阳糕等特色活动。

【参政议政】 2023年，民进常熟市委建立完善调研选题、课题申报立项、联合调研、课题论证、课题转化等工作机制，整合会内外资源，围绕改革发展大局、社会民生关切等重点领域，深入开展调研，提升课题质量。《发挥优势促转型，让服装产业迎来"微笑曲线"》被市政协评为优秀大会发言，民进界别被评为市政协优秀界别。全年向民进省委会报送信息150条，民进中央采用4条，2条被评为民进中央参政议政成果三等奖。2条信息分别被江苏省政协和苏州政协评为优秀社情民意信息。杨燕、陆祎为、季晓红、金沁、顾志军、蒋少卿、蔡瑞林被评为2023年度苏州民进参政议政先进个人。

【社会服务】 2023年，民进常熟市委联合昆承中学一体型集团9所学校开展"同心筑梦，共享书香"捐书活动，向贵州省金沙县常熟希望小学、沙土镇第三小学和安龙县普坪镇中心小学捐赠图书6000多册；组织到贵州省毕节市金沙县沙土镇常熟希望小学开展"同心·彩虹行动"对口帮扶助学活动，捐赠书法作品3幅及价值6万元的教学设施设备，作心理健康培训讲座。组织民进书画家走进常欣小学、清晖实验小学等4所学校，开展书画进校园社会服务活动，创作作品约200幅；带领书画支部、文化支部会员走进声研院开展"挥春送福"活动；组织书画家赴消防大队、人武部等部门开展春联万家活动；举办"同心和韵"民进书画小品巡展，30幅作品在水务局、应急管理局、昆承中学、实验小学等6家单位展出。到尚湖镇新裕村、沙家浜镇红石村等地开展义诊服务4次，开展"民医讲堂"普及健康知识3次，在明日星城星海社区，开展以职业教育咨询和家庭教育咨询为主题的社会服务活动。

【民师之家】 2023年，民进常熟市委发挥民进教育主界别优势，依托会内"民师之家"平台，继续选派会内优秀教师对接帮扶辛庄小学2名听障学生，送教队伍扩大至20人，学科从语文、数学扩展到英语、美术、国画、书法、体育，同时增加家庭教育指导、参观体验学习等。民进常熟市委利用中考之前的五一假期及周末，举办同心公益讲座5场，邀请会内名师倪宁丹、朱震、茅胜、张文峰、朱敏亚开讲，助力提升初三学生学科核心素养，累计800余人次参加。小教一支部开展民师领航行动之锦荷育荷项目。 （俞丹洁）

中国农工民主党常熟市委员会

【概况】 2023年，中国农工民主党常熟市委员会（以下简称农工党常熟市委）有党员436人，平均年龄57.1岁，年内新发展党员16人，党员人数在全国农工党县级基层组织中最多。有1个总支，16个支部委员会，设秘书处、组织处、宣传处3个工作部门和参政议政、青年工作、社会服务、老龄和妇女4个工作委员会及内设的农工党常熟书画院。党派界别特色占比55.4%，中高级职称占比92.7%，有苏州市人大代表1人，常熟市人大代表10人，苏州市政协委员2人，常熟市政协委员27人。

【组织建设】 2023年，农工党常熟市委健全领导班子工作机制和学习制度，坚持以民主集中制为根本组织制度，落实领导班子集体领导和分工负责制，做好联系基层、民主生活会、述职和民主评议等各项履职机制；加强内部监督和自我管理。主委赴省社会主义学院开展为期1个月的脱产培训，3名副主委分别参加市人大、政协、统战以及农工党上级部门组织的各级各类培训。开展“主委联系基层”“企业家党员代表座谈会”等工作，由主委带队走访基层支部、党员企业、人大代表和政协委员中的代表性人士；重点开展农工党常熟市委“青新有为”人才工作实施计划（第一期），针对青年党员和新党员群体，开展专题授课、专业调研、专门走访、专委联谊等活动；持续开展“共过政治生日”活动，为四十整年党龄老党员颁发纪念奖章和证书。承接农工党省委会关于组织工作和“农工之家”建设工作的专题调研，承办农工党苏州市委会区域性组织调研论坛。与张家港、南通、泰州市委会联合举办读书活动，与苏州大学委员会开展区域联动。各基层支委开展跨支部、跨区域、跨行业的联合活动。在苏州农工2022—2023年度创建先进支部表彰活动中，公卫支部等5个支部委员会获得先进荣誉。

【参政议政】 2023年，农工党常熟市委聚焦“健康常熟”“美丽常熟”两条主线，针对群众急难愁盼问题，开展调查研究，建言献策。在政协市十五届二次会议期间，市委会向大会提交包括医疗体制改革、新能源产业发展、环境保护、文化名人开掘利用等内容的集体提案10件，委员个人提案、联名提案20件。集体提案《关于我市医疗体制改革和医疗事业发展的几点建议》获评市政协十五届二次会议以来优秀提案和优秀大会发言，个人提案《关于加快建立地下管网“一张图”管理体系的建议》被评为优秀提案，农工党界别获评市政协先进界别活动组，3人获评双岗尽责优秀委员，1人获评市政协社情民意信息工作先进个人。农工党常熟市委推荐党员参与政协各类课题调研，3人就常熟市基层医疗、养老事业、古城保护、城市建设等热点难点问题撰写4篇材料参加市政协常委会会议、主席扩大会议和对口协商会议并做发言。围绕中共常熟市委双月座谈会和党派联合调研、上级农工重点课题申报等工作，参与调研撰稿。全年完成双月座谈会调研6篇，联合调研1篇，3篇报告入选农工党苏州市委会区域性组织调研论坛。《长江流域农用地分类管理及受污染耕地安全利用现状调研》获农工党中央长江生态环境保护民主监督2022年度课题研究报告优秀奖，并入选苏州农工年度十大调研成果；报送各类社情民意信息40多篇，1篇被农工党中央采用，7篇被省委会录用。农工党常熟市委与自然资源规划局、住房城乡建设局、卫生健康委、医保局等对口联系部门常态化开展活动，就城市建设发展、医疗事业改革、医保政策优化等开展联合调研，在常熟梅李镇聚沙村挂牌社情民意信息点，与古里、支塘等乡镇开展协商议事。

【社会服务】 2023年，农工党常熟市委启动“健康有约”科普行暨青少年健康“同心关爱”服务项目，开展口腔健康科普行、心理健康关爱行、中医药文化研学行3大行动，并授予常熟玉蕙口腔医院、虞心心理治疗中心、中医药博物馆“社会服务基地”称号，与苏州口腔医院、常熟市中医院、市三院、市疾控中心等单位结对共建，推动“健康有约”社会服务品牌向纵深发展。据不完全统计，全年开展健康口腔科普10多场，受益人数近千人；心理健康关爱专题讲座7场，听众超过600人；开展“大手拉小手，虞山识百草”中医药文化研学活动5场。玉蕙口腔医院作为农工党苏州市委“一区域一样板”社会服务示范阵地，被农工党江苏省委会授予省社会服务基地称号。青少年健康“同心关爱”项目获评苏州农工年度十大创新项目。在“环境与健康宣传周”走进梅李镇聚沙村开展健康有约送医行，于端午节、重阳节、中国医师节等节点走进九如城护理院、辛庄吕舍村、杨园社区、沙家浜康乃馨护理院等地开展大型义诊咨询活动5场，受益人数近800人。陈永昌、祝敬溪委员工作室依托梅李镇、琴川街道开展“委员进校园”“益爱同心”等各类健康咨询活动，受益人群近千人。中医院支委党员孙宇远赴青海曲麻莱县藏医院、一院支委党员孔乐和三院支委党员胡建伟分别赴泗洪县第一人民医院和脑科医院开展医疗帮扶工作。持续打造常熟农工捐资助学特色品牌，开展“党费一月捐”活动，连续14年对接常熟理工学院，资助10名贫困学生。 （杭　丹）

九三学社常熟市支社

【概况】 2023年，九三学社常熟市支社（以下简称九三常熟支社）有社员47名，平均年龄47.8岁。其中，博士研究生17人，硕士研究生10人，高级职称社员36人，占76.6%；女社员15人；其中主界别31人，年内发展社员3人，有高教、科技、医卫3个小组。社员中有常熟市人大代表2人、常熟市政协委员3人、苏州市政府研究室特约研究员2人、九三苏州市委文教工作委员会副主任1人、文化艺术工作委员会副主任1人、理论研究工作委员会委员1人。年内，九三学社江苏省委副主委、苏州市政协副主席、九三学社苏州市委主委张东驰一行到常熟支社开展“主委走基层”活动。常熟支社被评为九三江苏省委“2023年度宣传工作先进集体”，九三苏州市委“组织建设先进集体”“参政议政先进集体”“社会服务先进集体”。陈卫嘉被九三江苏省委表彰为“宣传工作先进个人”，邓国华被九三苏州市委表彰为“组织建设先进个人”，罗艳玲、钱鸣雷、董瑞志获评“参政议政先进个人二等奖”，罗艳玲被表彰为“信息工作先进个人”，曹春艳获评“宣传工作先进个人”，董瑞志获评“社会服务先进个人”。陈敏、毛琛子、罗艳玲获常熟市“五一巾帼标兵”称号。罗艳玲获“常熟市留学报国之星”。

【组织建设】 2023年，九三常熟支社按照《九三学社苏州市委发展社员工作规程》，发展社员3名。加强对新社员的入社教育及相关培训，召开新老社员座谈会，在重阳节、新年等节日走访慰问退休社员。年内考察的入社积极分子3名，均具有副高级以上职称或博士学位。

【参政议政】 2023年，九三常熟支社结合“双月座谈会”围绕优化营商环境、社会组织发展、教育领域综合改革、农业农村现代化等专题，提交高质量调研报告。全年累计向省、市各级报送信息22条，苏州市委采用2条，九三苏州市委采用8条。《我省外籍人士引进及在苏生活就业等方面存在的问题及建议》《加快农民专业合作社建设推动农民农村共同富裕的政策建议》《关于加快基础材料行业发展、解决卡脖子问题的建议》得到江苏省、苏州市、常熟市各级政府肯定。邓国华、钱伟新的《关于完善推进居家医疗服务工作的建议》被评为市政协优秀提案，陈敏被常熟市政协评为“为常熟高质量发展作贡献，为新时代人民政协添光彩双岗尽责优秀委员”。赵宇和陈敏获常熟市社科应用研究课题优秀项目三等奖。

【社会服务】 2023年，九三常熟支社社员围绕“五一口号”发布、“科技工作者日”“国际科学与和平周”等主题，开展科普宣传、同心义诊、文化普及、文化惠民等活动。开展第三十五届中国“国际科学与和平周”社会服务活动，围绕“建设科教强国，推动和平发展”主题，组织社员到王淦昌高级中学就成人口腔保健和秋冬常见皮肤问题及防治开展科普讲座，200余人次受益。年内，九三常熟支社组织为社区居民送春联、到琴川护理院开展“泌尿系统保健”科普讲座、为支塘退伍军人举行就业劳务纠纷讲座等。

【九三先贤王淦昌事迹弘扬】 2023年，九三常熟支社倡导“依托名人效应、深化社地互动”，围绕大力弘扬“王淦昌爱国奋斗精神”和“科学家精神”，开展科学精神宣讲、科技招商合作、科技创新调研、科普应用推广等活动。开展纪念王淦昌先生诞辰116周年暨“浓情读书，情系科学”读书分享会活动。社员杨秀云作为苏州市“留学报国故事志愿宣讲员”和“江苏省科学家精神宣讲团”成员赴苏州城市学院、苏州中学、常熟理工学院集中宣讲王淦昌的留学报国事迹，获最佳风采奖。深化九三学社全国传统教育基地——王淦昌故居建设，发布王淦昌故居街景VR地图。 （杨秀云）

常熟市工商业联合会（总商会）

【概况】 2023年，常熟市工商业联合会（以下简称市工商联）有下属商会52家，会员总数6623家。市工商联围绕“两个健康”工作主题，加强民营经济人士政治引领、促进民营经济人士健康成长。出台商会分级管理机制，加强对各所属商会规范运行的指导。开设“虞商讲堂”，全年举办3期。常熟市印染商会获评2023年全国“四好”商会，常熟市印染商会、常熟高新技术产业开发区商会获评2023年江苏省“四好商会”，市工商联获评2022—2023年度全国“五好”县级工商联。

【组织建设】 2023年，年内，常熟市新成立琴川街道新一代企业家商会、莫城街道新一代企业家商会、虞山街道新一代企业家商会、常熟市住宅装修产业联合会；常熟市徐州商会、常熟市餐饮业商会、常熟市义乌商会、常熟市莆田商会、常熟市莫城街道商会、沙家浜玻璃模具商会完成换届。

【参政议政】 2023年，市工商联开展重点产业链“登门三问”行动，围绕新能源汽车、智能座舱、氟材料等重点产业，历时1个月完成对全市新能源汽车、智能座舱、氟材料产业链上下游69家企业的走访调研，进一步摸清企业需求，找到产业链发展难题，收集问题63条。召开“服务企业360”市年轻一代优秀民营企业家座谈会、汽车产业创新集群、智能座舱专场、光伏产业等多场专题座谈。会同市纪委、市监委召开“虞商有纪，虞商满意”打造民企更优营商环境工作部署会，擦亮“虞商有纪”监督品牌，发布护航营商环境发展专项行动的实施方案，公布营商环境亲清监测点任务清单。统筹推进省营商环境满意度评价，依托各板块，确定重点目标企业140家、建立服务队伍14支、组织民意测评。完成双月座谈会调研课题4篇，《同心助力四链融合，加快产业创新集群》《加快产才融合打造数字经济人才高地的建议》《建设“创新转化协同中心”，打造创新高地》提案得到市科技局重视，双方多次召开座谈探讨，加大创新主体培育力度。开展政党协商重点课题调研，常熟市政协十五届二次会议交流发言《扩大专精特新矩阵，提升特色制造水平》被评为优秀大会发言和

3月10日，徐州商会成立 （市工商联 提供）

4月28日，常熟市举办“虞商·青蓝”常福链动站首批导师聘任仪式

（市工商联　提供）

市政协领导督办提案，《关于进一步推动年轻一代民营企业家高素质成长的建议》提案被列为市长领办提案。

【社会服务】 2023年，市工商联组织商会参与爱心包裹捐赠、慈善一日捐及市委宣传部组织的捐赠活动。各商会党支部参与志愿服务，为泰安社区居民提供便民服务，资助社区贫困学子完成学业。各商会自发开展春节慰问、八一拥军、爱心助学等公益活动。在民营企业助推南疆发展大会上，波司登捐款318万元用于当地公益项目。在苏州光彩事业促进会换届之际，波司登高晓东、开关厂王春华各捐赠100万元；高晓东获“苏州光彩事业杰出贡献奖”，龙腾季丙元、汽饰集团罗小春、开关厂王春华获“苏州光彩之星奖”，常熟市印染商会获“苏州光彩事业优秀组织奖”。继续推进“万企兴万村”行动，包村结对三塘村，共建最美家园。2家企业项目获评2023年江苏省“万企兴万村”行动典型项目（企业）。上报“万企兴万村”典型案例2个。组织餐饮业商会10多家骨干企业赴乡村振兴重点帮促村董浜镇陆市村对接，签订合作协议；捐赠贵州金沙县沙土镇常熟希望小学6万元用于购买教学设备。

【惠企助企】 2023年，市工商联搭建“产业链+科技链”双链联动服务平台，同市科协签约，发布服务民企“五聚焦”共建行动。分别牵手常熟市印染商会、市无纺业商会、市纺织服装商会开展同常熟汇智纺织服装产业研究院就功能性面料进行对接。市工商联与常熟理工学院商学院联合举行“校企融合发展·资源链接”共建签约赋能行动，揭牌“产学研合作基地”“校企协同党建基地”。组织商会企业参加跨江融合发展产业协作联盟启动仪式暨“百家商会仪征行”活动，发出联盟倡议。牵线长三角数字技术应用服务产业链联同中国常熟数字智能产业园签订战略合作框架协议。对接中国科学院地理科学与资源研究所与常熟市龙腾特种钢有限公司，把脉企业“走出去”发展。同法国博若莱地区工商会友好合作交流协议书。梳理惠企政策文件，编印成册，分发到企业，为企业纾困解难。向商会企业赠送《市直播电商合规建设指引》《市直播电商防范法律风险服务手册》、“问需于企，法护企航”手册及常熟政策汇编。持续搭建金融对接平台，组织金融机构与全市直属商会会长、秘书长进行推介交流，总商会与农商银行达成“惠企红盟”金融合作方案，推动新一代企业家商会与农商银行开展“雏凤清声，飞燕赋能”金融服务，联合宁波银行组织“金企联沙龙”活动，组织商会参加农业银行“引入金融活水，服务普惠企业”宣讲会，特邀农商行、国发创投、东吴证券等金融机构参加“科技赋能，惠企共赢”圆桌会议等。会同市检察院等部门深入推进企业合规改革试点工作，成立常熟市涉案企业合规第三方监督评估机制管理委员会。联合市司法局建成商会调委会17家。同市公安局联手，举办“虞企有约·护航发展”平安守护主题活动，推出“党建引领·公安惠企”服务清单。

【年度民营企业上规模调研】 2023年，常熟市开展年度民营企业上规模调研，39家民营企业申报，龙腾特钢、波司登入围“中国民企500强”“中国制造业民营企业500强”榜单。龙腾特钢、波司登、长江联合供应链、中利集团4家企业入选2023年“江苏民营企业200强”榜单，龙腾特钢、波司登2家企业入选2023年“江苏民营企业制造业100强”榜单，常熟开关入选“江苏民营企业创新100强”榜单。

【全国工商联副主席方光华到常熟调研】 6月7日，全国工商联副主席方光华率全国工商联与生态环境部联合调研组到常熟，就“新能源产业民营企业绿色发展”进行专题调研。调研组在常熟阿特斯阳光电力科技有限公司听取企业负责人对有关情况的介绍并作深入交流，实地了解新能源产业民营企业绿色发展现状和存在的问题；调研波司登股份有限公司情况，并参观康博村、登峰馆、党建馆和智能物流中心。（朱　琳）

责任编辑　李　妍

群众团体

常熟市总工会

【**概况**】 2023年，常熟市有独立工会4199家，全市新建独立工会128家，其中涉及规模以上企业60家。有实名制会员45.1万人。“常熟工会”微信公众号关注人数达32万人，实名绑定会员26万人，在全国工会县级工会新媒体传播力排行榜处于第一梯队。年内，常熟市工人文化宫建成并试运行。

【**基层工会建设**】 2023年，常熟市以2个国家级开发区为重点区域、以规模以上未建会企业为重点目标，推进工会组建。与市委组织部联合开展服务高质量发展专班试点走访服务建会企业，推动外资企业建会12家。成立粮食生产行业工会和网约车行业工会，成立外卖配送行业女职工委员会。工人文化宫建成并试运行，初步形成市、镇、村三级工人文化宫体系。

【**职工思想政治引领**】 2023年，市总工会举办工会干部党性教育培训班3期，培训200人；举办新就业形态学习党的二十大精神专题培训班，培训100人；开展党的二十大主题系列微党课有奖竞答活动，参与人数3万人次。组织“百名工会主席讲党课”竞赛、“讲好工会故事”优秀案例征集和短视频等各类宣传活动125场次，涵盖单位176家。筹建劳模精神、劳动精神、工匠精神教育基地，评选表彰2023年常熟市劳动模范100人，全市200多名劳模全年提供志愿服务活动47场次。主办“奋进新征程 建功新时代”职工文艺会演，线上线下参与人数超2万人。开展职工阅读节活动，评选最美职工书屋10家、入围奖10家。常熟工会信息被国家级媒体报道29次、省级报道66次、苏州市级报道35次。

【**工会先进选树**】 2023年，全市新建常熟市劳模创新工作室7家。推选产生各级“工人先锋号”22家、“五一劳动奖状”9家、“五一劳动奖章”29名、荣誉奖章1名，评选市级“五一巾帼标兵岗”51个，“五一巾帼标兵”78名。推选“苏州时代工匠”1名，“苏州时代工匠”提名奖1名，在“苏州工匠日”展示职工围绕产业创新开展“五小”“金点子”首创成果。5个职工创新成果受到省总工会通报表扬，位列苏州市第一。

【**产业工人队伍建设改革**】 2023年，市总工会建立产改指导员、产改观察员、产改信息员“三员”工作机制，聘请首批成员25名。承办首届长三角汽车产业技能邀请赛。组织常熟市级技能竞赛项目18个，在苏州市职工大数据技能竞赛中获优秀组织奖。开展“虞工宜业”赋能行动，为企业提供15大门类54门课程，开展培训39场，惠及职工逾千人次。在“常熟工会”微信公众号，设立招聘就业信息专栏，170多家企业提供岗位超2000个；举行常熟工会助力职工高质量就业专场招聘会暨“馨”系女职工四季行活动，推介100家企业的岗位800余个，4家企业代表直播带岗引流人数达3万人次。

【**职工帮扶关爱**】 2023年，市总工会开展夏季“三送”活动，发放安全及法律宣传资料、慰问品近3万份，慰问职工3.5万人。开展“工会温暖服务月”系列活动，投入资金20余万元。评定困难职工家庭41户，完善困难职工档案。成立“劳模关爱基金”，向31名困难职工子女发放助学金、奖学金以及

5月30日，2023年常熟市劳动模范命名大会举行　　（市总工会　提供）

助学物资7.74万元。完善“工会创业贷”政策扶持和孵化服务，发放贴息信用贷款1000万元。组织开展“稳岗惠企·贴心送暖”专项活动，开展留常过年外地职工专项慰问，下拨“稳岗留工”专项资金275万元。设立“虞幸会”青年职工线下服务平台；试点“区域性职工亲子工作室”培育创建，开展7期职工亲子系列活动。18家“妈妈驿站”、15家康乃馨服务站获评苏州市级称号。组织1022名一线职工、产业工人、新就业形态劳动者前往徽州、福州等地疗休养。优化“特惠+普惠”服务模式，开展系列普惠活动18场，惠及职工逾10万人次。

【职工维权服务】 2023年，市总工会开展集体协商工作，培育专兼职集体协商指导员12人，全市签署集体合同4406份。开展集体协商春季要约行动，2023年末已建工会企业集体合同续签建制面保持在98%，新签建制面保持在建会企业的95%以上。命名一批集体协商三星企业（行业），命名确立集体协商工作指导站16家。推出新就业形态劳动者“工检结对·筑梦”系列项目；成立新就业形态劳动者未成年子女“工检筑梦‘未’新护航”法治教育基地，提供心理疏导、司法救助、预防教育等服务；联合法院、检察院等部门对中通快递等4家企业开展新就业形态用工劳动领域法治体检，规范劳动用工；成立涵盖美团、饿了么、叮咚买菜等多家平台的常熟市外卖配送行业女职工委员会。

【市工人文化宫】 12月28日，新建的常熟市工人文化宫试营业。该项目于2021年9月开工建设，位于深圳路以北、珠海路以西，占地3.17公顷，总建筑面积6.35万平方米，主体建筑是地上6层、地下1层的结构，主要包括职工文化中心、职工体育中心、职工培训中心和职工服务中心四大板块。内设职工阅览室、职工图书馆、职工电影院等文化设施，配有游泳馆、羽毛球馆、乒乓球馆等体育设施，以及各种培训教室。

【安康驿站】 2023年，全市有“安康驿站”159家。“安康驿站”建设被列入全市民生实事项目。按照15分钟“服务圈”要求，市总工会选取琴湖溪里、里颜港、东门大街等7个地理位置较为优越的点位新建“安康驿站”，升级改造40家，投入资金近150万元。年内，税务局通江路安康驿站被评为全国“最美工会户外劳动者服务站点”；城管局里颜港安康驿站、辛庄镇星海广场安康驿站等6个站点被评为江苏省“最美工会户外劳动者服务站点”。 （顾　卓）

共青团常熟市委员会

【概况】 2023年，全市有团员3.91万人，有基层团干部6378人，下级团组织4267个，全年新发展团员3894人。年内，中国少年先锋队常熟市第七次代表大会举行，团市委获“2022年度全省共青团工作争先进位奖”“2023年度全省团属报刊宣传工作先进单位”“2022年度苏州共青团工作先进单位”，团市委新生代企业家培育“常新计划”获评2022年度“青力聚核”苏州共青团创新创优项目，《共青团常熟市委员会历史大事记（1919—2021）》获得2019—2022年度苏州市档案文化精品评选活动优秀奖。

【共青团组织建设】 2023年，全市新建399家社会领域团组织，成立教育团工委，团市委联合市委组织部等单位出台《关于支持新业态新就业群体职业发展的十条措施》。严格团员管理，规范转接团组织关系，学社衔接率达100%。构建为党育人链条，加强党团队衔接，实施推优入团、推优入党。加强党建引领，推动党建带团建、队建纳入党建巡察监督范围，并纳入镇（街道、开发区）、市级机关部门年度党建考核内容。组织全市3853个团支部开展8次专题学习教育，举办“虞青说·不止青年讲坛”3期，基层团干部培训2场。开展“社区有我 青春报到”行动，组织180余名在常大学生服务基层治理。开展“联青大走访”“联青服务站”，组织各级团干部每月走访基层服务团员青年。制定《常熟市挂兼职团干部选用管理办法（试行）》。建立常熟共青团直属团组织书记工作目标责任制。召开2023年常熟市学校共青团、少先队工作会议、常熟市少先队社会化工作推进会。

【青少年思想引领】 2023年，团市委开展青年学习社及其线路星级评定工作，组织常熟市理论宣讲“青研青语”青苗培育行动。开展五四青年节系列活动，拍摄发布“虞青悟‘四敢’”系列视频5部、合辑视频1部，在新华社App、中国青年网和团属新媒体广泛传播，累计观看47万余人。“青春常熟”微信公众号发布推文329篇，其中原创推文181篇，公众号累计阅读量超42万；视频号发布视频18部，其中原创视频9部。开展2023年度“常熟好青年”申报评选，在全市寻访50名争优创效、文明实践、竞学求知、创新创业、新兴筑梦的“常熟好青年”，评选“青年先锋”并开展事迹宣传，其中2人获评2023年度江苏省“我们身边的好青年”。开展好少年、最美中学生评选活动，评选苏州好少年95名，江苏好少年135名，最美中学（中职）生66名。

【青年人才培养】 2023年，团市委建成15家“常熟青年人才驿站”，为到常熟求职青年人才提供临时住宿等服务，超190人次成功入住。开展2023年度常熟市“飞”常精英——高校大学生暑期实践活动，发布党政机关、市属国有企业，研发机构及创新平台、非公企业等各类实习岗位675个。与常熟农商行合作发布“新农菁英贷3.0”，为各类涉农创业青年等群体提供专属优惠信贷服务。举办苏州市域一体化常熟·苏州工业园区·相城青年论坛。组建1支服务于苏州市域一体化规划厅的8人兼职讲解员队伍。

【青少年关爱】 2023年，团市委开展“蒲公英计划”，组织开展蒲公英研学活动，助力外来务工人员子女融入常熟。推进“梦想改造+”关爱计划，完成15户“梦想小屋”建设任务，开展“梦想改造+”关爱计划回头看工作。全市开设青少年暑托班148个，集中式课程化暑托班37个，分布式活动类暑托班111个，累计服务青少年4.32万余人次，困境青少年523人次，新业态新就业群体子女3029人次，新市民子女6972人次。推报8名新考录大学生获得苏州市青少年发展基金会“爱立方”圆梦助学金，精准帮扶11所外来务工人员子女学校中家庭经济困难、品学兼优、生活积极向上的学生。

【中国少年先锋队常熟市第七次代表大会】 12月8日，中国少年先锋队常熟市第七次代表大会举行。苏州团市委书记、少工委主任方芳和常熟市委书记周勤第等四套班子领导出席开幕式，277名少先队员、少先队辅导员以及少先队工作者代表参会。会议审议中国少年先锋队常熟市第六届工作委员会题为《高举队旗跟党走 童心筑梦新时代 为谱写中国式现代化新实践的常熟篇章时刻准备着》的工作报告，选举产生中国少年先锋队常熟市第七届工作委员会，王志明、吴晓当选为新一届市少工委主任。（徐鉴棠）

3月6日，首届常熟市“新时代阿庆嫂”颁奖典礼发布新时代阿庆嫂元宇宙形象（市妇联 提供）

常熟市妇女联合会

【概况】 2023年，全市有镇、街道妇联14个，妇工委2个，市妇联直属系统妇联、妇委会（妇工委）23个，村（社区）妇联337个。市妇联对接妇儿需求，以“新时代阿庆嫂”品牌化建设为抓手，推进妇女组织建设、思想引领、就业创业、巾帼典型选树。市妇联被评为江苏省妇联系统先进集体。

【妇女组织建设】 2023年，市妇联着眼新业态新就业群体从业女性发展需求，实施“Women虞妳在一起”暖“新”行动，成立常熟市外卖配送行业妇联等新兴领域妇联组织278家。召开常熟市产业链妇联组织建设推进会，推动虞山文化产业等十大产业链妇联建设。成立中国常熟世界联合学院妇联、苏州市中外儿童友好交流中心。在苏州市创新开展五星级妇儿之家阵地的选树活动。持续建强建优妇联干部队伍。开展“基层妇联领头雁赋能行动”，举办基层妇联干部履职能力提升培训班，开展“最美娘家人”寻访活动。实施“新时代阿庆嫂·巾帼头雁”培育工程，成立虞城巾帼书记（主任）联盟、智囊帮帮团，建立培训基地，开展“乡村振兴巾帼论坛”。虞山街道北门大街社区被评全国文明实践巾帼志愿阳光站，常熟市尚联公益服务社被评江苏省巾帼志愿服务十佳组织。

【妇女思想引领】 2023年，市妇联组织全市各级妇联、各阶层广大妇女学习宣传贯彻党的二十大精神和中国妇女十三大精神。深化“虞燕送理·巾帼好声音”巾帼大宣讲，累计开展各类巡讲656场次，覆盖23500人次。开展“习近平走进百姓家”“五进”“六个一”等活动50余场次。承办《中国妇女报》驻站记者2023年记者会、苏州市妇联常委会现场调研会。

【巾帼典型选树】 2023年，市妇联举办常熟市纪念“三八”国际妇女节113周年主题活动暨首届常熟市“新时代阿庆嫂”颁奖典礼，选树首批“新时代阿庆嫂”10名。作品《新时代“阿庆嫂”》获江苏女性融媒体创意大赛一等奖，市妇联获优秀组织奖。周丽娟工作室被评为江苏省三八红旗手示范工作室，培树苏州市三八红旗手（集体）14个，苏州市巾帼文明岗5个，苏州市巾帼文明标兵1名。

首届常熟市“新时代阿庆嫂”名单

苏咏梅	常熟市虞山街道北门大街社区党委书记、居委会主任
余斐君	苏州英特模科技股份有限公司董事长
张雪燕	常熟市古里镇社会治理和社会事业局局长，古里镇陈塘村党委书记、村委会主任
陆　燕	常熟市农业技术推广中心党支部书记、主任
陈菊萍	常熟市中医院（常熟市新区医院）党委委员、神经内科主任
周丽娟	常熟市环境卫生管理处机械化作业中心党支部书记、队长
赵兰英	常熟市精工模具制造有限公司总经理
赵苗苗	常熟市小蜗牛特殊儿童康复训练中心党支部书记、主任
洪　榴	常熟市实验小学校长
徐静霞	常熟市应急志愿者协会会长、常熟市蓝天青年应急救援队队长

【妇女就业创业】 2023年，常熟市印发苏州市首个女性科技人才发展实施办法，成立常熟市女性知识产权联盟。开展常熟市女科技工作者联盟座谈会，举办“走进元宇宙 赋能新经济”数字经济（上海）对接会，“中新昆承 她展芳华”数字金融对接会，女博士“科企对接面对面”直通服务，组织苏州工业园区、常熟市两地女科技工作者开展项目接洽。举办线上线下女性专场招聘会及直播带岗活动，求职达4.8万人次。推进“乡村振兴巾帼贷”，累计发放“巾帼贷”3.8亿元。年内，江苏中服服装产业发展有限公司被评江苏省女大学生创业就业实践基地，余斐君被评2023年度苏州市“最美巾帼科技人物”。

【家风家教建设】 2023年，常熟市围绕心理健康、家庭教育、亲子关系、家风建设等，创新实施“虞”你“童”行向未来儿童成长项目，开展儿童情商团辅课、研学活动等。召开“六一”儿童节专题调研座谈会，撰写《关于全市未成年人家庭情况及需求调研报告》。开设未成年人心理健康教育全媒体栏目《四点半课堂》，为全市青少年及家长提供心理疏导。举办常熟市第十二届家庭文化节活动，联合市纪委开展“虞居廉行”家风文化专线打卡行动。印发《常熟市家庭教育工作“十四五”规划》，召开家庭教育工作推进会，建设家庭教育指导服务体系，成立苏州市首个“家校社协同育人法治联系点”。将妇女儿童规划中重点难点的11个问题全部纳入市政府妇儿工委实事项目，召开常熟市妇女儿童工作会议暨儿童友好城市建设工作推进会，创建10个常熟市儿童友好社区，3个苏州市级儿童友好社区。纵深推进乡村振兴片区“美丽庭院”建设，碧溪街道李袁村被评2023年江苏省美丽家园示范点。2023年新增苏州市级美丽庭院300户、常熟市级2000户，推出《故乡庭院美 游子徐徐归》主题宣传片。参与“吴地芬芳”苏州市妇女儿童家庭公益项目创意大赛，获评木兰奖4个，蒲公英奖7个。 （高君薇）

常熟市科学技术协会

【概况】 2023年，市科协有学会（协会）30个，镇（街道）科协14个。年内，尚湖镇、常熟高新区（沙家浜镇）科协、辛庄镇科协圆满完成换届工作，新建企业科协14家。举办第三十一届科普宣传周、2023年全国科普日等活动；全市获得苏州市级以上各类科创科普人才项目、荣誉78项，获得上级各类奖补资金112万元。2023年，常熟市创成“科创江苏”试点县（市、区），市科协获县级科协创新发展能力提升计划优秀单位、2022年江苏省科技志愿服务工作优秀单位、2022年度科普中国信息传播工作优秀单位、科技工作者状况调查优秀站点等。

【学会建设】 2023年，市科协实施学会服务科技创新能力提升计划，资助项目10个，软课题项目20个。年内，土地学会、中医学会、预防医学会完成换届工作，经开区通过新一轮国家级海智基地建设考核，高新区、新材料产业园高分通过2022年度江苏省海智基地考核。常熟市董浜镇科协创成2023年度“四长”科技服务工作室[院长工作室、校长工作室、站长（农服中心主任）工作室、厂长（科技型企业董事长）工作室]试点单位，常熟市新时代文明实践科学普及服务支队获评2023年江苏省文化科技卫生“三下乡”活动优秀团队，创美工艺（常熟）有限公司获2022年度江苏省示范企业科协，苏州池久节能电气有限公司郑建军获“科创江苏”企业创新达人，江苏亨通海洋光网系统有限公司许人东获首届“苏州市杰出工程师奖”。

【院士专家服务】 2023年，市科协做好院士专家等高层次人才助力常熟高质量发展工作，赴北京、广州、杭州等地慰问院士12名，与崂山实验室、中国科学院深海所、自然资源部第二海洋所等院士团队开展对接交流，促成院士与企业合作意向项目4个。邀请范滇元、沈政昌、陈祥宝等多位院士参加江苏省及苏州市发展大会、中国声学创新发展大会、常熟撤县设市40周年暨常熟精英创业联盟大会等活动。全年提交《调研通报》《专家建言》等17篇，获得上级部门批示4篇；8个课题项目获得苏州市科协软科学研究课题、市科技计划（软科学研究）项目、专家咨询团重点课题10万元资助。政协科协界别组5篇提案列入市政协立案提案，其中1篇获得优秀提案、2篇列入大会发言。

【科学家精神宣传】 2023年，市科协弘扬科学家精神，举办纪念王淦昌先生诞辰116周年主题活动、“初心铸魂，匠心铸梦”追光朗诵会和“弘扬科学家精神，传承家国情怀”宣讲活动等。原创音乐《灯塔》等2个项目获得苏州市科学家精神教育项目8.75万元支持，大型纪录片《王淦昌》在常熟拍摄完成。年内，市文博中心“常熟院士馆”建成开放，李强革命历程展示馆获“江苏省科学家精神教育基地”，王淦昌故居获评“江苏省优秀科普教育基地”。 （王晓理）

常熟市归国华侨联合会

【概况】 2023年，全市有镇（街道）侨联13家、高校侨联1家、开发区侨联2家，有侨商会、侨联法律顾问委员会、华侨文化交流基地、新侨创新创业基地等多个社会团体和工作平台。年内，市侨联深入学习贯彻第十一次全国归侨侨眷代表大会精神，推进全市基层侨联建设督导行动，制定双“五有”项目化标准，建成9家双“五有”基层侨联组织，新建2家“侨胞之家”阵地，指导虞山街道侨联完成换届工作。实施“联侨赋能”计划，构建“部门协同”“街镇共建”联动机制，组织开展侨界文化、法治、志愿、联谊等惠侨活动。全年走访慰问归侨侨眷、重点侨界人士、新侨人才代表等160人次；接待海外重点华侨华人100多人次。2023年，常熟市侨联在全省县级市侨联中唯一获评“全国侨联系统先进集体”；琴川街道“枫泾侨胞之家”

6月10日，"侨见董浜闻'乡'拾味"端午主题活动——常熟市侨界人士看家乡系列活动举行　（市侨联　提供）

被评2021—2022年度全国侨联系统"侨胞之家"典型选树单位。

【为侨服务】 2023年，市侨联在侨眷比较集中的3个街道成立侨界志愿服务分队，推进暖侨志愿服务行动。推广"侨爱有我"志愿集群服务，打造"侨爱幸福圈""幸福来敲门"等特色服务项目，为辖区有需求的侨眷提供免费理发、修理、测血压血糖等贴心服务。组织举办"惠侨助企，融创共赢"高质量服务新侨企业调研座谈、"绿色赋能，安全护航"专题讲座，邀请相关部门为30多家侨企解读政策。

【侨文化建设】 2023年，全市有国家级华侨文化交流基地1家，省级华侨文化交流基地4家，苏州市级华侨文化交流基地14家。年内，市侨联组织"侨联四海，同心筑梦"常熟市第五届侨界文化月活动，聘请5位在书画艺术、中医药文化、中餐推广、摄影艺术等领域的海内外侨界代表为第二批"常熟市侨文化交流使者"，打造"阅侨阅美"侨界读书品牌。全市侨联系统组织开展各类文艺观演等文化活动20余场次，覆盖侨界群众1000余人。推进华侨文化交流基地建设，推出"芳华之路，与侨有约"侨文化特色展示线路，艺术鸭数字文创制造产业园获评"苏州市华侨文化交流基地"。

【侨届引资引智】 2023年，市侨联举办"智惠常熟 共创未来"2023年苏州（常熟）全国创新创业大赛。协助做好常熟市海外人才项目申报，生命健康、高分子等11个项目。牵线美国田纳西大学教授赵民与常熟理工学院开展合作交流。打造"一带一路"侨商会客厅，做好中法"多元文化世界之家"联盟项目考察对接，接待"海智汇常熟"海外华侨华人高层次人才考察团、省海外新生代代表人士考察团到常考察交流。组织侨联界别委员参加政协第十五届二次会议并围绕自身关注的领域积极建言发声，提交《加强国际人才和科技资源引进》《解决常熟市区停车难问题》《推进本市注册会计师行业做强做大》等多篇提案。

【侨界联络联谊】 2023年，市侨联组织侨界人士参与2023"侨见最美文化空间"元宵民俗游活动、"侨见董浜，闻'乡'拾味"端午主题活动、"碧海常福情 侨见铜官山"迎中秋联谊活动等。开展"虞城有约"看家乡活动，组织30多位常熟籍华侨华人、华裔青少年和海外留学生走进虞山派古琴艺术馆、白茆山歌馆等文化场馆，参观全域一体化核心承载区规划展示厅、蓝·原葺森林文旅产业园等。

【侨法宣传】 2023年，市侨联开展侨界法治宣传月活动，承办苏州市侨界第六届"法治宣传月"启动仪式，打造首家"苏州市侨界法治阅读空间"，与市法院联合设立"共享法庭""侨商侨企法治服务指引点"，成立"常熟市侨联涉侨纠纷调解中心"，聘请涉侨纠纷调解员6名。通过云端联动、送法上门、广泛辐射等方式，开展法律讲座、普法微课、知识竞赛、广场宣传等活动10余场。　（李玉萍）

常熟市文学艺术界联合会

【概况】 2023年，市文联有注册会员2181人，其中国家级会员137人、省级会员342人、苏州级会员307人。年内，市文联召开第十次代表大会，完成各镇（街道）文联换届工作，组织召开第一届常熟市文艺评论家协会会员代表大会。在江苏有线常熟分公司数字电视智慧社区平台上线常熟市文联《艺术空间》栏目。协办江苏省书协迎接全国第十三届书法篆刻展隶书创作专题培训班，主办全国评弹名票演唱会，举办首届"遇见·虞山——全国大学生美术（中国画）作品展"暨第二届"遇见·虞山——中国美术名家写生作品展""问道虞山"全国书法名家作品邀请展，第三届全国校园灯谜大会暨第三届江苏省灯谜文化节，"元四家"故里美术作品展等。全年出刊发行《常熟田》2期，常熟日报《常熟文联》专版每月出刊1期，全年12期；"常熟市文学艺术界联合会"微信公众号全年推送信息近500条。

【文联组织建设】 2023年，市文联召开第十次代表大会，完成各镇（街道）文联换届工作。2月21日，常熟市文联第十次代表大会召开，市委、市人大、市政协主要领导出席会议。会议讨论中共常熟市委主要领导和苏州市文联领导讲话，听取并审议通过常熟市文联第九届委员会工作报告、《关于修改〈常熟市文联章程〉的决议（草案）》，选举产生常熟市文联第十届委员会及其领导机构。10—11月，全市各镇（街道）文联先后完成换届。各镇（街道）通过总结过去5年工作，明确今后5年目标任务，选举产生新一届文联领导班子。

表 12　　2023 年度常熟市各文艺门类全国级获奖作品一览表

作品名称	艺术门类	获奖者	颁奖单位	奖项名称
《待航》	美术	高阿兵	中国美术家协会	入展时代颂歌——2022中国百家金陵画展
《古村新韵》	美术	徐嘉浩	中国美术家协会	入展2022"入江山如此多娇"中国山水画展
《雪韵3》	美术	张妍红	中国美术家协会	入展2023"万年浦江"全国中国画作品展
《清·李善济青城山联》	书法	唐志昂	中国书法家协会	入展全国第九届楹联书法作品展
临《赵之谦手札数则》 创《刘熙载艺概数则》	书法	徐　梦	中国书法家协会	入展全国第三届书法临帖展
《论书卷》	书法	秦　健	中国书法家协会	入展全国第三届手卷书法展
《艺舟双楫选钞》	书法	张　璇	中国书法家协会	入选参展2022"中国书法·年展"全国楷书作品展
《松雪斋题跋数则》	书法	王　强	中国书法家协会	入选参展2022"中国书法·年展"全国行书、草书作品展
《还愿》	戏剧	编剧：乔新谔； 表演：金冬梅、周剑	中国民间文艺家协会、江苏省民间文艺家协会等	2023全国民间文艺展演（溧阳专场）最佳节目，乔新谔获优秀编剧，金冬梅、周剑获优秀主演
《苏州评弹传承发展的当代思考》	文艺	陶春敏	中国文艺评论家协会、中国文学艺术界联合会文艺评论中心	第八届"啄木鸟杯"中国文艺评论推优入围终评
《盛世吉祥事事如意》	民文	顾连元	中国民间文艺家协会、南京市文学艺术界联合会	入选百工金陵——全国雕刻艺术作品大展

表 13　　2023 年常熟市镇（街道）文联情况一览表

单位	下设协会组织	会员情况	年度主要活动
海虞镇文学艺术界联合会	书画、文学、音乐、舞蹈、故事、民间文艺、戏曲、摄影、诗词楹联	会员268人，年内新增会员3人	召开海虞镇文学艺术界联合会第四次代表大会，组织承办"问道虞山"全国书法名家作品邀请展等各类书画摄展近20场。举办"好来围圆·癸卯福兔展宏图"元宵喜乐灯会、"海乐万家"百姓公益课堂、首届铜官山民间民俗文化艺术节等大型活动
梅李镇文学艺术界联合会	音乐舞蹈、摄影、书法、美术、戏剧曲艺、文学创作、蒸菜、历史文化研究会（徐祯卿诗歌研究会）、民间文化	会员201人，年内新增会员18人	召开梅李镇文学艺术界联合会第二次代表大会，常态化开设江南小书场"龙园会书"共演出150场，举办第五届"常熟市江南红豆园牡丹花会"系列活动
辛庄镇文学艺术界联合会	书画摄影、文学创作、戏剧曲艺、民间文艺	会员78人，其中国家级1人，江苏省级2人	召开辛庄镇文学艺术界联合会第四次代表大会，举办"福兔迎春 欢庆新年"辛庄镇写春联送祝福活动，"光影之间 定格北城"摄影展，开展中国曲协曲艺之乡（辛庄）调研座谈会，开展文学创作协会走进平墅村之金秋采风活动
古里镇文学艺术界联合会	民间收藏、白茆山歌、摄影、书画、阅读写作、演艺	会员154人，其中国家级3人，江苏省级8人，苏州市级2人，常熟市级10人，年内新增会员50人	召开古里镇文学艺术界联合会第四次代表大会。开展"福来运转"2023年度古里镇文学艺术界联合会新春书画微展、"琴娃剑宝"迎元宵文化作品展、"书画江南"古里镇特色文化展、"你好古里"儿童主题画展等线下展览
支塘镇文学艺术界联合会	书画、民间文艺、音乐舞蹈、戏剧、摄影、文学	会员30人，其中省级2人，常熟市级3人，年内新增会员6人	召开支塘镇文学艺术界联合会第四次代表大会，举办蒋巷村23周年家庭读书文化节开幕式暨"书韵飘香 耕读蒋巷"家庭读书活动推广项目，开展"功勋闪耀新时代 星海汇聚向未来"纪念王淦昌先生诞辰116周年主题活动
沙家浜镇文学艺术界联合会	评弹、文学、书画、摄影、音乐舞蹈、演艺、船拳	会员73名，其中江苏省级1人，苏州市级2人，常熟市级7人	召开沙家浜镇文学艺术界联合会第四次代表大会，组织了沙家浜镇"芦荡有戏"文化惠民系列活动23场次
董浜镇文学艺术界联合会	灯谜、摄影、盆景、书画、音舞、演艺、文学	会员98人，年内新增会员16人	召开董浜镇文学艺术界联合会第四次代表大会。联合承办全国校园灯谜大会暨第三届江苏省灯谜文化节；举办第二届"田园董浜杯"苏州市中学生灯谜邀请赛、"灯谜传承国粹 文化润泽心灵"暑期灯谜培训班、《苏派盆景》技艺培训班

续表13

单位	下设协会组织	会员情况	年度主要活动
常熟市尚湖镇文学艺术界联合会	创作、戏剧、书法、美术、摄影、音乐、舞蹈	会员83人,年内新增会员30人	召开尚湖镇文学艺术界联合会第四次代表大会;举办第九届尚湖百姓戏曲大舞台4场月赛、举办第五届“小兰花杯”江浙沪少儿锡剧大赛
常熟市碧溪街道文学艺术界联合会	楹联、音乐、鼓灯、戏曲、舞蹈家、文学创作、书画、摄影、民间艺术、江花诗社	会员104人,其中国家级12人,江苏省级25人,苏州市级12人,常熟市级40人,年内新增会员20人	召开碧溪街道文学艺术界联合会第二次代表大会。承办“承启”2023“元四家”故里美术作品邀请展,举办“银发助力中国式现代化苏州新实践”苏州市离退休干部书画摄影作品展、常熟市“守廉崇德·敢为有为”廉洁教育主题书画展、常熟市“环保科技”书法作品邀请展
虞山街道文学艺术界联合会	美书摄、音乐舞蹈、戏曲、民文、文学、盆景、龙舟、茶文化	会员202人	召开虞山街道文学艺术界联合会第二次代表大会。组织了18场以花边、赭石砚、红木雕刻、篆刻、古琴赏析等为内容的“体验非遗”进社区活动,龙舟基地获评苏州江南文化空间
常福街道文学艺术界联合会	美术、书法、戏剧曲艺、摄影、音舞、文学、民间文艺	会员71人	召开常福街道文学艺术界联合会第二次代表大会。组织开展“常福大舞台”文化惠民周周演,主办“种子——寇忠理书画作品展”“沿途的风景——周华明油画作品展”
莫城街道文学艺术界联合会	书法美术摄影、音乐舞蹈、时尚文化创意、服装设计、直播	会员136人	召开莫城街道(服装城)文学艺术界联合会第二次代表大会。年内,街道文学艺术界联合会常态化开展“畅享传统文化 品味评弹艺术”燕巷书场常态化演出150场,“启航新征程 奋进新时代”文化惠民村村行等文艺演出60场次,结合区域特色创作的微型舞台剧《梦之城》、歌曲《琴重虞山》参加常熟市第四届群众文艺“星光奖”舞台类比赛决赛,并获得戏剧类、音乐类铜奖,广场舞《歌唱共产党》获得“星光奖”广场舞优秀奖,合唱《南方夫子》参加第五届苏州市群众文化繁星奖合唱类作品终评
琴川街道文学艺术界联合会	文学、戏剧、美术、书法、摄影、舞蹈、音乐	会员132人,年内新增会员32人	召开琴川街道文学艺术界联合会第二次代表大会。联合其他单位共同承办全国校园灯谜大会暨第三届江苏省灯谜文化节。少儿舞蹈《小桥·流水·人家》、广场舞《编出幸福路》荣获苏州市群众文艺“繁星奖”比赛银奖,美术《姑苏人家之十一》荣获苏州市群众文艺“繁星奖”比赛金奖,美术《岁月静好》荣获银奖、歌曲《川》、小品《一次团建》、书法《常熟虞山赋》、摄影《虞城美容师》荣获常熟市群众文艺“星光奖”比赛铜奖
东南街道文学艺术界联合会	文学、书法篆刻、美术、摄影、音乐舞蹈	会员50人,其中国家级2人,江苏省级4人,苏州市级1人,年内新增会员20人	召开高新区东南街道文学艺术界联合会第二次代表大会。开展“奋进二十载,魅力高新区”摄影、“城市诗人寻访”文学诗创作及“奋进20年 我们一路同行”征文活动;围绕“老有所乐 老有所为”为辖区老年人开展艺术赏析、书法、绘画等艺术课堂

(资料来源:市文联)

【常熟市文联《艺术空间》栏目正式上线】 10月19日,常熟市文联《艺术空间》栏目在江苏有线常熟分公司数字电视智慧社区平台上线。栏目开设有文艺活动、基层风采、文艺展厅、常熟田、文艺名家、经典演绎、人大代表风采、政协委员风采八大板块。以文字、图片、视频等形式,展示常熟文艺动态、优秀文艺作品和文艺名家风采等内容,满足百姓精神文化需求。

(顾铭苏)

常熟市残疾人联合会

【概况】 2023年,常熟市有镇(街道)残疾人联合会14个、村(社区)残疾人协会323个;有各类持证残疾人1.87万人,其中肢体残疾8116人,视力残疾1836人,听力残疾772人,言语残疾69人,精神残疾3595人,智力残疾3151人,多重残疾1155人。年内,市残联通过落实残疾人各项生活救助政策、各项康复服务项目,举办残疾人专场招聘会、残疾人职业技能培训和比赛,做好困难残疾人帮扶慰问、推进残疾人托养工作,开展残疾人法律咨询和维权工作等方式,服务残疾人,维护其合法权益。

【残疾人证管理】 2023年,全市评残定级608人,到期换证888人,变更、补办、注销903人,受理跨省通办77人。年内,市残联更新“全国残联信息化服务平台”残疾人信息,组织集中残疾评定11场,840名申请者参加残疾评定,开展上门评残7次,服务67人。

【“残疾人之家”建设】 2023年,全市有“残疾人之家”27家,新增1家(虞山街道小蜗牛特殊儿童康复训练中心“残疾人之家”)。年内,常熟市出台“残疾人之家”考评管理办法,开展星级达标创建自评,支塘镇“残疾人之家”、辛庄镇“残疾人之家”和梅李镇“残疾人之家”通过星级达标创建。常福街道“残疾人之家”完成改建。知行家残疾人服务社作为首批“残疾人之家”参与“海棠常红”阳光助残党建共同体建设。市残联联合社会力量开展助残圆梦、绘本共读、亲子融合和普特融合等公益活动近百场。

【残疾人生活救助】 2023年，市财政负担低保、低保边缘及家庭月人均收入介于1~2倍低保标准的低收入家庭167名无业重残人员社保补贴50多万元；4103名困难残疾人领取生活补贴4394.2万元；7314名重残人员领取重残护理补贴1239.9万元；1.12万名就业年龄段内的残疾人办理商业保险，共计52万元；发放聋人手机短信补贴7901人次、23.7万元；12名残疾学生领取教育补贴3.88万元；4名残疾人自主创业者领取创业补贴1.2万元。

【残疾人康复服务】 2023年，全市387名视力、听力语言、肢体、孤独症、智力等类别残疾儿童在定点机构参加康复训练。市残联与常熟市慈善总会、常熟市财政局、常熟市民政局共同签订"善爱同行"残疾儿童康复爱心基金项目战略合作协议，累计向251名残疾儿童发放康复补助442.3万元。向148名残疾儿童发放康复补助268.9万元。辅具适配服务103人、253件，其中假肢矫形器适配68人、194件，助听器适配29人、49件，人工耳蜗适配6人、10件，补助资金111万余元；为247名贫困精神病患者提供送药上门服务，补助资金59.28万元；困难精神病患者住院75人，补助资金23万余元；协助54名孤独症儿童申请省残联、慈善总会、残疾人福利基金会孤独症儿童帮扶项目。命名辛庄、沙家浜2家"残疾人之家"为市级社区康复服务示范点。

【残疾人就业服务】 2023年，全市全年提供185个残疾人工作岗位，达成就业意向残疾人144人，实名制新增就业555人，净增182人。市残联先后开展春风行动专项行动就业援助活动，举办3场春风行动招聘会，举办春季人才招聘活动暨残疾人专场招聘会，举办"促进残疾人就业增收 创造幸福美好生活"——2023年全国助残日公益性残疾人专场招聘会。举办"职面未来 逐梦虞城"高校毕业生暨公益性残疾人专场招聘会。

【残疾人职业技能培训和比赛】 2023年，常熟市实名制培训残疾人333人。年内，市残联举办2023年常熟市残疾人职业技能大赛，设置商业摄影、钩针编织、盲人保健按摩、园艺等9个竞赛项目，全市各乡镇14个代表队97名残疾人选手参加比赛；联合常熟税务局举办残疾人创业指导进基层暨残疾人创客沙龙活动。

【残疾人托养工作】 2023年，全市新增托养任务数135人，其中日间托养58人，居家和寄宿77人。年内，市残联建立以寄宿制托养、日间照料、居家服务等互为补充的残疾人托养服务模式，出台《2023年度常熟市残疾人托养工作方案》。

5月19日，第33次"全国助残日"主题活动在常熟服装城举行。图为与会人员参观电商直播助残创业基地
（莫城街道　提供）

【残疾儿童定点康复机构管理】 2023年，市残联联合市住建、教育、民政、卫健等部门开展全市残疾儿童康复机构教育备案评审工作，3家教育类民非机构通过智力、孤独症、肢体、听力言语等类别"教育备案"评审。完成医疗类和教育类残疾儿童基本康复服务政府采购项目。完成助听器、假肢矫形器、其他辅具、无障碍改造等项目公开招标工作，确定5家助听器、4家其他辅具、7家假肢矫形器等辅具定点适配机构。　（丁　力）

常熟市红十字会

【概况】 2023年，全市有基层红十字会组织128个、博爱家园16个、团体会员单位36个、志愿服务组织9个，年内，新建社区红十字会2个、学校红十字会1个，新建红十字博爱家园1个。全市有红十字会个人会员5.34万人、注册志愿者801人，全年开展志愿服务总时长6.26万小时。全年完成公益性初级救护员和普及性应急救护培训1.92万人，新增省级应急救护培训师资3人，依托新时代文明实践所（站、点）开展应急救护公益讲堂20期。常熟市红十字会（以下简称市红十字会）获评2023年度中国红十字会总会报刊宣传先进集体三等奖，琴湖小学被评为江苏省红十字示范学校，常福街道景泰社区被评为江苏省优秀红十字志愿服务社区，琴川街道衡山社区博爱家园被评为江苏省优秀博爱家园，常熟理工学院、常熟市中学被评为苏州市红十字博爱学校。

【造血干细胞捐献】 2023年，全市有374人报名加入中华骨髓库，有46人进入捐献再动员阶段，8人进入高分辨检测阶段。海虞镇阿科玛公司员工顾林俊于8月9日成功捐献造血干细胞，

9月9日，常熟市红十字会“世界急救日”主题宣传暨红十字应急救援演练活动举行。图为市红十字会向琴川街道捐赠防溺水救生设施

（市红十字会　提供）

成为常熟市第22例造血干细胞捐献者。市红十字会在“世界骨髓捐献者日”举行造血干细胞志愿捐献集中采样活动，组织开展成功捐献者集中联谊活动，组建红十字“三献”志愿宣讲员队伍。流水琴川红十字“三献”宣传志愿服务被评“江苏省优秀红十字志愿服务项目”。

【遗体和人体器官捐献】 2023年，全市有346人报名捐献遗体（器官、角膜），实现遗体捐献11例、器官捐献2例、角膜捐献3例。年内，市红十字会在虞山思亲苑的红十字捐献纪念园举行遗体（器官、角膜）捐献集体缅怀仪式，对70周岁以上报名登记捐献的志愿者开展走访慰问。市二院明善眼库经苏州市红十字会确认，取得眼角膜捐献接收和采集资质。

【红十字社会募捐与救助】 2023年，市红十字会接受社会各界爱心捐赠款物721.09万元，其中接受捐款410.5万元、接受物资捐赠价值310.59万元，发放各类救助资金和物资640.56万元。年内，市红十字会开展“博爱送万家”活动，发放博爱助困资金24.98万元，受助497人；发放“徐婷博爱助医项目”“常熟小天使关爱基金”专项博爱助医资金13.2万元，受助患儿9人次；发放各类博爱助学资金60.76万元，受助学生228人；对造血干细胞和遗体、器官捐献志愿者或家属，以及高龄、贫困登记捐献志愿者发放博爱捐助资金12.25万元，受益130余人。新设立“艾格理博爱捐助项目”“圣珀医学影像科技创新专项发展基金”“梅李增华奖学金”，启动新一轮“常熟开关博爱助学基金”助学活动。

【红十字救援体系建设】 2023年，市红十字会在琴川街道前港社区建立红十字救援队实训基地，完善水域抛绳包等专业救援设备配备，组织开展小区突发事件应急救援演练活动，春节、五一、国庆等节假日在沙家浜、尚湖、宝岩景区开展应急值守保障，红十字救援队被评年度常熟市最佳志愿服务团队。市红十字会与市邮政管理局联合实施“快递到家，救护相伴”新时代文明实践重点项目，为顺丰、中通、圆通等主要快递企业服务人员开展救护知识技能培训100余人。依托各镇、街道红十字博爱家园开展的“七彩的夏日”暑期青少年应急救护普及项目，被市委宣传部、文明办评为未成年人暑期系列活动优秀案例。

【红十字会第八次会员代表大会】 10月24日，常熟市红十字会第八次会员代表大会召开。苏州市红十字会领导，常熟市委，市人大、市政府、市政协主要领导等出席会议。会议听取和审议第七届理事会《立足新起点，开启新征程，奋力谱写红十字事业高质量发展新篇章》以及第一届监事会《围绕中心，服务大局，努力开创红十字会监督治理工作新局面》工作报告，选举产生市红十字会第八届理事会和第二届监事会成员，徐正为会长，陈伟娟为常务副会长，高宇、王燕、黄熙枚、石星、王志明、许琦、王春华为兼职副会长，聘请周勤第为名誉会长；浦明霞为监事长，袁丰、胡国平为副监事长。

（周越峰）

责任编辑　张莉莉

法 治

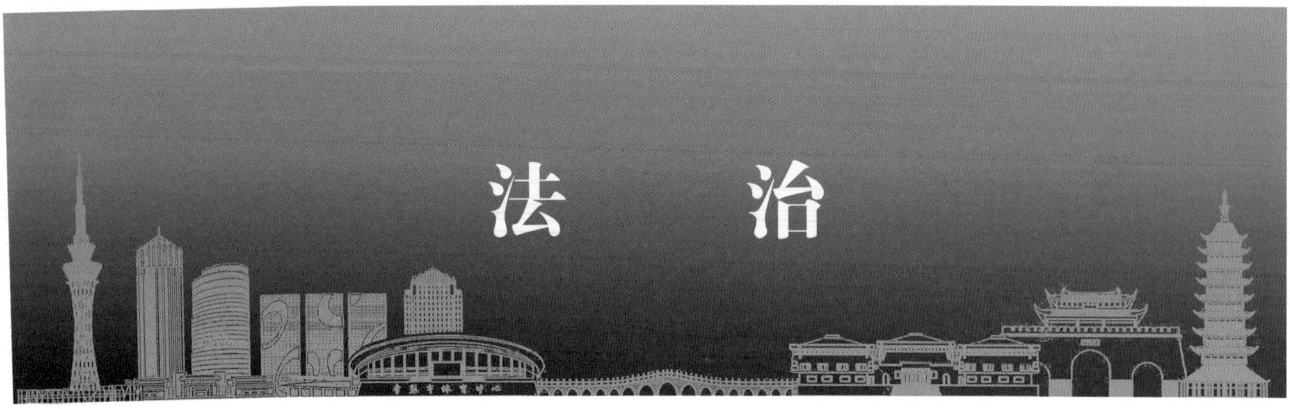

政法委及综治

【概况】 2023年，市委政法委向市委、苏州市委政法委请示报告重大事项18次。制定《常熟市政法系统关于落实〈关于维护党中央权威和集中统一领导的规定〉的实施办法》。执行“第一议题”制度，建立健全政治忠诚教育体系，组织开展全市政法系统第三轮政治忠诚剖析，做好苏州政治督察反馈意见整改。完成对市法院、市公安局的政治督察并延伸至基层政法单位。制发《2023年全市政法领域维护政治安全工作要点》，完成全国两会、杭州亚运会、中秋、国庆等重大安保任务。制定《常熟市政法系统先进典型培育管理办法（试行）》，每季度评选“虞城政法先锋”10名。组织举办“常熟政法讲堂”4期，推动法官、检察院、警官、律师等学习交流，组织参加苏州市首届法律共同体知识竞赛。举办市委政法委青年“思享家”学思践悟交流会和市政法系统“激昂奋斗旋律·淬炼忠诚本质”贯彻落实“四敢”要求交流展示活动，6名年轻干部参加“海棠讲坛·青年说”述职述廉述学活动。

【平安常熟建设】 2023年，常熟市制定《2023年平安常熟建设工作要点》，制定《关于做好〈苏州市平安建设条例〉贯彻实施工作的通知》《苏州市平安建设条例学习宣传实施方案》。制定《2023“平安指数”监测评价体系实施办法》，调整部分评价规则，实行每月通报制度，将“矛盾纠纷录入率”纳入监测评价。变更民调测评单位（由市公安局民调中心变更为市便民服务中心），以“常熟市群众安全感民调热线”为电话标识。深化“平安指数”监测评价通报结果运用，联合多部门聚焦重点问题开展座谈会、专题部署会，推进群众安全感提升进位。提升严重精神障碍患者管理服务水平，印发《关于切实做好严重精神障碍患者服务管理工作的通知》《关于进一步明确严重精神障碍患者服务管理职责分工的通知》。制定《核减材料制作标准参考手册（试行）》，规范台账佐证材料。依托市社会治理现代化综合指挥中心联动平台，研发“严重精神障碍患者（含公安列管）”服务管理平台，全年未发生有影响的严重精神障碍患者肇事肇祸案事件。成立专项整治工作领导小组，对17个治安重点地区和突出问题开展整治，将整治工作成效纳入绩效考核评估，11月底，通过苏州市委政法委和苏州市公安局验收。推广智慧小区（智慧校园）建设，评审及验收8个拟建智慧小区和3个拟建智慧校园。开展扫黑除恶斗争，组织教育、金融放贷、市场流通等重点行业领域专项整治，对涉黑涉恶线索排查梳理。做好《中华人民共和国反有组织犯罪法》宣传教育，制作各类宣传海报和折页材料3万多份，组织线上有奖知识问答，参与人数超5万人次。

【网格化社会治理】 2023年，常熟市修订《常熟市网格化社会治理工作职责、任务清单》《网格化社会治理工作手册》。优化调整网格划分，组织开展网格员专题培训班4期，开展微网上“网格学苑”培训，实现网格员培训全覆盖。做好网格化联动机制“一案一奖”评选工作，评选市级优秀案例141个，其中评为苏州市优秀案例25个。开展“最美网格员”评选活动，表彰市级“最美网格员”50名；参加苏州市“十百千”网格员评选活动，全市111名网格员分别获评“先锋网格员”“优秀网格员”“能手网格员”。推进“精网微格”工程，划分微网格6626个，建立微网格联络群10943个，构建“镇（街道）—村（社区）—网格—微网格—户”穿透式工作体系。推动国家安全人民防线、电信网络诈骗宣传、群众安全感宣传等工作与网格化深度融合，拓展“退役军人+网格”“公益诉讼+网格”“调解+网格”等系列服务内涵，3名网格员被市检察院评为优秀公益志愿者。组织开展网格“大走访”专项行动，入户走访111万余户次，发现矛盾纠纷10244件。市网格化联动指挥平台流转非警务矛盾纠纷4706件，化解（钝化）4499件，化解（钝化）率95.60%。

【社会矛盾纠纷调处化解中心建设】 2023年，常熟市制定《常熟市镇（街道）、村（社区）矛盾纠纷调处化解中心建设标准（试行）》，推动专业性行业性人民调解组织、个人品牌工作室等入驻矛盾纠纷调处化解中心，完成市、镇两级矛调中心“共享法庭”全覆盖。自主编发《常熟市矛调中心工作手册》，2次组织三级矛调中心工作人员全员培训。选定5个镇（街道）、5个村（社区）为全市示范点，针对性加强指导。推动矛盾纠纷全量录入苏州市矛盾纠纷调处化解平台。开展“网格+矛调”专项宣传，提升镇村两级矛调中心对基层矛盾纠纷的吸附力。市矛调中心建设经验在苏州推进会上交流。

【“枫桥式”村（社区）建设】 2023年，常熟市组织开展“枫桥式村（社区）”示范培育，23个村（社区）通过苏州市达标考评。年内，组织开展全市基层突出矛盾纠纷问题专项整治，制定《常熟市基层突出矛盾纠纷问题专项整治工作方案》，排查梳理基层突出矛盾纠纷66件并全部化解。

【社会稳定风险评估】 2023年，常熟市完成稳评项目164个，发放问卷14727余份，走访4024余人，召开群众座谈会188场次，专家评审会114场次，排查化解矛盾61起，帮助群众解决实际困难42个。164个稳评项目中第三方稳评机构完成162个，占总数的98.8%。完成《常熟市国土空间总体规划（2021—2035年）》《常熟市城铁片区核心区控制性详细规划局部调整》《关于推进常熟商务高质量发展的若干政策措施（2023—2025）》《常熟市政府投资项目管理暂行办法》《虞山街道城市社区辖区调整方案》等重大行政决策项目备案。

【涉案财物中心规范化建设】 2023年，常熟市推进涉案财物规范管理，刑事案件嫌疑人入中心审查率超75%，刑事案件涉案财物入中心率100%。加强涉案财物管理平台与苏州政法平台对接，实现办案数据实时互通。对接淘宝拍卖平台，对符合先行处置条件的启动先行处置，缩短保管期限；探索对罚没资产中电子产品（经过安全处理后）分类上拍，全年处置涉案物品71.4万余件，其中1600余件物品完成拍卖，回收资金274万余元。

【平安铁路建设】 2023年，常熟市成立市铁路护路联防工作协调小组办公室，做好常熟市铁路护路联防相关工作的移交。完成沪宁沿江高速铁路常熟段沿线智能管控系统建设并通过验收，完成铁路护路专职安保服务招标，会同铁路所指导开展铁路沿线24小时护路巡防，全年未发生影响铁路运行安全案（事）件。

【“公益诉讼+网格”协作机制启动】 3月23日，常熟市启动“公益诉讼+网格”协作机制，将网格化管理体系与公益诉讼检察制度深度融合，形成公益保护合力，助力完善网格化管理、精细化服务、信息化支撑的基层治理平台。当日，首批34名公益诉讼志愿观察员上岗，把基层公益诉讼线索反馈给公益诉讼检察官，推动问题解决。

（夏心怡）

法治政府建设

【概况】 2023年，常熟市组织市委常委会及市政府常务会议学法12次，审核市政府常务会议议题121件，审查报备市级行政规范性文件10件，接收部门、板块行政规范性文件24件，指导部门完成2件市级重大行政决策事项，组织对2件市政府决策文件开展实施后评估。参与20余件疑难复杂事务处置，完成全市建设用地审批涉及土地征收合法性审查42批次，政府协议审核70多件（次）。审结行政复议案件229件，办理市政府为被告的行政诉讼案件33件，审核市政府信息公开答复书69份。

【法治建设机制】 2023年，常熟市制定《2023年常熟市法治政府建设工作要点》，推动“立法参与协调小组、行政执法协调小组、司法协调小组、守法普法协调小组”四个协调小组有序运转，开展“双提双评”等专项行动。年内，召开全市全面依法治市暨“八五”普法工作推进会，推进道路交通安全和运输执法领域突出问题专项整治。召开“法治小区”建设推进会，提升基层组织和群众运用法治思维和法治方式处理事务的意识和能力。紧扣实际扩展援法议事、“关爱民生法治行”活动，全市获评省援法议事典型范例3个、全省市县法治建设典型案例2个、全国新时代“枫桥经验”优秀案例1个。

【行政规范性文件清理】 2023年，常熟市对2022年12月31日以前本级政府制定的100件行政规范性文件进行清理，84件继续有效，14件废止，2件宣布失效。部门、板块纳入清理范围的行政规范性文件201件，废止45件。年内，常熟市印发《常熟市人民政府关于明确行政规范性文件有效期的通告》，要求各板块、部门同步完善有效期制度，并配合市公开办完成全市行政规范性文件统一格式、平台上传等集中公开工作。召开2023年度重大行政决策和规范性文件实施后评估专家评审会，对市政府重大行政决策、行政规范性文件实施情况跟踪调查。

【基层综合行政执法规范化建设】 2023年，常熟市司法局指导各镇（街道）综合行政执法局举办“综合执法会客厅”14场次，帮助市场主体扩容法律知识，增强法治意识。编制《常熟市镇（街道）综合行政执法“全科”执法指导清单》，明确“全科”执法案件办理流程规范，梳理8大类99项涉企高频违法事项以及相应法律依据、执法检查要点。市司法局组织专题培训2201人次，依托常熟市智慧司法云管理平台对3897件案卷开展在线评查，指出61个执法问题，联合市住房城乡建设局开展燃气安全领域联合执法暨跟班学习活动。组织开展2023年度行政执法证件申领考试，全市各乡镇、街道143人参加考试。指导各镇（街道）综合行政执法局落实月度培训制度，全年开展各类培训170余场次，参训9800人次。

（吴雨婷）

公　安

【概况】 2023年，市公安局持续深化预警处置、合成侦查、基础管控、执法服务、支撑保障、队伍管理“六大中心”建设，推进服务发展大局、风险排查化解、基础管控提质、巡防体系提档、电网诈犯罪治理、警务机制改革、能力素质提升“七个专项攻坚”，做好防风险、护稳定、保安全、促发展、惠民生各项工作。全市刑事发案实现“十六连降”、破案率实现“十三连升”，道路交通亡人事故和亡人数实现7年连降，公安消防监管领域连续5年保持火灾事故零亡人。获苏州年度教官体技能比武团体五连冠、个人四连冠，39个集体、109名民警辅警获苏州市公安局以上表彰，队伍管理中心获评苏州公安政治工作“示范点”。

【刑事案件侦查】 2023年，市公安局揭牌成立“合成侦查中心”，深化合成作战、集群作战，发起“破案打击十项攻坚会战”“百日行动”等系列专项攻坚，刑事立案比上年下降6.1%；万人违法犯罪警情比上年下降2.2%；全口径刑事破案率55.7%，传统案件“即时破案”率50%，“两抢”案件、现行命案全破，现行命案实现11年全破。开展“虞城无诈”、打击电网诈违法犯罪“减量控大”专项行动，做好“四无创建”“预警劝阻”等工作，电网诈案件数、损失数分别比上年下降5.45%和15.03%，破案数、抓获数分别比上年上升28.55%、12.37%。推进“团圆”行动，帮助16组家庭实现团圆。

【经济犯罪侦查】 2023年，全市接报经济犯罪警情83起，比上年下降19.42%，受理案件数比上年下降8.92%，立案数比上年下降17.02%，破案数比上年上升27.71%；涉案总价值1.76亿元，比上年下降93.71%，为国家、企业及个人挽回损失3128万余元。利用云端打击模式，抓获犯罪嫌疑人54名。强化涉税、金融、反洗钱等线索研判，分批次开展打击，为国家挽回税款损失1717万元。破获职务侵占、挪用资金、合同诈骗等侵犯企业权益类案件33起，抓获犯罪嫌疑人82名，为企业避免、挽回经济损失3.71亿余元。

【社会治安管理】 2023年，市公安局查处行政治安案件进入一般程序办理数、查获治安违法人员数比上年分别上升6%、15.1%。年内，加强特种行业规范化管理，加强生产性废旧金属回收、金银首饰加工置换、二手机交易、汽车租赁等行业、快递物流行业管理，检查物流寄递网点422家；构建“食药环+N”合成侦办机制，侦破制售假劣高档白酒案、制售假劣农药案、某机械制造企业被侵犯商业秘密案等大要案件114起、公诉240人。推进烟花爆竹禁放工作，春节期间重点管控区域烟花爆竹基本实现“零燃放”，未发生因违法燃放烟花爆竹引发火灾事故、造成人身伤害和财产损失的情况。

5月11日，常熟市公安局滨江派出所民警到长江港务有限公司港口开展安全宣讲及检查
（市公安局　提供）

【网络安全管理】 2023年，市公安局实地检查网吧217家次，处置网络安全事件91起，查处网络安全类行政案件82起。组织开展等级保护专家评审，评审信息系统25个。在苏州2023年全要素“红蓝对抗”网络安全综合防控实战演练中夺冠。推进“净网2023”专项行动、打击“黑灰产”犯罪专项会战，抓获相关犯罪嫌疑人31名，捣毁涉案团伙2个，打掉涉案资金达3亿元的“黑灰产”犯罪链条。

【禁毒工作】 2023年，常熟市未发生制毒案件，未发生易制毒化学品流入非法渠道，未发生被上级部门及外县市公安机关查获违反易制毒化学品管理案件。年内，市公安局深化创建全国禁毒示范城市成果，打造全国禁毒示范城市示范样板。组织易制毒化学品单位培训8场，650多家单位接受培训；组织公安内部监管民警培训2场，实现基层监管民警培训全覆盖。常熟沙家浜禁毒教育馆、常熟市易制毒化学品行业协会、古里镇社区戒毒社区康复办公室、未名环境分子诊断（常熟）有限公司、支塘镇青少年禁毒教育馆、海虞镇社区戒毒社区康复办公室等单位协会获评苏州市创建全国禁毒示范城市示范点，苏州禁毒委在常熟召开现场会推广相关经验做法。组织各类禁毒宣传活动130多场次，市禁毒教育基地接待各类参观人员20万余人次。借助社会力量破解帮教管控难题，在册吸毒人员管控率100%，社区戒毒（康复）执行率100%。

【城市巡逻防控】2023年，市公安局推动城市巡防体系提档升级，加强派出所巡区建设，制定巡区勤务工作指引，组建铁骑队伍和机动巡逻班组，在城区重点地区部署铁骑、特警开展武装巡逻。策应巡区应急处突工作，推动巡处一体改革和路面警力融合，提升见警率、管事率、控制力。调优执勤站点、卡口防线力量配置，整体夜间卡口查控模式，全市接触式盗抢警情比上年下降14.5%。

【重大活动安保】2023年，市公安局结合重大活动时间节点，适时启动高等级勤务，制定突发事件处置预案，严格活动期间安全监管，平安护航年初香汛、"虞歌畅晚"夜市经济、尚湖半程马拉松赛、爱•奇迹群星演唱会等33项、64场次系列大型活动。

【单位内部保卫管理】2023年，全市在册登记内保单位8577家，其中省级重点单位2家、市级重点单位55家、县（区）级重点单位456家。年内检查企事业单位1.29万家次，等级以上实有单位检查率100%；发现隐患单位74家次，隐患数103个，当场整改7家次、责令限期整改51家次、责令限期整改给予警告16家次。对校园开展专项安全检查1277次，发现并督促整改校园安全隐患19家次。健全完善单位案件倒查问责机制，全年单位内部发案300起，市公安局下发可防性刑事倒查指令单14份，倒查案件14起。

【情报预警处置】2023年，市公安局全年受理各类信访件365件，办结365件，办结率100%；推动集中治理重复信访、化解信访积案专项工作，交办重复信访和信访积案共计68件，化解办结68件，化解率100%。按期高质量办结市人大代表建议、市政协委员提案34件，人大代表和政协委员满意率100%。开展矛盾纠纷大排查大整治工作，"纠纷前哨"矛盾化解率95.9%。年内，市公安局联合住建、教育、人社等15个部门组建全市情报党建联盟，提高公安情报分中心运行绩效。

【出入境管理】2023年，市公安局受理出国境申请比上年上升1104.3%，受理临时到常熟境外人员比上年增长200.5%。全市常住外国人1720人次，比上年增长8.3%，办理境外人员各类签证（注）1635件次，比上年减少8.4%。

【道路交通管理】2023年，常熟市发生交通运输安全生产事故5起、死亡1人，比上年分别下降28.57%和80%；全市道路交通亡人事故和亡人数比上年均下降0.75%；查处违法停车23.5万起。年内，市公安局持续开展"道路事故预防减量控大"行动，全年处罚电动车、行人违法41.3万起，电动车上牌10万余张。现场检查全市"两客一危一校"重点企业524家次，排查专业驾驶人6154人次、车辆1322辆，"两客一危"车辆检验率保持100%；推进全市道路交通安全专项整治行动，摸排事故点位风险52处，完成苏州以上挂牌道路隐患整改4处，提请市级挂牌道路隐患2批72处；全市新增道路交通安全标志889块、标线8.06万平方米，新增自适应雷达系统50个、信号灯路口38个；优化绿波带182条，绿波覆盖里程约250千米；新增可变车道9条、左转弯待转车道34个；在G204、G346等12条国省县道实行货车靠右通行。市公安局梳理市区道路及道板停车资源，新增路内停车泊位78个；会同交通、教育部门开通崇文中学、省市中、昆承中学14条"校园快线"定制公交，被《人民日报》头版专栏宣传；优化送学交通组织，新增新世纪大道、黄河路等4条城市主干道双线绿波，高峰时段通畅效率得到提高。

【车辆及驾驶员管理】2023年，全市新车上牌42550辆（新能源车上牌14395辆）。全市机动车保有量为601379辆，比上年增长3.8%，其中汽车589457辆，比上年增长3.66%，新能源汽车35884辆。全市电动车新增100160辆，保有量1769252辆，其中新国标电动车234969辆。全市机动车驾驶人新增32723人，驾驶人数量达755726人，比上年增长4.2%；驾驶人驾驶证审验率保持在99%以上、换证率保持在99.5%以上。

【执法服务建设】2023年，市公安局运行执法办案管理中心和涉案财物管理中心，全年行政案件快办率、刑事案件速裁率分别达45.2%、56.87%，刑事案件嫌疑人入中心审查率超75%，刑事案件涉案财物入中心率100%。非羁押云管控、涉案财物共管模式等经验做法被公安部法制局、《人民公安报》宣传推广。创建全国首个独立于邮政网点外的"警邮共建车管自助服务站"，建成投用公安网办中心，推动交警、治安、人管、出入境等警种33个政务服务事项受理、审批、发证网上全流程办理，全流程"不见面"网办事项超4.5万件。全市26个公安窗口完成综合服务窗口建设，全年办理各类事项23.2万余件。深化"优服务"工作，压缩办理时限1项，优化办事流程11项，精简材料5项，为企业和群众提供预约、延时、代办等优质服务250余次。14个镇（街道）便民服务中心实现派出所窗口实体入驻，12家派出所窗口挂牌入驻。推动服务保障"企业敢干"18条举措落地落实，"红色专员""警邮共建"惠企项目分别获评市营商案例"优胜奖""优秀奖"。

【自然人全生命周期平台建设】2023年，市公安局牵头推进自然人全生命周期平台建设，在公安网、政务网同步上线运行，汇聚全市16个职能部门以及寄递、物流、水、电、气等78类3.06亿条数据，推出出生、婚姻、集宿、房产交易等8个专题应用场景，助力实现"实有人口"管理向"实时人口"服务转变。自然人全生命周期平台项目获评常熟市数字政府建设优秀案例。

【出租房安全管理】2023年，全市有出租房屋18.1万户，市公安局累计走访门牌地址19.6万余个，登记外来人口89.6万人，比上年增长3.5%；办理发放居住证10458张，流动人口信息登记率97.78%，24小时登记率38%。全年排查出租房屋18.08万户，其中群租房1.06万户（包括工地、企业集宿），整改治安隐患2524处，推送其他部门整改隐患2.84万处，签订《房屋出租治安责任保证书》8.97万份，张贴《关于加强群租房管理消除安全隐患的通告》8973份，全市出租房屋合规备案率保持99%左右。

【公共安全隐患排查】 2023年，全市排查整改各类红黄隐患3.03万处，对6330家小餐饮场所实施长效管理，开展巡查1.98万家次，整改隐患小餐饮场所8627家次，合规改造率保持在95%以上。省联动巡查"三类场所"整治期间，对7111家"三合一"场所、1.18万户群租房开展专项整治，确保"两类场所"合规改造整治到位；推进小餐饮领域瓶装液化气用户减量专项整治百日行动，全市小餐饮场所"无罐"占比96.98%，其中管网覆盖范围内5142家小餐饮场所"双改"完成率100%。

【警务装备保障】 2023年，市公安局推进"苏警数智"行动，建成电瓶车监测监控350个、高空抛物监控防护区560个，全市智慧技防小区占比达85%、智慧技防校园占比达100%。新增4G、5G执法仪、单车装备、便携式照明设备等警用装备4800件，配备轻质防割服、便携攻防盾牌、训练用无人机等一批科技装备，建设指挥方舱1辆、宿营方舱2辆、方舱牵引车3辆，采购改装20辆多功能新车。（范炟奇）

检 察

【概况】 2023年，市检察院出台"微调研"方案，形成9项调研成果。制定队伍整体素能提升方案，分批实施师徒结对"青蓝工程"，涌现出"全省十佳公诉人"等省级标兵、能手3人。入选省级以上典型案例9件，11项工作经验成果被最高检、省检察院转发，3项工作经验在最高检、省检察院条线会议上作交流，51篇新闻报道被省级以上媒体刊发，75人次受到上级表彰。出台《检察人员涉嫌违反检察职责线索内部移送办法》，打造"案件评查+检务督查"联动监督闭环。配合市人大常委会对6名检察官开展履职评议，邀请人大代表、政协委员、群众代表视察工作、监督办案等27场次。深化"阳光检务"，围绕未成年人保护、公益诉讼守护"一城山水，自在生活"等主题，开展检察开放日活动12场次。先后获评全省检察机关第八次"双先"表彰先进集体、法治苏州建设先进集体等荣誉。

【刑事检察】 2023年，市检察院受理审查逮捕各类刑事案件823件1146人，批准或决定逮捕697件943人；受理审查起诉2631件3493人，提起公诉1919件2572人。打击故意杀人、抢劫等严重暴力犯罪83件89人。指控全国首例机动车检测公司使用作弊设备帮助不合格车辆篡改尾气数据案，被最高人民检察院写入向全国人大常委会汇报的专项报告。办理"两高"交办外地涉枪涉爆专案，重罪办案团队获评全国专项行动成绩突出集体、系全国检察系统唯一。办理电信网络诈骗及其关联犯罪案件404件717人，帮助追赃挽损563.4万元，1件案件入选省检察院参考性案例。严惩侵害企业合法权益犯罪，1件案件获评全国检察机关依法保护民营企业产权和企业家权益典型案例，做法被《人民日报》报道。深化涉案企业合规改革，研发"虞企合规"小程序，牵头推动合规贯穿刑事诉讼全过程，经合规整改后，稳固就业600余人，5家企业年度销售额超1000万元、年度纳税额超100万元，做法被省检察院转发。融入"六不五优化"营商环境专项行动，抓实知识产权司法保护联盟建设，打击侵犯知识产权犯罪28件35人，1件案件获评全国检察机关知识产权保护典型案例，做法被《检察日报》报道，联盟获评全省民营企业产权司法保护协同创新实践典型。联合市工商联印发《网络直播营销活动法律风险防范手册》，联合市司法局制定《涉电商行业社区矫正对象"监管+服务"工作方案》，配套建立直播电商服务中心普法点和阳光帮扶基地，获评全省市县法治建设典型案例。

【民事和行政检察】 2023年，市检察院办理虚假诉讼案件7件，相关做法被《法治日报》报道。加强破产领域检察监督，联合人民法院、公安机关会签实施意见，共同防范和打击假借破产恶意"逃废债"行为。突出行政争议实质性化解，化解行政争议41件，1件案件获评苏州市检察机关行政争议化解典型案例。健全检察监督与行政执法衔接制度，推动市委依法治市办出台《强化法治督察和法律监督联动协同的意见》，开展行政违法行为监督，向行政执法机关提出监督意见12件。出台《常见不起诉罪名行刑反向衔接工作指引》，办理"反向衔接"案件171件，发出《检察意见书》69份，均被行政执法机关采纳。

【公益诉讼检察】 2023年，市检察院办理公益诉讼案件48件，1件案件获评最高检、公安部、生态环境部联合发布典型案例，1件案件入选全省生态环境损害赔偿十大典型案例。建立代表建议、委员提案与检察建议衔接转化机制，与市委政法委会签《建立"公益诉讼+网格"协作机制的意见》，收集线索56条，比上年增长27%。针对车辆"炸街"扰民问题，办理公益诉讼案件5件，在全省检察机关推进会上作经验交流。

【特殊群体司法保护】 2023年，市检察院开展打击整治养老诈骗专项行动，推出"小虞说案"普法活动，针对老年人等特殊群体开展反诈宣讲11场次。惩治侵害未成年人犯罪，批捕68人、起诉70人。联合市司法局、应急志愿者协会等建立青少年阳光滋养基地，教育挽救涉罪未成年人，做法被《光明日报》报道。开展校园普法讲座51场次，受众1.3万人，1件普法宣传作品获评全国检察机关新媒体创意大赛二等奖。联合市教育局、民政局等8个部门，推动11个密切接触未成年人行业开展入职查询2.3万人次，做法被最高人民检察院转发。维护农民工群体合法权益，帮助20名农民工追索劳动报酬83.5万元。办理司法救助案件108件，联合市慈善总会等发放救助金127.9万元。

【数字检察工作】 2023年，市检察院建立"债权转让虚假诉讼逃避执行"大数据法律监督模型，检索转让人和受让人之间基础债权债务关系、对价、身份关系、代理人四方面异常，研判虚假诉讼和拒不执行判决、裁定线索，推送虚假诉讼线索84条，在办案件27件，涉及金额5000余万元，提出再审检察建议6件，促使当事人主动履行债务700余万元，9名拒执犯罪被告人被追究刑事责任。推动公安机关立案侦查虚假诉讼案件1件3人，模型获评全国、全省检察机关大数据法律监督模型竞赛一等奖，在全国检察机关大数据法律监督模型汇报展示会议上作交流，先后4次受邀在全国、全省检察机关培训班授课。

【1件案件入选全国弄虚作假犯罪典型案例】 10月19日，最高检、公安部、生态环境部联合发布依法严惩重点排污单位自动监测数据弄虚作假犯罪典型案例，市检察院办理的"江苏省常熟市某公司、被告人周某等2人稀释污水干扰自动监测设施污染环境刑事附带民事公益诉讼案"入选。被告单位某公司系苏州市生态环境局确定的2019年、2020年、2021年重点排污单位，使用河水作为生产用水，生产废水经自建污水处理设施处理后排放至附近水域。被告人周某作为该公司厂长，考虑到公司污水处理设施已运行数十年，无法保证水质稳定达标排放，自2019年6月起，安排工人将河水引入厂区排污管道，对处理后的污水进行稀释以干扰自动监测设施，向外环境排放化学需氧量等污染物。2020年5月中旬，为解决因订单量激增导致污水处理设备超负荷运行而造成的气浮池满溢问题，周某安排工人在气浮池的出水处私接埋入地下的管道，将部分未处理的超标污水直接通过水泵抽排至厂外窨井内，最终流入附近水域。被告人顾某作为该公司法定代表人，明知周某组织实施上述行为仍予以默许。2021年11月18日，市检察院以被告单位某公司和被告人顾某、周某涉嫌污染环境罪，依法向法院提起公诉，并提起附带民事公益诉讼。2022年7月8日，法院采纳检察机关全部指控意见和量刑建议，判决被告单位及2名被告人构成污染环境罪，判处被告单位罚金80万元、赔偿生态环境损害费用133.89万元、鉴定费等事务性费用19.8万元。

【1件案件入选最高检知识产权保护典型案例】 市检察院办理的一非法获取商业秘密案2023年先后入选最高检发布的检察机关知识产权保护典型案例、第五届民营经济法治建设峰会发布的检察机关依法保护民营企业产权和企业家权益典型案例。2017年以来，无锡某科技有限公司原法定代表人徐某等人以贿赂竞争对手苏州某有限公司网络管理员司某等方式，非法获取对方技术图纸等商业秘密，后利用上述商业秘密生产类似功能产品，恶意以低价抢夺原有客户，造成被害单位损失500余万元。案件发生后，市检察院提前介入侦查，引导侦查机关取证，建议其采取对侵权期间被害单位所有同类产品的利润进行审计，确定平均利润，结合被害单位的报价与成本，综合认定侵权非标准产品造成的损失数额，夯实案件证据基础。复核关键证人，引导补充证据11份，促使不认罪被告人认罪认罚并成功追捕1人、追加认定违法所得6.8万元。促成被害人退赔被害单位损失120万元，实地走访被害单位、研判案发原因，向其提出商业秘密保护合规建设的《检察建议书》，并受邀在被害单位作普法讲座。市检察院以办理该案为契机，联合工商联等8部门建立苏州首个"知识产权司法保护联盟"，将被害企业作为商业秘密保护示范点。

（蔡新宇）

法　院

【概况】 2023年，常熟市人民法院受理案件3.53万件，审执结3.17万件，比上年分别上升13.87%和15.75%。牵头建立全省首个低效资产处置府院联动信息化平台，与常熟市人大常委会共同打造"家·庭融合"工作品牌，获评苏州法院诉源治理品牌培优提升项目一等奖。设立苏州首个"共享法庭"，推进实现镇（街道）全覆盖。牵头制定全市法院代表委员联络工作首个地方标准。10个案例入选中国法院年度案例等国家级、省级典型案例，服务保障服装产业集群高质量发展、推进诉源治理、推动低效资产处置盘活等工作成效8次获上级法院肯定和推广。8个集体、24名个人获苏州市级以上荣誉。

【刑事审判】 2023年，常熟市人民法院审结刑事案件2206件，判处五年以上有期徒刑75人。推进扫黑除恶常态化，执行到位涉黑财产1.07亿元。打击严重危害社会治安犯罪，审结故意杀人、抢劫毒品等案件22件。审结危害食品药品安全犯罪案件17件、侵犯公民个人信息犯罪案件5件。审结职务犯罪案件77件、77人，组织40家单位800余人次旁听庭审。开展打击整治养老诈骗工作，刑事审判庭获评全省法院打击整治养老诈骗专项行动先进集体。打击治理电信网络诈骗及关联犯罪，审结案件361件，追赃挽损近9000万元。审结安全生产违法犯罪24件30人，发出从业禁止令14份。深化以审判为中心的刑事诉讼制度改革，推进庭审实质化，组织证人、鉴定人、侦查人员等依法出庭做证，为494名被告人指定辩护律师。依法对2433名认罪认罚被告人从宽量刑。保护妇女儿童权益，发出人身安全保护令4份。开展帮教工作，公检法司联合成立未成年人"观护教育基地"，优化"有爱无碍"诉讼服务品牌，提供上门鉴定、立案、调解等司法服务近百次。

【民商事审判】 2023年，常熟市人民法院审结涉企案件1.04万件，涉案标的额51.37亿元；审结金融案件1787件，标的额21.43亿元；审结涉劳民事、行政案件964件，依法判决拒不支付劳动报酬罪案件2件，为劳动者确认工资等款项4781.12万元。年内，常熟市人民法院制定为中国式现代化常熟新实践提供司法服务和保障意见18条，制定服务保障"直播+服装产业"高质量发展实施意见，制定服务保障数字经济时代产业创新集群融合发展方案。牵头建立全省首个低效资产处置府院联动信息化平台，建立"人民法庭+五庭协同"司法服务保障机制，为常熟开关厂、巴德富等重点科创企业化解维权难题。8个人民法庭建立商事调解中心，搭建"企业合规指引联系点"14个。与市住房城乡建设局签订共建协议及备忘录，推动房地产市场风险联动化解。依托府院联动机制，推动荷塘人家等项目续建完工。运用示范裁判机制，推进相关问题楼盘业主办证事宜。探索金融债权"预查废"机制，助推金融机构化解不良债权，相关工作经验苏州全市法院推广。联合多部门打造"劳动天平·'虞'你安'薪'——劳企双保护"工作品牌，与市人力资源社会保障局、司法局、总工会协同建立劳动人事争议联合调处中心。健全完善劳动审判"三审合一"制度，延伸审判职能，至服装城、经开区等地，开展企业用工合规指引43次。1个案例入选江苏法院护"薪"保民生典型案例。2部门分获评全省法院"优化法治化营商环境执行年"1+4专项行动先进集体。

金融债权"预查废"机制：对部分金融借款合同纠纷案件，在调解或立案阶段时，如发现债务人因他案进入执行程序，且已有"无财产可供执行的"的终本裁定，人民法院可向金融机构直接出具《预查废证明》，金融机构可凭该证明直接进行债务核销，而不必再进入审判、执行程序。

劳动审判"三审合一"制度：指涉劳动人事争议刑事、行政、民事案件归口至行政审判庭（劳动法庭）集中审理。

【行政审判】 2023年，常熟市人民法院审结一审行政诉讼案件497件。1个案例入选全国法院系统优秀案例分析和江苏法院行政审判十大典型案例。加强与姑苏区人民法院协同，联合市司法局、涉诉行政机关，推进行政争议实质化解，诉前协调涉常行政争议案件15件。优化属地法院与管辖法院协作配合机制，与昆山市人民法院联合向昆山市住房和城乡建设局发送司法建议。深化司法与行政良性互动，参与重大决策风险评估、规范性文件咨询论证33次。

【知识产权审判】 2023年，常熟市人民法院依托"苏知和合坊""知识产权司法保护联盟"等联动平台，打造知识产权司法保护矩阵，审结知识产权案件860件。依法首次审结网店装潢不正当竞争案，加强对"黄金小玉米"等农业领域知识产权保护。建立商业秘密案件专人审理"闭环"机制，指导企业完善保密措施。与市文体旅游局协同加强娱乐行业著作权侵权纠纷诉源治理，推动行业监管和自律，涉娱乐行业诉讼案件量连续6年下降。

【破产审判】 2023年，常熟市人民法院审结破产案件171件，处置债权151亿元，盘活土地、房产54.88万平方米，缴纳税款1.36亿元，安置分流职工近千人。帮助佳诚公司等11家企业脱困重生，吸引重整投资金额超6亿元合并预重整案入选"服务优化长三角区域法治化营商环境破产审判典型案例"。深化"执破融合"改革，运用"执转破"模式督促2家培训机构的股东履行出资义务，学员家长获61%清偿率；探索"诉转破"模式，24天审结40件涉中凯酒店房屋租赁合同纠纷系列案；创新"诉前调转破"模式，将海明农业危机处置纳入司法轨道。加强公检法部门联动，共同制定《防范和打击破产逃废债行为的实施意见》。1个案例入选最高人民法院依法惩治通过虚假诉讼逃废债典型刑事案例。对债务人"摆烂"拒绝履行债务的不诚信行为，终结"类个人破产"程序，入选江苏法院优化法治化营商环境典型案例。

【执行工作】 2023年，常熟市人民法院执结案件8980件，比上年上升52%，执行到位10.98亿元。组织专项执行行动，开展夜间、凌晨、假日执行9次，腾退不动产17.71万平方米，推进打击拒执犯罪专项行动，累计判处拒执罪案件61件66人。1个案例入选江苏法院"打击拒执强化执行威慑"典型案例。深化司法网拍工作，全年拍卖成交4324亿元，为当事人节省佣金1862万元。1例强制腾房案件的执行，获最高人民法院肯定。

【法院立案信访】 2023年，常熟市人民法院网上立案10722件，比上年上升67.85%。聚焦立案实务、诉服信访平台操作、诉讼服务规范指引等方面，组织开展业务培训。围绕"信访突出问题攻坚化解巩固提升年"工作主线，推进进京涉诉信访突出矛盾"百日会战""双月攻坚""全市重点领域信访突出问题专项攻坚"等专项行动，做好两会、杭州亚运会、上海进博会期间风险防控及突发处置工作。深化律师人大代表参与涉诉信访化解，进行政策宣讲、释法劝导、心理疏导。

【基层治理服务】 2023年，常熟市人民法院与市人大常委会共同打造"家·庭融合"工作品牌，获评苏州法院诉源治理品牌培优提升项目一等奖，工作成效被《人民法院报》报道。作为苏州市人大常委会基层立法联系点中唯一的基层法院，与海虞镇首创立法联系点共建模式。助推市人大常委会出台《关于人大代表参与诉源治理，助推司法质效提升的实施意见（试行）》，邀请代表参与调解案件801件，化解重点信访案件11件。参与矛盾纠纷多元化解"一站式"建设，推动人民调解、行政调解、行业调解与司法调解有机融合，诉源治理的核心指标民事一审收案降幅位列苏州法院第一。设立苏州首个“共享法庭”，实现纠纷线上“诊断”、矛盾隔空化解、普法在线进行。推动市委平安常熟建设领导小组出台《关于加强“共享法庭”建设的实施意见》，市人大常委会召开“共享法庭”布点工作部署会，布设点位105个，实现镇（街道）全覆盖。通过“共享法庭”开展调解指导、合规指引、普法活动等212场，建立协同机制24项。

【法院司法政务】 2023年，常熟市人民法院新收各类鉴定评估案件911件，办结938件。开展法医技术咨询审核工作，完成法医咨询案件465件次。组织办理破产管理人选任案件76件，确保选任程序公正性和管理人的适任性。制定《诉前委托鉴定工作规范》，对诉前调解中适宜委托评估鉴定的案件类型、除外情形、鉴定条件等予以明确，缩短案件诉讼周期。“鉴定专家”刘金桥司法鉴定工作成效获苏州中院肯定。发布《政务督查工作情况通报》4期，向苏州中院报送工作周报，录用116条，录用率居苏州法院前列。全年提押人犯1252人次，值庭2208人次，出动警力5621人次，安全检查8.20万人次，处置突发事件和群体性事件21次。（季梦佳）

司法行政

【社区矫正】 2023年，常熟市在册社区矫正对象643人，在册刑满释放人员1941人，在册后续照管对象213人。接收社区矫正对象611人，解除社区矫正511人；完成审前、迁居调查、假释评估457件；接收刑满释放人员507人，解除安置帮教501人，组织监狱服刑人员家属远程视频会见506人次。打造“润心启航 重塑人生”项目，为特殊人群及其未成年子女提供心理服务50余人次。社区矫正工作科（社区矫正执法管理大队）入选2023—2024年度全国维护青少年权益岗创建单位，获评江苏省司法厅社区矫正和安置帮教工作成绩突出单位。年内，司法部调研组到常熟调研“多元参与、社会帮扶”相关工作。

【普法宣传】 2023年，常熟市通过省“八五”普法中期评估验收，入选首批“全国守法普法示范市”申报地区。全市推进领导干部法治素养提升行动国家级试点、法治乡村建设等重点工作，举办全市首届村（社区）“法律明白人”法律知识村村挑战赛。2023年，“常熟·普法”抖音号发布作品141条，阅读量超9000万次；“常熟司法行政在线”微信号发布作品424篇次，阅读量超16万次。

【人民调解】 2023年，常熟市各级各类人民调解组织开展矛盾纠纷排查21327次，调处矛盾纠纷38197起。其中调处婚姻家庭纠纷、邻里纠纷、宅基地纠纷、损害赔偿纠纷、物业纠纷五类矛盾纠纷13380起。年内，常熟市推动纠纷预警排查网络全覆盖，防范化解重点领域风险隐患，部署开展“践行新时代‘枫桥经验’专项行动”“万名调解员入网格进万家”等活动。深化联调机制，建立共享法庭，强化诉源治理，43个人民调解委员会建立“共享法庭”，涉及医疗、交通、金融、商事商会等领域。推进调解组织建设，重点培育8家企业、商会调解组织，4家标准化家事调解工作室，围绕重点领域开展矛盾纠纷排查化解，全年调处金融纠纷7起、劳动争议纠纷1626起、汽车流通领域纠纷43起。

【法律援助】 2023年，市法律援助中心办理各类法律援助案件2025件，解答来电来访咨询20620人次，提供法律帮助3479次，为受援人挽回损失约2500万元。将法律援助服务延伸至村（社区），全年新设立6个村（社区）法律援助联络点。

【司法法律服务】 2023年，常熟市成立涉外法律服务共建站（上海），加快琴川法律服务产业园实体化运作，构建“产业链+法律服务”联动网络，成立“房地产产业链+法律服务”“网络直播产业链+法律服务”“现代物流行业产业链+法律服务”工作站，为全市10家大型房地产企业，5家大型物流企业及22家网络直播业主提供法律帮助和法治体检，提示法律风险79条，提出法律意见173件。市司法局开展“法企同行”活动，走访各类企业826家，开展法治讲座、培训43场次，帮助企业化解风险、解决问题3556件。年内，全市村（社区）法律顾问走访群众1464户，接待群众咨询4559人次，开展“村（居）法律顾问万场讲法活动”等法治讲座1457场次，参与矛盾调解458件，化解矛盾纠纷433件，参加公益值班386人次、办理法律援助案件1894件。

（吴雨婷）

仲　裁

【概况】 2023年，全市劳动争议案件7557件，比上年增长44.25%。其中，仲裁立案案件2497件，比上年增长20.04%，劳动人事争议仲裁案件结案率97.7%，调解率67.12%。

【案件繁简分流改革】 2023年，常熟市人力资源社会保障局推进案件繁简分流改革，将大量案件化解在开庭前，全年简易审理案件数1379件，实现案件30天内快速结案，按期结案率95%以上。

【基层仲裁分庭建设】 2023年，常熟市启动全市基层劳动仲裁分庭建设工作。2月，首家劳动仲裁分庭在常熟经济技术开发区挂牌成立。年末，全市基层各板块设立劳动仲裁分庭13家，实现基层巡回仲裁庭覆盖率100%，全市板块劳动仲裁分庭处理案件389件。（徐莞月）

责任编辑　汤　涵

军　　事

人民武装

【概况】 2023年，市人武部把学习贯彻中共二十大精神作为贯穿全年工作的总纲，紧盯“建设一流军事机关、打造过硬后备力量”目标，强化思想引领、强化担当作为、强化工作落实，不断提升全市国防后备力量建设质量效益，在苏州军分区年度工作综合考评中位列第2名，获评“全面建设先进人武部”。

【军事训练】 2023年，市人武部深化首长机关训练，开展基本技能和业务课题训练；抓实民兵分队训练，4月至11月统筹安排应急、支援分队开展基地轮训，5名民兵“四会”教练员（军事教学中会讲、会做、会教、会做思想政治工作的教练员）参加苏州军分区比武。参加上级国防动员演练，依案组织重要目标协防；组织民兵参与防汛抗台和森林防火140余人次。

【民兵整组】 2023年，市人武部调整市民兵工作领导小组，召开民兵整组会议进行任务部署、业务培训，调整优化民兵组织结构布局，编实民兵应急、支援队伍。

【兵员征集】 2023年，市人武部紧扣“五率”（报名率、上站率、合格率、择优率、退兵率）考评新要求，聚焦大学毕业生、全日制本科毕业生和高中生3个群体，精准宣传发动，完善激励措施，完成年度兵员征集任务。

【基层武装建设】 2023年，市人武部依据省基层武装部和民兵基层建设要求，借鉴琴川街道武装部规范化建设试点成果，全面推进基层武装部、民兵营（连）星级达标考评，高标准完成全市14个基层武装部“三室一库”、338个村（社区）民兵营（连）“两室一家”规范化建设，虞山街道、琴川街道被省军区评定为达标优秀单位。结合干部调整、民兵整组，规范“两支队伍”（专武干部、民兵骨干）。配齐配强专武干部、民兵骨干，做好任前考核、谈话、年终履职考评等工作，开展专武干部资格认证，分批次组织专武干部和民兵营连长培训，为专武干部、基干民兵换发21式迷彩服。 （张　波）

武　警

【概况】 2023年，武警常熟中队贯彻落实习近平强军思想，坚持“按照纲要抓建设，按照条令抓管理”，树牢科学发展理念，注重建队育人，强化练兵备战，圆满完成上级赋予的各项任务。

【政治工作】 2023年，武警常熟中队紧跟时代前沿、紧贴形势任务、紧扣思想脉搏开展思想政治教育，牢固树立政治意识，着力培养“有灵魂、有本事、有血性、有品德”的“四有”新时代革命军人。开展习近平新时代中国特色社会主义思想专题学习，加强红色文化熏陶，从党史、军史中汲取力量，坚定官兵政治信念。

【军事训练】 2023年，武警常熟中队坚持落实训练制度，对照训练大纲，深入研究探索组训施训，提升训练效能。立足本级培养，强化骨干队伍建设，发挥教练员的主导作用，积极参加各类集训，组织各类评比活动，营造“比、学、赶、帮、超”的训练氛围。

【战备工作】 2023年，武警常熟中队聚焦使命任务，落实战备制度，加强对形势任务的研判，狠抓常态执勤，加强实战化训练，提高履职能力。加强战备教育，牢固树立“危险就在身边，任务就在眼前”的敏感意识，做好社会面处突维稳应急处置准备工作，圆满完成年度执勤战备任务。 （曹文昶）

人民防空

【概况】 2023年，市国防动员办公室（以下简称市国动办）推动国防动员各项建设，受到省、苏州市国动办的表扬。根据国防动员体制改革要求，原隶属于住房城乡建设局的常熟市人民防空指挥所、市人防工程通信管理站于2月调整为由市发展改革委领导。年内，市国动办超额完成全年人防工程建设目标，落实《常熟市人防工程专项控制性详细规划》，办理规划范围内的非工业、非仓储地块出让意见征询43个，优化全市人防工程布局。

【人防工程维护管理】 2023年，常熟市将“人民防空工程平时使用证”办件率纳入各板块高质量考核内容，针对部

8月1日，常熟市举办庆祝中国人民解放军建军96周年暨纪念延安双拥运动80周年文艺汇演　　（市退役军人事务局　提供）

分老旧和“人民防空工程平时使用证”过期的人防工程，由属地政府自行负责或委托有资质的第三方专业机构开展维护管理现状评定，在安全隐患消除经评定合格后可以办理“人民防空工程平时使用证”。至2023年年底，全市已竣工人防工程“持证率”为57.6%。

【通信指挥系统建设】 2023年，市国动办参加苏州市人防集中训练6次。机动指挥车坚持“周发动、月出动、季拉动”的训练制度，参加区域联动训练4次，落实省—市—县（区）三级联调35次，参测率、测通率100%。完成“9·18”防空警报试鸣暨演练活动，全市固定警报器、车载警报器全部鸣响，覆盖率100%。

【国防动员宣传教育】 2023年，市国动办定期组织演习演练及宣传教育。年内，常熟市以“防范灾害风险 护航高质量发展”为主题开展防灾减灾户外宣传活动；在尚湖疏散基地教育馆开展法制·科普夏令营；在常熟市实验中学组织学生2000余人开展校园国防动员疏散演练；在虞东社区开展2023年常熟市“9·18”防空警报试鸣暨演练活动，现场设置国防动员宣传角，发放《国防动员知识宣传手册》500余本，急救包100余份，设置横幅、宣传标语等20余条。开元小学被教育部、中央军委政治工作部评选为“全国国防教育示范学校”。（徐宝峰）

双拥工作

【概况】 2023年，常熟市以第十二届全国双拥模范城创建为抓手，支持部队建设，做好拥军服务，深耕品牌建设、社会拥军、军民共建等领域，开展双拥共建活动，落实拥军优属政策规定，创新探索“双拥+体育”“双拥+文化”模式，年内举办双拥运动会、双拥文艺汇演，推出原创双拥文艺作品。

【双拥创建】 2023年，常熟市召开市委退役军人事务工作领导小组、市双拥工作领导小组全体会议暨创建全国双拥模范城六连冠动员部署会议和双拥模范城迎检工作协调会，专题研究双拥工作，2023年“军地互办实事”工作推进会暨双拥工作联络员例会。做好自主申报，完成双拥专题汇报片拍摄等迎检准备工作。在全市主要路口、交通要道，以及乡镇主干道设置宣传牌。2023年，常熟市建成新时代双拥馆、虞城戎耀馆，完成沙家浜景区内双拥主题公园、虞山街道琴枫社区双拥主题公园的建设。

【拥军优属】 2023年，常熟市开展“慈善拥军”保障服务项目，市退役军人事务局联合市慈善总会，打造“真情关怀暖军心 帮扶济困解兵忧”关爱困难现役军人项目，为困难现役军人家庭发放慰问金。打造“戍边有你 关爱有我”常熟“崇军保”民生保障项目，以不记名投保方式为全市退役军人购买团体意外综合保险。市人武部联合市教育局帮助解决部队子女入学、中考加分等问题。落实重大节日走访慰问、新兵家庭走访慰问、情系边海防官兵等工作制度，定期邮寄常熟特色时令物品，开展“寄家乡祝福 叙军地深情”慰问活动。（杜敏燕）

【军地合作】 2023年，常熟市完成市级军地共互办实事项目22件。市人武部从优选拔民兵军训教练员参与全市14所高中学生军训任务，受训学生9000余名。到帮扶村开展调研，投入专项经费为郑湾村扩建村部前道路，为289户、1428名群众日常出行提供便利。（张　波）

【双拥先进人物选树】 2023年，市退役军人事务局组织开展“最美退役军人”“最美拥军人物”等先进典型评选表彰活动，王志荣、吕志新、李国春、汪浩峰、李健峰、严敏亚、杨磊、钟移峰、曹连兴、程刚10人获评“最美退役军人”；马晓峰、王剑、任林、徐胜、徐振忠5人获评“最美拥军人物”。打造“立功虞城·戍耀常熟”尊崇驻常部队立功军人项目，范建刚被评为第三届“江苏最美退役军人”，赵平华被评为第二届“江苏最美拥军人物”。（杜敏燕）

【常熟市首届双拥运动会】 6月29日，“传承军魂 筑梦虞城 强国复兴有我”2023常熟市首届双拥运动会在常熟市体育中心开幕。活动为期2天，由常熟市拥军优属拥政爱民工作领导小组、常熟市退役军人事务局、常熟市文体广电和旅游局、中共常熟市委宣传部、常熟市人民武装部、常熟市全民国防教育工作领导小组办公室主办，中国邮政集团有限公司江苏省常熟市分公司、中国人寿保险股份有限公司常熟支公司协办。设有三人篮球、乒乓球、拔河、沙包投准、车轮滚滚及袋鼠接力跳6个项目，来自军地29家单位的现役、退役军人参加比赛。（年鉴编辑部）

责任编辑　李　妍

经济管理

宏观经济调控

【概况】 2023年，常熟市实现地区生产总值2800.16亿元，比上年增长3.6%，实现一般公共预算收入237.39亿元，比上年增收17.39亿元，增长7.9%，增幅列苏州市第二，综合实力保持全国百强县第四。全社会固定资产投资完成628.5亿元，其中工业投资完成285.6亿元，连续5年苏州第一。社会消费品零售总额完成1290.28亿元，比上年增长7.5%，全市电商竞争力位居全省第一。全市实现外贸进出口总额1505.8亿元。全年净增规模以上工业企业45家，新增上市企业1家，市场主体超过30万户。全体居民人均可支配收入71555元，比上年增长4.6%，其中城镇居民人均可支配收入83384元，比上年增长4.2%，农村居民人均可支配收入46816元，比上年增长5.7%。居民消费价格指数100.0，与上年持平。落实市级重点项目融资超230亿元，制造业、小微企业、科技型中小企业、涉农贷款均实现两位数增长。政务服务可网办率超97%，企业开办6小时内办结实现常态化，32个项目“拿地即开工”。常熟市获评全国“城市营商环境创新县（市）”，入选省民营经济高质量发展示范县培育名单。

【经济发展规划】 2023年，常熟市推进《常熟市国民经济和社会发展第十四个五年规划纲要》实施，出台《常熟融合创新区高质量建设行动方案（2023—2026）》。年内，组织“十四五”规划中期评估，形成《〈常熟市国民经济和社会发展第十四个五年规划纲要〉实施中期评估报告》（简称《评估报告》），经第十六届人大常委会第十二次会议审议通过。从中期评估结果看，《纲要》提出的39个主要指标总体进展良好，其中“十四五”前两年地区生产总值年均增长5.5%，基本达到“十四五”规划目标要求。《纲要》提出的四大领域165项重大项目，总投资1687亿元，截至2023年6月底，累计完成投资超560亿元。

【经济运行监测】 2023年，市发展改革委制定出台《常熟市推动经济运行率先整体好转若干政策的实施方案》，深化经济分析和指导服务工作机制，对8个经济大镇指标波动及工作动态开展周报分析，对用电、用工、开票、货运等高频数据和先行指标进行旬报分析，对主要经济指标按月调度，在市场主体全生命周期平台上线“经济运行监测”模块，刊发简报37期，优化11个子项，实现主要经济部门数据共享。全市实现规模以上工业总产值4728亿元，比上年下降4%，其中三大支柱产业（汽车及零部件、装备制造、纺织服装）完成规模以上产值3032亿元，占规模以上工业总产值比重64%，增速超规模以上工业3.8个百分点，新能源、声学产业规模增长均超20%。全年实现地区生产总值2800.16亿元，按不变价计算，比上年增长3.6%，增速较一季度、上半年和前三季度分别提升2.4、0.5和0.6个百分点，与苏州市的差距由半年度的1.6个百分点缩小至1个百分点。

【重大项目投资管理】 2023年，常熟市开工省重大项目3个、苏州重点项目47个，投资完成率约120%；334个常熟市级重点产业项目完成投资380亿元，完成年度投资计划。（张莹莹）

自然资源管理

【土地供应】 2023年，常熟市建设用地供应192宗，面积463.4公顷，土地收入80.86亿元。按供应方式分，出让面积299公顷、金额76.42亿元，划拨面积146.93公顷，金额4.44亿元，集体使用面积17.1公顷；按权属分，国有土地供应面积394公顷、金额75.15亿元，集体土地供应面积69.04公顷、金额5.71亿元；按用途分，经营性用地面积104.42公顷、金额59.85亿元，产业用地面积198.55公顷、金额15.99亿元，公建及其他用地面积160.08公顷、金额5.03亿元。

【重点项目用地保障】 2023年，常熟市完成两轮《2023年度常熟市预支空间规模指标落地上图方案》编制，落实空间规模1378.45公顷，新增规划清单项目319个。完成2023年度4个批次土地征收成片开发方案报批，涉及53个片区，面积1506.6公顷。完成建新实施规划、村镇批次、单选项目、挂钩征收等69个批次报批，面积256.57公顷。

【不动产登记】 2023年，常熟市办理商品房转移登记2.5万件，存量房转移登记1.34万件，抵押登记3.34万件，发放不动产权证书7.79万份，首次登记证明2.72万份，不动产登记证明4.48万份。推行不动产登记“一窗受理、并行办理”，实现“一件事一次办”；提升“互联网+不动产登记”便利度，实现线上可办向好办易办转变；全面推广“带押过户”，实现“带押过户”在存量房交易、离婚析产、工业厂房转让、企业吸收合并、司法裁定等服务场景全覆盖；常态化开展工业厂房分幢（层）登记，探索工业厂房按套（间）登记，全年办理工业厂房分幢（层）登记207笔，其中抵押登记29笔，涉及贷款金额14.3亿元；为22个小区提供“交房即发证”服务，为52家新拍地企业提供“交地即发证”服务；应用告知承诺制办理非公证继承不动产登记业务445件，为财政节省开支124.6万元。

【测绘地理和信息化工作】 2023年，市自然资源和规划局（以下简称市自然资源规划局）完成常熟市大比例尺地形图更新项目，获2023年度江苏省优秀测绘地理信息工程一等奖。完成夏坚白测绘地理信息科普园建设，推进测量标志保护与利用。常规开展地下管线普查数据更新、日常竣工测量数据更新，保证数据现势性和准确性。开展年度测绘资质单位联合监督检查。开展地理信息公共服务平台（天地图）数据更新和数据融合，持续更新常熟市电子地图。持续开展国土空间基础数据库（数据治理）更新运营。常熟市联合测绘成果信息管理平台正式启用。完成常熟市数字孪生城市基础时空底座一期项目建设（CIM平台建设）。开展既有建筑、自然人、市场主体3个市级全生命周期平台的数据关联融合，建立常熟市坐标统一的二、三维一体化数字城市基础时空底座，实现与苏州市CIM平台的互联互通。

（徐　勉）

国有资产监管

【概况】 2023年，常熟市纳入统计范围的全市国有企业资产总额3057.92亿元，较年初增长9.4%，实现营业收入158.51亿元，比上年增长5.91%，利润总额14.95亿元，比上年增长67.98%。其中，市级国企资产总额2121.69亿元，较年初增长3.67%，实现营业收入138.44亿元，比上年增长6.72%，实现利润总额10.71亿元，比上年增长4.49%。年内制定《常熟市国有企业高质量发展三年行动计划》《常熟市国有企业改革深化提升行动实施方案（2023—2025年）》，城投公司与城发公司完成业务整合，农科公司、交投集团开展系统性改革，形成9家市级国企架构体系。文旅公司完成对沙家浜景区的业务整合，全市重要景区一体化运营模式初步建立；原住建局管理的工程质量检测公司、鑫达路桥公司纳入市级国企集中监管体系。建设常熟数字国企一体化管理服务平台，在线监控企业人事、财务、资产、资金等数据情况。制定出台国有企业资产负债率管控方案，控制融资性贸易业务、类金融企业异地政信业务。制定《2023年国企考核方案及计分细则》。推进中新昆承湖园区、声谷科创中心、数字科技新城、西泾岸历史街区等重点片区开发，9家市级国企全年完成投资121亿元。

【行政事业性国有资产管理】 2023年，常熟市盘活行政事业性国有资产，印发《常熟市进一步盘活行政事业性国有资产工作实施方案》，开展盘查摸底，盘活完成率91.97%，取得盘活资产收入3.76亿元。盘活存量资金，开展财政专项监督检查，涉及12个板块、2家公司以及多项奖补资金，清理应收款项和长期挂账的往来款，回收资金6200.88万元。（黄煜蕾）

【常熟市城市经营投资有限公司】 2023年，常熟市城市经营投资有限公司（含保障房公司、恒业集团）实现投资总额40.67亿元、营业收入总额71.37亿元。承担市级投资项目35个（国企7个、集中建设28个），总投资29.22亿元，年内计划完成投资8.63亿元，全年完成投资8.59亿元。其中，15个计划新开工项目全部按期开工，20个续建项目进展正常，22个计划竣工项目全部竣工。新建工人文化宫项目获评“2023苏州十大民心工程”；新开元综合改造用房竣工交付市第一人民医院使用，安置房项目南溪花园竣工备案、藕香居开始交房，天然气福山调压站工程和经开区工业污水处理厂工程完工。

（唐　彬）

【常熟市发展投资有限公司】 2023年，常熟市发展投资有限公司利润总额3.14亿元，上缴税收4751万元。新增对外投资5.84亿元，收回投资3.81亿元。在管基金11个，总规模47.66亿元。年内，公司落地吴越天使基金，实现GP混改、完成天辰生物、向至科技投资落地，新增过会工研拓芯，投资金额1500万元。完善子基金布局，新增对外投资东证声谷基金、苏创新能源产业基金、元禾原点肆号、创富启晟等8个子基金。协助板块走访招商项目57个，主动推荐招商项目15个；会同创协、苏州基金业联合会、金融机构、投资机构等开展创投路演。售电公司累计交易绿证59万张、购买绿电5000万千瓦时；农交中心实现交易平台平稳转换，是苏州首个使用省平台进行流转交易的分中心。通过制定统一的数据标准、设计合理的数据接口，是全省首个实现不动产登记信息数据共享的交易中心。年末，国发创投收回本金10445.18万元，收到项目投资收益3374.9万元。国发创投实现投资收益3132万元，利润总额3492万元，利润总额比上年增长78.37%。吴越德盛推出“吴越融链通”电子债权凭证、与市场监督管理局合作知识产权ABS项目。国发资产搭建新型业务合作模式，为莫城街道引入项目资金2亿元，并带动10亿元的建设资金储备。全年债权板块营业收入1.2亿元、利润总额8317.53万元，比上年增长17.12%。与辛庄镇政府开展存量孵化载体运营合作，完成易芯半导体项目落地。建成由13项大子系统组成的“集团业务管理平台”。

（蔡月宇）

【江苏江南商贸集团有限责任公司】 2023年，江苏江南商贸集团有限责任公司实现营业收入11.06亿元，利润总额3625万元，集团资产总规模48.32亿元，国有净资产14.90亿元，资产负债率69.16%。年内，营业收入超5000万元的集团下属企业有8家。新开设海虞、世茂、沙家浜、波司登、尚湖、万达6家王四炒浇面馆，异地拓展南京东鼎大厦、张家港杨舍镇2家分店；市农副产品交易城市场改建扩建优化项目一标段桩基工程完工；集团下属苏州江南爱停车科技有限公司完成常熟市共享停车管理平台开发，智慧停车平台接入全市停车场点565个、泊位13万个，拓展异地项目5个；江南绿电（苏州）新能源科技有限公司和江南中电（苏州）新能源产业发展有限公司探勘屋顶分布式光伏开发项目686个，累计签约电量35.78兆瓦，累计开工项目41个，建成项目21个；苏州江南爱充电新能源科技有限责任公司完成常熟市民生实事项目“新能源车充电桩增量工程”，完成80处充电站建设，全年日均充电量5万度，比上年增长282%。 （林蒙怡）

【常熟市环境保护科技有限公司】 2023年，常熟市环境保护科技有限公司全资及控股企业实现营业收入6.77亿元，利润总额9200万元；公司资产总规模82.35亿元。公司投资项目15个，完成投资3.01亿元，其中工程建设项目6个，完成投资2.14亿元；股权投资项目9个，完成投资8735万元。年内，农村生活污水收集管道完善工程第一批、第二批2个新开工项目提前开工。完成新开工污水主管含应急联通33千米，竣工污水主管网约21千米，完成收水2168户。完成污水主管网检测20千米、支管网50千米。参股设立苏州市水务投资建设有限公司，参与推进苏州全市供水管网互联互通建设。参股设立苏州市格洛特环境技术有限公司，开展飞灰、废盐、废酸及含磷污泥协同化处置利用项目。市再生资源利用中心处置建筑装修垃圾约10.36万吨，填埋飞灰约3.7万吨，日焊接日覆盖HDPE膜使用量节约17.37%。安吉建筑装修垃圾处置项目固定线单日处置量峰值达1590吨。市港区外轮服务有限公司接收生活污水1245立方米，各类垃圾8776千克，实现年营业收入717万元，比上年增长27.17%。浒浦船闸有限公司实现船舶待闸不超24小时的服务承诺，年通航量5500万吨。常熟市江河堤闸养护有限公司取得市政工程施工总承包二级资质。参股公司华盛（苏州）环保科技有限公司环保免烧自保温多孔砌块砖项目投产。 （殷　瑜）

【常熟文旅发展有限责任公司】 2023年，常熟文旅发展有限责任公司实现总营业收入约3.81亿元。年内，调整历史街区、知识产权等非主业公司，形成以教投公司、教培公司、琴川医疗公司、一城山水景区运营公司、旅发公司为主体的公司架构。创建苏州市优质幼儿园、省优质幼儿园各3家，增开青藤幼儿园，开设0~3岁科学育儿指导中心滨江分部，新增明日、公望幼儿园2处“亲托幼一体化”办学，联合清华大学未来实验室打造0~12岁科学成长中心，启用常熟教投心理健康服务中心。投用海虞护理院、琴川光虞山湖院子、桃源涧山庄康居项目，启用琴川康复医疗中心、市镇两级综合为老服务中心。打造综合为老服务中心、琴川护理院认知症专区，创立机构内嵌式认知症照护，推出“琴川忆家”认知症特色服务。举办“康养旅居中国行”暨首站“福地常熟”沉浸式疗休养活动。启动“遇见沙家浜”全国戏曲票友大赛，举办尚湖牡丹花会、宝岩杨梅节、沙家浜大闸蟹美食节、红色专题展览、中国国家湿地公园创先联盟年会等主题活动。推出沙家浜芦栖&大运河勇士营地、尚湖水上皮划艇基地、野奢拓展营地，举办尚湖皮划艇&桨板大赛、沙家浜龙舟赛、尚湖铁人三项赛、尚湖半程马拉松等体育赛事。以“花漾好戏”为主题，推出沙家浜“横泾不夜天”夜游演艺，获2023年江苏省智慧文旅培育项目；打造“遇尚·秦淮”尚湖灯会，升级推出“遇尚夜宴·舻野仙踪”夜公园；推出虞山城墙夜花园、映山湖音乐喷泉、水幕电影、沉浸式小剧场演出。2023年接待夜游游客近20万人次。 （叶　舟）

【常熟经开控股有限公司】 2023年，常熟经开控股有限公司管理企业53家，其中实体化运营25家，公司合并总资产640亿元，合并收入19.76亿元，合并利润总额8636万元。全年累计实施各类工程项目50个，其中新开工项目21个，长三角（常熟）国际先进智造产业园二期等25个项目完成竣工；声谷科技产业园建设全面展开，声谷科创中心一期完成地库建设，西片区4条道路竣工通车；新竣工投用产业载体15.3万平方米，新开工建设产业载体12.8万平方米。全年新增

3月30日，海虞护理院投用 （刘文忠　摄）

管理服务各类载体超20万平方米，城市运营服务收入比上年增长30%。全年投资区内项目及招引落地项目11个，引入、成立市场化基金3只。

（曹梦冰）

【常熟市昆承湖建投集团有限公司】2023年，常熟市昆承湖建设投资集团实现主营业务收入78155万元，纳税1.27亿元，比上年分别增长38.6%、7%。年内，完成常熟高新区区内国资公司整合，健全集团化管理体系。推进中新昆承湖园区建设，完善园区规划蓝图，强化土地、资金等要素保障，推进低碳数字产业园、UWC+创新岛等重要载体，启动湖西片区及产业片区拆迁，中新大道开工建设，中新创智岛纵二、纵三河水系调整工程竣工。引进科力梦行中国生产基地等多家优质企业，支持正力新能、智享生物等高新区内重点企业发展。推进沙旅公司收购工作，整合高新区内文旅资源。新能源板块充电桩业务完成社会充电量1000万度，签约屋顶光伏业务50万平方米；种植经营性草坪33.33公顷，做好东南片区"夜排档"集中管理区和8个智能停车业务网点的建设运营；实施房建项目16个，竣工7个，实施市政道路19条，竣工14条；股权板块对外投资超8亿元，回收投资本金及收益0.98亿元，协同落地项目10个；债权板块在推进常规业务的同时，压降异地政信业务4.78亿元；资产运营板块累计签订合同2亿元，实收租金1.9亿元；修订完善9大类50余项管理制度，出台《关于加强集团工程建设项目投资管理的若干规定（试行）》系列文件，成立财务结算中心，推动落实子公司董监事交叉任职。完成高新控股AA+评级及东南产投AA评级，发行常熟首单科创债，EOD融资一期、二期、三期项目落地，完成年度28亿元化债任务，推进古建园林收购工作。

（苏　澐）

【常熟市信息化发展有限公司】2023年，常熟市信息化发展有限公司牵头研发各类信息化软件平台14个，其中常熟市城市服务总入口等在建项目8个，常熟市预付资金监管平台（常优培）等验收项目6个。公司累计获得ISO体系证书3个、软件著作权53项、软件检测报告7份、软件产品证书12个，被评为创新型中小企业、江苏省星级上云企业（三星）、苏州市工程技术研究中心。

（赵丽冰）

财　政

【概况】2023年，常熟市一般公共预算收入237.39亿元，比上年增收17.39亿元，增长7.9%，增幅列苏州市各县（市、区）第二。其中，税收收入194.54亿元，比上年增长14%，非税收入42.85亿元，比上年下降13.18%，税收占比为81.95%。全市经济板块完成一般公共预算收入200.09亿元，比上年增收22.89亿元，增长12.9%。全市政府性基金收入完成83.88亿元，比上年减收31.39亿元，下降27.23%，其中土地基金收入76.13亿元，比上年减收29.88亿元，下降28.18%。国有资本经营预算收入完成1.74亿元，完成调整预算的100%，比上年减收2.89亿元。社会保险基金预算收入完成32.47亿元，完成调整预算的100.85%，同口径增收1.87亿元。全市一般公共预算支出273.22亿元，比上年减支14.62亿元，下降5.1%，其中民生支出224.5亿元，比上年减支11.53亿元，占一般公共预算支出的82.17%。政府性基金预算支出106.82亿元，比上年同比减支22.35亿元，下降17.3%。国有资本经营预算支出当年未发生。

表14　　2023年常熟市一般公共预算收入统计表

项目名称	累计完成数		
	本年度（万元）	同期（万元）	增幅（%）
增值税（50%）	934088	584389	59.84
其中：直接税收（50%）	762338	418189	82.30
免抵调库（50%）	171750	166200	3.34
企业所得税（40%）	396040	434271	-8.80
个人所得税（40%）	116423	116481	-0.05
城市维护建设税	111049	99143	12.01
房产税	124797	121732	2.52
印花税	46131	27583	67.24
城镇土地使用税	31033	33267	-6.72
土地增值税	27614	134308	-79.44
车船税	21966	22021	-0.25
耕地占用税	12528	7266	72.42
契税	110181	111155	-0.88
环境保护税	13523	14866	-9.03

续表14

项目名称	累计完成数		
	本年度(万元)	同期(万元)	增幅(%)
其他税收收入(原营业税)	-1	18	-105.56
税收合计	1945372	1706500	14.00
专项收入	95696	91116	5.03
其中:教育费附加收入	52668	47417	11.07
其中:十一项基金转入	43028	43699	-1.54
行政事业性收费收入	28923	26375	9.66
罚没收入	32851	23938	37.23
国有资本经营收入	12803	84328	-84.82
国有资源(资产)有偿使用收入	209214	224372	-6.76
捐赠收入	0	0	—
政府住房基金收入	5844	3453	69.24
其他收入	43156	39941	8.05
非税合计	428487	493523	-13.18
一、一般公共预算收入	2373859	2200023	7.90
基金收入-土地有偿使用收入	761351	1060120	-28.18
其他基金收入	77491	92602	-16.32
二、政府性基金预算收入	838842	1152722	-27.23
三、国有资本经营预算收入	17364	46310	-62.50
合计	3230065	3399055	-4.97
附注:1.免抵调(100%)	343500	332400	3.34
附注:2.税收收入合计	1945372	1706500	14.00
附注:3.税收占比	81.95	77.57	4.38

表15　　2023年全市财政支出分项目执行情况表

项目	累计完成(万元)	上年同期(万元)	增减(%)
一、一般公共预算支出	2732225	2878378	-5.1
一般公共服务支出	209449	185926	12.65
外交支出	0	0	—
国防支出	179	0	—
公共安全支出	166500	170388	-2.28
教育支出	449422	431551	4.14
科学技术支出	203257	218837	-7.12
文化旅游体育与传媒支出	29029	28146	3.14
社会保障和就业支出	368018	375138	-1.90
卫生健康支出	170807	174161	-1.93
节能环保支出	75713	65593	15.43
城乡社区支出	488218	571828	-14.62
农林水支出	166586	153187	8.75
交通运输支出	171600	187659	-8.56
资源勘探信息等支出	62199	112839	-44.88
商业服务业等支出	37211	49048	-24.13
金融支出	3618	3733	-3.08

续表15

项 目	累计完成（万元）	上年同期（万元）	增减（%）
援助其他地区支出	0	0	—
自然资源海洋气象等支出	11333	11230	0.92
住房保障支出	69665	90597	-23.10
粮油物资储备支出	4173	3347	24.68
灾害防治及应急管理支出	16702	16045	4.09
其他支出	605	1529	-60.43
债务付息支出	27840	27444	1.44
债务发行费用支出	101	152	-33.55
二、政府性基金支出	1068233	1291720	-17.30
科学技术支出	0	0	—
文化旅游体育与传媒支出	0	139	-100.00
社会保障和就业支出	0	0	—
节能环保支出	0	0	—
城乡社区支出	1003947	1210186	-17.04
农林水支出	0	0	—
交通运输支出	0	0	—
资源勘探信息等支出	0	0	—
金融支出	0	0	—
其他支出	4927	27033	-81.77
债务付息支出	58963	54199	8.79
债务发行费用支出	396	163	142.94
抗疫特别国债安排的支出	0	0	—
三、国有资本经营预算支出	0	5407	-100.00
社会保障和就业支出	0	0	—
国有资本经营预算支出	0	5407	-100.00
支出合计	3800458	4175505	-8.98

（资料来源：市财政局）

【预算和绩效管理】 2023年，常熟市推进预算管理一体化建设，实现市镇两级一体化系统核心业务全覆盖，上线单位会计核算、工资发放、财政供养人员模块等系统功能。优化市级财政专项资金设置，按照“一个部门一个专项资金”的原则，将原有28项专项资金整合为9项，规范专项资金设立流程、分配使用要求以及退出机制。修订出台《常熟市市级国有资本经营预算管理办法》，完善国有资本经营预算上缴机制。部门和单位整体支出绩效评价实现市级部门单位全覆盖，规范绩效指标类型和设置要求，细化绩效指标具体编制方法，建立乡镇板块财政运行综合管理机制，14个乡镇板块均对上年度财政运行情况开展绩效自评。

【政府性债务管控】 2023年，常熟市全年化债总量位居苏州第一；按周监测调度化债工作进展，做好接续周转工作。落实平台压降与经营性债务管控，围绕融资平台压降目标，按照“撤、并、转”方式分类推进，累计压降比例超50%；按照年度经营性债务管控目标，按月监测融资平台经营性债务变动情况，合理控制债务规模和增速。落实“镇债县管”，出台相关制度，围绕五大目标，制定十项措施，防范化解镇级债务风险；加强市镇联动，“一镇一策”合力推动5个板块实现债务风险等级优化。

【财政政策支持】 2023年，常熟市兑付各类扶持资金1.6亿元，支持工业企业提质增效。做好做优“小微贷”“虞城智造贷”等信贷业务，新增授信金额51亿元。下达商务高质量发展专项资金近2500万元、市场采购贸易发展资金2100万元。下达创新主体梯队培育、提优及成长奖励资金近5400万元，拨付人才项目资金约1.5亿元，推动人才科技融合发展。发放涉农补贴资金超1亿元，涉及农户近4万户。全年政策性农业保险保费和保额分别达0.43亿元和20.2亿元。

【民生保障支出】 2023年，常熟市落实社保费减缓免等惠企政策，释放政策红利8.83亿元。继续执行稳岗返还和一次性扩岗补助政策，拨付补贴资金1.23亿元。新建及改扩建学校项目27个，为全市119所公办学校实现空调装配全覆盖。保障实施“虞心”青少年心理关爱项目，普及校园快线特色公交服务。完善公立医院运营补偿机制，下达补贴经费3.3亿元。支持保障省市级重点水利建设项目、老旧小区改造与城中村自主更新改造、美丽乡村建设等举措，优化城乡人居环境。

【政府采购管理】 2023年，全市实施政府采购项目693个，预算金额17.29亿元，实际采购金额16.49亿元，节约0.8亿元，节约率4.63%。落实全省政府采购“一张网”工作部署，上线“苏采云”交易平台。检查政府采购项目29个，对检查发现问题指导督促各类主体及时整改。化解政府采购领域突出矛盾，处理投诉2件、信访1件、举报1件。落实面向中小企业采购政策，修订政府采购合同格式文本，完善预付款、绿色包装、履约保证金等条款，优化政府采购合同融资工作机制。（黄煜蕾）

税　务

【概况】 2023年，国家税务总局常熟市税务局、国家税务总局苏州常熟经济技术开发区税务局组织税费收入611.4亿元，比上年增长9.59%，其中税收收入377.5亿元，增长15.06%，完成一般公共预算收入194.8亿元，增长12.87%。兑现税费优惠251.65亿元，其中办理留抵退税19.05亿元，研发加计扣除新政优惠41.61亿元。年内，常熟市税务局获评全国税务系统“县级税务局政治机关建设优秀单位”、常熟市税务局通江路工会户外劳动者服务站点获评全国“最美工会户外劳动者服务站点”。

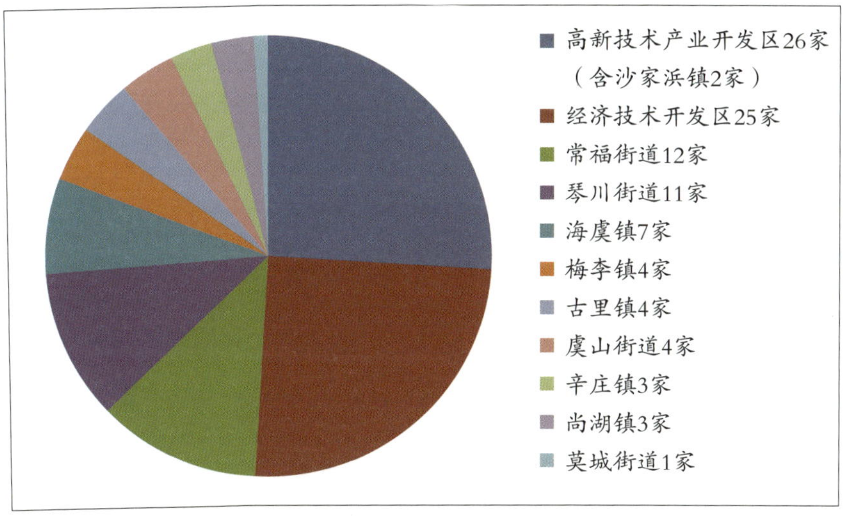

图1　2022年度常熟市纳税百强企业分布图

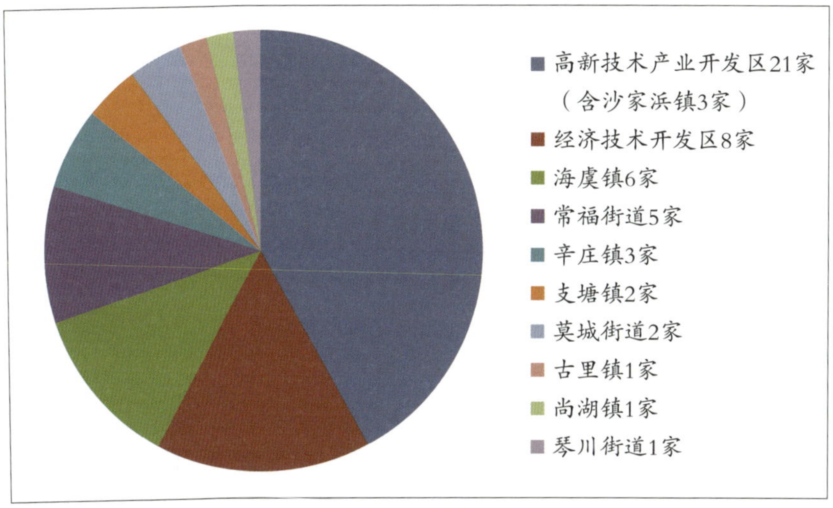

图2　2022年度常熟市亩均税收50强工业企业分布图

2022年度常熟市纳税十强金融企业名单
江苏常熟农村商业银行股份有限公司
中国建设银行股份有限公司常熟分行
中国农业银行股份有限公司常熟分行
中国工商银行股份有限公司常熟支行
中国银行股份有限公司常熟分行
中信建投证券股份有限公司常熟锁澜南路证券营业部
中国邮政储蓄银行股份有限公司常熟市支行
中国人民财产保险股份有限公司常熟中心支公司
宁波银行股份有限公司常熟支行
中国民生银行股份有限公司常熟支行

【税费征管】 2023年，市税务部门落实中办、国办《关于进一步深化税收征管改革的意见》，高标准建设税费服务运营中心，将“零跑动”后台运营中心升级为集约处理团队，实现后台集中统一受理，开发智慧办税产品，承接“云端导税台”和“智慧柜台”试点项目；实体化运行税收监管中心，加强税费日常监管体系，开发监管报表58张，全年累计应对总成效11.38亿元。推进全面数字化的电子发票上线，健全诉求快速响应处置机制，开展去“三专”（去纸质专印、去专用设备、去固定版式）工作。推动优化调整社保费申报模式改革，建立覆盖全市353个社区村委、98个二级支行网点的社保费网格化管理体系，上线首月全市申报率99.90%、缴费率99.64%。开展企业所得税税前扣除凭证管理，累计推送企业2048户次。推出市场采购贸易试点省内联动税收管理方案，实施全生命周期管理模式。实施“说理式”执法等新方式追缴欠税，追征欠税及滞纳金8.57亿元。

【法治税务】 2023年，市税务部门把法治培训与业务培训相结合，提升干部税收法治思维，增强税收执法规范。加强规范性文件监督管理，定期开展规范性文件清理工作，加强涉企规范化工作，维护纳税人合法权益。明确处罚裁量基准，推进长三角区域执法一体化，规范行使行政处罚自由裁量权，做到全局统一基准。落实三项制度日常工作，做好江苏省执法公示平台信息公示更新，开展执法记录仪运用培训，对重大执法决定进行法制审核，对案情复杂、社会影响大的案件进行集体审议。全年开展重大税收风险应对集体审议8次，政策会商6次。完善矛盾纠纷调处调解机制，实施税费争议“红黄蓝”三色预警机制，发挥“公职律师涉税争议咨询调解中心”的职能作用及公职律师对涉税争议的调解作用。

【税费服务】 2023年，市税务部门全域创建新时代“枫桥式”税务所，优化办税缴费服务模式。组建税费争议调解团队，设置税费争议调解室、“办不成事”反映通道等平台，与属地政府建立税费争议常态化联合调解机制，举报投诉回复满意率99.8%。发布“春风十‘礼’”十项便民办税“好礼”，分局长担任“首席税费服务员”，组建“税惠兴企”服务队，满足纳税人缴费人个性化服务需求。全市布局同城通办延伸点8个，实现160项税费业务苏州全域通办。整合前后台资源，建立问办协同工作群，平均每日解决问题400余次，处理回复率100%。协同工商联，推出云端“汇智码”，拓宽需求采集渠道。累计发布18期“虞税同行·一企来”政策云课堂，覆盖70万余人次。推进纳税信用预警服务2.0版，A、B级纳税人比上年增加2%。组建国际税收专家团队，为外资企业落实递延纳税优惠6145万元。完善出口退税机制，平均退税时间压缩至1.5个工作日。 （李　峰）

金融监管

【概况】 2023年，常熟市开展多维度监测预警，加强金融风险管控，全市金融生态评估名次提升5位。年内，监管部门加强对辖区投保机构运行情况监测分析，推进“断资金链”治理、开展“征信修复”违规行为治理，落实反洗钱强监管，实现全市地方金融组织检查全覆盖。

【银行业监管】 2023年，中国人民银行常熟市支行（以下简称人民银行常熟支行）配合上级做好资产质量真实性现场评估和央行评级，有效监管法人机构稳健经营。召开金融生态创建评估工作会议，对照评价指标体系，完成年度县域金融生态环境评估数据收集审核汇总上报。年内，人民银行常熟支行组织银行机构在174个农村普惠金融服务点开展存款保险、防范非法集资等宣传；对涉案卡较多、增长幅度较大等重点关注银行开展约谈、现场督察，明确整改要求，保障支付环境安全；联合公安部门启动对紧急高危预警对象名下银行账户实施临时限制非柜面业务保护措施；对接公检法部门，强化反洗钱信息交换机制，提供3例自洗钱案线索。将整治“征信修复”纳入市市场监管局年度“双随机、一公开”监管计划。开展2023江苏省银行业机构现金服务标准化建设评估工作和全额清分现场督查工作，制订《常熟市银行业金融机构现金服务网格化管理工作方案》，出台“带押过户”政策文件。优化农村服务站建设，累计完成11个服务点清退工作。（张朔亦）

【地方金融监管】 2023年，市地方金融监管局开展地方金融机构分级分类监管，通过现场走看实情、三方审辨风险、联合查识苗头（“双随机、一公开”），实现全市地方金融组织检查全覆盖。开展地方金融组织各类监管345家次，其中现场监管81家次，非现场监管264家次。全市29家地方金融组织纳入正常监管20家，监管困难5家，列入异常4家。防范化解企业债务风险，定期监测重点授信企业600家以上，实施分类动态管理。强化金融资产质量稳控处置，召开企业债务风险专题协调会议70余次，年末全市银行贷款不良率0.96%。打击非法金融活动，累计排查企业3000余家次，受理并处置15起非法金融活动线索，向相关部门移送各类线索3条，推动立案打击涉嫌非法集资犯罪5起。加强非法集资防范宣传，线上线下各渠道覆盖全市近80万人次。 （周　斌）

【外汇管理】 2023年，国家外汇管理局常熟市支局提升贸易新业态水平，实现市场采购贸易成员单位扩容，有10家银行参与试点业务，年内新增2家银行。完善市采通平台外汇衍生品服务功能，推广汇率避险场景线上运用，帮助市场采购贸易主体降低汇率避险成本。召开市场采购贸易银行自律机制成员会议，传达汇率避险扶持相关政策。推动优质企业贸易外汇收支便利化试点提质增效，全市便利化试点企业由上年43家增至94家。提升企业汇率风险管理服务，联合市商务局出台《关于落实进一步推动经济运行率先整体好转 加强汇率避险扶持相关政策的通知》，给中小微外贸企业政策扶持。指导银行运用跨境金融服务平台，助力解决中小微企业融资难问题。联合市商务局等部门推动县域涉外服务站落地建设。 （张朔亦）

审　计

【概况】 2023年，市审计局实施各类审计项目19个，其中法定审计项目5个，上级审计机关条线项目1个，苏州市审计局授权、中共常熟市委交办、常熟市委组织部委托的经济责任审计及自然资源资产任中审计8个，自定民生项目、政策跟踪审计、固定资产投资审计共5个。查出违规金额636.08万元、管理不规范金额21.35亿元、损失浪费金额33.65万元，向相关事项主管部门出具移送处理书1份。审计报告、专报、信息等被领导批示41篇次。2个大数据审计案例获省审计厅优秀案例二等奖与三等奖，2个审计项目获评苏州市优秀审计项目。

【同级财政审计】 2023年，市审计局开展2022年度本级预算执行、决算草案以及其他财政收支情况审计（以下简称同级审），主要涵盖市级预算执行情况审计、部门预算执行情况审计、常福街道2022年度财政预算执行和其他财政收支情况审计及5个专题审计：苏州结对帮扶宿迁合作资金及项目实施情况审计、养老服务体系建设政策措施落实情况审计、推进制造业智能化改造和数字化转型政策落实情况跟踪审计、促进商务高质量发展政策落实情况跟踪审计和政府专项债券发行使用情况跟踪审计。7月28日，市十六届人大常委会第十一次会议听取和审议《关于常熟市2022年度市级预算执行和其他财政收支情况的审计工作报告》。市委审计委员会及市政府常务会议专题研究审计查出问题整改工作，抓好整改落实。针对审计工作报告提出的32个方面的62个具体问题，通过整改，收缴盘活和节约各类资金6393万元，分解下达资金7586万元。11月30日，同级审整改报告在市十六届人大常委会第十三次会议上汇报，并向社会公开。

【经济责任审计】 2023年，市审计局根据苏州市审计局授权和市委组织部委托，实施太仓市公安局、海虞镇、尚湖镇、工信局、融媒体中心、工商联、琴川街道渠中村7个单位、8名领导干部的经济责任审计，查出违规金额64.5万元，管理不规范金额24483.36万元。印发《常熟市审计局贯彻落实"四敢"要求 进一步加强经济责任审计的工作方案》，定期召开全市经济责任审计工作联席会议。针对审计发现问题，被审计单位积极整改，共收缴、盘活财政资金3842.05万元，制定出台《常熟市住房和城乡建设局国有资产管理制度》《文旅公司"三重一大"决策制度实施细则》《关于劳务报酬支付管理办法》等16项制度，促进相关工作制度化、规范化、精细化。

【资源环境审计】 2023年，市审计局根据苏州市审计局授权，对海虞镇主要领导开展自然资源资产任中审计，重点关注打好蓝天、碧水、净土三大保卫战目标任务完成，以及污水处理提质增效、固体废物污染防治、相关资金征管使用及项目建设运行绩效情况。

【固定资产投资审计】 2023年，市审计局实施城投公司工程建设项目管理情况审计、第二生活垃圾焚烧发电厂扩建项目竣工决算审计，配合海虞镇、尚湖镇领导干部经济责任审计实施工程项目抽查复核。创新完善工作机制，探索工程"二审"模式，通过招标选择中介机构、制定考核管理办法、开展审前培训、严格过程控制等一系列措施加强对所聘中介单位的管理和考核，促使协审单位转变单一审减造价思维，对29个工程一审结果进行复核，在已结束项目原审定基础上，再次核减759.32万元。

【民生项目审计】 2023年，市审计局开展慈善总会（基金会）2017年至2022年资金募集、管理和使用情况审计。重点关注慈善资金救助范围、标准、保值增值力度、资金利用率和慈善项目全流程，重点检查慈善资金投入使用合规性、慈善基金设立的精准性、捐赠财物使用成效性。慈善总会落实整改，盘活慈善资金229.73万元，修订印发《常熟市慈善总会（基金会）资金物资管理使用办法》等制度。

【内部审计】 2023年，市审计局将理顺内部审计工作机制列入年度工作重点，开展内审调研，形成专题调研报告。7月，市委审计委员会召开会议专题研讨内部审计工作，会后市委办、市政府办发文明确各板块、市属国企和18个重点部门内审工作架构、工作职责和工作要求。10月，市审计局向市委作《关于理顺全市内审工作机制推进情况的汇报》，得到市委主要领导肯定并作出批示。制定出台《常熟市内部审计人员"以审代训"管理办法（试行）》，建立"以审代训"工作机制，全年抽调8名内审人员参加审计项目。召开内审分片会议，做好内部审计工作年度质量检查。

【审计问题整改】 2023年，市审计局制定出台《常熟市审计局关于加强审计整改工作的管理办法》，完成审计问题整改333个，促进收缴盘活各类资金4.76亿元，建立健全规章制度29项。对审计发现问题整改情况进行跟踪督查，以省委巡视为契机，对2018年以来的审计发现问题整改情况进行"回头看"。将"审计整改不到位"纳入部门、板块、国企高质量发展综合考核的减分项，明确扣分细则，强化结果运用。加强与人大、纪委监委、市委巡察、组织、财政等部门协同配合，督促审计发现问题整改落实。审计结果和整改结果向社会公开，发挥社会舆论监督作用，以公开促进整改落实。

【市委审计委员会第七次会议】 7月9日，市委书记、市委审计委员会主任周勤第主持召开市委审计委员会第七次会议，会议传达学习习近平总书记在二十届中央审计委员会第一次会议上的讲话精神，讨论和审议《关于常熟市2022年度市级预算执行和其他财政收支情况的审计工作报告》《常熟市内部审计情况调研报告》等文件。

（陈　赞）

统　计

【概况】 2023年，常熟市修订完善统计数据质量管理体系，推进重点领域改革。开展数据质量核查，实现对全市所有板块统计数据质量自查全覆盖强化统计监测分析。强化统计监测分析，深化统计普法宣传。开展第五次全国经济普查。

【统计调查】 2023年，市统计局修订完善统计数据质量管理体系。做好工业、能源、投资、科技、服务业等各专业年定报工作。加快传统数据向大数据转变，优化升级"虞商通"地区生产总值核算大数据平台，实现对地区生产总值核算基础指标的数字化展示。加强对拟入库单位服务指导。入库"四上"单位383家，其中月度入库"四上"单位147家，单位数居苏州市第一。建立投资项目储备库，加强项目入库指导服务。审批投资项目448个。加强重点项目监测，每月形成分板块、分行业重大项目进度情况表。

【统计管理】 2023年，市统计局实现对全市所有板块统计数据质量自查全覆盖，对工业、贸易等企业开展数据核查、对50家企业开展统计"双随机"执法检查。与市审计局联合印发《审计监督与统计监督贯通协同工作办法》；加强与其他部门协调联动，会同市商务局、市监局对20家企业开展部门联合执法。编印统计"八五"普法学习资料5000册，创作统计普法宣传H5《大家来学统计法》，作为苏州市优秀统计法治宣传作品在微信公众号上推广。结合统计执法、数据核查、行政指导等开展"送法入企"。结合第五次全国经济普查以及"9·20"统计开放日、"12·4"国家宪法日、"12·8"统计法颁布纪念日等重要节点，开展统计法宣传进社区活动。在"常熟统计"微信公众号推送统计普法内容，开展统计法知识微信有奖答题活动，参与近5万人次。

【统计服务】 2023年，市统计局加强经济运行监测、数据发布和解读，制作主要经济指标月度台账、分月趋势图，编印《统计月报》《常熟经济运行报告》《市情市力》《统计年鉴》等统计资料。建立月度主要指标监测机制，完善GDP核算基础指标"一指标一台账"制度，撰写《全市GDP情况汇报》《GDP基础指标增速与周边对比情况》等材料，提升GDP监测预警成效。撰写各类分析报告61篇，其中《上半年常熟市新增四上单位情况汇报》等10篇分析得到市委、市政府主要领导批示。配合做好2023年度中国中小城市发展、县域经济等百强县市参评工作。整理完成《2023年常熟板块高质量发展考核共性指标与苏州指标体系对应表》，起草2023年板块高质量发展共性指标考核体系，完成2023年度高质量发展考核共性指标评估情况表、高质量发展监测专报等。

【第五次全国经济普查】 2023年，常熟市开通常熟市第五次全国经济普查网站，张贴宣传海报5060张，户外广告牌23块，制作宣传折页40000份，朋友圈广告19万次。实现市镇两级2700余名"两员"（普查指导员、普查员）培训全覆盖。按照普查工作进度安排，开展综合试点、普查小区划分、投入产出调查等各项工作。建立监督和应急机制，及时跟踪各板块清查工作进度。全市清查单位6.60万家，个体户16.97万户。（刘　姝）

价格管理

【价格调控】 2023年，常熟市完善煤热价格联动机制，出台煤蒸汽销售价格，煤蒸汽中准销售价格为242元每吨。贯彻执行调整优化居民燃气阶梯气价政策，居民用燃气实现加量不加价。调整非居民用管道天然气淡季和采暖季销售价格，采暖季为4.191元每立方米；调整居民用管道天然气销售价格，第一阶梯3.02元每立方米、第二阶梯3.62元每立方米、第三阶梯4.53元每立方米。做好天然气延伸服务收费监管，清理规范水电气暖收费。执行"取消我省现行一般工商业及其他用电、大工业用电的目录销售电价政策"，理顺"煤电"关系，推动市场化交易。清理规范非电网直供电价格行为。

【环境价格改革】 2023年，常熟市根据《常熟市工业企业资源集约利用综合评价细则》实施资源要素差别化价格政策。对上年度被评价为C-类、D类的企业，实行全市统一差别化污水处理费、管道天然气价格和电力价格，发挥差别化电价政策激励和倒逼作用，推动节能减排和绿色发展。落实长江经济生态优先、绿色发展战略定位，完成污水处理成本监审调查，制定污水处理收费标准。开展城镇生活垃圾处理收费办法修订工作，做好城镇生活垃圾处理成本调查。

【收费管理】 2023年，市发展改革委做好年度收费情况统计及收费巡访。年内完成常熟市龙腾特种钢有限公司自备电厂系统备用容量电费减免申报工作；完成台太兴业（常熟）食品有限公司实行农业用电上报工作；放开有线电视初装费、生猪定点屠宰加工费等。配合做好公共停车收费、校外培训机构收费等专项整治工作。开展转供电主体收费和口岸收费清理规范工作。推进收费目录清单管理，动态公布常熟市行政事业性收费目录和政府定价、政府指导价的经营服务性收费目录。

【民生价费管理】 2023年，常熟市在沙家浜·虞山尚湖旅游区、蒋巷乡村旅游景区降低门票标准和取消铁琴铜剑楼、龙殿景区门票及方塔园、曾赵园免费开放的基础上，继续开展降低重点国有景区门票价格"回头看"工作，完善景区门票价格形成机制。根据常熟市《全面推进中小学课后服务进一步提升课后服务水平的实施意见》要求，加强课后服务收费管理，按照义务教育阶段学科类校外培训机构实行政府指导价的要求，落实上级统一标准。启动《常熟市车辆停放服务收费实施办法》修订工作。落实物业管理收费和公示要求。完成商品住房预售备案价格申报20批次、物业收费备案11批次、停车场收费备案82批次；完成商城中路幼儿园等21个教育项目定调价工作。

【成本调查与监审】 2023年，市发展改革委开展农产品成本调查，完成国家和省下达农户三大专项调查、预测调查、直报调查和常规调查任务。完成自来水价格、配气价格、燃气蒸汽价格等4项成本监审。完成污水处理费、公办幼儿园保教费等成本调查。

【价格认定】 2023年，市发展改革委完成各类价格认定案件1910起，其中涉刑事案件财物价格认定975起，涉税房屋价格认定916起，保障房价格认定15起，其他价格认定4起，对全市存量房纳税价格交易数据库进行维护。完成全市存量房价格数据库标准房的两次价格动态监测，对评估公司出具的722个二手房交易个案价格进行审核。参与税务局、价格认定中心、评估公司存量房纳税价格争议处理三方论证会议，协助税务局处理二手房交易价格争议事项15起。做好共有产权房价格认定。协助市房地产管理处住房保障中心完成住房保障合格家庭购买共有产权房价格认定结论15起。协助市房屋征收管理办公室对元丰园二区一期等4个安置房源市场价格进行采样认定。（李　丹）

市场监督管理

【概况】 2023年，常熟市市场监督管理局（以下简称市市场监管局）推动部门服务效能提升，推进"提振消费信心"年活动，维护市场秩序、打击违法乱象、守护民生安全。优化营商环境，统筹落实"双随机，一公开"监管，强化信用管理水平，压降审批程序成本，坚持办理"否决事项"，减少企业发展成本，构建公平竞争秩序。把服务民生作为重点工作推进，立足职责回应民情民意，推动集贸市场升级改造，试点推广农贸市场智慧管理系统，提升农村家宴监管合力，提振群众消费信心。全市质量基础设施"一站式"服务点和乡镇质量发展委员会实现在各板块全覆盖。常熟市获评2023年度国家知识产权强县建设示范县，位列全国县域知识产权竞争力第五。市市场监管局成为国家市场监管总局个体工商户信用监管数据质量提升试点、省局个体工商户强制退出改革试点，获评国家市场监管总局标准化规范化建设表现突出集体，虞山分局获评全国市场监管系统首批五星市场监督管理所，莫城、高新区、梅李和支塘分局获评全省首批四星市场监督管理分局。

2022年度常熟市市长质量奖获奖组织名单

中交天和机械设备制造有限公司
江苏亨通高压海缆有限公司

2022年度常熟市质量管理优秀奖获奖组织名单

芬欧汇川（中国）有限公司
江苏常铝铝业集团股份有限公司
江苏博涛智能热工股份有限公司
常熟市海明现代农业发展有限公司
日禾戎美股份有限公司

【市场主体监管】 2023年，常熟市承接国家市场监督管理总局个体工商户信用监管数据质量提升试点和江苏省市场监督管理局个体工商户强制退出试点。市市场监管局45个监管网格依托综合监管平台检查市场主体5021户，发现各类问题7730个，其中严重问题930个、较重问题1670个、一般问题4858个，轻微问题272个，相关问题均按照规范予以处置和闭环。对住所失联和年报隐瞒真实情况、弄虚作假的1095家经营主体，列入经营异常名录。统筹全市各部门双随机监管计划，推动28个成员单位在"双随机、一公开"抽查工作中全面落实跨部门联合检查方式，将12项单部门检查计划合并为跨部门抽查任务，惠及涉及381户主体；压减重复检查计划27项，减少重复检查1548户/次。发挥数字化"汇总去重"功能优势，对省、苏州各级部门下达检查任务进行平台数字化整合100次，实现全年检查对象总数由2022年的10244户下降至6949户，压降32%，并将跨部门联合任务比例提升到46.5%。归集和公示行政处罚信息3874条、行政许可信息8771条，抽查检查信息8325条。开展商品房买卖合同预售前行政指导17件，指导调整条款180条，实现防线前移。创新行政指导和信用合规指导模式，依托常熟首创跨平台信用信息共享互认机制，加快经营异常名录等失信信息修复引导。帮助132户主体"无触式"免提交材料，快捷跨平台修复其他部门处罚信息157条，指导帮助经营主体修复经营异常名录1450条，申报省级严重违法失信修复10户。创新发布《网络直播营销活动合规指引》并编制典型案例图册，向主播及MCN机构宣传贯彻。

【反垄断调查与反不正当竞争】 2023年，常熟市市场监管局查办不正当竞争案件38件，罚没款242余万元。其中，对快手主播王某通过塑造正义形象、以演绎故事的形式进行虚假宣传的不正当竞争行为开展调查，并依法作出罚款50万元的行政处罚，该案被评为2023江苏省民生领域案件查办"铁拳"行动典型案例。虞山分局查办江苏奥某服饰有限公司"刷单炒信"虚假交易案在国家市场监管总局"铁拳"行动简报报道，沙家浜分局查办常熟市虞山街道凌然服装商行商业混淆案被评为苏州市2023民生领域案件查办"铁拳"行动典型案例。

【品牌认证监督】 2023年，全市有17家组织获评苏州市质量奖，数量位列苏州市第一。苏州市市长质量奖和苏州市质量管理优秀奖获奖企业各1家。5家企业产品获"江苏精品"认证，2家企业产品获"苏州制造"品牌认证；2家企业获评江苏省工业企业质量信用等级评价AAA级，3家企业获评AA级，105家企业获评A级。

【消费维权服务】 2023年，常熟市市场监管局各平台转办和自接各类投诉举报38701件，其中"12345"平台转办12414件，"12315"（全国、省）平台转办24965件，自接登记投诉举报1322件，接听、答复各类咨询39514件。网络购物、食品安全，产品质量等重点热点投诉举报处置工作，在市级绩效通报中及时签收率、按时处置、答复率100%，综合满意率超99%。围绕"提振消费信心"年主题，编辑专题、专栏、专刊等消费维权主题宣传册28万册，开展问卷调查、知识问答、意见征集等互动活动40场次，在各街道、镇场开展消费维权年主题宣传系列活动38场次，其中在琴湖溪里举办"3·15"大型主题纪念活动，设2个分会场和线上直播，现场接待咨询3万人次；命名表彰省、市两级放心消费创建先进示范单位27家；建成线下无理由退货商家12137家，在无理由退货商家中选优建成"吴优数购"商家

3000家。组织开展假冒伪劣产品集中销毁活动，销毁各类假冒伪劣产品77余万件，涉及过期食品药品、假冒伪劣日用品、不合格化妆品、不合格防疫用品等。

【特种设备安全监察】 2023年，全市有特种设备使用单位1.27万家，在用特种设备数量为7.28万台，其中锅炉453台、压力容器2.32万台、压力管道0.27万千米、电梯2.31万台、起重机械1.15万台、场（厂）内专用机动车辆1.46万台、客运索道1条、大型游乐设施3台；特种设备作业人员考核发证3011人次，复审发证6201人次。共检查特种设备使用单位2243家，出动检查人员4610人次，抽查各类设备3595台（次），发现整改隐患2914条，下达监察指令书1649份，查处237家单位，罚款632.16万元，实现特种设备安全生产零事故。联合千红石化举办丁二烯储罐泄漏应急处置演练，对3.6万人开展特种设备安全主体责任"两个规定"宣传贯彻，对2887家单位的9922人次管理作业人员开展安全培训，组织10466名起重机械地面操作人员开展专题培训。

【计量管理】 2023年，市政府出台《关于深入推动计量工作的实施方案》，由财政保障计量器具强制检定经费560万元。市市场监管局联合计量所在琴川街道质量赋能站开展企业计量管理培训。全市发展《诚信计量自我承诺商家》193家。开展"计量服务中小企业行"活动，重点指导服务对象23家解决疑难问题。对全市眼镜制配场所、加油（气）站和电动汽车充电场站的7000余台计量器具进行监督检查，开展电子计价秤市场秩序综合整治专项行动，推动全市集贸市场中使用"五统一"秤。市市场监管局联合市水务局开展建材市场洁具水效标志检查，联合市住房城乡建设局检查混凝土小搅拌站60家次，与市应急局、市计量所联合开展全市工业企业、医药企业安全防护类计量器具专项整治。年内，常熟新建立社会公用计量标准4项，分别为电化学氧测定仪检定装置、浮标式氧气吸入器检定装置、热式风速仪校准装置、医用诊断计算机断层摄影装置（CT）X射线辐射源。全市有社会公用计量标准179个。在常熟天然气公司开辟燃气表检定室，新增加一条12表位燃气表检定线。2023年检定膜式燃气表增加46914台。计量所新添置充电桩检定专用车，完成充电枪头检定761个。 市检验检测中心受理检定、校准计量器具38万余台件，为2300余家企、事业单位和个人完成检定强检计量器具13万余台件，免征检定费1170万元。为各类企业提供计量器具免费上门取送服务800余次、9000余台件，为328家企业特殊计量器具提供送检、取件1883台件。

（殷嘉晨　狄晓蕾）

【标准化管理】 2023年，全市企事业单位主导或参与制修订国家标准和行业标准94项。市市场监管局组织召开全市质量强市暨标准化工作会议、全市标准化试点启动会。落实标准化奖补政策，对18家企业及1个标准化专业组织所在单位奖补115万元。组织申报各类标准化试点9个，获立项省战略性新兴产业标准化试点 1个。组织申报省级地方标准5项，立项2项，参与的省级地方标准DB3205/T 1058—2023价格行政处罚工作规范已发布。苏州地方标准申报2项，立项2项。推动副产硫酸、集体用餐配送等5项团体标准的制定。加强标准化人才培养，组织各类标准化工作业务培训8次，组织27名企业骨干参加苏州标准化人员职业竞赛。联合科技、工信等部门梳理重点企业，并开展"一企一策"座谈会，提供政策宣传、标准化组织导航等服务，和板块签订推进高质量发展合作协议，组织企业参与苏州标准化创新联盟及各类交流培训。牵头成立苏州市汽车及零部件产业和纺织服装产业质量创新联合体。奇瑞捷豹路虎汽车有限公司"新能源汽车战略性新兴产业"省级标准化试点获立项，"迎接汽车技术变革，推进新能源标准创新"案例入选苏州"标准化促进产业强链补链延链优秀实践成果"。常熟开关制造有限公司"以国际标准为桥梁 推动产品走向海外"获评苏州市"推进标准制度型开放"优秀实践成果。全年抽检企业标准80份，完成企业标准抽检和抽检后整改。 （殷嘉晨）

【检验检测】 2023年，市检验检测中心完成CMA扩项现场评审，新增食品检测能力参数149项，通过CNAS复评+扩

10月，市市场监管局对全市部分大米生产企业开展专项检查

（市市场监管局　提供）

项+变更评审，新增检测项目1项、校准项目70项。市质检所有1027种产品、1984个参数通过省级资质认定。其中，食品产品374项、参数762项；有132个参数通过江苏省农产品质量安全检测机构考核；58个产品、170个参数通过CNAS认可。市计量所在长度、电磁、光学、物理化学、力学、热工、声学、时间频率、无线电及专业计量等领域建立181项计量标准考核证书，并取得相应社会公用计量标准证书，开展检定216项、校准267项、检测5项；通过CNAS认可准予在几何量、温度、力学、声学、电磁学、无线电、时间和频率、光学、化学、电离辐射、专用测量仪器等领域开展校准460项、检测28项；通过省级资质认定准予开展一大类1小类5项产品、一大类5小类18项参数的检测。年内，市检验检测中心完成各类产品检验2.2万批次，为市场监督、农业、教育等有关部门完成食品、建材、机电等产品委托检验1.4万余批次。（狄晓蕾）

【行政执法稽查】 2023年，市市场监管局一般程序立案1981件，结案2167件，涉及三重一大案件517件，移送司法机关追究刑事责任100件109人次，罚没款合计3830余万元，免罚减罚金额1.24亿。年内开展助企维权、涉企收费、提升地产工业品质量、电商领域综合治理、保护知识产权、维护竞争秩序、安全生产、食品生产企业及家宴场所、药品和医疗器械整治及化妆品专项整治等10项专项整治。莫城分局查办某商标代理公司代理他人恶意申请商标案入选省知识产权保护十大典型案例，高新区分局查办某服装商行商标侵权案入选网络交易违法行为典型案例，经开区分局主办江苏首例侵犯海归人才企业商业秘密案被评为反不正当竞争“守护”专项执法行动典型案例，支塘分局查办某食品有限责任公司生产销售不合格食品案入选省民生领域案件查办“铁拳”行动典型案例，琴川分局查办某医疗美容诊所有限公司从不具备经营资格主体购进药品案入选省药品安全巩固提升行动典型案例，执法大队主办某电子商务有限公司商业贿赂案入选第四届长三角地区市场监管执法典型案例。

（殷嘉晨）

表16　2023年常熟市部分市场监管专项整治执法情况统计表

名称	案件数（件）	罚没款（万元）
知识产权保护专项整治	379	1623
维护竞争秩序专项整治	61	250
涉企收费专项整治	27	179
电商综合治理专项	406	1023
安全生产专项整治	190	653
药品和医疗器械整治	86	136

（资料来源：市市场监管局）

知识产权管理

【概况】 2023年，全市拥有发明专利1.05万件，发明专利授权数1896件，万人有效发明专利拥有量达62.03件，万人高价值发明专利达26.08件。2件发明专利获中国专利奖优秀奖，1件发明专利获评江苏专利奖优秀奖。注册商标申请量1.19万件、注册量7941件、有效数13.83万件，有效注册商标数位列江苏省县区首位，“常熟鸭血糯”地理标志证明商标获注册。2023年度获批建设国家级常熟（纺织服装）知识产权快速维权中心，获批国家知识产权强县建设示范县，连续3年获中国县域知识产权竞争力“十强”称号。

【知识产权培育】 2023年，常熟市列入省正版正货计划项目1项，列入苏州高价值专利培育计划项目2个、知识产权密集型产品培育计划项目1个、苏州正版正货示范街区1个。年内，常熟市运用高价值专利培育、专利导航、知识产权强企梯队建设等各类项目手段，加大高价值发明专利创造力度，提升企业自主创新能力和知识产权战略运用能力。

【知识产权保护】 2023年，常熟市结处商标侵权案件376件，结处侵犯奥林匹克标志专用权案件5件，罚没款1623万元，移送公安部门追究刑事责任66件71人次。年内，常熟市召开常熟—日本贸易振兴机构知识产权保护交流座谈会，成立全市女性知识产权保护联盟，开展知识产权执法维权“护航”行动和知识产权代理机构“蓝天”专项整治行动。

【知识产权运营】 2023年，常熟市推进高校与目标企业在技术研发、项目促进、战略规划咨询、疑难问题破解上的联通，实现产学研深层次推进。强化知识产权质押融资银政企对接，联合主要金融机构开展多场次知识产权质押融资需求对接会，累计为46家企业完成知识产权质押融资超20亿元。针对汽车智能座舱产业开展知识产权证券化项目的探索，为科技型中小企业将高新技术转化为现实生产力提供金融支持手段。

【知识产权服务】 2023年8月，国家知识产权局批准建设常熟（纺织服装）知识产权快速维权中心，江苏省保护中心常熟工作站、苏州保护中心常熟分中心纳入快维中心整体建设范畴。与专利审查协作江苏中心签约设立专利特派员工作站，在系统培训、专利指导、定向服务等方面达成合作，为常熟汽车零部件、新能源、声学等创新产业集群开展专利导航分析。市知识产权局开展走访服务活动10次，服务企业29家；组织开展专场培训3场，参训企业超400家，出具专利导航报告3份。

（殷嘉晨）

表 17　2023年全市各板块发明专利工作情况统计表

板块	发明专利年初数（件）	发明专利完成数（件）	净增数（件）	增幅
海虞镇	444	546	102	22.97%
梅李镇	290	345	55	18.97%
辛庄镇	473	610	137	28.96%
古里镇	358	403	45	12.57%
支塘镇	362	418	56	15.47%
沙家浜镇	511	567	56	10.96%
董浜镇	267	311	44	16.48%
尚湖镇	275	318	43	15.64%
虞山街道	154	174	20	12.99%
常福街道	1090	1319	229	21.01%
莫城街道	109	130	21	19.27%
琴川街道	111	136	25	22.52%
经开区	1062	1322	260	24.48%
高新区	1555	1973	418	26.88%
理工学院	841	1005	164	19.50%
运营中心	696	696	—	—
合计	8598	10273	1675	19.48%

说明：发明专利年初数为2022年12月数据，发明专利完成数为2023年11月数据

（资料来源：市市场监管局）

信用体系建设

【信用数据归集】 2023年，常熟市加快推进省市一体化对接进程，梳理各单位信用信息归集目录，市发展改革委、市场监管局、行政审批局、人力资源社会保障局等重点单位实现平台自动对接，减轻数据共享传输工作量。信用信息来源部门和单位有72家，收集数据包括信用承诺、合同履约、资质许可等82项，总量9200万余条数据量。完善部门及板块行政处罚、行政许可报送途径，依托信用常熟网实现行政许可和行政处罚信息公示，年内产生行政许可数据量18745条，行政处罚数据量5279条。

【信用应用场景创新】 2023年，常熟市率先入选开展国家农村改革试验区拓展试验工作。重点推进新型农村经营主体电子信用档案建设、更新维护和应用机制，并针对镇、村、户三级主体开展“三信”评定，加大对信用状况良好的主体金融信贷服务力度。通过建立高效协同机制、智慧信用数据库、科学评级指数模型、信用评价应用场景，加快推进新型农业经营主体电子信用体系建设和应用机制全覆盖。

【诚信宣传教育】 2023年，常熟市利用“3·15”消费者权益保护日启动文明诚信主题宣传月活动，通过诚信商户表彰、示范街区创建、最美人物诚信故事分享等多种活动开展诚信宣传教育，普及信用法规和信用知识。重点推进诚信建设万里行之“六进”宣传活动，通过悬挂宣传横幅、发放宣传手册宣传袋、设立咨询台等形式走进机关、学校、企业。

【政务诚信建设】 2023年，常熟市推进乡镇街道领域政务诚信建设，完善政务、财政、就业、物业等16个领域公开承诺制度，全市349个村、社区就遵守法律法规、落实奖励扶助政策等做出承诺并诚信履约，实现政务诚信履约践诺工作全覆盖。围绕政务诚信重点领域工作要求，出台政务诚信制度文件，强化政府履约践诺责任。开展信用镇（街道）、信用村（社区）示范创建活动，对创建申报单位进行信用评选，7个板块、20个村获选。（曹嘉祺）

【农商行“三个信用”工程焕新启动】 11月28日，“三个信用”工程启动暨海虞镇新时代文明实践所、常熟农商银行燕谷数巢落成仪式举行。2020年，常熟农村商业银行在海虞镇率先落地信用户、信用村、信用农业“三个信用”工程，取得成效。此次焕新启动的“三个信用”工程将在党建引领下，做好科技金融、绿色金融、普惠金融、养老金融、数字金融，深化政银合作，以科技赋能，推进普惠金融高质量发展。以政银合作为契机，常熟农商银行在海虞镇新建1.5万平方米的燕谷数巢，活动现场，燕谷数巢落成仪式和燕谷数据中心投用仪式举行。

（年鉴编辑部）

责任编辑　汤　涵

开发园区

综　述

【园区经济发展】 2023年，常熟市有国家级开发区（高新区）2家，分别为常熟经济技术开发区（以下简称常熟经开区）、常熟高新技术产业开发区（以下简称常熟高新区），有省政府批准筹建中的省级高新区虞山高新区（以下简称虞山高新区）和省政府批准挂牌的江苏常熟新材料产业园（以下简称常熟新材园），统称为“三区一园”。2023年，“三区一园”新批签约项目94个，投资额504.78亿元；实现进出口总额140.69亿美元，比上年下降13.20%；涉外税收占全市涉外税收总数的84.06%；外企开票销售占全市外企开票销售总数的85.98%。年内，新增苏州市级以上跨国公司地区总部和功能性机构（含研发中心）10家。

（张　敏）

【园区项目引进】 2023年，“三区一园”签约外资项目18个，投资总额9.81亿美元；引进内资项目76个，投资总额440.98亿元。投资总额1亿美元及以上外资项目4个，投资总额20亿元及以上内资项目6个。年内，全市“三区一园”注册外资项目43个，比上年增长13.16%；外资增资项目21个，比上年下降32.26%。合同利用外资5.23亿美元，比上年增长88.13%；实际利用外资3.13亿美元，比上年下降59.66%。（丁仕成）

【园区进出口贸易】 2023年，全市“三区一园”实现出口额、进口额分别为85.90亿美元和54.79亿美元，比上年分别下降9.44%、18.52%。

（杨　帆）

常熟经济技术开发区

【概况】 常熟经济技术开发区（简称常熟经开区）为国家级经济技术开发区，境内有全国十大内河港之一的常熟港，国家级常熟综合保税区和常熟国际物流园，形成汽车及零部件、精细化工、电力能源、高档造纸、海工装备、特殊钢铁为代表的特色制造业集群。2023年，常熟经开区实现地区生产总值1192亿元，完成公共预算收入85亿元，规模以上工业总产值2434亿元。其中，核心区（沿江板块）实现一般预算收入38.35亿元，完成规模以上工业总产值1286亿元。常熟经开区名列全国国家级经开区综合考评第58位，入选通过验收的国家级循环化改造示范试点名单。年内，经开区文体中心投用，常熟国际物流园获评省级示范物流园区，常熟综合保税区在全国保税区发展绩效评估中升为B类。

【经开区招商引资】 年内，常熟经开区组织4批次招商团组赴日本、德国、英国、法国、芬兰开展境外招商，举办第四、第五届钙钛矿论坛、汽车产业联盟大会、“专精特新”项目集中签约仪式等13场招商推介活动。聚焦绿色智能汽车、声学、新能源等重点领域，全年新签约华域智能视觉、航盛新能源总部基地、爱立生血液透析装置总部基地等产业项目40个，总投资约310亿元，其中耐世特智能转向系统、新中能源锂离子电池二期项目投资超亿美元。

9月20日，长城控股集团汽车零部件系列项目在常熟经开区开工建设

（朱琪　摄）

【经开区科技创新】 年内，常熟经开区组织举办3D打印、半导体产业链企业对接交流会，全年落户科技招商项目250个，其中科创人才项目125个。制定《高成长型科创企业三年培育计划》《服务存量企业创新发展三年行动计划》，获评高企55家，完成省民营企业认定26家、科技型中小企业备案274家。常熟科创园获"十四五"期间省现代服务业高质量发展集聚示范区称号，并获得科技部火炬中心国家级科技企业孵化器2021年度评价优秀（A类）。

【经开区开发建设】 年内，常熟经开区推动总投资462亿元的55个重点项目建设，未势能源、安特威等37个新项目开工建设，立讯二期、森松一期等28个项目竣工，全年申请入库项目100个。加快声谷片区开发建设，声谷科创中心一期完成地库建设，西片区通塘路、通莲路等4条道路通车，东片区江南大道南延等2条道路竣工，昕悦溪尚家公寓开业运营，东张邻里中心开工，扬子江大道改扩建工程全线贯通。康桥片区4万平方米景观绿化工程完工。推进天籁湾和花园总部等项目前期工作。年内，长三角（常熟）国际先进智造产业园二期、苏高科智能制造基地、浦江科技产业园二期等43万平方米产业载体竣工投用，声谷科技产业园、汇融高科·滨江国际创研基地等37万平方米新载体开工建设，规划打造2.5平方千米智能汽车产业园。

【声谷产业发展】 年内，常熟经开区举办中国声学产业创新发展大会暨中国（苏州）声学产业博览会，苏州·中国声谷战略发展规划、中国声学产业发展指数（常熟指数）发布。举办苏州·中国声谷（深圳）科技招商推介会、全国声学双创大赛、声景产业发展论坛、首届音质设计与测评大会等特色品牌活动。聚集南智芯材等声学产创项目154个，总投资超270亿元。江苏省声学产业技术创新中心获得省级科研项目，国际声研院获批省外国专家工作室，苏州产研院声光微纳技术研究所获批苏州市新型研发机构，声学联合检测中心一期、声谷大剧院建成投用，声谷南京、西安、深圳三大创新中心全面建成投用，澳门创新中心揭牌。成立声谷东证智象基金、苏创新能源基金2只产业创新协同基金，总规模7亿元。

【经开区入围国家级循环化改造示范试点名单】 年内，国家发展改革委、财政部发布通过验收的2022年园区循环化改造示范试点工业园区名单，经开区位列其中。"十四五"以来，常熟经开区全力推动"园区循环化改造"，先后投入16.23亿元，完成15个循环化改造重点项目，形成新能源、化工、造纸、资源综合利用等循环产业链，力促区域减污增效，助力"无废园区"建设。通过园区循环化改造，常熟经开区循环化改造重点项目实现年销售收入约6.5亿元，年节约用电659万千瓦时、用煤2479.75吨、用水110万吨；年利用废液13万吨，造纸废渣20万吨；年减少化学需氧量排放2888吨、氨氮34.6吨，减排二氧化硫2326.4吨、氮氧化物4729.1吨。 （曹梦冰）

长三角（常熟）国际先进智造产业园 （2023年摄 常熟经开区提供）

常熟高新技术产业开发区

【概况】 常熟高新技术产业开发区（以下简称常熟高新区），于2003年5月经江苏省人民政府批准设立，2015年9月经国务院批复升级为国家级高新区。常熟高新区管理面积138平方千米，下辖"一镇一街道"（沙家浜镇和东南街道），境内有昆承湖，常熟国家大学科技园以及世界联合学院在大陆唯一分校——中国常熟世界联合学院（以下简称常熟UWC）。常熟高新区以打造汽车产业创新集群为"龙头"，重点发展汽车及核心零部件、智能装备制造、新一代信息技术、现代服务业等主导产业。2023年，常熟高新区实现地区生产总值390.2亿元，一般公共预算收入41.9亿元、比上年增长35.9%，占全市比重提升3.64个百分点；规上工业产值1242.2亿元，其中高新技术产业产值729.1亿元；全社会固定资产投资151.7亿元，其中工业投资85.5亿元，总量连续3年列全市第一。年内，获评中国投资协会全国百家"零碳园区"标准试点、2023年度江苏省知识产权建设示范（园区）、江苏省现代服务业高质量发展集聚示范区等。

【高新区招商引资】 2023年，常熟高新区到账外资9869万美元，注册外资3.5亿美元；内资注册21亿元；全年累计新签约项目37个，总投资228亿元，其中超亿美元外资项目2个，超10亿元内资项目6个。在汽车及核心零部件方面，引进科力梦行、瑞基半导体、联展汽车等项目，推进丰田汽车、海力达、圣让和延锋等公司的增资扩产；在装备制造方面，罗托克阀门、新励诚智能装备、睿诺航空装备落户及英华特上市。在新一代信息技术方面，引进晶湛半导体、智程半导体等项目。在新兴产业方面，引进生命健康产业项目罗泰洁净科技、智享生物二期，合格境外有限合伙人（QFLP）项目耀途创投、黑蚁资本，数字经济项目好活数字科技等项目。

丰田汽车混合动力汽车驱动变速器扩建项目被列入2023年江苏省重大项目清单。图为新投产的生产车间　（常熟高新区　提供）

【高新区科技创新】　年内，常熟高新区新增省级科技企业孵化器1家、省级众创空间1家及苏州市级众创空间1家；智能液晶所百斯特玻调光玻璃产品入选住建部绿色建材低碳产品案例、工信部工博会创新引领奖，江苏集萃先进金属材料研究所的航空发动机单晶叶片项目纳入苏州实验室首批启动项目，北大分子苏南研究院的公共测试研发中心通过CNAS资质认定。新认定高新技术企业108家，高新区成为全市首个单年度认定数量“破百”的板块；高新技术产业产值占规上企业产值58.7%、比上年提升5.3%。自主培育科创企业英华特上市，江苏正力新能电池技术有限公司入选全市首家中国独角兽企业，入选中国潜在独角兽企业3家、江苏独角兽企业1家、江苏潜在独角兽企业3家、国家级专精特新“小巨人”企业4家、省专精特新中小企业23家、省瞪羚企业13家，新认定省级工程技术研究中心、企业技术中心13家，新能源储能电池技术创新联合体入选苏州市级培育项目，净增有效发明专利474件，获批省知识产权建设示范（园区）。入选常熟市级以上人才86人，其中国家级重大人才7人、占全市的63%以上，获批苏州高品质人才社区示范点。

【高新区开发建设】　2023年1月，中新昆承湖园区开工建设，园区规划总面积46.4平方千米，形成“一湖、两湾、三轴、十岛”的空间规划布局，重点构建“数字科技+新能源”和现代服务业的“2+1”产业体系，打造湖城相拥、产城相融的现代产业园区。年内，中新昆承湖园区20项规划全部编制完成，《中新昆承湖园区生产智造片区（中新创智岛）详细规划》由市政府批复。中新大道开工建设，完成中新创智岛纵二、纵三水系调整及南、北半岛地块整理、园区展示中心等形象提升工程，UWC+创新岛主体结构完成，低碳数字产业园多层及主楼群楼结构封顶，湖西片区拆除企业59家、进度90.7%，与苏州工业园区、中新集团对接落户优质项目10个、总投资超50亿元，签约设立中国·沙特中心，与阿那亚集团签订北半岛片区合作框架协议、深化完善创新街区一期设计方案。华师大二附中常熟实验学校、海吉亚医院开工建设，日航、昆承湖凯悦酒店竣工开业，对银河路等25条道路实施绿化景观提升改造、覆盖面积65万平方米。

【高新区产业发展】　2023年，高新区集聚汽车产业创新集群相关企业210余家，基本覆盖汽车动力系统、电子系统、内饰系统、底盘系统、新能源“三电”系统、智能网联系统、氢燃料电池等汽车核心零部件体系。年内，引进相关企业11家、总投资85亿元，全年规模以上汽车产业产值541.3亿元、占高新区规模以上企业43.6%、占全市汽车产业规模以上企业52.3%、占苏州汽车制造业产值比重17.6%；其中新能源汽车凸显集聚态势，2023年新能源汽车核心“三电”规模以上产值330.9亿元，占全区汽车产业规比达61.1%。2023年，完成智能化改造和数字化转型项目超100个，改造资金总额40亿元，新增智能化设备2200台套；新增省级工业互联网标杆工厂5家、省级智能制造示范工厂1家、省级智能制造示范车间2家、江苏省绿色工厂3家、五星上云企业8家、江苏省“两化”融合管理体系贯标企业5家；亨睿碳纤维、科宝光电、精工模具和中翼汽车获评国家级专精特新“小巨人”；海力达汽车科技有限公司入选工信部2023年5G工厂名录；大陆汽车系统（常熟）有限公司获评国家级绿色工厂。

【常熟国家大学科技园数字化建设】　2023年，常熟国家大学科技园获评第一批“苏州市数字化转型示范园区”、第一批“苏州市数字经济特色产业园”，全年新增数字经济项目40个，注册资本4.7亿元，总投资9.4亿元，累计入库苏州数字经济企业177家，规模以上数字经济核心产业入库企业共85家，位列常熟市各板块第一。

【UWC+创新岛】　是由常熟市委、市政府联合常熟UWC打造的以“创新科技”为主题的复合型科技创新产业园区，项目地处中新昆承湖园区核心地带，总投资18亿元，占地面积12.73公顷，总建筑面积22万平方米，规划涵盖科技办公区、酒店及酒店公寓、人才公寓、商业配套等。9月，项目主体结构全部封顶，12月，项目二次结构施工完成总工程量70%，总工程量完成40%。年内，“UWC+创新岛”累计引进新经济项目78个，合计注册资本总额54亿元，总投资106亿元，产业类型涵盖数字经济、医疗科技、文化创意等新兴业态，聚集迈宝国际、合数科技、熹微生物、数畅创合等项目。“UWC+创新岛”被授予“欧美同学会企业家联谊会（常熟）人才归谷”。

（朱晓明）

【《中新昆承湖园区生产智造片区（中新创智岛）详细规划》获批】 9月11日，市政府批复《中新昆承湖园区生产智造片区（中新创智岛）详细规划》，该详细规划范围为：西至昆承快速路，东至横泾塘，北至大滃，南至沙蠡线，规划面积为4.62平方千米。区域内至规划期末，依托汽车零部件产业基础，重点发展汽车智能化网联化核心零部件、新能源汽车核心零部件产业，前瞻布局氢储风光清洁能源，打造集研发制造于一体的现代化产业园区，构建“绿色创智谷，水乡科技园”。形成“一核两轴三片”的规划结构，一核为综合服务核，包括研发中心、工业邻里中心等；两轴为产城联动轴和综合发展轴；三片包括创智产业先导片区、国际合作产业片区、创智产业集聚片区，打造集研发制造于一体的常熟创智绿色产业新引擎。（年鉴编辑部）

【《常熟南部新城东部西南片区控制性详细规划修编（2023年）》获批】 12月1日，市政府批复《常熟南部新城东部西南片区控制性详细规划修编（2023年）》，该规划范围为：东至规划黄山路，西至常昆公路，南至大滃，北至黄浦江路，用地面积57.30公顷。区域规划定位为：南部新城东部产业功能拓展区，重要区域交通界面片区功能衔接发展区。规划区以工业用地为主，与西侧中新昆承湖园区东部区域、北侧东部西片区、东侧东部中片区以及南侧常昆工业园区整体区域协调发展。（年鉴编辑部）

江苏省常熟虞山高新技术产业开发区（筹）

【概况】 江苏省常熟虞山高新技术产业开发区（筹）（以下简称虞山高新区）成立于20世纪90年代，前身为虞山工业小区。2003年3月更名为江苏省常熟经济开发区高新技术产业园。2017年8月11日，经江苏省人民政府正式批准筹建江苏省常熟虞山高新技术产业开发区。虞山高新区区域面积88.93平方千米，有中交、中车、恩捷、佛吉亚等多家世界500强和国内优质企业以及常熟开关、汽车饰件、通润驱动等多家本土企业。先后获“国家火炬计划常熟电气机械产业基地”、国家级“出口电子信息产品质量安全示范区”、“江苏省两化融合示范区”。2023年，虞山高新区完成一般公共预算收入17.85亿元，比上年增长16%。完成规模以上工业产值384.63亿元，战略性新兴产业产值138.06亿元。年内，省重大项目东威科技新建项目开工奠基，巡鹰新能源新建项目再次刷新重大项目建设审批。

【虞山高新区招商引资】 2023年，虞山高新区签约威海邦德、帝航二期等11个重点项目，其中超10亿元项目2个，总投资45亿元。开展“链式”招商，举办虞高新“睿见如故”新能源产业研讨会、上海商行投融资促进会。年内，佛吉亚、丽瀑光能、弗兰科希、奥升德等外资企业持续增资扩产，丽瀑光能获评苏州市跨国公司地区总部。落地科技招商项目295个，立项市级以上双创领军人才项目38个。

12月，虞山高新区内的丽瀑光能（常熟）有限公司入围第五批苏州市级跨国公司地区总部企业名单。图为丽瀑光能（常熟）有限公司全景

（虞山高新区　提供）

表18　2023年虞山高新区新建投资超亿元项目一览表

序号	项目名称	项目内容	投资总额（亿元）	用地面积（公顷）	行业类别
1	新建轨交、汽车声学零部件生产项目	新建生产车间、研发办公及辅助用房共4万平方米，新购声学实验室设备、分析仪器（系统）、全自动数控连续精切线、全自动高速复合线、轨交、汽车内饰生产线、组装线等生产及公辅设备200台（套）。主要产品为轨交、汽车吸隔音声学零部件，年产量150万件（套）	3.3	2.47	汽车零部件

续表18

序号	项目名称	项目内容	投资总额（亿元）	用地面积（公顷）	行业类别
2	负极集流体基材设备生产项目	建造厂房及配套用房约10.7万平方米，购置相关设备，建成后年产180台负极集流体基材设备（高端表面处理装置）	10	6.51	精密设备
3	新建工业自动控制系统装置制造	新建总建筑面积5.5万平方米，包括生产厂房及研发中心、办公用房及配套用房。新增机器手臂、数控车床等设备65台/套。年产工业自动控制系统装置350台	1.5	—	工业载体
4	电子产品用精密紧固件和精密连接器	专业从事生产手机、笔记本电脑、平板、智能穿戴、液晶电视、汽车、安防、医疗等专用精密紧固件和精密连接器，主要为华为、苹果、三星配套	7.54	2.73	精密设备
5	盾构机生产技术改造	淘汰焊枪设备，购置刀具、自动化控制系统等设备进行，提升智能化管控技术进行盾构机生产的技术改造	7.8	—	精密设备
6	采掘机械关键零部件自动化升级技术改造项目	购置国内外高端数控篷统床、数控立车、数控铣、精密控制冷处理回火一体炉等设备，建设以MES为核心的系统集成等信息化系统，对采掘机械关键零部件生产系统进行自动化升级改造，导入重载齿轮冷、热加工自动化产线，行星架、壳体自动化加工单元等生模式，实现生产过高可靠性行星架2000件、高性能壳体1200件等关键零部件的能力	1.5	—	精密设备
7	新建锂离子电池及锂电储能系统集成项目	年产1.5吉瓦时（GWh）锂离子电池及锂电储能系统集成（包括整包级储蓄电池组、模组级蓄电池、储能电池箱、逆变器等，涉及梯次利用回收及储能相关产品）	10	5.17	新能源
8	新建储能系统研发生产项目	租赁厂房28506平方米，购置相关设备，采用先进的制造工艺，年产8GWh储能系统，并从事储能技术的相关研发	3	—	新能源
9	年增产3.5吉瓦（GW）太阳能光伏板技术改造项目	租赁厂房68000平方米厂房，淘汰串焊机、排版机等设备10余套，购置焊接机、AI系统、EL测试仪等设备65套，迪过技术改造，改进焊孩、测试工艺，年增产3.5吉瓦（GW）太阳能光伏板	1.3	—	新能源

（资料来源：虞山高新区）

【虞山高新区科技创新】 2023年，虞山高新区有高新技术企业187家，科技型中小企业237家，各级“专精特新”中小企业39家，年内新认定高新技术企业86家、科技型中小企业237家，省“专精特新”中小企业21家。新增省级工程技术研究中心2家，企业技术中心6家，泓博通讯获批国家级博士后创新工作基地。西大创星孵化器获省绩效评价优秀，创新智造产业园获评苏州科技企业孵化器。全年净增发明专利229件，技术合同成交额11.5亿元。规模以上企业研发经费投入12.9亿元，比上年增长9%。长城精工获批江苏省科技成果转化立项。实施“智改数转”项目146个，骨干企业“智改数转”动态全覆盖，新增工业机器人295台（套），获评智能化、数字化荣誉45项。常春汽车零部件获评国家级5G全链接工厂，2家企业获评苏州市服务型制造示范企业（平台）。

【虞山高新区开发建设】 2023年，虞山高新区完成全社会固定资产投资58.02亿元，其中工业投资33.52亿元。深化“虞企同行”先锋专员工作机制，推进东威科技、裕达丰等17个重点产业项目建设，巡鹰新能源项目“一天九证”实现交地即开工。推进吴越智创、多科智能等22个续建项目，其中欧立通、帕诺新能源等10个项目竣工投产。新建高标准产业载体空间38万平方米，竣工投用7万平方米。布局“智融系”3大片区，完成概念规划、更新计划、单元组团设计编制，智融·新能源汽车关键部件产业园启动建设。域内深圳路、柳州路北延、新胜路按期通车。

【东威科技新建项目开工奠基】 1月11日，常熟东威科技有限公司负极集流体基材生产设备项目在虞山高新区开工奠基。该项目被列入2023年江苏省重大项目清单，占地面积6.51公顷，总投资10亿元，东威科技新建高端表面处理装备生产基地项目重点聚焦新能源汽车动力电池负极集流体生产设备的研发与生产，新建年产180台工业自动控制系统装置设备。2022年12月28日，项目完成施工许可证领取，实现当天8小时内连拿8张证书，提前一个季度开工。

【巡鹰新能源“一天九证”拿地即开工】 9月28日，巡鹰新能源新建年产1.5吉瓦时（GWh）新型锂离子电池及锂电储能系统集成项目在一天之内拿到交地确认书、工程规划许可证、审图合格证、施工许可证等9张证书，再次刷新重大项目建设审批速度。巡鹰新能源新建项目是2023年三季度苏州市重点项目，位于虞山高新区光明路以东、规划五星河路以北，占地5.13公顷，总投资10亿元。（华恬逸）

江苏常熟新材料产业园（江苏高科技氟化学工业园）

【概况】 2023年，江苏常熟新材料产业园（江苏高科技氟化学工业园）（以下简称常熟新材园）实现工业总产值269.5亿元、工业开票销售收入278.9亿元，实现财政总收入20.4亿元、其中一般公共预算收入9.8亿元，完成工业投资14.1亿元，到账外资4029万美元。年内，常熟新材园首批通过江苏省化工园区认定复核，入选国家环境健康管理试点名单。入选“2023高质量发展化工园区全国30强”（位列第16名），连续11年跻身高质量发展化工园区“前20强”，为全国唯一入榜的专业氟化学工业园区，常熟新材园“石化利润率”单项指标列全国第2名。成立江苏氟化物污染治理研发中心，百世孚（常熟）生物材料有限公司奠基、大金新材料（常熟）有限公司开业、吴羽（常熟）氟材料有限公司研发中心建成启用。

【新材园招商引资】 2023年，常熟新材园引进各类投资33.15亿元，组织人员赴欧洲、日本等地招商推荐，拜访阿科玛、优美科、大金等集团公司总部，招引新材料、新能源和生物医药等主导产业优质项目。全年新增签约威怡羧甲基纤维素钠、振氟偏氟乙烯、优美科燃料电池催化剂等8个投资超1亿元项目，其中超10亿元项目2个、超5亿元项目2个。

【新材园科技创新】 2023年，常熟新材园内新泰材料获评国家级专精特新“小巨人”企业，中昊、常熟三爱富等7家企业获评省级“专精特新”中小企业；大金新材料获评江苏省智能车间；振氟获评江苏省绿色工厂；华虞环境获评江苏省服务型制造示范企业；东南塑料、祺添、耐素获评江苏省企业技术中心；多恩生物获评江苏省工程技术研究中心；强盛化学、新

泰瑞联腾材料科技续建项目现场　　（刘文忠　4月10日摄）

表19　2023年常熟新材料产业园新签投资超亿元项目一览表

序号	项目名称	项目内容	投资总额（亿元）	用地面积（公顷）	行业类别
1	优美科燃料电池催化剂项目	主要从事燃料电池催化剂以及配套原料的生产和销售	5.9	3	新能源
2	天正智能设备产业化项目	主要从事激光及储能设备的研发生产和销售	10.1	4.67	智能制造
3	金星佳业微米纳米材料项目	主要从事硝酸银、银粉、钯粉、金粉、镍粉、铜粉等金属及非金属微米纳米材料的生产和销售	3.7	2	新材料
4	常宏电子气体项目	投资新建年产电子级氮气16万吨、电子级液氮7.1万吨、电子级液氧10.35万吨、电子级液氩0.42万吨及管道供气项目	3.15	1.67	新材料
5	中科鼎辉生物医药微球关键材料及微球制剂产业化项目	中国科学院过程所院士团队孵化的高科技企业，项目主要建设生物医药用微球分离介质、微球药物制剂、药用辅料等品种的产业化基地	2	2	生命健康
6	富士莱特色原料药和研发项目	年产300吨特色原料药及CMO/CDMO研发一体化	1.6	1	研发
7	振氟偏氟乙烯（VDF）项目	年产16000吨偏氟乙烯，及副产品84540吨盐酸、7400吨次氯酸钠、700吨有水氢氟酸，用于配套吴羽（常熟）氟材料有限公司扩建项目	6.5	4.62	新能源
8	威怡羧甲基纤维素钠产品项目	计划年产50000吨羧甲基纤维素钠产品及CMC-Li、CMC-Na、CMC-NH4，主要应用于食品、日化、医药、电池、印染、陶瓷、造纸、油田等领域	10.2	5.47	新能源

（资料来源：常熟新材料产业园）

能硅胶等7家企业获评省星级上云企业;耐素获评苏南国家自主创新示范区瞪羚企业。年内,新增苏州市级企业技术中心2家,工程技术研究中心6家,新型研发机构2家;新增省双创博士2人,省双创领军人才1人,昆承英才1人。

【新材园开发建设】 2023年,新材料产业园完成盛虞大道、富虞路卡口提升改造施工,升级完善园区封闭化管理,盛虞大道主入口新增服务中心,启动主入口周边大环境综合提升整治。启动拓区扩容规划建设,研究布局新材料产业园科创港等产业载体。智慧园区监管平台实现平台实质性运营;建设运营危险品运输车辆专用停车场。泰瑞联腾供应链、天马天吉等11个新开工项目全部按期开工,强盛化学、泰瑞联腾材料科技等6个续建项目当年计划投资完成率达113%。阿科玛扩建聚酰胺、大金氟化工中央控制楼等11个项目如期竣工。

【江苏氟化物污染治理研发中心揭牌成立】 6月5日,江苏氟化物污染治理研发中心举行揭牌仪式。江苏氟化物污染治理研发中心由江苏中法水务股份有限公司、江苏常熟新材料产业园、苏伊士和江苏省环境科学研究院4家单位共同组建。研发中心将围绕工业废水治理、中水回用、固废处置、水环境治理和智慧水务等方面技术研发、推广、产业孵化等进行合作,重点在氟化物污染治理领域,开展含氟废水超低排放技术、高效低成本除氟剂、含氟污泥处置和资源化回收利用等技术攻关。

9月6日,阿科玛常熟基地25周年暨常熟研发中心10周年庆典活动举行

(海虞镇　提供)

【大金新材料(常熟)有限公司开业】 3月24日,大金新材料(常熟)有限公司开业。该公司于2019年12月5日成立,由大金氟化工(中国)有限公司与大金工业株式会社共同出资,注册资本15亿元。一期项目主要生产改性聚四氟乙烯、熔融树脂以及蚀刻剂,产品主要用于半导体、新能源汽车以及5G通信电子、航空航天等领域,2022年6月开始试生产。二期项目主要生产干式蚀刻剂,三期投资项目为一期基础上扩产熔融树脂1800吨。一、二、三期项目已全部建成投产,总投资2.83亿美元,注册资本1.61亿美元。

【苏州天马医药集团天吉生物制药有限公司项目奠基】 3月27日,苏州天马医药集团天吉生物制药有限公司项目奠基。该项目用地约5.3公顷,总投资6亿元。项目建成后,将形成年产多肽原料药88.24千克,化学原料药330吨,药品制剂68880万支(片、粒),中成药1.83亿片的生产能力。

(马叶丹)

责任编辑　归岳嵚

开放型经济

利用外资及港澳台资

【概况】 2023年，全市注册外资及港澳台资项目91个，新增合同利用外资及港澳台资5.22亿美元，比上年增长43.91%，其中新设项目64个，注册外资及港澳台资4.51亿美元，占全市86.52%；全市批准投资总额超亿美元以上项目2个，其中科力梦行汽车系统（常熟）有限公司总投资10149.7万美元；裕达丰科技（常熟）有限公司总投资11600万美元。全市注册外资0.83亿美元，实际利用外资及港澳台资3.75亿美元，比上年下降57.49%，其中战略性新兴产业占64.74%。

（张　敏）

【外资及港澳台资来源】 2023年，全市实际利用外资及港澳台资前五位的国家或地区依次为香港、法国、英国、新加坡、日本。欧美（地区）实际投资额1.23亿美元，占全市外资及港澳台资投资总额32.79%，占比比上年提高3.18个百分点。日本实际投资额0.23亿美元，占全市外资及港澳台资投资总额6.17%，占比比上年提高1.87个百分点。新加坡实际投资额0.34亿美元，占全市外资及港澳台资投资总额9.08%，占比比上年提高5.07个百分点。

【境外招商】 2023年，常熟组织出境招商16批次，拜访企业或机构156家。赴英国、法国、德国、比利时、意大利、日本、韩国等国家14批次，达成意向签约项目34个，投资总额11.15亿美元。赴香港招商2批次，达成意向签约项目1个，投资总额0.8亿美元。35个意向签约项目中，年内签约落地项目15个，投资总额4.79亿美元。

（丁仕成）

【2023常熟市开放创新合作交流会】 11月6日，相聚进博·2023常熟市开放创新合作交流会在上海虹桥商务区举行。会上，智程半导体项目、马勒电驱动项目、睿诺航空装备项目等8个项目签约，总投资超10亿元。签约项目包括汽车零部件、总部和研发中心等产业项目，也有与进博会参展商签订的采购项目。常客隆分别与上好佳（中国）有限公司、正大集团、雀巢公司签订价值3000万元的进口食品采购合同。

（年鉴编辑部）

参与“一带一路”建设

【“一带一路”沿线贸易】 年内，常熟市对共建“一带一路”沿线地区进出口总值86.9亿美元，比上年下降5.7%，“一带一路”沿线地区进出口总值占全市进出口总值40.6%，较上年提升2.2%。年内签约“中国·沙特中心”，启动中国常熟“一带一路”（巴基斯坦）中心。

【“一带一路”沿线投资】 年内，常熟市对共建“一带一路”沿线地区投资项目12个，中方协议投资额2807.83万美元，比上年增加项目3个，中方协议投资额比上年减少29.6%。投资国家包括新加坡、越南、匈牙利、印度尼西亚和泰国。

（吴怡婷　张　瑜）

5月9日，福鹏新材料常熟项目签约　　（朱琪　摄）

【中国常熟“一带一路”（巴基斯坦）中心启动】 12月14日，中国常熟“一带一路”（巴基斯坦）中心启动。巴基斯坦商务部部长戈哈尔·埃贾兹等出席启动仪式。中国常熟“一带一路”（巴基斯坦）中心是易必集团在巴基斯坦、沙特等共建“一带一路”国家驻华使领馆支持下，在常熟建立的促进中国企业与共建“一带一路”国家开展经贸活动的综合服务平台。中心在合作使领馆授权下，权威发布各国商务信息；定期举办对华经贸论坛；搭建留学生在华（常熟）创业全生命周期服务平台，为常熟纺织服装、装备制造、新能源等企业开拓共建“一带一路”国家市场提供政策咨询、贸易对接、市场拓展等支持。在当天举行的经贸交流会上，巴基斯坦商务部访华代表团与常熟市纺织、新能源汽车零部件、可再生能源和医疗保健等行业的40余家企业座谈交流、共商合作。 （年鉴编辑部）

对外及对港澳台贸易

【货物贸易】 2023年，常熟市实现进出口总值214.22亿美元，比上年下降10.8%，其中，出口总值153.54亿美元，比上年下降8.0%；进口总值60.69亿美元，比上年下降17.0%。从贸易方式看，一般贸易进出口额137.35亿美元，比上年下降13.8%，占全市进出口总值64.1%；其中一般贸易出口额98.27亿美元，比上年下降9.7%，占全市出口总值64.0%。

【服务贸易】 2023年，常熟市服务贸易进出口额19.72亿美元，比上年下降6.68%。出口额10亿美元，比上年下降11.84%；进口额9.72亿美元，比上年下降0.71%。其中，知识密集型服务贸易进出口额9.87亿美元，比上年下降11.1%。出口额3.63亿美元，比上年下降14.81%；进口额6.24亿美元，比上年下降8.78%。

【服务外包】 2023年，常熟市服务外包接包合同额4.83亿美元，比上年增长1.5%。离岸接包执行额2.96亿美元，比上年下降3.13%；在岸接包执行额1.45亿美元，比上年增长105.9%。

【市场采购贸易方式试点】 2023年，常熟市推进市场采购贸易方式试点。“市采通”平台（即中小微企业跨境贸易综合服务平台）全年出口35.11亿美元，其中常熟市直接出口22.38亿美元、比上年增长9.17%；省内联动出口12.73亿美元、比上年增长98.44%。年内，新增省内联动备案外贸公司68家，完成镇江、连云港等8个服务中心落地，完成“物流管家”服务体系和线上物流服务平台“跨境驿站+”搭建，开通跨境物流美国专线，持续完善金融衍生品服务，推动“市采通”平台“三流合一”。

【跨境电商】 2023年，常熟完成跨境电商进出口24亿元，比上年增长67.6%，其中以9710、9810报关出口18.9亿元，比上年增长221.4%。常润股份、伊斯格获评2023年度江苏省重点培育和发展的跨境电商知名品牌。常润股份通过省级公共海外仓评估，固德物流美国海外仓获评苏州市级公共海外仓，2家海外仓服务本地企业29家。 （叶 兵）

【“市采通”平台入选全国典型案例】 1月，“中国改革2022年度案例征集活动”地方全面深化改革典型案例名单公布，《创新“市采通”平台，探索市场采购贸易改革“常熟模式”》入选。“市采通”平台为江苏中服焦点跨境贸易服务有限公司打造的全国市场采购贸易试点首创企业端跨境贸易综合服务平台，是全省打造的市场采购贸易“江苏模式”。“市采通”平台通过与市场采购贸易联网信息平台对接，将企业准入、远程监装、商品智能认定、价格管控、简化归类等市场采购贸易监管服务，与商户注册、市场采购备案、组货拼箱、跨境物流、报检通关、免税申报、自主收结汇等外贸服务进行模块化、数字化、一体化集成，落实国家对于市场采购贸易提出的“风险可控、源头可溯、责任可究”的监管要求，解决小微外贸企业无票合规出口难、违规买单收汇难、出口实务操作难等实际问题，开辟中小微外贸企业合规出口新通道。 （刘 珏）

9月24日，波司登集团在意大利米兰·达芬奇庄园举行时装秀，展出融合中国苏绣和意大利蕾丝工艺的时尚轻薄羽绒服 （应晓月 提供）

境外经济技术合作

【境外投资】 2023年，常熟市对外投资项目新设及增资备案20个，实现对外投资中方协议投资额3730.45万美元，对外投资地包括新加坡、中国香港、中国台湾、泰国、越南、美国、日本、韩国、荷兰、匈牙利、印度尼西亚、墨西哥。实现对外投资中方实际投资额8718.05万美元，包括21个投资项目。

【境外承包工程和劳务合作】2023年，常熟市实现境外承包工程和劳务合作合同额444万美元，营业额1403.3万美元。全市有外派人员企业18家，外派人员373人。其中，江苏友邦国际经济技术合作有限公司和常熟国际经济技术合作有限责任公司2家对外劳务派遣企业，2023年派出赴日劳务人员228人。

【跨国公司地区总部和功能性机构】2023年，常熟市有省级跨国公司地区总部8家，省级跨国公司功能性机构4家；苏州市级跨国公司地区总部15家，苏州市级跨国公司功能性机构6家。年内，新增苏州市级跨国公司地区总部3家，新增苏州市级跨国公司功能性机构1家，新认定苏州市级外资研发中心9家。（张　敏）

10月31日至11月4日，134届广交会三期开展，常熟市超50家企业参展，主要分布在男女装、家用纺织品、纺织原料面料等展区。图为常熟市宏昌织造有限公司参展展位（市商务局　提供）

【2023年中美清洁技术论坛】5月11日，2023年中美清洁技术论坛在常熟市举行。本次论坛由商务部外贸发展事务局、江苏省商务厅、华盛顿州商务厅主办、华盛顿州中国交流理事会协办、常熟市人民政府承办。论坛以视频会议方式举行。会上，商务部外贸发展事务局领导介绍中国清洁技术与绿色贸易发展情况；2名美方官员分别围绕华盛顿州清洁技术领域情况和华盛顿州创新集群情况进行交流；中国环境科学研究院专家通过视频发言对中国清洁技术领域情况进行介绍。论坛为双方进一步发展清洁能源技术合作打下基础。（张　敏）

表20　2023年常熟市新增苏州市级以上跨国公司地区总部和功能性机构（含研发中心）一览表

序号	企业名称	认定时间	认定等级	机构类别
1	依多科（常熟）汽车材料有限公司	2023.11	苏州市级	地区总部
2	丽瀑光能（常熟）有限公司	2023.11	苏州市级	地区总部
3	泰光化纤（常熟）有限公司	2023.11	苏州市级	地区总部
4	康迪泰克（中国）橡塑技术有限公司	2023.11	苏州市级	功能性机构
5	马勒汽车技术（苏州）有限公司	2023.12	苏州市级	研发中心
6	丰田汽车研发中心（中国）有限公司	2023.12	苏州市级	研发中心
7	苏州诺华医药科技研发有限公司	2023.12	苏州市级	研发中心
8	常熟通润汽车零部件股份有限公司	2023.12	苏州市级	研发中心
9	江苏亨睿碳纤维科技有限公司	2023.12	苏州市级	研发中心
10	苏州京浜光电科技股份有限公司	2023.12	苏州市级	研发中心
11	常熟安通林汽车饰件有限公司	2023.12	苏州市级	研发中心
12	苏州莱茵电梯股份有限公司	2023.12	苏州市级	研发中心
13	创美工艺（常熟）有限公司	2023.12	苏州市级	研发中心

（资料来源：市商务局）

经贸促进

【经贸活动】2023年，市商务局组织企业参加境内外各类线下经贸展会13批次，其中组织参加第133、134届广交会、第31届华交会、第8届深圳国际跨博会、第6届进博会等国内重点展会5批次；组织参加境外展会21批次，实际成团8批次，法国巴黎面料展、土耳其家纺展、越南国际纺织及制衣工业展等。

【国际商事认证】2023年，常熟国际贸易促进委员会签发优惠原产地证书29222份，享惠货值5亿美元（其中RCEP原产地证书4497份，享惠货值7千万美元）。出具商事证明1632份，代办领事认证248份。（潘　霞）

【“中国·沙特中心”项目签约】12月12日，由中国商务部、沙特投资部共同主办的中国—沙特投资大会上，苏州兰德置业集团有限公司和沙特阿卜杜拉国王经济城在北京签署合作备忘录，加强在互设中国·沙特中心和沙特·中国中心方面的合作，推动中沙两国在经贸、科技、资本、产业、文化等领域的深度交流与合作。中国·沙

特中心设在常熟，由贸易中心、招商中心、文旅交流中心、投资中心、联合创新中心五大中心组成。（朱晓明）

口岸

【概况】常熟水运（河港）口岸有32.1千米长江主江堤岸线、总长16.5千米的进港专用航道，为国家一类开放口岸，1996年11月正式对外国籍船舶开放。2023年，常熟口岸以散货、件杂货、集装箱运输为主，有开放码头经营企业12家，对外开放泊位26个，其中万吨级以上泊位17个。常熟港区重点拓展汽车零部件、油品化工、纸浆、风电设备、海工设备等特色货种的商贸服务功能，打造以特色商品为主的临港物流物贸产业，继续居全国第二大纸浆进口港地位。2023年，常熟港全年吞吐进出口货物1362.74万吨、比上年增长18.1%。年内，《常熟港口产业发展规划研究》《苏州港常熟港区港口岸线整合利用规划方案》通过评审验收。常熟港新增以韩国仁川港、釜山港为目的港的首条直达韩国杂货班轮周班航线，正式开通常熟至日本的液体硫磺国际贸易专线。

（赵秋萍　任志峰　潘　伟）

【口岸运行】2023年，常熟水运（河港）口岸完成货物吞吐量6204.1万吨，比上年下降2.3%，外贸货物吞吐量1363万吨，比上年增长18.1%，集装箱吞吐量28.73万标箱，比上年增长37.7%，外贸集装箱吞吐量21.91万标箱，比上年增长60.7%。（赵秋萍）

【边防检查】2023年，常熟出入境边防检查站（以下简称常熟边检站）检查出入境（港）船舶1951艘次、人员35906人次，办理各类边检行政许可17641份。年内，完成系列边检安保重大任务，建成使用办案培训中心1个。创新“边检+出入境+N”警务协作机制，查处各类违法违规案件6起8人次，联合办理涉电诈、非法就业案件2起，侦办偷越国边境案件2起，阻止1名涉电诈人员出境。开工建设铁黄沙海防监控站，搭建船舶分级管控体系，升级优化“滤网”“视频监控”“梯口”等系统设备31套（台），实现24小时全天候立体管控。靠前保障“蓝色领航者”轮、“华洋2”轮等“一带一路”和重点船舶19艘次；处置“新光明”轮抢险救助工作，紧急救助24名受伤船员。

【边检业务便利化改革】2023年，常熟边检站免办简办出入港手续795艘次，提供“诚信优惠待遇”15426人次，帮助压缩船舶作业时间500余小时，向驻地政府报送边检数据分析报告12期，推广实施国内移泊“免手续”、短时靠泊“一次办”、诚信对象“最惠待遇”、首次违法“免罚轻罚”、特殊勤务“绿色通道”、临期许可“预先告知”6项服务政策。推行边检行政手续网上办、掌上办、全天办模式，开通7×24小时预约服务窗口，单项业务审批时间缩短至6小时，“八小时外”审批占比39%，累计为服务对象节约办检时间976小时，获赠锦旗4面，感谢信1封。（奚文博）

10月17日，常熟出入境边防检查站民警对孟加拉国科巴风电项目的最后2台风力发电机设备开展登船前检查（常熟边检站　提供）

常熟海关

【概况】2023年，常熟市进出口总值1505.8亿元，继续超过1500亿元，常熟海关全年征收关税和进口环节税66.19亿元，审核结关报关单15.45万份。年内，常熟海关深化“全链条全领域协同监管”机制；开展优化营商环境专项行动、“国门利剑2023”行动、“打击进出口危险品伪瞒报”专项行动、“金钥2023”涉税稽查专项行动等行动。参与“单一窗口”、智慧卫检、智慧风控等3个智慧海关场景应用试点。打造市场采购贸易新业态风险“三环联控”模式，被列入全省系统“基层海关重点自主创新项目”。开发“智慧加工贸易协同监管运行平台”等多个信息化项目，上线“查检通”属地查检辅助系统2.0版。组织穿透式调研、跟班作业等40余次，检视查摆整改各类问题38个，结合“千村万企、千家万户”大走访，化解企业难题13项。1案例入选全国海关践行新时代“枫桥经验”行政争议化解典型案例及全国海关行政执法典型案例。2023年，常熟海关获评“江苏省工人先锋号”，常熟海关稽查科党支部“‘稽’结号”支部品牌被授予全省海关系统党建培育品牌。《人民日报》、央视、《新华日报》等省级以上媒体报道常熟海关工作38篇次，常熟海关服务服装产业发展工作成效被央视专题报道。

【海关税收征管】 2023年，常熟海关全年征收关税和进口环节税66.19亿元，比上年下降7.6%。全年办理进口减免税货值1918.5万美元，减免税款1207万元。签发各类优惠原产地证书2.74万份，签证金额16.7亿美元。其中，区域全面经济伙伴关系协定（RCEP）证书3966份、签证金额1.93亿美元，助力企业出口享受RCEP关税优惠约1200万元。开展“金钥2023”涉税稽查专项行动，完成稽查作业54件，有效率达89%，实现稽查补税1.36亿元。

【通关监管】 2023年，常熟海关审核结关报关单15.45万份，比上年增长5.7%；监管进出口货值152.55亿美元，比上年下降2.5%；监管集装箱25.02万箱次，比上年增长31.4%。依托“云擎”大数据与人工分析支撑，提升即决式布控效能，全年累计查获问题报关单195票。试行多核查指令统筹叠加作业，全年完成核查作业83个，比上年减少15%。

【出入境检验检疫】 2023年，常熟海关监管进出境船舶2106艘次，截获各类病媒生物41批次，截获各类有害生物74种（102种次）。推进危险品检验模式改革，开展“打击进出口危险品伪瞒报”专项行动，查处案例6起。全年监管进出口食品578批，完成食安委委托抽检任务200批。常熟海关在全省海关系统食品安全技能比武中获团队第6名。

【查缉走私】 2023年，常熟海关立案调查走私行为案件2起、一般案件6起，办理简快案件56起，合计立案案值1375.37万元。年内，常熟海关开展“国门利剑2023”行动，组织疑难案件分析处置10余次，协同公安、市监、邮管、烟草等部门一体化“打、防、管、控”，持续防范“套代购”、虚假贸易等监管风险。

5月1日，常熟海关在兴华码头海关监管仓库内查验出口钢卷

（常熟海关　提供）

【特殊区域监管】 2023年，常熟海关落实海关总署《推动综合保税区高质量发展综合改革实施方案》23条措施，推动丰富常熟综合保税区“保税+”业态。调研、倡议建设汽车零部件保税物流分拨中心，引导企业开展相关保税仓储及配送业务1.6亿美元；推广新增增值税一般纳税人资格试点企业4家；支持企业在区内开展跨境电商保税进口、保税研发等新业态交易200多万美元。深化常熟港与综合保税区“区港联动”，服务林产品保税仓库缩扩容申请5次。2023年，常熟综合保税区进出口8.6亿美元，增长114.7%，2022年度绩效评估结果从双C提升至双B。

【关务改革与服务】 2023年，常熟海关助力打造市场采购贸易“江苏模式”并在全国推广，“市采通”平台连接全国97个一体化口岸，出口目的地扩大至164个国家和地区，在全国其他6个试点市场落地。实现市场采购贸易货物与跨境电商“9710”“9810”货物拼箱出口，推动出口北美亚马逊FBA仓约2000万美元。建立市场采购贸易小额小批量出口监管机制，运行小额小批量出口检验检疫自动审单、快速签发电子底账业务。全年监管市场采购出口35.1亿美元，比上年增长30.1%。形成外贸形势分析与政策研究专报17篇、获常熟市党政主要领导批示8次。开展大型“点单”式政策培训及专题讲座等，直接服务企业300多家次。落实“两步申报”“两段准入”等通关改革政策，应用“船边直提”“抵港直装”等便利化措施保障光缆、风电等“一带一路”重点项目货物出口。创新“邻码并卸”模式，节省企业物流费用超500万元。培育新增经认证的经营者（AEO）高级认证企业4家、累计达23家。年内常熟海关下调失信企业信用2家，修复企业信用1家，办结主动披露40起，减免企业滞纳金等157万元。

（任志峰　潘　伟）

责任编辑　归岳嵚

区域发展与合作

推进长三角一体化发展

【推进长三角一体化政策措施】 4月21日，常熟市印发《常熟市扎实推进长三角一体化2023年工作要点》，明确产业创新协同、交通互联互通、社会民生共享、生态环境共治4个方面一体化发展重点事项，内容包括产业集群建设、创新资源集聚、人才共享共用、教育资源共享、区域医疗合作、文旅融合发展、民生事业共建等。

【产业协同发展】 2023年，常熟市加强与上海嘉定汽车城等重点区域交流对接；承办苏州市新能源产业创新集群推进大会，与江苏省工程咨询中心合作编发新能源产业图谱；深化与中国声学学会、南京大学合作，签署全面深化声谷建设合作协议，新能源、声学产业规模增长均超20%。

【基础设施互联】 2023年，常熟市推进沪宁沿江高铁常熟段建设，沪宁沿江高铁年内通车，常熟站北厅投入使用；沪武高速扩建工程先导段开工，常台高速高新区互通建成启用，通苏嘉甬铁路常熟段民宅搬迁实现清零；G524市政提升工程、沙阳线完工。推进青墩塘快速路工程，扬子江大道等乡镇干线公路建成通车。组建苏州港常熟港区管委会并实体化运行管委会办公室，完成进港航道维护性疏浚。

【生态环境共治】 2023年，常熟市做好长三角区域生态环境共保联治，打好污染防治攻坚战，国省考断面达标率100%、优Ⅲ率93.3%，河湖水生态环境综合评价指数居苏州第一，$PM_{2.5}$浓度28微克/立方米、苏州第二，空气质量优良率80%、比上年提升1.1个百分点。市第二生活垃圾焚烧发电厂分别接收处理昆山、太仓两地生活垃圾16.95万吨、9.04万吨。投用洪洞水质净化厂一期项目，城市生活污水集中收集处理率全省县级城市第一，劣Ⅴ类水体实现动态清零。推进“双碳”工作，绿色证书交易成交59万张，新增并网分布式光伏容量267兆瓦、苏州第一。 （朱佳斌）

8月5日，扬子江大道改扩建工程实现全线贯通 （朱琪 摄）

【公共服务共享】 2023年，常熟市实施学校新建、改扩建项目27个，新增学位3450个，通过国家县域义务教育优质均衡发展评估认定；各学段教育质量均居苏州前列；现代产业技能实训中心正式投用，年新增职业技能取证1.3万人次。全市定点医药机构全部接入长三角跨省联网结算，年内，全市医疗保险参保人员省内市外实时刷卡8.37万人次，费用0.58亿元。跨省实时刷卡27.66万人次，费用6.17亿元。开通“跨省通办”公积金服务事项13项，办理“跨省通办”业务248笔，其中“长三角通办”业务133笔。推广“全国住房公积金”小程序，推动公积金业务线上统办、全国通办、亮码可办。 （朱佳斌 马达达）

【参与沪苏同城化】 2023年，《常熟市国土空间总体规划（2021—2035年）》通过专家论证，规划明确东西链接，深度融入上海大都市圈建设。年内，沪宁沿江高铁通车，常熟站北厅投入使用。常熟市强化与上海嘉定汽车城等重点区域交流对接。选派干部赴上海临港经济发展（集团）有限公司挂职，与临港相关部门开展互动交流，临港常熟·绿洲芯城6月开园；常熟（虹桥）国际人才港7月启用，累计吸引对接22家企业到常熟考察；云裳小镇与上海时尚产业发展中心签订上海常熟时尚产业一体化发展战略协议。常熟市第一人民医院分别加入上海交通大学医学院附属新华医院、上海第九人民医院集团医学专科联盟；市第二人民医院加强与中国科学院上海分院、复旦大学附属华山医院神经外科等单位教授、院士专家团队合作，年内获国家自然科学基金青年项目资助2个；市中医院承办长三角中医药一体化工作座谈会；常熟市第五人民医院与上海复旦临床病理诊断中心签订合作协议。组建沪虞文旅科技(常熟)有限公司，策划设计近30款夏令营、研学、会务等团建产品，建立合作渠道300多家，接待3100多人次。年内，在上海举办“常来常熟”2023常熟“旅游+消费”暨城市品牌(上海)推介会，组织4家新型农业经营主体参加2023新时代鱼米之乡·江苏农产品(上海)交易会。 (朱佳斌)

【“澄张虞”一体化示范区建设】 2023年，尚湖镇落实《“澄张虞”一体化示范区建设三年行动计划(2022—2024年)》，持续推进“三联三共”(组织联建、文明联创、难题联解，人才共育、社会共治、产业共融)发展。年内，成立“锡澄张虞”旅游战略联盟，开展“四地对话，美美与共”2023“锡澄张虞”文体旅联盟盛会系列活动，组织“澄锡张虞”短视频、摄影大赛，“虞澄锡张”全民阅读活动，举办首届“澄锡张虞”乒乓球邀请赛，第九届尚湖百姓戏曲大舞台“仁和杯”锡剧票友大赛走进张家港凤凰镇。尚湖镇与凤凰镇、顾山镇、东港镇四地综合执法局签订常熟市首个毗邻区域综合执法协作备忘录。江阴城镇公交325路支线延伸至尚湖镇南村坝村，常熟公交319路延伸至江阴市顾山镇吉麦隆站；尚湖镇与张家港凤凰镇公共自行车一体化交换站点建成。 (朱林亨)

【常熟“旅游+消费”暨城市品牌(上海)推介会】 3月19日，“常来常熟”2023常熟“旅游+消费”暨城市品牌(上海)推介会在黄浦江畔上海国际会议中心举行。活动由中共常熟市委员会、常熟市人民政府主办，常熟市融媒体中心(传媒集团)、常熟市文体广电和旅游局、常熟市住房和城乡建设局、常熟市商务局、常熟市文旅发展有限责任公司共同承办。市委书记周勤第，市委副书记、市长秦猛参加推介会，近200名沪上嘉宾出席。活动从近、情、味、居4个方面展现常熟“国家历史文化名城”“国家级旅游度假区”招牌，做优做强“一城山水 自在生活”品牌的实践成果。活动中，新版“常熟旅游总入口”平台正式上线。推介会通过新华社客户端、上海广播电视台“看看新闻”客户端和常熟融媒“看常熟”App进行现场直播。活动开始前一周，上海6.8万块公交地铁显示屏、上海东方有线覆盖的400多万户家庭、1490多万个电视终端开机画面滚动播放常熟城市宣传片。

【临港·绿洲芯城开园】 6月21日，常熟市临港·绿洲芯城举行开园仪式。仪式上，园区入驻企业、特色功能平台、投融资机构分别签约。“常熟·绿洲芯城”产业顾问、招商大使获颁聘书。“数智力全渗透”科创园区战略签约。常熟·绿洲芯城是临港集团融入长三角国家战略的重要组成部分，也是临港控股在上海以外的第一个重资产项目。项目占地30.67公顷，总投资48亿元，产业园主要分为研发办公区、智能制造区、垂直工厂区、舒适生活区以及商务功能区，总规划建筑面积51.8万平方米。重点面向包括新一代信息技术、数字经济、人工智能、合成生物学等产业进行招商。 (年鉴编辑部)

参与苏州市域一体化

【市域一体化政策措施】 2023年，常熟市召开全市一季度重点项目开工暨推动苏州市域一体化工作领导小组会议，明确全市上下要继续坚定以苏州市域一体化(常熟)融合创新区建设为主抓手，推动各项工作快启动、快推进、快见效，切实把重大机遇转化为发展胜势。召开全市重点项目推进会暨推动苏州市域一体化工作领导小组会议，动员全市上下以“敢为、敢闯、敢干、敢首创”的担当作为，快马加鞭推动重点项目和融合创新区建设。年内，苏州市轨道交通10号线(苏虞张段)工程开工，《苏州市域一体化(常熟)融合创新区空间统筹协同规划》通过专家评审，出台《常熟融合创新区高质量建设行动方案(2023—2026)》。 (李　曦)

【全市一季度重点项目开工暨推动苏州市域一体化工作领导小组会议】 1月29日，全市一季度重点项目开工暨推动苏州市域一体化工作领导小组会议召开。市四套班子主要领导等出席会议。会议指出，全市上下要继续坚定

1月2日，苏州市轨道交通10号线(苏虞张段)工程开工仪式在常熟举行 (朱琪　摄)

以苏州市域一体化（常熟）融合创新区建设为主抓手，推动各项工作快启动、快推进、快见效，切实把重大机遇转化为发展胜势。

【全市重点项目推进会暨推动苏州市域一体化工作领导小组会议】 4月28日，全市重点项目推进会暨推动苏州市域一体化工作领导小组会议召开。市委书记周勤第，市委副书记、市长秦猛，市人大常委会主任王建国，市政协主席沈晓东出席会议。会议要求，要坚持目标导向抓项目建设；要坚持结果导向抓项目达产；要坚持主动出击抓项目招引；要坚持精准高效抓要素保障；要坚持铆足干劲抓组团建设。会上，经开区、常熟高新区、虞山高新区（常福街道）等板块汇报2023年项目情况及存在问题，现场进行协调解决。市发展改革委汇报全市固定资产投资及项目推进情况，市商务局汇报全市项目招引、签约、储备情况。

【常熟融合创新区高质量建设行动方案（2023—2026）出台】 10月10日，市委办公室、市政府办公室印发《常熟融合创新区高质量建设行动方案（2023—2026）》（以下简称行动方案）。行动方案按照“城市向南、产业沿江、老城更新”工作定位，聚焦“融合”与“创新”两个重点，立足中新昆承湖园区、苏州高铁北城、数字科技新城、云裳消费小镇、虞山尚湖古城、红色沙家浜六大功能组团的发展基础和资源禀赋编制规划设计方案，分总体思路、主要目标、任务举措、保障措施4个部分，围绕规划设计落地、交通网络互联、平台载体布局、城市功能配套、产城人融合等5个方面任务明确93项重点任务。目标力争到2026年，融合创新区以“一山两湖”为核、科创制造为基、历史文化为魂、美好生活为追求的创新活力城、时尚消费城、文化融合城、生态绿色城初具雏形。各组团相互贯通、有机衔接、协调发展，“产城人”共融共生、协同互动，常熟南向发展新格局基本形成。

【太昆常协同区农文旅融合发展规划发布】 6月6日，“融汇江南共悦田园”——太仓—昆山—常熟协同区生态循环农业暨农文旅融合发展专项规划发布活动举行，《太仓—昆山—常熟协同区生态循环农业暨农文旅融合发展专项规划》发布，该规划由江苏省规划设计集团编制，规划范围为三地47个临界行政村（社区），常熟市涉及支塘镇、董浜镇、碧溪街道下辖的13个行政村。结合农业产业布局，太仓、昆山、常熟将着重打造“北粮油中蔬果南水产”三类特色农业。常熟规划建设支塘镇何北村秸秆综合利用中心、支塘镇蒋巷村嘎嘎部落二期、碧溪街道东张邻里中心等23个项目，总投资7.84亿元。现场，常熟市东张邻里中心项目、支塘嘎嘎部落二期项目等一批农文旅项目签约。

5月6日，“干将学习节”常熟分会场启动仪式暨“海棠讲坛·书记说——以市域一体化推进高质量发展”交流研讨论坛在常熟举行　（市融媒体中心　提供）

【“常昆相”生态环境联保共治】 2023年，常熟、昆山、相城三地生态环境局推进“常昆相”生态环境联保共治，年内召开联动工作会议，从臭氧协同治理、生态空间管控、阳澄湖治理和生态环境联动执法方面拟定子方案。“常昆相”生态环境联保共治范围包括：常熟市范围内东至常嘉高速、南至常熟市界、西至望虞河、北至204国道，主要包括常熟高新技术产业开发区、沙家浜镇、辛庄镇、莫城街道等范围，面积497平方千米；昆山市范围内东至周市镇东边界、南至湘石路—虞锦线—沪宜高速—任昆路、西至巴城镇西边界、北至昆山市界，主要包括周市镇、巴城镇和昆山高新区部分区域范围，面积约49平方千米；相城区范围内东至相城区与昆山交界、南至G312、西至望虞河、北至相城区与常熟界，主要包括阳澄湖镇、黄埭镇、渭塘镇、元和街道、太平街道等范围，面积248平方千米。三地联保共治包括探索区域协同治理工作机制，改善区域大气环境质量；以区域水环境联保共治为核心，推进阳澄湖心国考断面水质达Ⅲ类为目标，制定阳澄湖水质提升三年行动计划；推进生态空间提质增效，提升苏州城区北向区域生态空间联保水平。

（年鉴编辑部）

常熟泗洪结对帮扶

【结对帮扶政策措施】 2023年，常熟市与泗洪县党政代表团实现互访，签订《常熟泗洪2023年南北结对帮扶合作协议》。常熟市出台《2023年常熟泗洪南北结对帮扶合作工作要点》，明确4个方面11条工作重点。落实《常熟市·泗洪县南北共建教育高质量发展合作协议（2021—2025年）》《常熟市·泗洪县卫生健康南北挂钩共建高质量发展合作协议（2021—2025年）》，新签《常熟市·泗洪县南北共建文旅高质量发展合作协议》《常熟市·泗洪县南北共建农业农村高质量发展合作协议》。年内，落实结对帮扶资金3000万元。

12月1日，常熟泗洪南北结对帮扶合作联席会在常熟召开 （朱琪 摄）

【产业创新融合】 2023年，常熟市安排1000万元用于常熟泗洪工业园区（以下简称常泗工业园）建设，常熟转移至园区项目7个，实际总投资7.2亿元。常泗科创飞地入驻10个科创项目，对接苏州、上海等地科创企业10余家，与2家企业达成合作意向。与上海张江高校协同创新研究院、上海慧谷高科技创业中心有限公司签订产学研合作协议。挂牌成立常泗科创飞地流动党员党支部。

【民生事业共建】 2023年，常熟市教育系统开展结对共建活动3次，8所结对学校在教育科研、学校特色打造、内涵质量提升、师资培训、优生培养等方面开展合作交流。市卫生健康委选派13名医务人员赴泗洪开展定点帮扶，完成门急诊诊疗3343人次，治疗及手术234例，开展30次义诊活动，义诊2500人次，两地签约成立专科联盟暨专家工作室和影像远程会诊专家工作室。加强南北红色主题培训交流互动，泗洪县到常熟参加第四届中国未来景区大会。常熟市农业科学研究所在宿迁市泗洪县石集乡建立“常优粳10号”示范基地。两地民政局在养老服务领域达成合作意见。举办常熟泗洪南北结对劳务协作专场网络招聘会，提供319个岗位。

【结对帮扶交流】 2023年，市委副书记、市长秦猛带领常熟市党政代表团到泗洪县调研考察，召开两地高层联席会议。年内，常熟市9个镇（街道）分别与泗洪县10个镇（街道）开展交流互访，举办招商引资活动等。全年常熟市新接收泗洪县到常熟挂职和跟班学习干部4人。常熟市行政审批局、财政局、公安局、波司登集团等多家单位结对泗洪县19个帮促村，捐赠资金及服装图书等物品合计价值44.87万元。常熟市文明办为泗洪县贫困学生捐赠爱心包裹共计4600个，总价值46万元。常熟市驻洪挂职干部所在后方单位向帮促村（社区）捐赠帮扶资金12万元用于村基础设施建设。

【常熟泗洪工业园】 2023年，常熟泗洪工业园新签约亿元以上工业项目17个，实际总投资24亿元。推进总投资75亿元的23个重点项目，16个项目实现竣工投产。年内，园区企业实现开票销售50.26亿元、比上年增长40.22%。园区多项管网改造、绿化提升、环境整治等新一轮基础设施配套工程基本完成。 （王颖丹）

责任编辑 归岳嵚

智慧城市建设

【数字政府建设】 2023年，市政府加强数字政府基础设施建设。在政务云网方面，构建全市统一资源池。为全市56个部门、194个业务系统提供政务云主机936台。推进部门非涉密专网向政务外网归并，实现市镇村三级电子政务外网接入568个点位。梳理完成89个部门的数据资源目录4975项，落地归集数据10.11亿条，为58个部门的147个业务应用提供数据共享支撑服务。围绕“市场主体、自然人、既有建筑”三条应用主线，全年启动实施23个数字政府项目，以“CIM+”模式开展数字政府场景化叠加应用，不断将领域融合、部门协同的数字政府应用体系向纵深推进。（钱　钢）

【智慧医疗】 2023年，常熟市以医共体为核心推进区域HRP（医院资源规划系统）项目建设，全市35家公立医疗机构全部接入应用。完成区域合理用药系统迁移和本地化部署上线，在公立医疗机构全面应用，全年审核门诊处方407万张，处方合格率97.36%。完成公共卫生应急体系信息化系统建设——突发公共卫生事件监测预警处置平台、基于大数据的传染病感知与分析平台的验收。全市35家公立医疗机构、204家社区卫生服务站与1家二级民营医疗机构接入常熟市区域先诊疗后付费管理平台，全年使用该业务1288万人次。市第二人民医院、市第一人民医院分别于10月、11月取得互联网医院牌照，全市三级医院均取得互联网医院资质。二级以上公立医疗机构实现医保移动支付功能；完成基层卫生健康信息化提档升级项目。“常熟智慧健康”微信公众号完善“妇幼健康服务”模块，上线“智慧急救”模块，为公众提供AED（自动体外除颤器）网点和急救网点信息；公众号关注74.77万人，注册54.78万人，实名认证37.55万人，全年通过平台预约挂号20.28万人次，各类检验检查和体检报告查询480万人次，公共卫生预约服务4.73万人次。开展卫生健康数据信息专项治理，数据指标达标率高于95%。年内获第四届全国卫生健康行业网络安全技能大赛团体二等奖。

（唐建华　仲晓伟）

【智慧人社】 2023年，常熟市依托“常熟智慧人社”小程序建设完善人力资源综合服务平台中的个人线上服务端应用，打造“职通常熟”“智慧人社”“居民一卡通”“政策法规”“员工服务”“劳动维权”6大功能模块，提供一站式人社领域公共服务。至年底，平台用户数3.87万人，1195家企业通过平台发布岗位需求7976个。年内，常熟市“社保小蜜蜂”线上平台启动，通过“社保小蜜蜂”微信服务号，社保部门党员以轮值的方式为企业和参保群众提供“一对一”线上帮代办服务，市社保中心融入“社保小蜜蜂”帮代办服务矩阵。（徐莞月）

【智慧旅游建设】（参见“旅游业·旅游公共服务”）

【常熟智慧停车平台】 截至2023年年底，常熟智慧停车平台“江南爱停车”支付接入全市565个停车场点，占全市停车场的85%，包含医院、景区、综合体、写字楼、路边泊位等，泊位13万个。平台注册用户81.04万人，日活跃用户15.77万人，日均停车订单21万笔，实现成为全国县域经济中唯一一家支付接入停车场、注册用户、日活用户达此规模的平台。基本实现“全城停车一张网、车主停车一个号、支付结算一平台”的智慧停车管理目标，成为江苏省摸索、实践城市级智慧停车管理系统的典型案例。

（林蒙怡）

【天翼云常熟“一城一池”落地商用】 7月，常熟电信举行“云领未来·智在常熟”发布会，宣布天翼云“一城一池”常熟节点成功上线。天翼云常熟“一城一池”是边缘算力的重要节点之一，上线后，提供调度算力资源2.4万核，内存48TB，存储3.18PB，为常熟“智慧城市”建设提供计算服务。

（周　静）

【常熟市艺体类校外培训机构预付资金监管平台上线】 2023年初，常熟市开发艺体类校外培训机构预付资金监管平台，由常熟市信息化发展有限公司承建，该平台的主要目标是确保学生家长购课后的资金能够进入监管账户，实行“一课一消”的方式将资金拨付给培训机构。3月该平台正式上线并开始在全市各艺体类校外培训机构中使用，至年底，平台注册机构

483家，发布课程2636个，家长注册17568人，参与上课学员5570人。

（徐志吉）

【常熟市资产处置协同平台上线】 8月，常熟市信息化发展有限公司承建常熟市资产处置协同平台，9月该平台上线运行并在全市各局办、乡镇板块进行推广使用。截至2023年年底，上报破产案件204个，综合查询申请90余次，各项查询反馈1300次，涉及局办部门板块32个单位，用户152人。

（徐孙健）

信息基础设施建设

【5G建设】 2023年，常熟市根据《常熟市5G通信网络布局规划（2019—2021年）》《关于加快推进5G通信网络建设的若干措施》等文件要求，推动电信、移动、联通三大运营商加快5G网络建设。至年底，全市累计建设5G基站4742个，其中新建基站678个。

（戴亦捷）

【政务云计算中心】 2023年，政务云计算中心为全市60个单位208个应用系统提供云主机952台，其中CPU5702核、内存18.2T及存储857.8T，2023年新部署虚拟主机147台。规划建设政务国产云，采用飞腾芯片资源池，投入CPU448核、内存1.706T、存储182T，为13个部门15个业务系统提供云资源服务。为9个街道（乡镇）提供政务云业务，年内新增2个，政务云服务覆盖面由原来的50%提升到64%。

（吴　俊）

【大数据基础平台】 2023年，常熟市大数据基础平台新增政务信息资源目录3124个，累计目录总数5019个；前置机归集部门数据（已发布目录）约6.7亿条（年内新增0.68亿条），其中数据库采集占46.62%，更新周期月（含）以内的2134类。对行政许可、“12345”工单等目录数据进行分板块加工，共计172类。对247类目录数据一致性、规范性、完整性、重复性等维度编写相应的质量稽查规则。年内多部门开展数据核对确认，整合多源数据，开发主题30类。完成651次部门数据共享、支撑44个应用场景。

（周谷城）

【虞企通——常熟市企业服务枢纽平台】 2023年，由常熟市大数据管理局牵头，常熟市信息化发展有限公司承建虞企通企业服务枢纽平台。该平台提供电脑端、手机端2个入口，手机端入口为“看常熟”App虞企通版面。平台提供“特色服务”“惠企政策”“政务服务”“中介服务严选”“诉求中心”和“企业空间”等多个服务模块。至年底，平台发布惠企政策202条，各项政策访问2万多次。

（顾赟宇）

【常熟市数字政府应用服务】 2023年，常熟市全面启动数字政府工作门户平台推广和服务工作。结合常熟特色的“虞政通”应用，建立统一用户体系，构建“移动办公用虞政通，线上办公看门户”的多端办公环境。至2023年底，完成42个应用和10块业务大屏的接入工作，整合虞政通2万多用户、3700多个部门的信息数据，消息服务累计发送近20万条。

（蔡龙飞）

通信及互联网信息服务

【中国电信股份有限公司常熟分公司】 2023年，中国电信股份有限公司常熟分公司（以下简称常熟电信）有固话用户20.37万户，天翼用户数68.78万户，宽带用户数超过40万户，用户申告故障率0.85%。常熟电信年内完成5G宏站建设371个，累计完成5G宏站建设1883个；完成5.76万户千兆光宽带能力覆盖，满足34.24万用户即时千兆提速要求，其他用户提供按需快速放装千兆光宽带能力；完成全市4G网络深度优化，完成和NB-IOT物联网信号专项优化。主导或配合综合信息建设，先后推出电子站牌、智慧养老、数字乡村、智慧社区、云改数转等行业应用，相继实施建设天翼云常熟“一城一池”、“e家安心”智慧养老、聚和佳苑智慧社区、高新区社会综合治理平台等一大批重点项目。2023年，常熟电信获评2020—2022年度常熟市文明单位。

（周　静）

【中国移动通信集团江苏有限公司常熟分公司】 2023年，中国移动通信集团江苏有限公司常熟分公司（以下简称常熟移动）实现通信服务收入13.2亿元，比上年增长3.1%。全年通信客户净增2.52万户，5G终端净增15.25万户，存量宽带新增2.45万户，全年千兆宽带用户14.9万户。全年新增5G站点910个，规模达3050个，实现全区室外基本全覆盖，重点场景深覆盖。构建全触点协同维护体系，开展“站店听音”72场；全触点感知收集和维护，年累计维护4.4万次。通过网络设施建设、智能安防、社区服务为村民解决没有宽带用、宽带网速慢信号差等问题。年内，常熟移动扩大智慧电梯管理、智慧叉车管理两大监管平台的应用，助力重点工程实现智能化，为政府部门和街道办、社区居民提供一套的全生态AI+城市级智慧社区平台。年内，常熟移动被评为2023年全国工人先锋号，移动古里网格被评为2023年苏州市工人先锋号。

（张燕珠）

【中国联通常熟市分公司】 2023年，中国联合网络通信有限公司常熟市分公司（以下简称常熟联通）主营收入3.22亿元，比上年增长3.37%。有在网手机用户41万户，宽带用户超5.5万户，新建开通5G站点1600个，新国标小区/楼宇100%跟进移网覆盖，完善存量小区地下室电梯信号盲点，累计新建开通4G站点120个。补宽带覆盖8.01万户，FTTB小区全量完成光改，千兆宽带镇区100%覆盖。通过PEOTN组网全覆盖，推进头部企业网络质量提升，全年累计70多家。年内，常熟联通配合主要道路线路迁改整理292次；协助企业开展上云三星、四星申报，通过企业23家；组织"走出去、请进来"企业数字化转型交流会11场次，覆盖规上企业500余家；为55家企业提供5G及数字化应用企业诊断服务，企业满意度100%，诊断意见建议企业采纳占比98.18%；推进常熟市企业数字化咨询诊断以及提升服务、工业质检验证服务、生产设备5G数据采集等工业互联网应用；打造智慧社区、数字乡村、金融安全、城市治理等行业应用；协助市工信局开展中小企业数字化转型试点工作。2023年，参与建设常昆村等多个智慧乡村信息化管理平台项目、常熟丰乐等多个集贸市场智慧升级改造项目、常熟农村商业银行新数据中心运营商波分链路租用项目、奇瑞捷豹路虎云联网组网等重点创新项目。年内，常熟联通获评江苏联通"2022年度省级先进单位"，获评中国联通"全国农村市场百强区县"、"中国联通百强区县"。

（满　意）

【江苏有线常熟分公司】 2023年，江苏有线网络发展有限责任公司常熟分公司（以下简称江苏有线常熟分公司）推动传统机顶盒智能焕新，加快机顶盒高清化、双向化、软件化升级改造，至年末，全市有线数字电视有效用户近22.5万户，数字电视高清化率超过85%。建成覆盖全市的光纤骨干网和进入千家万户的接入网，在网传输68套标清电视频道、60套高清电视频道、21套广播节目，拥有超过50万小时的影视、动漫、综艺、体育、文化等点播节目资源。至年末，全市有有线广播、应急广播8万多个。年内，开展国家广电总局和中国广电电视"套娃"收费和操作复杂专项治理工作；补贴农村低保用户1167户，补贴金额20.82万元；完成两会、亚运会、亚残运会和国庆春节等重点时段安全播出保障工作。2023年，全市广电网络双向化覆盖率99%，完成东南街道金麟路、支塘镇孟泾路、常福街道青岛路等多个线路迁改、管道新建重点项目。全年光纤覆盖施工550多个村组，更新改造广电线路，覆盖用户2.1万户，服务"千村美居"建设，完成2.02万多户线路治理工作。江苏有线常熟分公司在2023年度全省县级分公司综合考核中获第一等次。

（邹　慧）

电子商务

【概况】 2023年，常熟市网络交易额超1100亿元，其中直播电商网络交易额超650亿元，比上年增长30%，限额以上单位通过公共网络实现的商品零售额比上年增长43.4%。截至2023年年底，全市有电子商务市场主体约4.9万户，新增电商市场主体占全市市场新增主体总量约40%，常熟"抖快淘"平台动销商家数超6万个，破亿元直播商户35个。年内，常熟市出台《常熟市电子商务高质量发展行动计划（2023—2025）》《常熟市直播电商产业高质量发展行动方案（2023—2026）》。波司登、日禾戎美获评江苏省电子商务示范企业，5家直播基地获评苏州市直播电商基地（园区）。

【《常熟市电子商务高质量发展行动计划（2023—2025）》出台】 2月，常熟市制定出台《常熟市电子商务高质量发展行动计划（2023—2025）》，文件明确通过优化空间布局，推动产业集聚；聚焦电商主体，激发产业动能；创新业态模式，推动产业融合；完善配套体系，夯实产业基础等措施。到2025年，全市实现电子商务网络零售额突破1200亿元，跨境电商交易额年均增长50%以上；引进和培育年网络零售额超10亿元并合规入统的电子商务龙头企业8家以上、超5亿元的20家以上、超1亿元的50家以上，孵化150家跨境电商企业。

【常熟市直播电商产业高质量发展行动方案（2023—2026）出台】 10月，常熟市制定出台《常熟市直播电商产业高质量发展行动方案（2023—2026）》，围绕供应链升级、营销端提质、生态圈优化、配套链完善4个方面提出举措14条。

【电商公共服务全省行（苏州站）服装产业电子商务创新增长峰会暨第八届·常熟昆承湖互联网创新创业大会在常熟举行】 5月17日，电商公共服务全省行（苏州站）服装产业电子商务创新增长峰会暨第八届·常熟昆承湖互联网创新创业大会在常熟举办。江苏省、苏州市、常熟市等相关部门负责同志参加。会上，常熟落户全省首个快手官方直播基地。常熟快手直播电商集聚区位于常熟服装城拼量超级品牌中心，由快手电商联合常熟服装城管委会、本地官方服务商共同打造。常熟快手直播电商集聚区的核心服务区为大服饰直播基地。基地配套有12个直播间、3个会议室、快手官方人员驻点办公室、洽谈和休息区等功能区，为商家提供免费直播场地、优质货品以及冷启孵化、商家成长、培训诊断等全方位服务。

【常熟直播官方选品中心揭牌成立】 9月8日，常熟直播官方选品中心正式揭牌成立，选品中心采用线上"旗舰店"，线下"1+N"选品中心模式，发挥供应链整合能力，打通直播基地、达人培训、供应链选品、品牌孵化、云仓物流等各个环节，为常熟乃至全国直播电商提供一站式供应链服务。选品中心合作品牌包含服饰、家纺、美妆等8大类、470个品牌、723款产品。至年末，常熟直播官方选品中心在长沙、郑州、杭州、广州成立4家分中心。

【5家直播基地获评苏州市直播电商基地（园区）】 12月17日，苏州市商务局发布《2023年苏州市直播电商基地（园区）认定和评估结果的通知》，服装城集团玖号源点（常熟）电商产业园、kunpark直播基地2家单位获评2023年度苏州市级直播电商基地（园区）；常熟海虞电商园、歌德云创（琴川）直播产业园、常熟直播电商服务中心3家单位或苏州市级直播电商基地（园区）综合评估合格。

（何文博）

责任编辑　李　妍

农　业

综　述

【农业规模】 2023年，常熟市农林牧渔业总产值75.91亿元，休闲观光农业年营业收入13.41亿元，农林牧渔业从业人员2.08万人，全年农业电商销售额55.99亿元。

【农业产销体系】 年内，常熟市围绕水稻、蔬菜、水产三大主导产业，以时令果品、花卉绿植及休闲农业等为特色，形成"一核三带多园区"的总体发展格局。全市建成优质稻米示范区7个、田美乡村示范点7个、绿色蔬菜高质量发展示范基地2个。创新开通"农蔬直通车"，地产农产品直接走进社区。开展全国农产品产地冷藏保鲜设施建设整县推进试点工作，加快农产品冷链发展。常熟市获评全国"平安渔业"示范县、江苏省全年粮食增产贡献突出单位。

种植业

【粮食生产】 2023年，全市粮食播种面积50.75万亩次，其中水稻面积27.16万亩、小麦面积22.43万亩。全年粮食总产24.35万吨，比上年增加0.48万吨。年内，常熟市通过调优调强粮油生产布局，落实"藏粮于地，藏粮于技"，推进农药化肥减量增效，确保粮食稳产增收。

【蔬菜种植】 2023年，常熟市菜地面积9.55万亩，其中常年菜地8.94万亩，季节性菜地6106.5亩，全年蔬菜产量72.32万吨，比上年增加0.02万吨。全市建设完成2.23万亩"菜篮子"工程绿色蔬菜保供基地，实现高标准蔬菜地动态全覆盖。全市建立蔬菜地头价监测预警点1个、苏州市蔬菜产销信息实时监测点3个。作为国家大宗蔬菜产业技术体系苏州试验站常熟试验点开展新技术、新品种的试验、示范及推广工作。碧溪浒西村、古里高长村获评苏州市级十佳"美丽菜园"典型案例。在第二届江苏"好黄瓜"品鉴推介活动中，常熟市惠健农业专业合作社"健惠"牌密刺黄瓜获江苏黄瓜"好产品"特金奖，江苏康博农业科技有限公司"康达人"牌密刺黄瓜获金奖，惠健智林基地获江苏黄瓜"好基地"称号。

【水果种植】 2023年，常熟市果树总面积1.08万亩，果品总产量1.37万吨，果品总产值1.49亿元。年内，全市推广有机肥、水肥一体化、生物防治等生产技术，减少化肥、农药使用量，试点引进智能化系统，实现果园管理精准、省工。常熟市吉礼葡萄家庭农场等6家单位在各级果品评比活动中获金奖4个、银奖9个，常福街道中泾村、海虞镇肖桥村、梅李镇珍北村获得2023年度苏州市"美丽果园"特色村称号。

【茶叶种植】 2023年，常熟市茶园总面积1972亩，受2022年夏季高温天气影响，全市茶叶产量产值均有下降，茶叶总产量23.7吨，茶叶总产值2956万元。年内，通过升级改造加工设备，应用推广节能、智能、环保型茶叶杀青设备，提高茶叶产品质量。常熟市虞山绿茶有限公司获得五星级江苏省生态茶园称号，常熟市维摩剑门绿茶有限公司获得三星级江苏省生态茶园称号，常熟市海虞茶叶有限公司获得江苏省园艺作物（茶叶）标准园称号。

7月，常熟地产葡萄开始批量上市　　（市融媒体中心　提供）

【高标准农田建设】 2023年，常熟市立项建设高标准农田项目9个，建设规模2.7万亩，计划总投资1.85亿元。全市建成优质稻米示范区7个。2021年常熟市支塘镇蒋巷村优质稻米高质量发展示范区项目、2022年常熟市常福街道蜂蚁村、压路机村优质稻米高质量发展示范区项目、2021年常熟市辛庄镇平墅村高标准农田建设项目获评“2023年度苏州市高标准农田优秀案例”。2021年常熟市常福街道小义村高标准农田示范项目获评“2023年度全省高标准农田建设项目典型案例”。

【水稻高质高效示范片（方）创建】 2023年，常熟市建设部、省级水稻绿色高质高效万亩示范片（方）19个。通过科学布局优质高产水稻品种，集成应用绿色高质高效生产技术，推广绿色物化产品，开展绿色高效新技术、新产品、新模式试验示范，充分发挥示范片（方）辐射引领作用，推动良种、良田、良技、良机融合发展。示范方优质水稻品种覆盖率、机插率、技术到位率均达100%。重点培育带动科技示范户、家庭农场等新型农业经营主体241个，推进全市水稻生产规模化种植、标准化生产、产业化经营。

【粮食新品认定】 2023年，常熟市农业科学研究所培育的3个水稻新品种和1个玉米新品种通过各级审定，4个三系粳稻不育系通过江苏省级鉴定。其中，杂交粳稻常优粳13号和常规粳稻常香粳206、常农粳18号通过江苏省审定；玉米新品种虞璘糯308通过江苏省审定。4个BT型三系粳稻不育系“常1432A”“常5110A”“常12179A”“常1575A”通过江苏省品种审定委员会鉴定。

【“常熟大米”品牌建设】 2023年，常熟市持续开展“常熟大米”地理标志证明商标品牌建设，遴选“虞盛”“坞坵”“勤川”“虞美润”10家优秀稻米生产经营主体进行品牌授权，打造5280亩核心生产基地。在第七届“芳桥”杯“江苏好大米”品鉴推介活动中，常熟市农业科学研究所的“常优大米”、常熟市天铭朱家桥农业专业合作社的“朱家桥大米”获评特等奖，常熟市坞坵米业专业合作社的“坞坵大米”获评十大创优品牌，江苏勤川农业科技有限公司的“勤川大米”获评最佳稻米包装设计奖（零售型）。

【种植农技推广】 2023年，常熟市落实《苏州市粮油和蔬菜“百人指导千人培训”农技提升行动实施方案》，举办粮油蔬生产技术专题培训及现场观摩17次，发布“农技信息”49期。水稻关键生育阶段多次邀请省级专家教授现场指导。在常熟市古里镇坞坵绿色高产高效示范方举办首届“坞坵”杯江苏“农技大比武”——水稻看苗诊断与决策指导活动，促进农技推广体系建设。

畜牧业

【畜禽养殖】 2023年，常熟市有农业农村部畜牧业综合信息平台备案畜禽规模养殖场17家，全市畜禽生态健康养殖比重100%。2023年，全市生猪存栏7.1万头，生猪出栏11.35万头；羊存栏1.41万头，出栏1.1万头；家禽存栏10.49万羽，出栏16.88万羽；奶牛存栏3023头，肉牛存栏448头。

【肉蛋奶生产】 2023年，全市肉类地产总产量1万吨，其中，猪肉产量9318吨、牛肉产量137吨、羊肉产量206吨、禽肉产量347吨，牛奶产量1.65万吨，禽蛋产量710吨，其中鸡蛋产量602吨。

【动物防疫】 2023年，常熟市常态化抓好非洲猪瘟防控工作，全年监测样本8268份。落实重大动物疫病强制免疫措施，各病种应免密度达到100%。全年排查畜禽养殖场（户）122次，排查家畜5.25万头，家禽5.12万羽，监测样品8473份。产地畜禽检疫覆盖率100%，定点屠宰检疫开展面100%，屠宰检疫受检率100%。全年监测养殖、屠宰环节牛羊布病样品3212份、结核病样品2301份。形成以春、秋季集中免疫为主，全年常规免疫为辅的犬类狂犬病防控体系，全年免疫犬只3.4万只。常熟市德康农牧有限公司通过省级无疫小区评估。

表21　　2023年常熟市畜牧业养殖情况统计表

类别	存栏	1—12月出栏
猪（万头）	7.10	11.35
其中：能繁殖母猪（头）	8855	—
牛（头）	3471	695
其中：肉牛（头）	448	—
奶牛（头）	3023	—
羊（万只）	1.41	1.10
其中：山羊（只）	1512	837
绵羊（万只）	1.26	1.02
活家禽（万只）	10.49	16.88
其中：鸭鹅（万只）	1.5	3.99
活鸡（万只）	8.99	12.89
肉鸡（万只）	2.27	—
蛋鸡（万只）	6.72	—

（资料来源：市农业农村局）

渔 业

【水产养殖】 2023年，常熟市水产养殖面积9.09万亩，其中主导品种河蟹、青虾养殖面积8.29万亩，占总养殖面积91.19%。全年水产品总产量2.59万吨，实现渔业经济总产值26.87亿元，比上年增长0.31亿元。辛庄镇金爪蟹入选2023年全国名特优新农产品。

【高标准渔业设施建设】 2023年，常熟市基本实现全市9.02万亩高标准池塘改造动态全覆盖，高标准池塘长效管护纳入“常熟市乡村振兴和农业农村现代化实绩考核”。在高标准池塘改造的基础上，常熟市继续创建、认定5家相对生产设施齐备、生产方式先进、产业融合度高、生态环境优美、池塘相对集中连片的常熟市级高标准水产养殖示范基地。

【水产技术推广】 2023年，市水产技术推广站构建“567”技术推广载体，即引进5个水产养殖新品种、打造6家示范基地、推广7项渔业新技术。年内，常熟市水产技术推广站获评2022—2023年度全国基层水产技术推广体系建设先进单位；苏州湖强农业科技有限公司获评江苏省级数字渔场，晋升苏州市级农业产业化龙头企业。

【渔政管理】 2023年，常熟市围绕长江禁捕、渔业打非治违和水生野生动物保护推进渔政管理工作。以长江“十年禁渔”省级改革试点任务为抓手，初步构建“1+4+N”（1个指挥中心、4处检查哨所、N支禁渔队伍）联勤联动工作机制。依托“虞剑护江”禁渔党建联盟，农业农村、公安、海事、市场监管等部门开展联合执法行动80次，查处禁渔违法案件139件。推广“爱虞护江”禁渔小程序，营造群管群护氛围。完成全省首套《长江十年禁渔监管系列教材》编制，并配套课程PPT和讲解视频等，在全省范围内推广。全年立案查处电捕鱼等非法捕捞案件174件（含简易处罚116件），清理涉渔“三无”船只83艘，收缴电捕工具219套，打捞销毁地笼网、丝网等违禁渔具4352张（顶）。成立常熟市渔文化科普研学基地，开展宣传教育和社会实践活动14场，增殖放流活动和社会公益放流21次、放流各类鱼苗1190余万尾。

表22　　2022—2023年常熟市渔业生产情况统计表

指标	2022年	2023年
水产品总产量（吨）	24862	25862
海洋捕捞（吨）	984	996
淡水捕捞（吨）	526	523
淡水养殖（万元）	23352	24343
淡水养殖面积（公顷）	6061	6061
一、二、三产产值（渔业经济总产值）（万元）	265647	268698
一产（渔业）产值（万元）	146390	147350
一、二、三产增加值（渔业经济增加值）（万元）	158332	159318
一产（渔业）增加值（万元）	82232	82389
机动渔船艘数（艘）	58	59
机动渔船总吨位（总吨）	1181	1185
机动渔船功率（千瓦）	4110	4221

（资料来源：市农业农村局）

绿色农业

【绿色农产品生产】 2023年，常熟市绿色农产品产量11.77万吨、种植面积15.98万亩，有绿色优质农产品基地92家，涵盖粮油、蔬菜、水产、果品和加工等产品。其中，绿色食品精深加工1家、产品1个，绿色食品养殖业6家、产品7个。

【有机农产品生产】 2023年，常熟市有机农产品产量1012.9吨、种植面积1.29万亩，有有机农产品种植业基地4家，其中有机食品精深加工业1家、产品4个，有机食品养殖业1家、产品2个。

【病虫绿色防控基地创建】 2023年，常熟市创建省级农作物病虫害绿色防控基地3个，分别是江苏勤川现代农业科技有限公司、江苏省常熟现代农业产业园区发展有限公司、常熟市滨江农业科技有限公司。年内，滨江农业科技有限公司横塘蔬菜基地承担全省蔬菜绿色防控技术观摩与培训现场，常熟市农业技术推广中心被评为2023年全省植保植检工作先进集体。

【农作物秸秆综合利用】 2023年，常熟市秋收环节完成水稻秸秆离田19739亩，离田率7.33%，收储水稻秸秆0.90万吨。常熟市加大秸秆机械化还田新机具、新技术推广应用力度，开展生态型犁耕深翻秸秆还田试点。在实现全量还田的基础上开展离田利用，推广基料化、饲料化、燃料化等秸秆综合利用技术。全市建成秸秆收储服务组织4个，拥有秸秆收集机械11台套，秸秆收储能力约0.8万吨，农作物秸秆综合利用保持在99%以上。

农业产业化

【智慧农业】 2023年，常熟市完善常熟“智慧三农”平台，归集全市涉农数据资源超34万条，拓展乡村振兴片区化发展项目库，探索新型农业经营主体电子信用档案建设。持续运营益农信息社152家，开展便民服务超25万人次，采编惠农服务短信73条、95.55万条次。常熟市获评“2022年度‘智慧农村’先进县级市”，苏州湖强农业科技有限公司获评2023年度省级数字农业农村基地、2023年江苏省数字渔场，常熟市虞美润农业专业合作社（家庭农场）获评2023年江苏省数字农场，全市认定苏州市“智慧农村”示范村12个、智慧农业生产示范场景2个。

5月，常熟市农户抢抓农时忙农事。图为常福街道虞美润农业专业合作社开展流水线育秧（朱琪 摄）

【农业机械化】 2023年，常熟市新增农机总投入超3600万元，完成稻麦秸秆机械化还田50.70万亩。推广水稻机插秧与秸秆机械化还田集成技术、稻麦周年生产全程机械化技术、生态型犁耕深翻、机收减损等智能化绿色化农机技术。举办各类新农机新技术演示现场会、田间推广日活动6场约550人次，各类培训15期、415人次。新安装农机北斗定位终端66台（累计安装933台），61个规范化农机库房实现视频远程监控。举办2023年常熟市水稻机收减损技能大比武活动。全市新增省级“全程机械化+综合农事”服务中心1个，省级粮食生产“无人化农场”1个，省级水产养殖全程机械化示范基地2个，苏州市级高标准粮食生产“全程机械化+综合农事”服务中心2个，苏州市级高标准水产养殖机械化示范基地1个，苏州市级粮食生产“无人化”农场3个，苏州市级农机农艺融合示范点3个。常熟市获评2023年江苏省“平安农机”示范县。

【农业经营主体】 2023年，常熟市有各级农业龙头企业132家，其中省级11家、苏州市级35家、常熟市级86家；农民专业合作社409家，其中国家级示范社3家、省级17家、苏州星级49家、常熟市级53家；各级示范家庭农场447家，其中省级29家、苏州市级40家、常熟市级378家；苏州共享农庄（乡村民宿）13家。年内，常熟市新增苏州市级及以上农业龙头企业5家；苏州市级及以上示范家庭农场26家、全国农民合作社示范社2家、全省家庭农场典型案例1个、全国农民合作社典型案例1个、全国农业社会化服务典型案例1个；苏州市级农业产业化联合体1个；苏州市休闲农业精品村2个。

【农业专业人才】 2023年，全市累计认定新型职业农民3528名，完成基层农技推广人员能力提升培训125人次，新增姑苏乡土人才9名。至2023年年底，常熟市委托扬州大学累计定向培养常熟籍本科生129名，其中在村（社区）工作87人，其中2人被提拔为村党委（村党总支）副书记，24人被民主选举为村委委员（居委委员）；委托苏州农业职业技术学院累计培养常熟籍大专生358名，155名涉农委培大专生毕业。

【农产品品牌建设】 2023年，常熟市推进品牌强农建设。常熟市维摩剑门绿茶有限公司的“剑门碧螺春”获第二十二届中国绿色食品博览会暨第十五届中国国际有机食品博览会金奖。组织优秀农业企业参加全国首届名特优新农产品展销对接活动，“常熟鸭血糯”“常熟大米”获“最受欢迎产品奖”。常熟市“王庄西瓜”“虞山绿茶”“董浜乌塌菜”“莫城芡实”“海虞大米”“董浜筒管玉丝瓜”“碧溪香子芋”和“辛庄金爪蟹”成功申报全国名特优新农产品，“恒洋澳龙”成功申报全国特质农品。

【地理标志产品】 至2023年年底，常熟市有国家地理标志农产品6个：常熟大米、常熟鸭血糯、阳澄湖大闸蟹、王庄西瓜、董浜黄金小玉米、董浜筒管玉丝瓜。年内，董浜黄金小玉米获国家地理标志农产品保护提升工程奖补资金450万元。

现代农业园区

【概况】 2023年，全市有国家农业科技园区1个、省级现代农业园区3个、苏州市级现代农业园区11个、常熟市级现代农业园区6个。年内，常熟市现代农业产业示范园三年建设项目绩效监控评价均获得“优秀”等次。

【江苏常熟国家农业科技园区】 2023年，江苏常熟国家农业科技园区核心区和示范区建成面积20.09万亩，辐射区涵盖全市涉农区域，园区生产总值355.51亿元。“常熟鸭血糯”成功获得中国地理标志证明商标注册证；在2023年全国名特优新农产品产销对接活动中，“常熟鸭血糯”和“常熟大米”获“最受欢迎产品奖”，为江苏唯一获奖产品；鲜食糯玉米新品种“虞璘糯308”通过江苏省农作物品种审定委员会第74次会议审定；江苏常熟国家农业科技园区管理办公室被认定为苏州市新型职业农民教育实训基地；入围“全国现代农业产教融合共同体”理事单位。成功立项苏州科技项目1个、常熟科技项目4个，“设施果菜智慧生产关键技术创新与集成示范”成果通过江苏省农学会成果评价。

【江苏常熟现代农业产业园区】 2023年，园区面积4.15万亩，产量29.38万吨，产值6.62亿元。年内，园区董浜筒管玉丝瓜、董浜乌塌菜入选农业农村部名特优新农产品名录；董浜镇获省级黄金小玉米特色产业小镇、江苏省耕地保护工作突出乡镇；智林黄金小玉米保育基地成功申报江苏省现代农业全产业链标准化基地，董浜育苗中心获评江苏省第三批优势种苗基地，杜桥村获评2023年苏州市智慧农村示范村，杜桥优质稻米高质量发展示范区智慧大田系统获评2023年苏州市智慧农业生产示范场景；完成高标准农田、杜桥优质稻米示范区，北港蔬菜高质量发展示范基地、智林村田美乡村示范点建设，共计2590亩；完成苏州市美丽牧园创建11家，启动陆市村、智林村、新民村、旗杆村4个绿色蔬菜保供基地；建立董浜镇蔬菜智慧综合农事服务中心。授权8家主体为黄金小玉米地标使用单位，确立核心示范基地500亩，探索“企业+合作社+农户”的联农带农机制。

【常熟市现代农业产业示范园】 2023年，园区建设区域面积19.92万亩，涵盖海虞镇、尚湖镇、支塘镇及常福街道，其中耕地面积10.35万亩，水域面积0.93万亩。示范园建有南京农业大学（常熟）乡村振兴研究院、扬大（常熟）现代农业发展研究院等7家产学研合作平台；创建“常熟大米”“常熟鸭血糯”“王庄西瓜”“虞盛大米”等区域公用品牌及国家地理标志证明商标；示范园以“智慧农业”为建设主体，通过应用现代信息技术、无人机遥感、农业物联网、机器人及基于北斗技术的无人驾驶农机等多项技术，实现农场生产场景“可视化+数字化+智能化+无人化”监控管理和指导农业生产。至2023年末，建成数字化农场8个。示范园于2020年10月获批建设，对照市政府批复的建设方案，按照“三年任务两年完成”的工作目标，园区内农业科技创新中心建设工程等15个项目已全面完工，并于2023年12月13日通过验收。

【江苏省常熟现代渔业产业园区】 2023年，园区面积1.04万亩，实现亩产河蟹90千克，青虾25千克，亩均效益超万元。园区新注册农业企业2家，主要从事水产养殖、水产品养殖销售等。与苏州市农业科学院合作完成“河蟹养殖水体智能化生态循环净化技术应用研究”项目，该水体循环净化技术已在园区及长洪滩示范基地推广应用。全面推广应用“长江系列”“阳澄湖一号”蟹和“太湖三号”青虾优良新品种，广泛应用河蟹“1258”生态养殖技术、池塘尾水净化技术、河蟹病害生态防控技术。 （陆喜娟）

表23　　2023年常熟市苏州市级以上现代农业（渔业）园区一览表

序号	园区名称	涉及范围	等级	类型
1	江苏常熟国家农业科技园区	全市	国家级	农业
2	江苏省常熟现代渔业产业园区	沙家浜镇	省级	渔业
3	江苏省常熟现代农业产业园区	董浜镇	省级	农业
4	常熟市现代农业产业示范园	常福街道、尚湖镇、海虞镇、支塘镇	省级	农业
5	常熟市古里镇现代水稻产业园区	古里镇	苏州市级	农业
6	常熟市古里镇现代渔业产业园	古里镇	苏州市级	渔业
7	常熟市梅李镇高效设施蔬菜产业园区	梅李镇	苏州市级	农业
8	常熟市辛庄现代农业综合示范区	辛庄镇	苏州市级	农业
9	常熟市尚湖镇现代农业产业园区	尚湖镇	苏州市级	农业
10	常熟市支塘镇现代水稻产业园区	支塘镇	苏州市级	农业
11	常熟市碧溪新区现代设施农业科技示范园区	碧溪街道	苏州市级	农业
12	常熟都市生态农业产业园	常福街道	苏州市级	农业
13	常熟市优质稻米产业示范园	常福街道	苏州市级	农业
14	常熟市海虞镇现代农业产业园区	海虞镇	苏州市级	农业
15	常熟市辛庄镇现代渔业产业园	辛庄镇	苏州市级	渔业

（资料来源：市农业农村局）

责任编辑　李　妍

工 业

综 述

【工业产值】 2023年，常熟市规模以上工业产值完成4725.39亿元，比上年下降4%。其中，“3+5+2”产业（指汽车及零部件、装备制造、纺织服装三大支柱产业，新能源、新一代信息技术、数字经济、声学、生命健康五大重点产业，生产性服务业、文体旅产业两大服务业）企业1365家，全年完成产值3667.2亿元，比上年下降3.3%，占规模以上工业总产值比重的77.6%，比上年提升0.6个百分点。民营企业1420家，完成产值2454.9亿元，比上年下降0.4%，占规模以上工业总产值比重的51.9%。2023年，全市规模以上工业实现利润总额278.7亿元，比上年下降2.3%。

表24　2023年常熟市规模以上工业主要指标完成情况统计表

类别	指标	2023年实绩	比上年增长（%）	占全市规上工业比重（%）
规模企业情况	规模企业数（家）	1842	6.4	—
	销售亿元以上企业数（家）	675	3.7	36.6
	其中：销售超10亿元（家）	74	-7.5	4.0
销售超10亿元	销售收入（亿元）	2652	-4.0	54.3
	利税总额（亿元）	224	-8.8	59.0
规模以上工业主要经济指标	产销率（%）	99	0.5	—
	资产负债率（%）	52.3	-1.5	—
	流动资产周转率（次）	1.43	-0.45	—
	应付职工薪酬（亿元）	352.1	3.9	—
	亏损企业个数（家）	434	1.6	—
	工业用电量（亿千瓦时）	165	2.7	—

表25　2021—2023年常熟市工业投资情况统计表

类别		2021年实绩	2022年实绩	2023年实绩
全社会固定资产投资（亿元）		704.1	731.1	628.5
工业投资	总量（亿元）	324.9	330.1	285.6
	占全社会投资（%）	46.2	45.2	45.4
技术改造	总量（亿元）	138.7	145.3	132.6
	占工业投资（%）	42.7	44	46.4
新兴产业投资	总量（亿元）	258	275.5	244.6
	占工业投资（%）	79	83.5	85.6

（资料来源：市工信局）

【工业投资】 2023年，常熟市工业投资完成285.6亿元，比上年下降13.5%；完成技术改造投资132.6亿元，比上年下降8.8%；完成新兴产业投资244.6亿元，比上年下降11.2%。

【技术创新】 2023年，常熟市新增省级企业技术中心24家、苏州市级企业技术中心39家，数量均创历年新高，累计建成省级以上企业技术中心122家（国家级4家、省级118家）；新增服务型制造示范企业（平台）10家（省级4家、苏州市级6家）；新增苏州市级工业设计中心5家；新增9家企业产品列入省重点推广应用的新技术新产品目录；中交天和获评“苏州制造”品牌登峰企业。

【智能制造】 2023年，常熟市完成智能化改造和数字化转型项目1202个。年度新增工业机器人超5000台（套），累计保有量突破3.3万台（套）。全年新增苏州市级以上智能化、数字化、企业上云等荣誉268个，其中波司登、常春汽车、海力达3家企业入围国家级5G工厂，涤纶、克劳丽入围苏州第二批5G工厂；新增省工业互联网标杆工厂9家，苏州第一；常春汽车、亨通海洋、恺博获评省智能制造工厂；新增省星级上云187家，其中三星级155家，四星级19家，五星级13家；新增省两化融合管理体系贯标示范企业培育21家，其中AAA级3家、AA级13家，A级5家；新增苏州智能工厂4家、累计数苏州第一；新增省智能车间13个、苏州智能车间26个。

表 26　　2023 年常熟市工业机器人应用情况统计表

单位：台（套）

产业分类	总计	焊接	码垛	搬运	喷涂	装配	激光加工	折弯	产品监测	机械手臂	加工中心	数控机床	其他
汽车零部件	1283	51	72	100	12	31	6	0	326	89	272	94	230
装备制造	337	6	0	10	2	0	7	3	18	57	62	140	32
纺织服装	459	0	61	221	0	0	0	0	3	0	20	15	139
电子信息	651	3	0	110	98	150	156	2	20	49	43	13	7
生命健康	79	0	0	7	0	20	0	0	11	0	17	0	24
新能源	113	40	6	4	1	0	30	1	11	20	0	0	0
新材料	121	20	0	20	0	16	0	0	34	0	17	0	14
其他	2176	142	11	209	20	108	59	24	116	78	254	244	911
合计	5219	262	150	681	133	325	258	30	539	293	685	506	1357

（资料来源：市工信局）

【专精特新企业】 2023年，常熟市出台《常熟市专精特新企业培育三年行动计划（2023—2025年）》，市工信局落实常熟市梯度培育工作计划，推动更多中小企业进入省“千企升级”企业库，充实完善专精特新培育库，以千企入库为抓手，加速创新型中小企业、省级专精特新中小企业、国家级专精特新“小巨人”企业滚动式培育和跃迁。至年底，全市有1482家企业填报省“千企升级”系统并成功入库，818家企业经省系统评价符合创新型中小企业标准，比上一年度净增长12.52%。88家企业被认定为2023年省级专精特新中小企业，12家复核企业均成功通过复核，18家企业正式被认定为2023年国家级专精特新“小巨人”企业，江苏强盛功能化学股份有限公司入选国家第八批制造业单项冠军。

（戴亦捷）

表 27　2023 年常熟市国家专精特新“小巨人”企业认定名单一览表

序号	板块	企业名称
1	高新区	江苏亨睿碳纤维科技有限公司
2	高新区	苏州科宝光电科技有限公司
3	高新区	江苏中翼汽车新材料科技有限公司
4	高新区	常熟市精工模具制造有限公司
5	辛庄镇	苏州福斯特光伏材料有限公司
6	辛庄镇	江苏萃隆精密铜管股份有限公司
7	辛庄镇	苏州康尼格电子科技股份有限公司
8	辛庄镇	常熟特固新材料科技有限公司
9	经开区	苏州慧桥自动化设备有限公司
10	经开区	华安钢宝利高新汽车板加工（常熟）有限公司
11	梅李镇	常熟纺织机械厂有限公司
12	梅李镇	常熟市宝沣特种纤维有限公司
13	董浜镇	常熟市友邦散热器有限责任公司
14	董浜镇	常熟市华德粉末冶金有限公司
15	古里镇	苏州佳顺智能机器人股份有限公司
16	海虞镇	江苏新泰材料科技有限公司
17	虞山街道	江苏鑫华能环保工程股份有限公司
18	支塘镇	常熟市飞龙无纺机械有限公司

（资料来源：市工信局）

汽车及零部件产业

【概况】 2023年，常熟市有规模以上汽车及零部件企业188家，实现工业总产值1033.88亿元，比上年增长0.7%，占规模以上工业总产值比重为21.9%；工业销售产值1040.5亿元，比上年增长3.2%；主营业务收入1100.5亿元，比上年增长4.2%；利润总额59.2亿元，比上年增长5.6%。2023年，常熟市汽车及零部件产业形成以整车为引领，动力系统、控制系统、座舱系统、智能网联（汽车电子）、车身系统、底盘系统6大零部件门类协同发展的格局。集聚汽车及零部件企业超400家，其中规模以上工业企业188家，全产业营收突破1600亿元，约占苏州市的30%。

【整车制造及改装企业】 2023年，常熟市有整车制造及改装方面规模以上企业3家，年度完成产值132.1亿元，奇瑞捷豹路虎主要生产捷豹牌和路虎牌5款乘用车，包括揽胜极光、发现运动2款插电混合动力新能源车型。

【动力系统企业】 2023年，常熟市有动力系统方面规模以上企业29家，年度完成产值212.5亿元，主要产品包括燃油发动机及相关附件、动力电池、氢燃料电池等。

【控制系统企业】 2023年，常熟市有控制系统方面规模以上企业29家，年度完成产值207.2亿元，主要产品包括变速箱、驱动桥、传动轴、驱动电机、电控单元等驱动系统方面，全球10大汽车驱动电机厂商中有7家在常熟投资，包括丰田、法雷奥、马勒、日立等多家重点企业，产品主要涉及驱动电机、机电一体化产品、驱动桥、驱动总成等。电控系统方面，产品主要涉及传感器、电子控制装置、空调控制器、门锁控制器等，有56家国内外汽车零部件头部企业在常熟落户，代表企业有一汽富奥、三菱电机、埃斯创等。

【座舱系统企业】 2023年，常熟市有座舱系统方面规模以上企业34家，年度完成产值214.3亿元，已集聚常熟汽饰、延锋、佛吉亚、李尔等4家头部企业，新引进诺博汽车（爱情之音）项目，主要产品包括智能座舱、座椅、内饰板、无纺布、复合材料等。

【汽车电子（智能网联）企业】 2023年，常熟市有汽车电子（智能网联）方面规模以上企业10家，年度完成产值24.6亿元，主要产品包括车灯、加热器、PCB板、连接器等，三菱电机汽车部件已深耕车载显示产品多年，一径科技的全固态激光雷达具有芯片化、小型化、可靠性强、量产成本低等特点，填补了国内空白，技术水平已达国际先进；新引进的华域视觉项目集汽车电子、汽车智能视觉系统研发制造为一体。

【车身系统企业】 2023年，常熟市有车身系统方面规模以上企业67家，年度完成产值160.7亿元，主要产品包括车门、罩盖、防撞梁、车身紧固件、随车工具等，华安钢宝利是特斯拉Model3的唯一供应商，中隆、六和普什等重点企业正加紧向轻量化转型，常力紧固件在汽车轻量化紧固件领域占比排名前三，通润千斤顶在全球汽车工具市场占有率第一。

【底盘系统企业】 2023年，常熟市有底盘系统方面规模以上企业16家，年度完成产值82.4亿元，其中底盘结构企业13家，代表企业有大陆、圣让、日清纺赛龙等，主要产品包括制动系统、转向系统、行驶系统、空气悬架；车用轮胎企业3家，代表企业为住友橡胶，产品包括轮胎、轮胎气压监测系统等。

（戴亦捷）

【科力梦行、蔚来资本战略合作项目落户】 1月9日，美国科力梦行高端汽车零部件项目、蔚来资本战略合作项目落户常熟高新区。该项目是科力梦行公司设立的在华首个研发及生产基地，总投资1亿美元，项目为蔚来资本旗下基金投资的项目。8月16日，科力梦行汽车系统（常熟）有限公司开工仪式举行。

（年鉴编辑部）

1月9日，美国科力梦行高端汽车零部件项目、蔚来资本战略合作项目落户常熟高新区

（常熟高新区 提供）

装备制造产业

【概况】 2023年，常熟市有规模以上装备制造企业463家，实现工业总产值1490.87亿元，比上年增长0.1%，占规模以上工业总产值比重为30.2%；工业销售产值1454.9亿元，比上年下降1.4%；主营业务收入1510.6亿元，比上年下降2.7%；利润总额77亿元，比上年增长2.2%。年内，常熟市装备制造业对制造业高质量发展基础性作用不断显现，智能制造装备、领域专用装备继续扩展应用，推动制造业高端化、智能化、绿色化发展。

【工业母机及集成化装备企业】 2023年，常熟市有规模以上工业母机及集成化装备企业80家，完成产值99.9亿元。工业母机方面，有企业40家，其中整机企业12家，零部件企业28家，全年完成产值45.2亿元。整机制造主要集中在减材加工（金属切削）和等材加工（锻压焊接）领域，有规模以上企业12家；减材加工方面，有规模以上企业8家，亿元级的有德扬智能装备、崴立机电、尼得科、吉德特4家企业，主要产品有立式加工中心、卧式加工中心、龙门加工中心、高速钻铣数控机床、齿轮机床等设备。等材加工方面，有规模以上企业4家，企业单体规模均偏小，创新焊接、明辉焊接主要提供焊接生产线模块，傲垦数控、拓克机械分别以旋压机、锻压机为主营产品。集成化装备方面，有企业40家，其中半导体、新能源类10家，代表企业有博涛、汇科、芯慧联、艾科瑞思等；纺织无纺类11家，代表企业有常熟纺机、迎阳无纺等。

【机器人制造企业】 2023年，常熟市有机器人制造相关企业37家，其中规模以上企业16家，2023年完成规模以上产值58.4亿元。从产业链分布看，上游核心零部件企业4家（规模以上3家），中游机器人制造企业20家（规模以上11家），下游系统集成应用企业13家（规模以上2家）。工业领域产品包括搬运、分拣、装配机器人等；商业领域产品包括公共服务、特种服务、家用机器人等。

【航空航天企业】 2023年，常熟市有12家企业入选苏州市航空航天产业优选企业培育库，其中规模以上企业6家，2023年实现规模以上产值21.4亿元。其中，整机企业羚控是从事特种无人机、航空电子和机械电子领域相关机载设备、仿真测试设备研发生产的科技型国家高新技术企业；关键零部件企业亨睿航空可生产高性能纤维复合材料航空器零部件和高性能纤维复合材料无人机机体。

【电梯制造企业】 2023年，常熟市有规模以上电梯制造企业14家，其中整机生产企业5家，零部件生产企业9家，2023年完成产值28.5亿元。产品广泛涉及制造业及文体旅等领域。莱茵电梯全智能高可靠性变角度斜行电梯（LP-VF-SRG）获苏锡常级首台（套）重大装备认定。

【工程机械制造企业】 2023年，常熟市有规模以上工程机械制造企业77家，2023年完成产值161亿元，产品包括盾构机、冶金设备、风力发电设备、挖掘设备等，中交天和机械设备制造有限公司主要从事盾构机和海洋船舶等装备的设计与制造，先后研制出用于南京扬子江隧道、印尼雅万高铁1号隧道、南京和燕路过江通道等重大工程建设的超大直径盾构机等高端装备；索特传动设备有限公司主要从事减速机、回转支承、车桥、变速箱、四轮一带等产品的研发制造。

【先进节能环保装备制造企业】 2023年，常熟市有规模以上先进节能环保装备制造企业10家，2023年完成产值15.1亿元。主要产品有自来水净化设备、污水净化设备、垃圾分类设备等。

【首台（套）重大装备认定】 2023年，常熟市3家企业获首台（套）重大装备认定。其中，江苏舒茨测控设备股份有限公司“光声光谱分析校准一体机SPTr-GAS SYSTEM 300”获2023年度江苏省首台（套）重大装备认定。德扬智能装备（苏州）股份有限公司“卧式镗铣加工中心（HBD-2518-130）”获2023年度苏锡常首台（套）重大装备认定。苏州天顺复合材料科技有限公司“6MW级以上超大型轻量化玻纤维风电叶片（EN94）”获2023年度苏锡常首台（套）重大装备认定。

（戴亦捷）

【常熟龙腾获中国工业大奖表彰奖】 3月19日，第七届中国工业大奖获奖企业和项目揭晓，常熟市龙腾特种钢有限公司新钢种高强度钢棒产业化示范项目获中国工业大奖表彰奖。新钢种高强度钢棒，属于预应力混凝土用高强度钢棒（PC钢棒）。新钢种高强度钢棒产业化示范项目属于迭代升级产业化信息化示范项目，通过联合研发定制，其生产线完全实现数字化、智能化、信息化及自动化。项目产品应用龙腾特钢自主发明的“30MnSiL高强度新钢种”及“不易脆断的预应力混凝土钢棒用钢及其生产技术”和“新预应力混凝土钢棒的热处理技术”生产。该项目被广泛应用于高强度预应力混凝土离心管桩、电杆、高架桥墩、海洋工程及铁路轨枕等预应力构件中，最终应用到高层建筑、海洋工程、桥梁、高铁、隧道、新能源、航天等行业和领域。

【中国首台超大型盾构机用主轴承“破壁者”在常熟面世】 6月9日，在中国科学院战略性先导科技专项（C类）“高端轴承自主可控制造”国产超大直径盾构机用Φ8.01米主轴承评审会暨命名仪式上，常熟造盾构机主轴承“破壁者”通过钱七虎、李依依、陈湘生等院士专家组的评审。“破壁者”由中交天和机械设备有限公司和中国科学院金属研究所联合研制，直径8.01米，重达50吨。在运转过程中，可承载的最大轴向力为10的5次方千牛，约等于2500头成年亚洲象的重力，是中国制造的首台套直径最大、单重最大的盾构机用主轴承，将应用在直径16米级的超大型盾构机上，服务国家大型工程隧道建设。 （年鉴编辑部）

纺织服装产业

【概况】 2023年，常熟市有规模以上纺织服装企业518家，约占全部规模以上企业总数的1/3。全产业有4000多家企业，以中小企业为主。2023年规模以上纺织服装企业完成工业总产值143.5亿元，比上年增加9.1%，全产

常熟市龙腾特种钢有限公司生产车间 （2023年摄 市工信局提供）

业完成产值507.64亿元，比上年减少2.6%。规模以上纺织服装业产值占全市规模企业产值的比重为10.7%，与上年基本持平。全市纺织服装产业链覆盖从化学纤维制造到原料、辅料、面料织造、印染及后整理、服装服饰生产、专业市场销售等过程，纺织服装产品用料涵盖化纤、棉纺、毛纺、麻纺、针织、家纺等行业，秋冬装、休闲男装、针织绒类产品在国内外享有较高的知名度，拥有全国最大的纺织服装专业市场—常熟服装城，以及支塘无纺、梅李经编、古里纬编等若干特色产业集群。年内，常熟市出台《常熟市纺织服装产业高质量发展实施方案（2023—2025）》，常熟市获评工信部2023年消费品工业“三品”战略示范城市。

（戴亦捷）

【无纺产业】 至2023年底，支塘镇有无纺行业企业416家，其中无纺制品321家，无纺机械75家，上游纤维制品企业20家。无纺行业规模以上企业47家，其中无纺制品规模以上企业39家，无纺机械规模以上企业8家。2023年，无纺行业产值49.5亿元，销售49.2亿元。无纺针刺设备、无纺布产量和生产能力分别占全国的60%和10%左右。产品覆盖全国大部分地区，并出口到美国、日本、俄罗斯、印度等50多个国家和地区。

（邹巨豪）

【纺织服装重点项目】 2023年，常熟市纺织服装产业有重点项目41个，计划总投资额107.4亿元，其中2023年计划投资29.6亿元，完成投资28.3亿元，涵盖化纤、织造、印染、服装、服饰、电商直播等领域，其中隋心文化传媒直播基地项目、洛哥高端轻奢品牌直播运营基地项目提升常熟市时尚女装小单快返水平，加快构建数据分析运营中心为一体的数字化品牌生态体系。

（戴亦捷）

【波司登入围工信部5G工厂名录】 2023年，工信部公布《2023年5G工厂名录》，江苏波司登科技有限公司“波司登品牌服装柔性制造5G工厂”入围。波司登品牌服装柔性制造5G工厂项目集成5G移动技术、无人立体仓技术、AGV货到人技术、多层穿梭车技术、自动包装技术、自动分拣技术以及大数据分析、边缘计算、近场通信技术、物联网技术等，实现所有设备的互联互通并通过WMS、CIMS系统实时和市场信息链接，自主分析、自主决策、自主执行。为全国纺织服装行业数字化、智能化转型提供行业标准实例参考。

（年鉴编辑部）

新能源产业

【概况】 2023年，常熟有新能源产业规模以上企业79家，拥有省级新能源产业创新载体（平台）14个，新能源产业规上产值770亿元，2023年新能源产业产值占苏州市第一。全市构建起锂电、光伏、氢能为重点的新能源产业体系。年内，苏州市新能源产业创新集群推进大会在常熟召开，举办2023氢能专精特新创业大赛暨氢能领跑者行动标准体系发布会。

【锂电产业】 2023年，常熟市有锂电行业规模以上企业25家、产值343亿元，基本形成锂电材料、电池制造、专用设备和回收利用的完整产业链。年内，正力新能入选中国独角兽企业，全市锂电级PVDF（正极材料黏结剂）全球高端市场份额占有率领先；六氟磷酸锂行业市场份额全球前五，博涛热工在正极材料烧结窑炉细分领域居国内第一；新落户东威科技（水电镀设备）、捷胜科技（隔膜和储能设备）、巡鹰新能源（退役锂电梯次利用）。总投资10亿元的常熟东威科技有限公司负极集流体基材设备生产项目3月开工。

【光伏产业】 2023年，常熟市有光伏行业规模以上企业38家、产值324.5亿元，产业链涵盖光伏组件、光伏辅材、专用设备和下游应用领域。年内，阿特斯连续11年光伏组件列全球出货前五；仁烁光能150兆瓦组件项目竣工，总投资10亿元的用于建设150兆瓦钙钛矿太阳能电池生产线的仁烁钙钛矿太阳能电池组件项目（一期）3月开工；德沪智能的钙钛矿用精密狭缝涂布设备实现国产替代。推进整县屋顶分布式光伏开发试点城市建设，已利用屋顶资源420万平方米，年新增光伏装机容量416兆瓦。

【氢能产业】 2023年，常熟市有氢能行业规模以上企业11家、产值28.3亿元；全市累计引进氢能相关项目50多个，总投资近80亿元，在制储加氢环节、氢燃料电池系统及核心零部件、氢能应用检测等领域均进行布局。年内，全球首创氢燃料电池模块一体化封装技术的联华新能源进入试生产阶

3月23日，苏州市新能源产业创新集群推进大会在常熟召开

（市工信局　提供）

段，长城未势能源氢能总部落户常熟，比利时优美科集团投资的燃料电池催化剂项目加快建设中，中欧氢能技术创新中心揭牌，可培养2000名氢能专业人才。诚志空气产品银河路加氢站新启用，全市累计建成4座加氢站，日加氢能力达2700千克，累计投用氢能示范应用车辆178辆。

【风电产业】 2023年，常熟市有风电行业规模以上企业5家、产值74.2亿元。

【苏州市新能源产业创新集群推进大会在常熟召开】 3月23日，苏州市新能源产业创新集群推进大会在常熟召开，总投资119.4亿元的13个新能源项目签约落地常熟，多个新能源领域中心（苏州新能源产业促进中心、江苏省新能源材料产业基地、苏州中欧氢能技术创新中心）以及常熟高新区新能源产业园获得授牌，苏州市创新投资集团与常熟市新能源产业集群基金签约合作。全市设立5个新能源领域产业基金，总规模超65亿元。

（殷　娟）

声学产业

（参见苏州·中国声谷）

新一代信息技术产业

【概况】 2023年，常熟有规模以上电子信息企业116家，受电子产品消费欲望降低、个别品牌产业链外移等因素影响，完成总产值545.5亿元，比上年减少9.9%，全市规模以上电子信息企业有产值过50亿元企业3家、产值过10亿元企业7家、产值过5亿元企业7家、产值过1亿元企业34家，华域视觉科技（常熟）有限公司11月入库以来，至年底完成产值3.3亿元。全市电子信息产业主要包括电子材料、印制电路板生产、终端组装等特色产业，相关企业主要集中于高新区、常福街道和经开区，其中高新区电子信息产业企业27家、常福街道电子信息产业企业19家、经开区电子信息产业企业17家。

【信息技术产业重点项目】 2023年，全市电子信息产业项目15个，计划投资总额86.5亿元，年内完成总投资17.5亿元。其中总投资过10亿元项目2个，过5亿元项目6个，过亿元项目6个，新开工项目14个。（戴亦捷）

【江苏京创先进电子科技有限公司十周年暨半导体设备国产化进程论坛】 4月23—24日，江苏京创先进电子科技有限公司十周年暨半导体设备国产化进程论坛在常熟海城工业坊铂尔曼酒店举行，半导体产业上下游的知名厂商和行业专家代表200余人参加。论坛的主题为“匠心十载，同芯筑梦”，此次论坛主要由江苏京创先进电子科技有限公司成立十周年大会及庆祝晚会、江苏京创先进电子科技有限公司十周年成就展、江苏京创电子科技有限公司新品发布、江苏京创先进电子有限公司（优力科瑞）剪彩仪式、半导体设备国产化进程论坛、半导体行业专家咨询会议、半导体设备产业技术论坛等活动组成。论坛上，中国科学院院士、半导体物理和器件专家褚君浩、中国高科技产业化研究会副理事长阮汝祥等，围绕半导体设备国产化进程相关话题展开交流。

（年鉴编辑部）

生命健康产业

【概况】 2023年，常熟市生命健康产业规模以上企业56家，完成产值122.8亿元，比上年增长3%。全市有苏虞生物医药产业园、古里生物医疗大健康产业园等创新集聚载体，产业类别涉及医药制造、医疗器械及大健康等。全市以苏虞生物医药产业园、经开区生物医药产业集聚区为载体，发展具有自主可控技术的化学创新药和生物技术药；以古里生物医疗和大健康产业园、常熟高新区、虞山高新区等区镇为载体，重点发展植入性医疗器械、体外诊疗及康复设备、可穿戴设备等高端医疗器械。年内，举办2023年“大美海虞 智惠常熟”创新创业大赛生命健康与新材料产业活动。

【生命健康产业重点项目】 2023年，常熟市生命健康领域有重点项目18个，计划总投资额45亿元。项目聚焦血液透析器、再生医学、洁净技术、抗体类生物药、先进药物递送装置等重点领域，其中生物医药产业有立生生命、朗和科技、新劢德、智享生物等项目。

（戴亦捷）

【天辰生物补体双功能抗体申报临床】 4月10日，天辰生物医药（苏州）有限公司递交的I类创新药LP-005临床试验申请（IND）获中国国家药监局药品审评中心（CDE）受理。LP-005是该公司首个获CDE受理IND申请的补体创新药项目，基于自主研发的iCibitor技术平台开发的第一款补体双功能抗体，拟用于多种补体相关罕见病和常见病的治疗。

【佰傲再生常熟产业园试投产】 11月9日，佰傲再生常熟产业园试投产。该产业园位于常熟高新区协同创新产业园，建设占地约5万平方米，拥有再生医学医疗研发平台和国内首创的化妆品CDMO一站式平台，植入性三类医疗器械生产中心、再生科技护肤品研发中心、国际一流的类器官检测中心、器官芯片研发中心、面向华东的械品与妆品质量检测中心，以及涵盖面膜、水乳、冻干等剂型的全产品线生产中心。（年鉴编辑部）

电力工业

【概况】 2023年，常熟市有燃煤电厂7家，燃机电厂1家，垃圾焚烧电厂1家，余热发电电厂2家，全年发电量340亿千瓦时；全市光伏发电装机容量逐年提升，全年光伏发电6.98亿千瓦时。年内，常熟市对2022年底关停的

2家燃煤公用电厂（昆承热电公司和福裕燃煤电厂），推进关停验收等相关手续，并获省发展改革委关停认定批复。江苏常熟发电有限公司常熟电厂3×660兆瓦超超临界燃煤发电机组替代扩建项目列入江苏省第二批“先立后改”建设清洁高效支撑性电源项目规划。

【光伏发电】 2023年，全市光伏发电6.98亿千瓦时，相当于节约能耗20.8万吨标煤，减少碳排放量49.86万吨。年内，常熟市参与整县（市、区）屋顶分布式光伏开发试点，增加可再生能源供给。推进工商业屋顶分布式光伏建设，协同开展党政机关、事业单位等公共建筑屋顶光伏建设。新增分布式光伏并网容量267.85兆瓦。

（胡　挺）

【江苏常熟发电有限公司】 2023年，江苏常熟发电有限公司累计完成发电量180.14亿千瓦时，其中常熟发电178.46亿千瓦时（火电177.34亿千瓦时，福山1.12亿千瓦时）；一体化管理单位1.68亿千瓦时。供热量867万吉焦，供电煤耗297.33克/千瓦时，比年度目标低0.25克/千瓦时。全年累计完成发展项目核准容量212.2万千瓦，其中替代扩建项目核准容量198万千瓦，新能源项目备案16个，累计备案容量14.2万千瓦。

支撑性电源项目　3×660兆瓦超超临界燃煤发电机组替代扩建项目列入江苏省第二批“先立后改”建设清洁高效支撑性电源项目规划，并于6月30日获江苏省发展改革委核准批复，项目支持性文件除取水、环评外已取得相关政府部门批复。9月15日钢灰库工程正式开工，至年底实现1号灰库封顶。

清洁能源项目　按照“立足常熟、辐射江苏、迈向全国”的战略方向，累计核准新能源项目16个，总容量142兆瓦。投资2.7亿元的厦门海辰“多能联储”暨零碳工厂项目完成工程建设任务并移交，南通京源综合智慧能源项目完成屋顶分布式光伏并网发电并开始园区供暖；聚焦县域与新兴产业开发，锁定南通海安整县开发项目；探索基地项目布局和开发机会，江苏泗阳275兆瓦渔光互补光伏发电项目完成公司注册并注入外资，淮安盱眙300兆瓦风电项目、山东临朐项目、新疆霍尔果斯中安国新储能产业园配套新能源项目、内蒙古乌兰察布四子王旗风电等项目前期工作有序推进。

新板块建设和治理　完成大丰项目接入区域生产运营中心、东营项目快速响应支撑功能建设等技改工程。落地集团级重点任务2项，新投光伏项目全部接入天枢一号智慧系统，依托内蒙古赤峰市巴林右旗超额完成三网融合链接县域用户任务。

多种经营产业布局　中电常熟实业新增生态农业与休闲旅游结合的绿色产业，物业服务和发电副产品处置市场进一步开拓。滨江热力在售汽量下滑情况下实现利润增长，“供热+新能源”模式取得实质性突破，首个400千瓦峰值屋顶光伏项目投用。华兴公司完成组织机构优化调整和三年发展规划，推进检修业务从劳务、技能型向技术、管理服务型转型。

（沈小明）

6月，常熟市城东水质净化厂太阳能光伏发电项目通过供电部门验收，正式并网发电投入运行　（朱琪　摄）

责任编辑　李　妍

建筑业

综述

【建筑业产值】 2023年，常熟市实现建筑业总产值293亿元，比上年增长9.12%。全年办理施工许可证604本，比上年减少11.70%；建筑面积632.03万平方米，比上年减少9.01%；合同造价189.8亿元，比上年减少7.82%。

【建筑企业】 截至2023年年底，常熟市有建筑业企业558家，其中含有施工总承包资质企业258家、含有专业承包壹级资质企业414家、含有劳务资质企业126家；工程监理企业12家，其中甲级企业9家。（瞿　磊）

【建筑产业现代化】 2023年，常熟市通过建设用地规划条件落实装配式建筑面积78.81万平方米，新开工装配式建筑面积118.67万平方米，年度竣工成品住房面积55.41万平方米。年内，常熟市推进房屋市政工程智慧工地建设，将实名制考勤、扬尘在线监测、远程视频监控、车辆清洗抓拍等功能集成并纳入苏州市智慧工地监管平台统一管理，累计68个工程项目完成平台对接。推进智能建造试点工作，沪苏零碳数字产业园工程和新建工业自动化控制系统装置产业园项目（二期）两项工程成为苏州市智能建造试点项目，并通过苏州市智能建造试点项目考核。（瞿　磊　郭晓玲）

【BIM技术应用】 2023年，常熟市持续推进建筑信息模型（BIM）技术应用。年内，UWC+创新岛项目、新建“蓝天家园”三期、常熟市春霁小学新建工程、新建常熟市同文学校、新建久诚培训园项目、常春藤国际人才创“芯”港项目6个项目获评苏州市BIM技术应用示范项目。（郭晓玲）

表28　常熟市获评2022年度江苏省建筑业新技术应用示范工程名单

序号	工程名称	执行单位	项目负责人	技术负责人
1	常熟市2020A-007地块住宅用房（1#、2#、5—7#、9—10#、13#门楼、14#配电房、18#垃圾投放点、地下车库及人防工程）工程	江苏南通二建集团有限公司	范存富	韩　彬
2	新建常熟市2019A-018地块项目	中天建设集团有限公司	李有华	王宇红
3	支塘集贤商贸中心项目	常熟古建园林股份有限公司	陆建军	袁　逸
4	常熟市2019B-009地块项目	江苏金土木建设集团有限公司	邵　锋	罗建明
5	清晖中学新建工程	江苏金土木建设集团有限公司	王利军	陶　湧
6	元和小学及幼儿园迁建项目——元和小学迁建工程	江苏金土木建设集团有限公司	蒋　琪	池　亮
7	苏州常润智慧能源有限公司对外供压缩空气工程（新建厂内工程）	常熟建工建设集团有限公司	王　伟	洪　伟
8	开元小学新建工程	圣峰建设有限公司	顾颖颖	祝建刚
9	新丰家园三期（1#—4#楼、10#—11#楼、1#配电间、开闭所、门卫一、门卫二及地下车库工程）	圣峰建设有限公司	姚　裕	徐国荣
10	常福街道钱底巷幼儿园（暂名）	江苏顺丰建设有限公司	殷振洪	钱　余
11	董浜镇区域性护理院一期工程	江苏顺丰建设有限公司	黄万亮	郭　强
12	常熟理工学院东湖校区新建国际留学生宿舍及室外配套工程	中建华城建设集团有限公司	沙维新	王　欢
13	常熟高新技术产业开发区第七产业园（一期-1）工程	江苏永丰建设集团有限公司	钱建云	张建良
14	新建年产智能化装备、精密冲压模具、精密注塑模具等500套，汽车类、电声器件类、通信类等各类精密连接器1亿件生产项目	江苏永丰建设集团有限公司	朱晓春	陆建新

续表28

序号	工程名称	执行单位	项目负责人	技术负责人
15	虞东时代广场（红星美凯龙家居生活广场二期）	江苏沙家浜建筑有限公司	王文栋	桑永林
16	常熟中医院分院康复治疗中心	江苏金土木建设集团华星工程有限公司	殷莉芳	钱建华
17	新建年产997万件5G通信天线产品项目	江苏金土木建设集团华星工程有限公司	季建宇	谭根保
18	新建协同创新产业园高标准厂房、人才公寓及配套用房项目-5#厂房、6#办公楼、地下车库、7#-10#厂房、11#食堂、A区门卫工程	江苏汇丰建筑安装工程有限公司	孙启文	尤保根
19	红梅小学新建工程	江苏汇丰建筑安装工程有限公司	殷作亮	钱国忠
20	钢材精整车间、锻造车间、电气室工程	江苏汇丰建筑安装工程有限公司	吴　敏	范雪明
21	常熟市2018A-001地块商业项目	苏州华亭建设工程有限公司	陆鸣锋	程永华
22	石梅小学五爱校区（原湖山小学）新建工程	苏州华亭建设工程有限公司	殷建忠	袁大方
23	常熟市虞城高级中学（原藕渠中学）改扩建项目设计施工（EPC）总承包项目	苏州华亭建设工程有限公司	张一琦	谢叶虎
24	常熟理工学院产教融合应用型人才培养实训中心	振华集团（昆山）建设工程股份有限公司	孙佳鹏	夏　军

（资料来源：市住房城乡建设局）

勘察设计

【施工图审查管理】 2023年，市住房城乡建设局重点审查工程地质勘察、结构安全、消防安全、抗震设防，推进建筑节能减排、新技术、新材料和装配式建筑的推广应用，从源头上保障建设工程的质量。全年发放施工图审查合格证509份，审查面积924万平方米，完成施工图勘察文件审查242项，审查完成消防特殊类项目236项。免审项目233项，其中抽中审查107项。11个既有建筑改造项目完成审查，其中7个完成专家论证。审查出违反强制性条文136条、违反强制性标准1.1万条和其他问题2465条。涉及建筑设计单位131家，勘察单位41家。

（倪爱淳）

【1个项目获省优秀工程勘察设计行业奖】 10月31日，江苏省勘察设计行业协会公布2023年度江苏省优秀工程勘察设计行业奖（部分类别）评选结果，"常熟市农村生活污水治理工程—洪洞水质净化厂（暂名）配套污水转输系统工程"入选水系统工程设计一组一等奖。该项目设计单位为悉地（苏州）勘察设计顾问有限公司。

（年鉴编辑部）

建筑工程

【民用建筑工程】 2023年，常熟市新建民用建设工程土建项目55个，工程造价50.4亿元。工人文化宫等一批重点民用建设工程交付投用。

【工业建筑工程】 2023年，常熟市新建工业土建项目264个，建筑面积473.77万平方米，工程造价110.40亿元，项目数量占比82.76%。

【建筑工程创优】 2023年，全市工程获苏州市工程建设质量管理小组活动成果一等奖7个、二等奖18个、三等奖26个，获江苏省工程建设质量管理小组活动成果一等奖4个、二等奖19个、三等奖2个。24个项目获评2022年度江苏省建筑业新技术应用示范工程。8项工法被批准为2022年度江苏省工程建设省级工法。1个项目获国家优质工程奖；11个项目获江苏省"扬子杯"优质工程奖；8个项目获苏州市"姑苏杯"优质工程奖金奖，93个项目获苏州市"姑苏杯"优质工程奖；149个项目获常熟市"虞山杯"优质工程奖。（瞿磊　钱琦）

表29　常熟市获2022年度江苏省优质工程奖"扬子杯"项目一览表

序号	工程名称	申报单位	参建单位	监理单位
1	新建智能塔式起重机生产项目工程—联合厂房	江苏永丰建设集团有限公司	—	江苏华通工程管理有限公司
2	启文学校及幼儿园（暂名）新建工程	苏州华亭建设工程有限公司	常熟市金龙装饰有限责任公司、苏州华瑞建筑装饰工程有限公司	江苏常诚建筑咨询监理有限责任公司
3	新建护理院和养老院项目EPC总承包—护理院和养老院、地下人防工程	江苏金土木建设集团有限公司	常熟市新苑地建筑装饰工程有限公司	苏州天狮建设监理有限公司

续表29

序号	工程名称	申报单位	参建单位	监理单位
4	铁琴花园二期项目车库（人防区）、车库（非人防区）、1#楼、2#楼、3#楼、4#楼、5#楼、6#楼	江苏汇丰建筑安装工程有限公司	—	常熟市诚信工程建设监理有限公司
5	常熟市海虞中学迁建工程1#综合楼、2#行政楼、3#报告厅、4#5#6#普教楼、7#食堂、风雨操场、8#综合楼2、交通廊	常熟古建园林股份有限公司	江苏嘉洋华联建筑装饰股份有限公司	江苏常诚建筑咨询监理有限责任公司
6	苏州富士莱医药股份有限公司研发中心（装修）	常熟市金龙装饰有限责任公司	—	—
7	常熟市2009G032地块工业研发与住宅项目Z-1#、Z-2#及公共部分室内装饰工程	江苏嘉洋华联建筑装饰股份有限公司	—	江苏常诚建筑咨询监理有限责任公司
8	常熟海虞外国语学校（幼儿园项目）室内装修工程	江苏华灿建设有限公司	—	江苏三益建设监理有限公司
9	云尚悦享保健中心室内装饰改造工程	江苏华亭建筑装饰工程有限公司	—	—
10	常熟北部医院（暂名）新建室内装饰工程（标一、标二）	苏州华瑞建筑装饰工程有限公司、江苏嘉洋华联建筑装饰股份有限公司	—	江苏常诚建筑咨询监理有限责任公司
11	常熟广播电视发射塔工程（公转直）	常熟建工建设集团有限公司	—	苏州平安建设工程项目管理有限公司

（资料来源：市住房城乡建设局）

【建筑工程选介】 工人文化宫　由常熟市总工会投资兴建，总建筑面积6.56万平方米，地上6层，地下1层。项目从设计到施工直至交付，BIM数字一体化应用贯穿项目的全生命周期。项目于2021年10月13日开工，2023年9月28日竣工验收合格并交付使用，成为常熟市城北片区的标志性建筑。

常熟龙腾希尔顿酒店　由常熟市龙腾特钢有限公司携手希尔顿酒店集团打造，整体为游轮造型。总建筑面积11.73万平方米，含有220米长的彩虹天桥。项目主体采用框剪和框架结构，地上最高21层，地下2层，项目大量运用如基于BIM技术的信息化综合管理、钢结构预拼装液压同步整体提升、型钢水泥土复合搅拌桩支护、销键型脚手架、钢结构防腐防火、成品支吊架、空中透明泳池施工等在内的多项新技术、新工艺以及新材料。（瞿　磊）

常春藤国际人才港项目（标二）　位于城铁片区核心区，依托高铁枢纽联动常熟（虹桥）国际人才港，是常熟市着力打造的产城融合新地标。总建筑面积45837.29平方米，包含5栋生产车间。最大单体建筑面积约14001.20平方米，1#~3#生产用房为5层，4#生产用房为7层，最高高度约为37.65米，最大跨度约为9.5米。协同创新产业园　是常熟高新区首个老旧工业区更新改造试点项目，旨在通过盘活低效工业用地，化解安全环保风险，释放产业发展空间，促进产业转型升级。产业园总投资8亿元，地块面积为8.53公顷，总建筑面积约19万平方米，其中A区建筑面积13万平方米，B区建筑面积6万平方米。该项目获2023年苏州市“工业上楼”示范项目认定。（瞿　磊）

【建筑企业选介】 江苏金土木建设集团有限公司　2023年，公司建筑业总产值46.08亿元，纳税额5337万元，获评苏州优秀建筑业企业、常熟优秀建筑业企业、常熟市建筑施工企业先进基层党组织、江苏省、苏州市守合同重信用企业等。

常熟古建园林股份有限公司　2023年，公司获全国城市园林绿化企业50强；园林绿化建设综合实力企业公司、江南园林领军企业；苏州市劳动保障AAA级信誉单位、苏州市劳动关系和谐企业；苏州市香山帮营造协会2022年度优秀会员单位；常熟市级文明单位；常熟市优秀建筑企业。承接项目获国家优质工程奖2个；获江苏省“扬子杯”优质工程奖2个；获苏州市“园林杯”园林绿化优秀工程示范工程1个；获常熟市园林绿化优良工程5个；获2022年度江苏省建筑业新技术应用示范工程1个；获评江苏省建筑施工标准化星级工地1个；获评江苏省风景园林学会2023年度优秀风景园林设计项目一等奖1个；获2022年度江苏省住建厅优秀工程设计三等奖1个；获2023年度苏州市城乡建设系统优秀勘察设计村镇建设市政一等奖1个；获苏州市优秀勘察设计二等奖1个。世博文化公园江南园林项目、沪通铁路常熟站综合交通枢纽南广场景观绿化工程入编《2022中国园林古建筑精品工程项目集》。公司编制的竹节纹饰面清水混凝土施工工法、装配式立体框架多元造型景观施工工法获江苏省省级工法。一种古镇河道水土流失防治坡结构等4项技术获国家实用专利。

常熟市华诚建设工程有限责任公司　2023年公司产值7.4亿元，纳税1545.33万元，获2022年度常熟市优秀建筑企业、建筑企业慈善奖，江苏省建筑施工安全标准化星级工地1个，苏州市标准化文明示范工地3个，常熟市建筑施工标准化文明示范工地4个，“扬子杯”优质工程1个，“姑苏杯”优质工程5个，“虞山杯”优质工程8个。

江苏嘉洋华联建筑装饰股份有限公司　2023年，公司营业收入2.5亿元。

常熟市赵市建筑工程劳务有限公司　2023年度营业收入8324.11万元；应纳税额249.73万元。（瞿　磊）

【1项工程获国家优质工程奖】2023年，启文学校及幼儿园新建工程获评2022—2023年度国家优质工程奖。该工程项目位于常熟市黄山路以东、东南大道以南，总建筑面积9.8万平方米，是一所九年一贯制（包括幼儿园）的学校，其中小学8轨、初中12轨、幼儿园6轨，建设单位为常熟高新技术产业开发区管理委员会、常熟市昆承湖投资有限公司建设、勘察单位苏州开普岩土工程有限公司、设计单位苏州天地设计研究院有限公司、苏州安省建筑设计有限公司，工程监理单位为江苏常诚建筑咨询监理有限责任公司，施工总承包单位为苏州华亭建设工程有限公司，参建单位为苏州华瑞建筑装饰工程有限公司、常熟市金龙装饰有限责任公司。（年鉴编辑部）

建筑行业管理

【建设工程招投标】2023年，常熟市办理建筑工程项目登记692个，涉及建筑面积976.74万平方米，项目投资总额845.71亿元。完成招标发包273个标段，建筑面积179.88万平方米，中标价82.82亿元，标底价97.75亿元，节约资金14.93亿元。（吴以恒）

【建设工程造价管理】2023年，常熟市有本地造价咨询企业10家，经登记在常熟承接业务的外地咨询企业有31家。2023年起，常熟市对在建工程安全文明施工措施费开展动态考核，竣工结算扣减相应费用。落实苏州市《智能建造（建筑机器人）补充定额（试行）》和4月1日起施行的《江苏省建设工程造价管理办法》。开展江苏省工程造价咨询企业第六轮信用评价，5家常熟本地企业参加，其中2家企业被评为AAAA级信用等级，3家企业被评为AAA级信用等级；开展2022年度苏州市工程造价咨询企业信用评价，10家常熟本地企业参加，其中9家企业被评为B级，1家企业被评为C级。2023年，苏州市范围内工程造价咨询成果质量“双随机”抽查开展2次，抽查企业6家、咨询项目12个；常熟市工程造价咨询企业咨询业务抽查开展2次，抽查企业18家、项目35个。开展招标投标事中同步评估工作2次；组建全市建设工程造价行业专家库，52名专家入选；组织造价业务培训5次，累计培训400余人；受理并协调竣工结算争议纠纷40起。（严　恺）

【工程质量监管】2023年，市住房城乡建设局新受理监督工程498项，建筑面积589.94万平方米，工程造价190.25亿元，其中建筑工程447项、市政工程51项。全年开展工程质量监督检查2809次，工程竣工验收监督684项，提交《工程质量监督报告》720份，办理工程竣工备案737份。受理消防竣工验收和备案抽中210项。试行住宅项目工程质量信息公示14项，进行住宅工程竣工验收信息公示55项。年内，开展2023年常熟市建筑施工“质量月”活动，组建工程质量管理专家库，研究制定《关于明确消防工程质量管理工作要求的通知》《常熟市房屋建筑工程项目分期分段竣工验收指导意见》，2个项目案例获评常熟市营商案例“优胜奖”。2023年指导服务全市续建、新开工重点产业项目建设单位完成竣工验收100余项。（钱　琦）

【施工安全监管】2023年，市住房城乡建设局做好日常监督抽查和季度性建筑施工安全生产专项整治，以建筑工地深基坑、高支模、建筑起重机械、防高处坠落、消防安全、危险化学品使用等重点部位、重点环节为重点，督促参建企业落实安全生产责任。全年出动检查人员1860人次，检查在建项目2449个，排查消除安全隐患12612处，纳入C类项目48个，上报企业一般不良行为计分58起，移送执法66起。组织开展第三方专项检查，检查起重机械设备1281台次，发现并督促整改安全隐患2383处；组织开展危险性较大的分部分项工程专项检查3轮次，涉及危大工程72个，督促整改安全隐患249处。深入开展房建市政工程局镇联动监管，召开联动工作例会139场次，联合告知124场次，标化工地联动采信申报项目83个，组织开展工地现场联合检查235个次，督促消除安全风险隐患1614处。开展建筑施工领域“月末大讲堂”、安全文明示范工地观摩、消防安全应急演练、工伤预防专题直播等宣教活动，线上线下累计参与人数超80万人次；累计组织开展3期建筑工程安全生产集中约谈会议，涉及工程项目23个，参建企业56家。（瞿　磊）

【工程建设领域整治】2023年，市住房城乡建设局落实《建筑业企业资质标准》《建筑业企业资质管理规定》等相关规定，对企业应当保持资产、主要人员、技术装备等要求开展动态核查，核查29家企业31项资质，复核清理44家企业55项资质；3家企业3项资质申请注销、4家企业4项资质被资质许可机关撤销相应资质，6项资质整改期满仍未达到相应资质标准要求的5家施工企业被上报待处理。市住房城乡建设局与市人力资源社会保障局对常熟7个在建项目开展实名制专项检查，同时常态落实线上检查，检查在建项目433个次，开具整改通知46份；对298个在建房屋建筑与市政基础设施工程监理项目常态开展各类监理专项检查5次，抽查项目163个，所占比例达全市监理项目的54.7%，移送执法7起。2023年，开展建筑材料及质量控制资料专项巡查、涂料、胶黏剂使用情况专项检查和扬尘治理综合检查。组织工程质量检测机构专项检查2次，检查检测机构13家次。常熟市工程监理综合改革工作获苏州市住房城乡建设局通报表扬。（瞿磊　钱琦）

责任编辑　李　妍

商贸服务业

商贸流通

【社会消费品零售】2023年，常熟市实现社会消费品零售总额1290.28亿元，比上年增长7.5%。全市限额以上汽车类累计完成零售额88.5亿元，比上年下降1.8%；限额以上石油及制品类累计完成零售额17.7亿元，比上年增长5.2%。常熟市商务局重点监测的15家重点商贸企业完成社会消费品零售总额77.84亿元，比上年增长5.7%；13家重点住宿餐饮企业累计营业收入5.27亿元，比上年增长32.8%。零售额前20强企业累计实现零售额105.68亿元，比上年增长2.9%，占限上零售额的42.8%。（何文博）

表30　2023年常熟市重点商业综合体情况一览表

序号	名称	地址	面积（平方米）	年销售额（万元）
1	八佰伴	琴川街道方塔东街8、9号楼	27000	47701
2	印象城	琴川街道海虞南路88号	38000	56019
3	星光天地	琴川街道闽江东路9号	50000	14097
4	琴湖溪里	琴川街道琴湖路58号	42400	38815
5	万达广场	常福街道珠海路8号	100000	69640
6	永旺梦乐城（常熟新区店）	常熟高新区东南大道168号	63000	64220
7	天虹购物中心	虞山街道海虞北路33号	42000	14074

（资料来源：市商务局）

2023年，莫城街道在原世纪联华停车场设置200个摊位，打造芳草地市集。图为6月13日芳草地市集夜景

（莫城街道　提供）

【消费促进】2023年，常熟市举办“虞城烟火五五购物节”“双12购物节”等消费节庆活动；发放“2023家电家居嘉年华数字人民币红包”40万元促进家居家电消费、“2023常熟五五购物节数字人民币红包”99万元活跃消费市场；推出《嗨翻虞城，周末gogo购》直播栏目，通过电台直播+现场探店方式，按周开展热门商圈促销推荐。举办“常来常熟”2023常熟旅游消费暨城市品牌（上海）推介会、“虞歌畅晚”常熟夜经济系列活动、“多彩虞城 初秋邂逅”夜经济主题活动，完成方塔东街改造等夜经济载体更新，打造方塔东街、世贸集聚区、琴湖集聚区、文化片区等多个夜经济消费场景。（陆志明）

【商业体系建设】2023年，常熟市盘活和平街5号原中医馆、园山居二楼、塔弄4期等古城商圈低效载体超1.5万平方米，大润发M会员店落户常熟。推进“一刻钟便民生活圈”建设，虞山街道北门大街社区，琴川街道星茂社区，梅李镇梅李社区等3个社区入围第二批苏州市“一刻钟便民生活圈”，全市累计有苏州市“一刻钟便民生活圈”9个。年内，常熟市获评首批全国县域商业“领跑县”。（陆志明　何文博）

【粮食流通】2023年，全市收购粮食14.54万吨，比上年增加20.5%，创近三年粮食收购总量新高。全市夏粮价外补贴订单签订面积16865.66公顷，夏粮开秤指导价为中等质量标准混合麦每50千克123元，价外补贴标准为中等质量标准每50千克10元，收购入

库小麦7.15万吨，其中价外补贴订单收购量6.09万吨，补贴金额达到1217万元，惠及农户1041户；秋粮价外补贴订单签订面积16230.62公顷，秋粮收购开秤指导价为中等质量标准晚粳稻每50千克135元，继续执行中等质量标准每50千克10元的价外补贴标准，收购入库稻谷7.39万吨，其中价外补贴订单收购量7.34吨，补贴金额达到1468万，惠及农户822户。年内，完成大义、练塘骨干粮库4.83万吨仓容低温改造。（周　青）

【供销合作】2023年，常熟市供销合作总社实现销售总额56.6亿元，消费品零售总额41.2亿元，比上年增长2.3%。完成农药集中配送总额4936万元，覆盖率95%；供应水稻、小麦测土配方肥10160吨，覆盖率83%；推广有机肥219吨，比上年增长22%；供应缓释肥1000吨，回收农药废弃包装物706万件、废旧农膜297吨。推动常客隆超市等业态升级调整，年内新增改造连锁经营网点25家，全市累计建设连锁经营网点196家。开展“常熟供销优选”农产品直通车活动，年内举办159场，实现销售480万元。依托“常熟供销优选”小程序开展直播50场次以上，实现线上地产农产品销售7000万元。2023年，市供销合作总社各渠道累计助销地产农副产品1.7亿元。建成常熟消费帮扶馆暨农产品展销中心，建成基层社展销网点10家。完成曹家桥冷链物流二期工程项目建设。全年实现冷链配送销售额2.2亿元，比上年增长29%。市供销合作总社与常熟农商行联合推出“供销贷”产品，首批向32家农业主体授信644万元。扶持农民专业合作社2家，开展家庭农场农资技术培训2次。完成梅李棉业、支塘棉业、支塘纺织的税务、工商注销，清理下属“僵尸”企业3家。（丁　琼）

【烟草专卖】2023年，常熟市烟草专卖局（分公司）实现上缴税利比上年增长4.95%。年内，推进零售终端数字化转型，建成加盟终端40户、合作终端4户、新现代终端196户。组织开展“利剑10号”等专项行动，全年查处涉烟案件230起，查获卷烟1580.72万支，案值1960.47万元，其中，5万元以上案件62起，50万元以上案件7起、100万元以上案件2起；拘留16人，逮捕10人，判刑6人。推进电子烟法治化监管，查处电子烟案件6起，查获电子烟产品8652个，案值25.7万元。处理网格化联动平台涉烟信息114条，治理违规烟草广告35户。在常熟各个乡镇、街道新建吸烟区29个、文明吸烟柱150个。（沈卫国　杨　雁）

【盐业专营】2023年，常熟市盐业有限公司实现销售收入2994.28万元，实现利润173.71万元，销售食盐1.11万吨，销售工业盐3737.18吨，完成盐产品年度销售计划的132.85%。年内，完成食盐定点企业换证。做好日本福岛核污染水排海导致市民抢购食用盐的市场应急保供，8月24—26日，发出小包装食盐650吨；做好应对冰雪极端天气所用原盐、融雪剂、氯化钙等除冰化雪产品储备。配合常熟市市场监管局加强市场监管，全年巡查集贸市场、餐饮店、熟食小作坊等3098家，查处食盐违法案件3起，责令整改1起，罚款金额1045元，没收盐产品1.75千克。7月，市疾控中心检测结果显示全市碘盐覆盖率96%，碘盐合格率100%，合格碘盐食用率96%，合格碘盐覆盖率99%。开展“百千万亿”品牌宣传活动，全年开展宣传160多场次。（缪雯炜）

【成品油销售】2023年，常熟市有陆上加油站100座，全年销售汽柴油48.3万吨，比上年增长6.39%，其中，中石化销售8.6万吨，中石油销售11.4万吨、中石化壳牌销售14.9万吨，中油江南销售7.3万吨，其他民营加油站销售6.1万吨。（张　胜）

【“老字号”发展】2023年，常熟市有“中华老字号”企业1家，“江苏老字号”企业5家，“常熟老字号”企业11家。年内，常熟市金蝙蝠工艺家具有限公司接受“中华老字号”企业评审。（王怡嘉）

表31　　2023年常熟市“老字号”企业一览表

序号	品牌	等级	认定时间	品牌持有单位
1	王四酒家	中华老字号	2006年	常熟市王四酒家有限责任公司
2	北九如	江苏老字号	2015年	建发医药北九如药店
3	柳仁仁	江苏老字号	2015年	建发医药柳仁仁药店
4	童仁泰	江苏老字号	2015年	建发医药童仁泰药店
5	马詠斋	江苏老字号	2015年	常熟市江南畜禽食品有限公司
6	金蝙蝠	江苏老字号	2019年	常熟市金蝙蝠工艺家具有限公司
7	徐裕泰	常熟老字号	2019年	常熟市古里镇徐裕泰点心店
8	阿里山	常熟老字号	2019年	江苏阿里山食品有限公司
9	義源生	常熟老字号	2019年	常熟市支塘義源生食品店
10	剑门茶	常熟老字号	2019年	常熟市维摩剑门绿茶有限公司
11	渡口饭店	常熟老字号	2019年	常熟市碧溪新区渡口饭店
12	梅李酱油	常熟老字号	2019年	苏州市吉成酱业酿造有限公司
13	庆福	常熟老字号	2021年	常熟市庆福银楼有限责任公司
14	丹凤	常熟老字号	2021年	常熟市金属工艺总厂（丹凤银楼）
15	香酥斋	常熟老字号	2021年	常熟市江南畜禽食品有限公司香酥斋食品总汇
16	望岳楼	常熟老字号	2021年	常熟市虞山镇兴福望岳楼老面馆
17	Yushan	常熟老字号	2021年	常熟森林大酒店有限责任公司

（资料来源：市商务局）

【常熟市获评首批全国县域商业“领跑县”】 11月25日，商务部首届数字经济时代县域商业创新发展大会在浙江省杭州市举办，现场公布首批123个全国县域商业“领跑县”名单。常熟市获评全国首批县域商业体系建设“领跑县”。2022年，全市社会消费品零售总额超1200亿元。2023年，常熟形成大型商业网点向板块延伸、特色消费向商业街区延伸、大型商超向乡镇商贸中心延伸、便民消费向社区（村级）商店延伸的商业布局，全市社会消费品零售总额位列苏州第二。

（何文博）

商务服务业

【人力资源服务】 2023年，常熟市有持证人力资源机构290家。市人力资源社会保障局推广使用“职通常熟”公共就业服务平台，全年有单位1195家发布岗位信息7976个，招聘2.4万人次；举办春风行动等线上线下各类主题招聘活动211场，其中现场招聘136场（含零工招聘15场）、网络招聘18场、直播带岗57场，参会单位4800多家次，收到求职简历2.4万份。市人力资源社会保障局组织赴山东龙口、云南丽江、湖北襄阳等地开展跨区域人力资源对接，新建劳务合作基地35家。年内，常熟市人力资源服务行业协会召开2次会员大会，协会获得江苏常熟农村商业银行股份有限公司首期整体授信3亿元。

（徐莞月）

【律师服务】 2023年，常熟市有律师事务所22家，全年受理诉讼案件12739件。全市有执业律师386名，公职律师52名，公司律师28名，实习律师35名，担任法律顾问单位2053家，业务创收2.07亿元。

【公证服务】 2023年，常熟市公证处办理各类公证12988件，其中涉境内民事类9794件、涉境内经济类214件、涉外类2641件、涉港澳台类339件。年内，建成琴川法律服务产业园、辛庄镇公共法律服务中心、碧溪街道公共法律服务中心3处远程公证服务点。上线金融机构智慧公证模块，在中国建设银行常熟分行营业部、城中支行部署8台STM设备，将15项公证高频事项植入建设银行一体化智能终端设备。

（吴雨婷）

【广告业】 2023年，常熟市有广告业及其从属企业702家，其中设计制作类二级企业2家（苏州新浪广告传媒有限责任公司、苏州正山文化传媒有限公司）；设计制作类三级企业1家（苏州睿途广告传媒有限公司）。全市有中国广告协会认定广告资质企业3家，当年新申请CNAAⅡ广告资质企业1家：东睿智华品牌管理咨询（苏州）有限公司，申请CNAAⅢ广告资质企业1家：苏州米拉广告有限公司。广告业经营企业全年发布户外公益广告2933块，互联网公益宣传1329次。江苏中服网络科技有限公司申报的“常熟电商广告创业孵化平台”被苏州市市场监督管理局认定为苏州市广告创新创业示范平台。

（殷嘉晨）

2月1日，常熟经开区（碧溪街道）2023年春风行动系列专场招聘举行

（常熟经开区　提供）

【服务业集聚区】 2023年，常熟市有服务业集聚区4个。年内，中国常熟服装城、常熟国家大学科技园、常熟科创园被省发展改革委确认为省高质量发展集聚示范区，常熟云裳小镇被新认定为第二批省级现代服务业高质量发展集聚示范区。

（严家俊）

居民服务业

【住宿餐饮】 2023年，全市有住宿餐饮企业2882家。常熟天铭国际大酒店、常熟中江广场置业有限公司皇冠假日酒店、常熟市虞城大酒店、常熟森林大酒店、常熟市金海华丽嘉酒店、常熟国际饭店、常熟虞山锦江饭店、常熟裕坤国贸酒店、常熟市金海华休闲美食会、王四酒家、香格里酒店、渡口饭店12家重点住宿餐饮企业营业收入5.08亿元，比上年增长27.91%。年内，常熟市开办餐饮店“一件事”线上办理系统在苏州市范围内率先成功试运行。

（金夏珂　袁雯婷）

【家政服务】 2023年，全市有家政服务单位2559家，比上年增加229家。常熟市家庭服务行业协会被市民政局确认为2022年度检查合格社会组织。年内，市人力资源和社会保障局出台《常熟市新业态从业人员职业伤害保险办法（试行）》，在常熟市从事家政等新业态灵活就业人员（年龄不超过65周岁）可参保。市妇联依托巾帼志愿阳光站、妇女微家、妇女儿童之家等，开展家政便民市集、家政公益活动、家政知识宣讲等形式多样的“巾帼家政进社区”活动。苏州禾馨月子护理服务有限公司获评2021—2022年度常熟市守合同重信用企业。

（金夏珂　年鉴编辑部）

【美容美发】 2023年，全市有美容美发行业经营者活动门店6699家，比上年增加306家。年内，常熟市美容美发协会组织协会第四届大师培训班，联合总工会组织化妆造型班等，累计培训60多人；协会党支部新结对党建共建单位14家，累计24家；协会每月开展义剪活动10次，联合商务局、琴川街道开展理发暖心服务等，服务外卖骑手、高龄老人、现役军人等群体。

（金夏珂　朱洪林）

【机动车维修】 2023年，常熟市有一类汽车维修企业84家，其中4S店36家，综合修理厂48家（含危货维修4家、大客车维修企业5家）；有二类汽车维修企业189家，其中4S店5家，综合修理厂184家（含大客车维修企业2家）。

【驾驶员培训】 2023年，常熟市有依法备案驾培机构20家、核定备案教学场地35块、教练车924辆、教学模拟器274台。年内，新备案驾培机构2家、新核定备案教学场地4块，教练车减少20辆、教学模拟器新增10台，有31344人取得驾驶证。（黄心珏）

邮政快递

【概况】 2023年，常熟市有邮政企业1家，邮政支局52个；快递企业20家，快递运营品牌20个，其中规模企业有圆通、申通、中通、韵达、极兔、德邦、顺丰、EMS等。2023年，常熟市邮政业业务总量81.07亿标准量，比上年增长23.41%；邮政业业务收入52.01亿元，比上年增长17.16%。其中快递业务量9.2亿件，比上年增长18.98%；快递业务收入45.69亿元，比上年增长18.58%；快递业务投递量3.53亿件，比上年增长15.37%。（仲铭洁）

表32　2023年常熟邮政管理局登记备案快递企业变动情况一览表

序号	企业名称	经营品牌	变动情况
1	常熟市神舟实业有限公司	圆通	注销
2	常熟世峰货运有限公司	世峰	注销
3	常熟德邦物流有限公司	德邦物流	快递业务经营许可证到期失效
4	常熟市诚龙物流有限公司	圆通	新增
5	江苏德邦物流有限公司苏州常熟市国际服装城经营分部	德邦物流	新增

（资料来源：常熟邮政管理局）

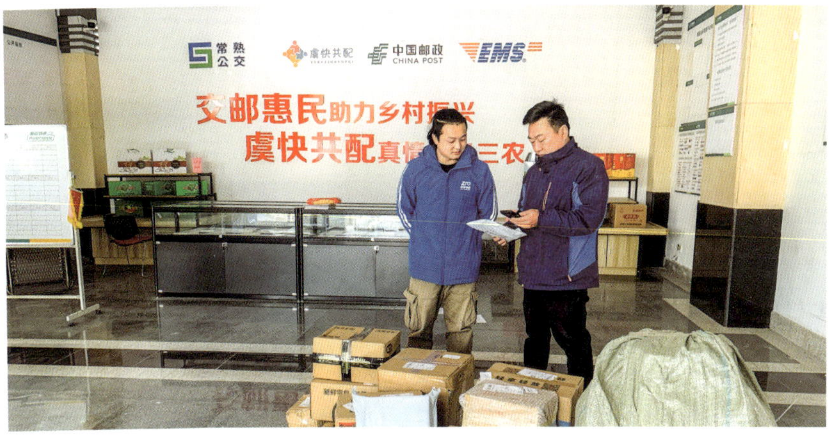

3月28日，中通快递投递员在常熟市滨江邮政综合服务中心交接业务

（常熟邮政　提供）

【邮政服务】 2023年，中国邮政集团有限公司江苏省常熟市分公司（以下简称常熟邮政）全年实现邮政业务总收入7.73亿元，比上年增长11.64%，业务规模继续保持全省县域邮政前列。年内，推进邮政自提点建设，设立常熟直投中心、北部直投中心；建设镇中心站点9个，新建公交邮路2条，交邮合作复用站点8个，实现所有代理金融网点依托普服经营。至年底，全市有邮政代理金融网点45个，普服营业网点52个，特快揽投部10个（下辖4个揽投站）、综合揽投部3个，快包承包片区3个，投递部24个（其中，4个城区投递部、20个乡镇投递组），邮件处理中心2个，银河路、黄山路处理中心能力分别为2.5万件/小时、0.6万件/小时。每日处理进出口邮件50万件。常态化开设邮运线路11条，每天运行里程938千米。设置揽投段道399条，日均投递邮件（快包、特快、普包总和）11.1万件。年内，建成开放琴湖溪里警邮共建车管自助服务站、特色主题邮局3个和“交邮快”合作服务中心（常熟市滨江邮政综合服务中心）1个。

【邮政寄递】 2023年，常熟邮政寄递业务包括特快、快包、国际、物流，全年完成寄递业务量12672.3万件，实现业务收入3.4亿元。其中，服务法院、税务、政务服务中心等单位证件寄递工作，完成特快业务收入611.06万元；与多多买菜、淘菜菜、美团优选等单位加强对接，社区团购业务收入1053万元；推广国际中速快运业务，为常熟跨境电商类客户提供各类海外仓的头程运输服务，实现全额列收；依托包板包舱渠道优势，为传统外贸类客户提供空海运港到港、门到港等运输服务，截至12月底，中速快运业务实现收入2425.15万元。年内，常熟邮政创新运作同城仓配项目，以社区团购为核心，结合实际探索同城网建设和业务发展，至年末实现配送44.67万件、收入513.67万元。（金颖恬）

责任编辑　归岳钦

常熟服装城

市场建设

【概况】 常熟服装城面积3.71平方千米，始建于1985年，是中国纺织服装专业市场和一级货源批发基地，有各类专业市场35个，市场面积350万平方米，市场主体3.5万户，从业人员超10万人，是华东地区最大的纺织服装交易中心。2023年，常熟服装城先后获"全国纺织行业党建工作先进单位""全国纺织行业思想政治工作先进单位""中国纺织服装流通大奖""中国商品市场综合百强""中国商品市场功勋市场"等称号。

表33　2023年常熟服装城重点专业市场一览表

序号	市场名称	经营面积（平方米）	店铺数量（个）	主营内容
1	综合市场	124053	3200	面料、五金、建材及新零售业态
2	招商场	148754	5810	各类服装服饰
3	男装中心	241776	3873	男装
4	女装市场	70423	1219	女装、新业态
5	鞋业中心	109062	2043	批发快时尚、精品男女鞋类
6	童装中心	259043	3864	孕婴童服装、用品、玩具等
7	天虹服装城	58369	2057	女装批发交易
8	南方轻纺市场	9000	310	布匹、辅料、呢绒、毛领、面料、羽绒类
9	白马服装市场	103062	554	服装经营和电商业态
10	世界服装中心	100000	1599	女装
11	国际服装城	90895	2316	服装、家纺、箱包皮革等
12	鑫鑫市场	17000	400	日用百货、劳保用品、办公文化用品、厨房用品等日用工业品
13	宝鼎服装	40000	642	男装
14	仕德伟	16000	220	服装、直播电商
15	新金龙毛线市场	2216	92	毛线毛衣
16	万豪轻纺城	70000	752	男装面料、女装面料、毛绒、皮革、服装里料、辅料
17	男人世界	33597	450	高端男装
18	九龙市场（一楼）	15240	303	服装
19	九龙市场	76200	980	服装、针纺织品、小商品等
20	德孚羊绒衫市场	7000	125	羊绒线
21	常熟常青女装城	22794	400	快时尚女装、精品女装及多种品牌服饰
22	国科经贸	257	23	服装、服装配饰等
23	捞品城	28000	45	品牌餐饮、精品生活百货、休闲娱乐、儿童成长、亲子活动等
24	宝鼎女装	15000	300	精品女装、电商直播、毛线、床上用品销售等

（资料来源：常熟服装城）

【市场更新】 2023年，市场更新改造项目完成21个，累计投入1500万元。包括招商场局部通道升级靓化工程、华东一区老旧电气线路改造工程、童装中心老旧观光梯更换等，屋面分布式光伏项目竣工，实现并网发电。

【服装品牌培育】 截至2023年年底，常熟服装城集团成功培育“中国服装成长型品牌”56个、“中国服装品牌优秀渠道商”6个，创建“全国时尚妈妈装供应链基地”。推进特色街区“主题化”，围绕市场经营特色实施“一街一品”战略，打造招商场“零售购物街区”、男装“潮尚名品街区”、童装“童创空间”、鞋业“‘零’动特色街区”、综合市场“女装面料特色街区”和女装“时尚妈妈装购物街区”“原创棉麻街区”7大特色零售街区，防寒服（羽绒服）、妈妈装等优势服装品类占全国市场销售份额的60%以上。

【物流配套】 2023年，常熟服装城推进物流改革，完善区域物流体系建设。城配中心一期10万平方配送、仓储项目，入驻率达99%，获评“2023年度常熟市生产性服务业创新示范企业”。年内新增云仓5200平方米，为直播行业提供高周转免租金的特色供应链方案，适应快进快出的仓储物流需求。短途物流主要集中在富通物流下属的横泾塘桥、新东方和国服3个短途停车场，线路达113条。2023年富通物流完成服装城物流地图的绘制，为专业市场招商提供精准物流数据助力。公司总货运量完成52.50万吨，其中发送货量完成15.96万吨，到达货量完成36.54万吨。“运融通”平台注册用户21365人，入驻物流公司406家，物流干线266条，覆盖全国200多个主要城市，累计完成运单超过200万单，服务客户超过25万人次；网络货运平台累计注册个体司机2.24万人，长途车辆2.23万辆，累计完成运输金额开票超过6亿元，月开票量超过6500万元，服务工厂及大型企业物流公司超过400家。

【停车设施建设】 2023年，常熟市服装城推进道路智慧停车，第四期视频桩项目完成488个，区域累计建成有道路视频桩1010个。服装城道路泊位日均周转率达6.3。 （陈 琪）

常熟服装城集团有限公司

【概况】 2023年，常熟服装城集团有限公司有下属市场6个，包括招商场、男装中心、童装中心、鞋业中心、综合市场、女装市场，全年交易额1479.45亿元，其中服装类交易额1060.77亿元，占比71.7%，鞋类交易额150.9亿元，占比10.2%，面料交易额143.51亿元，占比9.7%。

【招商场】 创办于1985年5月，是常熟服装城最早建办的市场，以经营各类服装服饰为主，市场分为4大片、11个交易区和物流管理办公室，占地面积11.91万平方米，建筑面积17.73万平方米，营业面积7.02万平方米，摊店7748间，主营男装、时尚女装、中老年女装，2023年成交额476.97亿元。

【男装中心】 位于招商东路，市场总建筑面积24.17万平方米，营业面积8.31万平方米，商铺3720间，下设男人世界、服饰广场、华盛、六区、永丰、停车楼、装饰面料7个片区，主营男装、女装、中老年女装、童装及装饰面料，2023年成交额520.91亿元。

【童装中心】 位于新莲路和青莲路交会处，总建筑面积28.2万平方米，营业面积10.22万平方米，商铺3642间。市场围绕“3+1”发展模式，“3种业态”即童装、针织内衣、辅料；“1个新模式”即桐创谷直播产业园，2023年成交额144.49亿元。

【鞋业中心】 唯一得到商务部认证的鞋类产品专业流通市场，也是华东地区最大的专业鞋类批发市场，市场建筑面积12.96万平方米，营业面积6.19万平方米，店摊2287间，聚品牌1500多个，自主品牌300多个。2023年成交额154.9亿元。

【综合市场】 位于服装城北部，下辖五金、轻纺两大片区，总占地4.79万平方米，总建筑面积12.67万平方米，营业面积71735.14平方米，店铺数量1894间。市场主营五金、卫浴洁具、灯具灯饰、各类纺织服装面料等，培育直播电商新生态，重点打造玖号源点数字时尚基地作为电商孵化标杆企业。2023年成交额155.5亿元。

【女装市场】 下辖新湖女装城、外贸女装网批市场、外贸村公房、世界服装中心底楼等，女装市场营业面积1.87万平方米、商铺947间，以女装工厂店、一手货源女装为主，2023年成交额26.67亿元。市场管理运营莫城智尚产业园，产业园整体建筑面积9.2万平方米，入驻企业14家，完成产值19912万元。 （陈 琪）

云上商城

【概况】 2023年，常熟服装城实现出口23.55亿美元，比上年增长8.3%，完成跨境电商交易额超5.87亿元，其中B2B（9710）出口2.96亿元，比上年增长51%。

【常熟服装城跨境电商集聚区】 常熟服装城跨境电商集聚区位于常熟市区南部，总面积约5万平方米，主要由莫城电商园、阿里巴巴全球速卖通（常熟）跨境电商产业园、世界服装中心及时尚广场三大功能区域构成。跨境电商经营企业超50家，跨境电商从业人300多人，2023年完成跨境电商交易额超8亿元。

【苏州（常熟）跨境电商企业服务中心】 2023年，常熟跨境电商公共服务中心以纺织服装、家居用品、商用设备等优势产业为重点，开拓B端市场，加大与各大跨境电商重点平台、服务商的对接力度，提升产业带卖家平台的运营能力，扩大产业带国际知名度，推动产业带“抱团出海”，拉动传统外贸出口。2023年中心入驻企业4家，累计完成9710出口超3298万美元；举办日常活动5场，招商活动10场，开展3场Tiktok直播培训，以及跨境电商培训8场，共覆盖本地企业人数超过500人，完成线上开店25家；组织企业前往深圳、浙江等地游学8场。

【阿里巴巴全球速卖通（常熟）跨境电商产业园】 2023年，园区围绕常熟外贸新业态发展，发挥阿里巴巴集团的平台资源优势，吸引38家企业入驻，涵盖跨境电商大卖家、专业的跨境物流、跨境直播等服务商。全年速卖通园区跨境出口纳统数据4.88亿元人民币，其中9710（跨境电子商务企业对企业直接出口）出口额累计2.93亿元。

【“市采通”平台】 2023年“市采通”平台全年出口44.74亿美元，比上年增长40.87%；其中常熟出口完成22.38亿美元，比上年增长8.59%；累计服务商家超1.6万家。平台深化省内外联动，落地服务中心8个，发挥平台合规便利化功能赋能中小微企业。“市采通”平台获评首批江苏省数字贸易平台，入选2023数字江苏建设优秀实践成果。（李　丹）

【直播电商】 2023年，常熟服装城累计统计产业带直播带货主播及账号23152个，相关从业人员超过5万人，培育直播新零售品牌1750个，建有直播基地和园区12个。（钱明杰）

【金产地——常熟产业溯源计划】 2023年，抖音电商和中国国家地理联合发布抖音电商金产地图鉴：溯源中国宝藏好物，常熟作为羽绒服“金产地”入选。年内，抖音、淘宝主播到常熟进行羽绒服溯源直播。12月13日，抖音头部电商“交个朋友直播间”走进常熟服装厂内，通过不同主播组合12小时持续带货，联动近10个羽绒服品牌，整场直播成交总量突破2万单。（钱明杰）

2023年，“市采通”平台获评首批江苏省数字贸易平台，入选2023数字江苏建设优秀实践成果（常熟服装城　提供）

表34　2023年常熟服装城部分新零售品牌（部分）一览表

名称	类型
波司登	传统品牌转型线上
雪中飞	传统品牌转型线上
李生严选	播品牌
YAOFA HOUSE	播品牌
ALESSANDRO PACCUCI	播品牌
宿慕	播品牌
IMFLY	播品牌

表35　2023年常熟服装城部分MCN机构及直播服务企业（部分）一览表

企业名称	类型
苏州心愿美电子商务有限公司	抖音头部商家
苏州雨诗薇电子商务有限公司	抖音头部商家
常熟东瑾服饰科技有限公司	淘宝头部商家
苏州全家好事服饰有限公司	抖音头部商家
苏州筱章虞科技有限公司	抖音头部商家
常熟百进发电子商务有限公司	抖音头部商家
苏州拼量电子商务有限公司	直播供应链选品平台
常熟市一柯网络科技有限公司	淘宝MCN机构
鸭宝宝（江苏）服装科技有限公司	品牌直播商家

表36　2023年常熟服装城部分直播基地（部分）一览表

直播基地（聚集区）	性质
桐创谷电商产业园	国营市场转型
金剪刀文创产业园	民营市场转型
仕德伟电商直播基地	民营市场转型
白马直播基地	民营市场转型
云计划传媒直播基地	直播商家升级转型
拼量超级选品中心	直播一站式服务
达令兔文创产业园	直播供应链选品平台
依链服装数字化选品中心	直播供应链选品平台

（资料来源：常熟服装城）

【"双十一"销售】 2023年"双十一"期间，常熟服装城电商交易额95亿元，常熟电商在抖音平台上的单日交易额7.35亿元。 （钱明杰）

市场活动

【2023"常熟杯"数字潮流服饰组合设计大赛】 3—9月，常熟服装城集团有限公司与上海时尚产业发展中心联合主办"常熟杯"潮流服饰组合设计大赛。大赛延续"爱"为灵感的设计主题，来自清华大学、东华大学和伦敦艺术大学等220多家服装设计院校的人才参与比拼，最终从1069份稿件选出12个作品参加决赛，决出金、银、铜奖各1名，优胜奖5名、最具影响力奖1名、最具商业潜力奖1名。

（陈 琪）

【常熟首届时尚妈妈装促交会暨"抖in域见好货·出游焕新衣"】 4月19日，常熟服装城集团有限公司与江苏中服服装产业发展有限公司以"情满五月天，感恩母亲节"为主题举办常熟首届时尚妈妈装促交会活动。97家市场商户、70位主播达人参加。活动将产业带中老年女装供应链资源与常熟直播电商服务中心优质头部及中腰部主播资源集聚整合，打造市场"线上+线下"多维经营模式，帮助市场商户积累数字化能力。 （钱明杰）

【2023苏州国际时装周暨第二十三届中国江苏（常熟）服装服饰博览会】 9月20—22日，2023苏州国际时装周暨第二十三届中国江苏（常熟）服装服饰博览会举行，时装周由中国纺织工业联合会、中国纺织品进出口商会，苏州市工业和信息化局、常熟市人民政府主办，江苏常熟服装城管理委员会、常熟市工业和信息化局承办。该届时装周以"何处觅江南"为主题，围绕"纺织现代化产业体系建设""苏州市域一体化发展""江南文化品牌塑造"3个核心主轴，以"展、会、秀、赛、节"为活动脉络，打造集商贸交流、产业大会、时尚发布、品牌赛事、产业对接于一体的专业平台，推动常熟纺织服装与时尚产业的革新升级。开幕式上，苏州市工信局围绕苏州纺织服装产业发展的目标、重点任务、推进举措等方面对《关于支持建设苏州高端纺织国家先进制造业集群的工作意见》进行解读，苏州市工信局联合十大银行，为与会企业提供28亿元授信额度。开幕式上，发布"织造中国"产业带助力计划、成立数字时尚产业联盟和长三角直播产业联盟。时装周期间，中国服装成长型品牌大会、2023"常熟杯"潮流服饰组合设计大赛决赛暨颁奖典礼、长三角直播电商行业数字赋能大会、中国纺织服装跨境贸易发展大会暨外贸新业态交流会、2023常熟服装城"金秋购物节"暨"百团千人"采购节等活动举办。

【"金秋购物节"2023百团千人采购节】 9月20—22日，常熟服装城集团有限公司组织"金秋购物节"2023百团千人采购节。采购节汇集区域男装、女装、童装、鞋业等多品类业态，举行特卖会等营销活动。通过对省内外及中西部市场的拓展，建立市场友好商圈联盟，整合实体市场、批发商、经销商资源，吸引山东、安徽等30多个区域采购商和消费者参加。活动期间交易额5453万元，比上年增长5.72%。 （陈 琪）

【江苏省天猫品牌生态繁荣计划（常熟站）专场活动】 9月25日，江苏省天猫品牌生态繁荣计划（常熟站）专场活动在服装城时尚中心举办。活动由江苏常熟服装城管理委员会、常熟市商务局主办，淘天集团、常熟理工学院商学院、江苏中服服装产业发展有限公司承办，常熟市电子商务协会、莫城街道商会、常熟直播电商服务中心协办。活动上发布2023年淘宝天猫行业发展新趋势，淘宝推出"淘宝百万新商造星计划"，为常熟产业带商家提供专属核心权益，包括新商入驻"0保障金"开店、"首单破0"获无门槛物流补贴、20多款市场经营工具90天免费用、最高2000元流量补贴以及淘宝大学免费课程、小二专属陪跑等支持。中服网科旗下控股公司苏州君牛文化作为淘宝直播服务商，为常熟产业带淘系商家提供开店入驻、电商经营、全流程陪跑支撑等专属服务，依托淘宝直播小店专属流量扶持政策，帮助产业带商家快速起店及持续经营，提升淘系商家在常熟产业带运营能力。

（年鉴编辑部）

【"觅江南"苏州时尚供应链展】 9月，"觅江南"苏州时尚供应链展举行，展览把握"江南文化"品牌内涵，通过线上、线下高密度推广，聚合苏州纺织服装全产业链资源，在5000平方米的展厅内，展现波司登、戎美、特别特、金开顺、上久楷、玛维莎、龙达飞、太子港、百成汇、昭奈华裕等72家区域最强供应链企业服饰，构建以"高质量内容生态圈+大数据消费洞察+时尚产业数字化+高效率供应链体系"为核心的一站式采购交流平台，吸引3000余人观展及贸易洽谈。 （陈 琪）

责任编辑 李 妍

房地产业

房地产开发经营

【住宅用地招拍】 2023年，常熟市成交住宅用地17宗，面积50.22公顷，均为普通商品住宅用地，成交总额49.47亿元，比上年下降11%。

（徐　勉）

【房地产销售】 2023年年末，常熟市累计可售面积209.36万平方米（不含政策性项目97.27万平方米），比上年减少26.70%。全市商品住宅成交面积110.62万平方米（不含政策性项目），比上年减少10.86%。全市商品住宅（不含政策性住宅）平均成交价格14742元/平方米，比上年下降9.93%。存量房交易面积202.01万平方米，比上年增长30.68%。

【商品房建设】 2023年，常熟市完成房地产开发投资198.64亿元，比上年减少29.1%；商品房施工面积871.26万平方米，比上年减少14.7%；商品房新开工面积94.04万平方米，比上年减少14.1%；商品房竣工面积226.56万平方米，比上年增长93.4%。商品房批准预售面积51.87万平方米，比上年减少56.85%；其中，商品住房46.70万平方米，比上年减少49.75%。

【房地产消费促进】 2023年，常熟市在2023常熟“旅游+消费”暨城市品牌（上海）推介会发布“美居篇”推介宣传资料，重点推介城铁、琴湖和昆承湖3个片区的4个房产项目；举办“家在常熟遇见美好”常熟安家欢乐购活动，实行购房契税补贴。12月起，常熟市实施“卖旧买新”购房契税补贴政策。

（王　瑾）

房地产市场监管

【房地产市场管理】 2023年，常熟市修订《常熟市新建商品房预售资金监管办法》《常熟市新建商品房预售资金监管实施细则》，2023年新建商品房预售资金监管57个项目共进账77.29亿元，资金拨付合计92.48亿元。加强存量房交易资金托管，实行存量房挂牌、委托线上办理，启用存量房交易资金托管专户电子印章，全年存量房交易资金托管7251笔80.84亿元。年内，常熟市对79家房地产开发企业开展2022年度信用等级评定，认定A级企业2家、B级企业75家、C级企业2家。完成2021—2022年度房地产经纪机构信用评定，全市共申报经纪机构433家，评定A级机构3家，B级机构430家。市住房城乡建设局、市发展改革委、市市场监管局、市消防救援大队开展房地产领域跨部门联合监管检查，以“双随机、一公开”的方式实地专项检查房地产开发企业15家、房地产经纪机构17家、物业管理项目9个。

【房地产领域风险防控】 2023年，市住房城乡建设局召开房地产风险项目工作推进会10余次，紧盯项目建设、销售、资金等情况，对在建未交付房产开发项目进行专项检查1次、约谈房产开发企业14次。采取风险项目资金分类管控，对重点项目，联合属地政府设立第三方共管账户，累计8个项目通过第三方共管账户进行资金监管，保障预售资金优先用于工程建设。全年化解风险项目12个，其中在建在售风险项目10个，历史遗留问题项目2个。

【“府院联动”机制建立】 2023年，市住房城乡建设局与市法院签订《强化风险预防化解促进房地产市场平稳健康发展共建协议》，建立“府院联动”机制，探索“联动配合、非诉挺前”的解纷模式，指导房地产行业协会设立调解组织，形成人民调解、行政调解和专业调解优势互补、有机衔接的工作格局，合力推动房地产风险化解。年内，化解誉景华庭、加宝花园等项目风险。

（王　瑾）

表37　　2023年常熟在建房地产项目一览表

序号	项目名称	项目面积（万平方米）	开发企业名称
1	琴上景园	19.68	常熟市建屋恒业房地产有限公司
2	棠悦名筑	19.04	苏州瑞兴房地产有限公司

续表37

序号	项目名称	项目面积（万平方米）	开发企业名称
3	和光晨樾花园	22.88	常熟筑虞房地产开发有限公司
4	琴颂雅院	20.08	常熟琴宏房地产开发有限公司
5	翡丽云庭	13.43	常熟绿地琴川置业有限公司
6	云璟花园	27.33	常熟耀泰房地产有限公司
7	金兰雅苑	10.51	常熟天地源置业有限公司
8	琴臻雅院（北区）	6.24	常熟市琴安房地产开发有限公司
9	琴臻雅院（南区）	6.3	常熟市琴安房地产开发有限公司
10	琴萃雅院	9.67	常熟市琴安房地产开发有限公司
11	熙上花园	19.91	常熟湖虞置业有限公司
12	佰贤居	13.42	中海海诚（苏州）房地产有限公司
13	林樾香庭（南区）	14.25	常熟中南金锦置地有限公司
14	七溪庭	5.03	苏州华虞地产有限公司
15	蓝天家园三期	5.88	常熟华厦房地产有限公司
16	虞溪阁	4.29	苏州星苏城置业发展有限公司
17	镜湖宸院	19.22	常熟市江南中盈房地产置业有限责任公司
18	湖语尚院	26.21	常熟市江南国泰房地产置业有限责任公司
19	尚璟名筑	4.83	常熟朗烁置业有限公司
20	虞门雅苑	10.81	常熟市呈祥房地产开发有限公司
21	蓝钰雅苑	14.41	常熟万城建设有限公司
22	星樾名筑	13.24	苏州悦融海合房地产开发有限公司
23	缦山居	5.28	苏州万城开发建设有限公司
24	云锦雅筑	9.73	苏州融朴置业有限公司
25	上贤华庭	11.56	常熟宝龙房地产开发有限公司
26	翰和苑	9.27	常熟朴盈置业有限公司
27	中科澜庭	25.63	常熟汇智聚科创服务有限公司
28	昕悦溪商业广场	10.76	常熟运鸿置业有限公司
29	江湾澜庭	24.36	常熟荣源房地产开发有限公司
30	高贤云庭	11.99	苏州新常捷房地产发展有限公司
31	香江万隆商务广场	8.05	常熟香江置业有限公司
32	常熟经济技术开发区研究院路1-1号	1.42	常熟京航科技创新园有限公司
33	湖畔现代城	115.66	常熟华坤房地产开发有限公司
34	新世纪花苑	36.83	常熟恒程置业有限责任公司
35	橡树澜湾花园西区	21.68	苏州润腾房地产有限公司
36	青藤雅苑	14.23	常熟铧顺科技产业园投资发展有限公司
37	青藤和筑	13.29	常熟铧顺科技产业园投资发展有限公司
38	昆承状元里	6.92	常熟昆承发展投资有限公司
39	茂湖云筑	27.25	常熟虞茂置业有限公司
40	悦湖雅苑（二区）	9.79	常熟虞茂置业有限公司
41	悦湖雅苑	9.71	常熟虞茂置业有限公司
42	琥珀澜庭	18.09	常熟盛乾置业有限公司

续表37

序号	项目名称	项目面积（万平方米）	开发企业名称
43	辉煌银河商业中心二期	12.71	常熟辉煌置业有限公司
44	京品苑二期	24.12	常熟京辉置业有限公司
45	临湖商业中心	13.31	常熟虞茂置业有限公司
46	悦江南花园	12.05	常熟祥翰房地产开发有限公司
47	睦邻商业中心	4.76	常熟大梦想城置业发展有限公司
48	溪岸花园	19.34	常熟市爱之城置业有限公司
49	林溪源筑	10.28	常熟源银房地产开发有限公司
50	春和景庭	11.16	常熟峰达房地产开发有限公司
51	云溪庭	18.13	常熟银泽房地产开发有限公司
52	虞东时代广场	10.98	常熟市金信物流投资有限公司
53	虞东雅苑	10.21	苏州信达置业有限公司
54	溪棠雅园	6.10	常熟沙家浜华侨城文旅实业有限公司
55	珺睿华庭	12.42	常熟穗华置业有限公司
56	云熙阁	3.20	常熟茂辛置业有限公司
57	誉景华庭	12.40	常熟奥宸置业有限公司
58	书香河畔花园	7.67	苏州兴阳置业有限公司
59	同心璟苑	4.69	苏州兴阳置业有限公司
60	璟上和院	9.36	辛发（常熟）建设发展有限公司
61	翰香华庭	7.42	江苏鸿基九辰房地产有限公司
62	虞上源筑	8.53	苏州广海房地产开发有限公司
63	福汇雅居	7.57	常熟支城建设工程有限公司
64	星荟云庭	15.35	常熟融蓝置业有限公司
65	春语花庭	19.06	苏州悦常置业有限公司
66	尚湖财富广场	3.81	常熟恒辉置业有限公司
67	春映花庭	7.89	苏州悦虞置业有限公司
68	荣尚幸福里	2.53	常熟市尚荣置业有限公司
69	丰晟商业广场	1.54	常熟拓普森置业有限公司

表38　　2023年常熟市新交付住宅小区一览表

序号	项目名称	区域	建设单位	户数（户）	交付时间
1	镜湖宸院	虞山街道	常熟市江南中盈房地产置业有限责任公司	279	2023.1.9
2	凤栖云筑	琴川街道	常熟市瑞锦房地产开发有限公司	776	2023.1.11
3	湖畔现代城三期	高新区	常熟华坤房地产开发有限公司	512	2023.1.11
4	名流世纪庄园三期	琴川街道	常熟市名流房地产开发有限公司	29	2023.1.17
5	新佳雅筑（新佳大楼）	董浜镇	常熟新苏联晟城市发展有限公司	176	2023.3.9
6	茂湖云筑	高新区	常熟虞茂置业有限公司	300	2023.3.13
7	林溪源筑	古里镇	常熟源银房地产开发有限公司	708	2023.3.13
8	悦江南花园（悦江南商业坊）	梅李镇	常熟祥翰房地产开发有限公司	897	2023.3.29 2023.7.26 2023.7.31

续表38

序号	项目名称	区域	建设单位	户数（户）	交付时间
9	星樾名筑	常福街道	苏州悦融海合房地产开发有限公司	816	2023.5.29
10	云溪庭	古里镇	常熟银泽房地产开发有限公司	544	2023.5.29
11	金兰雅苑	琴川街道	常熟天地源置业有限公司	612	2023.5.29
12	云璟花园	琴川街道	常熟耀泰房地产有限公司	844	2023.5.29
13	春语花庭	尚湖镇	苏州悦常置业有限公司	1352	2023.6.15
14	琴上景园	琴川街道	常熟市建屋恒业房地产有限公司	338	2023.6.16
15	和光晨樾花园	琴川街道	常熟筑虞房地产开发有限公司	1292	2023.6.20
16	蓝钺雅苑	常福街道	常熟万城建设有限公司	498	2023.7.26
17	悦湖雅苑（二区）	高新区	常熟虞茂置业有限公司	572	2023.7.31
18	溪岸花园	海虞镇	常熟市爱之城置业有限公司	596	2023.8.25
19	佰贤居	琴川街道	中海海诚（苏州）房地产有限公司	798	2023.9.12
20	虞门雅苑	虞山街道	常熟市呈祥房地产开发有限公司	480	2023.9.22
21	中科澜庭（中科创新广场）	经开区	常熟汇智聚科创服务有限公司	942	2023.9.23
22	翡丽云庭	琴川街道	常熟绿地琴川置业有限公司	424	2023.9.23
23	溪棠雅园	沙家浜镇	常熟沙家浜华侨城文旅实业有限公司	347	2023.9.26
24	山樾雅苑	常福街道	常熟雅品房地产开发有限公司	836	2023.9.27
25	高贤云庭一期	经开区	苏州新常捷房地产发展有限公司	462	2023.10.24
26	新世纪花苑	高新区	常熟恒程置业有限责任公司	605	2023.10.24
27	瑧湾雅筑	虞山街道	常熟市尚源房地产开发有限公司	227	2023.11.6
28	茂湖云筑3幢	高新区	常熟虞茂置业有限公司	76	2023.12.4
29	琴萃雅院（5、7、9、11幢）	琴川街道	常熟市琴安房地产开发有限公司	164	2023.12.18
30	珑悦居	琴川街道	常熟市保璟置业有限公司	182	2023.12.19
31	七溪庭	琴川街道	苏州华虞地产有限公司	227	2023.12.19
32	湖语尚院	虞山街道	常熟市江南国泰房地产置业有限责任公司	515	2023.12.27
33	荷塘人家	支塘镇	苏州浙汇源房地产开发投资有限公司	90	2023.12.28
34	翰香华庭	支塘镇	江苏鸿基九辰房地产有限公司	496	2023.12.28

（资料来源：市住房城乡建设局）

房地产租赁与中介服务

【房屋租赁管理】 2023年，常熟市落实房屋租赁“双备案”制度，办理房屋租赁备案399件，其中通过“安居超市”备案292件。年内，市住房城乡建设局组织开展出租房屋违规租赁行为执法检查31批次，现场查看出租房屋82处，夜查1次，发放限期整改通知书44份、违规租赁案件处罚23起。做好房屋租赁普法宣传培训工作，开展出租房屋违规租赁“以案释法”培训4次，指导经纪机构开展房屋租赁安全普法宣传并发放租赁安全宣传资料。

【房地产中介管理】 2023年，全市有房地产经纪机构579家，比上年增加59家。年内，市住房城乡建设局组织开展房地产经纪机构各类安全检查和日常巡查15批次，现场检查经纪机构67家，约谈经纪机构10家，暂停经纪机构网签资格1家，对3家涉嫌违规出租的经纪机构进行移送处理。指导常熟市房地产经纪业协会打造“向日葵”党建便民服务品牌，开展2次“向日葵便民服务”进社区活动。设立房地产经纪机构红色代办点，实现房源学区线上查询，实现一站式答疑。年内，设立红色代办点经纪机构38家，有红色代办员66名，累计学区查询1727次。联合常熟人民法院建设“共享法庭”，指导常熟市房地产经纪业协会成立交易纠纷调解中心，通过第三方非司法纠纷化解机制，对经纪机构之间发生的房产交易纠纷实现中立调解。指导房地产经纪业协会建立房产中介行业自媒体备案制度，成立房产中介行业自媒体交流平台，发布《关于规范化和有序管理房地产经纪业的新媒体账号的倡议书》。

【不动产“带押过户”】 2023年，全市完成不动产“带押过户”业务339笔。年内，市住房城乡建设局推进8家资金托管银行实现跨行办理“带押过户”资金业务，实现房屋交易、资金托管、贷款办理、抵押权转移“一站式”办理。

（王 瑾）

物业管理

【物业管理委员会建设】 2023年，全市组建物业管理委员会（以下简称物管会）80个，比上年增长344%。年内，常熟市制定下发《常熟市住宅区物业管理委员会组建运行指导意见》，明确物管会组建程序、工作程序、履职要求等内容，指导属地强化物管会人员配备及履职能力建设，将物管会组建情况纳入对属地高质量考核体系。

【维修资金管理】 2023年，全市完成住房专项维修资金交存3.54亿元，电梯、消防设施设备专项维修资金交存7061万元，归集面积342万平方米；完成维修资金备案1130份，其中维修资金应急使用备案431份；完成维修资金支取1204份，拨付资金3819万元。年内，市住房城乡建设局优化电梯维修资金应急使用“绿色通道”工作机制，推行“前置预审”新举措，申请使用人可将电梯维修方案提前送至特检院预审，畅通并联渠道，缩短申请时间，年内55台电梯维修事项通过“前置预审”流程实现及时维修。

【物业示范项目创建】 2023年，常熟市培育建成省级党建引领物业管理服务工作示范点1个、省级物业管理示范项目6个、省级宜居示范居住区2个；苏州市“美好家园”小区1个、苏州市级文明示范楼道10个、苏州市级物业管理示范项目11个、苏州市级党建引领物业管理服务工作示范点5个；常熟市物业服务优秀项目20个、常熟市先进物业服务企业8个。

【物业企业信用管理】 2023年，市住房城乡建设局组织2022年度物业服务企业和物业服务企业项目经理信用等级评定，认定A级物业服务企业16家、B级2022年度122家、C级2022年度4家、D级2022年度1家；认定A级物业服务企业项目经理43人、B级物业服务企业项目经理145人、C级物业服务企业项目经理4人、D级物业服务企业项目经理1人。

【住宅装修拆改管控】 2023年，全市处置既有建筑（住宅类）疑似违法违规改造线索253起，其中现场核实确有违法违规拆改的160起，已督促业主整改闭环143起、移送立案处理12起。年内，市住房城乡建设局加强住宅室内装修源头管控，落实新交付小区提前介入机制，建立“装修正负面清单”，与44个新交付项目签订装修管理告知书。建立“常熟市房屋结构改造安全行政许可网上审批平台”，构建房屋结构改造安全行政许可便民机制，推行“乡镇窗口收件、市局网上审批”模式，全年办理房屋结构改造安全行政许可2877件，其中网上审批办理1843件。编发《住宅室内装修结构改造安全管控宣传册》，开展市级部门和属地联合执法14次。

【白蚁防治】 2023年，全市完成白蚁灭治1074户，2.7万平方米；实施新建项目白蚁预防965处，施药面积193万平方米。对市级文保单位唐市望贤楼开展白蚁防治综合治理，安装地上型饵剂系统10套、全时智能监控装置30套。年内，市住房城乡建设局在“智慧房安”微信小程序中设置“白蚁防治”模块，实现通过扫描数字门牌，现场采集白蚁灭治信息。

【“四好”社区建设试点启动】 2023年，常熟市印发《常熟市“四好”社区建设试点工作方案》，明确28项攻坚科目，通过局镇联动、党建引领的方式，按照“试点示范、精准分析、合理投入、补短补缺”原则，采取用小投入、微更新、菜单式等方式，补好环境、设施、安全、治理四大方面突出短板，打造一批样板社区，推动城区社区逐步实现环境宜居、设施完善、安全健康、管理有序的“四好”目标。年内，在虞山街道、琴川街道择选小区试点消防通道畅通工程，化解小区居民停车难题，中南虞锦城、中南锦苑、中南世纪城北区成功实施停车管理提升行动；明日星洲消防通道畅通工程实施方案通过全体业主表决，进入工程前期准备。

（王 瑾）

10月25日，位于碧溪街道滨江社区的福兴华府小区获评苏州市2023年度“美好家园”住宅小区

（市住房城乡建设局 提供）

责任编辑 李 妍

旅 游 业

综 述

【概况】 2023年，常熟市文体旅市场复苏潜力显著释放。全市A级旅游景区全年接待游客674.95万人次，比上年增长76.1%，实现营业收入1.7亿元，比上年增长82.21%。“五一”假期，全市A级旅游景区接待游客31.62万人次，营业收入1073.06万元。国庆假期，全市A级旅游景区接待游客36.1万人次，营业收入1458.53万元。2023年，常熟市以国家全域旅游示范区创建为目标，融合红色文化、山水人文、乡村美游等特色资源，形成主题旅游体系。旅游业态呈现多元化趋势，团建游、研学游等业态兴起，各地结合自身特色与优势，以“文旅+”“+文旅”的方式推动产业融合发展。

【国家全域旅游示范区创建】 2023年，常熟市持续推进国家全域旅游示范区创建项目建设。年内，完成拂水堤亮化提升工程、北门游园停车场旅游化提升工程、环湖路直饮水点建设及装配式旅游厕所项目、三级导览体系、全域全景图安装等，提升全域旅游核心区的旅游业态，完善尚湖环湖路区域配套公共服务。

【文体旅产业高质量发展文件出台】 2023年，常熟市出台《常熟市文体旅产业高质量发展行动方案（2023—2026）》，围绕“文体赋能旅游”的融合发展理念，发挥融山水城园为一体的自然禀赋和国家历史文化名城的人文优势，全面整合全市文化体育旅游资源，丰富旅游产品供给，推出多元旅游路线，完善硬件设施，提供优质的软环境，彰显城市魅力，助力常熟城市能级提升贡献文体旅力量。

【“虞乐玩家”品牌创建】 2023年，常熟市文体旅游局创建虞乐玩家文旅科技发展（常熟）有限公司，打造常熟“虞乐玩家”抖音泛文旅平台，探索以“互联网+旅游”模式，推出多条旅游线路及配套服务，拓展文体旅资源销售推广新渠道。自9月起“虞乐玩家”抖音泛文旅平台排名苏州本地团购榜首位。2023年，“虞乐玩家”累计抖音平台曝光量超1800万次，直播间进人人数超526万人次。 （刘 煜）

虞山文化旅游度假区

【概况】 常熟虞山文化旅游度假区（以下简称度假区），原名常熟虞山尚湖旅游度假区，成立于2008年，2013年虞山尚湖景区获批国家AAAAA级旅游景区，2023年度假区获批国家级旅游度假区。2023年，度假区编制完成《常熟虞山文化旅游度假区高质量发展提升策划》，成立虞山文化旅游度假区高质量发展领导小组，协调、联动市级部门单位常态化开展联合检查，护航度假区高质量发展。常熟虞山文化旅游度假区获评“2023国民休闲旅游度假目的地”。

【文体旅项目建设】 2023年，度假区持续完善虞山尚湖区域配套基础设施，建设7大“环尚湖帐篷搭建休闲区”。启动“虞起LAN”党建共享阵地，打造环虞山文化创意产业园联盟。策划虞山尚湖3大主题11条徒步旅游线路，“雄鹰线”、龙殿龙潭等旅游线路景点成为江浙沪旅游网红目的地。桃源涧山庄完成民宿备案，引导乡村新翻建自建房发展民宿，对3家自建房进行行政指导。

1月16日，2023年虞山阜成门挂春联迎新春主题活动举行 （朱琪 摄）

【文体旅营销】 2023年，度假区参加上海等多地旅游推介会3次，完成上海虹桥高铁站“乡愁小栈”落地展示、“湖山的四季诗篇”落地活动4次。利用“两微一抖一书”（微信、微博、抖音、小红书）等网络平台开展线上引流。举办2023“常熟·尚湖”首届皮划艇&桨板大赛、第四届中国未来景区大会等赛事活动。组织山前坊2周年庆、街心花园假日嘉年华、中国旅游日暨常熟全民饮茶日、2023“第十一届虞山茶文化节”暨秋序雅集、中秋游园会、夜FUN肆等活动。开展“‘虞’你有约”2023常熟文旅消费季活动，发放消费券3000张，获苏州文博会分会场考评三等奖。

【“虞山人家”休闲片区建设】 2023年，“虞山人家”农家乐形成兴福片区“兴福禅茶”，三峰片区“三峰松翠”，宝岩片区“宝岩竹海”3个片区，有农家乐100多家。年内，度假区推进农家乐规范提升专项行动，累计启动农家乐规范提升62户，完成提升改造59户，通过验收48户。根据《“虞山人家”星级农家乐等级划分评分细则》，评选星级“虞山人家”37家，其中三星级“虞山人家”6家，二星级“虞山人家”24家。举办“苏韵乡情”——第二季“虞山人家”金牌特色农家菜暨星级农家乐评选活动，评选出10道金牌特色农家菜。（顾雪怡）

旅游资源

【概况】 2023年，常熟市有A级旅游景区5家（其中AAAAA级旅游景区1家2处，AAAA级旅游景区3家，AAA级旅游景区1家），2023年，常熟市有国家级旅游度假区1个，省级旅游度假区1个，国家级、省级乡村旅游重点村各1个，国家湿地公园1个，国家城市湿地公园2个，国家森林公园1个。年内，沙家浜革命历史纪念馆、沙家浜·虞山尚湖旅游区入选文旅部长江主题国家级旅游线路，艺术鸭智创中心入选江苏省工业旅游区。

表39　2023年常熟市国家AAA级及以上旅游景区一览表

等级	所在镇（街道）	景区名称	地址
AAAAA	沙家浜镇 虞山街道	沙家浜·虞山尚湖度假区	苏州市常熟市沙家浜镇锡太公路
AAAA	虞山街道	方塔古迹名胜区	苏州市常熟市环城东路28号
	支塘镇	蒋巷乡村旅游景区	苏州市常熟市支塘镇蒋巷村
	梅李镇	梅李聚沙园景区	苏州市常熟市梅李镇梅东路1号
AAA	古里镇	古里红豆山庄景区	苏州市常熟市古里镇芙蓉村

（资料来源：市文体旅游局）

【沙家浜风景区】 2023年，沙家浜景区接待游客151.9万人，实现营业收入7180万元。年内，景区完成景区出入口、游客中心、培训中心、双莲轩等重点区域旅游设施和景观提档升级。在横泾老街引进老字号、非遗、主题、特色店铺10余家。创新打造沙家浜芦栖&大运河勇士营地，以“花漾好戏”为主题焕新夜游演艺，完成沙家浜革命历史纪念馆红色基因库建设任务。举办沙家浜红色旅游季、沙家浜大闸蟹美食节等节庆活动，以及红色专题展览、中国国家湿地公园创先联盟2023年年会等红、绿主题活动。

【虞山尚湖景区】 2023年，虞山景区接待游客167.74万人次，实现综合营收5492.78万元。年内，景区完成剑门“气改电”重点项目；城墙景区围绕“江南小长城”概念，将虞山门区域调整为古沙盘模型及休闲茶空间、篆刻馆；对宝岩科普馆进行提升改造，打造“不止养生”中医药茶饮空间；首次引进宝岩“海狮表演”项目，举办“江南小长城秋日奇妙夜”虞山城墙夜花园、“菊香盈袖，自在虞山”金秋菊花展、城墙红枫跑等活动，客群由老年化逐步转向年轻化。2023年，尚湖景区引进首家县域主题咖啡邮局、皮划艇水上教育基地、野奢露营基地、悸动烧仙草、港式茶餐厅、智能代步车、智慧聪景导览系统等业态。完成景区检票道闸系统全面升级优化，打通抖音检票功能并成功引进电动观光车自助售票系统。完成欢乐岛、四景园、丝绸报馆等闲置经营项目招商并同步增设闲来茶苑、怀旧时光等业态。完成“遇尚·秦淮”尚湖灯会、“遇尚夜宴·舻野仙踪”尚湖夜游亮化氛围改造提升，推出《如是梦令》《封神大会》《舻野渔歌》《逍遥游》等情景式演艺。举办第32届江苏·常熟尚湖牡丹花会、第7届常熟尚湖铁人三项赛、2023常熟尚湖半程马拉松等大型赛事及特色活动。

【方塔古迹名胜区】 2023年，方塔古迹名胜区接待游客43万人次，比上年增长107.33%。年内，方塔园免费开放，实施方塔修缮，完成安防、消防、避雷等工程；完成问泉堂茶室提升改造，与古吴轩合作打造“书店+”“文化+”城市书房，推出盖碗咖啡、雪糕等文创产品。举办“虞山飞绿，福地雅集”盆景艺术展、“趁杏而来，随杏玩秋”银杏艺术节等活动，配合虞山街道樱花节，开放方塔夜公园。

【蒋巷乡村旅游景区】 2023年，蒋巷乡村旅游景区接待游客16.39万人次，营业收入516.51万元。蒋巷乡村旅游景区为国家AAAA级旅游景区、文化旅游景点，全国首批乡村旅游重点村，设有村史展览馆、江南农家民俗馆、农艺馆、知青文化园、蒋巷图书馆、青少年科普馆、实践基地中心大楼和文化中心广场、休闲体育场地、农耕实践区域等景点。

【聚沙园景区】 2023年，聚沙园景区接待游客25.89万人次。聚沙园景区为国家AAAA级旅游景区，位于梅李中心镇区东侧，占地55668平方米，绿化面积80%。因始建于南宋的聚沙百福宝塔而得名。园内设有屏山听泉、梧桐踏月、濠濮间想、古木清风、聚沙塔影、荷浦薰风、曲径寒梅、梅李风云以及名家碑刻回廊、名胜古迹展厅、中共常熟县委重建的常熟人民抗日武装纪念碑等景点。

【南湖湿地公园】 2023年，南湖湿地公园总面积421公顷，自然湿地率76.7%，被列入江苏省湖泊保护名录。园内设有常熟湿地科普馆、红梅园、樱花园、红枫园、智能AI步道、粉黛乱子草区域等观光休闲特色区域。年内，景区举办2023赏梅季系列活动、长三角体育汽摩嘉年华、常熟市第十届市民（职工）徒步大会等活动。当年冬季南湖湿地公园有大量雁鸭过冬，其中罗纹鸭越冬种群数量超过1000只。年内，南湖湿地公园被评第四批全国自然教育基地（学校），南湖湿地公园——徒步“趣”露营线路上榜苏州市体育旅游精品线路名单。

【古里红豆山庄景区】 2023年，古里红豆山庄景区接待游客50.10万人次，营业收入3536.44万元。红豆山庄景区于2021年9月开园，景区在钱谦益和柳如是故居——红豆山庄遗址上重建，是集文化旅游、亲子度假、休闲度假、团建拓展等为一体的一站式旅游景区。年内，景区先后开展新年灯会、女神节等活动，常熟红豆山庄康养游综合体提升工程入选2023年江苏省重点文化和旅游产业项目名录。

（刘煜　叶舟）

旅游促销

【常熟虞山文化暨沙家浜旅游节】 2023，常熟市举行常熟虞山文化暨沙家浜旅游节，旅游节为期2个月，以“乐游云购，文旅新消费”主题，组织具有鲜明江南文化、虞山文化特质的主题活动10项，以及体现全民参与、全民共享、全民共娱的配套活动10项，包括琴川街道“琴川如歌 音为有你”夏季音乐汇、常熟森林旅游生态观光节暨虞山宝岩杨梅节、曾园·尚湖荷花节、“诗情红豆 爱在古里”首届长三角乡村“微度假”旅游节等。

【尚湖牡丹花会】 第32届江苏·常熟尚湖牡丹花会从3月31日—5月5日举行，本届花会以“年轻化”“市场化”为主导，“幸福像花儿一样”为主题，创新推出“遇尚·秦淮”尚湖灯会、“花的市集”尚湖春日市集、“向往的森活”露营生活节、“乘风破浪”皮划艇运动以及“花海之约”赏花游园会为主打的“4+1”游玩体验。开幕当天，2023年常熟文旅旅游产品发布会在尚湖风景区举行，发布介绍尚湖牡丹花会“4+1”赏花活动、沙家浜蓝花节和文旅酒店民宿3大产品，来自各地旅行社、网络平台、合作单位的嘉宾以及媒体记者500人参加发布会。结合节庆等重要节点，花会期间推出“五一潮玩节”“遇‘尚’未来的你”阶段性主题活动。

【森林旅游观光节】 6月10日—7月2日，第20届江苏常熟森林旅游生态观光节暨第25届虞山宝岩杨梅节在虞山宝岩湾举行。活动以“梅好时光 快乐森活”为主题，推出“主打一个‘梅’好”宝岩杨梅节抖音挑战赛及小红书虞山徒步打卡活动。配合江南民俗表演、江南文化美食、游客互动体验（指墨画—画梅、魔幻古戏法—变梅）等，为游客打造清凉的山水旅游文化盛宴。活动期间接待游客7.01万人次，实现经济收入66.16万元。

【“我是虞乐大玩家”文旅新零售消费节】 2023年，常熟市开展“我是虞乐大玩家”文旅新零售消费节，消费节作为常熟虞山文化暨沙家浜旅游节主题活动之一，通过“虞乐玩家”抖音泛文旅销售推广平台，以年轻化、综艺化、时尚化的表现形式，串联泛文旅产业的各类资源，促进泛文旅消费，提升常熟城市形象。6月30日直播当晚抖音平台直播间当日曝光量680万余人次，进入直播间18万余人次，累计成交量650余万元，销售总单数2961单，平均客单价2199元，销售业绩登上苏州团购带货周榜第1名，团购带货全站百强第78名。（刘煜　叶舟）

旅游业态

【团建游】 2023年，常熟市沪虞团建产业发展（常熟）有限公司形成“互联网+”宣传新模式，开启新的旅游团建创新产品，加强与南湖自野营地、滨江林禾农庄等12个基地的合作，主营团建标准化产品。年内，常熟市与上海团建联盟主席合资成立组建沪虞文旅科技（常熟）有限公司，建立合作渠道300多家，渠道业务咨询260余次，带动本地消费约50万元，引流长三角地区游客3万人次，新增旅游营业收入750万元。

【研学游】 2023年，市文体旅游局和市教育局联合推出2023年春季“研学游”试点活动，采用自愿报名的形式在10所试点小学开展，搭建研学游运营工作组，年内5635名学生报名参加。

【红色旅游】 2023年，常熟市利用红色资源，开展系列红色旅游。沙家浜景区于6月26日—9月30日举行2023沙家浜红色旅游季活动，期间陆续推出“四季寻声”摄影大赛，以“红色之声”“自然之声”“田园之声”“烟火之声”“人文之声”为5大主题，展现自然保护地的风貌；在沙家浜景区红色加油站推出“红动我心”红色经典怀旧电影月活动。沙家浜培训中心发布“重点新线路”；沙家浜革命历史纪念馆开展全国革命类纪念馆（博物馆）同步纪念活动——纪念全民族抗战爆发86周年活动、“常熟记忆，红色回响”——常熟民抗专题展、师生共讲党的精神谱系展演活动等。

【乡村旅游】 2023年，常熟市推进农村农业和旅游业融合发展，开发乡村民宿和休闲度假等旅游产品。全市有乡村旅游点3个，苏州市乡村休闲旅游农业精品村7个。年内，沙家浜田园会客厅启用。常熟“诗情红豆—文化乐园”创新体验产品、花开常盛亲子体验创意产品入选江苏省乡村旅游业态创新示范产品，古里镇芙蓉村入选苏州市乡村旅游重点村，虞山街道三峰管理区入选2023年苏州市乡村旅游重点村建设单位名录，碧溪街道李袁村和沙家浜镇芦荡村入围2023年苏州市乡村休闲旅游农业精品村名单，“和美雅镜，灵韵尚湖”乡村旅游线路入选2023年度苏州乡村旅游十大精品线路。（刘　煜）

旅游管理

【旅行社】 2023年，常熟旅行社有48家，其中星级旅行社20家，从业人员222人，旅行社全年营业收入14956.34万元，比上年增长227.06%。接团出游37.05万人次，比上年增长1284.96%。

【星级旅游饭店】 2023年，常熟市有星级旅游饭店6家，其中五星级1家，四星级2家，三星级3家。全年营收1.46亿元，从业人员564人，整体出租率47%。

【导游队伍】 2023年，常熟市有导游426人。年内，市文体旅游局与市人力资源社会保障局等部门联合举办“吴地工匠”2023常熟市讲解员职业技能竞赛，组织导游参加2023年度苏州市导游技能大赛。（刘　煜）

【旅游民宿】 2023年，常熟新增6家旅游备案民宿（累计40家），1家民宿扩容，新增床位数152个（累计806个）。年内，民宿行业协会成立，市文体旅游局印发《常熟市旅游民宿备案“一件事一次办”实施方案》。云游山涧、古里汀水泊宿2家民宿被评苏州市旅游精品民宿。（刘煜　叶舟）

【旅游市场监管】 2023年，市文体旅局出动执法人员348人次，先后检查旅行社及其分支机构115家次，办结7件旅游行政处罚案件。完成旅游纠纷调解25例，维护消费者合法权益。年内，开展旅游市场“百日综合整治”行动，加强国庆等节假日旅游市场监管，线上清查与线下整治同步实施、日常监管与专项行动同步推进，保持整治非法“一日游”、非法经营旅行社业务等违法行为高压态势，加强国内游、出境游和边境游市场整治，严查非旅游企业和个人出售“不合理低价游”产品。（刘　煜）

【常熟昆承日航酒店开业】 9月8日，常熟昆承日航酒店开业。常熟昆承日航酒店位于常熟高新区核心地带。该项目由常熟市昆承湖建设投资集团有限公司投资建设、日本大仓日航酒店管理公司运营管理，总投资8亿元，注册资本5000万元。项目于2020年5月开工；2023年4月竣工，8月1日开始试营业。（年鉴编辑部）

旅游公共服务

【旅游设施建设】 2023年，常熟市建设全域旅游导览体系，在全市重点景区、街区、酒店、民宿等设置全域全景图共计70余处，并配以精品旅游线路推荐、常熟旅游二维码导视系统，让游客实现“一图看常熟”；在重要交通节点设置常熟元素旅游导览15个，增加常熟旅游氛围；完善旅游交通导览，新增旅游交通标识牌50块，旅游交通标识牌牌面整改76块；在古城区域主要道路、核心资源点位增设智慧停车诱导屏4块、引导牌4块；开通旅游公交专线6条；公路服务区旅游化提升改造3处；实施尚湖拂水堤亮化提升工程，点亮常熟山湖夜色；新建露营基地1处、建设智慧跑道1条、新建水上游运动码头6个。

【智慧旅游信息化建设】 2023年，常熟市沙家浜景区“横泾不夜天”沉浸式夜间文旅项目入选2023年度江苏省智慧文旅培育项目。聚沙园、铁琴铜剑楼、蒋巷村、文庙、翁同龢纪念馆在线预约功能上线。年内，增设559个自行车车桩站点和在203个停车场上线在线余位查找检索服务功能，打通虚拟游场景并提供10家景区720° 全景虚拟游服务，完善全域旅游触摸屏模块优化及安装部署工作。

【旅游年卡】 2023年，常熟旅游年卡总销售量13.97万张，实现含税收入1291.24万元。根据市委、市政府各类文件为失独家庭、爱心协会、拥军优抚对象、献血三免人员、道德模范、英才卡持有者、见义勇为人员等特殊群体免费充值1.25万张。2023年常熟旅游年卡总入园刷卡42.83万人次，按景区分：沙家浜景区5.96万人次，其中旺季2.82万人，淡季3.14万人次；尚湖风景区11.43万人次，其中旺季8.79万人次，淡季2.63万人次；蒋巷村景区5015人次，其中旺季1983人，淡季3032人；虞山风景区12.68万人次，燕园1.17万人次，翁同龢纪念馆3722人次；聚沙园268人次，文庙6312人次，真武观81人次；江南红豆园2.80万人次，紫藤园1.44万人次，古里红豆山庄5.23万人次，飞熊乐园5812人次。

（刘煜　叶舟）

责任编辑　张莉莉

金 融 业

综 述

【金融发展】 2023年，全市实现金融业增加值240.4亿元，比上年增长11.4%。至2023年末，全市金融机构本外币存款余额5453.01亿元，比年初增加654.02亿元，增长13.6%；本外币贷款余额4663.83亿元，比年初增加453.14亿元，增长10.8%。保险公司全年实现保费收入74.64亿元，比上年增长5.6%，给付、赔付支出25.13亿元，比上年增长23.7%。证券公司全年实现股票交易额8212.11亿元，比上年增长24.4%；期末股票账户数74.8万户，比上年增长4.8%；期末股票市值709.97亿元，比上年下降4.4%。农村小额贷款公司期末贷款余额6.05亿元，比上年增长9.6%。融资担保公司全年累计提供担保金额20.33亿元，期末在保余额18.58亿元，比上年下降1.01%。融资租赁公司期末余额16.28亿元，比上年增长2.84%。商业保理公司年末保理融资款本金余额6.76亿元，比上年增长0.9%。典当行期末余额0.93亿元，比上年下降1.06%。地方交易场所全年累计成交额12.89亿元，比上年增长30.2%。截至2023年年末，全市创投企业基金规模295.0亿元，比上年增长9.5%；项目投资总额222.2亿元，比上年增长23.5%。

（周　斌　朱吴希）

【金融服务】 2023年，全市金融机构对145个市级重点项目新增授信400.3亿元，新增投放资金277.1亿元。全市新增综合金融资源投放453.1亿元，余额比上年增长10.8%；新增制造业贷款64亿元，余额比上年增长6.9%；新增小微企业贷款213.8亿元，余额比上年增长17.3%。苏州综合金融服务平台累计授信1271.5亿元，实现放款754.8亿元，累计登陆平台企业数2540家，比上年增幅分别为9.5%、12.4%、1.8%。印发《“融汇虞城万企”金融服务民营企业高质量发展专项行动方案》，组织全市33家银行业金融机构下沉普惠金融服务，为6000余家民营企业新增授信近390亿元，落实首贷金额89.4亿元，投放信用贷款102.7亿元。成立全省县域首家金融服务乡村振兴合作联盟，启动银村结对帮扶“一村一项目”专项工程。全国农村改革试验区“新型农业经营主体电子信用体系建设与应用”项目获农业农村部、人民银行等部委批准。

（朱吴希　张朔亦）

【数字人民币应用】 2023年，全市财政支出中以数字人民币形式支出金额200.8亿元。年内，中国人民银行常熟市支行联合税务部门开展数字人民币缴退税工作，完成首笔数字人民币缴纳土地出让价款入库。

9月15日，2023江苏省普惠金融园区行常熟虞山高新区专场活动举办

（市地方金融监管局　提供）

表 40　　2023 年常熟市金融业发展情况统计表

行业	主要指标	数量	上年同期	比上年增长率
	金融业增加值（亿元）	240.4	215.8	11.4%
银行	机构数（家）	33	33	—
	本外币存款余额（亿元）	5453.01	4799.0	13.6%
	本外币贷款余额（亿元）	4663.83	4210.7	10.8%
	表外融资余额（亿元）	1515.4	1369.4	10.7%
保险	机构数（家）	44	43	2.3%
	保费收入（亿元）	74.64	70.6	5.6%
	给赔付支出（亿元）	25.13	20.2	23.7%
证券	机构数（家）	16	17	-5.9%
	股票账户数（万户）	74.8	71.8	4.2%
	交易量（亿元）	8212.11	6587.3	24.4%
	期末市值（亿元）	710	744.7	-4.7%
小贷	机构数（家）	8	8	—
	注册资本（亿元）	12.46	12.66	-1.6%
	期末贷款余额（亿元）	6.05	5.52	9.6%
融资担保	机构数（家）	3	2	50.0%
	注册资本（亿元）	5	5	—
	期末在保余额（亿元）	18.58	18.77	-1.0%
融资租赁	机构数（家）	4	4	—
	注册资本（亿元）	10.08	9.23	9.2%
	期末余额（亿元）	16.28	15.83	2.8%
商业保理	机构数（家）	1	1	—
	注册资本（亿元）	3.5	2.5	40.0%
	期末贷款余额（亿元）	6.76	6.7	0.9%
典当	机构数（家）	8	8	—
	注册资本（亿元）	0.9	0.9	—
	期末余额（亿元）	0.93	0.94	-1.1%
地方交易场所	机构数（家）	1	1	—
	注册资本（亿元）	0.05	0.05	—
	累计成交额（亿元）	12.89	9.9	30.2%
创投	机构数（家）	178	146	21.9%
	基金规模（亿元）	295.0	269.3	9.5%
	项目投资额	222.2	179.9	23.5%

（资料来源：市地方金融监管局）

银 行

【概况】 2023年，全市有银行业金融机构31家，按机构性质划分分别为：政策性银行分支机构1家、大型银行分支机构6家、股份制银行分支机构12家、城市商业银行分支机构6家、农村中小法人银行机构2家、农村中小银行分支机构2家、外资银行分支机构2家；以上银行机构在常熟有营业网点336个，与上年末持平；无临时歇业网点，比上年末减少11个；离行式自助银行46个、各类自助服务设备（取款机、存取款一体机、交易查询机等）1355台、各类智能柜员机664，与上年末持平；从业人员6152人，其中在编人员6008人。有纳统之外外资银行分支机构2家，分别为瑞穗银行（中国）有限公司常熟支行、三菱日联银行（中国）有限公司苏州常熟支行。年内，南京银行增设常熟城东支行，苏州银行增设常熟经济开发区支行，中国农业银行撤销2个营业网点。

2023年末，全市制造业贷款余额1402.65亿元，比上年末增加214.91亿元，增幅18.09%；增速高于各项贷款增速6.78个百分点；普惠型小微企业贷款余额684.13亿元，比上年末增120.27亿元，增幅21.32%；科技企业贷款余额484.71亿元，比上年末增116.31亿元，增幅31.57%；私人控股企业贷款余额1472.13亿元，比上年末增266.03亿元，增幅22.06%。

（袁 凡）

表41 2023年年末常熟银行机构基本情况一览表

序号	机构名称	性质	成立时间	负责人	2023年机构网点数	2023年机构网点临时歇业	2023年从业人数	2023年在编人数	2023年离行式自助银行	2023年各类自动服务机具	其中：智能柜员机
1	中国工商银行股份有限公司常熟支行	大型银行分支机构	1984年9月1日	顾 韬	22	0	423	423	7	132	42
2	中国农业银行股份有限公司常熟分行	大型银行分支机构	1980年2月	徐于蓝	41	0	677	677	14	162	136
3	中国银行股份有限公司常熟分行	大型银行分支机构	1986年2月27日	戚 毅	21	0	393	393	1	103	67
4	中国建设银行股份有限公司常熟分行	大型银行分支机构	1979年9月	徐 哲	26	0	440	440	18	126	56
5	中国农业发展银行常熟市支行	政策性银行分支机构	1996年10月	沈艳菲	1	0	19	17	0	0	0
6	交通银行股份有限公司常熟分行	大型银行分支机构	1993年7月1日	王建丰	4	0	97	95	0	35	26
7	中信银行股份有限公司常熟支行	股份制商业银行分支机构	1997年6月	翟小超	3	0	64	64	0	11	4
8	上海浦东发展银行股份有限公司常熟支行	股份制商业银行分支机构	2002年11月4日	陈 雷	4	0	71	68	1	27	7
9	中国光大银行股份有限公司常熟支行	股份制商业银行分支机构	2008年11月13日	王世峰	3	0	50	47	0	10	4
10	华夏银行股份有限公司常熟支行	股份制商业银行分支机构	2008年7月24日	陆 乐	2	0	44	43	0	15	11
11	招商银行股份有限公司常熟招行	股份制商业银行分支机构	2009年2月16日	赵 俊	2	0	71	62	0	13	13
12	中国民生银行股份有限公司常熟支行	股份制商业银行分支机构	2008年9月2日	王文广	4	0	100	91	0	10	4
13	江苏银行股份有限公司常熟支行	城市商业银行分支机构	2005年6月24日	张 亮	3	0	59	58	0	15	6
14	江苏常熟农村商业银行股份有限公司	农村中小法人银行机构	2001年11月28日	薛 文	109	0	2435	2388	4	426	228
15	苏州常熟中银富登村镇银行有限责任公司	农村中小法人银行机构	2010年12月	姜旭昭	5	0	66	66	0	5	0
16	宁波银行股份有限公司常熟支行	城市商业银行分支机构	2011年1月	陶 峰	3	0	107	98	1	11	4

续表41

序号	机构名称	性质	成立时间	负责人	2023年机构网点数	2023年机构网点临时歇业	2023年从业人数	2023年在编人数	2023年离行式自助银行	2023年各类自动服务机具	其中：智能柜员机
17	苏州银行股份有限公司常熟支行	城市商业银行分支机构	2011年5月	孙　丹	8	0	200	168	0	49	8
18	中国邮政储蓄银行股份有限公司常熟市支行	大型银行分支机构	2008年4月	王心玉	57	0	430	413	0	154	21
19	兴业银行股份有限公司常熟支行	股份制商业银行分支机构	2012年4月	桑　钊	2	0	43	43	0	6	2
20	南京银行股份有限公司常熟支行	城市商业银行分支机构	2012年7月	程颖毓	2	0	63	62	0	7	4
21	恒丰银行股份有限公司常熟支行	股份制商业银行分支机构	2012年12月	朱克强	1	0	20	19	0	3	1
22	泰隆银行股份有限公司常熟支行	城市商业银行分支机构	2013年1月	陈志凌	4	0	86	86	0	5	5
23	上海银行股份有限公司常熟支行	城市商业银行分支机构	2013年6月	唐千里	1	0	31	29	0	2	1
24	三井住友银行（中国）有限公司常熟支行	外资银行分支机构	2010年12月	井田英喜	1	0	18	18	0	0	0
25	汇丰银行（中国）有限公司常熟支行	外资银行分支机构	2012年11月	刘　静	1	0	6	6	0	0	0
26	江苏张家港农村商业银行股份有限公司常熟支行	农村中小法人银行分支机构	2014年1月	曹　斌	1	0	39	39	0	4	3
27	广发银行股份有限公司常熟支行	股份制商业银行分支机构	2013年12月	邓小敏	1	0	17	16	0	3	2
28	平安银行股份有限公司常熟支行	股份制商业银行分支机构	2017年2月	崔东东	1	0	16	15	0	7	5
29	浙商银行股份有限公司常熟支行	股份制商业银行分支机构	2017年7月	陈菊娣	1	0	33	30	0	5	2
30	渤海银行股份有限公司常熟支行	股份制商业银行分支机构	2017年12月	沈　杰	1	0	20	20	0	4	1
31	江苏江南农村商业银行股份有限公司常熟支行	农村中小法人银行分支机构	2019年2月	王金宇	1	0	14	14	0	5	1
银行机构小计					336	0	6152	6008	46	1355	664

（资料来源：苏州银保监分局常熟监管组）

【中国工商银行股份有限公司常熟支行】 2023年，中国工商银行股份有限公司常熟支行本外币各项存款余额403.3亿元，较年初下降41.11亿元；本外币各项贷款余额629.66亿元，较年初增长54.06亿元。人民币各项存款余额390.98亿元，较年初增长20.66亿元；人民币各项贷款余额629.19亿元，较年初增长116.01亿元。不良贷款余额5.91亿元，较年初增长4.34亿元，不良率0.94%，较年初上升0.67%。普惠贷款余额66.52亿元、增幅超43%，小微企业信用贷款余额19.92亿元、增幅超52%，新发放普惠型小微企业贷款平均利率较年初下降25bp；落实各项减费让利政策，累计降费规模近100亿元，惠及小微企业和个体工商户2900余户，开展反洗钱、反诈等各类金融知识宣讲活动，加强"工行驿站"建设。获评2023年度第13届常熟普惠金融服务季"优秀金融机构"。

（张　赢）

【中国农业银行股份有限公司常熟分行】 2023年，中国农业银行股份有限公司常熟分行本外币存款余额1025.58亿元，比年初增加167.46亿元。本外币贷款余额700.67亿元，比年初增加75.95亿元。实现营业收入21.91亿、拨备前利润17.16亿、拨备后利润15.58亿元。全年缴纳税款1.31亿元。市农行对接基础设施项目建设、产业园区、投建重点项目企业，全年审批项目28个，累计授信173.32亿元，投放22.87亿元，项目涉及人才公寓、农业示范区、城市更新等重点领域。至年末，制造业贷款余额277.5亿元，比年初增加61亿元，增幅28.3%。新增战略新兴科创贷款30亿元，国家级专精特新"小巨人"企业开户合作率、信贷合作率均达77.78%，省级达77.5%和60.8%。围绕特色产业集群、工业集聚区、大型专业市场等项目，审批"一项目一方案一授权"项目6个，实现授信3亿元、投放2.05亿元。年内新上线供应链融资链条7个，供应链融资余额较年初增加1.29亿元，为核心企业上下游137家企业提供信贷支持。全年新增第三代社保卡发卡26.8万张，累计发卡89.95万张。将高频场景、民生类场景引入掌银、加载数币支付功能，在常熟财政非税缴费平台、服装城集团"尚城小二"App、常熟旅游年卡小程序上线数币缴费。全年发放数字人民币贷款22.17亿元，数字人民币个人钱包、对公钱包月活分别达8.4万个、5277个。围绕智慧校园、智慧社区、智慧政企等打造智慧场景生态圈，全年有效互联网场景净增129个。开展电信网络诈骗、防范非法集资等金融知识宣教活动，覆盖客户5.8万人次，堵截各类风险事件794起，协防电信诈骗81起、涉及金额626.86万元。（张洁羽）

【中国银行股份有限公司常熟分行】 2023年，中国银行股份有限公司常熟分行（以下简称中行常熟分行）本外币存款余额394.24亿元，其中人民币存款余额358.47亿元，外币存款余额5.05亿美元；本外币贷款余额489.57亿元，其中人民币贷款余额471.44亿元，外币贷款余额2.56亿美元。民营贷款新增46.27亿元，制造业新增47.66亿元，绿色信贷新增51.07亿元，战略新兴新增26.15亿元，科技金融新增23.05亿元；普惠金融贷款新增20.78亿元。投产常熟公交硬钱包应用场景，成为全国中行首个公交乘车场景受理数字人民币硬钱包项目；个人养老金累计开户1.42万户。打造"普惠服务"党群服务中心，实现党建与经营发展互融互促。堵截电信诈骗案件5起，为客户挽回直接经济损失62.65万元。中行常熟分行富春江路支行获评"江苏银行业文明规范服务适老网点"。（邓静芝）

【中国建设银行股份有限公司常熟分行】 2023年，中国建设银行股份有限公司常熟分行（以下简称市建行）本外币一般性存款余额444.50亿元，其中对公存款余额283.14亿元，个人存款余额161.36亿元；本外币各项贷款余额643.99亿元，其中对公贷款余额501.55亿元，个人贷款余额142.44亿元。绿色贷款余额138.36亿元，较年初新增58.16亿元；承担全国农村改革试验区拓展试验任务"新型农业经营主体电子信用体系建设"；上线全省首个土拍保证金数字人民币交易场景、"总行建融慧学校友管理平台、校友捐赠平台"。依托手机银行、建行生活App，协助做好数字人民币试点和场景搭建，全年上架建行生活商户83家。联动常熟市公安局、常熟市融媒体中心开展"美丽乡村行共建平安路"交通安全巡演活动，到各镇街道，普及金融、安全知识，活动累计辐射10万余人次。市建行在2023年常熟市金融业服务实体经济综合评价考核中位列全市第一，获评"服务实体经济优秀银行""常熟市2023年度纳税十强金融企业"。（朱 睿）

【交通银行股份有限公司常熟分行】 2023年，交通银行股份有限公司常熟分行（以下简称常熟交行）人民币存款余额70.17亿元，较年初增加10.51亿元，增长17.62%。其中：对公存款46.07亿元，较年初增加7.92亿元，增幅20.77%；储蓄存款24.10亿元，较年初增加2.59亿元，增长12.02%。常熟交行通过织网补链深挖实体核心客户，形成11条产业链，实现产业链客户19户，融资量6.64亿，较上年增长47.7%。国际条线与江苏"市采通"实现系统对接，办理首笔市场采购贸易项下收汇、结汇业务。交银集团及总分行协同、分支行联动，成立交银集团首单不动产家族信托。常福支行开业。配合网点改造升级，高新区支行厅堂改造基本完工。常熟交行获评第13届常熟普惠金融服务季"服务实体经济卓越奖""年度金融科技创新奖"。（陆 旻）

【中国邮政储蓄银行股份有限公司常熟市支行】 2023年，中国邮政储蓄银行股份有限公司常熟市支行本外币存款287.88亿元，比上年增长22.50亿元；本外币贷款余额145.73亿元，比上年增长22.49亿元；年末贷款不良余额5566万元，不良率0.3%。完成业务收入3.93亿元，比上年增长6.15%；实现利润2.44亿元，比上年增长1.46%。与碧溪街道联合打造2023年苏州首个数字人民币示范镇；推进"两小业务"（小额贷款业务、小企业业务），投放苏州市首笔厂房建设类固定资产贷款、苏州市首笔小微易贷—政务模式、全国首笔数字人民币抵押E贷、苏州市首笔公积金贷款；发放苏州市首笔乡村振兴贷款，金额6573万；联合市公安局、中国邮政常熟分公司开展"警邮共建"活动，设立全国首个公安与邮政共建自助便民服务站——"警邮共建车管自助服务站"。邮储银行常熟市支行获评第13届常熟普惠金融服务季2023年度优秀金融机构奖、2023年度优秀金融产品奖。（邹灵婷）

【中国农业发展银行常熟市支行】 2023年，中国农业发展银行常熟市支行发放各类贷款20.49亿元，年末贷款余额51.58亿元，较年初净增13.37亿元，增幅35%。投放购销储贷款4.41亿元，其中投放地方储备粮贷款1.64亿元，投放市场化收购贷款2.77亿元，较上年同期增加1.77亿元。投放农地贷款9.1亿元，用于支持尚湖镇、沙家浜镇等板块的现代农业提质增效项目和种业振兴。投放项目贷款1.44亿元用于支持乡镇污水收集管道工程、村庄污水治理工程、青墩塘沿线闸站改建工程和常浒河沿线防汛提升项目等。投放项目贷款2.67亿元用于支持虞山高新区（筹）、古里镇等板块产业融合乡村振兴项目。投放项目贷款2.68亿元用于支持安置房项目建设。

（沈艳菲）

【江苏常熟农村商业银行股份有限公司】 2023年，江苏常熟农村商业银行股份有限公司集团总资产3344.56亿元，比上年增长16.18%；总存款2479.39亿元，比上年增长16.16%；总贷款2224.39亿元，比上年增长15.00%。归母净利润32.82亿元，比上年增长19.60%。总资产收益率1.13%，比上年增长0.03个百分点。加权平均净资产收益率13.69%，比上年增长0.63个百分点。不良贷款率0.75%，较上年持平；拨备覆盖率537.88%，比上年增加1.11个百分点。纳税13.48亿元，其中常熟地区纳税10.04亿元。年末，母行实体经济贷款1436.48亿元，比上年增长20.62%。涉农贷款1175.55亿元，比上年增长8.04%。小微企业贷款1213.36亿元，比上年增长18.45%。年末营业网点168家，其中常熟地区网点109个。常熟农商银行发起设立的全国首家投资管理型村镇银行，集约化管理旗下32家兴福村镇银行，兴福村镇银行总资产529.59亿元，总存款439.71亿元，总贷款416.10亿元，比上年分别增长18.87%、23.61%和17.19%。年内，常熟农商银行位列英国《银行家》发布的“全球银行品牌价值500强”第325位，“全球1000强银行”第405位。中国银行业协会“陀螺”评价体系县域农商行综合得分第一。主体信用评级AAA。

（宋　杰）

保　险

【概况】 2023年，全市有保险业金融机构58家，其中财产险公司分支机构19家，人身险公司分支机构23家，保险代理销售法人机构3家，保险代理销售分支机构7家，保险经纪公司分支机构2家，保险公估公司分支机构4家；保险业金融机构有营业网点121个，比上年末减少9个；无临时歇业机构，比上年末减少4个。2023年度，全市保费收入74.62亿元，比上年度增加5.72%；理赔与给付支出25.17亿元，比上年度增加24.36%。全市保险从业人员6068人，比上年末减少427人；其中在编887人，比上年末减少59人，编外人员（主要为代理制销售人员）5181人，比上年末减少368人。年内，大家财产保险有限责任公司苏州支公司常熟营销服务部注销；华夏人寿保险股份有限公司苏州分公司常熟营销服务部变更为瑞众人寿保险有限责任公司苏州分公司常熟超级营销服务部；天安人寿保险股份有限公司苏州常熟支公司变更为中汇人寿保险股份有限公司苏州常熟支公司；江苏恒创保险代理有限公司常熟分公司注销；新设立江苏诺正保险公估有限公司苏州分公司、南京金典保险公估有限公司苏州分公司2家。

（袁　凡）

表42　　2023年末常熟市保险机构基本情况一览表

总序号	名称	性质（财险公司、寿险公司、中介机构）	批准成立时间	负责人姓名	2023年末机构网点数（指在常熟地区有保险许可证的网点数）	2023年末机构网点临时歇业（指有保险许可证但因某些原因临时歇业的网点）	2023年末从业人数	其中：2023年末在编人数	其中：2023年末编外人数（代理制营销员）
1	中国人民财产保险股份有限公司常熟中心支公司	财险	1950年12月	钱红兵	29	0	343	195	148
2	中国平安财产保险股份有限公司常熟支公司	财险	1998年12月	杨　波	2	0	93	63	30
3	中国太平洋财产保险股份有限公司常熟中心支公司	财险	1996年4月	许兴达	13	0	421	180	241
4	天安财产保险股份有限公司常熟支公司	财险	2002年4月	李　剑	1	0	9	9	0
5	中华联合财产保险股份有限公司常熟支公司	财险	2004年4月	刘　佳	1	0	35	10	25
6	太平财产保险有限公司常熟支公司	财险	2004年8月	金益伟	1	0	47	22	25
7	华安财产保险股份有限公司常熟支公司	财险	2004年11月	沈康年	1	0	3	3	0
8	永安财产保险股份有限公司常熟支公司	财险	2005年2月	孙　雄	1	0	5	5	0
9	阳光股份保险有限公司常熟支公司	财险	2006年9月	徐　闻	1	0	7	7	0

续表42

总序号	名称	性质（财险公司、寿险公司、中介机构）	批准成立时间	负责人姓名	2023年末机构网点数（指在常熟地区有保险许可证的网点数）	2023年末机构网点临时歇业（指有保险许可证但因某些原因临时歇业的网点）	2023年末从业人数	其中：2023年末在编人数	其中：2023年末编外人数（代理制营销员）
10	中国大地财产保险股份有限公司常熟支公司	财险	2006年9月	沈立雄	1	0	22	7	15
11	都邦财产保险股份有限公司常熟支公司	财险	2006年11月	茅晓东	1	0	22	9	13
12	中国人寿财产保险股份有限公司常熟市支公司	财险	2008年3月	钱建清	1	0	32	12	20
13	永诚财产保险股份有限公司常熟支公司	财险	2008年5月	周　斌	1	0	4	4	0
14	中银保险有限公司常熟支公司	财险	2008年1月	熊　燕	1	0	5	2	3
15	长安责任保险股份有限公司常熟支公司	财险	2009年6月	—	1	0	12	5	7
16	安诚财产保险股份有限公司常熟支公司	财险	2009年12月	王　堃	1	0	2	2	0
17	紫金财产保险股份有限公司常熟支公司	财险	2010年11月	徐　红	1	0	31	29	2
18	浙商财产保险股份有限公司常熟支公司	财险	2013年1月	马　鸣	1	0	8	8	0
19	安盛天平财产保险股份有限公司常熟营销服务部	财险	2016年4月	吴宗明	1	0	2	2	0
	财险公司小计				60	0	1103	574	529
20	中国人寿保险股份有限公司常熟支公司	寿险	1997年7月	朱晓黎	15	0	791	61	730
21	中国太平洋人寿保险股份有限公司常熟中心支公司	寿险	2000年11月	俞永东	5	0	543	40	503
22	新华人寿保险股份有限公司苏州中心支公司常熟支公司	寿险	2002年9月	张亚洲	1	0	186	10	176
23	中国平安人寿保险股份有限公司常熟支公司	寿险	2002年5月	黄晓文	2	0	139	11	128
24	泰康人寿保险有限责任公司江苏苏州常熟营销服务部	寿险	2003年3月	韩　伟	1	0	156	4	152
25	友邦人寿保险有限公司江苏分公司苏州市常熟营销服务部	寿险	2020年6月	虞海峰	1	0	208	7	201
26	民生人寿保险股份有限公司江苏分公司常熟营销服务部	寿险	2004年8月	施　聪	1	0	5	2	3
27	太平人寿保险有限公司常熟支公司	寿险	2005年8月	李　冉	2	0	277	15	262
28	富德生命人寿保险股份有限公司苏州分公司常熟营销服务部	寿险	2007年9月	张　乐	1	0	80	10	70
29	瑞众人寿保险有限责任公司苏州分公司常熟超级营销服务部	寿险	2008年4月	陈庆忠	1	0	1214	14	1200
30	和谐健康保险股份有限公司苏州中心支公司常熟支公司	寿险	2009年2月	李　霞	1	0	40	14	26
31	中国人民人寿保险股份有限公司常熟市支公司	寿险	2009年5月	金永发	1	0	19	5	14

续表42

总序号	名称	性质（财险公司、寿险公司、中介机构）	批准成立时间	负责人姓名	2023年末机构网点数（指在常熟地区有保险许可证的网点数）	2023年末机构网点临时歇业（指有保险许可证但因某些原因临时歇业的网点）	2023年末从业人数	其中：2023年末在编人数	其中：2023年末编外人数（代理制营销员）
32	阳光人寿保险有限公司苏州中心支公司常熟支公司	寿险	2009年9月	田　毅	1	0	1	1	0
33	长城人寿保险股份有限公司苏州常熟营业部	寿险	2009年9月	王　艳	1	0	1	1	0
34	幸福人寿保险股份有限公司常熟支公司	寿险	2010年9月	詹　臻	1	0	24	2	22
35	中意人寿保险有限公司江苏省分公司常熟营销服务部	寿险	2012年3月	陈　勇	1	0	25	2	23
36	东吴人寿保险股份有限公司常熟支公司	寿险	2013年12月	钱晓敏	3	0	596	19	577
37	建信人寿保险股份有限公司苏州分公司常熟支公司	寿险	2014年1月	张林玲	1	0	20	15	5
38	农银人寿保险股份有限公司常熟支公司	寿险	2015年3月	周惟阳	1	0	10	9	1
39	利安人寿保险股份有限公司苏州分公司常熟支公司	寿险	2016年5月	徐晓强	1	0	219	7	212
40	前海人寿保险股份有限公司苏州分公司常熟支公司	寿险	2017年4月	周雪梅	1	0	37	3	34
41	长生人寿保险有限公司江苏分公司常熟营销服务部	寿险	2019年1月	陈　凯	1	0	131	2	129
42	中汇人寿保险股份有限公司苏州常熟支公司	寿险	2019年5月	蔡长风	1	0	28	3	25
	寿险公司小计				45	0	4750	257	4493
44	苏州融鑫保险代理有限公司	代理公司（法人）	2006年7月	周春荣	1	0	15	5	10
45	顺联保险代理有限公司	代理公司（法人）	2007年10月	辛　勇	1	0	1	1	0
46	江苏新润保险代理有限公司常熟分公司	代理公司	2005年2月	杨维亚	1	0	9	3	6
47	华成保险代理股份有限公司常熟分公司	代理公司	2017年5月	王　欢	1	0	3	3	0
48	江苏祺顺保险代理有限公司苏州分公司	代理公司	2017年2月	沈丹	1	0	61	8	53
49	江苏祺顺保险代理有限公司常熟分公司	代理公司	2018年11月	沈　丹	1	0	19	3	16
50	江苏一迪保险代理有限公司苏南分公司	代理公司	2018年4月	陆卫东	1	0	15	3	12
51	泛华联兴保险销售股份公司常熟分公司	代理公司	2019年2月	杜昌满	1	0	14	1	13
52	江苏迦丰保险代理有限公司	代理公司（法人）	2011年12月	吴晓明	1	0	11	5	6
53	江苏恒生保险销售有限公司常熟分公司	代理公司	2021年1月	江　咏	1	0	32	2	30

续表42

总序号	名称	性质（财险公司、寿险公司、中介机构）	批准成立时间	负责人姓名	2023年末机构网点数（指在常熟地区有保险许可证的网点数）	2023年末机构网点临时歇业（指有保险许可证但因某些原因临时歇业的网点）	2023年末从业人数	其中：2023年末在编人数	其中：2023年末编外人数（代理制营销员）
	保险代理销售公司小计				10	0	180	34	146
54	中安联合保险经纪股份有限公司江苏分公司	经纪公司	2016年5月	丁　科	1	0	20	7	13
55	上海妙保保险经纪股份有限公司苏州分公司	经纪公司	2018年7月	李志国	1	0	11	5	6
	保险经纪公司小计				2	0	21	10	11
56	江苏徽商保险公估有限公司苏州分公司	公估	2018年2月	朱瑞华	1	0	6	6	0
57	江苏乐凡保险公估有限公司常熟分公司	公估	2019年4月	曹　浩	1	0	7	7	2
58	江苏诺正保险公估有限公司苏州分公司	公估	2023年7月	俞晓晨	1	0	4	4	0
59	南京金典保险公估有限公司苏州分公司	公估	2023年9月	徐正堃	1		4	4	
	保险公估公司小计				4	0	14	12	2
	常熟保险业合计				121	0	6068	887	5181

（资料来源：苏州银保监分局常熟监管组）

【中国人民财产保险股份有限公司常熟中心支公司】 2023年，中国人民财产保险股份有限公司常熟中心支公司（以下简称常熟人保财险）实现保费收入10.24亿元，首次突破10亿元，全险种增速超属地市场2.22%，为全市6610家企业、17.45万辆机动车、9.3万户家庭提供风险保障2万亿元，缴纳税金1.08亿元（其中车船税8152.42万元）。承保2023—2025年常熟市长期护理保险项目，启动20家常熟长护险基层服务站功能建设，将服务范围延伸至城区及14个镇（街道），为10511位失能人员排忧解难。8月，苏州首家保险业"共享法庭"在常熟人保财险揭牌。签约常熟市第五轮政策性农业保险，为古里、辛庄、尚湖3镇提供政策性农业保险保障服务。为全市2560公顷高标准农田提供约7500万元风险保障，开发高标准农田管护智慧平台，实现数据可视化、管理智能化、服务流程化。对全市8镇6街道206个村446户困难家庭开展第七次困难家庭走访慰问活动。

（王一秋）

【中国太平洋财产保险股份有限公司常熟中心支公司】 2023年，中国太平洋财产保险股份有限公司常熟中心支公司保费收入10.90亿元，市场份额39.67%。处理各类理赔案件12万件。年内，中标长期护理保险及全国最大新能源企业一揽子保险，独家中标常熟市自然灾害民生综合保险项目和外交部一揽子保险项目。创新保险产品与服务，新增城镇居民家财险、邮储银行合作财产综合险、投标保证保险、农民工工资支付履约保证保险、教培机构责任险和临床试验责任保险6个创新险种。运用"水精灵""防火保"等创新工具为全市近3000家企业提供防灾减灾服务。推动大闸蟹气温指数保险承保工作，承保面积从400公顷扩大至1333.33公顷；自推出全国首个"种业无忧"保险保障服务方案后，完成首单赔付；完成小麦、水稻完全成本保险转化工作，为5300多农户提供3.38亿元风险保障。获总公司"优秀基层党建品牌"称号，苏州分公司"红旗党组织""先进集体"，被苏州分公司评为高质量示范机构。2023年度"常熟纳税十强金融企业"称号。

（程序园）

【中国人寿保险股份有限公司常熟支公司】 2023年，中国人寿保险股份有限公司常熟支公司（以下简称中国人寿常熟支公司）保费收入12.38亿元，比上年增长1.88%，市场份额达25.01%。累计赔付、给付3.79亿元，其中提供理赔身故、人身意外伤害及医疗保险金等理赔金额7489.44万元。年内，中国人寿常熟支公司助力完善常熟多层次保险保障体系，"计生险"项目比上年增长67%，"老龄险"项目比上年增长21.96%，"农建险"项目比上年增长33.61%；为全市近3万人次中、小学生提供保额48亿元的学生平安保险。参与国家养老第三支柱保险体系建设，推进个人养老金保险产品试点落地，优化升级专属商业养老保险产品，养老服务体系和生态建设不断完善。

（胡东健）

【中国太平洋人寿保险股份有限公司常熟中心支公司】 2023年，中国太平洋人寿保险股份有限公司常熟中心支公司保费收入10.06亿万元，比上年增长6.2%，占当地寿险市场份额的32.5%。其中，核心业务期缴保费市场份额第一，团体意外险保费市场份额第二。为3.3万人次中、小学生提供保额44.85亿元的学生平安保险。为2.61万人次支付养老金、教育金、婚嫁金、红利等人寿保险金额12.52亿元，受理医疗、身故、意外伤残保险理赔案8147件，支付理赔款4853万元。联合太平洋产险完成寿销产保费收入4833万元。公司获评第十三届常熟普惠金融服务季"年度智能化网点示范奖""年度金融科技创新奖"。（谢宛茜）

证　券

【概况】 2023年，全市有证券公司16家，实现股票交易额8212.1亿元，比上年增加24.7%；期末股票账户数74.8万户，比上年增长4.2%；期末境内上市公司股票市值710亿元，比上年下降4.7%。（高潇逸）

【东吴证券常熟分公司】 2023年，东吴证券常熟分公司A股基金交易量1900亿元，产品销售7.79亿元，经纪业务收入9103万元，拥有客户12万户，客户资产规模约216亿元。东南大道营业部年内完成搬迁。牵头完成常熟唯一国投AAA评级。发行债券5单，规模达28亿元，常熟市场占有率连续6年实现提升，发行常熟首单科技创新公司债券，东南产投双创债；发行15亿元常熟城投公司债；首次亮相公司债券市场，发行常熟经开控股非公开公司债。（邹　佳）

【海通证券常熟海虞北路证券营业部】 2023年，海通证券常熟海虞北路证券营业部完成股基交易量909亿元，实现利润1670万元。全年新增资金账户5158户，融资融券开户82户，完成公募基金产品销售1.16亿元，私募产品销售2800万元，理财产品33.64亿元。（龚　烨）

【华泰证券常熟金沙江路证券营业部】 2023年，华泰证券股份有限公司常熟金沙江路证券营业部A股基金交易量1151.29亿元，产品销售11.70亿元，经纪业务收入2222.37万元，A股证券开户1434户，年末客户7.61万户，客户托管资产120.63亿元。引入落地多款私募产品，年底规模1.31亿元。（管文辉）

【企业上市】 2023年末，全市有境内外上市公司17家，其中境内14家，境外3家；累计股权融资307.5亿元，其中2023年新增15.8亿元，为英华特首次公开发行和常铝股份定向增发；累计债券融资310.9亿元，其中2023年新增131.3亿元，为常熟银行金融债；累计发行可转债129.1亿元。"新三板"挂牌企业累计46家，累计股权融资9.6亿元，其中2023年新增0.3亿元，为达伦股份定向增发。全市新增过会企业1家，为众捷汽车；新增报会企业1家，为长城精工；新增省证监局辅导备案企业5家，分别为英特模、苏州汇科、祺添新材、亨通华海和聚复科技；新增江苏省股权交易中心挂牌企业59家。常熟市统筹推进企业上市工作，落实企业上市问题三级协调机制和月报制度，优化"5+4+X"上市服务专班（指5个拟上市企业服务专员，对接企业董秘、券商、律所、会所4类关键人员，协调其他相关职能部门），开展上市专题调研13次，举办北交所、全面注册制改革、人才企业等上市主题活动6场，对接企业200家次。完善"虞城上市通"服务体系，开发上线"上市通"合规证明开具云平台，为企业线上一站式出具商请函、合法合规证明，压缩获取合规证明时间，优化企业上市服务。

【英华特上市】 7月13日，苏州英华特涡旋技术股份有限公司（股票简称：英华特，股票代码：301272）在深圳证券交易所创业板上市，是第1家国产涡旋压缩机上市企业、第1家常熟创业类科技领军人才上市企业。英华特公司成立于2011年，主要从事各类涡旋压缩机的研发、制造和销售业务，产品应用于民用、商用、工业领域的空调、冰柜、供暖、烘干设备，服务于新能源乘用车、商用客车、轨交高铁等空调、热泵以及电池组冷却系统，连续4年销量位列全国第六，仅次于五大外资品牌。英华特首发募集资金7.5亿元，将用于新建年产50万台涡旋压缩机、涡旋压缩机及配套零部件的研发、信息化及产业化等项目。

（高潇逸）

7月13日，苏州英华特涡旋技术股份有限公司在深圳证券交易所创业板上市

（市地方金融监管局　提供）

表 43　　2023 年常熟市证券交易机构一览表

名称	批准成立时间	负责人姓名	从业人数（人）
东吴证券股份有限公司常熟分公司	2009 年 6 月 23 日	王　倬	59
华泰证券股份有限公司常熟金沙江路证券营业部	2002 年 11 月 21 日	张　震	18
海通证券股份有限公司常熟海虞北路证券营业部	2005 年 6 月 27 日	黄颖达	17
南京证券股份有限公司常熟吉祥商城证券营业部	2000 年 4 月 24 日	张　玉	14
安信证券股份有限公司常熟海虞北路证券营业部	2009 年 7 月 23 日	韦根东	9
中国银河证券股份有限公司常熟珠江东路证券营业部	2014 年 4 月 8 日	邹　骄	9
中信建投证券股份有限公司常熟锁澜南路证券营业部	2013 年 8 月 28 日	张士伟	13
中信证券股份有限公司常熟海虞北路证券营业部	2015 年 6 月 6 日	吴冬青	16
中泰证券股份有限公司常熟海虞南路证券营业部	2016 年 8 月 28 日	李洪亮	10
财通证券股份有限公司常熟枫林路证券营业部	2016 年 8 月 12 日	汪　怡	13
光大证券股份有限公司常熟珠江东路证券营业部	2016 年 10 月 14 日	陈　浩	6
国联证券股份有限公司常熟海虞北路证券营业部	2016 年 10 月 18 日	施琴静	8
东方证券股份有限公司常熟李闸路证券营业部	2016 年 12 月 21 日	唐万才	10
国泰君安证券股份有限公司常熟黄河路证券营业部	2017 年 7 月 20 日	顾闻达	9
兴业证券股份有限公司常熟珠江东路证券营业部	2019 年 6 月 11 日	陈一凡	15
东方财富证券股份有限公司常熟海虞北路证券营业部	2019 年 4 月 1 日	姜　君	4

表 44　　2023 年常熟市上市企业一览表

序号	上市企业名称	上市时间	上市板块	所属镇（街道）
1	江苏通润装备科技股份有限公司	2007 年 8 月	深交所主板	海虞镇
2	江苏常铝铝业股份有限公司	2007 年 8 月	深交所主板	古里镇
3	江苏中利集团股份有限公司	2009 年 11 月	深交所主板	沙家浜镇
4	常熟风范电力设备股份有限公司	2011 年 1 月	上交所主板	尚湖镇
5	江苏亿通高科技股份有限公司	2011 年 5 月	深交所创业板	虞山街道
6	常熟市天银机电股份有限公司	2012 年 7 月	深交所创业板	碧溪新区
7	苏州中来光伏新材股份有限公司	2014 年 9 月	深交所创业板	沙家浜镇
8	江苏常熟农村商业银行股份有限公司	2016 年 9 月	上交所主板	琴川街道
9	常熟市汽车饰件股份有限公司	2017 年 1 月	上交所主板	常福街道
10	常熟市国瑞科技股份有限公司	2017 年 1 月	深交所创业板	常福街道
11	日禾戎美股份有限公司	2021 年 10 月	深交所创业板	常福街道
12	苏州富士莱医药股份有限公司	2022 年 3 月	深交所创业板	海虞镇
13	常熟通润汽车零部件股份有限公司	2022 年 7 月	上交所主板	经开区
14	苏州英华特涡旋技术股份有限公司	2023 年 7 月	深交所创业板	高新区
15	阿特斯太阳能有限公司	2006 年 11 月	美国纳斯达克	辛庄镇
16	波司登国际控股有限公司	2007 年 10 月	港交所	古里镇
17	通达宏泰控股有限公司	2018 年 3 月	港交所	沙家浜镇

（资料来源：市地方金融监管局）

其他非银行金融机构

【小额贷款公司】 2023年末，全市有小额贷款公司8家，合计注册资本12.46亿元；期末贷款余额6.05亿元，比上年增长9.6%；不良贷款余额3.26亿元，不良率为53.9%。全市有A级小额贷款公司2家。

【融资担保公司】 2023年末，全市有融资担保公司1家，分支机构2家，合计注册资本5亿元；在保户数552户，在保余额18.58亿元，在保余额比上年下降1.01%。

【融资租赁公司】 2023年末，全市有融资租赁机构3家，分支机构1家，合计注册资本折合人民币10.08亿元；融资租赁期末资产总额16.28亿元，比上年增长2.84%。

【商业保理公司】 2023年末，全市有商业保理机构1家，即江苏吴越商业保理有限公司，注册资本3.5亿元，保理融资款本金6.76亿元，比上年增长0.9%。

【典当行】 2023年末，全市有典当行6家，分支机构2家，合计注册资本0.9亿元，典当余额0.93亿元，比上年下降1.06%。

【地方交易场所】 2023年末，全市有地方交易场所1家，即常熟市农村产权交易中心有限公司，注册资本0.05亿元，全年成交量11419笔，全年累计成交额12.89亿元，比上年增长30.2%。 （周　斌）

表45　　2023年常熟市小额贷款公司一览表

名称	注册时间	法定代表人	从业人数（人）
常熟市信德农村小额贷款有限公司	2008年9月22日	钱月宝	3
常熟市康欣农村小额贷款有限公司	2009年6月5日	翟健刚	4
常熟市协诚农村小额贷款有限公司	2010年1月15日	袁　燕	3
常熟市海虞农村小额贷款有限公司	2010年7月22日	罗小春	6
常熟市理尔邦农村小额贷款有限公司	2010年11月15日	黄晓东	6
常熟市常盛农村小额贷款有限公司	2010年11月8日	常德盛	4
常熟市天晟农村小额贷款有限公司	2011年4月6日	张卫东	1
常熟市诚信农村小额贷款有限公司	2011年8月4日	俞仲良	3

表46　　2023年常熟市融资担保公司及分支机构一览表

名称	注册时间	法定代表人	从业人数（人）
常熟市经发中小企业融资担保有限公司	2009年12月24日	沈方红	8
苏州市农业融资担保有限公司常熟分公司	2008年12月25日	卢蒙灏	1
苏州市住房置业融资担保有限公司常熟分公司	2003年12月19日	夏建俊	1

表47　　2023年常熟市融资租赁公司及分支机构一览表

名称	注册时间	法定代表人	从业人数（人）
常熟市德盛融资租赁有限公司	2014年1月23日	倪　佳	8
昊华融资租赁（江苏）有限公司	2015年11月24日	王　远	10
滨盛融资租赁（江苏）有限公司	2020年4月15日	孙　珏	3
上海永达融资租赁有限公司常熟分公司	2017年8月28日	朱重璋	3

表48　　2023年常熟市典当行一览表

名称	注册时间	法定代表人	从业人数（人）
常熟市和赢典当有限公司	2010年3月30日	樊金祥	1
常熟市金福典当有限责任公司	1993年4月13日	于洪强	5
常熟市金汇典当有限公司	2005年10月10日	龚建新	2
江苏神州典当有限公司	2010年3月23日	傅智博	3
苏州鑫源典当行有限公司	2007年5月9日	蒋明生	7
常熟市聚盛典当有限责任公司	2003年4月23日	龚　艳	8
苏州吴门典当行有限公司常熟分公司	2012年5月21日	章　晨	3
苏州市吴中典当有限责任公司常熟分公司	2011年6月2日	谢飞宇	1

（资料来源：市地方金融监管局）

责任编辑　汤　涵

历史文化名城与保护

综　述

【名城保护体系建设】 2023年，常熟市在名城、名镇、传统村落、历史文化街区、历史建筑等各个领域，全面开展保护工作，努力将历史文化保护工作融入城市建设和社会经济发展大局，推动在城乡建设中常熟历史文化名城保护工作水平持续提升。年内，常熟市调整常熟市历史文化名城保护委员会人员名单，并完成常熟国家历史文化名城自评估工作。

【名城项目建设】 2023年，常熟市启动“文明的曙光——常熟文化探源工程”，对老地名、园林景点、名胜古迹、古文化遗址等历史文化资源进行挖掘研究。开展全市古建、古桥、古井、古树、石板路等普查工作，撰写普查报告；开展常熟历史文化资源研究及标识设立工作。开展“名城保姆”系列宣传之“小鲁班”古建积木拼图比赛活动和“城市历史漫游寻‘保’”活动，项目入选2023年度常熟市“我为群众办实事”重点志愿服务项目名单。

（徐永丽）

历史文化街区保护

【概况】 2023年，常熟市有历史文化街区4个，分别是以小桥流水、粉墙黛瓦的传统民居为特色的琴川河历史文化街区；以名人故居和传统工艺为特色的南泾堂历史文化街区；以古典园林和历史文化陈列馆为特色的西泾岸历史文化街区；以关厢文化和市井文化为特色的南门坛上历史文化街区。年内，常熟市编制完成《南泾堂历史文化街区整理更新规划方案》《山前街历史地段整理更新规划方案》，编制完成含14处古建老宅的《虞山街道古建老宅活化利用白皮书》；试点实施琴川河历史文化街区通江路“微更新”，打造古城“虞美街巷”示范区，探索古城保护、街巷治理、文化传承新路径；试点古城历史文脉探源工程，对6.99公顷南泾堂一期范围内的古城保护对象和历史遗存开展全要素、全覆盖深度普查。虞山、琴川两街道累计修缮更新房屋面积超3000平方米。继续推行“房屋使用权集中”政策，截至2023年年底，历史城区范围内传统民居累计签订房屋使用权集中协议246户。

【西泾岸历史街区核心区更新】 2023年，常熟市推进西泾岸历史街区核心区更新，核心区北至虞山大戏院、南至曾赵园，东至东面店弄，西至西面店弄，总占地面积2.4公顷。年内完成西泾岸核心区范围内顾氏“环秀居”后楼、沈石友宅、西面店弄6号民居、西仓前下塘17号民居4处文控保建筑修缮，启动并持续开展西泾岸核心区各点位传统民居修缮工程。推进西泾岸核心区范围内隐患公寓房解危治理，形成并上报2处公寓房的解危建议方案，完成西仓前上塘12号解危和场地清运，以及翁府前54号全体户主的解危签约和选房工作。至年底，核心区内传统院落165户，累计签订房屋使用权集中协议137户，集中建筑面积约2.6万平方米，用地面积约2.5万平方米（含翁府前32号理工学院地块及虞山大戏院地块）。“常熟市西泾岸历史文化街区改造（宜养乐居）项目”入选省城乡建设发展专项资金（历史文化保护利用）项目，获4000万专项资金。

【虞山大戏院地块更新】 2023年，虞山大戏院地块更新启动。虞山大戏院地块占地面积5328平方米，建筑面积7931平方米，是西泾岸历史文化街区的北入口，承担着客户导流停车等主要交通功能，是街区重要的交通枢纽。该更新项目将整体拆除虞山大戏院，改造为西泾岸片区规划的北入口和重要的功能、形象载体。虞山大戏院位于西泾岸历史文化街区西门大街135号，占地面积2660平方米，建筑面积7931平方米，于20世纪80年代建成投用，长期以来主要承担老城区中老年群体戏曲欣赏的文化服务功能。2019年，因消防设施不符合新的消防要求，存在安全隐患，虞山大戏院停止商业性演出。

（徐永丽）

历史建筑保护

【概况】 常熟市有历史建筑108处，2023年，常熟市名城办践行“共建共治共享”的历史建筑保护理念，按照“确定公布—挂牌标识—测绘建档—安全评估—修缮保护—提升利用”的工作链开展各项历史建筑保护工作。

【历史建筑管护】 2023年，常熟市完成第四批历史建筑标志牌设立工作及10处历史建筑、优秀传统风貌建筑测绘工作；完成历史建筑现状图片、影像资料等档案更新工作；启动历史建筑结构安全日常维护工作，完成30处历史建筑漏水屋面修理、瓦片整理工作；修订印发《常熟市传统风貌建筑维修要点》；按照"事前审核—事中监督—事后验收"的修缮流程，开展300余处历史建筑、传统风貌建筑、直管公房修缮的监督和验收工作；加强与房屋安全管理所的联系，推进历史建筑信息化平台建设工作。

【《2023年度常熟市优秀传统风貌建筑预保护名录》】 2023年，常熟市名城办根据《常熟市历史建筑保护办法》，按照应保尽保的原则，在"2022年度常熟市优秀传统风貌建筑预保护名录"的基础上，对全市工业遗产、桥梁、古井等历史文化资源进行普查，确定并印发《2023年度常熟市优秀传统风貌建筑预保护名录》，涉及建筑37处。

（徐永丽）

表49　2023年度常熟市优秀传统风貌建筑预保护名录

序号	名称	时代	地址	管理或使用单位
1	狄家祠堂（三秀堂）牌坊	清	虞山南路晏南路东	虞山街道
2	西南河14-2号民居	清	西南河14-2号	虞山街道
3	花园浜路74号民居	清	花园浜路74号	虞山街道
4	健康巷10-1号民国建筑	民国	健康巷10-1号	虞山街道
5	翁府前36号内古亭	清	翁府前36号内	虞山街道
6	南泾堂80号儒寡局旧址	明—清	南泾堂80号	虞山街道
7	小塔前7号民居	民国	小塔前7号	虞山街道
8	天宁寺巷26-1号民居	民国	天宁寺巷26-1号	虞山街道
9	虞阳里5号民居	清—民国	虞阳里5号	虞山街道
10	南门大街16号万宝泰银号	清	南门大街16号	虞山街道
11	南门大街47号民居	清康熙	南门大街47号	虞山街道
12	阔墩里6号民居	清	阔墩里6号	虞山街道
13	通江路18号民居	清	通江路18号	虞山街道
14	菜园弄16号民国建筑	民国	菜园弄16号	虞山街道
15	草圣祠	清	周神庙弄13号	虞山街道
16	新造村四角桥	20世纪70年代	常熟站南广场	琴川街道
17	谢桥老街108号凌宅	清	谢桥老街108号	常福街道
18	谢桥碉堡（福山塘闸西堍）	民国	福山塘闸西堍	常福街道
19	谢桥镇粮仓	20世纪六七十年代	谢桥镇区	常福街道
20	浒浦牛坊弄50号戴宅	清	浒浦牛坊弄50号	碧溪街道
21	横泾镇西桥	20世纪六七十年代	沙家浜镇横泾	沙家浜镇
22	虞山公园环翠小筑	20世纪80年代	虞山公园	文旅公司
23	张桥北范村永兴桥	明万历二十八年（1600年）	张桥北范村	辛庄镇
24	张桥王泾村善庆桥	清光绪十五年（1889年）	张桥王泾村	辛庄镇
25	杨园向阳桥	1969年	杨园项泾桥村	辛庄镇
26	报本街16号	清	报本街16号	虞山街道
27	三里桥	清	青墩塘路北	市政公用处
28	福顺马桥	1975年	水北门大街	市政公用处
29	丰乐桥	民国	四丈湾和上塘街交界处	虞山街道
30	永丰桥	始建于明	渠东路	琴川街道
31	联珠洞小石桥	清	兴福寺后半山腰处	虞山街道
32	联珠洞福慧桥	清	兴福寺后半山腰处	虞山街道

续表49

序号	名称	时代	地址	管理或使用单位
33	桃源涧万寿桥	明	桃源涧北弄	虞山街道
34	罗汉桥	清	兴福寺上山路	虞山街道
35	兴贤桥	清	兴贤桥弄和焦桐街交界处	虞山街道
36	通江桥	清	辛峰巷与河东街交界处	虞山街道
37	永安桥（湾湾桥）	清	焦桐街与仓巷交界处	虞山街道

（资料来源：市住房城乡建设局）

文物古迹保护

【概况】 2023年，常熟市有各级文物保护单位176处，其中全国重点文物保护单位6处，分别是：綵衣堂、崇教兴福寺塔（方塔）、燕园、赵用贤宅、聚沙塔和常熟言子祠。省级文物保护单位20处、市级文物保护单位150处，控制性保护建筑86处。年内，对古城区道路、街巷、名人故居、古墓葬等开展普查，选择其中31处制作相关标识牌，并撰写调查分析报告。

【文保单位修缮】 2023年，常熟市“言子墓道”牌坊修复、铁琴铜剑楼修缮工程通过省文物局验收。年内，组织实施言子祠保养、翁同龢纪念馆西路两进厅堂修缮、王石谷祠基础加固等工程；指导唐市邮电局旧址、李雷故居、沈石友宅、顾氏“环秀居”后堂楼、闾庆堂贾宅、西面店弄6号、西仓前下塘17号、白茆闸、红桥9处文物建筑修缮；开展崇教兴福寺塔保养工程。围绕严讷宅及太平巷明厅周边县南街商业建筑拆除及管线铺设等工作推进修缮工程收尾。

【地下文物保护】 2023年，常熟市做好文勘工作全流程跟踪服务，全市29个地块申请“大型基本建设考古调查勘探审批”，13个工程完成验收。

【文物建筑安全】 2023年，常熟市文物安全综合管理实验区全面建成。对接长三角地区历史文化名城保护联盟倡议项目。组织开展全市文保单位冬季安全、五一、中秋国庆文物安全检查工作。开展文体旅行业“生命至上，隐患必除”消防安全大排查大整治，印发《常熟市文物行业重大事故隐患专项排查整治2023行动实施方案》，召开全市部署动员大会及专项培训。

【崇教兴福寺塔保养工程】 5月，常熟市对全国文保单位崇教兴福寺塔实施保养，投资额约170万元，主要对崇教兴福寺塔进行油漆保养。 （刘　煜）

5月，方塔修缮工程启动 （朱琪　摄）

传统村落保护

【概况】 常熟有古里镇、沙家浜镇、梅李镇、尚湖镇、支塘镇5个古镇；古里镇李市、碧溪街道问村、辛庄镇吕舍、梅李镇沈市、董浜镇天主堂5个古村；南泾堂历史文化街区、西泾岸历史文化街区、琴川河历史文化街区、南门坛上历史文化街区、董浜镇徐市老街、碧溪街道横塘老街、碧溪街道吴市老街、碧溪街道周泾老街、海虞镇福山老街9个老街。其中，李市村和李袁村为中国传统村落、江苏省传统村落、苏州市传统村落；吕舍村吕舍、沈市村沈市、观智村天主堂为江苏省传统村落、苏州市传统村落。2023年，常熟市完成19个古镇、古村、老街核心保护范围和风貌协调范围两线划定工作。年内，常熟10处上榜第二批苏州市传统村落和苏州市村镇传统建筑（组群）名单。

【李市传统村落保护】 2023年，李市村聚焦“两保护，两提升”（保护古村落肌理及整体风貌，提升基础设施和房屋使用功能），采用“统一设计，组团实施，试点先行”的方式推进更新改造；组建专项领导小组及工作专班驻村办公，对核心保护区所有商铺、村（居）民房屋性质、权属、现状等信息开展全面摸排，并建立“一户一档”；会同古建公司对核心保护区内商铺、村（居）民房屋完成现场测绘，确定整体更新方案。李市村与常熟市规划设计院签订驻村设计合同，由设计师驻村参与农房建设方案设计，统筹考虑传统村落肌理，平衡村民个性化需求和保护的原则，进一步管控风貌。古里镇委托常熟古建公司开展李市历史文化街区核心保护与整治方案设计，根据“一户一设计”“一功能一设计”的原则对核心保护区进行统筹设计，并选定李市河西侧区域先行启动修缮更新；对传统建筑按原形制、原风貌进行修缮保护。

【李袁村问村传统村落保护】 3月19日，李袁村被公布为第六批中国传统村落。年内，拟定《碧溪街道传统村落三年修缮保护计划》《问村老街保护开发建设方案（草案）》，组织开展古镇古村普查工作，对传统建筑、古桥、古井、古树名木、石板路等进行全面调查和登记，掌握各类传统要素的分布、数量、价值等信息，充实基础数据。同时结合特色田园康居乡村创建工作，推进传统建筑修缮、基础设施改善、环境整治、“问村十八景”景观节点恢复等。

【沈市传统村落保护】 2023年，沈市村实施千村美居工程，完善基础设施，修复硬化道路、新建停车位、石条仿木栏杆、宣传栏、垃圾分类亭等，修复公厕、清理村庄垃圾、整理村庄绿化、开展空地补绿等，改善居民生活环境。以朱爱秾烈士故居保护利用为契机，承办各类主题教育；与沙家浜风景区开展交流学习，以学习历史、缅怀烈士、弘扬红色精神为主旨，举办“文明祭扫，寄托哀思”“清风拂沈市，廉韵映初心”“学习二十大，争做好少年”“缅怀革命先烈，传承红色基因”“传承红色基因，赓续红色血脉”等主题教育和研学活动。引导建筑设计方案，控制新建建筑风貌与传统村落风貌相和谐，严格施工管理，确保建设行为不破坏传统建筑和街区格局。加强传统村落内环境卫生管理，严管乱堆乱放等，落实常态巡查和长效管理责任人。

【吕舍传统村落保护】 2023年，吕舍村做好吕舍老街及周边环境的综合整治，投入资金20万元用于环境整治、日常养护及设施维护。

【观智村天主堂传统村落保护】 2023年，观智村加强历史遗存保护和管理，结合特色田园乡村建设的日常管理，完成天主堂村落主干道泥仓溇路2座桥梁栏杆更换维修。 （徐永丽）

表50　常熟市入选第二批苏州市传统村落和村镇传统建筑名录一览表

类别	地址	所在板块
苏州市传统村落	观智村天主堂	董浜镇
苏州市村镇传统建筑（组群）	繁荣街29、31、33号，繁荣街41、45号，繁荣街49、51号，中心街28号殷家祠堂，中心街108、110、126号唐市支局旧址，中心街89、91、93、95号，沙家浜镇北新街42号李雷故居	沙家浜镇
	李市村东街68-69号，李市村西街25号	古里镇

（资料来源：市名城办）

非物质文化遗产保护

【概况】 2023年，常熟市有国家级非物质文化遗产保护项目（以下简称非遗项目）2个，省级非遗项目21个，苏州级非遗项目21个，市级非遗项目8批、99项，年内新增省级非遗项目3项，苏州市级非遗项目14项；国家、省、苏州、常熟各级非遗传承人155人，其中国家级非遗传承人2人，省级传承人12人，苏州级传承人30人，常熟市级传承人111人。有白茆山歌馆、虞山派古琴艺术馆、常熟评弹艺术馆、碧溪新区非遗馆等一批集展示、演出、培训、研究、交流等功能的非遗特色场馆。

表51　2023年常熟市苏州市级以上非遗项目一览表

等级	项目名称	所在镇（街道）	入选时间
国家级	吴歌·白茆山歌	古里镇	2006年
国家级	古琴艺术·虞山琴派	虞山街道	2008年
省级	常熟花边制作技艺	虞山街道	2006年
省级	水乡婚俗	沙家浜镇	2009年
省级	虞山派篆刻艺术	虞山街道	2009年
省级	十番音乐（辛庄十番音乐）	辛庄镇	2009年
省级	上鷂灯	碧溪街道	2016年
省级	谜语（海虞谜语）	董浜镇	2009年
省级	花鼓（浒浦花鼓）	碧溪街道	2009年
省级	常熟叫花鸡制作技艺	琴川街道	2009年

续表51

等级	项目名称	所在镇（街道）	入选时间
省级	湖甸龙舟会	虞山街道	2011年
省级	苏派酿酒技艺（王四桂花酒酿造技艺）（扩展名录）	琴川街道	2011年
省级	吴歌（石湾山歌）（扩展名录）	沙家浜镇	2016年
省级	吴地宝卷（扩展名录）	古里镇	2016年
省级	香山帮传统建筑营造技艺（扩展名录）	东南街道	2016年
省级	三月三报娘恩	虞山街道	2016年
省级	江南船拳	沙家浜镇	2016年
省级	十番音乐（辛庄十番音乐）	董浜镇	2009年
省级	盆景技艺·苏派盆景	支塘镇	2016年
省级	滚灯（扩展名录）	古里镇	2016年
省级	徐桥荡湖船	辛庄镇	2023年
省级	精细木作	虞山街道	2023年
省级	石梅盘香饼制作技艺	虞山街道	2023年
苏州级	陆瑞英民间故事	古里镇	2009年
苏州级	谢方樽传说	辛庄镇	2009年
苏州级	马詠斋熏腊产品制作技艺	虞山街道	2009年
苏州级	宝岩看杨梅、烧莳香	虞山街道	2009年
苏州级	苏派砚雕	虞山街道	2011年
苏州级	虞山绿茶制作技艺	虞山街道	2011年
苏州级	白雀寺庙会	常福街道	2011年
苏州级	锡剧（扩展名录）	虞山街道	2011年
苏州级	评　弹	虞山街道	2005年
苏州级	明式家具制作技艺（扩展名录）	常福街道、沙家浜镇	2011年
苏州级	苏州装裱技艺（古旧书画修复技艺）（扩展名录）	虞山街道	2011年
苏州级	常熟蒸菜烹饪技艺	虞山街道	2013年
苏州级	梅李木桶酱油酿造技艺	梅李镇	2013年
苏州级	裴氏儿科	支塘镇	2013年
苏州级	苏州道教音乐（扩展名录）	虞山街道	2013年
苏州级	苏派酿酒技艺（常熟福贞黄酒坐缸酿制技艺）（扩展项目）	常福街道	2013年
苏州级	东岳庙会·福山庙会	海虞镇	2020年
苏州级	祭孔仪式	虞山街道	2023年
苏州级	苏州红木雕刻技艺	常福街道	2023年
苏州级	竹编	辛庄镇	2023年
苏州级	手工工艺旗袍	虞山街道	2023年

表52　2023年常熟市苏州市级以上非遗传承人一览表

等级	传承人姓名	传承项目	入选时间
国家级	陆瑞英	吴歌·白茆山歌	2007年
国家级	朱　晞	古琴艺术·虞山琴派	2018年
省级	徐雪元	吴歌·白茆山歌	2008年
省级	吕杏英	吴歌·白茆山歌	2008年

续表52

等级	传承人姓名	传承项目	入选时间
省级	周美华	常熟花边制作技艺	2008年
省级	陆皓东	常熟花边制作技艺	2008年
省级	归之春	虞山派篆刻艺术	2010年
省级	吴锦业	十番音乐·辛庄十番音乐	2010年
省级	沈建华	吴歌·白茆山歌	2012年
省级	包鲁儒	十番音乐·辛庄十番音乐	2012年
省级	翁鲁瑛	古琴艺术·虞山琴派	2020年
省级	余鼎君	宝卷·吴地宝卷	2020年
省级	蒋云根	传统建筑营造技艺·香山帮传统建筑营造技艺	2020年
省级	杜勇芳	花鼓·浒浦花鼓	2020年
苏州级	陶凤英	常熟花边制作技艺	2008年
苏州级	徐桂银	花鼓·浒浦花鼓	2008年
苏州级	刘懋成	常熟叫化鸡制作技艺	2008年
苏州级	李玉娥	吴歌·白茆山歌	2010年
苏州级	韦文喜	传统木船制作技艺·古船制作技艺	2010年
苏州级	王林保	马咏斋熏腊产品制作技艺	2010年
苏州级	李建明	传统建筑营造技艺·香山帮传统建筑营造技艺	2010年
苏州级	何林妹	吴歌·石湾山歌	2012年
苏州级	韦梁臣	谜语·海虞谜语	2012年
苏州级	曹金保	江南船拳	2012年
苏州级	陈尉华	古琴艺术·虞山琴派	2014年
苏州级	张建中	常熟蒸菜烹饪技艺	2014年
苏州级	肖继贤	裴氏儿科	2014年
苏州级	吴俊伟	梅李木桶酱油酿造技艺	2014年
苏州级	王子瑾	石梅盘香饼制作技艺	2014年
苏州级	陆建华	评弹	2014年
苏州级	顾自新	滚灯	2014年
苏州级	邹　缨	吴歌·白茆山歌	2021年
苏州级	张志强	海虞谜语	2021年
苏州级	王　枫	古琴艺术·虞山琴派	2021年
苏州级	顾建中	宣卷·常熟宝卷	2021年
苏州级	平国民	江南船拳	2021年
苏州级	朱启刚	虞山派篆刻艺术	2021年
苏州级	杨继玉	石梅盘香饼制作技艺	2021年
苏州级	时书芳	苏派酿酒技艺·王四桂花酒	2021年
苏州级	周锦平	王四酒家叫化鸡制作技艺	2021年
苏州级	倪建平	苏州明式家具制作技艺	2021年
苏州级	姚向东	苏州明式家具制作技艺	2021年
苏州级	盛祖保	苏式红木小件制作技艺	2021年
苏州级	张金华	常熟花边制作技艺	2021年

（资料来源：市文体旅游局）

【非物质文化遗产认定】 2023年，常熟市组织非物质文化遗产申报及认定。全市入选江苏省第五批非遗项目3项、苏州市第八批非遗项目14项。新增6家单位为苏州级非遗责任保护单位；6人获评姑苏乡土人才。年内，市文体旅游局评审公布常熟市级非遗第八批项目12项和第七批传承人19人。

【非遗保护传承】 2023年，常熟市组织虞山琴派代表曲目传习班启动仪式暨古琴雅集、虞山琴社中秋雅集；实施古琴名师带徒弟计划、制定虞山琴派三年实施计划。出版《翁瘦苍琴谱》《白茆山歌创作作品集锦CD》。在古琴成功申遗20周年之际，举办长三角古琴名家音乐会，长三角九大琴社六大流派的13名著名琴家汇聚虞山，商讨古琴保护传承，筹备成立长三角古琴保护联盟。推动非遗数字化，起草编制虞山琴派数据库建设方案，利用智游常熟全域平台建立探索非遗数据库，录入数据资料10余万字，照片700多张，5G视频70条。组织非遗项目参加苏州非遗品牌发布会、未来景区大会展示，白茆山歌、虞山绿茶参加省级非遗展示，西城楼阁中秋国庆及碧溪鹞灯节非遗展示。组织青年传承人参加常熟市青年艺术周，完成常熟铜官山长江文化主题展览馆非遗项目材料整理，配合苏州专家进行长江文化带（非遗项目）现场调研。

（刘　煜）

表53　常熟市第八批非物质文化遗产代表性项目名录

序号	类别	项目名称	保护单位
1	传统技艺	烙画	常熟市支塘镇人民政府
2		小铅皮鹅汤	常熟市辛庄镇小铅皮鹅汤馆
3		白茆大肠烹饪技艺	古里镇白茆徐建华饭店
4		凤禧传统盘扣制作技艺	常熟市凤禧服饰有限责任公司
5		常熟炒浇面	常熟市烹饪协会
6		铜官山绿茶制作技艺	常熟市海虞茶叶有限公司
7		王四松树蕈油制作技艺	常熟市王四食品有限公司
8		黄麻编织地毯	常熟市瑞和家居有限公司
9	传统医药	内扎外切弧形缝合术治疗环状混合痔	常熟市中医院（新区医院）
10		中药膏方制作技艺	常熟市中医院（新区医院）
11		陶氏中医内科	常熟市中医院（新区医院）
12	传统美术	点彩剪纸制作技艺	波司登股份有限公司

表54　常熟市第七批非物质文化遗产代表性传承人名单

序号	项目名称	姓名	序号	项目名称	姓名
1	王四松树蕈油制作技艺	胡根河	10	明式家具制作技艺	赵音昱
2	虞山赭石砚制作技艺	周剑峰	11	苏派盆景制作技艺	朱德保
3	香山帮传统建筑营造技艺	周文贵	12	苏派装裱技艺	王建峰
4	中药膏方制作技艺	杜晓东	13	石梅盘香饼制作技艺	季晓杨
5	陶氏中医内科	熊秀萍	14	常熟炒浇面	徐伟、颜维民、孙希
6	内扎外切弧形缝合术治疗环状混合痔	季利江	15	铜官山绿茶制作技艺	吴昊
7	白茆大肠烹饪技艺	徐建华	16	传统酒酿制作技艺	沈英杰
8	点彩剪纸制作技艺	崔艳华	17	上鹞灯	解全华
9	烙画	顾春刚			

（资料来源：市政府办）

责任编辑　李　妍

城市建设与管理

城市规划

【规划编制】 2023年，常熟市国土空间规划体系逐步形成。《常熟市国土空间总体规划（2021—2035年）》完成省级、苏州市级意见征求，按照反馈意见修改完善并上报待批复。完成《苏州市域一体化（常熟）融合创新区空间统筹协同规划》编制。《常熟市主城区地下空间开发利用规划》《常熟市中心城区慢行交通系统规划》等8个专项规划形成中期成果。辛庄镇、古里镇、海虞镇、梅李镇、尚湖镇、沙家浜镇、董浜镇、支塘镇8个镇级国土空间总体规划形成初步方案。

【规划审批】 2023年，常熟市核发建设项目用地预审与选址意见书90本，建设用地规划许可证127本。确认用地性质及红线60项，出具规划条件102项。办理规划相符性审查65项，规划方案审查229件，规划核实审查310件。

【规划监察】 2023年，常熟市自然资源和规划局收到“12345”平台及各类平台违建案件举报42起。全年立案查处违建案件6起，发出行政处罚事先告知书6份、行政处罚决定书2份、不予行政处罚决定书4份，收缴违建罚款0.6747万元。 （徐　勉）

水利规划与建设

【水利规划】 2023年，常熟市配合江苏省、苏州市开展《长江流域防洪规划》《太湖流域防洪规划》修编工作，配合省水利厅编制完成《江苏省中小河流治理总体实施方案》。中新昆承片区水系规划通过专家评审，进行区域洪评报告编制，开展高铁北城片区水系规划编制。出台《常熟市水域银行管理实施细则》，完成《常熟市水务发展“十四五”规划》中期评估工作。完成常熟市9个湖泊“一湖一策”保护利用方案编制，在苏州市各县（市、区）率先。

【省级水利工程建设】 2023年，常熟市在建省级水利工程2个（徐六泾治理、元和塘治理），总投资1.1082亿元。年内，推进元和塘治理工程、锡北运河治理工程项目，其中元和塘治理工程10月20日开工，核定工程概算1.56亿元，获省级以上补助7800万元；锡北运河治理工程初步设计方案报告报省水利厅。

【市级水利工程建设】 2023年，常熟市市级新投资水利工程投资8364万元，完成生态美丽河湖建设—盐铁塘工程、城区防汛能力提升工程五期—城区河道除险加固工程；启动张家港河除险加固三期、2023年城区河道清淤工程、城区防汛能力提升工程五期——蒋泾排涝站工程。推进续建工程收尾，完成生态美丽河湖（白茆塘、常浒河）建设、张家港除险加固二期、2022年城区河道清淤、常熟耿

2023年，市水务局推进并完成徐六泾治理工程建设　（市水务局　提供）

泾塘、海洋泾入江口段河道疏浚等工程建设。推进省中小河流徐六泾治理工程建设，完成项目扫尾工作。各乡镇完成昆承湖东侧河道综合整治、常浒河（碧溪段）李袁村片区调水引流、南福山塘（常福段）西侧区域防汛能力及水环境综合提升、常青东河河道综合整治工程、北张泾河整治工程等市镇两级续建项目的工程建设，项目全部完工并发挥效益。

（陆小祥）

城市建设

【海绵城市建设】 截至2023年年底，常熟市海绵城市建设面积36.7平方千米。年内，常熟市完成海绵城市建设项目25个，包含建筑小区、道路、公园绿地、河道水系等多种类别。其中，建筑小区类有新建住宅项目5个和老旧住宅小区综合整治项目1个，采用雨水回用池、下凹式绿地、生物滞留池等海绵设施及雨污分流等海绵措施；道路类完成金山路南延一期工程（藕渠塘路—太平街），进行透水路面砖铺设；公园绿地类包括沙家浜路南侧滨河绿地提升改造工程、琴湖路道路绿化提升改造和口袋公园建设工程，建设湿塘、植被缓冲带、生态修复、植草沟等；河道水系类有琴湖公园、花溪东片区渠中路南侧河道（环渠河）（香山路东侧—金山路）工程等项目12个，采取河道清淤、防水排涝改造提升等海绵措施。

（原聪博）

表55　　2023年常熟市重点城建项目在建情况一览表

序号	类型	项目名称	计划总投资（万元）	计划开竣工时间
1	2023年市级政府投资新开工项目	虞山南路（生态观光园—西三环）修复工程	3550	2023.12—2025.4
2		2023年度老旧小区改造工程	5046	2023.7—2024.11
3		2023年度拆迁安置小区基础设施补缺及环境整治提升工程	1806	2023.7—2023.12
4		莲墩浜南侧滨河绿地提升改造工程	569	2023.7—2023.12
5	2023年市级政府投资续建项目	华山路（勤丰路—黄河路）道路提升改造工程	1500	2022.9—2023.12
6		县南街周边山塘泾岸等6条市政道路改造工程	2754	2023.3—2023.10
7		2022年度老旧小区改造工程	8108	2022.8—2023.10
8		沙家浜路南侧滨河绿地提升改造工程	1200	2022.9—2023.12

（资料来源：市住房城乡建设局）

【安置房建设】 2023年，全市在建（含回购）安置房小区9个，在建期房2530套。其中，城区在建南溪花园、蓝天家园三期、县南街7号地块3个小区，在建期房826套；乡镇街道在建五新花园四期、翰和苑等6个小区，在建期房1704套。全年竣工入库东胜佳苑、海丰家园、藕香居等7个小区，入库安置房2181套，建筑面积约28.8万平方米。全市完成文化片区新泾新村、常福街道沪通铁路二期及海虞镇福山中期搬迁等项目安置房选房安置1491户、2147套；完成通苏嘉甬铁路工程、沪武高速扩建工程、海太过江通道（公路部分）工程等项目房票安置1164户，完成购房950套。

（杨　峥）

【数字科技新城建设】 2023年，数字科技新城完成投资3.05亿元。年内，小型示范数据中心项目工程、松下协创中心项目、常春藤国际人才港项目主体结构全部封顶；科创港项目奠基启动。

（唐　彬）

城市更新

【既有建筑更新改造】 2023年，常熟市分6批新纳入试点项目17个，竣工19个。既有建筑更新改造试点总规模达到184个，竣工141个，累计更新改造建筑面积145.1万平方米。

（郭晓玲）

【老旧工业区（点）更新改造项目】 截至2023年末，全市投建老旧工业区（点）更新改造项目9个，总用地面积约48.33公顷，总建筑面积约95万平方米，总投资51.3亿元，其中，已竣工投用项目6个，总用地面积25.33公顷，建筑面积约45.4万平方米；在建项目3个，总用地面积23.04公顷，建筑面积约49.2万平方米。年内，常熟市恒信智地产业园开发有限公司新投资开发产业用地6.6公顷，新建成投用载体面积约6万平方米，恒智（支塘）无纺科技产业园（支塘思成路地块二期）项目于9月投用。

（唐　彬）

【住宅小区综合改造】 2023年，常熟市完成报本、南门、花园浜等8个片区15.25万平方米老旧小区改造，香山苑6.02万平方米城区拆迁安置小区提升工程竣工，启动花园公寓等4个片区8.24万平方米老旧小区改造。更新《常熟市既有多层住宅增设电梯指南》，年内增设电梯24部，累计增设电梯49部。市住房城乡建设局获评苏州市级“2022年度城镇老旧小区改造、既有

2023年，虞山街道朱家巷东第一单元更新房屋完成结构封顶
（市住房城乡建设局　提供）

多层住宅增设电梯工作先进单位”。
（王　瑾）

【城中村自主更新】 2023年，常熟市城中村自主更新改造工作持续开展。虞山街道朱家巷东第一单元、前桃花墩单元、琴川街道陈家巷第一单元等10个单元154户完成房屋结构封顶；批准实施琴川街道八仙桥西单元、虞山街道天字号第一单元（二期）、大兴村北第一单元第二单元（二期）、朱家巷东第二单元等4个单元66户经自主更新改造；常福街道葛家浜单元、虞山街道烟雨路东单元等10个单元配套基础设施方案经开始组织实施。逐步提升拟实施单元的自主更新水平，试点探索二层加阁楼三连体及以上的自主更新形式，先行试点的虞山街道西横头单元（一期）初步方案基本成熟，开展虞山街道闸口桥东、元和路等单元的相关前期工作。（徐永丽）

【房屋征收】 2023年，常熟市启动通苏嘉甬铁路工程、沪武高速公路太仓至常州段扩建工程、海太过江通道（公路部分）工程等15个项目，665户搬迁户完成签约。全年完成纬一路（珠海路西侧）、梅李镇出让地块（梅中地块）等7个项目，完成赵市村规划地块、支塘镇何南村工业地块收储等5个2023年度计划外结转项目。
（杨　峥）

公用事业

【道路】 2023年，市住房城乡建设局制定《街区（社区）提升改造（市政设施篇）三年计划行动方案》，确定北门大街、报本、学前、锦荷、星茂世茂、虞东6个街区为重点整治区域，针对街区（社区）范围内道路、桥梁等市政设施以及道路红线外到建筑物间开放式公共区域开展提升整治工作，街区（社区）提升改造项目获2023年文明城市创建重点实事项目一等奖。年内，完成含晖阁沿线、文华街人行道道板砖改造、如意街（环城南路—如意桥）沥青路面改造、环城东路阜湖路交叉口车辙处理、浔江街、绵山街行车道等路面改造，完成海虞北路41号附近、报本街报本社区东门49号至34号、南泾堂1号等点位2600平方米红线外场地改造。开展交通节点渠化改造，完成青墩塘路香山路东西两侧路口、青墩塘路右转海虞桥、青墩塘路金山路节点等点位改造。开展市政设施精细化养护，昭文路养护片、元和路养护片、宝山路—红梅路养护片、富泰路—香椿路养护片4个片区获苏州优质养护片区；元和路养护片获省优质养护片区。（侯　怡）

【桥梁】 2023年，市住房城乡建设局按照《城市桥梁养护技术标准》，开展2023年城市桥梁检测工作。完成辖区内270座城市桥梁常规检测，50座结构检测，10座水下桩基外观检测。根据检测结果，对金枫桥、大悲桥、朱雀桥、服一桥进行安全改造处置。及时更新完善江苏省城市桥梁信息管理系统和苏州道桥及照明信息管理系统，完成数据化建设。（侯　怡）

【照明】 2023年，市住房城乡建设局对金山路、香山南路、富康路、富泰路、淮河路、琴丰路、殿山路等陈旧照明线路和灯具进行安全改造，更换照明线路34500多米、各类灯具186套、暗区补光增设15套庭院灯；对虞山国家森林公园、环城河（总马桥—元和桥）、海虞北路（湘江东路北—黄河路南）的景观照明进行提升及电压安全化改造，更换草坪灯241套、投光灯142套、地埋灯118套、景观照明线路1.05万米、桥架1180米；开展照明设施接地保护检测专项工作，对常熟城区26条主干道、87条次干道、68条支路及背街小巷的照明线路进行接地保护检测，排查发现接地隐患问题200多处，按计划分批实施整改；升级改造常熟城区主次干道53套路灯配电箱，加装水浸和电缆漏电智能监控报警系统进行实时监测。（季　冰）

【供电】 2023年，全市全社会用电量234.30亿千瓦时，比上年增长10.77%。其中第一产业用电量9385万千瓦时，第二产业用电量184.20亿千瓦时，第三产业用电量27.44亿千瓦时，比上年分别增长19.72%、11.48%、18.95%；居民生活用电量21.72亿千瓦时，比上年增长-3.15%，城镇7.76亿千瓦时、农村13.97亿千瓦时，比上年分别增长-4.37%、-2.46%。全年常熟电网运行稳定，未发生大面积停电等影响社会稳定的安全事故，最高调度负荷364.42万千瓦，创历史新高。供电公司完成售电量191.85亿千瓦时，比上年增长2.12%。2023年，常熟电网有35千伏及以上公用变电站82座，主变压器162台，总容量1340.8万千伏安；有35千伏及以上输电线路240条，总长度2159.15千米。年内，投运任阳

表 56　　2023 年常熟市电网建设情况一览表

种类	规格	数量
公用变电站数量（座）	220千伏	19
	110千伏	57
	35千伏	6
公用主变压器数量（台）	220千伏	33
	110千伏	117
	35千伏	12
变电站总容量（千伏安）	220千伏	696万
	110千伏	621.2万
	35千伏	23.6万
配电变压器数量（台）	10（20）千伏	14600
配电变压器总容量（千伏安）	10（20）千伏	622.50万
输电线路数量（条）	220千伏	60
	110千伏	133
	35千伏	47
	20千伏	70
	10千伏	1116
输电线路里程（千米）	220千伏	758.74
	110千伏	1137.03
	35千伏	263.38
	20千伏	285.81
	10千伏	7699.95

（资料来源：市供电公司）

110千伏扩建工程、新港110千伏送出工程，新增变电容量35万千伏安，输电线路长度114.83千米。至年末，全市有电力用户78.86万户，总装接容量2172.59万千伏安。市供电公司全年受理用电报装申请5.47万户，容量251.5万千伏安；完成装接通电5.8万户，容量187.14万千伏安；受理分布式光伏用户申请565家，并网461家，合计235.926兆瓦，其中非居民项目376个、234.935兆瓦，居民项目85个、0.991兆瓦。年内，波司登总部旗舰店公共充电站完工投运，珑悦居居住区建成苏州首个执行“100%充电设施接入条件”的新建居住区。（丁　达）

【供水】 2023年，常熟市全年供水量2.1亿吨，新建市政管网6.58千米，改造城市市政与庭院管网4.17千米，完成农网改造4127户63.9千米，改造区域供水管网7.85千米。（陆小祥　唐　彬）

【供气】 2023年，常熟市管道天然气销售量10.17亿立方米，比上年增加3.4%，至年底，全市天然气管道里程3663千米，其中高压管道192千米、中压管道1533千米、低压管道1938千米。全年新增居民用户2.33万户、工商用户358户，用户总数达42.2万户。全市液化石油气销售量2.01万吨，比上年减少7.4%；车用天然气加气量2185.73万立方米，比上年增加23.89%。年内重点推进常熟市住宅小区管道天然气接入“瓶改管”提升行动以及“双改”行动，完成“瓶改管”1.14万户，其中居民1.11万户，非居民276户；完成非居民“气改电”5839户。完成新铺设天然气管道343.53千米，完成投资1.73亿元，古里液化天然气（LNG）储配站三期投产运行，完成储配站一期、二期技术改造，具备5000立方米液化天然气存储规模。（周宇恒　唐　彬）

【污水处理】 2023年，常熟市完成污水处理1.03亿立方米，较上年增长5.16%。建设城镇污水处理厂配套管网及城镇控源截污管网21.9千米。开展农村分散式生活污水治理接管项目，完成2337户农户生活污水治理。推进城乡生活污水处理提质增效精准攻坚“333”行动，超额完成苏州下达的各项任务，完成雨污水管网检测检查75.2千米、修复137处，整治工业企业排水35家、小散乱排水户330家、小区阳台和单位庭院排水23个，整治建设工地和垃圾中转站排水31个。（陆小祥　唐　彬）

【城市绿化】 2023年，常熟市建成区绿地率为41.85%，建成区绿化覆盖率为44.88%，人均公园绿地面积为15.1平方米。全年新建琴川记忆、静园、漫杜园、馨享园、逐梦角、佳和广场口袋公园、渠线芳径、乐活湖苑8处口袋公园及琴湖藕荷、水映渔舟2处小微绿地建设，改造面积1.02万平方米。完成衡山路、琴湖路2条道路绿化提升改造，改造面积5023平方米。替换更新衡山路191株行道树树种；利用蔷薇、木香等攀缘植物在泰山路常欣小学、惠民医院等14处建设立体绿化点位，打造2300平方米立体花墙；完成开元大道、义虞路路口2处立体花坛更新改造。在大浜公园开展精细化管养试点；关于虞山北路北美枫香刺小蠹针综合防控治理技术的专业论文，分别在天津农业科学和东北林业大学学报发表。年内，常熟市通过2023年度“国家生态园林城市”省级复查，完成城市绿地外来入侵物种普查等工作。全市评定2023年度常熟市园林绿化优良工程项目25个，14个项目获得苏州市“园林杯”优质工程奖，其中3个获施工类示范工程、7个获施工类优秀工程、4个获养护类优秀工程。（唐珑峻）

【公交】 截至2023年年底，常熟市有公交经营主体2家，开设公交线路178条，分别为城市64条、城乡42条、镇村72条，其中有夜班线路57条、毗邻公交5条。全市有公交车1226辆，其

9月，常熟实验中学两校区新设5条校园快线　（市融媒体中心　提供）

中纯电公交车200辆、插电式混合动力公交车661辆、氢能源公交车50辆、清洁能源LNG公交车171辆、柴油车144辆，新能源及清洁能源公交车占比88.25%。全市公交从业人员1723人，年行驶总里程6813.51万千米，年客运总量3886.54万人次，单车日均运营里程152.26千米。有公交枢纽站5处（其中公交换乘站1处），公交首末站38个，公交候车站点3691个，公交候车亭2168座，其中559个站点设置电子站牌，市区500米半径公交站点覆盖率达98%。2023年新开通公交线路33条、调整28条。至年底，开通各类特色公交线路51条，其中旅游公交9条、惠农公交1条、通勤公交4条、校园快线33条、微循环公交3条、健康快线1条。

【出租车】 2023年，常熟市有出租汽车企业3家，运营车辆总数759辆，汽油车11辆，双燃料车辆656辆，新能源纯电动车辆92辆。注册出租汽车从业人员983人，年行驶总里程5380.46万千米，年客运总量为767.31万人次，单车日均运营里程194.22千米。全市持有效运输证的网约车2292辆。

（黄心珏）

【公共自行车】 2023年，全市公共自行车使用659万人次。年内，常熟市完成公共自行车四期更新项目，更新站点控制器40个、锁柱2380个、自行车1060辆，通过月度督查通报、加强督促指导等措施，提高公共自行车日常养护、调度能力。建成投用尚湖镇、海虞镇公共自行车一体化交换站点，与张家港市实现跨区域互联互通。联网改造公共自行车站点608个，上线"常熟一卡通"微信小程序扫码借车功能，在江苏省城市中率先通过联网模式实现三代卡使用公共自行车服务。

（叶枝啸）

【交通公众服务平台】 2023年，常熟市交通公众服务平台有"常熟行"App、"常熟行"微信公众号，实现查询线路信息、二维码支付乘车、查看常熟各高速公路实时路况和停车场信息、在线购买长途客运票务服务等。至12月31日，常熟行宣传矩阵用户数为36.31万人，其中服务号24.34万人、支付宝生活号10.24万人、订阅号1.11万人、抖音号3852人、微信视频号2383人。

（黄心珏）

城市管理

【概况】 2023年，市城管局查纠各类违反城市管理规定行为14.1万起，办结城市管理行政处罚案件8.3万件、行政许可1562起；拆除违法建设148.6万平方米，拆除各类不规范户外广告、店招标牌设施2100处；新增各类停车泊位3.3万个，完成128个道路泊位智能化改造；达标处理垃圾污水量11.5万立方米。常熟市被苏州市城管局评为2023年度城市管理先进县市、被苏州市村庄环境长效管理领导小组办公室评为2023年苏州市村庄环境长效管理优胜单位，常熟市城市管理局被苏州市委市政府评为2022年度全市生态环境保护工作先进集体，常熟市城市管理行政执法大队执法三中队被苏州市住房和城乡建设局评为全市住房城乡建设系统2022年度苏州市青年文明号，支塘镇风物街区入选2023年度苏州市"精品美丽街区"。

【城区停车能力建设】 截至2023年年底，常熟市公共停车泊位79.76万个，年新增泊位3.28万个。年内，市城管

10月16—20日，第29届智能交通世界大会在苏州国际博览中心举行，常熟市在会上展示智慧停车管理方面的创新和成效　（市城管局　提供）

局在商业街、窗口单位、火车站、城区景点等区域设置“分散式”道路泊位30处、131个，21个开放式小区实行停车封闭管理，通过闲置地块建立停车场、新建住宅小区车位配建、老旧小区改造、城中村自主更新等新增泊位3.28万个。优化道路泊位停车优惠，一类区域道路泊位收费标准全部参照二类执行，延长道路泊位免费停放时间不低于60分钟（菜场不低于45分钟），夜间免费时长达15小时，配套节假日、双休日打包优惠、线上分时共享等措施，收费订单仅8%，泊位周转率保持平均12次/天。565个停车场点、13万个泊位接入市级智慧停车平台，全市85%以上经营性停车场接入平台。常熟智慧停车管理助力缓解停车难模式获苏州市委主要领导批示，并在长三角城市停车大会、智能交通世界大会作交流分享。

【违法建设治理】 2023年，市城管局全年累计拆违148.6万平方米。建立新建住宅小区违建防控、新增违建快速处置流程，在全市26个新交付小区加强违建防控。推行违建工单“116”（1天核实、1天上传平台、6天处置）处置模式，全年651件苏州市级违建工单完成率100%。制定违建房屋限制不动产登记工作流程，累计实施限制登记32起、解除限制12起。

【建筑装修垃圾运输处置】 2023年，市城管局推进建筑装修垃圾“源头、运输、终端”三库建设。规范建筑垃圾处理备案许可，推进“一项目一许可”和“一车一证”，建立动态信息库，累计备案装修项目2200多个，办理建筑垃圾处置许可145件。持续“外防输入，内防偷倒”，形成“市级大联动+板块交叉执法+局镇共商共治”立体防查模式，累计查处建筑垃圾违法处置行为547起；强化市域内装修垃圾运输监管，通过织密监控网络、强化实时监测、渣土车线索“随手拍”等措施，及时预警。健全建筑垃圾利用处置体系，建设11处乡镇建筑垃圾处置场，市、镇两级终端日处理能力达2700吨。城区实现装修垃圾处置收费全覆盖，并在部分乡镇参照城区模式实施。常熟市执法协作案例获长三角城市管理综合行政执法典型案例三等奖。

【城乡市容环境管理】 2023年，市城管局推进市容环境综合整治，针对非机动车违停、户外广告整治等6项突出问题强化整治，落实大型户外广告安全鉴定606处，查处市容乱象5.8万余起，创成“苏州精品美丽街区”1个、苏州市容环卫责任“星级商户”3个。创新市容环境季度“集中体检”，逐个板块定制检查报告、整改问题3.2万余起。建立重点监测项目动态发布、“红黄蓝”三色奖惩、“标段自查+交叉互查”、“一标一亮点”等环卫机制。落实城区公共开放空间季度全覆盖体检，建立景区潮汐式动态保洁机制，开展“净美苏州，绣美虞城”等专项行动，打造示范创建“席地而坐”城市客厅示范区8处、集镇环境卫生“洁美单元”15处，总结推广“八步组合作业法+十小件工具包”作业模式，高标准完成毗邻区一体化环境提升项目12个。

【垃圾分类管理】 2023年，市城管局创新小区“ABC”分级管理模式，落实过时投放管理、重点行业领域专项督查、落后小区督查执法闭环管理等机制，对440家重点单位联合督查、每月考核，578个小区“一小区一方案”整治提升，78个小区采取设置“过时投放点”、增设中午投放时段、延长早晚投放时间等手段，对问题突出小区实行进驻执法、挂牌督办等措施，处罚乱扔垃圾包等行为1.68万起。强化121处乡镇垃圾终端、中转站日常监管，完成232个问题整改，支塘、古里获评农村垃圾分类省级试点镇评估“优秀”等次。建立垃圾“公交式”专车收运、沿街门店定点上门收集等模式，确保日产日清。探索农村厨余垃圾、其他垃圾专收专运，减少混收混运。浒发二厂生活垃圾分类示范教育基地、辛庄镇垃圾分类宣教馆入选江苏省城市生活垃圾分类科普教育基地。

【垃圾处置】 2023年，常熟市焚烧处理生活垃圾108.5万吨，规范处置厨余（餐厨）垃圾12.7万吨、建筑装修垃圾9.6万吨，安全处置稳定化飞灰3.7万吨、炉渣19.7万吨，其他垃圾实现全量焚烧，帮助昆山、太仓年处理其他垃圾26万吨。完成南湖垃圾填埋场封场和南湖垃圾焚烧厂关停；建成投运年处理能力200吨/日的厨余（餐厨）垃圾处置终端，实行“就地+就近+集中”统筹处置，日处理能力552吨；可回收物实行线上预约回收、线下智能投放和人工回收，废玻璃、废织物等低值可回收物投放设施覆盖80%以上小区；大件垃圾实行网上预约、月底免费清运；园林绿化垃圾实行市场运作，年处理能力47万吨；有害垃圾实行“街道集中归集，市级统一运处”。

【城乡公共厕所建设】 2023年，市城管局完成城乡公共卫生间提标建设110座。高标准建设3A+公厕“城市驿站”、安康驿站，打造优化空间宽敞一类公厕“百姓驿站”28座。城区建立“深度保洁+小微快修”公共卫生间管养机制，规范15种保洁工具样式。启动镇村公厕专项评比，每季度评选并通报镇村“最优公厕”“最差公厕”，强化日常管理。（叶枝啸）

责任编辑 李 妍

乡村振兴

农村综合改革

【农村承包土地管理】 2023年，常熟市推进土地经营权流转工作，开展土地承包经营权确权情况、流转情况、蔬菜地及养殖水面计划流转情况摸底调查，加强推进土地规模流转，重点推动董浜镇、支塘镇等开展蔬菜地承包经营权流转工作，完成土地规模流转财政奖补项目，年度新增蔬菜地流转557亩，下发奖补资金14.75万元。完善农村承包土地经营权入股、经营权流转等合同，优化调整常熟市农村土地承包仲裁委员会，聘任新一届农村土地承包经营纠纷调解仲裁员，完成土地承包仲裁调解案件1件，组织开展农村土地承包经营纠纷调解仲裁培训。完成董浜镇、碧溪街道、古里镇、莫城街道、海虞镇等14个遗留人员补偿安置项目。

【农村集体产权制度改革】 2023年，常熟市完成对基础数据、组织数据、成员及资产数据校核，做好集体经济组织赋码登记系统的日常管理，督促指导股份经济合作社做好赋码登记信息变更及换证工作，换发登记证书20份。加强股份经济合作社成员和股权证管理，完成系统成员信息录入91万人次；推进农村集体产权制度改革档案管理工作，全面梳理已有档案内容、电子文件等情况，规范各镇(街道)档案的整理归档。

【农村“三资”管理治理】 2023年，常熟市推进农村集体“三资”监督管理平台提档升级，做好监管平台日常运用的监督和指导，完善合同统计分析、预警处置等功能，增设“村级工程合同管理模块”，对接“村级工程管理系统”，实现“五网融合”，梳理村级经济组织架构，将村级其他集体经济组织纳入平台监管，确保监管全覆盖；规范优化农村集体产权线上交易，集体经济组织到期合同累计成交11352笔、金额12.89亿元；开展村级其他集体经济组织排查整顿专项行动，下发《关于开展全市村级其他集体经济组织风险防控排查整顿专项行动的工作方案》；开展农村集体资产监管提质增效行动，各镇(街道)完成自查自纠和整改台账填报；制定《村级联合发展实体监督管理办法》，统一村级其他集体经济组织会计制度及科目设置，将村级联合体全部纳入监管平台。

农村经济

【概况】 2023年，常熟市因地制宜探索发展路径，多措并举拓宽增收渠道，夯实村级集体经济发展根基，薄弱村帮扶如期达成巩固提升目标。全市229个村级集体经济组织实现经营性收入22.62亿元，村均超过980万元，较上年增长5%。

【村级财力建设】 2023年，全市村级财力建设联合抱团项目及村集体自主投资项目32个，项目用地面积44.2万平方米，房屋建筑物面积85.43万平方米，村级投入14.75亿元。琴川街道8村联建消供中心项目成功申报2023年度省级扶持壮大村级集体经济项目。莫城街道三塘村土地作价入股项目纳入江苏省农村综合性改革试点试验项目。

【薄弱村巩固提升】 2023年，全市38个常熟市级集体经济相对薄弱村村均可支配收入995万元，人均可支配收入达2785元。年内，投资项目14个，总投资近2.5亿元。常熟市筛选确认乡村振兴重点帮促村9个，研究制定《关于党建引领乡村振兴重点帮促村高质量发展的实施方案》，指导各村完成“一村一策”发展规划。

【农民增收】 2023年，农村常住居民人均可支配收入46816元，比上年增长5.7%。年内，常熟市开展“省点”农民收入监测点监测工作并形成分析报告；实施“百万收入家庭农场”培育工程，服务指导扶持龙头企业做大做强；开展高素质(新型职业)农民培训，认定新型职业农民3457人，成功申报培养姑苏乡土人才40名，获项目资助超500万元；成立全省首个县级市金融服务乡村振兴合作联盟。推广乡村公益医疗互助项目扩面达到11个镇(街道)，提升农民医疗保障水平，累计报销16000多人次、报销金额总计2100多万元。

(陆喜媚)

村镇建设

【村庄规划编制】 2023年，常熟市推进“多规合一”实用性村庄规划编制，完成181个行政村村庄规划编制，实现村庄规划编制全覆盖，至年底，批准33个，完成论证148个。完成镇村布局规划修改，并获常熟市人民政府批复。（徐 勉）

【美丽城镇建设】 2023年，常熟市实施美丽城镇项目137个，完成投资约21亿元（含社会投资）。古里镇获评江苏省生态宜居美丽示范乡镇，古里镇坞坵村、康博村获评江苏省生态宜居美丽示范村。梅李镇、古里镇、辛庄镇获评苏州市"美丽宜居镇"，海虞镇、梅李镇获评苏州市"重点中心镇"，海虞镇、支塘镇获评苏州市"特色小城镇"。（周伟锋）

【美丽农路创建】 2023年，市交通运输局持续巩固提升"四好农村路"建设成果，年内新增梦兰环路、吕舍路等12条苏州市"美丽农村路"。累计建成美丽农村路190.47千米、平安放心路75.5千米，各类农村公路驿站15个，实现"乡乡都有美丽农村路"。农村公路三类以下桥梁实现动态清零，全市各乡镇（街道）农村公路路面自动化检测比例达100%。（黄心珏）

【农村给排水系统建设】 2023年，市水务局开展农村生活污水治理接管项目，完成2337户农户治理，超额完成年度目标任务，农村生活污水治理率达到99.8%。加快推进农村老旧供水管网及低压地区管网改造，完成改造4127户，超额完成年度目标任务，确保农村供水入户率稳定在100%。

【圩区建设】 2023年，市水务局推进农村圩区建设工作，全市完成120条农村河道整治、治理河长75.1千米，疏浚土方100万方。新建改建圩区建筑物6座。通过加强日常检查考核，指导乡镇做好农村水利设施运行管护，加快构建"管养分离"管护体系；精细化测算圩区管理经费，对排涝泵站运管、农业节水成效进行精准奖补，全年市级累计投入农水管护奖补资金733.2万元。（陆小祥）

11月21日，沙家浜镇沙阳线（暨澄林路北延）改造工程正式竣工通车

（市融媒体中心　提供）

农村人居环境

【农村人居环境整治】 2023年，常熟市获苏州市农村人居环境考评第一等次第一名，获省政府"促进乡村振兴改善农村人居环境"工作激励。全年召开现场推进会5次，在全市14个镇（街道）开展农村人居环境长效管理工作调研。优化"千村美居"长效管理考评集体讨论程序及评定方法，开展考评10次，抽查自然村780个，评出"红榜村庄"52个、"灰榜村庄"45个、"黑榜村庄"18个。沙家浜镇获评"苏州市宜居宜业和美镇"，梅李镇天字村等9个村获评"苏州市宜居宜业和美村"，古里镇康博村等5个村获评"苏州市农村人居环境长效管护先行村"。

【"千村美居"工程】 2023年，常熟市持续开展"千村美居"相关工作，全年完成验收"千村美居"建设村庄315个，累计建成各类美丽乡村3764个，实施各类美丽乡村3794个，实施覆盖率近82%，全市累计完成投资47.69亿元，铺设农村道路1711.4千米，河道清淤疏浚553.2千米，河塘驳岸建设856.3千米，新改建公厕2978座。农村无害化卫生户厕普及率保持100%。

【特色田园乡村建设】 2023年，常熟市获评"江苏省特色田园乡村"3个，苏州市特色田园乡村（特色精品乡村）6个。新增苏州市特色康居乡村120个，古里镇"书香古里 田跃锦鲤"特色康居示范区获评苏州市优秀示范区称号。

表57　　2023年常熟市新增苏州市级以上特色乡村一览表

类别	镇（街道）	行政村	自然村
江苏省特色田园乡村	碧溪街道	李袁村	西郭家巷、邵家巷、袁家宕、李袁新村、王家巷、东费巷、西费巷
	虞山街道	大湖甸村	钱家村
	常福街道	明晶村	韩家桥、石口里、王家浜、蒋泾岸（社区）、谈家宅基
苏州市特色精品乡村	碧溪街道	李袁村	西郭家巷、邵家巷、袁家宕、李袁新村、王家巷、东费巷、西费巷
		浒西村	严家泾（李家宕）、大居家、南泾（刘巷）、吴家宅基

续表57

类别	镇（街道）	行政村	自然村
苏州市特色精品乡村	虞山街道	浅水村	鲶鱼滩、陆桥（东）
		兴福管理区	舜过井、寺路街（含濮家坞）
	海虞镇	肖桥村	东朱家、单巷、刘家角、邵家坝
		河口村	沙丘新村、严巷、唐家巷1
苏州市特色康居乡村	碧溪街道	港南村	西张泾
		浒西村	陈巷、唐家浜（里朱家湾）、周家宅基、徐巷、沈巷、朱家湾（潘家湾）、李家宕（潘家宕）
		李袁村	王湾
		龙桥村	许村、种田桥
		太平桥村	王家宅基
		溪东村	徐庄桥
		徐虎村	潭部溇
	常福街道	常福村	低田里新村
		丁坝社区	谭家村
		东联村	北宅基
		方浜村	村委东新村（张家宅基）
		蜂蚁村	椿树头
		光明村	南巷
		联盟村	六店街
		毛桥村	白龙江新村
		明晶村	北赵家宅基、王家浜、孙家宅基、周墅桥新村、谢珠村
		五新村	邹家宅基
	东南街道	湖东村	宕田1
	董浜镇	陆市村	山泾湾东
		新民村	新民新村、徐家宅基
	古里镇	陈塘村	塘坊
		联泾村	大闸（小闸）
		双港村	西港1/13组
		吴庄村	高家宅基
		坞坵村	沈家闸、蔡家、严家、小河
		紫霞村	荷花娄、官娄
	海虞镇	邓市村	丁市宕、高亢头、褚殿里、殷家角、宗家巷、赵家宅、马池浜、殷家巷
		府东村	彭家宕
		铜官山村	前安乐、夏家村
		肖桥村	东朱家、章家宕
	梅李镇	海城村	东陆湾浜、西陆湾浜、张家巷、田头上、沈巷
		梅南村	邵家宕、新屋里
		沈市村	沈家市
		师桥村	龚家宅基
		寨角村	吴家段

续表57

类别	镇（街道）	行政村	自然村
苏州市特色康居乡村	莫城街道	东始村	张家巷（南）、张家巷（北）
		三和村	旬堵里北、旬堵里南
		燕巷村	燕巷二部
	琴川街道	大虹桥村	许家巷东
	沙家浜镇	昆承湖村	大宅基
		朗城村	宋家基、邵家堰
		芦荡村	尤石角、桥东、南湾
		沙南村	裴家庄（长浜家园）
	尚湖镇	常兴村	张泾浜、王家浜、东杨巷
		车路坝村	翁家塘
		东桥村	长河岸
		湖庄村	下庄桥
		吉桥村	丁家圩、章埂巷
		罗墩村	北范
		山鑫村	上山头
		新和村	朱介塘、陆巷
		新鑫村	北须巷
		颜巷村	河南
		张村村	朱家弄
	辛庄镇	常南村	吴塔桥南
		嘉菱村	潘巷
		吕舍村	黄狼角、河西、蒋家浜
		平墅村	外浜、平墅新区
		卫家塘村	戴家塘
		辛中村	黄家基、南下屯村、黄家浜小区
	虞山街道	宝岩管理区	邹巷、山居湾
		大湖甸村	西角基
		甸桥村	曹家湾
		洩水村	邹巷
	支塘镇	八字桥村	八字桥小区
		丰联村	13组西重江泾
		枫塘村	4组枫塘湾
		何北村	16-10顾圩浜、1-10庄家宅基、16-7蔡家巷、16-8大吴家巷、18-10彭家桥
		任南村	1组假山头、天主堂
		盛泾村	盛泾村小区
		阳桥村	阳桥花苑
		窑镇村	窑镇小区

（资料来源：市农业农村局）

【美丽庭院建设】2023年，常熟市新增苏州市美丽庭院特色村1个、苏州市美丽庭院精品户15户、苏州市美丽庭院285户、常熟市美丽庭院2000户。累计建成美丽庭院9573个。年内举办乡村振兴巾帼助力现场观摩工作推进会，总结美丽庭院建设经验。建立市镇村三级“美丽庭院巾帼服务队”，探索打造“一地一特色”的美丽庭院品牌，开展“美丽庭院”手绘帐篷、“我是小农人”田园打造、美丽庭院(菜园)主题墙绘、儿童友好秀场之亲子研学农场种植等活动。

【农村河道治理】2023年，常熟市提升管护技术支撑，建设“常熟市河道管护综合系统”，巡查各类河道3.4万条次、下发整改单3509张、整改各类问题4599处。市级河道保洁船只打捞水生植物约0.6万吨、白色垃圾约0.8万吨。2021年整治的99条劣V类水体已全部销号，2022年整治的70条劣V类水体完成销号63条，超额完成苏州高质量考核56条销号任务。加强交界河段联查联防联治，锡北运河、元和塘等交界河道管控效果明显提升。

【“两湖两线”特色田园乡村跨域示范区建设】2023年，苏州市“两湖两线”特色田园乡村跨域示范区常熟区域累计建成7个特色精品乡村组团和125个特色康居乡村。10月25日，常熟市人大常委会对“两湖两线”特色田园乡村跨域示范区工作情况开展视察活动。（陆喜媚 周伟锋）

乡村治理

【概况】2023年，常熟市深化以先锋领治、村民自治、履约法治、乡风德治、数字智治为核心的“五治融合”乡村治理机制，制定《深入学习运用浙江“千万工程”经验全面推进“千村美居”农村人居环境长治久洁及乡村治理有效工作实施方案》，学习运用浙江“千万工程”经验，全面系统梳理存在的短板问题，分析问题提出对策，推动“千村美居”由建设提升向治理提升转变，协同推进农村人居环境“五治融合”，“五治融合”实现行政村全覆盖。持续推进《探索构建农村人居环境整治长效管护机制》省第四轮农村改革试验任务，形成全省可复制可推广的经验、模式和机制成果。

【先锋领治】2023年，市委、市政府设立每月5日为全市村庄清洁日，在每月5日前后结合阶段性、季节性要求发布“村庄清洁日”行动部署通知，常态化、制度化开展好以“一部四沿五旁”“四清一治一改”为重点的村庄清洁行动。通过“先锋领治码上到”小程序定期发布任务，发挥村书记“领头雁”和党员干部示范带头作用，引导全民参与。累计建立镇、村、自然村组和网格“净美家园”行动支部685个，发布人居环境类先锋领治活动任务1889次，推动3492个自然村组13.39万户农户同步实行“宅前屋后”三包制度。

【村民自治】2023年，常熟市总结提炼“一户四照”、乡贤助力、劳务合作社保洁、新风礼堂、村规民约履约评议、新市民参与人居环境治理等好经验好做法，出台《关于学习运用浙江“千万工程”推动常熟“千村美居”“五治融合”农村人居环境常态长效管理典型案例扩面推广的指导意见》，印发《关于在乡村治理中推广运用“清单制”“积分制”的实施意见》，全市228个行政村(涉农社区)开展“清单制”“积分制”运用实践实现全覆盖。运用“积分管理系统”，将宅前屋后有无乱堆乱放、乱垦乱种、乱搭乱建等内容纳入积分考核事项，至年底，全市2191个自然村组7.97万户农户实行“积分制”管理。

【履约法治】2023年，常熟市结合农村人居环境整治，推进落实“村规民约履约评议机制”，将“推进村规民约履约评议制度，健全‘五治融合’的城乡基层治理体系”写入2023年全市普法依法治理工作要点。针对乱堆乱放、影响村公益设施建设等一些违反村规民约而又够不上行政处罚的行为进行履约评议，落实相应奖惩措施。把法治元素融入美丽乡村建设，实现基层法治宣传阵地全覆盖，全市农村学法用法示范户行政村全覆盖，全市228个行政村(涉农社区)法律顾问全覆盖。

6月15日，支塘镇何东村村委在前浅步泾村民议事亭召开“五治融合”示范村庄创建启动会
（市融媒体中心 提供）

【乡风德治】2023年，常熟市通过"建设一批礼堂、凝聚一批乡贤、孵化一批作品"，组成乡风文明倡导团，推广新风礼堂等载体阵地，建成新风礼堂65个，实行农村宴席办理租赁优惠等与人居环境积分考核挂钩。"三个一批"经验做法得到苏州市委领导批示肯定并在苏州市推广。出台《关于利用农村"零星边角料"地块提升人居环境暨推进"农村美丽四小园"建设的指导意见（试行）》，全域开展"美丽庭院""美丽菜园""美丽果园""美丽游园"等创评，累计建成美丽菜园1128个。凝聚一批有道德、有能力、有贡献、有学识、有善举、有热情的乡贤群体，利用从乡村走出去的大量人才优势，结合居住在本地有威望的"五老"，推广"乡贤+治理""乡贤+调解""乡贤+经济"的"乡贤+"模式，引导乡贤群体"反哺桑梓"，通过捐资捐物、结对帮扶等形式参与村庄规划、村庄建设、环境整治、长效管理全过程。2020年以来，全市累计收到乡贤捐资捐物捐项目6000余万元。《打造"新风礼堂"移风易俗有实惠有实效》获评第四批全国"文明乡风建设"典型案例。《鹞灯乘着新风飞》获评第四届全国"县乡长说唱移风易俗"典型案例。

【数字智治】2023年，常熟市持续运用人居环境"随手拍"小程序，组建市级动态寻访队伍，以"四不两直"形式对全市所有村庄开展农村人居环境问题日常寻访，将相关问题照片通过"随手拍"小程序反馈至所属镇（街道）和行政村。每月对各镇村"随手拍"发现问题的及时整改完成率进行统计和排名通报，提高问题发现、整改、闭环的效率。全年通过"随手拍"整改问题2.05万条，实现月度行政村全覆盖的目标，全市问题及时整改完成率动态保持100%。在"随手拍"小程序的基础上，结合数字乡村建设，集项目入库、管理调度、分析研判、闭环处置于一体的农村人居环境数字化智慧监管场景平台基本开发完成。

（陆喜媚）

【全国"宪法进农村"主场活动举行】12月7日，由农业农村部、司法部、江苏省人民政府联合开展的2023年全国"宪法进农村"主场活动在古里镇康博村举行。农业农村部党组成员、中国农业科学院院长吴孔明，江苏省副省长徐缨出席活动。活动以"大力弘扬宪法精神，建设社会主义法治文化，为建设宜居宜业和美乡村营造良好法治环境"为主题，现场举行常熟市农村学法用法示范户授牌仪式、江苏省农业农村系统青年普法志愿者服务队授旗仪式，推介全国优秀农村学法用法短视频，展示江苏省"线下+线上"的特色普法做法。活动还为康博村农家书屋捐赠"三农"和法治图书，为基层干部赠送《江苏省农业农村干部应知应会法律文件读本》。与会人员观看国家级非物质文化遗产"白茆山歌"表演《山歌唱响普法曲》、快板《法润三农乡村美》等普法文艺表演。活动现场设立多个基层干部群众参与互动的主题活动区，推动宪法精神融入农民群众日常生活，帮助提升农民群众的法治素养。

（吴雨婷）

农村公共服务

【乡村义务教育】2023年，常熟市完善市"十四五"城乡幼儿园建设专项规划，明确学前教育改革发展主要任务和学前资源增配计划，合理并适度超前配置学前教育资源。年内，6所农村义务教育学校专用教室照明改造工程全部完工，全市农村义务教育学校的教室照明条件提升实现全覆盖。推动骨干教师交流和乡村教师定向培养工作，义务教育阶段学校教师交流、支教687人，占符合交流条件教师总数的19.85%，其中骨干教师346人，占比50.36%，城区骨干教师赴农村学校支教114人。27名校长交流任职，占应交流数的46.56%。做好乡村教育带头人培育站建设，农村义务教育学校市级以上骨干教师占比达34.92%，对接常熟理工学院，86名教师专升本学历毕业。至年底，全市农村义务教育学校专任教师本科以上比例达96.74%。

【乡村医疗卫生服务】2023年，常熟市全面实施基层医疗机构优化整合，完成9个涉农板块的机构整合，调整医共体组织架构，基层医疗机构全部纳入医共体管理。全面建成以医保中心为主体，14个镇（街道）、349村（社区）为补充的三级医保经办服务体系，实现市、镇（街道）、村（社区）医保公共服务100%全覆盖。优化升级"医保便民服务站"，新增5项苏州医保高频服务事项，实现医疗费用零星报销、异地就医备案、失能等级评估申请等51项"常熟通办"。分类分层下放医保服务事项，其中镇级49项，村级23项。推行"综合柜员制"一站式服务，推进"医保+互联网"服务，升级常熟医保微信公众号，实现医保报销、异地就医、长护险失能等级评估、个人账户查询等33项高频业务"掌上办"和"一网通办"。至年底，全市基层窗口办理各项业务22.93万人次，帮代办、上门办、不见面办118.28万人次。加强医保经办队伍建设，组织全市医保经办工作人员开展线上、线下医保政策系列培训23场次，参训3000人次。开展"医保八走进"和"医保春风进万家"政策宣传宣传活动341场，服务1.7万人次。

【农村养老服务】2023年，常熟市发布《常熟市优化"一老一小"保障工作行动方案（2023—2026）》，围绕构建"15分钟"养老服务圈，持续优化养老服务体系。全市新增综合为老服务中心4家，累计建成7家，实现街道全覆盖；新增老年人日间照料中心6家，累计建设392家，实现村（社区）全覆盖；新增示范性乡村互助养老睦邻点14个。做好2023年度全市城乡居保退休人员基础养老金调整工作，涉及城乡居保退休人员7.26万人，月人均增资额43元，调整后全市城乡居保退休人员月人均待遇水平达到612.5元。

（陆喜媚）

责任编辑　李　妍

交通运输

综　述

【交通运输体系】 截至2023年年底，常熟市有高速公路4条、境内有9处互通，普通国省道11条，县道27条，公路通车总里程2322.724千米。全市有铁路2条，铁路运营里程76千米。全市有内河航道60条，通江船闸3座，内河码头123个，通航里程527.3千米。

【交通规划】 2023年，常熟市完成《常熟市支线航道网规划定级研究》《常熟高架桥下空间综合利用研究》《常熟市交通运输现代化示范区建设方案》等专项规划编制。

【交通工程建设】 2023年，市交通运输局负责实施政府投资项目7个，其中新开工2个、续建5个，年内完成投资13.78亿元。

表58　　2023年常熟市在建重点交通工程项目进度一览表

项目名称	建设内容	建设年限	年内投资（亿元）	累计投资（亿元）	项目进度
342省道常熟东段改扩建工程	起自常台高速常熟东互通，止于常熟市东三环，按主线高架+地面辅道方式进行快速化改造约7.29千米	2022—2024	10.18	14.746	2023年完成现浇梁98%、道路软基处理94%
广济路北延工程	道路工程南起常熟与相城界，向北延伸，止于锡太公路，对接相城断头路，新建双向六车道一级公路约1.4千米	2022—2024	0.3846	1.2366	2023年完成项泾河中桥、全线涵洞，东港河小桥完成桥面铺装；完成桥梁主体、路基土方85%、水稳底基层41%
扬子江大道改扩建工程	西起梅横线交叉口，沿现状道路向东延伸，与汪湾路、电厂路平交，下穿沈海高速后，经徐吴公路、虞东公路，终于通支线交叉口。全长约8.6千米，按一级公路兼顾城市道路功能建设	2022—2023	2.33	4.22	完工
苏虞线（唐家宅基-界泾河）航道整治工程	整治里程1千米，新建护岸1092米，疏浚土方约3.96万方	2023	0.1921	0.1921	完工
沙阳线改造工程	起于昆承快速路东侧，下穿常台高速，止于相城交界处，全长3.1千米，改造后断面宽13.5米全线建设3座桥梁及3座箱涵	2022—2023	0.23	0.477	完工
G524保通道路大修（西南公路、锡东路、长瑞路）	全长5.12千米，共分6段道路大中修、1座箱涵及新做交安设施	2023	0.182	0.182	完工
2023年农村公路（市道）大中修工程	对任蒋线、尚湖大道、辛张线等病害严重道路进行维修，对病害桥梁进行解危	2023	0.2	0.2	完工

（资料来源：市交通运输局）

【交通圈建设】 2023年，常熟市推进两个“一小时”、四个“半小时”交通圈建设，全市有三环、昆承、通港、新世纪、苏常5条快速路，沪苏通铁路、沪宁沿江城际铁路建成通车，通苏嘉甬铁路启动征拆。年内，常熟市拓展快速路体系，以实现常熟与周边县市的半小时通达，推进342省道常熟东段快速化改造（青墩塘快速路）建设；争取尽快开工西站连接线工程（即西三环快速化），深化342省道常熟西段改线、204国道常熟东段等快速路方案研究，谋划昆承快速路南延对接昆山外环、224省道接昆山长江北路等快速通道，衔接周边县市快速路网。同时，推进高速公路建设，配合推进沪武高速扩建和海太过江通道建设，配合开展锡太高速、通常高速何市至白茆段、苏通第二过江通道等项目前期工作。（黄心珏）

公　路

【概况】 2023年，全市公路通车总里程2322.724千米，其中高速公路80.724千米，一级公路325.243千米，二级公路664.86千米，三级公路541.853千米，四级公路710.044千米。4条高速公路（沈海、沪武、常嘉、常台高速）组成主骨架路网，设有9处互通，常熟市95%的乡镇实现15分钟上高速公路。11条国省道（G204、G346、G524、S228、S340、S342、S359、S224、S407、S441、S604）构成干线路网，实现乡镇节点全覆盖。27条县道、1219条镇村公路构成城乡便捷路网。

【公路建设】 2023年，常熟市完成扬子江大道改扩建工程、524国道保通道路大修（西南公路、锡东路、长瑞路），推进342省道常熟东段（青墩塘路）快速化改造工程和广济路北延工程。配合做好沪武高速扩建、海太过江通道（公路部分）、锡太高速用地报批、征迁和全线开工准备工作。高质量镇域道路建设海虞镇人民路、支塘镇窑石线、董浜镇华烨大道、沙家浜沙阳线全部完工通车。

【公路养护】 常熟市国、省道养护总里程为221.546千米。2023年四季度国省干线公路路况综合指数（MQI）为94.97，优良路率为98.94%，全市路况总体良好。2023年，市交通运输局完成常熟市普通国省道路面与桥梁专项工程、228省道常熟段泵房维护保养工程、常熟市普通国省道（S407、S224、S340）养护工程，累计投入养护资金5480万元。高架快速路养护总里程约65千米，全年出动巡查车辆1023车次、人员2003人次，处理各类应急事件201件。完成三环高架青墩塘下穿通道立面维修专项工程，全市高架快速路养护累计投入资金3120万元。

【公路运输】 2023年，常熟市公路客运量673.78万人次，客运周转量5.58亿人千米。危货企业公路货运量137.29万吨，货运周转量146.71亿吨千米。有一级汽车客运站1个（常熟汽车客运北站）。全市有道路客运企业6家，其中5家为包车企业，1家可开展班车客运业务兼营包车业务。开设客运班线50条，其中省际班线19条、市际班线27条、县际班线4条。全市有普货业户4202家，其中企业1590家（物流货运企业804家），个体户2612家，普货车辆8815辆。危货运输单位33家，危货车辆732辆（含挂车356辆）。

9月11日，由中铁八局常熟项目部承建的青墩塘路快速化改造工程（342省道常熟东段改扩建工程）主线高架常浒河新厍大桥连续梁右幅合龙
（朱琪　摄）

【路政管理】 2023年，市交通运输局受理并办结道路许可114起，其中国省道17起，农村公路97起。受理各类损坏公路路产案件28起，其中国省道21起、农村公路7起。开展路域环境集中整治，清除摊点752个，非标395块。开展排查国省道全部桥梁桥下隐蔽部位848次，整治清理各类非法堆积物处44处。与公安部门联合开展常态化的车辆超限整治行动，全年出动路政执法人员2920人次、公安人员4380人次，检查车辆7558辆，查处超限车辆461辆，卸载1795.5吨，公安处罚记1337分。

【运政管理】 2023年，市交通运输局窗口办理运输企业道路运输许可290件（均为普货），为1776辆汽车办理道路运输证（出租车58辆，货运汽车873辆，客运汽车36辆，网约车809辆）。全市运政稽查查处案件1071件，涉及未经许可从事道路客运、货运、危货运输78起，违规运输危险品、危险货物92起，违规客运班车、客运包车75起，违规巡游出租车109起，违规驾培车17起，有许可无道路证13起，无从业资格证8起，安全执法38起，一超四罚69起，其他违规案件572起。运政监控中心全年处理安全监管信息5.31万条，其中1.59万条异常类信息及时流转相关部门；受理来电来人工单1363起，其中投诉举报类513起，咨询服务等其他类850起。开展污染防治专项整治，淘汰347辆国三及以下排放标准中型和重型柴油运输车辆，注销柴油货车运输证1440本。

（黄心珏）

铁　路

【概况】 2023年，沪苏通铁路稳定运营，沪宁沿江高铁实现通车，常熟市全面融入“沪宁1小时高铁圈”。年内，做好通苏嘉甬铁路开工准备，常熟西站签订建设框架协议，苏州轨道交通10号线、如通苏湖城际铁路进行前期规划研究。至年底，全市铁路运营里程76千米。

【铁路建设】 2023年，沪宁沿江高铁常熟段完成土建工程、四电设施以及三改、复耕复垦、河道补偿等恢复工程；完成沿线隔声窗安装、常熟站（北厅）内装文创及站区两侧桥下空间利用等配套工程。9月28日，沪宁沿江高铁按期通车投用，铁路常熟站（北厅）同步启用。通苏嘉甬铁路常熟段红线内民宅搬迁在苏州境内率先实现清零；常熟西站站房及地下空间初步设计通过国铁集团审查，签订相关建设框架协议，加快推进各项地方配套设施建设。轨道交通10号线（苏虞张段）举行开工仪式。

【铁路运输】 2023年，常熟站总发送旅客258.85万人次，日均发送7092人次，随着疫情后铁路客运恢复正常，日均客流量比去年增加228.9%。至年底，常熟站每日发车133列，其中上行方向发车70列，下行方向发车63列，能与17个省、4个直辖市、1个自治区，98个地级市、214个车站实现直达，其中北京市1个、上海市6个、江苏省37个、浙江省22个、安徽省26个、河南省14个、山东省17个、湖北省19个、四川省8个、重庆市9个、陕西省7个、山西省8个、宁夏2个、甘肃省2个、福建省13个、广东省7个、河北省4个、辽宁省3个、天津市2个、吉林省1个、湖南省1个、江西省5个。

【铁路常熟站（北厅）启用】 9月28日，沪宁沿江高铁通车，铁路常熟站（北厅）同步启用。沪宁沿江高铁常熟站与沪苏通常熟站并站设置，铁路常熟站（北厅）在既有沪苏通铁路常熟站站房基础上向北扩建而成，主体一层，局部两层，新增3A、3B检票口2个，同时增设站内换乘通道。常熟站（北厅）启用后，常熟站站房总面积达到1.9万平方米，总规模为3台、8线。沪宁沿江高铁开通运营后，常熟到达南京的时间由原来的3小时大幅缩短至1小时左右。

【通苏嘉甬铁路建设】 至年底，通苏嘉甬铁路常熟段用地组卷全部完成，红线内民宅搬迁在苏州境内率先实现清零，企业等搬迁工作有序推进。

【轨道交通建设】 2023年，苏州轨道交通10号线项目工程可行性研究报告获得批复，同步开展初步设计方案编制。苏州轨道交通10号线（苏虞张段）自苏州北站引出，经相城区、常熟市主城区、张家港市主城区，止于张家港市金港镇，全长约89.2千米。常熟段全长约40.3千米，占总里程的45%，其中高架段长度27.7千米（占比68.9%），地下段长度10.9千米（占比27.1%）。设高铁北城、辛庄、昆承湖西、招商北路、花溪、琴湖、长江路、常熟站、海虞等9座站（其中招商北路、花溪和常熟站为地下站），预留莫城、会展中心2座车站，设置辛庄车辆基地1处、花溪控制1座。1月2日，轨道交通10号线（苏虞张段）举行开工仪式。常熟先导段工程完成常熟站盾构工作井主体结构，管线及绿化先行迁改完成阶段作业内容。年内，项目因故暂停施工

（黄心珏）

9月28日，沪宁沿江高铁开通运营。图为沪宁沿江高铁首班列车经过常熟

（市融媒体中心　提供）

航　道

【概况】 常熟市有内河航道60条，通航里程527.3千米，总里程在苏州县市中位列第一。等级航道10条，五级航道38.4千米、六级航道77.4千米、七级航道70.9千米，等外航道340.6千米。拥有望虞河（五级）、常浒河（六级）、白茆塘（七级）3条通江航道，申张线（五级）1条干线航道。

【航道建设】 2023年，常熟市完成苏虞线（唐家宅基河—界泾河）航道整治工程，于10月12日完成交工验收。完成申张线常熟东南大桥段航道专项整治工程，于12月22日完成交工验收。

【水路运输】 2023年，常熟市完成水路客运量20.9万人次，客运周转量136.07万人千米；水路货运量211.3万吨，货运周转量19.34亿吨千米。全市有水路货物运输企业2家，均为沿海普货运输，营运船舶3艘（总吨27540）。内河码头121个，全年货物吞吐量2396.7万吨。虞山船闸开放15702闸次，放行各类船舶41703艘次，征收闸费870.85万元。

【航道及内河港口管理】 2023年，常熟市完成办结航评项目8起，协助苏州港航中心完成辖区航评项目6起。至年底，常熟市对前期已批复项目建设收取赔补偿费105.46万元。完成巡航198车船次，累计里程4572千米，对全市内河航道航行标志标牌等巡航检查，修剪遮挡航道标志标牌树荫12

处。配合苏州市港航事业发展中心完成清障扫床工作2次。完成25家内河码头港口经营许可证（延续）申请的审核及发证工作，同时对其进行综合检查，对发现的116项问题全部完成整改闭环。现场核查第二批次苏州级绿色港口创建码头92家，内河干散货码头扬尘在线监测接入省厅扬尘在线监测平台，完成申张线常熟段13号航标改建工程。内河码头实现企业岸电应接尽接。

【地方海事管理】 2023年，常熟市出动执法人员1887人次，巡航次数657次，巡航里程1.12万千米，巡航时间32.69万小时。开展船舶现场监督检查729艘次，对船舶实施燃油检测170艘次；实施行政处罚385起（其中普通程序61起），罚款金额101.45万元。船舶船旗国监督检查96艘次。检查4家航运公司9次，检查船舶管理业务经营者5家次，完成航运公司年度核查（海隆、虞泰和汽渡通过核查，嘉润年度核查未通过已申请注销）。完成国内水路运输辅助业备案9家；对5家船厂防污染检查5次，对121家有证码头开展防污染检查186次。全年检验船舶169艘、6328总吨、18447.38千瓦。实施行政许可3件（同时发布航行通告3个），全年水工作业8个。

【水上运输安全】 2023年，常熟市水上110联动、水上交通事故接处28起，救助船舶6艘次。全年危化品运输船舶报告1561艘次，实施船舶安全检查500多艘次。港口码头危险货物作业审批，船舶作业3042艘次。对4家水上游览景区检查12次，安全检查客旅船94艘次；全年景区上航5.99万艘次（乘客30.78万人次）。

【支线航道定级论证研究方案通过】 8月28日，《常熟市支线航道定级论证研究》通过审查。方案定级航道50条，其中，调整等级航道10条、退出货运功能航道17条（14条航道+3个航段）、新增航道1条。定级总里程485.76千米，其中七级航道以上240.86千米，占比49.58%。该轮支线航道定级方案五级以上航道里程增加124.18千米，占比由15.7%提升到42.2%。

【水上综合物流驿站建成投用】 11月，常浒河河口水上综合物流驿站建成投用，这个水上综合物流驿站由1艘趸船改造而成，舱内分设2列6层置物架。舱内设有冷藏柜，可满足生鲜类快递存放需求，驿站已接入邮政、顺丰等多家快递企业，解决船民无固定地址收取快递的问题。后续将进一步拓展服务功能，打造集智能取水机、党建学习中心、学习教育中心、水上邮政驿站、水上船员休息驿站等多元化功能为一体的水上综合服务站。（黄心珏）

长江航运

【常熟港区】 2023年，常熟港区全年完成货物吞吐量6204万吨，其中外贸货物吞吐量1362.7万吨，集装箱吞吐量28.7万标准箱，比上年分别增长-2.3%、18.1%、37.7%。有泊位57个，其中万吨级以上泊位21个。12月14日，苏州港常熟港区管理委员会正式成立，常熟港区管理委员会办公室（简称港区办）正式实体化运作。年内，完成《常熟港口产业规划研究》《常熟港岸线整合利用五年规划》专家评审会评审工作，落实常熟港专用航道上段12.5米水深常态化保持方案，实现该航段11.8米吃水船舶正常进出港目标；进港航道电厂扩建码头段（常电煤码头下角至以下600米）原7米维护水深提升至10.5米，获长航局批复并公布实施；利用自然水深，开展将常熟港专用航道苏通长江大桥至金泾塘口以下1千米段提高维护水深至理论最低潮面下8.5米航道条件核查工作，并通过长航局总体方案及航标配布优化方案专家评审。（任 祥）

表59　2023年常熟港区码头泊位情况一览表

序号	港口企业	码头泊位数（个）	泊位性质	岸线长度（米）	设计吞吐量（万吨/年）
1	常熟兴华港口有限公司	8	公用	1466.4	911
2	常熟长江港务有限公司	8	公用	435	574
3	华润电力（常熟）有限公司	1	货主	800	450
4	江苏常熟发电有限公司	4	货主	1500	916
5	常熟宏川石化有限公司	2	商贸	258.5	120
6	常熟宏智仓储有限公司	2	商贸	210	230
7	江苏皮尔金顿耀皮玻璃有限公司	2	货主	303	107
8	江苏理文造纸有限公司	5	货主	465	441.4
9	芬欧汇川纸业有限公司	2	货主	232	135
10	长春化工（江苏）有限公司	2	货主	484.5	243
11	常熟国邦港务有限公司	1	货主	238	120
12	苏州石大石油化工有限公司	1	公用	155	94
13	常熟东港置业有限公司	6	公用	400	380

续表59

序号	港口企业	码头泊位数（个）	泊位性质	岸线长度（米）	设计吞吐量（万吨/年）
14	常熟新泰港务有限公司	5	公用	694	330
15	常熟亨通港务有限公司	2	公用	357	105

（资料来源：港区办）

【沿江港口管理】 2023年，常熟港有“港口经营许可证”企业34家，备案港口经营企业57家。年内港区办办理“港口经营许可证”相关业务14件，其中许可变更3件、许可延续10件、新增许可1件；办理船舶港口服务经营备案相关业务35件，完成2022年度常熟港港口经营者信用等级评定。采取日常巡查、专项整治和第三方检查等形式，巡查企业120余家次，发现问题隐患35条，提出意见建议227条；组织开展2次第三方检查，发现问题隐患154条；会同上级部门开展检查，发现问题60余项，督促企业逐项落实整改。开展常压储罐抽检，委托江苏特检院常熟分院抽检11台常压储罐。（任　祥）

【长江海事】 2023年，常熟海事局全年接处长江水上事故险情64起，救助遇险人员696人，水上搜救成功率99.5%。推动常熟市成立长江水上交通安全专业委员会，协同22家属地政府单位，构建专委会联络员、码头安全生产责任落实联系员和危化品码头船岸界面安全员“三员共治”工作体系。与消防、应急等相关单位成功处置“12·21”“NEWBRIGHT”（新光明）轮火灾爆炸事故。开发运行常熟港港航一体化系统，核查船舶21574艘次，发现并消除船舶、码头及港口存在的问题隐患105起。协调解决困扰企业发展的实际问题21项，常熟港专用航道中下段完成应急疏浚，实现-9米吃水船舶进港。（李彪彪）

【长江引航】 2023年，常熟引航站引领中外籍船舶3681艘次，货运量1603万吨，比上年增长30.6%和16.8%，引领夜航船舶664艘次、受限船舶254艘次，比上年增长12.5%和59.7%。受理急难险重引航诉求134件，优先保障进出常熟口岸电煤船41艘次、集装箱船32艘次、纸浆船451艘次、化工原材料运输船919艘次、海工光缆船29艘次；有效保障110.9万吨电煤、811.7万吨纸浆、37.6万吨异丙苯、7250千米电光缆等重点及特色物资运输。引领伯利兹籍“宇邦228”轮、巴拿马籍“蓝色领航者”轮、新加坡籍“安海”轮、半潜海工船“创新之路”轮等；高效处置“安纳托尼亚”轮等船舶失控险情3起，临危抢险韩国籍“新光明”轮危化品爆燃事件。全年实现安全零事故、航行零违章、行风零投诉“三零”目标。年内，常熟引航站获评长江引航中心文明单位。（李树铎）

【2项港口规划通过评审验收】 6月20日，《常熟港口产业发展规划研究》《苏州港常熟港区港口岸线整合利用规划方案》通过评审验收，评审会由常熟市交通运输局组织，会议邀请水运行业资深专家及苏州、常熟相关行业管理部门的代表等出席。《常熟港口产业发展规划研究》以“专业、特色、价值型港口”为主要发展方向，明确常熟港口与产业未来发展战略定位。该研究在深入分析常熟港区港口与产业发展现状和存在问题的基础上，借鉴国内外典型经验及做法，结合新形势新要求及常熟市委、市政府部署要求，提出港口与产业发展的重点任务和保障措施。《苏州港常熟港区港口岸线整合利用规划方案》在深入分析港口岸线利用现状和存在问题的基础上，结合国家及区域发展战略、腹地经济社会发展、苏州港总体规划（修订）及相关行业规划对港口岸线利用的要求，提出常熟港区港口岸线整合利用思路及5年整合利用方案。（年鉴编辑部）

【常通汽渡停渡】 7月5日，常通—通常汽渡经营单位对外发布停渡通告，这是长江江苏段根据“建桥撤渡”政策要求实施停渡撤渡的首条渡线。常通汽渡于1993年开始运营，码头渡口占用岸线210米，与通常汽渡对开。常通汽渡撤渡后可利用岸线约200米，其前沿水深常年保持在理论基准面10米左右，后方陆域面积6.53公顷。（黄心珏）

【常熟港专用航道上段船舶最大吃水纪录刷新】 10月20日，最大吃水11.8米的中国香港籍散货船“金潮”轮安全驶离兴华码头，驶向“一带一路”倡议沿线国土耳其，刷新常熟港区出口船舶最大吃水纪录。该轮的

7月11日，常熟引航站引领巴拿马籍半潜海工船“创新之路”轮出江

（常熟引航站　提供）

出港标志着常熟港专用水道上段突破11.36米瓶颈限制，11.8米直达直离成为常态。

【常熟港专用航道下段船舶最大吃水纪录刷新】 11月23日，巴拿马籍“LUCKCHEM（祥化）”轮，靠泊东港化工码头2号泊位，该船船长144.03米，最大吃水9.7米、装载18455吨乙二醇，刷新常熟港专用航道下段船舶最大吃水纪录。 （李树铎）

物流运输

【概况】 2023年，全市规上物流企业89家，营收140.15亿元，比上年增长54.91%。常熟港实现货物吞吐量6250万吨，其中纸浆进口超560万吨、总量全国第二。7月28日，常熟市入围交通运输部第三批城乡交通运输一体化示范创建县名单。常熟国际物流园获评省级示范物流园，并获2023年度省级示范物流园区10强，常熟威特隆仓储有限公司获2023年度省重点物流企业30强，常熟市天境物流有限公司获评2023年度省重点物流企业，江苏云企供应链管理有限公司获2023年江苏省创新示范物流企业。

【物流企业】 2023年，常熟市有道路货物运输经营单位（个人）4230家，其中危险货物道路运输企业33家、普通货物道路运输企业1588家（个体户除外），专业物流企业711家，网络货物平台企业1家。年内，新增国家AAA级及以上物流企业9家，累计有A级物流企业81家，其中AAAAA级1家，AAAA级21家，AAA级59家。

（顾薇雯　黄心珏）

表60　2023年常熟市新增AAA级以上物流企业一览表

序号	单位	类型	级别
1	苏州瀛驰物流有限公司	综合型物流企业	AAA
2	常熟志邦物流有限公司	综合型物流企业	AAA
3	常熟市红利货运有限公司	综合型物流企业	AAA
4	苏州匠神天下物流供应链管理有限公司	综合型物流企业	AAA
5	常熟市常生物资储运有限公司	综合型物流企业	AAA
6	苏州嘉名物流有限公司	综合型物流企业	AAA
7	常熟超捷物流有限公司	综合型物流企业	AAA
8	苏州鸿飞道路货运有限公司	综合型物流企业	AAA
9	常熟美亚国际货运代理有限公司	综合型物流企业	AAA

（资料来源：市交通运输局　市发展改革委）

【物流项目】 2023年，常熟市重点物流项目11个，计划总投资66.29亿元，当年度完成投资15.98亿元。其中，长三角时尚供应链枢纽一期竣工，二期完工70%；得泽物流新建智慧电商物流仓储项目进入装饰装修阶段；中通快递集团常熟智能科技电商快递产业园一期竣工，二期主体结构施工；城市配送中心项目一期已竣工，二期主楼施工；宥望科技直播电商智能结算中心项目土建竣工；曹家桥冷链扩建生鲜加工及供应链管理项目投产。 （顾薇雯）

【网络货运平台】 2023年，常熟市网络货运平台（江苏云企供应链管理有限公司）入驻仓储企业70家，物流企业160余家，快递企业60余家，有司机27025人，车辆265261辆。全年交易量约267万吨，平台累计运费约3.5亿元。

【城乡物流体系建设】 2023年，常熟市通过整合常客隆商超、邮政快递和公共设施打造“4+45+297”的城乡物流三级服务体系。服务体系中包含4个县市级物流节点——常熟市日消品物流中心、常熟市冷链物流中心、常熟市综合物流园和常熟市城北快递共配中心，以各快递企业分拣中心、常客隆连锁超市物流中心、曹家桥冷链物流配送中心场地为基础，分类建设市级农村物流服务中心；45个镇级物流节点，依托快递驿站、常客隆商超网点、综合运输服务站等多重节点实现街镇农村物流节点全覆盖，为农村物流体系打造关键的镇级“中转站”；297个村级物流节点，依托村党群服务中心、菜鸟驿站、智能快递柜等，挂牌建立村级农村物流服务点，实现村级农村物流服务点全覆盖。

【交通运输部第四批农村物流服务品牌】 10月30日，常熟市“数字新商超+跨业全融通+城乡广供配”农村物流服务品牌获评交通运输部第四批农村物流服务品牌。2022年常熟市获得省十佳城乡物流服务品牌以来，市交通运输局在原有农村物流服务品牌的基础上，通过深化农产品全产业链，推进农村物流跨业融通。依托以常熟市新合作常客隆公司为代表的多业态、多网点、多渠道本地商超经营模式，建立信息赋能、线上线下融合的智慧商超服务体系，形成“连锁超市+电子商务+物流网络”的城乡一体发展模式，打造整合农产品种植、农产品加工、农产品仓储、农产品运输、农产品销售于一体的跨业融通本地生态圈，促进农村物流的降本增效，带动本地农业增产和农民增收。 （黄心珏）

【常熟国际物流园获评省级示范物流园区】 2023年，常熟国际物流园被江苏省发展改革委评为2022年江苏省示范物流园区。该园区依托常熟港“通江达海”优势，集聚700多家物流物贸企业，注册资本超60亿元，打造港口仓储区、港口堆场区、智能仓储区、保税物流区、汽车物流区、总部基地区、大宗散货物流区等7大功能区，逐步形成钢材、纸浆、木材等特色货种，是长三角区域进出口钢材、木材等货物重要的物流集散中心。2023年，物流园入驻企业完成商贸物流营业收入607.53亿元，税收9.68亿元，第三方物流服务承担率50%以上。 （曹梦冰）

责任编辑　李　妍

生态建设

环境质量

【空气质量】 2023年，常熟市$PM_{2.5}$平均浓度28.1微克/立方米、在苏州市排名第2，空气质量优良率80%、比上年提升1.1个百分点，改善率位列苏州市第1，总超标天数比上年减少4天。

【水环境质量】 2023年，常熟市长江、尚湖两大饮用水源地水质达标率保持100%，全市所有考核断面达到或优于Ⅲ类水质比例为98.3%、比上年提高6.1个百分点，“国省考”断面达标率保持100%、优良（达到或优于Ⅲ类）比例保持93.3%，省考昆承湖心断面总磷浓度比上年下降23.9%，河湖水生态环境综合评价指数位列苏州市第一。

【噪声环境质量】 2023年，常熟市入选城市噪声地图应用国家级试点项目，常熟市各噪声功能区昼间、夜间噪声年均值都符合相应标准要求，声环境质量较好。

【土壤环境质量】 2023年，常熟市重点建设用地安全利用率和受污染耕地安全利用率分别达100%、97.58%，土壤环境总体安全。 （刘子雯）

水资源保护

【概况】 2023年，常熟市编制《常熟市2022年度实行最严格水资源管理制度自查报告》，获2022年度苏州市实行最严格水资源管理制度考核优秀等次。推进2022年度水资源管理各项工作，开展全市自备水源取水户和自来水重点用水户节约用水监督检查，推进水资源管理和节约用水年度各项工作任务，压降万元GDP用水量。

【幸福河湖建设】 2023年，全市完成幸福河湖建设84条，超额完成苏州下达70条年度考核任务，枫泾河、漕泾河等2条河道获评苏州市级示范幸福河湖，东大溇、张村河、鲶鱼滩、东苏家滃、新泾浜河、智林特色田园片区河道获评苏州市级幸福河湖。截至2023年底，全市累计完成幸福河湖建设600条。

【节水行动】 2023年，常熟市开展节水型社会和节水型城市建设，印发《2023年常熟市迎接国家节水型城市复查工作实施方案》《常熟市县域节水型社会达标建设复核评估实施方案》，通过国家节水型城市第三次复查，完成国家级县域节水型社会达标建设复核评估准备。全市完成各类节水载体创建26家，其中省级节水型企业7家、省级节水型学校1所、省级节水型小区2个、苏州市级节水型企业12家、苏州市级节水型学校3所、苏州市节水型单位1家。年内，常熟市加强用水总量控制，严格计划用水，从严制定自备水源取水户和公共供水用水户年度取用水计划，全市自备水源取水户和年用水量5000立方米以上公共供水用水户计划用水量保持100%。调整常熟市重点监控用水户名录，强化用水户监管。扬宣电子（苏州）有限公司获评苏州市第六批水效领跑者，住友橡胶（常熟）有限公司含油废水处理回用项目获评苏州市第六批合同节水管理项目。龙腾新能装备科技有限公司水权交易成为苏州首单在国家水权交易平台签订协议的水权交易。

【饮用水源地保护】 2023年，常熟市继续加强长江、尚湖饮用水水源地规范化管理，完成尚湖、长江水源地年度长效管理与保护评估，做到“水量保证、水质达标、运行可靠、监控到位”。完成2023年度应急水库沉水植物种植及鱼苗投放工作，通过水库生态修复建设，初步完善水库生态系统结构和生态服务功能，水库水质得到提升。年内Ⅱ类水比例为95.80%，Ⅲ类水比例为99.15%。

【河湖长制】 2023年，全市有河湖长756名（市级河湖长26名、镇级河湖长191名、村级河湖长539名），全年累计巡河巡湖3.24万次。2名基层河湖长获评苏州市“最美基层河长”，2名民间河湖长获评苏州市“最美民间河长”。完成常熟市级河长制“一事一办”工作任务247项。全年巡查河湖3.56万次，发现河湖问题3450处，全部完成整改。深化“河（湖）长+检察长”协作机制，市河长办、市检察院开展联合巡河和联合督查。编发河长制工作动态12期，河湖长制工作获国家级、省级、苏州级媒体宣传53次。

【劣Ⅴ类水体整治】 2023年，全市劣Ⅴ类水体整治计划由69条调整为75条，全部完成整治。开展劣V类水体整治"回头看",做好已整治劣V类水体销号准备。2021年整治河道99条全部销号,2022年整治河道销号63条,2023年整治河道提前销号30条,超额完成苏州市下达销号任务。市河长办联合市污防攻坚办开展河湖治理现场检查、"消劣争优"监测督查,指导、督促板块推进问题整改。

【水务管理】 2023年,常熟市水务局规范水政监察巡查,建立巡查报告制度,对重要河段及易发案河段,增加巡查密度。各级执法部门出动人员5133人次,出动车辆1794车次。开展水行政监督检查暨水政执法专项行动。各镇、街道综合执法局对涉水违法行为立案40起,罚款81.6万元。

(陆小祥)

【洪洞水质净化厂投运】 9月17日零时,常熟市洪洞水质净化厂一期工程投运。该项目是常熟最大规模的污水处理厂,总投资约14.75亿元,总规模24万吨/日,于2020年7月由上海市政工程设计研究总院(集团)有限公司、上海建工集团投资有限公司、苏州水务集团有限公司组成的联合体中标。洪洞水质净化厂主要负责收集和处理常熟主城区、海虞、梅李等7个片区,面积183平方千米范围内的生活污水和少量工业废水。常熟市洪洞水质净化厂PPP项目一期工程设计规模16万吨/日,于2021年10月13日正式开工,2022年9月30日一期工程封顶,2023年5月15日完成竣工验收,2023年7月7日进入联合试运转。试运转期间,生产运行各项指标均已达到设计标准和行业管理规范要求,具备商业运营期各项条件。

(年鉴编辑部)

土地资源保护

【耕地资源保护】 2023年,常熟市实有耕地3.4627万公顷,划定永久基本农田2.97万公顷,完成上级下达的耕地和永久基本农田保护任务。常熟市提升永久基本农田保护质量,做好永农非耕图斑整改工作,重点开展永久基本农田核实处置,划足划实永久基本农田。完成《永久基本农田储备区更新和年度耕地"进出平衡"方案》编制,开展城乡建设用地增减挂钩和耕地占补平衡项目实施。常熟市获评2023年省级耕地保护激励单位、2022年度江苏省自然资源节约集约利用模范县。

(徐　勉)

【耕地质量提升示范区建设】 2023年,常熟市建立1个省级耕地质量提升示范区和2个省级化肥减量增效示范区。市农业部门通过推广测土配方施肥、配方肥,推广侧深施肥、生物有机肥等手段,提高肥料利用率。推广测土配方施肥3.0模式,探索应用农业遥感和智能决策技术,对作物实行基于作物营养诊断的精准、变量施肥指导服务试点,并围绕农企合作、产需对接,推动建立肥料产销企业与种植大户互作关系,推进配方肥个性化定制、线上订购,促进配方肥应用进村、入户、到田。重点推广"机插秧+侧深施肥(配方肥或缓控释肥)"模式,减少施肥总量与施肥次数。在果菜茶优势产区、化肥施用高强度区域,实行有机肥部分替代化肥,优化施肥结构。加强产学研企协同推动,示范应用耕地质量建设新产品、新技术、新模式、新装备等科技成果,制定本区域耕地质量提升与化肥减量增效技术规程或指导意见,提高新型经营主体和普通农户科学施肥水平。年内,全市化肥施用量较上年消减0.7%,较2020年消减2%。

(陆喜媚)

湿地资源保护

【概况】 2023年,常熟市湿地总面积2.82万公顷。其中,受保护湿地面积16124.2公顷,湿地保护率57.2%。全市有沙家浜国家湿地公园、尚湖国家城市湿地公园2个国家级湿地公园,南湖、泥仓溇2个省级湿地公园,以及长江湿地保护小区、望虞河清水通道保护小区、昆承湖湿地保护小区等14个湿地保护小区。

【湿地监测与保护】 2023年,常熟市对沙家浜国家湿地公园、南湖省级湿地公园、尚湖、昆承湖、陶荡等10个重点调查区域的湿地鸟类、植物、鱼类、底栖动物进行定期监测。监测发现17目55科217种鸟类。截至年末,全市记录到野生鸟类333种。调查到蕨类植物7科8属8种,裸子植物6科8属11种,被子植物107科285属402种。记录鱼类39种,采集底栖动物49种,隶属于3门7纲27科。全年开展长江日常巡护163次,对有无湿地水质污染、破坏野生动物栖息地、非法占用湿地等情况进行巡查。

【湿地科普宣教】 2023年,常熟市构建"五、四、三"湿地科普宣教体系。自然资源规划局、生态环境局、水务局、教育局、科协五部门加强联动,依托沙家浜湿地自然学校、常熟市湿地科普馆、常熟市湿地生态监测中心、南大常熟生态研究院4个宣教平台,组建湿地保护管理站、沙家浜湿地自然学校、南大常熟生态研究院宣教团队3支专业队伍,开展"爱鸟周""国际生物多样性日""全国生态日"等湿地科普宣教活动。推进学校与湿地公园开展结对共建,大义中心小学创建为首批苏州国际湿地城市示范自然学校。

【国际湿地研究交流】 2023年,常熟市做好湿地研究国际交流。4月20日,常熟市参加"绿色中国行——走进国际湿地城市梁平大型系列主题公益活动"并参与《绿色中国大讲堂》访谈节目,常熟市湿地保护管理站作为发起成员单位参与中国小微湿地创新联盟成立仪式。4月26日,中国国家湿地公园创先联盟2023年年会在沙家浜国家湿地公园举办,与会专家、学者共同探讨湿地保护和可持续发展。6月14日,常熟市与韩国庆尚南道教育厅牛浦生态教育院续签《湿地城市环境教育国际交流协议》,并于8月21—25日开展中韩“湿地小使者”暑期夏令营活动。9月26日,保尔森可持续发展奖十周年主题活动在北京举行。常熟作为历年获奖代表,在活动中介绍城市发展与湿地保护创新模式。

森林资源保护

【森林防火】 2023年,全市未发生森林火灾。全年新增100吨、500吨消防蓄水池各1座;新增虞山公墓—虞山门、虞山门—石梅小学消防管道各1条;完成虞山森林消防泵站电气智能化改造工程;完成虞山无线电通信设备升级,实现全省联网兼容。全市有森林消防蓄水池17个,总蓄水量约3070吨;消防栓367个,高点智能化监测云台18个,消防管道近40千米,重点林区隔离网密度达24.8米/公顷。虞山森林消防队获苏州市第十一届森林消防业务技能比武竞赛团体总分优胜奖。

【病虫害防治】 2023年,全市未发生重大林业有害生物灾害。全年防治各类林业有害生物105.04公顷,无公害防治率100%。产地检疫各类苗木556万株,落地复检绿化造林现场13处、苗木43.67万株,检查木材(料)等1.36万立方米、木质包装箱及电缆盘860个,签发植物检疫证书3267份。推进人工地面巡查与航空遥感监测相结合的一体化监测模式,监测虞山松林面积447.07公顷。加强松材线虫病防控,落实综合防治措施,悬挂天牛诱捕器600套,释放0.6万管管氏肿腿蜂、0.6万管花绒寄甲。做好林业有害生物监测和预测预报,完善优化固定测报点7处,布设美国白蛾专项监测点145处,落实专职监测人员19名;开展虞山松材线虫病常态化巡查12次,实施无人机航飞监测2轮;以马尾松毛虫、重阳木锦斑蛾、樟巢螟为重点,开展监测踏查25轮、踏查路线720千米、监测面积3973.8公顷,发布林业有害生物预测预报信息27条、林业有害生物防治技术意见9期。市林业站林业有害生物预测预报工作获评省级优秀。（徐　勉）

【城市绿地外来入侵物种普查】 2023年,常熟市完成城市绿地外来入侵物种普查工作。普查调查面积1072万平方米,通过开展踏查、样地调查、标本采集、影像拍摄等工作,发现和鉴定外来入侵物种35种,形成1份江苏省常熟市城市绿地外来入侵物种普查工作报告及信息数据库。（唐珑峻）

生物资源保护

【概况】 2023年,全市有各类生物1622种,包括维管植物758种、陆生脊椎动物285种、陆生昆虫278种、水生生物301种。虞山国家森林公园有鸟类15目、36科、113种,其中属国家Ⅰ、Ⅱ类保护的有8种,属《中日候鸟保护协定》保护的有46种。有两栖类动物1目、4科、7种,爬行动物3目、7科、15种,有哺乳动物6目、13科、24种。虞山上有昆虫资源300多种,其中蝶类有40多种。珍品蝶种有玉带凤蝶、丝带凤蝶、碧蝶等。年内,常熟市发布生物多样性本底调查成果。虞山林场开展虞山植被保护和野生动物保护,投入资金802万元。通过增绿补绿、植被抚育、林相改造、名树保病虫害防治等措施,提升虞山绿化水平;通过巡护监测、严格执法、宣传教育等措施保护虞山野生动物资源,实现生物多样性可持续利用。（顾雪怡　姚梦园）

【沙家浜国家湿地公园野生鸟类监测】 2023年,沙家浜国家湿地公园记录到野生鸟类16目51科167种。其中,国家二级保护动物17种,江苏省重点保护野生鸟类60种,列入濒危野生动植物种国际贸易公约(CITES)的附录二共12种,列入《世界自然保护联盟(IUCN)濒危物种红色名录》有易危(VU)2种,近危(NT)4种,列入《中华人民共和国政府和日本国政府保护候鸟及其栖息环境的协定》的鸟类80种,列入《中澳候鸟保护协定》的鸟类24种。记录到151科449属720种植物,其中国家Ⅰ级重点保护植物3种,分别为水杉(栽培)、苏铁(栽培)和银杏(栽培);国家Ⅱ级重点保护植物7种,分别为水蕨(野生)、罗汉松(栽培)、野大豆(野生)、野菱(野生)、莲(栽培)、竹柏(栽培)和白及(栽培)。（姚梦园）

【虞山植被保护】 2023年,虞山有种子植物101科406种,品种以马尾松、杉木、枫香为主;主要经济林为茶、板栗、杨梅。虞山街道(虞山林场)管理范围内有市级古树名木129株,以银杏、榉树、枫杨等本地常见树种为主。有偿保护树木有桂花、榉树、香樟等900多棵。虞山街道采用林冠下补植、人工促进天然更新的方式推进增绿补绿。综合运用间伐、补植、人工促进天然更新等抚育措施,对幼、中龄乔木林和毛竹林进行抚育。对虞山古板栗树、古枫香进行合理修枝和除锈整饰,消除安全隐患。组织开展增绿补绿工作。完成造林更新2公顷、森林抚育26.67公顷,实施封山育林6.67公顷。加强林业有害生物防治,重点做好美国白蛾、松材线虫病、松干蚧等日常监测,通过投放生物天敌异色瓢虫2万卡、管氏肿腿蜂6000管和花绒寄甲6000管“以虫治虫”,挂设松墨天牛诱捕器和美国白蛾诱捕器600套,对5000株松树开展免疫注干等举措。（顾雪怡）

【野生动物保护】 2023年,全市未发现陆生野生动物疫源疫病。尚湖陆生野生动物疫源疫病省级监测站、沙家浜国家湿地公园省级监测站完成高致病性禽流感风险采样16次。全市开展野生动植物保护“2023年清风行动”、打击非法捕鸟专项行动以及“网盾行动”等3项联合行动,监督检查场所240处,清理捕鸟网72张,严防非法交易野生动植物,非法猎捕、采集、交易、运输、寄递、食用野生动植物行为。通过“12345”热线、市民来电等线索信息,开展野生动物救助89次,救护野

沙家浜国家湿地公园水雉　　（2023年摄　姚梦园提供）

生动物137只，其中国家二级保护野生动物红隼、猫头鹰等33只。虞山林场与市动物园签署陆生野生动物救助协议，制止张网捕鸟15次，救助野生动物3次。完成陆生野生动物及其产品经营利用许可审核5项。

（徐　勉　顾雪怡）

【长江渔业增殖放流】 2023年，全市开展长江渔业增殖放流活动20次，放流各类鱼苗1190余万尾（其中包括珍稀鱼类中华鲟500尾、胭脂鱼50000尾、刀鲚15000尾）。（李　悦）

长江大保护

【概况】 2023年，常熟市落实《江苏省推动长江经济带发展2023年重点工作安排》《苏州市推动长江经济带发展2023年重点工作安排》，统筹推进长江经济带发展和长江保护重点任务。成立"法护长江"党建普法联盟，建立"全域化"护江机制。落实国家《长江流域水生态考核办法（试行）》，实施长江流域水生态监测。与海事、水务、农业农村等部门执法联动，全年办理涉水环境污染案件3件，长江禁渔违法垂钓、捕捞案件134件。完善生态环境损害赔偿和检察公益诉讼联动机制，"苏州常熟华懋纺织有限公司干扰自动在线监控设施生态环境损害赔偿磋商案"入选江苏省第三批生态环境损害赔偿磋商典型案例。加大长江流域生态环境保护和修复财政投入，完善长江生态保护修复奖补政策，支持符合条件的长江经济带重大项目建设。全年拨付水稻田、公益林等生态补偿金8847.16万元。落实《"十四五"长江经济带发展实施方案》等规划政策，推出长江大保护报道56篇。常熟市长江护鱼队获评农业农村部"2022年度长江流域渔政协助巡护优秀队伍"。常熟市长江禁渔工作获2022年度苏州市长江禁渔工作考核第一等次，并获省禁捕退捕工作专班书面表扬。（李　悦　陆喜媚）

【长江经济带生态环境建设】 2023年，常熟市开展长江常熟段、望虞河水生生物资源监测，以长江生态修复水生生物增殖放流点为依托，加强长江刀鲚国家级水产种质资源保护区长效管理。推广池塘养殖尾水"一级沉淀+二级曝气+三级净化"多级净化模式，高标准池塘建设动态全覆盖。全年设置养殖尾水监测点40个，检测尾水400批次，实现养殖尾水达标排放、全面统筹推进绿色生态农业发展。开展长江常熟段、望虞河水生生物资源监测，监测水生生物资源修复情况。构建全市"一带三核，一环多廊"生态系统保护格局，优化生态格局形成中期成果，常熟新材料产业园水处理生态湿地项目入选首届"苏州市十佳湿地生态修复案例"。

【长江河道采砂管理】 2023年，常熟市印发《关于开展长江河道常熟段采砂管理"巡查监管双推进"行动的通知》，制订《2023年长江常熟段河道采砂管理联合行动方案》，市水务局联合长航公安常熟派出所开展采砂管理行动。对沿江4个涉砂码头（亨通、新泰、理文、耀皮）停泊在长江水域的运砂船、辖区内的向阳、东风2家造船厂进行联合检查。与常熟海事、长航公安、农业农村等部门不定期开展联合巡查。全年出动人员730人次，出动车辆270车次，出动执法艇24艘次。

（陆小祥）

【长江绿色航运管理】 2023年，常熟海事局服务航运企业加快绿色转型，发展绿色航运，常态化开展"一零两全四免费"扫盲打假，深化属地部门联合检查和片区单位交叉暗访机制，开展防污检查1650余艘次，查处涉污违法行为59艘次，督促相关单位整改问题缺陷31项。全年辖区船舶垃圾、生活污水、油污水接收量比上年分别增长14.8%、5.6%和59.8%，转运处置率均达100%。

（李彪彪）

【港口环保管理】 2023年，常熟港区加强港口扬尘常态化管控，沿江从事易起尘货种装卸作业的港口码头粉尘在线监测覆盖率100%，粉尘在线监测系统正常使用率100%，异常数据通报率100%，江苏省港口粉尘在线监管平台沿江全部接入并正常运转。围绕江苏省、苏州市以及常熟市挂牌督办重点生态环境项目，推进建立港口码头长效管理机制，全面提升船舶水污染物接收转运处置能力建设。常熟港全年接收船舶生活垃圾51.19吨，船舶生活污水3926.99吨。做好岸电设施维护、使用情况监督检查，提升岸电设施使用率，对具备接电条件的船舶做到应接尽接，继续推进岸电设施检测、改造和新建工作，全年到港作业船舶累计使用岸电232.5万千瓦时；做好港作机械清洁化能源新增及改造宣传工作。

（任　祥）

节能减排

【节能降耗】 2023年，常熟市推进产业转型升级，绿色产业发展水平持续提升。推进能耗“双控”工作，分解落实苏州市下达能耗强度目标任务。开展固定资产投资技改项目能评审查，遏制“两高”项目盲目发展，企业落实能耗指标替代，配合苏州市工信局初审“两高”类技改项目2个，合计0.7737万吨标煤，项目通过苏州工信节能审查。全年完成印染高质量发展技改常规项目节能审查37个，指导梅李镇审查12个，海虞镇审查9个。全年完成固定资产投资技改常规项目节能审查项目2个，合计能耗3791.42吨标煤。鼓励企业推行节能技术改造，对2个符合绿色化改造要求，节约能源8977.77吨标煤的项目，发放奖励资金250万元。组织绿色制造创建政策宣贯会，建立拟创建企业培育库，12家企业获评省级绿色工厂，江苏雪中飞制衣有限公司、大陆汽车系统（常熟）有限公司被工信部授予“2023年度国家级绿色工厂”称号；苏州通润驱动设备股份有限公司获评江苏省“2023年度绿色发展领军企业”，波司登羽绒服装有限公司获评常熟市首家苏州“近零碳”工厂。开展工业节能诊断服务，对36家5000吨标煤以上的重点耗能企业进行节能诊断。

【绿电销售】 2023年，中电常熟配售电公司在常熟拓展绿电（绿证）业务，协助企业交易绿证59万张，购买绿电5.9亿千瓦时，是北交所最大的交易机构。年内，常熟市在苏州市范围内率先大规模开展绿电（绿证）政策宣讲，对板块经济条线工作人员和200余家重点用能企业进行培训，全市企业累计交易绿证35万张，购买绿电3.5亿千瓦时。 （胡 挺）

【墙体改革】 2023年，常熟市有通过省级认定墙体材料生产企业11家，本地区墙体材料产量7.4亿标块，其中新型墙体材料产量7.4亿标块，新墙材占墙体材料总量的100%，综合利用工业固体废渣约80.0万吨。常熟市墙体材料改革办公室（以下简称市墙改办）开展新型墙体材料生产和应用阶段执法检查，检查生产企业6家，未发现违法违规生产情况；检查工程应用项目50项，检查项目均能按要求使用新型墙体材料。委托市检验检测中心对全市新墙材认定产品质量进行动态抽检，全年度抽检50个批次，产品合格率80%。市墙改办开展新墙材产品换证和认定，新认定企业1家、5个产品，换证企业8家、产品20个。

（戴亦捷）

【绿色建筑】 2023年，常熟市执行新建民用建筑节能强制性标准，新建节能居住建筑227.41万平方米、节能公共建筑42.24万平方米，城镇绿色建筑占新建民用建筑比重达100%。完成太阳能光热应用面积180.19万平方米，完成浅层地能应用面积2.22万平方米，完成既有建筑节能改造面积8.26万平方米。 （郭晓玲）

【公共机构节能】 2023年，全市公共机构节能减排建设光伏发电项目14个，累计建设总面积6.5万平方米，装机容量4886千峰瓦（KWP）。年内，市市级机关事务管理中心推动62家市级党政机关实现“节约型机关”创建全覆盖。市政府集中办公区合同能源管理项目自验收至2023年年底，累计节约用电约72.5万千瓦时，节能率13%。举办首届生活垃圾分类宣传周活动，开展机关带头月宣传活动，组织垃圾分类观察行和经验交流会。联合市垃圾分类办对全市公共机构开展季度日常督查和半年度垃圾分类考核。制定反食品浪费工作成效评估和通报制度，制作机关食堂反食品浪费宣传短视频，举办反食品浪费宣传讲座，与市场监督管理局联合开展党政机关食堂反食品浪费工作抽查评估。

（唐凯雯）

【路灯节能改造】 2023年，全市完成市级道路投资项目和各类整修、改建项目路灯配套建设10余项，安装各类LED节能灯具922套。住建部门日常维修各类LED节能灯具、灯泡和元器件等2238只，各类线路1.07万米，全年节省用电量约20万千瓦时；完成城市照明设施管理软件平台升级建立和完善分区、分时、分级照明节能控制措施。 （王 新）

污染防治

【概况】 2023年，常熟市印发实施《常熟市2023年深入打好污染防治攻坚战工作计划》《2023年市政府挂牌督办重点生态环境项目》等系列文件，明确新一轮污防攻坚战总体目标以及“1+5+10”的方案政策体系。聚焦改善环境质量，推动解决一批突出环境问题，全市生态环境质量多项指标位居苏州市前列。

【大气污染防治】 2023年，常熟市印发实施年度大气污染防治计划、空气质量首季争优、挥发性有机物质（VOCs）治理、“大干50天”攻坚等工作方案，完成年度大气治理重点项目1539项。建立VOCs源清单库、完成涉VOCs企业全覆盖整治验收3013家，推进216家重点行业企业废气专项治理、整治生物质锅炉71台、指导15家排放大户完成83个涉气问题整改，累计淘汰高排放机动车2852辆、完成非道路移动机械上牌1.8万辆，累计完成餐饮单位油烟整治或“回头看”627家。创新开展“两查两促”解剖式试点帮扶，建成以VOCs源清单、臭氧活性因子库为基础，以驻点管家平台、管家履职平台、活性炭“码”上换等为支撑的“1+N”全流程VOCs数据管理系统。组建建设领域生态环境保护工作专班、累计查办整改扬尘问题170个，开发应用“码”上洗小程序，建立区域内餐饮单位油烟排放管理清单，全年餐饮油烟信访数量下降32.91%。

【水污染防治】 2023年，常熟市出台《深入打好长江保护修复攻坚战行动实施方案》《新一轮太湖综合治理行动方案》《年度水生态环境保护工作计划》《碧水保卫战实施方案》等文件，完成年度水污染治理重点项目261项。印发实施国省市考断面汇水区精细化管理工作方案以及汛期水质保障方案，结合昆承湖"一湖一策"等开展重点区域截源控污专项排查，完成年内问题整改任务182个。完成太湖流域入河（湖）排污口"一口一策"整治64个，望虞河水质稳定达到Ⅱ类。在第一轮1109家太湖流域涉磷企业规范化整治基础上，启动新一轮涉磷专项整治，完成重点涉氟企业排查，并形成清单推进整治。强化污水收治，完善城乡生活污水收治体系和能力建设，省级核算2022年度城市生活污水集中收集处理率88.5%，列全省县级市第一。

【土壤污染防治】 2023年，常熟市全面完成土壤污染隐患排查、地下水评估及耕地源头管控等年度任务，动态更新137家土壤污染重点监管单位名录，核实52个高风险遗留地现状并逐个编制《地块现状核实报告》，对10个暂不开发利用的超标地块落实制度性管控措施。对用途变更为"一住二公"的建设用地，按规定开展土壤污染状况调查，全年完成评审32家次。

【声污染防治】 2023年，常熟市推进噪声污染治理，开展"两治一提升"专项行动，完成噪声异味专项监测工作，排查各类线索点位12611处，督促整改问题2626个，实施处罚61起。全年污染防治综合监管平台噪声线索下降26.8%、异味线索下降37%。推动声学等绿色新兴产业发展，市政府与省环境监测中心签署战略合作协议，双方围绕声环境监测、声功能区管理、噪声污染防治技术研发与应用、声环境治理人才培育等方面开展全方位合作。7月，常熟市入选城市噪声地图应用国家级试点。

【新污染物治理】 2023年，常熟市印发实施新污染物治理、全氟化合物类新污染物全过程管理试点等工作方案，建立新污染物治理跨部门协调机制，完成2640家企业化学物质环境信息统计调查。新材料产业园在全省率先启动化学物质调查，并作为苏州唯一园区被纳入省级新污染物治理试点。6月5日，新材料产业园挂牌成立全国首家氟化物污染治理研发中心。11月23日，第一届氟化物污染治理论坛在常熟召开。（刘子雯）

【施工扬尘治理】 2023年，市住房城乡建设局加强行业宣传引导，起草《常熟市建筑工地扬尘监管白皮书》；结合"月末大讲堂"扬尘防控专题讲座以及安全文明示范工地观摩活动，开展扬尘防控政策解读；组织专家对133个工程项目开展建筑施工标准化示范工地现场检查，93个项目取得苏州市建筑施工标准化文明示范工地（平安工地）称号，69个项目被评为江苏省建筑施工标准化星级工地。组织全市建筑施工领域扬尘治理专项整治，组织参建单位签订《工程建设单位履行扬尘等污染防治职责承诺书》《建筑工地扬尘管控承诺书》《建筑工地油品使用承诺书》，制定完善项目扬尘防治专项方案，组织开展扬尘监督检查1122个/次，排查整改扬尘问题650余处，实施扬尘行政处罚18起，罚款52万元。推进智慧工地建设，要求规模以上项目安装PM_{10}在线监测设备和视频监控设备，并与苏州市平台联网；推动重点区域内的房屋市政工程项目配备高杆喷雾设施，在土方开挖作业或施工区域起尘时开启设备，9个工地现场安装9台高杆喷淋。组建扬尘专班，开展污防办交办项目的督查工作和"以税控尘"的现场核查工作，开展扬尘专项督查193个/次，排查整改扬尘问题562余处，上报企业一般不良行为计分3起，约谈1起，移送执法5起，直接立案8起，"以税控尘"现场核查5个/次。（瞿　磊）

【内河船舶水污染物管理】 2023年，全市内河码头接收船舶污染物3.77万艘次，船舶垃圾35.96吨，生活污水2616.63立方米，油污水125.95立方米。年内，市交通运输局每月编制《常熟市内河码头船舶水污染物联合监管工作通报》。（黄心珏）

环境监管

【环保能力建设】 2023年，常熟市印发《常熟市2023年深入打好污染防治攻坚战工作计划》《2023年市政府挂牌督办重点生态环境项目》等系列文件，完成30项主要指标、36项重点工程和10个挂牌督办项目等年度重点任务。常熟市在苏州率先印发《生态环境基础设施建设规划（2023—2025年）》，36个重点环境基础设施项目达到年度建设要求，其中18个建成投用，累计完成投资12.05亿元，年度新建城镇污水管网21.9千米，实施农户生活污水治理2114户，新增工业废水处理能力1.5万吨/日，建成装修垃圾规范储运消纳处置场11个。强化生态环境保护科技支撑，在全省率先推行企业环境管理规范化和数字化转型试点，印发《实施推进监测监控能力建设全面提升非现场监管水平的工作意见》，推动"天网"等环境信息化平台建设，入选江苏省智能环境治理实验基地。年内，常熟生态环境局与中国电信常熟分公司签订战略合作协议，全省首个企业环境管理人才实训基地挂牌成立，常熟市首个"AI识别+环境DNA"综合性生物多样性观测站——尚湖生物多样性观测站启用。常熟环境监测站通过全省首批基层生态环境监测机构规范化建设评定。

【生态保护】 2023年，常熟市完成造林90公顷，林木覆盖率17.84%，自然湿地保护率44.4%，新建绿美村庄4个、绿美古树村庄1个，建成生态安全缓冲区1个。年内，常熟生态环境局召开常熟市生物多样性本底调查成果新闻发布会，在苏州率先发布生物多样性本底调查成果。健全生态环境保护体制机制，在苏州范围率先编制《常熟市生态质量指数（EQI）提升方案》，出台《常熟市加强生物多样性保护工作的实施方案》，完成年度生态空间管控区域优化调整，全市生物物种多样性状况在全省县区市中处于第一梯队。2024年，常福街道、董浜镇、莫城街道，海虞镇铜官山村、古里镇康博村、沙家浜镇华阳村获批第五批江苏省生态文明建设示范镇村，在全省率先实现生态文明镇（街道）全覆盖。“沙家浜实现GEP与GDP双丰收”获评全省十佳生态产品价值实现典型案例，支塘镇蒋巷村建成全省首个零碳智慧乡村。常熟生态环境局获评省生态环境厅2020—2022年全省生态环境信访工作先进集体，被苏州市委、市政府评为生态环境保护工作先进集体。

【环境管理】 2023年，常熟市推进“双碳”工作，完成10家发电企业碳排放报告及配额确认、125家重点单位温室气体排放报告核查等工作，率先建成投用“碳普惠”信息化平台。出台《实施优化营商环境工作意见》《加强生态环境第三方技术服务机构管理办法》等惠企政策21项，全年审批、备案建设项目环境影响评价文件1206件，涉及项目总投资447亿元，建设项目环评审批办结率100%。推动印染、化工等传统产业转型升级，6个印染集聚区获规划批复，新材料产业园、经开区化工园区通过省级化工园区认定复核。推进项目环评与规划环评联动改革，常熟高新区获上级环评审批赋权，创新开展产业园区告知承诺制、同类项目打捆审批、排污许可联动等改革措施。推动节能减排，制定出台《优化排污总量指标管理服务高质量发展的实施办法》，建立全市排污总量储备库，进出库项目143个。排查全市排污单位5211家，核发、变更排污许可证633家、完成许可证核发质量审核263家，基本实现排污许可证核发全覆盖。开展“散乱污”专项整治，关停取缔298个、整治提升70个。推进“常昆相”生态环保联保共治行动，召开专题会议3次，组织3地联合检查、联防联控等超10次。常熟新材料产业园被生态环境部确定为国家环境健康管理试点地区，为全国20个试点地区（单位）之一。

【环境监测】 2023年，苏州市常熟环境监测站通过全省首批基层生态环境监测机构规范化建设评定。全年紧盯环境空气质量、各级断面水质、噪声、土壤、污染源监督性监测等领域，完成手工监测数据超19.5万个、自动监测数据超460万个，加强污染源自动监控基础能力建设，完成353家单位监测监控联网。

【环境执法】 2023年，常熟市实施环境行政处罚261件、处罚金额2674万元、移送涉刑案件4件。全年环境信访总量实现持续下降，围绕压降废气、噪声等重点领域环境信访，开展“两治一提升”专项行动、印染废气深度治理技术攻关以及生态环境领域信访问题源头治理三年攻坚行动，制定出台《环境信访提级办理工作规则》，落实重点环境信访“一案一策”、包案化解等工作要求，全年环境信访总量1092件、比上年减少1.1%，其中异味、噪声信访数量分别压降2.2 %和5.8%，年内，常熟生态环境局获评全省生态环境信访工作先进集体。创新推行“环保税+监管”、排污许可“一证式”执法等环境监管新模式，在苏州市率先启用“互联网+AI抓拍”的智慧工地监管系统，秸秆禁烧期间投用苏州首个“方舱式自动巡航无人机系统”，推动非现场监管方式，推进执法精准化、规范化。完善生态环境损害赔偿和检察公益诉讼联动机制，环检联合办理环境公益诉讼案件26件，“神花针织废水偷排案件”入选最高人民检察院、公安部、生态环境部联合发布的典型案例。

【固废管理】 2023年，常熟市印发《“十四五”时期“无废城市”建设实施方案》《全社会共同推进“无废城市”实施方案》等文件，经开区、新材料产业园2个“无废园区”和梅李龙腾特钢“无废钢厂”建设方案通过专家评审，全市重金属污染物排放量较2020年下降6.1%。全市3364家企业纳入危废全生命周期监控系统管理，危险废物填埋率降至1.59%。在全省创新打造“三网融合”多元固废一体化收贮运体系，签署合作共建协议。

【环境安全】 2023年，常熟市开展生态环境领域安全隐患排查整治，排查整改各类隐患325个，推动建立放射源防丢失点检报告等安全防范制度。制定出台《生态环境安全与应急管理“强基提能”三年行动计划》，完成市级专项应急预案2个、板块区域应急预案4个以及371家企业环境应急预案的滚动修编，完成北福山塘等4条重要河道突发水污染事件应急处置方案编制。成立危废处置及辐射安全生产专业委员会。全年未发生较大以上环境污染事故，环境安全风险总体可控。

【环保宣传教育】 2023年，常熟市围绕环境质量提升、减污降碳协同增效、“无废城市”建设、生物多样性保护等主题开展宣传教育。成立“绿动我心”生态文明讲师团，赴校园、社区开展生态文明宣讲活动10余次。全市绿动联盟在线上线下开展“与低碳同行，和自然共生”系列活动，发布《让常熟更美丽》音乐MV，被省、市级媒体录用，总播放量超5万次。组织开展生态文明微课堂教学活动，设置《“常小环”生态文明微课堂》“水篇”“碳普惠篇”等特色课程，全市117所小学、超过12万名小学生参与。 （刘子雯）

责任编辑　汤　涵

开发建设

【概况】 苏州·中国声谷由中国声学学会、南京大学、苏州市人民政府于2020年共同发起，常熟市人民政府主导实施，以苏州为主体区、常熟为核心区、常熟经济技术开发区为示范区，共同打造的集人才培育、技术创新、产业集聚、产城融合为一体的创新生态圈、孵化圈、策源地。苏州·中国声谷示范区以常浒河声学走廊为核心轴带，在创新生态核心地段高位规划苏州·中国声谷科技产业园，规划用地面积77.13公顷，致力于打造声学产业集聚的创新经济孵化区、综合服务齐全的滨江新城核心区、活力健康自然宜居的未来生活区。2023年，西片区通塘、通莲、东银、浦开4条道路竣工通车，康桥片区4万平方米景观绿化工程完工，声谷大剧院全面建成投用，声学联合检测中心设备完成安装调试，一期投入运营。（曹梦冰）

【中国声谷展示中心】 2023年，中国声谷展示中心有展示空间2000多平方米，包括12个展示篇章、41个声学科普展示和互动体验项目，以“新时代新声态”为建设主题，展示声学科技产业领域最热门、最尖端、最前沿的声学技术。当年累计接待全国各地参观人员288批次、7160人次。

【声谷大剧场落成】 6月30日，常熟经济开发区文体中心（简称经开区文体中心）投用。声谷大剧场位于经开区文体中心北侧，建筑面积约1万多平方米，设置574个固定座位和21个移动座位。声谷大剧院从座椅材质、吸音墙到反声罩、升降乐池、环绕音响等，配置专业高端的设施设备，能够满足音乐会、话剧等各类演出活动的需求。

经开区文体中心（常熟经开区　提供）

【苏州·中国声学联合检测中心】 苏州·中国声学联合检测中心是由国际声学产业技术研究院牵头运营，主要针对声学材料检测、整车NVH检测、电声产品测试、音质评测等检验检测业务需求，为细分领域内的头部企业提供服务，并通过自主建设、联合共建、支持他建等多样化合作方式与国有大平台、声学头部企业和大型外资企业开展深入合作，共建联合实验室与工程验证平台，推动相关行业与国家检测、计量等标准的建立，全面构筑综合性声学检测平台，服务于声谷全产业链。2023年，检测中心设备进场并完成安装调试。消声器测试室，混响室隔声室，声场重构实验室半消声室、全消声室等12个进行各项声学测试的专业功能室全部建设完成。电声检测、声学材料检测、音质评测3个平台开始提供服务。（年鉴编辑部）

项目引进

【概况】 2023年，苏州·中国声谷累计引进由两院院士领衔的研发团队8个，声谷精英领军人才团队超100个。年内，聚焦先进声功能材料、智能电声、汽车声学等细分领域，集中签约落地诺博车载声学系统、赛胜NVH降噪、乐成声光器件模组等声学产创项目17个，累计引进声学产创项目154个，总投资超270亿元。举办中国声学产业创新发展大会暨中国（苏州）声学产业博览会，新设立声谷东证智象创业投资基金、苏创新能源基金等一批声谷产业创新协同基金。（曹梦冰）

【中国声学产业创新发展大会暨中国（苏州）声学产业博览会】 6月1日，为期3天的中国声学产业创新发展大会暨中国（苏州）声学产业博览会在常熟国际展览中心开幕。10余名两院院士、外籍院士，超100名专家学者，近1000名行业嘉宾和100多家企业参会。开幕式上，苏州·中国声谷战略发展规划、中国声学产业发展指数（常熟指数）及大数据平台发布，苏州·中国声谷赛迪科创中心、江苏海洋信息与能源产业院士协同创新中心、苏州城市轨道交通振动与噪声控制联合实验室集中揭牌，声谷南京、西安、深圳创新中心、苏州·中国声谷声学联合检测中心、声谷大剧院等功能载体亮相，便携式工业声相仪、8英寸光学级铌酸锂晶体材料等一批声学前沿新产品发布，声学领域签约产创项目49个，总投资201.3亿元。中国声学产业创新发展大会期间，中国（苏州）声学产业博览会、苏州·中国声谷战略专家咨询会议、西门子NVH技术峰会等活动同期举办。声学产业博览会总展览面积1.2万平方米，设立超声馆、材料声学馆、电声馆等主题展区。西门子、楼氏、中国船舶等150余家声学领域知名企业参展，近2万人次赴现场观展。（曹梦冰）

【声学应用人才引进】 2023年，常熟市依托国际声学产业技术研究院，引进声学领域高端人才，至年底引进中国科学院院士徐红星、美国宾州州立大学终身教授曹文武、加拿大工程院院士杨军、南京大学教授周宪、国防科技大学教授温激鸿等国际国内顶尖研发人才团队，累计引进声学科创人才项目近90个；组建330人的高层次研发、服务团队，其中博士58人、硕士74人。常熟市探索声学产业人才联合培养新机制，与中国声学学会合作共建中国声学学会（苏州）创新中心，依托江苏省声学学会重点开展声学技术人才培养和应用人才培训，累计培育声学技术应用型人才近800人。（年鉴编辑部）

技术创新

【概况】 2023年，苏州·中国声谷依托江苏省声学产业技术创新中心创新策源地建设，建成投用虚拟仿真实验室、工程技术实验室等多个公共技术服务平台。推动声学领域核心技术攻关，聚焦声学/光学级铌酸锂晶体材料研究，突破国外对光通信核心器件垄断。首发交付多轴激光气膜孔加工一体机设备，解决国产民用飞机发动机核心部件精密加工工艺难题。深耕高性能压电陶瓷、高性能声子晶体产品研发，加快实现国产替代产业化进程。启动无噪车间、城市噪声地图试点项目。声谷南京、西安、深圳创新中心全面建成投用，吸引15个异地科创项目落地孵化。

【国际声学产业技术研究院】 国际声学产业技术研究院是苏州·中国声谷布局的首个重大研发平台，是江苏省声学产业技术创新中心的重要组成部分，研究院以突破基础材料、研制核心器件、攻关重大装备系统为使命，持续引进院士级科研团队、声学产业人才团队，建设六大声学技术研究中心。2023年，国际声学产业技术研究院已孵化压电陶瓷、超声手术刀、声学检验检测、工业降噪等多家科技创新型公司，其中工业降噪公司已承接各类降噪项目20余项，业务金额近千万元。

【声谷创新加速中心】 中心占地面积10.67公顷，总建筑面积9.4万平方米，重点引进声光融合研发制造领域技术领军型企业，至2023年年底，落户地球山、臻芯微、莱根集成电路、豪米波、南智芯材、声学联合检测中心等企业和平台，总投资超30亿元。

【声谷三异地创新中心成立】 2023年，苏州·中国声谷成立南京、西安、深圳创新中心，创新中心兼顾科创、招商等多元需求，集中对外宣传展示常熟经开区营商环境，承接三地合作招商中转站职能，定期举办招商推介会、人才交流会、项目路演会、投融资对接会，吸引飞地孵化企业入驻。2023年，声谷南京、西安、深圳创新中心共计落户新蚁巢声学科技等科创项目16个，举办全国声学创新创业大赛南京、西安赛及苏州·中国声谷（深圳）科技招商推介会，吸引超60个科创人才项目参赛参评。（曹梦冰）

表61　2023年江苏省声学产业技术创新中心联合攻关项目立项一览表

序号	项目名称	承担单位	项目负责人
1	超声美容仪关键技术研究	江苏省声学产业技术创新中心	章　东
2	新一代高效能超声波刀片电源产业化开发		陈敦军
3	声动力治疗恶性肿瘤的转化及微环境调节量效关系研究		宁兴海
4	基于声动力激活核酸药物的肿瘤联合治疗		李全波
5	轨道交通公共空间的智能化声景优化设计研究		窦平平

（资料来源：市科技局）

责任编辑　张莉莉

科学技术

科技平台

【概况】2023年，市科技局推进平台载体建设。出台《关于推进产创融合“十百千”平台载体建设工程行动计划2023年工作方案》。围绕苏州市域一体化发展战略，对标上海临港等先进地区，发挥科创平台载体在创新策源、产业培育、人才集聚、项目孵化、服务集成等方面叠加聚变效应，推动产业创新集群发展，争创产创融合高质量发展示范区。

【科研院所】2023年，常熟市科研院所发展量质并进。围绕声学、生命健康、高端装备等重点产业领域新增苏州市级新型研发机构4家，累计建有各级新型研发机构23家。全年实现营收4.6亿元，比上年增长346.78%，研发投入1.57亿元，比上年增长37.41%。江苏省声学产业技术创新中心被立项为全省县级市唯一2023年度江苏省自然科学基金省市联动试点项目。

【众创空间】2023年，常熟市出台《常熟市科技创业孵化载体建设发展规划（2023—2026）》，累计建成各级各类孵化载体59家，其中全年新增省级科技企业孵化器1家，众创空间4家，新增苏州市级科技企业孵化器2家，众创空间2家，实现孵化载体板块全覆盖；常熟高新区先进制造众创社区获省科技计划专项资金（创新支撑计划科技型创业企业孵育）支持；2023年度省级以上科技企业孵化器获评优秀2家、良好8家，优良率91%、居全省前列。

（庞　诚）

表62　　2023年常熟市省级以上科技孵化载体一览表

序号	名称	类型	级别	镇（街道）
1	常熟国家大学科技园	大学科技园	国家级	常熟高新区
2	常熟东南高新技术创业服务中心	科技企业孵化器	国家级	常熟高新区
3	常熟小样青年社区	众创空间	国家级	常熟高新区
4	常熟昆承湾智车云	众创空间	国家级	常熟高新区
5	慧谷创业+	众创空间	国家级	常熟高新区
6	同济虞创汇	众创空间	国家级	常熟高新区
7	常熟国家大学科技园科技企业加速器	科技企业加速器	省级	常熟高新区
8	同济（常熟）科技园科技企业孵化器	科技企业孵化器	省级	常熟高新区
9	铁马营众创空间	众创空间	省级	常熟高新区
10	“昆承青创”众创空间	众创空间	省级	常熟高新区
11	瑞创工场	众创空间	省级	常熟高新区

（资料来源：市科技局）

【高新技术产业】2023年，全市高新技术产业产值2151.21亿元，比上年下降0.2%。高新技术产业占规上工业总产值比重45.5%，比上年增加3.8%。年内，常熟市高新技术产业发展以打造汽车产业创新集群为“龙头”，重点发展汽车及核心零部件、先进装备制造、新一代信息技术等主导产业。布局新能源“三电”（电池、电机和电控）、氢燃料电池、人工智能、数字经济、新材料等新兴产业，推动产业结构的优化升级和经济的可持续发展。

【常熟国家大学科技园】2023年，常熟国家大学科技园有产学研创新载体8个、新型研发机构4家以及人力资源、科技金融、知识产权等多个公共服务平台，有慧谷创业+、昆承湾智车云、小样青年社区、同济虞创汇等10

家省级以上众创空间，其中国家级众创空间4家。园区累计入驻企业650家，培育高新技术企业251家，培育和引进国家级重大人才26人次，江苏省双创人才49人次、苏州市姑苏人才131人次、常熟市领军人才382人次。2023年累计落地各类科技项目293个，已落户项目注册资本总额24.6亿元。全年获评常熟市级以上人才86人，其中国家级重大人才7人、江苏省双创人才5人、苏州市姑苏人才15人。园区2023年实现产值超40亿元，纳税超2亿元。2023年，常熟国家大学科技园获评江苏省现代服务业高质量发展集聚示范区和苏州市数字化转型示范园区。（包佳伟）

【常熟市农业科学研究所】截至2023年年底，常熟市农业科学研究所（以下简称常熟农科所）自主培育常农粳、常优粳、常香粳系列等45个品种，累计在6个省（市），推广应用面积达7100多万亩，增产粮食20.6亿千克，增加社会经济效益约30亿元。2023年，常熟农科所育成的水稻品种在常熟种植面积占比45%，在苏州地区占比22.8%，完成海南基地南繁加代育种及制繁种工作。常优粳1818首次入选“藏粮于技”超高产杂交粳稻主推品种，常优粳10号、常香粳1813、常农粳14号等主推品种加速布点示范。年内，常熟农科所新建农作物种质资源冷库、种质资源保护圃，开展“小农人”科普实践站系列活动13期，获评“2023年常熟市科普教育基地及优秀实践站”。（陆喜媚）

科技项目

【概况】2023年，常熟市探索科技项目“揭榜挂帅”，按照“任务定榜、挂帅揭榜”模式，聚焦重大技术需求开展联合攻关2项，获评上级科技计划项目246项、争取资金超2亿元。

【科技项目成果转化】2023年，常熟市全社会研发经费支出占地区生产总值比重首次超过4%，高于苏州市平均水平，达到4.02%，在苏州各县市（区）排名第三。年内，常熟市成立常熟市研发投入“百日攻坚”行动工作专班，全年开展科技统计培训会11场次，培训重点规上企业800余家。苏州长城精工科技股份有限公司主持的“半导体/光伏行业多线切割机用高精密长寿命重载轴承研发及产业化”项目获江苏省科技成果转化立项、专项资金1000万元。

【5个科技项目获省科技奖】2023年，常熟市获江苏省科学技术奖二等奖1个，江苏省科学技术奖三等奖4个。其中，常熟市矿山机电器材有限公司参与的“工业烟气超低排放在线监测关键技术及工程应用”获江苏省科学技术奖二等奖，苏州腾晖光伏技术有限公司、常熟阿特斯阳光电力科技有限公司参与的“高双面率PERC电池背钝化及陷光技术的产业化”项目、江苏中车华腾环保科技有限公司参与的“农村生活污水低碳高效处理和资源化关键技术及应用”项目、苏州博之盾防护技术有限公司参与的“商用车智能线控制动关键技术及产业化应用”项目、苏州奥芮济医疗科技有限公司参与的“胃癌关键调控靶点的探索及临床诊疗新模式的建立”项目获江苏省科学技术奖三等奖。

表63　2023年常熟市立项江苏省产学研项目一览表

序号	项目名称	承担单位	合作单位	镇（街道）
1	淡乳液共凝聚壳核结构聚合物研究及应用研发	常熟理工学院	常熟三爱富振氟新材料有限公司	海虞镇
2	智慧生活语音控制系统设计	金陵科技学院	常熟卓辉光电科技股份有限公司	高新区
3	动力电池电解液添加剂研发	江苏理工学院	苏州祺添新材料股份有限公司	海虞镇
4	打印机组件塑胶模具设计	常熟理工学院	常熟市新达模塑成型有限公司	常福街道
5	镍锰基钠离子电池正极材料产品开发	常熟理工学院	江苏正力新能电池技术有限公司	高新区
6	超大口径薄壁耐腐蚀性不锈钢无缝管研究与开发	江苏理工学院	苏州钢特威钢管有限公司	董浜镇
7	高性能锂离子电池的二维碳负极材料制备与微观结构优化研究	常熟理工学院	江苏科来材料科技有限公司	常福街道
8	一种翻转式的镜片缺陷检测装置和方法的研究	常熟理工学院	常熟市锐视达科技有限公司	古里镇

（资料来源：市科技局）

科技创新

【概况】2023年，常熟市科创研发经费支出占国内生产总值比重4.02%，实现高新技术产业产值2151.2亿元、占规上总产值比重45.5%，有高新技术企业1185家。常熟高新区先进制造众创社区获江苏省科技计划专项支持，获评省级科技企业孵化器1家，省级以上科技企业孵化器绩效优良率91%、苏州第一，连续三年入选全国科技创新百强县前三名，获江苏省政府办公厅“推动科技政策落实和科技体制改革成效明显地区”督查激励，常熟理工学院“科技成果转化尽职免责机制”入选国家全面创新改革任务揭榜清单。

【科技创新载体建设】2023年，常熟市有市级以上科技创新载体126家，其中创新联合体15家，科技公共服务平台10家，孵化器17家、众创空间26家、累计建有常熟市级以上企业研发机构779家，年内，新增省级众创空间4家，苏州市级众创空间2家，省级科技企业孵化器1家，苏州市级科技企业孵化器2家。依托“苏州·中国声学创新谷”加速汇聚创新资源。举办中国声学产业创新发展大会，声谷赛迪科创中心、江苏海洋信息与能源产业院士协同创新中心、苏州城市轨道交通振动与噪声控制联合实验室揭牌。聚焦先进声功能材料、智能电声、汽车声学等细分领域，2023年新增引进声学产创项目38个，总投资近64亿元，声学产业全年总值458.85亿元。支持江苏亨通华海科技股份有限公司牵头争创海底通信与探测全国重点实验室。聘请中国海洋大学副校长魏志强任实验室主任，范滇元、吴立新等12位院士组成战略发展及咨询决策委员会。“支持苏州创建海底通信与探测全国重点实验室”写入《江苏省海洋产业发展行动方案》。

【创新型企业培育】 2023年，全市有科技型中小企业入库1560家，比上年增长近20%，其中高新技术企业645家，比上年增加131家。有瞪羚企业105家，其中江苏省级33家、苏州市级72家；有江苏省级独角兽企业1家，江苏省潜在独角兽企业11家，苏州市独角兽培育企业13家。年内，市科技局组织推荐10家企业报送2023年度江苏省科技企业上市培育计划入库。依托汇科创系统和《创新主体梯队化培育实施细则》，建立覆盖企业初创与成长阶段的服务体系，构建以科技型中小企业为基础，以高新技术企业为主体，以瞪羚企业和独角兽企业为标杆的科技企业梯队，培育具有影响力和竞争力的科技领军企业。开展科技型中小企业评价和民营企业申报宣传发动、培训辅导、评价入库、动态管理及风险核查等工作。

表64　　2023年常熟市苏州市级以上独角兽、瞪羚企业一览表

序号	企业名称	镇（街道）	类别
1	江苏正力新能电池技术有限公司	高新区	江苏独角兽企业、苏州独角兽培育、苏南国家自主创新示范区瞪羚企业
2	苏州英特模科技股份有限公司	经开区	江苏潜在独角兽企业、苏南国家自主创新示范区瞪羚企业、苏州独角兽培育、苏州市瞪羚计划
3	苏州锦艺新材料科技股份有限公司	经开区	江苏潜在独角兽企业、苏南国家自主创新示范区瞪羚企业、苏州独角兽培育、苏州市瞪羚计划
4	苏州芯慧联半导体科技有限公司	高新区	江苏潜在独角兽企业、苏南国家自主创新示范区瞪羚企业、苏州独角兽培育
5	因达孚先进材料（苏州）股份有限公司	尚湖镇	江苏潜在独角兽企业、苏州独角兽培育、苏州市瞪羚计划
6	江苏亨通华海科技股份有限公司	经开区	江苏潜在独角兽企业、苏州独角兽培育
7	江苏京创先进电子科技有限公司	经开区	江苏潜在独角兽企业、苏州独角兽培育
8	地球山（苏州）微电子科技有限公司	经开区	江苏潜在独角兽企业、苏州独角兽培育
9	苏州云途半导体有限公司	高新区	江苏潜在独角兽企业
10	苏州宇量电池有限公司	高新区	江苏潜在独角兽企业
11	苏州南智芯材科技有限公司	经开区	江苏潜在独角兽企业
12	贝塔科技（苏州）有限公司	经开区	苏州独角兽培育
13	保时来新材料科技（苏州）有限公司	辛庄镇	苏州独角兽培育
14	迈宝嘉成（苏州）网络科技有限公司	高新区	苏州独角兽培育
15	天辰生物医药（苏州）有限公司	高新区	苏州独角兽培育
16	未势能源科技有限公司	经开区	苏州独角兽培育
17	苏州全波通信技术股份有限公司	高新区	苏州市瞪羚计划、苏南国家自主创新示范区瞪羚企业
18	常熟得美零部件有限公司	虞山高新区	苏州市瞪羚计划、苏南国家自主创新示范区瞪羚企业
19	江苏奥首材料科技有限公司	经开区	苏州市瞪羚计划、苏南国家自主创新示范区瞪羚企业
20	联优机械（常熟）有限公司	经开区	苏州市瞪羚计划、苏南国家自主创新示范区瞪羚企业
21	苏州合志杰新材料技术有限公司	高新区	苏南国家自主创新示范区瞪羚企业
22	恺博（常熟）座椅机械部件有限公司	高新区	苏南国家自主创新示范区瞪羚企业

续表64

序号	企业名称	镇（街道）	类别
23	江苏华电能创科技有限公司	高新区	苏南国家自主创新示范区瞪羚企业
24	阿为特精密机械（常熟）有限公司	高新区	苏南国家自主创新示范区瞪羚企业
25	苏州宏瑞达新能源装备有限公司	高新区	苏南国家自主创新示范区瞪羚企业
26	法雷奥新能源汽车（常熟）有限公司	高新区	苏南国家自主创新示范区瞪羚企业
27	埃斯创（常熟）汽车空调系统有限公司	高新区	苏南国家自主创新示范区瞪羚企业
28	海力达汽车科技有限公司	高新区	苏南国家自主创新示范区瞪羚企业
29	苏州颢裕智能科技有限公司	琴川街道	苏南国家自主创新示范区瞪羚企业
30	常熟耐素生物材料科技有限公司	海虞镇	苏南国家自主创新示范区瞪羚企业
31	苏州众捷汽车零部件股份有限公司	尚湖镇	苏南国家自主创新示范区瞪羚企业
32	苏州宏创高频加热设备有限公司	经开区	苏南国家自主创新示范区瞪羚企业
33	苏州聚复科技股份有限公司	经开区	苏南国家自主创新示范区瞪羚企业
34	捷云智能装备（苏州）有限公司	经开区	苏南国家自主创新示范区瞪羚企业
35	苏州康尼格电子科技股份有限公司	辛庄镇	苏南国家自主创新示范区瞪羚企业
36	苏州晶洲装备科技有限公司	辛庄镇	苏南国家自主创新示范区瞪羚企业
37	江苏明昊新材料科技股份有限公司	辛庄镇	苏南国家自主创新示范区瞪羚企业
38	苏州赀米光电有限公司	辛庄镇	苏南国家自主创新示范区瞪羚企业
39	苏州尼隆机电科技有限公司	辛庄镇	苏南国家自主创新示范区瞪羚企业
40	常熟骏驰科技有限公司	董浜镇	苏南国家自主创新示范区瞪羚企业
41	苏州慧金新材料科技有限公司	董浜镇	苏南国家自主创新示范区瞪羚企业
42	江苏博涛智能热工股份有限公司	辛庄镇	苏南国家自主创新示范区瞪羚企业
43	常熟高嘉能源科技有限公司	辛庄镇	苏南国家自主创新示范区瞪羚企业
44	江苏万禾制药有限公司	高新区	苏南国家自主创新示范区瞪羚企业
45	苏州弗艾柏生物科技有限公司	高新区	苏南国家自主创新示范区瞪羚企业
46	常熟市新达模塑成型有限公司	虞山高新区	苏州市瞪羚计划
47	华东至正工业自动化（常熟）有限公司	虞山高新区	苏州市瞪羚计划
48	常熟华庆汽车部件有限公司	董浜镇	苏州市瞪羚计划
49	江苏祥兆文具有限公司	高新区	苏州市瞪羚计划
50	常熟市海鑫船舶机械制造有限公司	莫城街道	苏州市瞪羚计划
51	常熟市宇龙模具有限责任公司	高新区	苏州市瞪羚计划
52	常熟市兄弟玻璃模具有限公司	高新区	苏州市瞪羚计划
53	苏州光舵微纳科技股份有限公司	虞山高新区	苏州市瞪羚计划
54	苏州弗兰特环保科技有限公司	辛庄镇	苏州市瞪羚计划
55	江苏金申医药科技有限公司	尚湖镇	苏州市瞪羚计划
56	江苏亿通高科技股份有限公司	虞山街道	苏州市瞪羚计划
57	迪思特空气处理设备（常熟）有限公司	高新区	苏州市瞪羚计划
58	苏州市苏润机械科技有限公司	辛庄镇	苏州市瞪羚计划

续表64

序号	企业名称	镇（街道）	类别
59	冷井热能科技（苏州）有限公司	辛庄镇	苏州市瞪羚计划
60	苏州东方模具科技股份有限公司	高新区	苏州市瞪羚计划
61	常熟市友邦散热器有限责任公司	董浜镇	苏州市瞪羚计划
62	常熟利星光电科技有限公司	高新区	苏州市瞪羚计划
63	多恩生物科技有限公司	海虞镇	苏州市瞪羚计划
64	苏州英芮诚生化科技有限公司	海虞镇	苏州市瞪羚计划
65	江苏中翼汽车新材料科技有限公司	高新区	苏州市瞪羚计划
66	常熟市精工模具制造有限公司	高新区	苏州市瞪羚计划
67	苏州通优新材料科技有限公司	董浜镇	苏州市瞪羚计划
68	苏州泰吉诺新材料科技有限公司	高新区	苏州市瞪羚计划
69	苏州江南爱停车科技有限公司	高新区	苏州市瞪羚计划
70	苏州英华特涡旋技术股份有限公司	高新区	苏州市瞪羚计划
71	苏州汇科技术股份有限公司	辛庄镇	苏州市瞪羚计划
72	常熟市杜尼电子有限责任公司	董浜镇	苏州市瞪羚计划
73	常熟市伟恒模具铸造有限公司	高新区	苏州市瞪羚计划
74	江苏华益科技有限公司	海虞镇	苏州市瞪羚计划
75	江苏鑫华能环保工程股份有限公司	虞山街道	苏州市瞪羚计划
76	苏州惠得利电子材料有限公司	辛庄镇	苏州市瞪羚计划
77	常熟市佳恒塑胶科技有限公司	辛庄镇	苏州市瞪羚计划
78	苏州斯尔泰光伏材料科技有限公司	辛庄镇	苏州市瞪羚计划
79	苏州赛奥科传媒有限公司	琴川街道	苏州市瞪羚计划
80	苏州艾木自动化设备有限公司	高新区	苏州市瞪羚计划
81	常熟众特汽车饰件有限公司	高新区	苏州市瞪羚计划
82	伟思磊工程塑料（常熟）有限公司	海虞镇	苏州市瞪羚计划
83	江苏达诺尔科技股份有限公司	海虞镇	苏州市瞪羚计划
84	裕钦精密拉深技术（苏州）有限公司	高新区	苏州市瞪羚计划
85	常熟市春来机械有限公司	莫城街道	苏州市瞪羚计划
86	普洛赛斯（苏州）智能装备有限公司	莫城街道	苏州市瞪羚计划
87	苏州祺添新材料股份有限公司	海虞镇	苏州市瞪羚计划
88	永华化学股份有限公司	支塘镇	苏州市瞪羚计划
89	安能医疗器械（常熟）有限公司	虞山高新区	苏州市瞪羚计划
90	常熟市工程质量检测中心有限公司	虞山高新区	苏州市瞪羚计划
91	常熟天地煤机装备有限公司	虞山高新区	苏州市瞪羚计划
92	苏州华兴欧立通自动化科技有限公司	虞山高新区	苏州市瞪羚计划
93	丰电金凯威（苏州）压缩机有限公司	高新区	苏州市瞪羚计划
94	江苏沙家浜医药化工装备股份有限公司	高新区	苏州市瞪羚计划

续表64

序号	企业名称	镇（街道）	类别
95	常熟市宝沣特种纤维有限公司	梅李镇	苏州市瞪羚计划
96	炬鼎热能科技（苏州）有限公司	董浜镇	苏州市瞪羚计划
97	江苏圣世铁路设备有限公司	支塘镇	苏州市瞪羚计划
98	苏州奥科姆自动化科技有限公司	经开区	苏州市瞪羚计划
99	苏州聚智同创环保科技有限公司	经开区	苏州市瞪羚计划
100	钦萘新能源科技（苏州）有限公司	经开区	苏州市瞪羚计划
101	江苏成创新能源科技有限公司	经开区	苏州市瞪羚计划
102	苏州慧桥自动化设备有限公司	经开区	苏州市瞪羚计划
103	常熟聚和化学有限公司	经开区	苏州市瞪羚计划
104	苏州知码芯信息科技有限公司	经开区	苏州市瞪羚计划
105	江苏同禾药业有限公司	经开区	苏州市瞪羚计划
106	常熟市石油固井工具有限公司	经开区	苏州市瞪羚计划
107	为度科创检测技术（苏州）有限公司	经开区	苏州市瞪羚计划
108	泰渡生物科技（苏州）有限公司	经开区	苏州市瞪羚计划
109	常熟市金华机械股份有限公司	经开区	苏州市瞪羚计划
110	常熟浦发第二热电能源有限公司	经开区	苏州市瞪羚计划

表65　　2023年常熟市入选省级工程技术研究中心企业一览表

序号	中心名称	承担单位	镇（街道）
1	江苏省海洋工程用金属材料工程技术研究中心	常熟市龙腾特种钢有限公司	梅李镇
2	江苏省轻量化环保汽车内饰件工程技术研究中心	常熟常春汽车零部件有限公司	虞山高新区（常福街道）
3	江苏省光电镀膜新材料工程技术研究中心	苏州京浜光电科技股份有限公司	虞山高新区（常福街道）
4	江苏省高精密芯片划片机工程技术研究中心	江苏京创先进电子科技有限公司	经开区
5	江苏省节能环保表面活性剂及功能性膜材料工程技术研究中心	多恩生物科技有限公司	海虞镇
6	江苏省（太普）动力型及储能式锂离子电池工程技术研究中心	太普动力新能源（常熟）股份有限公司	常熟高新区
7	江苏省薄壁钛合金管材制造工程技术研究中心	江苏圣珀新材料科技有限公司	常熟高新区
8	江苏省软硬结合板HDI工程技术研究中心	常熟东南相互电子有限公司	常熟高新区
9	江苏省5G用高精密低损耗连接器工程技术研究中心	科信成精密技术（江苏）有限公司	常熟高新区
10	江苏省智能精密拉深工程技术研究中心	裕钦精密拉深技术（苏州）有限公司	常熟高新区
11	江苏省（思达耐）高压共轨泵与电磁阀工程技术研究中心	思达耐精密机电（常熟）有限公司	常熟高新区
12	江苏省汽车精密级注塑产品工程技术研究中心	苏州新实达精密电子科技有限公司	古里镇
13	江苏省汽车动力系统精密控制部件工程技术研究中心	海力达汽车系统（常熟）有限公司	常熟高新区
14	江苏省高稳定性和可靠性氢气压缩机工程技术研究中心	丰电金凯威（苏州）压缩机有限公司	常熟高新区
15	江苏省物联网智慧园艺设施工程技术研究中心	常熟市佳盛农业科技发展有限公司	辛庄镇
16	江苏省汽车智能装配系统工程技术研究中心	苏州市苏润机械科技有限公司	辛庄镇
17	江苏省碳纤维复合材料汽车零部件工程技术研究中心	江苏亨睿碳纤维科技有限公司	常熟高新区

续表65

序号	中心名称	承担单位	镇（街道）
18	江苏省中空薄壁化工程技术研究中心	常熟希那基汽车零件有限公司	支塘镇
19	江苏省环保高纯化学试剂工程技术研究中心	永华化学股份有限公司	支塘镇

（资料来源：市科技局）

科技合作与交流

【概况】 2023年，全市获国家级外国专家项目2个，江苏省产学研项目8个，江苏省科技副总5名，江苏省级国际合作项目1个，苏州"海鸥计划"3项，累计获得上级涉外项目经费220万元。年内，市科技局加大科技招商力度，引进声学、汽车零部件、新能源等领域重大项目；组建科技镇长团，促进产学研合作、推动校地融合发展，形成政产学研合作长效机制。

【产学研合作】 2023年，市科技局促进240家企业与10多家高校院所建立紧密合作关系，全市新增产学研合作项目超260个，合同金额超5000万元，撬动企业研发投入超3亿元，产学研活动维持高活跃度。年内，常熟市举办政校企产学研对接活动15场，东南大学、南京航空航天大学、北京理工大学、南京工业职业技术大学等学校老师服务企业25次，收集企业技术需求39项，组织省产学研项目备案9个，新获评省产学研项目申报8个，完成结题3个，发动省内7家高校的14名博士对接企业申报省科技副总，组织科技副总考核27项。

【"名城名校"战略】 2023年，市科技局推进"名城名校"战略，用好高校资源。与南京大学签署《全面深化"苏州·中国声谷"产创融合高质量发展的合作协议》，形成"市校""局处""院企"多层级协同机制，围绕产业发展、企业重大需求、校地成果转化等方面开展专项合作。首次以"苏州·中国声谷创新基金"形式支持校内成果转化项目意向落户常熟7个，开展"揭榜挂帅"解决企业重大技术需求15项，带动达成企业合作经费2000万元。与常熟理工学院（以下简称常理工）开展校地合作，与常理工举办苏州市汽车产教融合发展大会，成立苏州市汽车及零部件产教融合联合体，获得苏州优势学科产业应用研究锻造计划立项，举办常理工大科园第二届创新创业大赛，助力10个高校项目落地创业，组建"三跨"（跨学科、跨学院、跨专业）科研创新团队84个，促成与常熟市龙腾特种钢有限公司、江苏常铝铝业股份有限公司、新华盛节能科技股份有限公司等近10多家地方企业建设联合创新中心，全年新增与常理工完成技术对接合同200项，签订产学研合同金额3842万元，对接服务本地企业209家；共建融合教学实习、企业导师、学生就业、教师企业研修、教师横向合作服务功能的"五合一"产教融合基地，获批省级产教融合型品牌专业5个，完成企业定向人才培养82人。与北京理工大学签署合作协议，优化"高校+行业学院"定制化合作机制。

【科技镇长团】 2023年，常熟市组建第十六批科技镇长团，围绕教育、科技、人才"三位一体"高质量发展，完成14名团员组团任务。自2008年在全省先行试点"科技镇长团"工作，常熟市累计引入科技镇长团团员挂职16批227人次。年内，市科技局承办苏州镇长团15周年专题活动，邀请22位往届团友到常熟开展合作交流。全年会同镇长团对接北京理工大学、吉林大学等学校，服务走访企业720多家次，在2023年"科技镇长团杯"苏州国际创新挑战赛中，常熟市服务、对接企业25家，对接大院大所专家80余人次，获"最佳组织单位奖"。

【科技招商】 2023年，常熟市落户科技招商项目1054个，主要落户在虞山高新区、高新区、经开区、辛庄镇、古里镇、梅李镇。在常熟市重点布局的声学、汽车及零部件、新能源三大产业创新集群方向，引进投资强度大、产业领域好或人才背景好的重大项目，包括科力梦行汽车系统（常熟）有限公司、华域视觉科技（常熟）有限公司、江苏北人绿色能源科技有限公司、阿奈索三维打印科技（苏州）有限公司、裕达丰科技（常熟）有限公司等重大科招项目。（庞　诚）

表66　2023年常熟市入选江苏省科技副总项目一览表

序号	承担单位	合作高校	科技副总
1	苏州第四制药厂有限公司	常熟理工学院	孙先宇
2	苏州佳顺智能机器人股份有限公司	南京工程学院	闫国栋
3	常熟卓辉光电科技股份有限公司	金陵科技学院	代　倩
4	苏州祺添新材料股份有限公司	江苏理工学院	孙艳云
5	常熟市创新陶瓷有限公司	南京工业大学	顾　坚

（资料来源：市科技局）

科学普及

【概况】 2023年，市科协根据《常熟市全民科学素质行动规划（2021—2035）》，支持和鼓励多元主题参与科普基础设施建设，举办第三十一届科普宣传周、2023年全国科普日等活动；2023年，常熟市创成“科创江苏”试点县（市、区）。年内，王淦昌故居获评“江苏省优秀科普教育基地”，李强革命历程展示馆获评“江苏省科学家精神教育基地”。

【科普场馆建设】 2023年，常熟市有各级各类科普教育基地48家，其中省级科普教育基地3家，苏州市级科普基地21家，全年服务各类观众4.5万人次。年内，市科协命名常熟市应急科普教育体验基地、苏州中欧氢能技术创新中心、常熟虞心心理健康中心等10家单位为常熟市科普教育基地，确认沙家浜国家湿地公园等19个常熟市级科普教育基地有效，有效期为2023—2027年。

【科普宣传周】 5月22日，2023年全国科技活动周暨苏州市第三十五届科普宣传周、常熟市第三十一届科普宣传周活动在常熟融媒体中心广播电视塔5G厅开幕。常熟市第三十一届科普宣传周活动以“热爱科学 崇尚科学”为主题，举行市第六届湿地保护周、第三十七届爱鸟周科普宣传活动暨新时代文明实践广场科普志愿服务活动、优秀科普剧会演等市级重点活动38项以及各具特色科普活动500项。其中第31届科普周开幕式、“科学之问”——未来科学家培养计划项目获评2023年全国科技活动周暨江苏省第35届科普宣传周、省“全国科普日”优秀活动项目。

【全国科普日】 2023年全国科普日系列活动于9月19—30日在全市各镇（街道）举行，活动以“提升全民科学素质，助力科技自立自强”为主题，通过举办常熟市“科学之问”—未来科学家培养计划、童“话”科普—小小科普讲解员大赛、“走近群星”——常熟籍院士专题展进校园、常熟市“银龄”专项科普宣传活动、关爱“科技人员健康”企业行等17项市级重点活动，发动市全民科学素质成员单位、各镇（街道）、学会以及全市科普教育基地，开展219项特色活动，促进全民科学素质提高。 （王晓理）

7月10日，常熟院士馆开馆 （市科协 提供）

科技管理

【科技人才项目管理】 2023年，常熟市申报上级双创人才项目251个，比上年增长5个，其中国家级人才5个，3个“万人计划”进入科技部面试环节；申报江苏省双创人才47个，比上年增长27%，其中创业类38个，创新类9个，进入面试项目26个，其中创业类19个，创新类7个；全年申报姑苏领军人才计划项目199个，姑苏人才项目立项28个，其中县级市唯一姑苏重大创新团队1个（苏州南智芯材科技有限公司）；申报“昆承英才”领军人才项目410个，比上年增长23.5%。

【科技创新券】 2023年，常熟市兑付“科技创新券”奖补资金1262万元，比上年增长268.53%。年内，市科技局运用“科技创新券”等财政后补助支持方式，解决创新企业在研发中面临的资源短缺和资金不足瓶颈，支持企业加大研发投入、加速科技成果转化。

【科技项目管理】 2023年，常熟市立项上级科技项目168个。年内，市级关键核心技术攻关（社会发展）项目指南新增科研创新平台建设专项，增加生态环境、医疗卫生等社会民生领域布局科研创新平台3个。市科技局编制科技创新“一本通”开展政策宣传，全年发布项目申报相关推送11条，通过重点企业重点服务、预申报等方式培育各类科技项目。 （庞 诚）

责任编辑 张莉莉

教 育

综 述

【概况】 2023年，全市有公办大、中、小学109所，其中小学60所、初中35所、普通高中8所、九年一贯制学校1所、特殊教育学校1所、职业学校3所、全日制普通本科院校1所；有公办幼儿园52所，校外素质教育基地2家；有民办中小学12所，新市民子弟学校11所，民办幼儿园72所。有专任教师13047人，备案制教师407人。学生总数22.2万人，其中公民办小学、初中、高中学生15.5万人，职教学生1.15万人，全日制本科生1.9万人，公民办幼儿园幼儿3.65万人。 （孙利峰）

【教育经费】 2023年，全市财政教育投入46.95亿元，全市免费义务教育所需资金全部按时、足额到位，特殊教育继续实行全部免费，对义务教育阶段新市民子弟免除学杂费。年内，全市生均公用经费按照普通高中1200元/人、中等职业学校1800元/人、初中1300元/人、小学1100元/人、独立法人幼儿园1200元/人；非义务教育阶段学校（单位）参照义务教育阶段实施绩效工资。 （陈国平）

【教师队伍建设】 2023年，全市新招录事业编制教师578人、备案制教师20人，其中研究生、“双一流”本科等优秀毕业生120人。民办学校引进特级教师4人。9人晋升教授级中学高级教师。修订2023年《常熟市中小学名师工作室管理办法》，推进新一轮20个名师工作室和2个成长共同体（卓越校长成长共同体、卓越教师成长共同体）建设。获评全国教学名师1人，获评省教学名师3人，获评苏州市“圣陶园丁奖”1人，参评正高级教师9人。新培养常熟市教学能手、学科带头人及以上骨干853人。在各级各类基本功、评优课比赛中，获江苏省一等奖2人、苏州市一等奖17人；在苏州市中小学教师学科素养大赛中，获一等奖26人；在职业学校能力比赛中，获江苏省二等奖5人、苏州市一等奖2人，获苏州市语数外青年教师素养竞赛一等奖2人。 （曹 深）

第四届常熟市师德模范名单

吕明婕（女）	常熟市实验小学
江 水	常熟市尚湖高级中学
张玲玲（女）	常熟市梅李高级中学
邹 红（女）	常熟市福山中学
周露虹（女）	常熟市世茂实验小学
陈红梅（女）	常熟市报慈小学
邓亚娟（女）	常熟外国语学校
张志刚	常熟市颜港小学
蒋 红	常熟市实验中学
茅丽亚（女）	常熟市昆承中学

第四届常熟市师德模范提名奖名单

蒋金娣（女）	常熟市第一中学
周丽娜（女）	常熟市石梅小学
陈春芳（女）	常熟市王庄中心小学
陈红艳（女）	常熟市大义幼儿园
陈 丹（女）	常熟市开元小学
张 琼（女）	常熟市实验幼儿园
王 青（女）	江苏省常熟中等专业学校
倪雪萍（女）	常熟市塔前幼儿园
黄利均	常熟市滨江实验小学
邵锦月（女）	常熟市吴市幼儿园

【教育督导】 2023年，市教育局组织对8所中学、8所小学、8所幼儿园进行综合督导，其中，对崇文小学、崇文幼儿园、锦荷中学采用第三方督导的形式。组织责任督学挂牌督导11次，做到学段和学校全覆盖，全区域70名专兼职督学到253所中小学、幼儿园开展多形式挂牌督导。年内，教育部对常熟进行县域义务教育优质均衡国家评估认定实地核查，专家组认定，常熟市基本达到县域义务教育优质均衡发展国家评估认定标准。 （马 骏）

【教育科研】 2023年，常熟市组织开展2023年度省市规划课题申报，分学段举行5个场次18个省规划课题中期研讨论证，指导游文幼儿园参加省规划精品课题现场答辩。东南幼儿园的课题《基于完整经验的幼儿成长空间再造的实践研究》立项国家一般课题。完成第13批1359个微型课题结题评审，第14批微型课题立项1458个。常熟市级校本研修专项课题立项35个，评选教科研先进个人133人。 （陈志江）

【校园安全】 2023年，常熟市组织120多名公办中小学安全工作负责人到泰州市学校安全教育实训基地进行安全管理实操培训，完成“校园安全责任事故调解处置座谈培训会”新一轮座谈培训。校园“互联网+明厨亮灶”工程实施率100%，校园食堂食品安全量化分级优秀比例超94%。年内,开通江苏省常熟中学、常熟市中学的夜间“校园快线”和崇文中学、清晖中学的“校园快线”,缓解校园周边交通秩序。市教育局与公安局联合举办常熟市校园保安培训。2023年,市教育局被常熟市食品安全委员会评为“2022年度食品安全工作先进集体”。

(于春明　褚学萍)

【教育信息化】 2023年,市教育局建成并应用常熟市智慧教育云平台、精准教研大数据平台、人工智能教育应用平台、苏州线上教育常熟中心等平台体系。苏州线上教育常熟中心共建设各类数字资源超过3万节,开设名师课程2.2万节,全市300余位学科带头、骨干教师、名教师等优秀中青年教师参与线上教学,持续扩大优质“线上课程”资源供给。11所苏州市四星级智慧校园列入省级智慧校园培育,17所学校申报创建苏州市四星级智慧校园。4月,常熟承办“央馆人工智能课程”规模化应用第一期试点工作第一次现场交流会,中国教育电视台以《探索AI教育“常熟经验”打造全国人工智能教育示范区》进行专题报道。

(褚学萍)

表 67　　2023 年常熟市学校建设情况一览表

序号	学校(园)名称	建设类别(新建、改扩建、异地新建)	学校类别(幼儿园、小学、初中、高中)	办学规模	增加规模	增加学位数(人)	性质(公办、民办)	占地面积(亩)	建筑面积(平方米)	投入资金(万元)	学校地址
1	外国语学校	改扩建	高中	14	0	0	公办	100.9	50163	2707.43	虞山街道虞山北路193号
2	琴湖幼儿园	改扩建	幼儿园	4	2	180	公办	11.8	5152	4026.05	琴川街道琴湖路洪泾里南17号
3	石梅小学	改扩建	小学	8	0	0	公办	34.4	16321	993.57	虞山街道石梅街1号
4	江苏省常熟中学	改扩建	高中	16	0	0	公办	250	67359	3046	琴川街道汇文路2号
5	塔前小学	改扩建	小学	8	0	0	公办	32.3	19004	576.64	虞山街道金沙江路65号
6	尚湖中心小学	改扩建	小学	5	0	0	公办	40.7	17947	629.59	尚湖镇永宁路168号
7	钱底巷幼儿园	新建	幼儿园	4	4	360	公办	14.7	8189	4334.52	常福街道珠海路以西、柳州路以东、台山路以南
8	梅李第二幼儿园	新建	幼儿园	6	6	540	公办	18.3	10993	6574	梅李镇将军路南侧,昌谷路东侧
9	南部新城幼儿园	新建	幼儿园	3	3	270	民办	6	3009	1900	辛庄镇繁华路西侧,长盛路北侧
10	尚湖幼儿园	改扩建	幼儿园	4	1	90	公办	10.9	7791	3500	尚湖镇永宁路168号
11	王淦昌初级中学	改扩建	初中	8	0	0	公办	61.5	13381	3296.37	支塘镇淦昌路20号
12	苏常外学校	新建	初中	4	4	1680	民办	66	57652	32000	海虞镇王市路以东,萝卜泾以南

(资料来源:市教育局)

基础教育

【概况】 2023年,全市有在读幼儿3.65万人,小学生9.8万人,初中生3.9万人,高中生(普高)1.8万人。全市适龄儿童小学入学率、巩固率、普及率和毕业率均为100%,初中入学率、巩固率和毕业率均为100%,残疾儿童少年入学率、贫困家庭子女入学率为100%,高中段毛入学率100%,普职比7∶3,高等教育毛入学率75.4%。全市167所公办学校(含部分设服务区的社会办幼儿园)中145所开放新市民子女积分入学,开放比例86.8%,全年累计为新市民子女提供公办学位1.97万个,其中纯积分入学8517个,以房入学1.12万个。　(丁永忠)

【学前教育】 2023年,全市有幼儿园124所,其中,江苏省优质幼儿园61所,苏州市优质幼儿园26所,在读幼儿3.65万人。年内,市教育局颁布《常熟市课程游戏化背景下保育员工作指导手册》。江苏省级区域推进幼儿园课程游戏化项目获省级视导优秀,常熟市课程游戏化建设项目接受《江苏教育》杂志社专访,在江苏省学前教育宣传月苏州现场活动中展示成果。昆承幼儿园成功申报江苏省课程游戏化前瞻性项目园。东南幼儿园课题《基于完整经验的幼儿成长空间再造的实践研究》立项为江苏省唯一的国家一般课题。完成8所民办幼儿园年度考核问题整改,完成省优质园复审和苏州优质园创建迎评活动。

(张渝茜)

【义务教育】 2023年,常熟市有公办小学60所、初中35所,在读小学生9.8万人,初中生3.9万人,专任教师3404人。年内,市教育局发布《2023年常熟市义务教育阶段学校入学工作意见》。参加积分入学申请的5858名新市民子女全部进入公办学校就读，积分准入率100%。修订完善政府购买学位操作细则，结合新市民子弟学校治理、民办义务教育学校发展等情况，开展购买学位相关工作，民办义务教育在校生占比控制在5%以内。开展2期项目式学习优秀案例评比活动，加强跨学科主题学习活动。邀请江苏省教育科学研究院基教所专家到常开设讲座，指导基础教育课程改革、学校内涵建设。年内，常熟市通过教育部县域义务教育优质均衡国家评估认定实地核查。（费学锋　卢一安）

【普通高中教育】 2023年，全市有公办普通高中8所，在校高中生1.75万人，教师1800人。年内，各校结合本校生源特点加强选科评估与指导工作，开展学业发展指导和生涯规划教育。江苏省常熟中学、常熟市中学研究拔尖创新后备人才培养机制，开展自主招收特长生工作。王淦昌高级中学晋评省四星高中，海虞高级中学通过省三星评审。组织参加高中学科竞赛，全市获得国家一等奖人数达到15人（化学8人，生物4人，数学2人，物理1人），其中化学学科3人入围江苏省省队，入选省队人数位列全省第二。2023年高考，全市特控线上线率60%，超上年7个百分点；本科上线率高于全省30%；全市有5人进入全省理科前100名，1人进入全省文科前100名，苏州市理科前10名中常熟占4人，12名学生获清华、北大投档资格，6名学生被清北录取，C9（九校联盟）高校录取50人，985、211高校录取450人；海虞高级中学1名体育类考生进入全省前100名。（丁永忠）

【特殊教育】 2023年，全市有义务教育阶段经专家认定的特殊学生749名。其中，持证残疾学生288名。97名中重度学生就读于特殊教育学校（占12.95%），630名轻中度学生以随班就读、特教班的方式安置于各普通中小学校（84.11%），为22名重度残疾少儿提供"上门送教"（2.94%）。全市建成融合教育资源中心126个，其中包括学前融合资源中心49个、小学（包括九年一贯制学校）融合资源中心51个，初中融合教育资源中心25个，职高融合教育资源中心1个。全市有专职持证资源教师20名，兼职持证资源教师113名。2023年6月，2020年江苏省基础教育前瞻性教学改革实验项目《县域"特教班"融合教育运行模式的构建与实施》完成结项。12月，江苏省基础教育前瞻性教学改革实验项目（融合教育示范区建设）到常熟调研视导。全年组织全市中小幼资源教师培训3次，合计6天28学时，受益人数超250人。开展区域内首届融合教育示范学校、先进学校创建评选活动，对全市18所学校开展现场评估验收，评选出首批融合教育示范学校、先进学校各7所。建成常熟市融合教育数字化管理平台，在线注册学校135所、建立特需学生电子档案796人。成立常熟市职业融合教育联盟。（费学锋）

6月7日，2023年全国普通高校招生考试拉开帷幕，4907名常熟考生走进考场（李献　张轩硕　摄）

【素质教育】 2023年，常熟市举办全市初中"双减"工作现场推进会，开展全市"三全教育"教育论坛活动，推动各校升级课后服务，丰富社团活动。全市各校开设校级走班社团总数1293个，班级社团4566个。全面落实苏州市"全国中小学劳动教育实验区"建设要求，探索区域劳动教育模式，青少年综合实践学校等9处基地获苏州市中小学生劳动教育实践基地称号，常熟市石梅小学等5所学校获苏州市劳动教育特色学校称号。举办常熟市中小学生田径运动会、"市长杯"足球赛、阳光大课间、啦啦操等系列比赛。重视艺术教育实践活动，省中获评江苏省艺术教育特色学校。组织参加苏州市、江苏省青少年科技创新大赛，实验中学、职教中心两个项目获省级二等奖；东南实验、义庄小学、职教中心获评苏州市"十四五"第二批科学教育综合示范学校。（丁永忠）

【常熟市实验小学】 学校始建于清光绪三十三年（1907），前身是常熟（县）市学前小学，1981年改称今名，为江苏省首批实验小学。2023年，学校有57个班级，2553名学生，专任教师146人，有省特级教师1名，苏州市名教师、学科带头人11名，常熟市学科、学术带头人30名。学校深入推进教育教学改革。"全息学习"获基础教育国家级教学成果奖二等奖。（邵　慧）

【常熟市石梅小学】 学校始建于1902年，其前身为1725年所建的"游文书院"，两代帝师翁同龢曾就读于此。学校背靠虞山，毗邻读书台，占地面积

22942.4平方米，建筑面积19706.08平方米。2023年学校有38个教学班，1575名学生，教职工104名，在职任课教师99名。学校有江苏省特级教师1名，姑苏领军人才1名，苏州市学科带头人5名，常熟市学科带头人14名，常熟市教学能手53名，是苏州市“四有”好教师团队培育单位。2023年获江苏省“红领巾奖章”四星章、江苏省节水型学校、“十四五”苏州市科学教育综合示范学校以及苏州市中小学生社团建设先进学校、苏州市劳动教育特色学校等荣誉。（须　洁）

【常熟市实验中学】 1998年，学校建于江苏省常熟中学原址。2005年，学校整合搬迁至湘江东路102号。2014年，位于勤丰路100号的崇文校区正式启用。学校占地面积为98496平方米，建筑面积72270.37平方米，2023年，学校有109个班级、5128名在校学生，在编教师365人，其中高级教师129人，常熟市级以上骨干教师187人。2023年，新评常熟市级教学、德育能手23人，新评常熟市级学科带头人14人。年内获江苏省青少年科技创新大赛二等奖1项。（蒋若飞）

【常熟市第一中学】 学校前身是1924年创办的常熟县立初级中学。2010年7月，挂牌“常熟理工学院附属中学”，是常熟市唯一一所坐落在古城区的初级中学。学校占地面积39000平方米，建筑面积28065平方米。学校共有42个教学班级，在校学生1860名，在编教职工150名，其中苏州市姑苏教育青年拔尖人才、苏州市名教师各1名，苏州市学科带头人5名，常熟市级以上骨干80名。（韩介锋）

【江苏省常熟中学】 学校前身为1938年创办于四川（今重庆）合川的国立第二中学。1946年，学校东迁至江苏常熟，1953年定名为江苏省常熟中学，1959年列为江苏省重点中学，1998年学校整体搬迁至常熟市汇文路2号，学校占地面积约16.67公顷，建筑面积6万余平方米。2023年，学校有50个教学班，在校学生2400多人，在编教职员工273人，其中专任教师254人：高级职称137人，中级职称77人。2023年高考，被清华和北大录取6人，600分以上366人，本一上线率94%。2023年，学校入选北京大学博雅人才共育基地；与美国罗伊斯莫尔学校签署姐妹学校合作协议；完成教育部重点课题《“强基计划”视阈下优质高中创新人才培养模式的实践研究》的结题；项目《创新人才培养探索：指向创造性问题解决（CPS）模型的课程开发与实践》入选第六届中国教育创新成果公益博览会，获“SERVE提名奖”；举办“弦歌不辍 共续华章”江苏省常熟中学八十五周年校庆系列活动。（邹　燕）

【常熟市中学】 学校创建于1924年，是常熟最早的公办中学。学校占地总面积17.31公顷，建筑总面积84226平方米，2023年有班级48个，学生2354人，教职工（高中级职称人数）256人，其中，正高级教师6名，江苏省特级教师3名，“苏教名家”培养对象2名，江苏省教学名师2人，苏州市教育领军人才4名，苏州市青年拔尖人才、名教师和学科带头人34名。2023年高考，本一上线率93.4%，600分以上209人，被985、211、双一流高校录取234人。年内，“跨学科研教”的队伍建设路径、“跨界课堂”的教学改革模式获国家教学成果二等奖、江苏省教学成果奖一等奖。（华国平）

【常熟市特殊教育学校】 2023年，学校有在校学生152名，教职员工46名。学校分设低龄康复部、中龄培智部、大龄职教部，班级18个（含职高办班点）。年内，学校接受江苏省基础教育前瞻性教学改革实验项目调研视导；完成2019年江苏省基础教育内涵建设重点推广项目的结项工作；接受教育部义务教育优质均衡县市现场评估。教师田怡倩获2023年江苏省基础教育（特殊教育）青年教师基本功大赛一等奖，学生张星澎获“新时代苏州好少年”称号。（朱文宝）

职业教育

【概况】 2023年，常熟市有职业学校3所，在校学生1.16万人，其中，五年制高职学生3739人；夏季毕业学生2621人，中职学校毕业生双证持有率为100%，就业率为97.7%；2023年，全市中职学生省学测6门学科全部合格率超98%，获中高级技能等级证书2070人，获工业机器人运维、界面设计等“X”证书399人，全市中职职教高考实考人数385人，本科上线168人，达线率43.6%，大专达线100%；转段本科94人，升入高职院校1126人。2023年，全市有省“双优计划”项目省优秀学校1所、省优质专业6个，苏州市“双优计划”项目优质专业群2个、优质专业3个。全市职业学校新增市级教学能手41人，学科带头人41人，“双师型”教师占专任专业教师比例78%。师生参加技能大赛、教学能力大赛、班主任能力大赛和创新创业大赛，获省级奖7金、27银、26铜。

【现代职教体系建设】 2023年，常熟市形成“一校三区（一校指常熟职业教育中心校，三区即江苏省常熟中专、高新园中专、滨江职校）、一体发展”格局。年内，常熟市举办常熟职业教育高质量发展大会，成立常熟市职业教育产教联合体，组建装备制造等4个行业产教融合共同体；新增恺博（常熟）座椅机械部件有限公司、凯毅德汽车系统（常熟）有限公司等9家省级产教融合型企业。推进国家现代职教体系建设改革重点任务，常熟中专高端装备制造产教融合实践中心、常熟市龙腾特钢集团职业技能实践中心、滨江职校化工类专业区域开放实践中心、常熟中专汽车及零部件产教融合共同体、龙腾特钢装备制造产教融合共同体、高新园中专工艺美术产教融合共同体、滨江职校化工新材料产教融合共同体等7个项目获省级立项。推进常熟中专省级虚拟仿真实训基地立项建设，新建“汽车智能技术实训中心”。

【职业教育人才培养】 2023年，常熟市职业学校有教学能手68人，学科带头人41人。市教育局推进"双师型"教师队伍建设，组织全市460名专业教师参加江苏省"双师型"教师资格认定。推进奇瑞捷豹路虎公司苏州市职业学校"双师型"教师培养培训基地建设，新建立项凯博座椅等6个常熟市级"双师型"教师培养培训基地。江苏省常熟中等专业学校（以下简称常熟中专）思想政治课教学团队获省"三全育人"中等职业学校思想政治课教学创新团队称号。

【职业教育技能竞赛】 2023年，常熟市组织中职学生参加各级各类职业院校技能大赛。在全国职业院校技能大赛中，常熟中专学生卞宇舟、王晔斌获模具设计与制造技术项目全国大赛银牌。在2023年度江苏省、苏州市"四大赛"（职业学校技能大赛、职业学校教学大赛、职业学校班主任能力大赛、职业学校创新创业大赛）中，获省级7金27银26铜，获苏州市级21金57银98铜。

【职业教育学科建设】 2023年初，常熟中专启动省优秀学校和数控技术、机电一体化技术2个省优质专业，常熟高新园中等专业学校（以下简称高新园中专）启动工艺美术省优质专业建设。年内，新增常熟中专汽车检测与维修技术专业、高新园中专服装设计与工艺专业、滨江职校化学工艺专业3个省优质专业建设项目和常熟中专大数据与会计专业、滨江职校机电技术应用专业2个苏州市优质专业建设项目。常熟中专获评江苏省"三全育人"典型中等职业学校。 （王 春）

【江苏省常熟中等专业学校】 2023年，江苏省常熟中等专业学校有在校学生6341人，教职员工614人。设有机电工程系、电气工程系、传媒艺术系、经贸管理系、汽车工程系、旅游管理系、基础部、继续教育部8个系部，班级159个。2023年，学校通过江苏省五年制高等职业教育办学单位人才培养工作水平评估。获评江苏省中等职业教育优质专业1个，获评苏州市职业教育优质专业1个；获江苏省第一批现场工程师专项培养计划项目1个、江苏省职业教育校企合作典型生产实践项目1个。学校获评"苏州市'园丁先锋'党建文化品牌示范学校""'十四五'苏州市科学教育综合示范学校"等荣誉称号。获2023年全国职业院校技能大赛中职组"现代模具制造技术"赛项团体二等奖，世界教育机器人（WER）2023赛季世界锦标赛冠军和季军，江苏省职业院校技能大赛4金、13银、11铜，江苏省职业院校教学能力比赛二等奖3项、三等奖4项，江苏省创新创业大赛二等奖2项、三等奖1项，江苏省中小学生信息素养提升实践活动大数据分析项目一等奖1项，江苏省34届青少年科技创新大赛二等奖1项，江苏省29届青少年科技模型决赛三等奖1项，全国中小学信息技术创新与实践大赛（NOC）三等奖1项。在2023年江苏省职业学校田径比赛中，学校田径队获2金、2银、2铜；在2023年江苏省职业学校比赛中，学校女子篮球队获中职女子组篮球赛第三名，男子足球队获高职男子组足球赛第五名。 （徐丽娟）

【常熟高新园中等专业学校】 2023年，常熟高新园中等专业学校（常熟市艺术学校）有学生2496人，教职工202人，其中常熟市级以上骨干教师112人，硕士研究生31人，中、高级职称教师占专任教师比例达83.66%，"双师型"教师占专任专业教师77.67%。学校有机电部、服装和艺术部、旅游和商贸部、基础部4个系部。有省级品牌或特色专业4个、省优质专业2个、江苏省现代化专业群2个。学校有教育部"1+X"试点项目4个。2023年本科录取率51.72%，列常熟市各职业学校第一；江苏省学业水平考试中学生全科合格率为97.2%；在技能竞赛中，获省赛一等奖1个、二等奖4个、三等奖6个；苏州市技能赛获一等奖6个、二等奖15个、三等奖21个。在教学大赛中，获得省赛二等奖1个；苏州市赛获三等奖3个。在苏州市职业学校创新创业大赛中，获得一等奖1个，二等奖1个，三等奖2个。 （平建新）

【常熟市滨江职业技术学校】 2023年，常熟市滨江职业技术学校有在校学生2804人，在编在岗教职工197人，其中全国模范教师、江苏省教学名师、江苏省职教领军人才、苏州市学科带头人、常熟市学科带头人等县市级以上骨干教师80人。学校有基础管理部、机械工程部、机电工程部、化工信息部4个系部。有常熟市职业学校"双师型"教师培养培训基地1个。2023年，实现就业率98%以上。2023年高考，达到本科线52人，本科达线率40.3%，中专班学生被高职院校录取72人。全年获苏州市级以上表彰奖励11人次，1人获评首批苏州市"圣陶园丁奖"。2023年，完成18个专业实施性人才培养方案修订，新增校企联合培养项目15个，获评江苏省优质专业1个，苏州市优质专业1个。成立"苏州市化工新材料产教融合共同体""常熟市化工新材料产教融合共同体"和"常熟市职业教育绿色化工专业建设指导委员会"。获评第二批常熟市职业教育校企合作示范组合2个、"江苏省第五批产教融合型试点培育企业"2家、"常熟市中小学劳动教育实践基地"4个、"苏州市中小学劳动教育实践基地"1个、"第二批苏州工匠实训基地"1个。学校获评"常熟市廉洁建设先进校""常熟市劳动教育特色学校"等荣誉。2023年，获苏州市级以上技能大赛奖项58项，其中在江苏省技能大赛中获2金、8铜，在江苏省教学能力大赛中获二等奖1项，三等奖1项。 （张 恒）

常熟理工学院

【概况】 常熟理工学院（以下简称常理工）是"国家教育体制改革"试点项目高校、国家"十三五"应用型本科产教融合发展工程项目建设高校、国家"十四五"教育强国推进工程储备院校、教育部"卓越工程师教育培养计划”试点高校、全国高校质量保障机构联盟副理事长单位、江苏省首所省市共建省属本科高校。2023年，学校占地面积120多公顷，建筑面积60多万平方米，建有东湖和东南2个校区，设有14个二级学院（部），51个招生本科专业。普通全日制在校本科生1.9万人；联合培养全日制研究生225人；继续教育学院成人学历教育在籍学生7214人。2023年，常理工录取新生5396人，毕业生就业率93.83%。获评全省高校毕业生就业工作量化督导A等高校、全省高校毕业班辅导员就业工作轮训先进基地。

3月22日，常熟理工学院选手在2023年中国大学生阳光体育游泳锦标赛中打破全国纪录（常理工　提供）

【学科建设】2023年，常理工确定“学科建设年”，工程学学科进入ESI全球排名前1%，动力工程及工程热物理、控制科学与工程、生物工程3个学科获评“十四五”省重点学科中期检查“优秀”等级，优秀率达75%。测控技术与仪器、计算机科学与技术、新能源汽车工程等3个专业入选省级卓工2.0专业，机械工程、电子信息工程、服装设计与工程等3个专业入选省级产教融合品牌专业，新能源汽车测试及装备工程实践教育基地入选省级产教融合重点基地，7名兼职教师入选江苏省本科类产业教授，入选数量均位居全省同类高校第一。

【师资队伍】2023年，常理工有教职工1606人，其中专任教师1205人，高级职称754人，博士693人。教育部新世纪人才、国务院政府特殊津贴、省有突出贡献中青年专家、省“333工程”“青蓝工程”“六大人才高峰”“省双创博士”入选280人次，国家级教学名师、省级教学名师4人，省优秀教学团队（科技创新团队）14个。全年引进博士或副高以上人才38人，其中具有博士学位的37人，占比达97.4%。新聘讲座教授、客座教授10人。

【教育教学竞赛】2023年，常理工获国家教学成果奖二等奖3项，获年度江苏教改课题重中之重项目1个，重点项目2个，一般项目4个，获年度省高校微课教学比赛一等奖4项、二等奖2项、三等奖3项，入选国家一流课程4门，特色案例入选江苏高校教学数字化典型案例，《沙家浜红色文化资源传承与开发》生产性劳动实践项目入选全国优秀案例。实践案例在全国高校质量保障机构联盟组织的“不同类型高校质量保障体系建设优秀范例选树活动”获一等奖，1个案例入选首批“全国高校质量文化建设示范案例”。位列“2018—2022全国新建本科院校学科竞赛排行榜”全国第三，江苏第一。排行榜赛事国家级获奖191项。获第九届中国国际大学生创新大赛国赛金奖1项、银奖4项，省赛一等奖5项、二等奖2项、三等奖3项，获省赛高教主赛道“优秀组织奖”。获第十八届全国大学生课外学术科技作品竞赛国赛主体赛三等奖1项，省赛主体赛特等奖2项、一等奖3项、三等奖1项，“挑战杯”中国大学生创业计划竞赛工作获团中央通报表扬。校女子毽球队代表江苏省参加全国第一届学生（青年）运动会，获2金、4银，学校获省教育厅贺信表扬；校排舞队获“舞动中国”排舞总决赛特等奖；校游泳队队员获第22届中国大学生游泳锦标赛（总决赛）50米自由泳金牌，并打破该项目记录；校龙舟队获中华龙舟大赛精英组第3名。在省第七届大学生艺术展演活动中获奖27项，其中一等奖1项，二等奖11项，三等奖14项，校长风采奖1项。

【教学科研与发明专利】2023年，常理工获省部级科研成果奖12项，其中江苏省哲学社会科学优秀成果奖一等奖2项，江苏省科学技术奖三等奖1项。获批国家级项目22个、省部级项目68个，其中国家自然科学基金项目15个、江苏省自然科学基金7个，教育部人文社会科学研究项目12个，首次获批国家发展改革委、科技部全面创新改革任务揭榜项目。成立常熟理工大科园有限公司；发挥苏州琴川智库决策咨询作用；政校企共建“长三角工业数字化赋能中心”“产教融合工程中心”。组建科研创新团队84个，服务人工智能、新材料、新能源汽车、声学等多领域企业808家，其中，入选年度省“双创计划”科技副总11人。签订横向项目1019个，合同经费1.89亿元，到账经费1.31亿元，授权发明专利201件，获评省高等学校知识产权研究会“知识产权工作先进集体”。（马志颖）

社会教育

【社区教育】2023年，常熟市根据《苏州市终身学习条例》有关要求，进一步完善社区教育体系，增加社区教育资源，提升社区教育品质。开展社区教育惠民项目，实行市镇两级项目管理，落实过程监督、总结验收等工作，全年共立项实施项目40个，其中重点项目20个。

【老年大学】 2023年，常熟市有老年大学（老年教学点）27所，数量居苏州首位，覆盖全市14个板块。全市老年大学项目点有管理人员110人，专兼职教师203人，开设课程217门，设置老年教育学位16922个。年内，市教育局围绕2023年度苏州市民生实事工程“建设百所家门口的老年大学”重点工作，制定《常熟市老年教育考核评价指标（2023年）》，联合卫健委、民政局发布《关于开展百所“家门口的老年大学”建设申报工作的通知》，面向市、镇老年大学召开专题工作研讨会，开发课程资源。 （潘勇平）

【常熟开放大学】 常熟开放大学前身是苏州广播电视大学常熟分校，2005年合并成立江苏省常熟职业教育中心校，同时保留电大校名。2023年，校园占地面积518亩，建筑面积18万平方米，资产总值近5亿。学校现有全日制学生6300多人，教职员工600多人。设有机电工程系、电气工程系、汽车工程系、传媒艺术系、经贸管理系、旅游管理系6个专业系和继续教育部、基础部2个部。学校是国家中等职业教育改革发展示范学校、教育部现代学徒制试点单位、江苏省现代化示范性职业学校、江苏省智慧校园。 （徐丽娟）

【校外培训监管】 2023年，市教育局成立校外培训专项治理执法工作专班，以部门加属地协同治理形式推动校外培训机构专项治理。全市学科类培训机构由原先的191家整治到2家，优化区域教育生态。2023年《联合执法专班实体化运作，创新校外培训监管执法新模式》，获评江苏省“双减”典型案例，获教育部督导组的高度肯定，被列入江苏省16个可向全国推广的案例之一。 （董亚琴）

民办教育

【概况】 全市有民办中小学22所（其中11所为新市民子弟学校），比上年增加1所。民办中小学在校生1.5万人，比上年减少959人。民办幼儿园72所，比上年增加14所。在园幼儿9113人，比上年减少5924人。 （张爱华）

【常熟世界联合学院】 常熟世界联合学院院成立于2015年，是中国内地的第一所、全世界第15所UWC，是一所国际文凭大学预科课程学校，常熟UWC提供两年制IBDP课程和一年制预备课程，面向全球100多个国家和地区招生。2023年，常熟UWC有学生618人、教职工160人。年内，学校与常熟市委市政府联合推动“UWC+”项目建设，参与教育发展、对外交流、社区联动和招才引智。 （瞿 娟）

【常熟伦华外国语学校】 2023年，常熟伦华外国语学校占地面积5.3万平方米，建筑面积5万余平方米，2023年有在校学生2114人，教职员工381人，其中常熟市学科带头人9人，常熟市教学能手28人，常熟市社会力量办学校教学能手22人，苏州市优秀班主任、常熟市优秀班主任、常熟市优秀德育工作者、常熟市优秀教育工作者7人。有学生获奖943人次，教师获奖217人次，国家省市论文发表获奖205人次，省市级课题结题32个。年内，学校获“江苏省演艺集团社会艺术水平考级委员会指定培训考级基地”“拔尖创新人才项目合作基地”“全国‘双减’改革实验项目核心基地”“首批‘苏州市青少年数字公民培育计划’优秀项目学校”“苏州市劳动教育特色学校”“常熟市中小学社团建设先进学校”等称号；获教育部人文社会科学重点研究基地“十三五”重大项目——《中国外语教育理论与实践创新研究》优秀实验基地奖，全国中小学校园影视银杜鹃奖，苏州市第一届“清朗杯”青少年法治辩论赛“优胜奖”，苏州市“普通话、苏州方言、英语口语”比赛（团体）特等奖、优秀组织奖，苏州少儿手绘地图大赛优秀组织奖，苏州市青少年科普剧比赛剧本奖小学组一等奖，常熟市中小学生文艺汇演一等奖等。 （张 彤）

【常熟康桥学校】 常熟康桥学校创立于2021年，规划实施从幼儿园到高中十五年一贯制教育。2023年，学校增设高中部，实施十二年一贯制教育。总占地8.85万平方米，已投入使用占地面积5.15万平方米，建筑面积为4.11万平方米。2023年，有在校生500人，教职工180人。学校获评“江苏省智慧校园”“苏州市三星级智慧校园”“苏州市语言文字工作规范化建设达标学校”等称号；获2023年常熟市第二十九届青少年科技模型竞赛比赛二等奖、三等奖，2023年常熟市中学生英语口语电视比赛三等奖，常熟市数学小论文、数学日记评比二等奖，2023年苏州市中华经典美文朗诵大赛（小低个人）一等奖等。 （徐佩秋）

招生考试

【成人高考】 2023年，全市报名参加成人高考人数3741人（其中高升专1347人，高升本325人，专升本2069人），其中申请免试158人，改革项目210人，成绩互认12人，退役士兵71人，实际参考3290人（其中高升本325人，高升专1313人，专升本1652人）。

【自学考试】 2023年，全市自学考试报考人数7093人（含增考2107人）；全年报考课次（含增考）14846门；全年273名毕业生中有本科172人，专科101人。

【资格等级考试】 2023年，全市参加计算机、英语证书考试人数11405人，其中全国计算机等级考试（NCRE）报名8813人；全国英语等级考试（PETS）报名2592人。教师资格考试报名7183人。大学英语四六级考试全年报名30810人。 （王 晖）

责任编辑 张莉莉

文　化

公共文化

【概况】 2023年，常熟市人均接受文化场馆服务次数10.05次，辖区内村（社区）综合性文化服务中心标准化建设达标率100%。全年开展文化活动直播77场次，发布活动预约856场次，发布视频资源鉴赏69个，发布资讯2469篇，线上服务共计240万人次，排名苏州各市（区）第一。市文体旅游局组织文化惠民系列公益综艺专场演出50场，安监局安全生产月演出28场，评弹进百村210场。实施“我们的中国梦——文化进万家”2023年常熟市文化惠民系列巡演活动，共深入全市各镇街道、村社区演出260场。（刘　煜）

【全民阅读】 2023年，常熟市持续打造“书香常熟”城市文化品牌建设。全市有行政村、涉农社区农家书屋214个，社区书屋123家，城市书房4家，形成图书馆总分馆体系。年内，常熟市推动实体书店提档升级，发放2023年度全市实体书店资助金近30万元，全市最大的城市书房——工人文化宫阅读空间在建中。以“奋进新时代 阅读正当时”为主题组织第十六届常熟市阅读节，发布阅读活动245项，其中主体活动27项。开展2023年度常熟市居民阅读状况调查。开展“明说天下”“大手牵小手”文学志愿活动、职工读书节等特色读书活动100余场。组织“新时代乡村阅读季”“我的书屋・我的梦”“阅读在行动”百场配送等活动，探索实施“农家书屋+”模式。贯彻落实《全国青少年学生读书行动实施方案》，在中小学校园、幼儿园，大力倡导家庭阅读、亲子阅读；开展“乐龄驿站”老龄阅读活动；组织教师阅读志愿者14人、返乡大学生志愿者40余人在各基层农家书屋开展阅读推广活动70余场；2人受邀参加江苏书展主展场“贯彻二十大 奋进新征程”主题阅读推广活动展演。沙家浜镇红石村获评省五星级农家书屋，虞山街道大湖甸村沈蓝获评省优秀农家书屋管理员。（段秀娟）

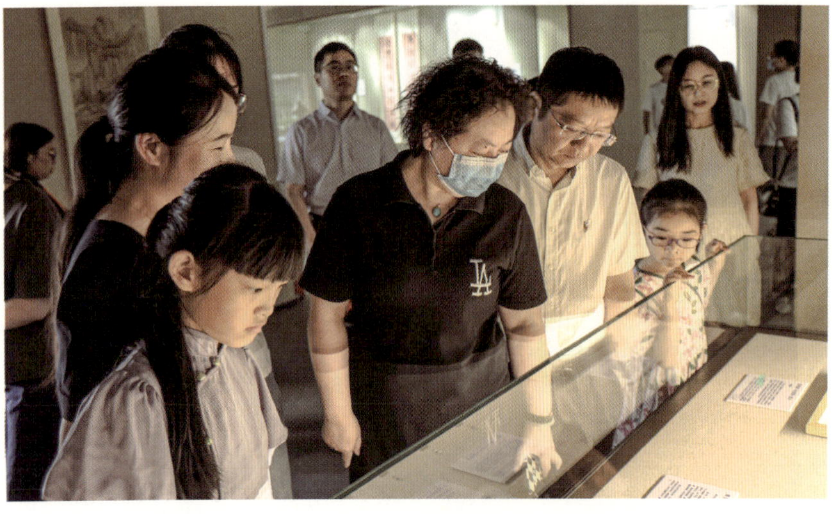

5月5日，虞漾清波——常熟馆藏廉洁文物展在常熟博物馆开幕。图为观众参观展览（顾君磊　摄）

【市文化博览中心】 2023年，常熟市组建常熟市文化博览中心，常熟市文物管理委员会办公室、常熟文庙管理办公室、翁同龢纪念馆、常熟美术馆、庞薰琹美术馆、常熟市图书馆合并为常熟市文化博览中心，常熟博物馆由常熟市文化博览中心一体化管理。年内，常熟市文化博览中心（含博物馆）举办展览41个，开展各类社教活动200余场，图书推荐活动150余次，各场馆接待145万余人次。出版《常熟市图书馆古籍善本书志》《常熟文庙研究》《虞山文化论坛——言子与江南文化论文集》。

【市文化艺术中心】 2023年，常熟市组建常熟市文化艺术中心，常熟市文化馆、常熟市剧目工作室、常熟江南文化艺术中心、常熟市青少年文化艺术中心、常熟市锡剧团、常熟市评弹团、常熟市书画院等7家单位合并成常熟市文化艺术中心。年内，市文化艺术中心“春风文润・云贺新年”活动被江苏省文化馆评为江苏公共文化云2023年全省新春系列活动“优秀组织奖”。常熟市文化馆入选2022年江苏省文化科技卫生“三下乡”活动优秀团队。

【博物馆】 2023年，常熟市有市级博物馆1家，其他各类博物馆10家（含4家备案博物馆）。常熟博物馆为国家一级博物馆，馆藏各类文物17971件（套），其中国家一级文物22件、二级文物283件、三级文物834件。年内，举办“宝珍华光——常熟博物馆藏金银饰品展”“虞漾清波——常熟博物馆藏廉洁文物展”等展览。其中，江苏省精品展览工程“宝珍华光——常熟博物馆藏金银饰品展”于9月通过省级专家组验收，与吴中博物馆联合主办的“舟行山水远——江南的景观”展入选2023年度江苏省“弘扬中华优秀传统文化、培育社会主义核心价值观”主题展览。出版《常熟博物馆藏书法精品集》《常熟文博论丛（第一辑）》。

【美术馆】 2023年，常熟市有市级美术馆1家，其他各类美术馆3家。常熟美术馆坐落于古城区石梅广场南侧，建筑面积8500平方米，内设6个常用展厅，展厅面积3500平方米，展线长700米。年内，举办“现当代常熟绘画名家作品展”“首届 遇见·虞山——全国大学生美术作品（中国画）展”“第二届遇见·虞山——中国美术名家写生作品展”等展览，其中“庞薰琹与阳太阳——纪念决澜社成立90周年特展”入选江苏美术馆馆际联盟优秀展览。

【图书馆】 2023年，常熟市有市级图书馆1家，镇（街道）图书分馆14个，流通点74个，24小时自助借还20个，村级图书室340个。常熟市图书馆是全国一级图书馆、首批全国古籍重点保护单位。2023年，馆藏书籍318.6万册，其中古籍藏书20余万册，图书借阅51.6万册次。年内，常熟市图书馆适儿化改造工程完工，图书馆新开放常熟院士馆和常熟市地方文献馆（方志馆）。

【基层文化场馆】 2023年，全市有基层文化场馆358个，年内，坞坵村稻乐文化园、常熟图书馆东吴少儿图书分馆入选江苏省“最美公共文化空间”打造对象，常熟市漫读空间书店、芦荡学堂红色文化空间、大湖甸村龙舟基地入选苏州市“江南公共文化特色空间”。常熟市组织2023年度常熟市“最美文化空间”评选活动，铜官山乡村历史文化馆等10个特色文化空间入选。

表 68　2023 年度常熟市“最美文化空间”一览表

序号	空间名称	空间类型	镇（街道）
1	铜官山乡村历史文化馆	美丽乡村文化空间	海虞镇
2	漫读空间书店	商圈文化空间	东南街道
3	莫城街道文体中心	基层文化空间	莫城街道
4	大湖甸村文化空间	美丽乡村文化空间	虞山街道
5	常熟市江南农家民俗馆	文博艺术空间	支塘镇
6	瞿巷村综合文化服务中心	基层文化空间	梅李镇
7	张瑞林收藏艺术馆	文博艺术空间	辛庄镇
8	常熟市文心书房	公共阅读空间	虞山街道
9	小义村新时代文明实践站	美丽乡村文化空间	常福街道
10	问村雅院	跨界文化空间	碧溪街道

（资料来源：市文体旅游局）

2023常熟虞山文化暨沙家浜旅游节·第九届古琴艺术节开幕式·琴心雕龙——虞山古琴音乐会　（市文体旅游局　提供）

【常熟大剧院】 2023年，常熟大剧院全年组织演出活动98场，接待观众约7万人次。年内，制定线上线下活动63期，其中市民艺术体验开放日活动17期（暑期夏夜市集8期、感恩会员公益观演活动5期、保利艺空间文化沙龙·读书会4期）；线上读剧活动34期。

群众文化

【概况】 2023年，常熟市举办第四届常熟群众文艺“星光奖”比赛、2023年常熟市“大地欢歌”全国乡村文化活动年暨“一镇一品”农村文艺大展演、2023年“我的舞台我的梦”常熟舞王大赛暨“湖畔现代城”杯第九届常熟星舞蹈大赛、第四届苏州市曲艺创作推优暨江苏省文艺大奖·第十届曲艺奖苏州选拔赛、评弹惠民四季书会和评弹锡剧进校园等大型活动，全年惠及群众34万余人次。　（刘　煜）

【参赛第五届苏州市群众文化“繁星奖”】 2023年，常熟市组织参加第五届苏州市群众文化“繁星奖”，全市斩获7金、14银、10铜，共31个奖项，获金奖数量并列苏州各市（区）第一，金奖作品包括沙家浜镇选送的民族室内乐《江南汲古行》，虞山街道、市文化艺术中心共同选送的民族室内乐《唐风墨韵》，常福街道、常熟高新园中等专业学校共同选送的群舞《曲·径》，海虞镇选送的沪剧小戏《满园桂花香》，保利常熟江南爱乐合唱团选送的混声合唱《江南好》，高阿兵的美术作品《姑苏人家之十一》以及邓晓东的书法作品《中华复兴赋》。获奖总数位列苏州各市（区）第一，创历史最好成绩。

【第四届常熟市群众文艺星光奖】2023年，常熟市组织第四届常熟市群众文艺星光奖评比，分8个门类评选，新增广场舞、美术、书法、摄影以及群文之星5个门类，年内，举行音乐舞蹈类、戏剧曲艺类、广场舞3场舞台类比赛以及美术书法摄影类获奖作品展览，273个作品参展，1200多名基层文艺骨干参赛，参赛作品数量和门类、总体质量均超历届赛事。（刘　煜）

文学艺术

【文艺精品创作】2023年，市文体旅游局组织创作舞蹈《画·境》，锡剧小戏《桃子熟了》《男儿十八》《满师》，小品《走进大山》，音乐作品《望虞》、室内乐《唐风墨韵》，曲艺短篇《幸福来敲门》《新钢铁是怎样炼成的》等作品。年内，锡剧《南方夫子——言偃》获江苏紫金文化艺术节优秀剧目奖、优秀表演奖；锡剧小戏《桃子熟了》参加江苏省第五届戏剧小戏小品展演，获优秀表演奖，并获"中华颂"第十三届全国小戏小品曲艺大展最佳剧目奖；锡剧小戏《还愿》入围2023全国民间文艺展演活动。中篇弹词《望虞河》获2023江苏省文艺大奖·曲艺奖节目奖。常熟市在第五届苏州市群众文化"繁星奖"评比中获2金、6银、3铜。非表演类书画作品入选国家级展览3次，省级展览8次。表演唱《鹞灯乘着新风飞》入选第四届农业农村部、文旅部"县乡长说唱移风易俗"全国文艺展演，代表江苏省进京汇报演出。（刘　煜）

【文学】2023年，常熟市有市级以上作家协会（以下简称作协）会员222人，其中中国作协会员15人、江苏省作协会员31人、苏州市作协会员20人、常熟市作协会员156人。年内，新增国家作协会员1人、省作协会员1人、苏州市作协会员2人，市作协会员11人。组织江苏省作协主席范小青、《雨花》杂志编辑部主任向迅、江苏省作协副主席叶弥到常熟讲座；组织会员走进校园开展"大手牵小手"文学志愿服务活动，走进乡村举办田横头诗会，召开紫藤雅集，前往消防大队采风，与浙江丽水作协开展文学交流，举办新书分享会等。全年，市作协会员30人在省级以上（含地级市）刊物发表作品121篇，市作协会员7人出版文学著作9部，市作协会员5人获得苏州级以上各类奖项8项。顾鹰中篇童话《精灵博物馆》获"第七届（2022年）金骆驼·亦金奖"，常熟市作协文学志愿服务小分队、顾鹰分获江苏省作协·文学志愿服务工作先进单位、先进工作者。（陆　雁）

【书法】2023年，常熟市有市级以上书法家协会（以下简称书协）会员373人，其中中国书协会员52人，江苏省书协会员129人，苏州市书协会员24人，常熟市书协会员185人。年内，新增常熟市书协会员17人。组织苏州书协名誉主席华人德到常熟作《漫谈碑刻拓片题跋》专题讲座；主办"环保科技杯·常熟市书法作品邀请展"；承办"问道虞山"全国书法名家作品邀请展、"汲古为新"常熟书家访碑展、"江苏省书协迎接全国第十三届书法篆刻展隶书创作专题培训班""传承文脉——李谦书历代名人咏常熟书法作品展""种子·寇忠理书画作品展"。唐志昂入展中国书协举办的全国第九届楹联书法作品展，徐梦入展中国书法家协会主办的全国第三届临帖展，秦健入展中国书法家协会主办的全国第三届手卷书法展，张璇参展中国书协举办的2022"中国书法·年展"全国楷书作品展，王强参展中国书协举办的2022"中国书法·年展"全国行书、草书作品展。秦健论文《翁同龢纪念馆馆藏作品谈》《浸润经典》在《书法》发表；邵宁论文《家法融于古法：杨沂孙书学思想探析》在《书法》发表、《寐叟学书的雪泥鸿爪》在《书画艺术》发表、《自然书写是我一直坚守的笔墨准则——黄伟农访谈》在《书法导报》发表。（李　谦）

【美术】2023年，常熟市有各级美术家协会（以下简称美协）会员325人，其中中国美协会员19人、江苏省美协会员43人、苏州市美协会员18人、常熟市美协会员245人。年内，新增苏州市美协会员2人、常熟市美协会员38人。承办首届"遇见·虞山"全国大学生美术（中国画）作品展暨第二届中国美术名家写生作品展、"承启"2023"元四家"故里美术作品邀请展、"强国复兴有我"——常熟市第十二届"博物馆奖"少儿书画作品大赛、"虞山·名城之约——2023苏州油画作品春季邀请展"等；共同举办"同庆二十大·丹青绘海虞"美术作品展及研讨会；组织江苏省油画学会主席陈世宁到常熟开展艺术讲座《由"大美之艺"谈起》；举办"心缘江南·天开画境"郑棣青花鸟画展览、"行走的风景——张曦水彩作品学术邀请展"、在苏州三元美术馆举办高阿兵"致高远"油画作品展。组织青年骨干前往浙江、安徽等地采风写生。高阿兵《待航》入选中共江苏省委宣传部等主办的"时代颂歌——2022中国百家金陵画展"，孙亚文《金风送爽》被中国美术馆收藏，张妍红《江南雪韵》入选中国美术家协会、浙江省文学艺术界联合会等主办的万年浦江——2023全国中国画作品展，夏淳撰写的《从敦煌壁画到蒙藏风情——孙宗慰中西融合绘画实践的艺术表征及时代价值》一文入选"全国美术高峰论坛·成都"。（丁晓岚）

【音乐】2023年，常熟市有市级以上音乐家协会（以下简称音协）会员219人，其中中国音协会员2人，江苏省音协会员19人，苏州市音协会员41人，常熟市音协会员157人。年内，新发展江苏省音协会员1人，苏州市音协会员2人，常熟市音协会员29人。全年，市音协会员参与多个省市级音乐类比赛，获得江苏省第六届紫金合唱节金奖，第五届苏州繁星奖金奖2个、银奖2个、铜奖1个。表演唱《鹞灯伴着新风飞》入选中国农业农村部主办的第四届全国县乡长说唱移风易俗节目展演；翁鲁瑛、朱利入选2022年姑苏乡土人才，瞿甜入选苏州市姑苏宣传文化新秀，吴旭安入选第十七届中国百花奖全国艺术教育模范教师。组织“我与大师面对面·大师课”活动，邀请苏州大学音乐学院张红霞、冒小瑛教授参加；举办2024年苏州市新年民族音乐会暨第四届江苏·苏州民族音乐展演等。王小龙著作《胜浦山歌：一个吴歌歌种的定点考察》获江苏省第十七届哲学社会科学优秀成果奖三等奖、《江南丝竹‘四字’风格的再辨析》被收入《江南丝竹音乐形态研究》出版、创作歌曲《节水模范》获江苏省水利厅“江苏省节水用水办公室”《公民节水用水行为规范》主题歌曲征集活动获入围奖；肖建军《组建基层少儿合唱团初探》在《中国民族博览》发表；徐瑛《音乐学科大单元教学问答与案例》收入《吴韵汉风—民歌里的家乡》由江苏凤凰少年儿童出版社出版；丁卫萍论文《陆华柏的学术贡献》在《中国社会科学报》发表。（张　坤）

【舞蹈】 2023年，常熟市有市级以上舞蹈家协会（以下简称舞协）会员人数218人，其中中国舞协会员2人、江苏省舞协会员8人、苏州市舞协会员32人、常熟市舞协会员176人。年内，新增常熟市舞协会员9人。市舞协推荐舞蹈《狮情师心》入围2022年全国民族民间舞蹈创作作品会演（华东片区），并进行线上展演；舞蹈《水边深处》获江苏省第八届文艺大奖舞蹈奖银奖；舞协会员创作的舞蹈《曲径》《画·境》《花鼓情》《小桥流水人家》《编出幸福路》5个作品获苏州市“繁星奖”1金4银。组织举办2023年“我的舞台我的梦”常熟舞王大赛暨“湖畔现代城杯”第九届常熟星·舞蹈大赛，大赛通过“江苏公共文化云”微信公众号、“看常熟”App等视频号进行直播，在线观看人数达10万余人次。组织开展2023年常熟市舞蹈创编人才培养活动，邀请南京艺术学院中国舞编导系主任、硕士生导师陈静教授开展专题讲座。（顾海华）

【曲艺】 2023年，常熟市有市级以上曲艺家协会（以下简称曲协）会员人数159人，其中中国曲协会员6人、江苏省曲协会员14人、苏州市曲协会员54人、常熟市曲协会员85人。年内，新增中国曲协会员2人。市曲协举办贯彻党的二十大精神曲艺党课巡演和“弦动江南 虞音绕梁”全国评弹名票演唱会，评弹进校园活动走进南京大学、常熟理工学院等高校和中小学。中篇弹词《望虞河》获“江苏省文艺大奖·第十届曲艺奖”节目奖，短篇弹词《破局》入选第五届“通州杯”全国曲艺小剧场新作研讨会和第七届“岳池杯”中国曲艺之乡曲艺展演，邵柳青、李佳娥获第四届苏州市曲艺创作推优表演奖，王婵钦获第四届苏州市曲艺创作推优新人奖，弹词对白开篇《三个理由》、短篇弹词《老墙故事》获第五届苏州市群众文化“繁星奖”银奖，短篇弹词《芦荡曙光》获第五届苏州市群众文化“繁星奖”铜奖。陆建华、金怡晨师徒入选江苏文艺“名师带徒计划（2022—2025）”。（陶春敏）

【戏剧】 2023年，常熟市有市级以上戏剧家协会（以下简称剧协）会员人数198人，其中中国剧协会员3人，江苏省剧协会员37人，苏州市剧协会员10人，常熟市剧协会员148人。年内，新增江苏省剧协会员10人，苏州市剧协会员2人，常熟市剧协会员26人。锡剧小戏《桃子熟了》获“万年上山·诗画浦江‘中华颂’第十三届全国小戏小品曲艺大展”活动最佳剧目，参加“踔厉新征程”江苏省第五届戏剧小戏小品展演并应邀参加颁奖晚会演出，叶行获优秀表演奖；锡剧小戏《还愿》入围2023全国民间文艺展演（溧阳专场）活动，乔新谓获优秀编剧，金冬梅、周剑获优秀主演；锡剧《南方夫子——言偃》获2023紫金文化艺术节优秀剧目奖，主演周剑获优秀表演奖；霍进芳创作的戏曲剧本《铁琴铜剑楼》获“戏剧中国”2022年度作品征集推选活动·戏曲类优秀剧本；红色情景剧《重返沙家浜 礼赞新时代》获江苏省关工委2023年“老少心向党 奋斗新征程”全省老少同台演讲展示活动特等奖；张建兰、庞平飞获第七届江苏省戏曲票友大赛“优秀票友”等。周剑、叶行参与国家艺术基金锡剧艺术表演人才培训汇报演出，叶行入选“姑苏宣传文化新秀培育计划名单”。全年市剧协组织开展“我们的中国梦——文化进万家”2023年常熟市文化惠民系列公益文艺巡演50场、2023年常熟市“大地欢歌”全国乡村文化活动年暨“一镇一品”农村文艺大展演共14场次、2023年常熟市“安全生产月”主题文艺演出23场次、“瑞兔贺岁”2023经典折子戏专场演出4场次等惠民演出，举办2023年常熟市公共文化配送活动暨第三届民营剧团展演，引进大型革命历史题材话剧《共产党宣言》演出，举办常熟市第十届中青年编剧培训班、“戏曲进校园”锡剧专场演出活动等，举办庆祝中国共产党成立102周年——原创现代沪剧《常德盛》专场演出2场次、常熟市虞山沪剧艺术团成立十周年庆典等。（周冬英）

【摄影】 2023年，常熟市有市级以上摄影家协会（以下简称摄协）会员人数184人，其中中国摄协会员13人，江苏省摄协会员25人，苏州市摄协会员29人，常熟市摄协会员117人。年内，新增苏州市摄协会员2人，常熟市摄协会员4人。举办常熟市第十届摄影艺术展览、“镜头下的虞山沧浪”双城摄影大赛、“走进波司登”摄影大赛、“伏脉”瑷珲——腾冲线上的中国主题摄影展并出版画册、《福地常熟》高鹏个人展、中国摄影报“聚焦常熟高新区”全国摄影训练营、举办“奋进二十载，魅力高新区”全国摄影大赛等。举办《新时代专题摄影的拍摄和结构》专题讲座。全年市摄协在抖音直播间开播41

场，累计观看总人数达7万人次。 （陈伟国）

【影视】 2023年，常熟市有市级以上电影电视艺术家协会（以下简称影视协会）共有会员135人，其中中国影视协会2人，江苏省影视协会8人，苏州市影视协会26人，常熟市影视协会99人。年内，新增苏州市影视协会会员1人，常熟市影视协会会员18人。市影视协会会员配合改革开放45周年暨常熟撤县设市40周年，创作主题宣传片《踏歌而行》；联合新华社温度工作室，创作系列短视频《幸福如常》，被150多家媒体转载和推荐，全网浏览量超过5600万次；围绕推介常熟城市品牌及文旅资源，创作城市形象宣传片《常来常熟》等系列短视频，在上海6.8万块公交、地铁显示屏播出。会员制作的纪录片《沙家浜的故事》入选"江苏百人纪录片扶持计划"，并首次入选重点项目，是全省唯一入选的红色题材纪录片。市影视协会会员作品MV《在春天、月亮颂、女孩啊女孩》获评江苏省电视文艺三等奖。 （徐　强）

【民间文艺】 2023年，常熟市有市级以上民间文艺家协会（以下简称民文协会）会员243人，其中中国民文协会会员16名，江苏省民文协会会员45名，苏州市民文协会会员64名。年内，常熟市承办第三届全国校园灯谜大会暨第三届江苏省灯谜文化节等国家级、省级、苏州市级的各类灯谜活动。常熟市民文协会会员9条作品在第五届苏州市民间文艺创作推优中获奖，其中常熟灯谜学会作品占近二分之一；举办"江南行·北京大学中文系'民俗古里'田野调研实习"活动，参加第二十一届苏州市民间艺术节暨张家港保税区"莲通美好艺起有约"首届民间艺术节开幕式展演；市民文协会工艺分会联办承办主题为"有木共笃，缘启东方"的第五届两岸文创大赛。（皇甫卫明）

【文艺评论】 2023年，常熟市有中国文艺评论家协会会员1人、江苏省文艺评论家协会会员2人、常熟市文艺评论家协会会员50人。10月，常熟市文艺评论家协会成立，召开第一届会员大会，江苏省文艺评论家协会副主席衡正安到会作《东西方文化视野下的中国艺术精神》专题讲座。年内，夏淳论文《从敦煌壁画到蒙藏风情——孙宗慰中西融合绘画实践的艺术表征及时代价值》入选"全国美术高峰论坛·成都"；夏淳著作《曲径通幽——20世纪中国美术大师中的常熟美术家》入选第六届苏州市文艺评论创作推优；陶春敏论文《苏州评弹传承发展的当代思考》获第八届"啄木鸟杯"中国文艺评论推优入围终评；陶元骏论文《文人造园的理想与实践——以两座清代常熟园林为例》入选"第二届中国园林文化论坛暨园林博物馆发展研讨会"。周红莉《"后学术"与"嘈杂"的人世间》在《中国现代、当代文学研究》发表、《中国生态散文研究现状与创新路径》在《中国社会科学报》发表；丁卫萍《陆华柏的学术贡献》在《中国社会科学报》发表。 （顾秋红）

社会科学

【概况】 2023年，常熟市有社科组织27家。年内，市社科联开展2023年度社会科学应用研究课题招标和结项工作，评选2021—2022年度常熟市哲学社会科学优秀应用研究课题。组织社科普及及创新项目申报工作，举办第21届社会科学普及宣传周活动。召开常熟市哲学社会科学界联合会第三次代表大会，选举产生常熟市哲学社会科学界联合会第三届理事会及其领导机构。

【社科课题研究】 2023年，常熟市立项2023年度常熟市社会科学应用研究课题76项。评选2021—2022年度常熟市哲学社会科学优秀应用研究课题一等奖5个、二等奖10个、三等奖15个。组织常熟社科专家与苏州市社科联、苏州日报智库联合开展"社科专家看一线"活动，专题调研"探解常熟新能源产业创新集群发展新路径"。《加速推动苏州市域一体化的实践与研究——以辛庄镇为例》获评第六届苏州市社科应用研究精品工程优秀成果，《"苏州·中国声谷"产业集群创新生态系统升级路径研究》等2个项目入选2023年度苏州市社会科学基金项目。

【社会科学普及】 2023年，市社科联开展社科普及及创新项目申报工作，组织各地各部门开展社科普及相关活动，组织第21届社会科学普及宣传周。"好理围圆"等13个项目被评为2023年度苏州市社科普及惠民扶持项目，2人在苏州市社科普及基地讲解员大赛中获奖。

【社科场馆创建】 2023年，常熟市有社科普及基地25个，其中，省社科普及基地5个、苏州市社科普及基地11个，年内，铜官山乡村乐园、常熟文庙、常熟市沙家浜革命历史纪念馆新入选省社科普及基地，翁同龢纪念馆、常熟市图书馆通过省级社科普及基地复评。 （杨　阳）

方志文化

【概况】 2023年，常熟市地方志编纂委员会办公室（以下简称市地方志办）编纂或指导出版部门志1部、市镇两级年鉴15部、地情书1部，点校出版旧志《昭文县志》。按照全省镇村志编纂文化工程要求，推进村（社区）志编纂。推进史志鉴书籍数字化建设，完成82本志鉴数字化，做好"掌上方志馆"平台维护和新增书籍更新。加强基层史志建设，吸纳基层年鉴骨干组建"爱虞鉴"学习小组，辛庄、碧溪先后挂牌"史志工作站"。推进史志场馆建设，"常熟方志馆"挂牌开放，组建"江苏省史志馆联盟"常熟系列场馆，首批16个场馆加盟。

【地方志书编纂出版】 2023年，常熟市推进全市镇村志编纂文化工程，出台《常熟市镇村志编纂专项经费奖励办法》，市地方志办举办全市村志编纂业务骨干培训班，做好线上线下村志业务指导。至年末，全市上报村（社区）志编纂计划38部，24个村启动编纂，《芦荡村志》《翁家庄村志》2部村志完成初稿。中国名镇志《古里镇志》通过省级终审，《共青团常熟市委员会志》出版。

【年鉴编纂出版】 2023年，市地方志办编纂《常熟年鉴（2023）》，由方志出版社出版；完成年度即时性记录《常熟记录（2023）》编印。全市镇级行政区年鉴编纂保持全覆盖，常熟镇级年鉴丛书（2023）1套14本由江苏人民出版社出版。全市首部村级年鉴——《李袁年鉴》启动编纂。年内，《常熟年鉴（2022）》获评第九届全国地方志优秀成果（年鉴类）一等年鉴、全省年鉴质量评定一等年鉴。开展全市2022卷镇级年鉴质量评定，4部镇级年鉴获评苏州市优秀镇村年鉴，市地方志办、碧溪街道、莫城街道、辛庄镇在全省乡镇（街道）、功能区年鉴编纂工作推进会交流。

【地情书编纂出版】 2023年，《常熟老味道》市地方志办与常熟市政协文化文史委员会联合编纂，由广陵书社出版。年内，启动《常熟大学校长》项目，完成34位常熟籍大学校长名录资料整理。

【史志文化传播】 2023年，市地方志办举办《言子与江南文化》新书分享会、江苏方志大讲堂走进常熟——《最是江南 书香常熟——常熟藏书文化》主题交流2次大型地方文化宣传活动。常态化推出年度党史方志宣讲菜单，开展党史方志宣讲37场，参与人员4000多人次。“常熟史志”微信公众号推送史志专题文章110篇，史志文章被学习强国录用56篇，其中全国平台13篇，省平台7篇。在常熟高铁站、全市各新时代文明实践阵地、基层图书馆设立史志书架，集中赠送各类史志书籍近万册。完成全市首部江苏省影像志《沙家浜镇影像志》拍摄。

【常熟方志馆开放】 8月24日，常熟方志馆正式对外开放。省地方志办、苏州市地方志办主要领导出席揭牌仪式。该馆位于常熟市图书馆北侧二楼，馆藏面积380平方米，展陈面积260平方米。包括序厅、人文展示区、古籍修复区、文化交流区、志鉴阅读区、名人专题书架、图书储藏室等。馆内专题收藏1949年以来常熟市编纂出版的各类志书、年鉴，以及旧志整理成果，并藏有整理、点校的《常熟文库》《徐兆玮日记》等常熟历史地方著作、现当代的地方文献、《江苏历代方志全书》等省、苏州及其他地区的志书、年鉴等。总藏书量5180种10210册。年内，接待读者阅览650人次，参观团队8批次。

【镇村志编纂专项经费奖励办法出台】 1月5日，常熟市政府办公室印发《常熟市镇村志编纂专项经费奖励办法》。该办法明确经费发放标准和范围，即参评对象为2023年1月至2025年10月期间，常熟市正式出版发行的村（社区）志；明确评比流程、评比标准及奖金发放方式，侧重从篇目设置、内容记述、行文表述、创新创优、编校质量5个方面对志书进行全面考评，由市地方志办具体实施。

【首家史志工作站成立】 9月1日，常熟市首家史志工作站在辛庄镇揭牌成立。该站位于辛庄德善文化展示馆内，配置办公区、交流区、阅读区等功能区域，并在已经启动村志编纂的单位设立史志工作点。工作站由镇主要领导担任站长，建立史志工作例会、调度、考核等工作制度及史志工作交流培训制度，并将史志工作纳入部门年初预算，执行史志工作经费保障制度，指导全镇史志工作开展。 （李 妍）

档案工作

【概况】 2023年，市档案馆馆藏档案65.19万卷、42.29万件、资料2.72万册，库房面积近1万平方米。全年征集各类档案资料4.83万件（张），接待查档利用9082人次。年内，市档案馆在苏州首创档案中介服务机构业务评价制度，启动中介业务评价规范性文件修订。常熟市档案馆获评“全国示范数字档案馆”。

【档案保管利用】 2023年，市档案馆全年查阅利用档案9082人次，46000卷件次，查阅资料22人次，70册次；全国平台、江苏省和长三角一体化平台异地查档38项，“看常熟”App掌上查档年度访问人次及浏览量分别1435人次、1543件次，“民生共享利用平台”查档2179人次，利用3525卷件档案。

【档案征集编研】 2023年，市档案馆征集各类档案资料4.83万件（张）。年内开展有关红色档案调查摸底事宜，收到20家单位的调查表，共计条目986条，1688件。加大档案资源收集强度，2023年接收21家单位档案进馆，共计8790卷、54884件，完成28家单位档案数字资源进馆，共计231.4G；推进重点民生档案资源共享，将馆藏土地确权档案11.98万卷，97.40万件提供不动产登记中心共享利用。市档案馆联合市委党史工办、政协文化文史委编纂出版的《福地华章——常熟撤县设市40年发展图志》获2023年度全省档案文化精品三等奖；举办《逐梦四十载 福地谱华章——常熟撤县设市40周年图片展》；在北京理工大学举办“红色传奇——李强革命历程展”和专题讲座；制作《虞城读档 解密典藏》档案系列专题片，首集获2023年度全省档案文化精品二等奖；与文博中心联合建设常熟院士馆；举办档案文化创意设计大赛，3件作品入围全国首届档案文创作品展示，其中1件获优秀奖，苏州唯一。

【基层档案工作】 2023年，市档案馆完成对市镇两级档案协作组107家单位的档案年度评价工作，实现全覆盖。做好2022年度疫情防控档案收集归档、农村集体产权制度改革档案、出生医学证明档案、烈士档案规范化、524

国道常熟莫城至辛庄段改扩建工程、常台高速公路常熟东互通连接线工程项目等档案业务指导；企业档案工作协作组增2家国企，加强对9家市属国企业务指导。全面推行机关档案分类方案、文件材料归档范围、档案保管期限表"三合一"制度，指导37家机关单位完成制度审批。

【档案信息化建设】 2023年，市档案馆推动"常熟市政务网络档案管理平台"全面应用，与档案局联合印发《关于应用"常熟市政务网络档案管理"平台的通知》，全市80多家立档单位实现常态应用，83家单位历史数据迁移工作量达到标准；高标准建设提升"常熟市智慧档案馆"信息化平台，覆盖档案"收管存用"业务全流程，实现市档案馆与各板块、部门档案室"馆室一体化"集成管理，以全省县级创建单位第一的高分获评"全国示范数字档案馆"。推进电子文件归档和电子档案管理。做好增量档案电子化接收，完成10家单位电子公文在线移交进馆；启动"常熟市政务服务电子文件单套制归档系统"项目建设；做好"存量数字化"，深化数据处理，完成600万件3000万页PDF文件的OCR识别和数据转换，构建完整全文数据库。

（倪冬梅）

大众传播

【报纸】 2023年，《常熟日报》发行量1350万份，全年发行300期，2192版。年内，《常熟日报》围绕习近平新时代中国特色社会主义思想、学习贯彻习近平总书记考察江苏重要讲话、贯彻落实市委全会、市委经济工作会议和两会精神、优化营商环境、"四敢"要求、改革开放45周年暨常熟撤县设市40周年、高质量发展、民生实事亮点等重大主题、热点时事分别开设《学思想 强党性 重实践 建新功》《牢记嘱托，感恩奋进，走在前列——深入学习贯彻习近平总书记考察江苏重要讲话精神》《新时代 新征程 新伟业》《全面推进中国式现代化常熟新实践》《落实"六不五优化"打造最优营商环境》《敢为 敢闯 敢干 敢首创》《福地华章》《高质量发展怎么干——系列行动方案解读》《高质量发展在行动》《民生实事进行时》等专栏。开设走基层专栏，推出30多篇一线报道。

【广播】 2023年，常熟综合广播全年播出时长6661小时，其中自办节目占总播出量85.8%。《1008嗨到家》节目开设未成年人心理健康栏目《四点半课堂》；"圆圆探店"栏目推出公益行"转角遇见光"专题；开设"嗨翻虞城 周末GoGo购"栏目；推出"常熟村跑""美丽乡村行"交通安全宣讲巡演等融媒系列活动。广播《午间风》推出"午间风两会直播"；市科技局、市市场监督管理局等40家重点部门（单位）上线《常熟市政风行风热线》；全市50个普法成员单位走进《法治会客厅》开展普法宣传，推出"虞城无诈"等系列宣传；"政风行风基层行"活动先后走进海虞、梅李、沙家浜镇、碧溪街道和莫城街道。创作广播连续剧《铁琴铜剑楼》，在苏州生活广播、喜马拉雅、阿基米德等平台发布。年内，中波发射台实验频率实施改造，更新2台发射机，升级播控播出系统，关停中波747、1116千赫频率，关闭注销常熟广播网。广播剧《红色电波》、语言类《仲国鋆的园林情怀》分获2023年度江苏省广播电视节目录制技术优秀作品二等奖和三等奖，《基于AoIP技术的智能广播总控系统建设》《轻量化、低成本、单人可实现的声动1008直播室可视化直播方案》《常熟广播电视发射塔系统健康监测》获江苏省广播电视科技创新优秀项目三等奖。

【电视】 2023年，常熟电视综合频道全年播出节目时长6478小时，其中自办节目占总播出量51.9%。年内开设《新时代 新征程 新伟业》《敢为 敢闯 敢干 敢首创》《牢记嘱托、感恩奋进、走在前列——深入学习贯彻习近平总书记考察江苏重要讲话精神》《福地华章》《创新集群"链"向未来》《落实"六不五优化"打造最优营商环境》《全力拼经济 夺取半年红》等专题、系列报道20多个。《常熟新闻》对演播室布景、节目包装等进行调整焕新，《民声汇》围绕各行各业复工复产、第三代社保卡全面推进、常熟撤县设市40周年、安全生产大检查、沪宁沿江高铁开通运营制作5期节目。《淘最常熟》开设《银色年华》，《春来茶馆》推出《二十四节气话养生》。年内，纪录片《沙家浜的故事》在县级媒体中唯一入选省广电局"江苏百人纪录片扶持计划"，并首次入选重点项目，11月26日起，《沙家浜的故事》在北京纪实科教、上海纪实人文、中国教育电视台、海南卫视、湖南金鹰纪实频道、宁夏卫视等国内六家卫视频道播出。全年10部纪录片通过中国黄河电视台国际频道YouTube"文化之旅"面向海外播出，3部纪录片被推荐在凤凰卫视播出。电视高清专题《琴声悠远》、图形类片头《常熟融媒秋季推介会暨品牌联盟上线仪式》分获2023年度江苏省广播电视节目录制技术优秀作品二等奖，图形类片头《2023常熟"旅游+消费"暨城市品牌上海推介会》获三等奖。

【网络媒体】 2023年，常熟融媒体中心有网站1个，App1个，开通视频号4个，公众号4个。年内，"常熟融媒"视频号阅读量2万以上视频数量92个，10万以上的8条，单篇最高阅读量达52.6万次。"i常熟""常熟发布"微信公众号阅读量1万以上推文383篇，5万以上推文6篇。融媒系列短视频"幸福如常"展现改革开放45周年常熟撤县设市40周年幸福故事，全网浏览量5600万。

【融媒体建设】 2023年，市融媒体中心（传媒集团）完成"看常熟"4.0版本的底层平台和融媒版的自主研发，上线"掌上查档"，推出"乡村云"［村（社区）综合服务平台］，实现1008可视化直播系统在线语音及互动投票等功能，下载用户超过52万。推出深度报道“乡村振兴看苏南”，展示全市20多个优秀行政村各具特色的乡村振兴之路。和江苏省广电总台“我苏”客户端合作的《潮起东方——寻找百强共富密码》系列报道，获得第33届中国新闻奖二等奖。配合新华社拍摄5集政论片《新时代文化》第2集《思想之旗》相关素材。年内2次全程策划全案执行“常来常熟”城市品牌（上海）推介会，举办“共成长 赢未来”常熟融媒合作大会、“传媒之夜”迎新盛典等活动。市融媒体中心被省人社厅、省广电局表彰为全省广播电视系统先进集体，是苏州唯一获评的县级融媒体中心。在第十届传媒中国年度盛典上，市融媒体中心获年度头部县级融媒体中心·新媒体影响力10强，常熟融媒短视频团队获传媒中国年度融合创新团队。在2023全国优秀区域全媒体典型案例调研中，市融媒体中心获TOP10。

【广电“智慧社区”】 2023年，常熟市持续推进村级智慧社区增点扩面和村级智慧社区应用场景的延伸，实现与新时代实践文明中心、乡村振兴、智慧广电以及各级信息发布中心等平台的共建共享。至年底，全市村级平台建设60多个。年内，广电“智慧社区”市镇村三级平台采编、发布政务资讯10000多条。以“智慧广电+”为抓手，重点打造“智慧全媒体 5G新视听”业务品牌。以公司视频号、抖音号、订阅号等新媒体为媒介，做好公司企业文化宣传、广电5G品牌宣传推广，反诈等社会责任类内容宣传。2023年，新媒体制作发布各类视频364个，图文信息186条。播放反诈宣传海报71天，累计播放约7.68万次。完成常熟用户界面的改版，首页首屏与苏州平台用户界面基本保持一致。广电独家板块内容除《春来茶馆》《淘最常熟》等本地特色内容外，其他栏目内容也与苏州平台UI界面保持一致，实现常熟与苏州市其他地区之间内容的互联互通。（俞纲　邹慧）

文化产业

【概况】 2023年，常熟市有规模以上文化产业法人单位116家，比上年增加8家，全年累计实现营业收入316.88亿元，比上年增长2.8%。

【产业资金扶持】 2023年，常熟市3个项目（企业）获得江苏省扶持，资金总额达275万元。红豆山庄获2023年江苏省文化和旅游发展专项资金95万元。13个项目获得苏州市文化产业发展专项资金694.99万元。9家企业获5万元入规奖励。

【印刷业】 2023年，全市有印刷企业399家，比上年增加47家。340家印刷企业完成年检，52家印刷企业提交新设立申请和变更申请。年内，开展“生命至上，隐患必除”消防安全大排查大整治专项行动、全市印刷发行行业安全生产突出风险隐患排查治理行动，检查重点印刷企业48家次。第三方安全机构专项检查重点印刷企业150家。

【电影放映】 2023年，常熟市有电影院25家，全市电影票房收入8470.25万元。年内，常熟市开展“至爱影院——无障碍观影”公益活动，组织“我们的中国梦”——文化进万家公益电影展映活动，完成公益放映2854场。下达2023年国家和省级电影事业发展专项资金88.68万元。

【文化产业园】 2023年，常熟市有省级文化产业园3家，苏州市级文化产业园区3家。年内，江南时尚创意产业园获评2023年苏州市文化产业示范园区，蓝·原葺森林文旅产业园、山前坊文旅创意街区、山湾里文化创意产业园、AIAC艾克数字文创产业园成立环虞山文化创意产业园联盟。虞山文化旅游度假区获得第二批江苏省文化和旅游产业融合发展示范区创建资格。

【文化产业项目】 2023年，常熟市UWC+创新岛、服装科技文创产业园、沙家浜华侨城唐市古镇大型文旅综合体、经开区城市艺体中心4个项目入选江苏省“十四五”时期文化及相关产业重点项目。常熟红豆山庄康养游综合体提升工程入选2023年江苏省重点文化和旅游产业项目。琴湖溪里二期、迈宝国际总部数字产业园、尚瑭数智文化产业园、常熟大梦想城亲子文化旅游主题乐园等7个项目入选苏州市2023年度重点文化产业项目。（刘煜　杨阳）

文化市场管理

【文化市场执法监督】 2023年，全市出动执法人员7404人次，检查文化经营单位2373家次，查处各类举报760件，办结行政案件137件（含简易程序7件）。年内，市文体旅游局常态化对娱乐场所、广播电视安全播出、版权、文物保护等行业全方位监管，开展“先锋”系列行动，维护市场秩序。

【校外艺体类培训市场监管】 2023年，全市做好校外艺体类培训市场的准入和监管，督促45家校外培训机构取得或申请取得《校外培训机构审核意见书》、125家校外培训机构资金纳入监管平台。12月，常熟市艺体类校外培训机构预付资金监管平台入选常熟市2023年数字政府建设优秀案例。

【文化领域专项整治】 2023年，市文体旅游局组织开展文体旅市场无证经营专项整治，对辖区范围内未取得合法经营资质的互联网上网服务营业场所、经营性歌舞厅娱乐场所、印刷企业等依法进行专项整治。开展保护未成年人专项整治行动，全年查处文化领域涉未成年人案件8起，涉及罚没款金额36.34万元。（刘　煜）

责任编辑　张莉莉

卫生健康

综　述

【健康城市建设】 2023年，常熟市制定健康进万家、加强无烟党政机关建设等实施方案，推进健康中国行动，落实国家卫生市和卫生镇村长效管理督查机制。年内，全市建成省级健康镇1个（沙家浜镇），累计8个，实现健康镇全覆盖；省级健康社区（村）13个，累计94个；省级健康促进医院1个，累计8个；苏州市健康社区（村）15个，累计88个；苏州市健康单位7个，累计69个；常熟市健康社区（村、单位）28个，累计120个。建成健康主题公园3个，累计55个；健康步道31条，累计217条；健康小游园27个，累计217个；健康自助检测点（健康小屋）39个，累计388个。常熟市卫生健康委获评江苏省爱国卫生运动70周年表现突出集体。　（章之言）

【医疗卫生改革】 2023年，常熟市出台《常熟市基层医疗机构优化整合实施意见》，完成梅李镇、支塘镇等9个涉农镇（街道）基层医疗机构整合。推进县域医共体改革试点，将专科医共体融入区域医共体协同发展，各基层医疗机构主要负责人加入相应的医共体领导班子，成立新的医共体理事会，成立医共体党建联合体。组建以3家核心医疗机构为主体和公共卫生预算单位为主体的4家财务管理中心，实现财务一体化管理。成立常熟市卫生健康委内部审计工作领导小组，2家三级公立医疗机构全面推行总会计师制度。加强“三医”联动，推进按疾病诊断相关分组（DRG）付费改革，试点医院达29家。

【分级诊疗制度建设】 2023年，常熟市推进分级诊疗，优化名医工作室及专家下基层绩效考核方案，新增名（中）医工作室10个，核心医院新帮扶基层17个特色专科，3家核心医院全年派出8006人次下沉基层，开展门诊8.45万人次，查房1244次，指导手术1091台次，疑难会诊1389人次，开展讲座382次，教学查房1244次。落实核心医院专家号源20%以上优先由基层医疗卫生机构预约支配，全市完成双向转诊14.47万人次，各共享中心累计出具影像（CT、DR）、心电、病理报告近12.43万例。　（张欣玮）

【公立医院高质量发展】 2023年，全市评选第二批常熟市医学重点学科8个。全市3家三级医院共成功备案国家药物临床试验专业14个，国家医疗器械临床试验专业35个。全市获评国家自然科学基金青年项目2个；江苏省卫健委科研项目（指导性）1个，江苏省医学新技术引进项目1个，江苏省中医药科技发展计划面上项目3个；苏州市级各类科技项目28个；苏州市医学新技术引进项目7个；常熟市级各类科技项目57个；市卫生健康委各类科技项目64个。协办国家级继续医学教育项目1个，江苏省级继续医学教育项目19个；举办苏州市继续医学教育项目148个、常熟市继续医学教育项目153个。评选2022年度常熟市医学新技术引进奖27个。纳入市级投资建设项目的常熟市中医院“531”行动计划“五大中心”能力建设提升项目、常熟市第二人民医院海虞南路院区医疗用房改造工程年内开工。　（邵宇群　唐　焱）

5月15日，常熟招商力宝妇产医院开业启动仪式举行。图为医院俯瞰
（市卫生健康委　提供）

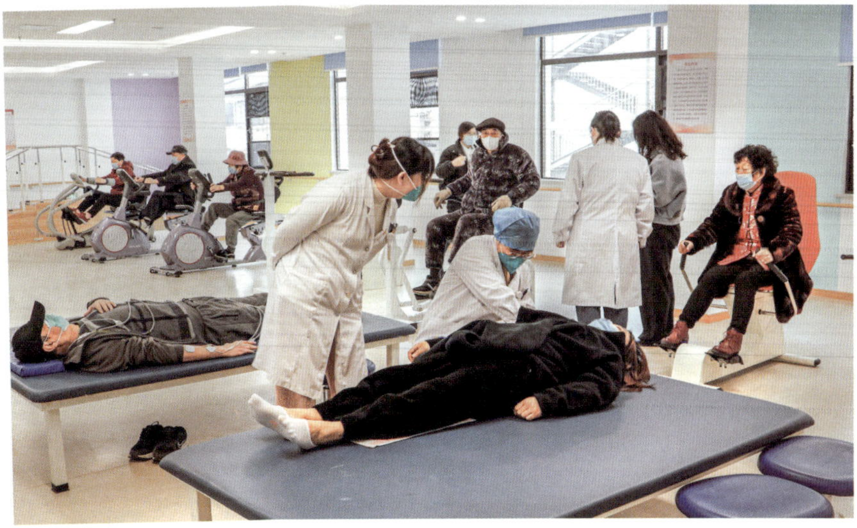

2月8日，全市首家康复医疗中心——琴川康复医疗中心正式开业。图为患者在医护人员指导下开展康复训练　　（市文旅公司　提供）

【医疗专技人才培养】 2023年，全市公立医疗卫生机构招聘124人，其中招录事业编制高层次人才35名，招录备案制高层次人才47名。举办常熟市卫生健康高质量发展联谊会，聘任常熟市卫生健康高质量发展咨询顾问30人。开展第二批常熟市“昆承英才”卫生人才评选，评选柔性人才5名、柔性团队2个。出台《常熟市卫生青年骨干人才“全国导师制”培训项目管理办法》，11名卫生青年骨干人才参加苏州市、常熟市“全国导师制”培训项目。拨付“科教强卫”奖补资金1604.8万元，拨付各类人才奖励288.5万元。全市卫生高级职称送审648人，通过503人；参加全国卫生专业技术资格初、中级考试1087人、卫生人才评价考试16人；全科医师转岗培训10人。　　（邵宇群）

医疗卫生机构

【医疗卫生机构数量】 2023年，全市有医疗卫生机构598个，比上年增加39个，增长6.98%。其中，医院40个（含护理院20个），基层卫生医疗机构546个，卫生机构8个，其他机构4个（单采血浆站、铢健康体检中心、费森尤斯血透中心、琴川康复医疗中心）。全市有公立医疗机构292个，占全市医疗卫生机构48.83%；民营机构306个，占全市医疗卫生机构51.17%。

【卫生人员数量】 2023年，全市有医疗卫生机构在岗职工1.61万人，其中卫技人员1.28万人，执业（助理）医师5257人，每千人拥有执业（助理）医师3.12人；注册护士5536人，每千人拥有注册护士3.29人；全科医生990人，每万人拥有全科医生5.88人。

【医疗机构床位数】 2023年，全市实际开放床位1.21万张，比上年增长5.12%，每千人拥有床位7.17张，比上年增长0.37张。

【医疗机构诊治服务】 2023年，全市医疗卫生机构完成总诊疗量1313.50万人次，比上年增加144.93万人次，增长12.40%。其中，门（急）诊1277.31万人次，比上年增长11.81%。基层医疗机构总诊疗量727.12万人次，比上年增长9.51%，基层总诊疗人次占全市总诊疗人次的55.36%。全市医疗机构住院病人入院28.11万人次，比上年增长27.70%；出院28.08万人次，比上年增长28.64%。全市医院（不包括卫生院、社区卫生服务中心）住院病人手术9.55万人次，比上年增长30.72%。全市医疗机构总病床使用率74.53%，比上年上升5.78%；基层医疗机构病床总使用率65.19%，比上年上升23.85%。全市医疗机构出院者平均住院日10.52日，比上年下降0.48日；基层医疗机构出院者平均住院日6.8日，比上年下降0.2日。

（唐建华　沈　虹）

表69　2023年常熟市医疗卫生机构数及床位数统计表

机构分类	机构数（个）	床位数（张）	机构分类	机构数（个）	床位数（张）
一、医院	40	9961	社区卫生服务站	111	0
综合医院	13	3398	卫生院	10	1494
中医院	1	1010	卫生室	103	0
专科医院	6	1498	门诊部	62	0
护理院	20	4055	诊所、医务室、校医室	250	0
二、基层医疗卫生机构	546	1829	三、卫生机构	8	229
社区卫生服务中心	10	335	四、其他机构	4	54

（资料来源：市卫生健康委）

表 70　2023 年常熟市医疗卫生机构诊疗服务统计表

单位：人次

机构分类	总诊疗数	门、急诊数	健康检查数	入院数	出院数	住院病人手术数
一、医院	5453589	5439391	243592	205640	205944	84336
综合医院	3593344	3582026	167012	138433	138953	64448
其中：市一院	1512940	1512940	59483	55882	56064	32712
市二院	1438634	1438634	70747	64284	64533	27168
中医医院	1134997	1134997	29749	45497	44992	16217
专科医院	718377	717562	46680	12399	12377	3671
其中：市三院	220016	220016	0	2713	2671	0
护理院	6871	4806	151	9311	9622	0
二、基层医疗卫生机构	7271171	6943908	473473	62276	62115	6830
社区卫生服务中心(站)	2322846	2142601	136808	4669	4567	0
社区卫生服务中心	1343850	1220395	136808	4669	4567	0
社区卫生服务站	978996	922206	0	0	0	0
卫生院、中心卫生院	3016463	2983708	247352	57607	57548	6830
中心卫生院	2412444	2382785	171262	47103	47171	6554
其中：市五院	504980	504980	13585	10943	11198	2392
梅李人民医院	329586	323553	11944	9415	9366	1944
支塘人民医院	436754	436754	19888	8145	8114	1199
古里人民医院	379476	372482	26429	6121	6072	445
辛庄人民医院	282865	266233	1529	4053	4035	306
卫生院	604019	600923	76090	10504	10377	276
村卫生室	926181	910331	0	0	0	0
门诊部	446577	350743	89313	0	0	0
诊所、卫生所、医务室	559104	556525	0	0	0	0
三、专业公共卫生机构	407982	387525	0	13007	12615	4361
急救中心	32041	32041	0	0	0	0
妇幼保健院	337375	337375	0	13007	12615	4361
其他专业公共卫生机构	38566	18109	0	0	0	0
四、其他机构	2268	0	0	193	155	0
琴川康复医疗中心	2268	0	0	193	155	0
全市总计	13135010	12773092	717065	281116	280829	95527

（资料来源：市卫生健康委）

【常熟市第一人民医院】 2023年，常熟市第一人民医院开放床位1265张，设置病区36个。全年诊疗总量151.29万人次，出院病人5.61万人次，手术3.27万例。在岗职工2105人，其中高级职称637人，博士17人、硕士311人，受聘于大学教授65人、博士生导师3人，硕士生导师11人，专业技术三级岗位1人，江苏省“333”高层次人才2人，江苏省青年人才1人。新增苏州市级临床重点专科2个（骨科、神经内科）、苏州市级临床重点专科建设单位1个（临床护理）。年度新准入新技术新项目34个，国家级及江苏省级限制类技术共备案8个。获苏州市卫生青年骨干人才“全国导师制”项目3个；苏州市级以上科研项目11个；苏州市级以上科技奖7个、医学新技术引进奖4个；苏州市临床重点病种项目2个。公开发表论文124篇，其中统计源及以上81篇，SCI48篇，授权知识

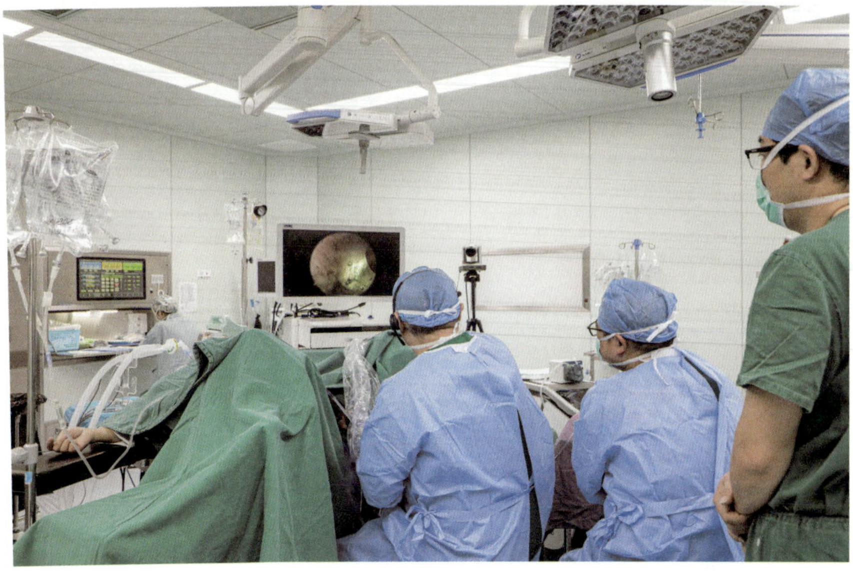

10月13日，常熟市第二人民医院通过V-A ECMO治疗，成功救治1名患者
（市二院　提供）

产权共21件。全国县市医院擂台赛获奖项目2个，全国“强县域 助学科”千县医院管理与学科能力持续改进优秀案例大赛获奖项目4个，全国第十一届品管圈大赛获奖项目2个。构建医共体一体化急救体系，建成中国县域急诊大平台示范单位。年内，医院完成三级甲等综合医院现场评审。
（朱成明）

【常熟市第二人民医院】 2023年，常熟市第二人民医院开放床位1400张，设置病区43个。全年诊疗总量143.86万人次，出院病人6.45万人次，手术2.71万例。在岗职工2202人，其中高级职称690人，博士10人、硕士341人，江苏省“333”人才1人，“姑苏人才”6人。普外科、急诊医学科被列入江苏省临床重点专科重点培育名单。胃肠外科、病理科、肿瘤科晋升为苏州市临床重点专科，内分泌科成为苏州市临床重点专科建设单位。年内，开展医院“医疗技术提升年”活动，全年开展乳腺疾病超声造影、三维诊断超声指导下消融心房颤动、光学相干断层成像技术在冠心病介入诊疗中的应用等各类新技术61项，其中科室重点技术41项，占比67.21%，限制类技术21项，占比34.4%，4级手术22项，占比36.07%。获得国家自然科学基金青年项目2个，获苏州市级及以上科研立项16个，科研经费总额达到826.06万元。获江苏省新技术引进奖1项，苏州市医学会医学科技奖1项，苏州市医学新技术引进奖2项。医院成为南通大学附属常熟医院，成立南通大学常熟临床创新研究中心。
（周　艳）

【常熟市中医院】 2023年，常熟市中医院开放床位1010张，设置病区34个。全年诊疗总量113.50万人次，出院病人4.50万人次，手术1.62万例。在岗职工1436人，其中高级职称377人，博士6人、硕士198人，全国基层名老中医专家传承工作室指导老师1人、江苏省名中医3人、江苏省老中医药专家学术经验传承工作指导老师1人、江苏省“333”人才1人。2023年，医院建成三级甲等中医医院。儿科、骨科获评苏州市临床重点专科，脑病科、肛肠科获批苏州市中医护理重点专科，骨伤科获批苏州市中医护理重点专科建设单位。新增常熟市重点学科2个。心血管内科等5个科室通过医疗器械临床试验机构备案。开展椎间孔镜下纤维环缝合技术等新技术12项，启用3.0T磁共振。获吴阶平医学基金会临床研究课题3个、江苏省中医药管理局项目3个、南京中医药大学自然科学基金项目2个、苏州市姑苏卫生人才科研项目等苏州市级课题13个，获中医学会医学奖1项，获专利认证15件。发表统计源及以上文章36篇，其中SCI论文21篇。成立常熟市中医院医共体中西医结合7大联盟，与澳门镜湖医院合作签约，成为江苏中医流派传承创新发展联盟核心单位，增挂“苏州市吴门医派研究院虞山医学研究所”。获评第七届“县域医疗榜样力量”医共体建设标杆奖、2023年中国慢病管理+高峰论坛“县域慢病管理创新亮点案例”。13个案例入围“全国县市医院擂台赛”。
（吴怡萍）

【常熟市医学检验所】 2023年，常熟市医学检验所设置1个本部、4个分部。本部设临床检验实验室、化学和免疫实验室、分子和微生物实验室、科研实验室等，4个分部派驻常熟市第一人民医院及滨江院区、常熟市第二人民医院东区及北区、常熟市中医院及虞山分院、常熟市第三人民医院检验科。有市级医学重点学科1个。有职工194人，其中检验专业技术人员179人，正高职称11人、副高职称43人，硕士9人。全年检验标本总量544万多份，其中市级医疗机构完成466万多份、乡镇及其他医疗机构完成77万多份。常熟市医学中心实验室围绕开放共享原则与各医疗机构开展科研合作，小分子质谱检测、免疫流式细胞检测、万级医学细胞培养室运行顺利，基因测序感染类疾病的NGS实验室平台正在搭建中。
（黄少芝）

【常熟市医疗急救中心】 2023年，常熟市医疗急救中心设中心站1个、城区分站3个、镇区急救站9个，配备急救车44辆，其中负压车24辆。全年接听急救电话10.92万次，派车3.54万次，救治病人3.20万例，其中危急重病人2612例。常熟市卫生健康委AHA培训基地督导培训ACLS导师7名，全年开展28期ACLS培训，培训学员167人；开展8期BLS培训，培训学员150人；开展6期HS培训，培训学员131人。中心开展面向普通民众的急救知识与技能的普及性培训41期，受训学员3053人，发放救护员证1191张。年内，中心与远盟健康科技公司签订《多语种在线翻译服务协议》，开通“三方通话”多语种同步翻译服务。中心协助市慈善总会完成全市100台AED（自动体外除颤器）布点安装和培训工作，累计达220台。中心3家直属分站启用院前急救医疗机构委托收费。

（王红英）

疾病防治

【疾病防控体系建设】 2023年，全市有疾控人员133人，每万人拥有疾控人员0.79人。年内，常熟市推进疾控体系建设，整合疾病预防控制、应急处置、公共卫生监督等相关职能，组建常熟市疾病预防控制局，5月31日，常熟市疾病预防控制局正式揭牌成立。

（唐建华　周　犇）

【疾病监测】 2023年，全市报告除新型冠状病毒感染外的甲乙类法定传染病1339例，报告心脑血管疾病、糖尿病等慢性病2.59万例，报告肿瘤4771例。登记活动性肺结核患者353例，全年完成艾滋病抗体检测452145人次。开展常熟市严重急性呼吸道感染病例（SARI）哨点医院的门、急诊流感样病例监测，全年监测流感样病例人数740例，其中检出新冠阳性170人，阳性率22.97%；甲型流感H3亚型阳性125人，阳性率16.89%；甲型流感H1亚型阳性11人，阳性率1.49%；乙型流感Victoria型阳性21人，阳性率2.84%。本地常规病情监测4340人，其中常住人口（含输入性监测）4089人，流动人口（水上作业人员）251人，连续36年未发现本地感染粪检阳性病人。

【疫苗接种】 2023年，全市有规范化儿童预防接种门诊29家（其中儿童预防接种示范门诊1家），产科预防接种室5家，狂犬病暴露预防处置门诊21家，成人预防接种门诊33家。全市免疫规划疫苗接种22.30万剂次，接种率为99.83%；非免疫规划疫苗接种29.88万剂次。65岁以上户籍老年人免费接种肺炎球菌疫苗5858剂次、初三学生免费接种麻腮风疫苗8418剂次。完成江苏省政府民生实事项目初一适龄女生接种HPV疫苗4980人，其中全程接种4538人，全程接种率91.12%；适龄儿童接种水痘疫苗2.51万剂次。全年接种新冠病毒疫苗4.01万剂次，其中首剂次接种1.65万人。年内，对全市221家托幼机构（含看护点）和小学3.25万名儿童进行预防接种证查验，托幼机构和小学查验率均100%。

（徐里强　张万成）

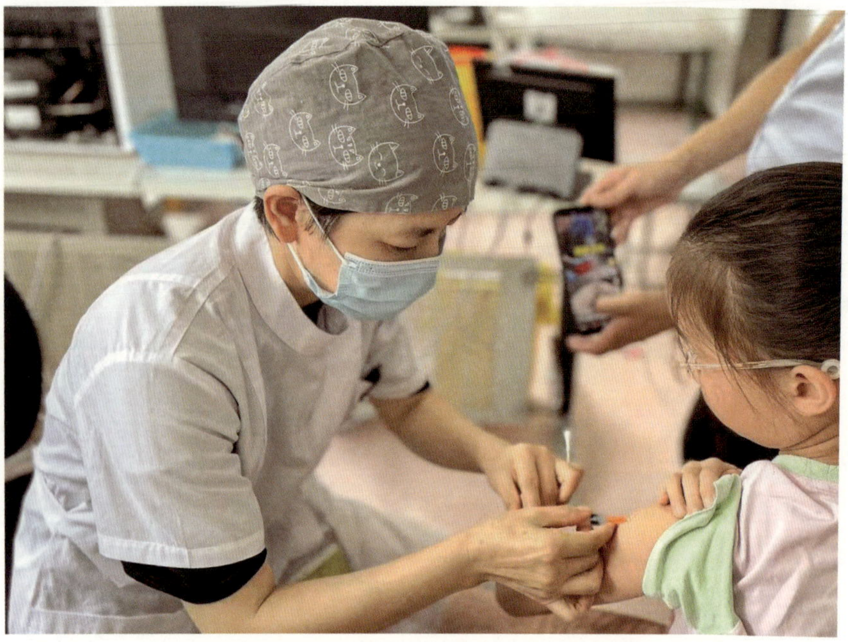

疫苗接种。图为2023年日常预防接种现场　（市卫生健康委　提供）

【血吸虫病防治】 2023年，全市查螺面积157.48万平方米，连续25年未查到钉螺。全年完成血吸虫病询检、登记1.55万人，未发现疫水接触史和有体征症状人员。签约管理晚期血吸虫病体征病人（以下简称晚血病人）647名，晚血病人救治32名，发放救助金12.46万元。

【疟疾防治】 2023年，全市开展疟疾“三热”病人血检966人，全年未发现疟疾病例。组织开展“4・26”全国疟疾宣传日活动。

【碘缺乏病预防控制】 2023年，常熟市开展零售层次和居民户碘盐监测、学龄儿童和孕妇尿碘监测，碘盐覆盖率96%，碘盐合格率100%，合格碘盐食用率96%，合格碘盐覆盖率99%，孕妇补碘率94.67%，均符合国家消除碘缺乏病标准。向社会宣传血防健康知识，覆盖11.06万人次。组织“5・15”全国碘缺乏病防治日主题宣传活动。

（陈　菊　周卫恩）

【精神卫生】 2023年，全市有市级精神专科医院1家，精神（心理）科10个，精神科执业（助理）医师97人，精神科护士102人。全市有严重精神障碍患者在册人数7801人，规范管理率97.44%。对严重精神障碍患者实施14个镇（街道）分片网格化管理，优化卫健、公安、综治等多部门联动机制，完善信息化管理平台及考核机制。市第三人民医院救治公安协助送院410人。7个乡镇门诊前移点全年接诊患者1.6万人次，为266名贫困精神病患者免费发药。完善全市14个镇（街道）所辖各村（社区）社会心理服务平台建设，开展市、镇、村三级心理服务。“虞心”青少年心理关爱项目为5万名初、高中学生进行心理健康筛查并开展针对性干预。市社会心理服务指导中心内成立残疾人心理健康服务中心，内设残疾人心理咨询室，为全市残疾人群体及家属、基层助残工作人员提供心理服务。持续开展社会心理服务特色项目，EAP（员工关爱）心理服务融入基层党员冬训。（钱　兵）

妇幼健康

【妇女保健】 2023年，全市分娩产妇总数6135人，住院分娩率100%，活产数6194人。孕产妇实现零死亡，婴儿和5岁以下儿童死亡率分别为1.61‰和3.07‰。全市孕产妇健康管理率94.32%，高危妊娠筛查率100%，产后访视率96.35%。全年孕产妇抑郁症筛查覆盖率95.60%。开展妇女增补叶酸预防神经管畸形项目，目标人群叶酸服用率93.41%。预防艾滋病、梅毒和乙肝母婴传播，为8663名建卡孕妇及5938名产妇检测梅毒、艾滋病和乙肝表面抗原，发现HIV感染孕妇3名，发现梅毒感染孕妇23名。全市发放避孕套9.94万盒，其他外用避孕工具2305盒，全市完成药具不良反应监测报告329例。开展农村妇女“两癌”筛查，社会面完成宫颈癌筛查4.11万人，乳腺癌筛查4.1万人，发现宫颈癌8例，乳腺癌31例，“两癌”治疗率100%。常熟市中医院建设为产前筛查机构。

【儿童保健】 2023年，全市助产机构完成新生儿疾病筛查5953人，筛查率99.63%，发现先天性甲状腺功能减退症8例，原发性肉碱缺乏症1例，高苯丙氨酸血症1例；完成新生儿听力筛查5970人，筛查率99.92%，收到苏州返回听力障碍名单30人；新生儿先心病筛查5975人，阳性157人，确诊异常78人。推进儿童视力筛查工作，全年完成0~3岁儿童眼保健筛查2.32万人次，其中眼屈光筛查3946人次，为3.72万名4~6岁在园儿童建立眼健康档案，覆盖率92.93%。全市注册托幼机构138家（含托育机构），卫生保健合格率99.28%，萌芽保健室建成率100%。（张剑鸿）

【常熟招商力宝妇产医院开业启用】 5月15日，常熟招商力宝妇产医院开业，医院设置床位60张，是一家二级专科医院，由招商蛇口与新加坡华联医疗合作建设。医院占地1.2万余平方米，规划建筑面积2.3万余平方米，设置有预防保健科、内科、外科、妇产科、医疗美容科、妇女保健科、儿科等，重点开展产科四维超声检查，LDR一体化产房服务，产后康复，妇科微创手术、生殖助孕与内分泌，新生儿科NICU及儿童保健，医疗级月子中心等服务。（申　艺）

基层医疗卫生

【基层医疗服务体系建设】 2023年，全市有社区卫生服务中心10个，社区卫生服务站111个，卫生院10个，卫生室103个，门诊部62个，诊所、企事业单位医务室、校医室250个（含海阳护理站）。年内，海虞中心卫生院住院楼、大义社区卫生服务中心住院楼、梅李人民医院体检楼、沙家浜中心卫生院综合楼建成投用。虞山街道星城社区卫生服务站、虞山街道清和坊社区卫生服务站、琴川街道静海社区卫生服务站、梅李镇天字社区卫生服务站、东南街道小康社区卫生服务站、辛庄镇平墅社区卫生服务站、辛庄镇旺倪桥社区卫生服务站、董浜镇杨塘社区卫生服务站8家社区卫生服务站完成新改扩建并投用。确认常熟市军休所等6家家庭医生工作室及沙家浜镇新湖村等4家巡回医疗工作室。董浜中心卫生院等4家单位新增CT设备，海虞中心卫生院启用超导1.5T磁共振，成为全市首个拥有磁共振的乡镇医院。梅李人民医院开设血液净化中心。

【基层医疗卫生服务】 2023年，全市基层医疗卫生机构完成总诊疗727.12万人次，比上年增加63.12万人次，占全市医疗卫生机构总诊疗量55.36%，比上年下降1.46%；出院病人6.21万人次，比上年增加2.63万人次，占全市医疗机构出院人数22.12%，比上年增加5.72%。年内，全市基层医疗卫生机构落实14大类55项基本公共卫生服务项目，累计建立健康档案153.20万份，居民建档率90.87%；完成19.37万名65周岁以上老年人健康管理工作；为17.02万名高血压患者、5.13万名糖尿病患者开展随访、健康指导、体检等健康管理服务，高血压、糖尿病患者规范管理率分别为69.81%、67.01%。完成国家心血管病高危人群早期筛查与综合干预项目初筛调查1708人，检出

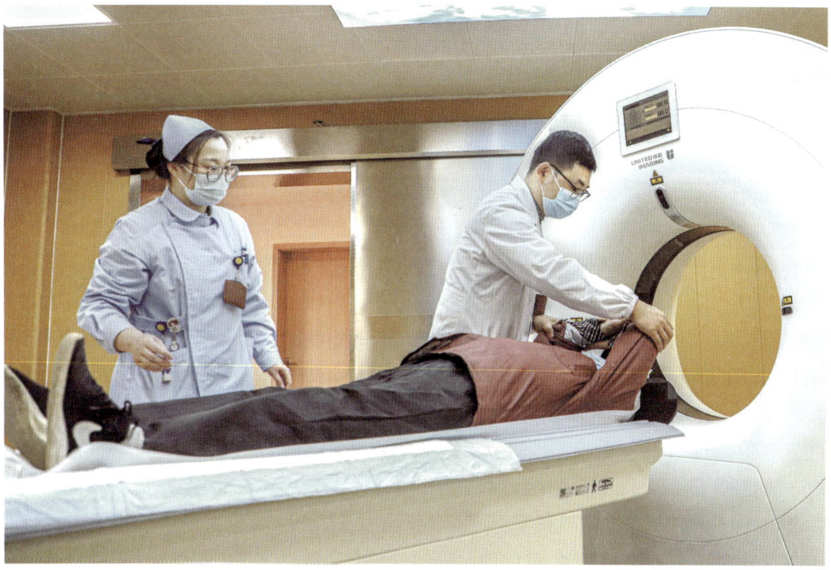

3月，海虞卫生院投资400万元新引进的联影U530+CT机正式投入使用

（刘文忠　摄）

高危对象1111人，完成高危对象干预1036人、短期随访961人、长期随访干预2611人；开展慢性阻塞性肺疾病患者社区规范化筛查和管理工作，累计完成筛查8672人，纳入管理800人；开展居民上消化道癌前状态和病变筛查与综合干预项目，完成筛查3191人，进行体格检查和实验室检测1044人；开展癌症患者康复指导与随访管理项目，2次随访累计1335人。

【基层卫生能力评定】 2023年，辛庄人民医院消化内镜诊疗中心被评为2023年江苏省农村区域性医疗卫生中心十大相关功能中心建成单位。支塘人民医院、辛庄人民医院等8家医院（卫生院、院区）通过优质服务基层行“推荐标准”复评审，其余基层医疗机构均通过“基本标准”。常熟市第五人民医院（以下简称市五院）、梅李人民医院等10家医院（卫生院、社区卫生服务中心）通过国家2023年基层糖尿病管理能力“双达标”验收。沙家浜镇阳澄社区卫生服务站、海虞镇海福新城社区卫生服务站等5个社区卫生服务站被评为苏州市2023年度新增推荐标准村卫生室（甲级村卫生室）。

【基层特色专科建设】 2023年，支塘人民医院中医骨伤科、辛庄人民医院神经内科、尚湖中心卫生院普外科等9个科室被评为苏州市基层医疗卫生机构特色科室。辛庄人民医院心内科等4个科室被确认为常熟市基层医疗机构特色科室、梅李人民医院老年病科等6个科室为常熟市基层医疗机构特色科室建设单位。

【基层卫生人员培训】 2023年，全市完成基层卫生人员实训2.02万人次，其中江苏省适宜技术培训1.23万人次，适宜技术以外理论培训5866人次，技能操作培训2032人次。年内，古里人民医院被评为江苏省基层卫生人员实训基地推荐标准建成单位、江苏省社区医院和江苏省基层医疗卫生机构管理干部培训实践基地，新增常福街道大义社区卫生服务中心基层卫生人员实训基地，常熟玉蕙口腔医院口腔实训基地，琴川街道兴隆社区卫生服务中心基层卫生人员实训室。

【家庭医生签约服务】 2023年，全市家庭医生签约92.1万人，常住人口签约率达54.61%，签约重点人群45.8万人，重点人群签约率达74.56%。全面推进“1+N”家庭医生签约服务，签约健康管理综合服务包4.9万人次，个性化服务包2.6万人次，老年人肿瘤筛查服务包11.4万人次。年内，签约服务拓展延伸服务项目，提供家庭医生预约上门和家庭病床服务，全年家庭医生预约上门服务1113人次，建立家庭病床35张。 （薛雨星　李绮文）

职业健康

【职业健康管理】 2023年，全市4430家用人单位完成职业健康体检13.6万人次。对105家小微企业进行职业健康管理帮扶，其中2家企业被苏州市卫生健康委通报表扬职业健康管理显著进步。对100家企业开展职业病危害隐患排查服务和监督监测，从企业实际出发，开展职业健康指导服务。组织全市企业负责人和职业健康管理人员专题培训50期，培训9134人。

【职业病危害项目管理】 2023年，全市职业病危害项目申报企业4781家，其中初次申报940家，变更申报176家，年度更新3665家。

【健康企业建设】 2023年，常熟市新建成苏州市职业病防治示范企业3家、苏州市健康企业4家、江苏省健康企业1家，5家2020年度苏州市职业病防治示范企业通过复评。

【职业病防治专项执法】 2023年，常熟市对职业病危害重点企业开展执法检查，全市监督检查企业超2000家次，对101家企业立案调查，罚款金额419.03万元。 （薛　欢）

健康促进

【全民健康教育】 2023年，常熟市持续推进全民健康素养提升工程，普及中国公民健康素养66条、“三减三健”（减盐、减油、减糖，健康口腔、健康体重、健康骨骼）、烟草危害、疾病防控等知识。调整充实健康教育和健康促进讲师团成员，成员总数331名。开展公众健康咨询服务467次，咨询6.47万人次；开展健康知识讲座2669次，听众6.03万人次。组织网上健康素养学习11.33万人次。发放各种健康知识读本、健康教育处方、折页等179.9万份。“健康常熟”视频联播平台播放点新增49个，累计346个。

【卫生城镇建设】 2023年，全市有国家卫生镇8个，省级卫生村215个。年内，市卫生健康委围绕爱卫组织管理、健康教育和健康促进、环境卫生、生态环境、重点场所卫生、食品安全、疾病防控与医疗卫生服务、病媒生物防制等方面做好长效管理。国家卫生市通过省级复审暗访。梅李镇瞿巷村、胜法村、圩港村、新丰村、寨角村；古里镇康博村、苏家尖村、坞坵村、下甲村；海虞镇聚福村、铜官山村、望虞村、香桥村通过省级卫生村复审。

【“无烟单位”建设】 2023年，全市新增“无烟单位”72家，累计682家。开展室内公共场所禁控烟执法检查2501家，发放公共场所控烟告知书4617份，处罚单位25家、个人13人，罚款2.77万元。 （章之言）

【校园健康监测】 2023年，全市254所中小学校和幼儿园纳入学生因病缺课监测系统，学校上报率100.00%，非零上报率上下半年学期分别为94.78%、95.94%。学生伤害监测2022—2023学年学校上报率100.00%，非零上报率28.24%，学生伤害率7.56%。完成全市中小学校14多万名学生健康监测，完成63所学校1.54万名学生牙齿窝沟封闭。对36所学校教学环境进行监测。开展学生常见病和健康影响因素监测工作，监测学生2465名，监测教室42间。继续推进学生近视队列建立及干预工作，为1520名学生建立电子屈光档案，开展云夹（云夹近视控制夹扣）和健康教育相结合的干预工作。在实验、世茂等6所幼儿园中开展国家慢性病综合防控示范区子项目——健康口腔推广项目。

【全国爱国卫生月活动】 2023年，常熟市组织开展第35个全国爱国卫生月活动，期间，集中开展宣传活动129次，开展环境卫生整治活动474次，清理脏乱死角6370处，清除垃圾杂物449吨。发布宣传报道74条，发放倡议书、健康教育宣传手册、折页等材料3.58万份。 （章之言 沈明珠）

中药医药

【概况】 2023年，全市有中医医疗机构54家，其中公立三级中医医院1家，社会办中医医疗机构53家，其中中医门诊部4家、中西医结合门诊部1家、中医诊所17家、中西医结合诊所1家、中医备案诊所30家。全市中医、中西医结合医师数为876人（第一执业地点），占全市医师总数15.4%；全市社区卫生服务中心和乡镇卫生院三级中医馆覆盖率100%，有9家四级中医馆和2家五级中医馆（含建设单位）。年内，常熟市创建全国基层中医药示范县完成省级现场评审，常熟市中医院正式确认为三级甲等中医医院。

【中医人才队伍建设】 2023年，常熟市基层医疗机构18人参加江苏省中医馆骨干人才培训项目、14人参加江苏省基层卫生技术人员中医药知识与技能培训项目；核心医院7人参加苏州市"省级西学中人才"培训班，5人入选苏州市中青年中医临床优秀人才；核心医院9人推荐为第一届苏州市名中医人选，3人推荐为江苏省名中医人选。

【中医药文化传播】 2023年，常熟市成立虞山医派研究会，出版《虞山医派·掇菁撷华·溯源》，常熟市中医院获批增挂"苏州吴门医派研究院虞山医学研究所"；常熟市中医院"陶氏中医内科""中药膏方制作技艺""内扎外切弧形缝合治疗痔病"3个项目被列为常熟市非物质文化遗产代表性项目；虞山医派中医药文化交流团访问澳门，与澳门镜湖医院、澳门中医药学会进行座谈交流；结合中医药宣传月，通过"院校结对"方式，推进"中医药文化进校园"系列活动。

【常熟中医博物馆】 2023年，常熟中医药博物馆接待参观人员11386人次，接待法国博若莱区政府代表团13人，8张古方在悉尼"中华本草"活动中展览，博物馆成功申报江苏省中医药健康旅游示范基地。

【长三角中医药一体化工作座谈会召开】 3月10—11日，长三角中医药一体化工作座谈会在常熟市召开，来自江苏省、浙江省、安徽省和上海市四地的中医药主管部门负责同志、专家、学者参会，交流2023年中医药一体化重点项目方案。会议由上海市卫生健康委员会副主任、上海市中医药管理局副局长胡鸿毅主持，常熟市人民政府市长秦猛出席座谈会开幕式并致辞。与会人员围绕调研座谈会主题探讨中医药合作路径、创新路径、振兴路径，为中医药发展提供新时代范本、长三角实践。 （丁 艳）

医政药政管理

【专科能力建设】 2023年，全市新增江苏省中医重点专科建设单位2个（常熟市中医院脾胃病、脑病科），苏州市级临床重点专科7个（常熟市第一人民医院骨科、神经内科，常熟市第二人民医院胃肠外科、病理科、肿瘤科，常熟市中医院骨科、儿科），苏州市级临床重点专科建设单位2个（常熟市第一人民医院临床护理、常熟市第二人民医院内分泌科），苏州市中医护理重点专科2个（常熟市中医院肛肠科、脑病科），苏州市中医护理重点专科建设单位1个（常熟市中医院骨伤科）。梅李人民医院通过胸痛中心基层版申请认证资格审核、省级预检、初审及网审验收。

【药事管理】 2023年，常熟市完善以基本药物为主导的"1+X"（"1"为国家基本药物目录、"X"为非基本药物）用药模式，推进医共体内药品一体化管理。年内，全市基层医疗卫生机构配备使用基本药物品种和金额占比均提升，全市基层医疗卫生机构、二级综合医院、三级综合医院和中医院基本药物配备使用品种占比分别为58.46%、48.86%、37.73%，基本药物配备使用金额平均占比分别为58.45%、42.07%、33.06%。年内，全市完成12家二级及以上医疗机构的抗菌药物临床应用专项督查工作，开展处方与住院病历点评工作，抽取35家公立医疗机构门急诊处方3500张、住院病历700份，抽取10家社会办一级及以上民营医院处方1000张。组织常熟市家庭药师代表队获得苏州市"吴地工匠"职业技能竞赛团体三等奖。 （张欣玮）

【医疗服务能力】 2023年，常熟市开展全市医疗卫生机构改善就医感受提升患者体验主题活动，每季度进行医疗满意度监测。完成二级公立医院大型医院巡查反馈，开展医疗卫生机构业务窗口行风专项排查工作。组织开展"品牌服务"评选活动，评选年度市级"服务品牌"10个、"优秀案例"8个。开展医疗质量提升行动，对全市7个挂靠单位的25个质量控制中心开展质量考核，加强质控组织和标准体系建设，修订医疗质量控制中心管理规定，新增脑卒中、创伤救治、胸痛、中医护理4个质控中心，调整部分质控中心成员，各质控中心全年开展质控活动并发布质控通报56次。对69家中医机构、21家医疗美容机构、16家临床检验机构、21家开展医疗服务的养老

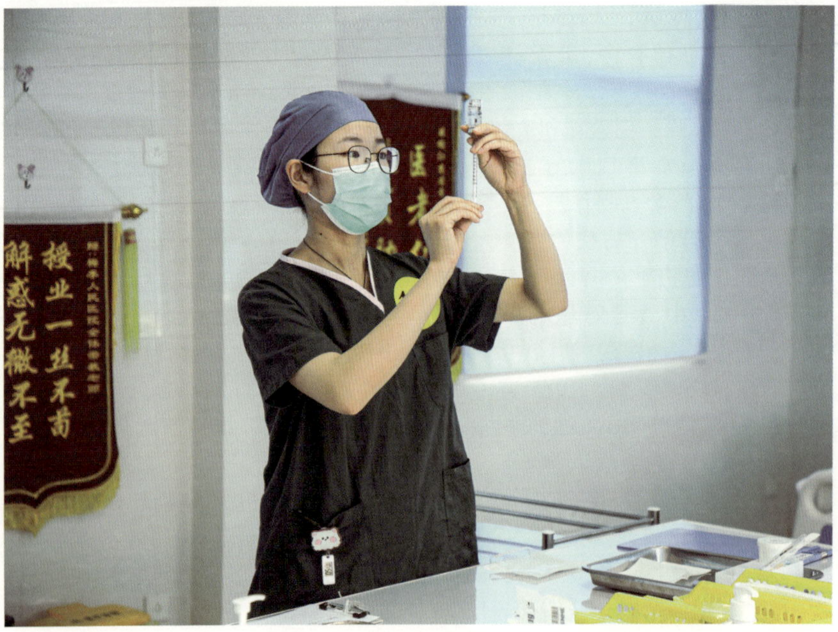

4月25日，常熟市护理技能竞赛决赛在梅李人民医院举行

（市卫生健康委　提供）

机构进行专项督查。选派13名医务人员赴泗洪县开展为期三个月的帮扶工作，签订治未病专科联盟合作协议、成立影像远程会诊专家工作室。统一院前医疗急救平台，畅通与院内急诊的衔接机制，优化急诊就诊和绿色通道流程。（张　瑛　张欣玮）

【护理服务管理】 2023年，市卫生健康委对辖区内68家医疗机构开展护理核心制度、药品耗材管理、护理临床工作能力、静脉输液、优质护理等督查6次。推动专科护士队伍建设，对全市100名护理人员开展静脉输液、急诊急救、老年专科护士岗位培训。加强常熟市基层护理管理人才队伍培养，促进护理专业高水平发展，对126位护理管理者开展11期管理培训班。对1732名基层护理人员进行三基理论、操作考核。开展常熟市护理质量改进项目评选、护理技能竞赛、科普演讲比赛、正常分娩接产技能大赛、护理人员临床护理技能竞赛、护理科研立项评选、护士节庆祝、中医药文化宣传等多项活动。开展康养普惠居民健康科普系列活动，受惠群众达1.6万余人次。加强老年医疗护理服务，参加苏州市养老护理员培训，共完成11批次431名养老护理员的培训和考核。开展常熟市级临床护理重点专科评审，发挥临床护理特色优势，增强专科可持续发展能力。举办护理学术交流80次、参与8747人次。全年全市护理人员获得各类荣誉218项，其中国家级8项，省级15项，苏州市级36项，常熟市级159项。（张　瑛）

【血液安全与供应】 2023年，全市累计采集全血16317人次，采血量24641.95单位；机采血小板1186人次，1953.5治疗单位。根据临床需要供应红细胞22449.5单位、血小板1466.3治疗单位、冷沉淀2501.75单位、血浆14108单位。血液供需平衡，采供血体系运行顺畅，未发生输血安全事故。临床用血100%来自无偿献血，一次献血300、400毫升人数比例72.30%。回访献血者2430人次，满意度为99.8%。全年血费报销456人次，合计49.64万元。全市累计2916人次获得国家无偿献血奉献奖，其中金奖610人，银奖558人，铜奖1748人，及时发放江苏省无偿献血荣誉证。成立常熟市无偿献血志愿服务专业队。承办苏州市“6·14”世界献血者日庆祝表彰活动，做好无偿献血宣传月系列活动。开展全市临床合理用血督导及专题培训，对三级医疗机构推行自体输血，二级以上医疗机构推行血费直免。落实江苏省“三免”政策、免费用血政策、新市民积分政策。无偿献血爱心商业联盟会员单位2023年新增1家，累计12家。（毛晓芳）

责任编辑　张莉莉

体 育

体育设施

【概况】 2023年，常熟市人均体育场地面积4.07平方米，体育场地8983个，体育场地片数10346个，晨(晚)练健身站点2874个，健身步道2519条1298.8千米。年内，全市新增体育场地面积27.59万平方米，比上年增长4.2%。

【体育中心】 2023年，常熟市体育中心继续推进免费或低收费开放服务，室外篮球场、七人制足球场、健身跑道、便民健身器材等全天免费向市民开放；体育馆、游泳馆、体育场全年无休，在往年低免收费基础上，2023年新增残疾人免费健身服务，并在重阳节当天免费向60周岁以上老年人开放。体育中心体育馆承接2023—2024赛季中国女子篮球联赛江苏南钢队的主场比赛。

【体育馆】 2023年，海虞北路体育馆完成主体和附属建筑维修以及相关设施设备的维护保养工作，包括体育馆屋面改造、钢结构马道维修、外墙粉刷、西侧平台改造及中央空调机组维护；五星游泳池钢结构除锈；景观区紫藤架改造等。年内，承接市青少年阳光体育联赛、老年人体育节等公益性赛事活动。 (刘 煜)

【经开区文体中心投用】 6月30日，常熟经济开发区文体中心(以下简称经开区文体中心)投用。经开区文体中心位于经开区滨江新城中部核心位置，占地近6万平方米。中心有标准化游泳馆、真冰场、多功能球场、声谷大剧院，并有书吧、办公会议、餐饮等配套服务，是集公共服务、体育运动、艺术演出、文化展示、图书阅览和会议培训等各种功能为一体的一站式现代城市文化综合体。室内真冰场为常熟首家，冰场总建筑面积约2000平方米，其中冰面面积约700平方米；游泳馆总建筑面积约3000平方米，其中水面面积约1000平方米，拥有泳池2个，包括8条50米长的标准赛级泳道泳池和儿童戏水池，馆内配置先进的水处理、在线监测系统，水池四季恒温是集教学、比赛、培训为一体的多功能游泳馆；多功能球馆建筑面积约3000平方米，同时拥有篮球场、羽毛球场和乒乓球室。 (年鉴编辑部)

学校体育

【概况】 2023年，常熟市落实体育教学任务，深化体教融合，开展学校体育活动和体育比赛。年内，组织2023年常熟市青少年阳光体育联赛。全市中小学生获得苏州市级以上竞赛金牌151枚、银牌140枚、铜牌144枚，相较2021年增长20%。组织学校申报“苏州市体育传统(特色)项目学校(2023—2026年度)”，开展新一轮常熟市体育传统项目学校申报、评审、命名工作。

【学校体育竞赛】 2023年，常熟市打造以市体育运动学校为“龙头”，学校体育为基础，各个体育传统特色项目学校为重点，社会力量兴办各类体育俱乐部为补充的多层次、多渠道的青少年体育业余训练网络，培养选拔优秀高水平运动员参加苏州市级、江苏省级体育竞赛，全年共组队参加苏州市中小学生棋类、击剑、武术套路、篮球等16个大项比赛，江苏省县组游泳、乒乓球、篮球、跆拳道、体适能等比赛，总计获得苏州市级以上竞赛金牌151枚、银牌140枚、铜牌144枚，相较2021年增长20%。

【体育传统项目学校】 2023年，常熟市组织28所学校35个项目申报“苏州市体育传统(特色)项目学校(2023—2026年度)”，19所学校21个项目通过评审，被命名为“苏州市体育传统(特色)项目学校(2023—2026年度)”，其中，有4所学校获得20万元年度奖励。命名“2023—2026年度常熟市体育传统项目学校”48所学校69个项目。

【2023年常熟市青少年阳光体育联赛】 2023年，常熟市组织市青少年阳光体育联赛，为期7个月，共涉及13大项比赛(小学生棋类比赛、小学生田径锦标赛比赛、小学生击剑比赛、中小学生乒乓球比赛、中小学生排球比赛、小学生武术比赛、中小学生跆拳道比赛、中小学生篮球比赛、幼儿、小学生体适能暨快乐体操比赛、中小学生游泳比赛、中小学生羽毛球比赛、中小学生足球比赛、中小学生田径运动会)，其中新增中小学生击剑比赛项目，参赛队伍617支，人数6835人次，参赛队伍和参赛人数较2021年分别增长37.1%、50%。

联赛采用政府购买服务的方式，小学生击剑比赛、中小学生跆拳道比赛、幼儿体适能暨快乐体操比赛、小学生武术（套路）比赛由专业体育协会和优质体育俱乐部承办。

（刘　煜）

群众体育

【概况】 2023年，常熟市承办江苏省龙舟精英赛（常熟站），组织常熟市第28次全民健身月、常熟市第15届体育节、常熟市首届外商投资企业运动会、常熟市第十届市民（职工）徒步大会、"阳光下一代"常熟跆拳道武术大奖赛。举行2023苏州市《国家体育锻炼标准》达标赛（常熟分会场）、2023常熟市新年登高、长跑健身活动比赛等。各体育社团和体育俱乐部持续开展全民健身活动，举办足球、篮球、排球三大球和羽毛球俱乐部、掼蛋俱乐部联赛、乒乓球团体和个人赛、百城千村健身气功展示、武术比赛、象围棋比赛、体育舞蹈比赛等30多项。虞山街道大湖甸村、古里镇坞坵村上榜第二批江苏省农民体育健身活动基地。

【体育社团】 2023年，全市有市级体育协会39家和市级民办非企业单位69家。其中，AAAA级体育社团3个，AAA级体育社团7个。年内，新增市级协会2家，分别为常熟市瑜伽协会、常熟市街舞运动协会。

表71　　2023年常熟市A级以上体育社团一览表

序号	社团名称	社团等级	序号	社团名称	社团等级
1	常熟市健美操广场舞协会	AAAA	19	常熟市残疾人体育协会	AA
2	常熟市门球协会	AAAA	20	常熟市台球协会	AA
3	常熟市老年人体育协会	AAAA	21	常熟市信鸽协会	AA
4	常熟市排球协会	AAA	22	常熟市风筝协会	AA
5	常熟市木兰拳协会	AAA	23	常熟市游泳协会	AA
6	常熟市长跑协会	AAA	24	常熟市桥牌协会	AA
7	常熟市棋类协会	AAA	25	常熟市体育舞蹈协会	AA
8	常熟市乒乓球协会	AAA	26	常熟市足球协会	AA
9	常熟市篮球协会	AAA	27	常熟市尚湖镇社会体育指导员协会	AA
10	常熟市武术协会	AAA	28	常熟市沙家浜镇社会体育指导员协会	AA
11	常熟市草根足球联合会	AA	29	常熟市跆拳道协会	A
12	常熟市射箭协会	AA	30	常熟市体操运动协会	A
13	常熟市扑克运动协会	AA	31	常熟市保龄球运动协会	A
14	常熟市健身气功协会	AA	32	常熟市无线电运动协会	A
15	常熟市空竹运动协会	AA	33	常熟市网球协会	A
16	常熟市钓鱼运动协会	AA	34	常熟市健身协会	A
17	常熟市自行车运动协会	AA	35	常熟市梅李镇社会体育指导员协会	A
18	常熟市辛庄镇社会体育指导员协会	AA			

（资料来源：市文体旅游局）

【社会体育指导员队伍】 2023年，常熟市新增社会体育指导员300多名，至年底，全市有社会体育指导员6595名，其中国家级25名，一级143名，二级962名。张舜获评2023年度江苏省最美社会体育指导员称号。

【国民体质监测】 2023年，开展年度国民体质监测与经常参加体育锻炼人口比例调查，全市国民体质监测有效人数为4047人，国民体质水平"合格"等级及以上的人数百分比为96.3%，高于上年度的96%，14个板块的2023年国民体质达标率均比上年度有所提高。2023年全市经常参加体育锻炼人数占总人口40%，高于上年度的38%。

【江苏省龙舟精英赛（常熟站）】 10月，2023年度江苏省龙舟精英赛（常熟站）在琴湖举行。赛事由江苏省龙舟协会、常熟市人民政府主办，常熟市文体广电和旅游局、常熟市人民政府琴川街道办事处承办。竞赛项目为公开组22人龙舟200米、500米直道赛，来自省内的12支代表队参与此次赛事，常熟理工学院、江苏海洋大学、南通龙协刘桥队分获前三名。

【首届外商投资企业运动会】 2023年，常熟市举办首届外商投资企业运动会，运动会由市人民政府主办，市文体旅游局、市商务局、市总工会、常熟经开区、常熟高新区、市体育总会承办，为期6个月，运动会设置保龄球、乒乓球、高尔夫球、篮球、羽毛球、足球等10个项目，63家外商投资企业的864名运动爱好者参加。住友橡胶（常熟）有限公司、康迪泰克（中国）橡塑技术有限公司、三菱电机汽车部件（中国）有限公司、苏州诺华医药科技研发有限公司、夏普办公设备（常熟）有限公司、大金氟化工（中国）有限公司分获团体总分前六名。

【第28次全民健身月活动】 2023年，常熟市举行第28次全民健身月活动，4月22日"行走大运河"全民健身健步走活动常熟市第28次全民健身月启动仪式暨2023年常熟市登山比赛启动。健身月期间，全市范围内开展各类群众体育活动及展示，累计比赛30项次，组织体育志愿服务、社会体育指导员培训，开展国民体质监测及健身知识讲座等。

竞技体育

【概况】 2023年，常熟市举办全国性体育赛事6项、江苏省级青少年体育赛事活动2项、苏州市级青少年阳光体育联赛3项。向苏州和江苏省输送体育后备人才43人次。年内，江苏女篮主场落户常熟，2名常熟籍田径运动员分别在国际赛事获奖。

表 72　　2023年常熟市举办的全国性体育赛事一览表

序号	赛事名称	赛事时间	主办单位
1	2023—2024赛季中国女子篮球联赛	2023年10月17日—2024年4月21日	中国篮球协会、深蓝体育（北京）有限公司
2	2023年中国桨板公开赛常熟站	7月1日—7月2日	国家体育总局水上运动管理中心
3	2023"尚帅杯"阳光下一代跆拳道武术大奖赛	8月16日—8月17日	中国关心下一代工作委员会健康体育发展中心、常熟市关心下一代工作委员会、常熟市文体广电和旅游局
4	2023第七届常熟尚湖铁人三项赛	9月10日	常熟市文体广电和旅游局、常熟虞山文化旅游度假区、常熟文旅发展有限责任公司
5	2023常熟尚湖半程马拉松	10月29日	常熟市人民政府

（资料来源：市文体旅游局）

【体育后备人才培养】 2023年，常熟市向苏州输送体育后备人才38名，相较2022年增长245%；向江苏省输送体育后备人才15名，相较2022年增长67%。年内，选派张震作为主教练带队到美国集训6个月，参加美国精英田径比赛，获得2银、1铜。2名常熟籍运动员入选新周期国家田径队，备战巴黎奥运会。

【常熟籍运动员国际参赛成绩】 2023年，谈梦怡在世界田联洲际巡回赛日本横滨站女子跳远比赛中以6米09位列第八；石雨豪参加杭州第19届亚洲运动会，获得男子跳远铜牌，作为中国4×100男子接力队成员获得金牌。

【2023中国桨板公开赛（常熟站）】 6月30日，2023中国桨板公开赛（常熟站）在江苏常熟琴湖开赛，赛事由国家体育总局水上运动管理中心、江苏省体育局和常熟市人民政府主办，常熟市文体广电和旅游局、常熟市人民政府琴川街道办事处承办，苏州市皮划艇桨板协会协办。比赛设公开组、大师组、高校组、青少年组等10个组别，参赛选手中年龄最大65岁，最小8岁。全国23支代表队近500名选手角逐200米竞速赛、6000米长距离技巧赛等4个项目。该站赛事还增设情侣组、亲子组比赛。

【2023年江苏省青少年跳水锦标赛】 8月，2023年江苏省青少年跳水锦标赛在常熟市体育中心举行，锦标赛由省体育局、省教育厅、省文明办、共青团省委、省妇联和省发展体育基金会

7月1日，2023中国桨板公开赛（常熟站）在琴湖开赛　　（张轩硕　摄）

共同主办，常熟市人民政府承办，比赛为期5天，分6岁到12岁5个年龄组，设男、女一米、三米跳板和三米、五米跳台的个人、全能、双人、团体共30个项目，全省10个市的121名运动员参赛。苏州常熟跳水队获得6金、4银、6铜，位居金牌榜第一位。

【2023常熟尚湖铁人三项赛】 9月10日，2023常熟尚湖铁人三项赛在虞山尚湖风景区开赛。由常熟市文体广电和旅游局、常熟市人民政府虞山街道办事处（常熟虞山文化旅游度假区）、常熟文旅发展有限责任公司共同主办。比赛吸引来自英国、美国、法国、意大利、德国、澳大利亚、希腊、西班牙、日本、韩国、土耳其、马来西亚、塞尔维亚等14个国家和地区的800多名爱好者参与。部分组别冠军选手：奥运标准距离男子组：德国选手 Peter Wolkowicz 以“1小时55分30秒”的成绩获得全场冠军；奥运标准距离女子组：标铁女子全场冠军由Ingrid Hansen以“2小时21分21秒”的成绩夺得。半程奥运距离男子组：冠军为来自常熟本地选手张子龙，成绩1小时06分20秒；半程奥运距离女子组：冠军为陈文娟，成绩1小时12分26秒。

【江苏女篮常熟主场首战】 10月18日19：30，江苏女篮坐镇主场，在常熟市体育中心体育馆迎来2023—2024赛季中国女子篮球联赛（WCBA）首战。江苏女篮以43∶32领先结束上半场，下半场比赛，江苏女篮将分差保持在15分左右，最大分差达到20分以上，最终以79∶56战胜新疆队，赢得赛季首胜。

【常熟尚湖半程马拉松】 10月，常熟尚湖半程马拉松在尚湖风景区鸣枪开跑。由常熟市人民政府主办。本次赛事设置半程马拉松项目（21.0975千米）、健康跑项目（10千米）两个项目，其中半程马拉松参赛人数为7000人，健康跑项目参赛人数为3000人。男子组冠军由吴志锦获得，成绩为1小时08分09秒，亚军由冒华杰获得，成绩为1小时09分39秒。女子组冠军由倪志艳获得，成绩为1小时23分05秒，亚军由李维娜获得，成绩为1小时23分51秒。

【首届常熟昆承湖帆船赛】 10月28日，“湖畔现代城杯”2023首届常熟昆承湖帆船赛开赛。比赛由常熟高新技术产业开发区、常熟市传媒集团主办，常熟市昆承湖建投集团、常熟市体育发展中心协办。比赛为期3天，设置成人团体组和青少年个人组2个组别，厦门、上海、杭州、南京等城市的8个成人组队伍以及青少年组的20位选手参加。比赛采用积分制，设置5轮场地赛，根据每轮排名给予选手相应积分，最后按照总积分计算最终排名。厦门的志和·泰信帆船队和南京的汪铭紫分获成人团体组、青少年个人组冠军。

10月18日，2023—2024赛季中国女子篮球联赛（WC-BA）在常熟市体育中心开赛 （李献　摄）

体育产业

【概况】 2023年，全市体育产业平稳发展，全市有省级体育产业基地2个，苏州市级体育产业示范基地5个，苏州体育服务综合体1个，产业覆盖体育场地出租、体育纪念品销售、体育用品销售和体育培训等领域。年内，起动（苏州）体育发展有限公司的起动综合性室内体育场馆建设项目入围2024年度江苏体育产业发展专项资金体育场地设施建设项目，获体育产业发展专项资金50万元。

【体育彩票】 2023年，常熟市销售中国体育彩票6.44亿元，比上年增长27.71%，居全省县（市、区）第八名，留存本级体彩公益金4650万元。年内，新建体育彩票实体网点6家，升级体彩+网点4家，新增全玩法网点1家。全市累计传统网点210家，其中全玩法网点157家。新拓展行业网点24家，累计行业网点176家。

【体育培训机构】 2023年，全市有体育培训机构176家。年内，市文体旅游局启动培训机构审批机制，157家体育培训机构通过备案，在常所有体育培训机构纳入“常优培”资金监管平台。79家校外培训机构接受检查，均达到核准要求。 （刘　煜）

责任编辑　张莉莉

收入与分配

就业创业

【概况】 2023年，常熟市实现城镇新增就业29023人，高校毕业生就业率98.36%，城镇失业人员再就业8524人，就业困难人员就业3601人，就业形势稳中向好。打造“职通常熟”公共就业用工服务品牌，构建线下、线上、掌上为一体的求职招聘用工保障体系。全市有2.3万家企业注册平台，在平台招聘8118个岗位。新建劳务合作基地35家，畅通劳务基地岗位信息交互，向劳务基地发布推送就业岗位9000多个。全年发放一次性创业补贴、创业场地租金补贴、创业社保补贴等各类补贴5012人次，补贴金额724万元。全年办理富民创业担保贷款17人，发放贷款386万元，为111人办理富民创业担保贷款贴息，贴息金额319.3万元。组织各类创业活动30场，开展创业培训5期，开展创业讲座、创业指导3次，开展创业政策宣讲8场，举办基地活动14场，服务2912人次。

【就业促进】 2023年，常熟市发放稳岗返还资金近1.17亿元，惠及2.43万家企业；向吸纳4604名高校毕业生的2121家企业发放一次性扩岗补助690.6万元；向164家用人单位发放企业女职工产假期间社保补贴117万元，涉及262人；向26家符合条件的企业发放留常补贴111.2万元，涉及2224名职工，向18家符合条件的企业发放来常就业补贴24.45万元，涉及489名职工；向890家符合条件的企业发放信贷资金57.7亿元。市人力资源社会保障局形成《2022年度常熟市人力资源市场部分职位工资指导价位》，涉及制造业、建筑业、交通运输业等9大类行业，调查样本包括全市生产经营正常的279户企业，其中第一产业4家，第二产业94家，第三产业181家，涉及职工39770人。市、镇（街道）、村（社区）三级联动，开展重点就业困难群体就业帮扶活动，畅通就业援助“码上到”快速通道。全年排查重点群体2678人次，岗位推荐1173人次，推送各类就业信息11959人次，实施“一人一档一对一”帮扶474人，就业援助登记2.6万人次，失业登记人员就业援助登记服务率92%。4名在劳动年龄段的退捕渔民100%实现转产就业。

【高校毕业生就业创业】 2023年，常熟市多渠道开通高校毕业生就业创业渠道，高校毕业生就业率98.36%。市人力资源社会保障局先后组织2023年常熟市青年（大学生）创业创新大赛、“飞”常精英——大学生暑期就业实习启动仪式暨岗位发布会、常熟市高校毕业生企业“职”通车活动等，落实144名高校学生到市、镇（街道）两级党政机关与事业单位、市属国有企业、研发机构及创新平台、特色产业园区创业载体、规模以上非公企业等单位实习。全年落实高新区、经开区、尚湖镇、辛庄镇等板块95家企业参加高校毕业生企业“职”通车活动，提供对口岗位396个，需求人数1306人，323名毕业生进企参观。

【就业创业载体建设】 2023年，常熟市人力资源市场完成升级改造，全市构建“3+3+N”零工市场建设服务网络，首个市级零工市场启用，建设完成莫城街道（服装城）零工分市场，举办零工线下招聘会36场。搭建“尚才零

7月21日，全省首家挂牌的村（社区）“家门口”就业服务站落户小康村。图为小康村综合性人力资源市场招聘活动现场　（周文燕　提供）

工”线上服务平台，建设24小时零工驿站。全市建成“家门口”就业服务站42个，其中基础站30个、特色站12个。世茂商圈“家门口”就业服务站和小康村“家门口”就业服务站获评2023年度苏州市“家门口”就业服务站示范站点，开展“蜂乐计划”“海棠花园就在身边”等专项行动。

【劳动保障诚信建设】 2023年，市人力资源社会保障局完成812家2022年度常熟市级劳动保障A级诚信单位评选和91家苏州劳动保障信誉等级2A级以上单位申报评定。推行守信联合激励机制，表彰劳动保障A级诚信、劳动关系和谐企业称号的用人单位1946家，并在“诚信常熟”红榜、“常熟人社之窗”公众号公布，向公共信用管理部门推送。

【劳动维权】 2023年，常熟市欠薪线索和欠薪案件处置率保持在95%以上，全国欠薪平台线索处置率98.7%，欠薪案件处置率100%。年内，常熟市实施工程建设领域农民工工资月结月清提质增效年活动，发布《2021—2022年度保障农民工工资支付工作考核情况通报》《2022—2023年度保障农民工工资支付工作考核方案》《关于明确工程建设领域农民工工资保证金使用和返还相关流程的通知》，开展《保障农民工工资支付条例》及配套政策措施、欠薪维权二维码集中宣传。全市完成二次在建工程信息采集1018批次，落实月结月清提质增效的在建项目92个，实地核查全市在建工程项目45家。出具保证金办理证明582件，办理保证金存储（保函）5954.5万元，办理工程保证保险1520.83万元。发放《常熟市建设领域劳资专管员根治欠薪工作指导手册》341份，优秀案例230份，张贴欠薪宣传海报432份。开展根治欠薪冬季专项行动，全市检查用人单位1151户（工程建设领域178户、制造业833户，其他140户），解决欠薪问题83件，解决欠薪金额287.3万元。加强人力资源市场管理，全市发出劳动保障监察建议书11份，规范注册资本11家、经营场所2家、从业人员资格证2家。以信用等级C级单位为范围，集中检查重点机构61家，发出限期整改指令书17份，指导主动注销许可4家，对14家不符合法定条件的机构作出撤销许可决定，取缔非法中介2家。

【常熟市现代产业技能实训中心启用】 11月20日，常熟市现代产业技能实训中心启用。实训中心位于虞山高新区，总投资8000余万元。该中心建设1.8万平方米实训大楼以及5.3万平方米的宿舍和食堂等配套设施，包含“一展厅、两场景、三中心、四平台、八基地”，核心区域规划了工业基础、工业控制、工业机器人、工业视觉、工业大数据、虚拟仿真与数字孪生、工业物联网、区块链&云计算等八大基地，该中心通过“技术人才外包服务”“技术人才引进”“基础技工引流”“订单人才培养”四大模式，链接全国380余所高校开展校企合作，可常年滚动培养8000~10000名各类技能人才。

【市人力资源市场升级改造完成】 2023年，常熟市人力资源市场完成升级改造，融入零工市场、“家门口”就业服务站、24小时零工驿站等功能要素，设招聘摊位41个，集公共就业、人才招聘、创业服务、职业培训为一体。年内，中心举办线下招聘36场，有248家次企业向市场投放岗位328个，促成104人次上岗就业。

【2023年常熟市青年（大学生）创业创新大赛】 5月，市人力资源社会保障局举办2023年常熟市青年（大学生）创业创新大赛，以“燃情创业，筑梦常熟”为主题，聚焦青年（大学生）创业创新，分线上赛和高校赛2项赛事，吸引来自清华大学、南京理工大学、上海同济大学、江南大学、常熟理工学院等高校在校生及毕业生报名参赛，共29个项目，项目涵盖新材料、新能源、装备制造、医疗健康、互联网TMT、人工智能、现代农业、文化创意等多个领域。大赛通过路演展示、专家评审，高精度免润滑直线模组的研发及产业化项目获一等奖。

（徐莞月）

居民收入

【概况】 2023年，常熟居民人均可支配收入71555元，比上年增加3134元，增长4.6%，增速居苏州四市一区（常熟市、张家港市、昆山市、太仓市、吴江区）第三，与苏州市平均增速持平。其中，城镇居民人均可支配收入83384元，比上年增长4.2%；农村居民人均可支配收入46816元，比上年增长5.7%。2023年常熟城乡居民收入比为1.781，城乡收入差距逐步缩小。

【工资性收入】 2023年，常熟居民人均工资性收入44917元，比上年增加2091元，增长4.9%，占可支配收入的62.8%。分城乡看，城镇居民人均工资性收入52536元，比上年增长4.6%；农村居民人均工资性收入28982元，比上年增长5.3%。

【经营净收入】 2023年，常熟居民人均经营净收入7797元，比上年增加318元，增长4.2%，占居民可支配收入的10.9%。分城乡看，城镇居民人均经营净收入7779元，比上年增长3.8%；农村居民人均经营净收入7833元，比上年增长5.1%。

【财产净收入】 2023年，常熟居民人均财产净收入8577元，比上年增加246元，增长3.0%，占居民可支配收入的12.0%。分城乡看，城镇居民人均财产净收入11183元，比上年增长2.7%；农村居民人均财产净收入3127元，比上年增长2.9%。

【转移净收入】 2023年，常熟居民人均转移净收入10264元，比上年增加479元，增长4.9%，占居民人均可支配收入的14.3%。分城乡看，常熟城镇居民人均转移净收入11886元，增长

3.6元；农村居民人均转移净收入6874元，增长9.2%。

居民消费

【概况】 2023年，市场需求持续升温，居民消费回暖。全市居民人均生活消费支出44597元，比上年增加3097元，增长7.5%。分城乡看，城镇居民人均生活消费支出49372元，比上年增长6.8%；农村居民人均生活消费支出34612元，比上年增长9.1%。从居民消费构成来看，食品烟酒、衣着、居住、生活用品及服务、交通通信、教育文化娱乐、医疗保健、其他用品和服务等八大类消费支出呈全面增长态势。

【食品烟酒支出】 2023年，常熟居民人均食品烟酒支出12009元，比上年增加759元，增长6.7%，占生活消费支出比重（恩格尔系数）为26.9%，较上年下降0.2个百分点。分城乡看，城镇居民人均食品烟酒支出13213元，比上年增长6.1%，占生活消费支出比重为26.8%；农村居民人均食品烟酒支出9491元，比上年增长8.7%，占生活消费支出比重为27.4%。

【衣着支出】 2023年，常熟居民人均衣着支出2147元，比上年增加54元，增长2.6%，占生活消费支出比重为4.8%。分城乡看，城镇居民人均衣着支出2418元，比上年增加63元，增长2.7%；农村居民人均衣着支出1581元，比上年增加32元，增长2.1%。

【居住支出】 2023年，常熟居民人均居住支出10646元，比上年增长4.4%，占生活消费支出比重为23.9%。分城乡看，城镇居民人均居住支出10646元，比上年增长3.6%，占生活消费支出比重为23.9%；农村居民人均居住支出8224元，比上年增长6.7%，占生活消费支出比重为23.8%。

【生活用品及服务支出】 2023年，常熟居民人均生活用品及服务支出2235元，比上年增加83元，增长3.8%。分城乡看，城镇居民人均生活用品及服务支出2503元，比上年增加59元，增长2.4%；农村居民人均生活用品及服务支出1675元，比上年增加127元，增长8.2%。

【交通通信支出】 2023年，常熟居民交通通信消费升温，人均交通通信支出6861元，比上年增长10.8%，增速比上年同期回升7.6个百分点，得益于多轮购车补贴政策的出台鼓励和旅游市场的升温回暖。分城乡看，城镇居民人均交通通信支出7460元，比上年增长10.5%；农村居民人均交通通信支出5609元，比上年增长11.6%。

【教育文化娱乐支出】 2023年，常熟居民人均教育文化娱乐支出6333元，比上年增长13.1%，增幅在八大类消费支出中居首位，增速比上年同期回升17.2个百分点，占生活消费支出比重为14.2%。全市A级景区收入17049万元，增长82.2%。分城乡看，城镇居民人均教育文化支出7225元，比上年增长12.6%；农村居民人均教育文化娱乐支出4468元，比上年增长14.2%。

【医疗保健支出】 2023年，常熟居民医疗保健消费稳步增长，人均医疗保健支出2954元，比上年增长9.1%，占生活消费支出比重为6.6%。分城乡看，城镇居民人均医疗保健支出3105元，比上年增长9.0%；农村居民人均医疗保健支出2640元，比上年增长9.2%。

【其他用品和服务支出】 2023年，常熟居民人均其他用品和服务支出1411元，比上年增加101元，增长7.7%，占生活消费支出比重为3.2%。分城乡看，城镇居民人均其他用品和服务支出1644元，比上年增长5.9%；农村居民人均其他用品和服务支出924元，比上年增长14.0%。 （李晓静）

市场物价

【概况】 2023年，常熟居民消费价格指数（CPI）为100.0，与上年持平，低于全国0.2个百分点，低于江苏省0.4个百分点，涨幅较上年收窄2.3个百分点。其中，食品价格下降0.8%，非食品价格上涨0.1%；消费品价格下降1.2%，服务价格上涨1.7%。构成CPI的八大类商品和服务价格六涨二降。其中，食品烟酒价格上涨0.2%，衣着价格上涨0.2%，居住价格下降0.6%，生活用品及服务价格上涨1.7%，交通通信价格下降5.6%，教育文化娱乐价格上涨2.0%，医疗保健价格上涨7.1%，其他用品及服务价格上涨3.5%。

（李晓静）

【价格调控】 2023年，常熟市继续组织实施价格调控目标责任制，制订下发《关于常熟市2023年价格调控目标责任制的实施意见》，将年度价格调控目标进一步细化，加强价格总水平调控。做好重要民生商品保供稳价，建立定期会商协调机制，确保重要民生商品供应充足、价格稳定。年内全市居民消费价格总水平低于预期调控目标。从具体调控品种来看，与群众基本生活关系密切的米、面、食用油、猪肉、蔬菜、管道天然气、自来水、电、公房租赁、城市公交、医疗服务、中小学教育及幼儿园保育等12种重要商品和服务价格水平（涨幅）在预期目标内。落实价格异动应急预案，防范各种风险和极端情况发生。54个监测点重点做好农副产品、日用品、药品、化工产品、农资等重要商品和服务价格的跟踪监测，全年发布《重要民生商品价格信息》168期、《信息简报》19期。开展夏季保淡绿叶菜价格指数保险，组织为期3个月的全市15家农贸市场蔬菜价格每日监测。开展10家重点工业企业和4家企业煤炭价格监测。全市拨付粮食收购价外补贴专项资金2380.7万元，地方储备粮费息专项资金1858.6万元；拨付114.7万元市场保供资金，用于调控市场、调节市场价格、保证供应；拨付76.4万元保障全市冻猪肉储备需求，保障猪肉市场保供稳价工作。

（李　丹）

社会保险

【养老保险】 2023年,常熟市人社部门贯彻执行养老保险全国统筹,开展社会保障“扩面提质增效”专项行动,全市企业职工基本养老保险费征缴累计收入83.9亿元,参保缴费人数55.50万人,城乡基本养老保险参保缴费率98.03%。完成退休人员养老金调整,35.29万名企业退休人员增幅4.5%,机关事业单位退休人员增幅2.53%,城乡居民基本养老保险待遇同步调整,实现11年连涨。 (徐莞月)

【医疗保险】 2023年,常熟市职工医疗保险、居民医疗保险参保人数分别为96.67万人、32.8万人;职工和居民医保基金总收入分别为39.24亿元和4.42亿元;居民医保人均实际财政补助980.44元,筹资标准达到每人每年1349.2元;职工和居民医保住院政策性报销比例分别为88.99%和72.62%。

【生育保险】 2023年,常熟市生育保险参保人数50.06万人,全年生育津贴(含计生津贴)支出18650.6万元,其中男职工护理津贴1505.7万元,一次性营养补助1113.65万元,未就业配偶一次性医疗费用补助26.37万元。全年生育医疗费用支出3249.83万元。(唐怡玲)

【工伤保险】 2023年,常熟市工伤保险参保人数53.99万人。人社部门加强建设项目参保人员实名制管理措施,全市建筑业新开工项目工伤保险实名参保率100%。贯彻实施非全日制从业人员参加工伤保险办法,将超过法定退休年龄人员和实习生纳入工伤保险参保范围,推进多重劳动关系、非全日制、超龄、实习生等从业人员参加工伤保险扩面提质行动。

【失业保险】 2023年,常熟市失业保险参保人数48.98万人,参保单位3.65万家。年内,常熟市向9.2万人次失业人员发放失业保险金1.87亿元,为8.78万人次失业人员代缴医疗保险费3109.81万元,向1.36万人次失业人员发放失业补助金499.55万元,向5107人次职工发放技能提升补贴1047.99万元。

【新业态职业伤害保险】 2023年,常熟市更新推进新业态从业人员职业伤害保险2.0版,1290名新业态从业人员参保,完成职业伤害保障确认135人。

【社保卡迭代升级】 2023年,常熟市继续推进社保卡更新迭代。至8月,原“常熟市民卡”公共服务功能停用,相关功能全部迁移至第三代社保卡,实现“二卡合一”。常熟市三代卡实现应换尽换全覆盖,截至年底全市三代卡持卡量累计139.89万张。常熟市在全省率先建成居民服务“一卡通”综合管理服务平台和市场化运营平台,上线“常熟一卡通”微信小程序,拓展“一卡通”应用体系建设,并率先在全省范围实现联网模式下的公共自行车扫码借车、本地公交特殊优惠搭载、“常熟一卡通”小程序乘车码上线。 (徐莞月)

社会福利

【困境儿童保障】 2023年,常熟市在册困境儿童692人,其中机构养育孤儿16人、社会散居孤儿13人、监护缺失儿童7人、父母无力履行监护职责的儿童100人、重病儿童114人、重残儿童370人、贫困家庭儿童71人、留守儿童1人。孤儿、事实无人抚养儿童、艾滋病感染儿童基本生活费标准为每人每月3000元,重病重残儿童基本生活费标准按社会散居孤儿基本生活费标准的50%发放,全年发放困境儿童基本生活保障金1139.18万元。年内,常熟市实施“孤儿医疗康复明天计划”和“孤儿助学”项目,发放助医、助学资金4万余元。实施困境儿童个案帮扶10例,出台《未成年人应急保护操作规程》,建立“福地同行”困境儿童公益关爱基金,实施“童心圆”百名困境儿童结对帮扶计划,走访、建档困境儿童91名,结对助学81人,提供助学金8万余元。

【残疾人福利】 2023年,常熟市发放困难残疾人生活补贴4103人、4394.2万元,发放重度残疾人发放护理补贴7314人、1239.9万元。推进精神障碍社区“康复驿站”建设,14家站点均引入第三方社会工作机构运营,4家站点获评常熟市星级“康复驿站”,7家站点“一街一品”特色课程成效显著。发展居家服务模式,全市精神障碍患者社区康复覆盖率52%。

【福利彩票】 2023年,全市有福利彩票投注站点207个,全年销售福利彩票2.89亿元,比上年增长33.33%,筹集福彩公益金2906.7万元。其中,电脑票销售1.8亿元、即开票销售1.09亿元。13个福彩销售站点完成省级示范点建设。常熟福彩中心获评“江苏省百日竞赛活动先进集体”,1名站点销售员获评江苏省销售员技能大赛三等奖。常熟市获评“2022年度全省福利彩票销售亿元县(市)”。

社会救助

【困难人群救助】 2023年,常熟市救助各类困难群众23.8万人次,发放相关救助资金4.4亿元。城乡最低生活保障标准调整至1115元/月。至年末,全市1276户1668人纳入城乡最低生活保障、398人纳入低保边缘重病困难对象救助、545人纳入特困人员救助供养。发放困难对象临时救助金1060人次130.86万元,发放物价补贴3780人次34.5万元。核查最低生活保障、特困供养、住房保障等各类救助申请对象9588户14206人,预警951户,预警率9.92%。建立救助社工制度,引入第三方救助社工129人。开展线下救助宣传活动2次、救助社工专题培训6次,完成10个社会救助个案服务案例。建成常熟市社会大救助综合平台;开通手机端救助服务。

【流浪乞讨人员救助】 2023年,常熟市开展“寒冬送温暖”“夏季送清凉”专项救助行动,救助生活无着的流浪乞讨人员452人次，其中未成年人75人次、流浪精神病人88人次、老残人员31人次，护送返乡101人次。帮助1名滞留常熟16年的流浪精神病人寻亲成功。（顾君才　徐之佼）

【医疗救助】2023年，常熟市参加居民基本医疗保险的困难群体6949人，居民医保保费补助金额329.51万元，居民医保保费资助困难群体实现全覆盖。基本医疗保险实时救助21.4万人次，救助资金结付1934.77万元。（唐怡玲）

【慈善募捐与救助】2023年，常熟市慈善总会（基金会）接受捐赠款物和收入1.25亿元，其中募集善款1.14亿元、物资387.08万元、增值收入792.03万元。年内，市慈善总会、各镇（街道）慈善会发放各类救助款物1.21亿元，其中善款1.17亿元、物资387.08万元，惠及困难群众7.23万人次。有2809家企业、10多万人次参与捐款捐物，市慈善总会组织捐赠仪式20多场次。年内，常熟市举办中华慈善总会药品援助项目常熟发药点五周年总结表彰会，承办中国慈善联合会2024年“开年行善 益起来”慈善活动启动仪式。举行“善美家园”评选活动，14个慈善助力乡村振兴先进典型获表彰。中华慈善总会药品援助项目常熟发药点发放药品1382.22万元，服务1208人次，注册医师14名。

【慈善组织】2023年，常熟市有慈善组织16家，其中市慈善总会有理事37人，会员152人，各镇（街道）慈善会有理事343人、会员1278人。市慈善总会被江苏省民政厅评定为5A级社会组织。

【慈善一日捐】2023年，常熟市开展“慈善一日捐”活动，申报上线项目4个，超过10万名爱心网友参与捐款，募集款项615万元，获得线上配捐45万元。（顾君才　徐之佼）

9月28日，“善行让生活更美好”2023年常熟市慈善文艺晚会在常熟大剧院举行（朱琪　摄）

住房保障

【概况】2023年，常熟市调优住房保障申请条件，降低住房保障准入门槛，扩大保障覆盖面。完成2023年度2批次住房保障申请、审核，做好住房保障购房和租房补贴资金发放。全年发放租房补贴543户、289万元，购房补贴24户、745.47万元。全市优租房安置入住258人次，累计入住1784户。

【保障性租赁住房供应】2023年，常熟市开展全市保租房房源摸底调查，筹集保障性租赁住房8个项目2315套（间），完成省住建厅目标任务的115.8%；基本建成11个项目2011套（间），完成省住建厅目标任务的110.5%。（王　瑾）

【公积金管理】2023年，常熟市新增公积金缴存单位8540家，新增缴存职工58892人，其中新增灵活就业人员3180人；年末应缴单位32263家，应缴职工383405人，较年初分别净增2312家、9500人。全年归集公积金62.07亿元，比上年增加4.15亿元；年末月应缴存额5.12亿元，职均月缴存额1335元，分别比年初增加0.27亿元、38元。全年办理公积金提取118.51万笔，其中线上提取115.89万笔，公积金提取金额42.58亿元，较上年增加5.08亿元；全年发放公积金贷款3746户26.05亿元，分别比上年增加601户7.39亿元。其中首次贷款3354户23.13亿元。年末，公积金归集余额175.73亿元，贷款余额3.42万户126.34亿元，资金利用率为71.89%，贷款逾期率为零；年内从增值收益中为市政府补充廉租房建设资金1.04亿元。公积金基数调整2.08万家、27.78万人，职工账户调整率为74.43%。1月17日，常熟市发放首笔数字人民币公积金贷款90万元，全年发放数字人民币贷款1.81亿元。3月4日，常熟市发放苏州市首笔“带押过户”公积金组合贷款65万元，全部业务实现日结。“住房公积金缴存覆盖率”被纳入对各板块高质量发展综合考核项目，首次实现全市各板块扩面考核全覆盖。办理转移接续业务9196笔，受理“亮码可办”业务60笔。按照“15分钟”政务服务圈要求，推动5个乡镇全业务网点和12个延伸网点的标准化建设。推出18项公积金惠民政策。

【公积金惠民】2023年，常熟市推出18项公积金惠民政策。5月1日，常熟市实施商业住房贷款转公积金贷款政策（以下简称商转公）和多子女家庭公积金贷款政策，年内，发放商转公贷款908笔7.20亿元，发放多子女家庭公积金贷款177笔2.08亿元。全年签订租房委托提取协议6299笔、提取金额6799.91万元，分别是上年的4.01倍、6.01倍。10月10日，公积金调高贷款最高限额，下调第二套房贷款首付比例，延长贷款最长年限，新增“基数法”贷款额度计算方式，推出“筑梦苏城”青年人才公积金贷款政策，年内，发放青年人才公积金贷款104笔1.31亿元。（马达达）

责任编辑　汤　涵

社会事务

人口家庭

【人口出生监测】 2023年，全市办理生育登记5995例，其中一孩登记3351例，二孩登记2096例，三孩登记548例；现场登记2891例，网上预约登记3104例。全市户籍人口出生2772人（其中女性1344人），出生性别比为106.25。流动人口出生3422人（其中女性1630人），出生性别比为109.94。全市二孩及以上占50.71%。

【计生奖励】 2023年，常熟市落实各类计划生育奖励扶助政策，发放奖扶资金1.4亿元。其中，持证企业退休人员一次性奖励金16730人、6022.8万元。

【0~3岁婴幼儿照护】 2023年，常熟市新增备案托育机构10家、备案托位560个。全市备案机构数45家、备案托位数3375个，全市提供托育服务机构67家、托位5965个，每常住千人拥有3岁以下婴幼儿托位数达3.54个。年内，常熟市普惠托育服务体系建设获2022年度省政府督查激励通报表彰；常熟市常福托儿所有限公司被命名为江苏省示范性托育机构、苏州市示范托育机构；常熟市常福托儿所有限公司和常熟市耕心明珠幼儿园2家机构被评为江苏省普惠性托育机构。推进家庭科学育儿工作，据第三方电话调查，全市0~1岁科学育儿入户指导率87.2%，2~3岁科学育儿亲子活动通知到位率80.2%。 （张剑鸿）

【婚姻登记】 2023年，常熟市结婚登记4217对，离婚登记1557对。6月1日起，常熟市试点开展结婚登记“跨省通办”工作，全年办理“跨区域”结婚登记766对、离婚登记234对、补领结婚证1对、补领离婚证1对。举办特色颁证仪式2场，弘扬现代文明新婚俗。常态化组织开展婚姻家庭辅导服务，全年推送婚姻家庭线上讲堂9次，举办线下新婚课堂7场、婚姻家庭辅导进社区活动2场；为189对夫妻提供离婚咨询，成功调解63对。全年“婚育一件事”改革办件量1018件。

2月14日，常熟市婚姻登记处共办理结婚登记81对。图为新人在情人节打卡墙下拍照留念 （市民政局 提供）

表73 2023年常熟市婚姻登记统计表

工作总量	结婚登记（对）	其中：补办登记（对）	离婚申请（对）	撤回离婚申请（对）	离婚登记（对）	补发结婚证（件）	补发离婚证（件）	出具（无）婚姻登记记录证明（份）	撤销结婚登记（对）
8713	4217	119	2207	15	1557	569	145	3	0

说明：工作总量=结婚登记+离婚申请+撤回离婚申请+离婚登记+补发结婚证+补发离婚证+出具（无）婚姻登记记录证明+撤销结婚登记

表74 2023年常熟市结婚登记分年龄段统计表

性别	合计（人）	24岁以下		25~29岁		30~34岁		35~39岁		40~49岁		50~59岁		60岁以上	
		人数	占比（%）	人数	占比（%）	人数	占比（%）	人数	占比（%）	人数	占比（%）	人数	占比（%）	人数	占比（%）
男	4217	573	13.59	1946	46.15	813	19.28	299	7.09	283	6.71	156	3.7	147	3.49
女	4217	955	22.65	1824	43.25	620	14.7	317	7.52	239	5.67	142	3.37	120	2.85

表 75　　2023 年常熟市初婚、复婚、再婚数量统计表

合计（人）	初婚				复婚				再婚			
	男	女	合计	占比（%）	男	女	合计	占比（%）	男	女	合计	占比（%）
8434	3298	3160	6458	76.57	210	210	420	4.98	709	847	1556	18.45

表 76　　2023 年常熟市初婚、复婚、再婚平均年龄统计表

结婚登记平均年龄（岁）			初婚年龄（岁）			再婚平均年龄（岁）			复婚平均年龄（岁）		
总平均	男平均	女平均	总平均	男平均	女平均	总平均	男平均	女平均	总平均	男平均	女平均
29.97	30.58	29.36	26.9	27.53	26.25	38.56	40.11	37.27	43.66	44.57	42.76

（资料来源：市民政局）

【殡葬管理】 2023年，常熟市殡仪馆火化遗体12339具，其中外地户籍死者遗体636具、港澳台死者遗体5具、无名死者遗体7具，免除基本殡葬服务费1479.6862万元；办理遗体异地外运37例、遗体内运5例。全年“身后一件事”办件量1533件。全市推进殡葬基础设施建设，完成沙家浜镇公益性骨灰堂改扩建工程，新增骨灰安放格位2.3万穴，年内开展防范和打击殡葬领域违法行为专项行动、活人墓和散坟整治工作。

【清明文明祭扫】 清明期间（3月8日至4月18日），常熟市举行集体祭扫仪式和遗体捐献者集体缅怀仪式，组织常熟户籍4户逝者家庭参加集体海葬活动。全市各祭扫场所接待祭扫群众107.6万人次，其中虞山思亲苑49.1万人次、虞山各墓区23.6万人次、各镇（街道）骨灰堂34.9万人次。开展网上祭扫8.1万人次，虞山思亲苑为5101人次群众提供免费代客祭扫服务。全市各殡葬服务场所安排各类工作人员13648人次，累计疏导祭扫车辆9.3万辆。　（*顾君才　徐之佼*）

妇女儿童事务

【妇儿权益维护】 2023年，市妇联成立“新时代阿庆嫂”关爱基金，推进“一户一策微关爱”、“康乃馨”行动、“8·26”虞城妈妈关爱行动，帮扶全市困境家庭和生活特别困难的妇女儿童。实施“心尚琴川”心理服务项目，累计开展个案辅导52场次。打造“新时代阿庆嫂”普法微课堂，编印《妇女权益保障法》解读手册1万余份，做好“反家暴日”等重要节点的普法宣传。健全维护妇女儿童合法权益联席会议制度，开展新时代阿庆嫂·全力以‘护’主题行动，开发苏州市首个反家暴联动平台。市妇联与市委政法委建立“妇联+智慧网格”机制，实施“妇联+检察院”关爱未成年人专项行动，推动“强制报告”小程序嵌入乡镇官方微信公众号。市妇联与市人力资源社会保障局等部门，开展女职工劳动保护专项监督检查。用好巾帼律师志愿服务团、“和阿姨”“悦阿姨”“苏阿姨”家事调解机构、52827663维权热线等载体调解婚姻家庭矛盾纠纷，实现标准化家事调解社区工作室建设在全市村（社区）全覆盖。　（*高君薇*）

【未成年人保护】 2023年，常熟市推进儿童“关爱之家”建设，制定儿童“关爱之家”专业服务清单和建设运营标准，打造3个优秀儿童关爱服务品牌，评选2个市级儿童“关爱之家”示范点、1个优秀儿童服务项目和7名优秀儿童社工。市儿童福利院为18名0~10岁的社会残疾儿童提供公益性康复服务，开展“常熟市残疾儿童康复培训指导家长讲堂”。市儿童福利院“孤弃儿童早期干预”省级标准化试点高质量通过验收，获得优秀等级。依托市未成年人保护中心，实施“童书馆”共享空间书记项目。市级儿童“关爱之家”开展寒托班1期、暑托班2期。全年办理儿童收养登记51件。　（*顾君才　徐之佼*）

【儿童友好城市建设】 2023年，常熟市聚焦儿童友好城市建设工作，市镇（街道）村（社区）三级发力，以儿童友好空间建设为抓手，协同带动多维度儿童友好单元建设，建成常熟市儿童友好社区10个，其中苏州市级3个；儿童友好场馆和商圈各1个；苏州级儿童友好学校3个。在常熟市第十二届家庭文化节上发布常熟市儿童友好城市宣传片，点亮常熟市儿童友好实践基地地图（包含57个点位）；在第34个世界儿童日开展“儿童友好，让常熟未来更美好”亮灯活动；常态化举办“虞”你“童”行系列亲子活动，护航儿童快乐成长。　（*高君薇*）

老龄事务

【概况】 2023年底，全市有60周岁及以上户籍老年人口36.7万人，占全市户籍总人口的34.94%，户籍老年人口数和老龄化率均位居苏州各市（区）首位。年内，常熟市制定实施《常熟市优化“一老一小”保障工作行动方案（2023—2026）》，加快推进基本养老服务体系建设。

【老年福利】 2023年，常熟市对符合条件的65周岁及以上本市户籍老年人发放尊老金1.93亿元，发放百岁老人慰问金10.9万元，惠及340万人次老年人；对2022年7月至2023年6月入住常熟市养老机构的年满90周岁户籍老年人发放补贴71.55万元，惠及937人。

【机构养老服务】2023年，常熟市新建成投用6家区域性养老服务中心、1家高端养老机构，新增护理型养老床位1520张。截至2023年底，全市有养老机构31家，其中公办1家、民办10家、公建民营20家；拥有养老机构床位8285张，护理型床位占比达100%，社会力量举办或经营的床位达7415张；各类养老床位合计1.39万张，每千名老年人拥有各类养老床位38张。年内，常熟市在养老机构试点建设认知症照护专区，服务失智老人。常熟市社会福利院（常熟市敬老院）获评四级养老机构。完成8家符合条件的养老机构的备案登记工作，全市有备案登记的在业养老机构31家，其中三级养老机构10家、四级养老机构5家。举办"康养旅居中国行"——"福地常熟"短期沉浸式特色疗养活动，开发系列沉浸式疗康养线路和产品，开启康养旅居新动能。

【社区养老服务】2023年，全市新运营综合为老服务中心4家，新建社区老年人日间照料中心35家、示范性乡村互助养老睦邻点14个、日间照料站27个，全市累计建有社区养老服务设施425家，保持村（社区）全覆盖。引入物业企业运营新建小区养老服务用房，探索发展"社区+物业+养老"服务模式。累计建有社区老年人助餐点392个，其中42个纳入"乐龄助餐"项目，全年助餐4.9万人次。建设"家门口的老年大学"，25个项目点入选苏州市级项目名单。支持常熟市养老服务促进会开展"老年康复工程——'琴川愉养'助老公益项目"，依托社区养老服务站点，为老年人提供动脉硬化筛查、眼底筛查和认知障碍筛查等公益服务，服务老年群众超1.5万人次。

【居家养老服务】2023年，常熟市完成老年人家庭适老化改造2416户，累计改造6169户。为1860户老年人家庭安装烟雾报警器，为100户高龄独居老年人家庭安装智能水表，向45名高龄独居老年人赠送智能手环，降低老年人居家风险。全市接受上门服务的居家老年人5.95万人。实施特殊困难老年人探访关爱行动，全年巡访关爱重点空巢独居在册老年人148人，探访19735人次。推动养老机构医护资源向居家延伸，试点建设家庭照护床位，向108户失智失能老年人家庭成员免费提供家庭照护培训。常熟电信打造"物联网+助老养老"新模式，向常熟市慈善总会捐赠100套"E家安心"新产品，安装到虞山街道和琴川街道的独居老人家中。年内，常熟电信在全市城乡范围建成爱心翼站75家，解决老人使用智能手机过程等难题。

（顾君才　徐之佼　周　静）

4月21日，常熟市综合为老服务中心启用　（市民政局　提供）

【养老服务质量】2023年，常熟市举办2023年常熟市养老护理职业技能竞赛，98名参赛选手获得养老护理员三级（高级工）职业技能等级证书。开展第五届养老护理标兵（能手）、优秀护理员评比活动，组织养老护理师职称申报。（顾君才　徐之佼）

【退管人员服务】2023年，常熟市纳入社会化管理退休人员"三项慰问"实行电子化发放，将慰问待遇、社保卡社服专用账户、定点商户三者合而为一进行智能关联和运用，退休人员在定点商户通过社保卡便能进行慰问金的使用与查询。全年生日慰问、住院慰问、亡故吊唁惠及退休人员12.4万人次。市人力资源社会保障局着力打造以社区课堂、乐龄驿站、退管云系列为主要内容的"文化退管"服务品牌，全年38个"文化退管"特色社区线下送课266节，参与听课退休人员6612人次；推送"文化退管"云课堂视频12期，与融媒体合作打造《我们退休啦 乐龄会发光》退管系列特别节目11期。

（徐莞月）

【老年健康管理】2023年，常熟市为19.37万名65岁及以上老年人提供健康体检和健康管理。以"科学健身助力老年健康"为主题，开展老年健康宣传周活动。实施社区老年人心理关爱项目，为400名65周岁及以上老年人进行心理健康状况调查评估，分类开展心理干预。办好《健康来哉》常熟方言版电视健康栏目，全年播出29期；定期出版《常熟老年》健康版，每月一版；编印发放《老年人健康读本》1万册。市养老服务促进会联合中国老龄事业发展基金会开展"老年康复工程——百万老人慢病筛查公益项目常熟行"活动，为城乡老年人提供慢病筛查服务350多场，受益老人超1.5万人次。

【医养融合建设】2023年，全市9家二级以上综合性医院全部开设老年医学科。新增护理院3家，护理院新增3家，累计20家，编制床位4265

张。对20家医养结合机构开展医养结合监测。建成江苏省级老年友善医疗机构5家，累计建成59家，总数位居全省第二、苏州市第一。

（曹　佳）

【长期护理险国家试点】2023年，市医保局聚焦解决失能人员照护问题，优化升级长期护理险（以下简称长护险）试点成效。按照应保尽保、覆盖全民原则，将全市参保职工和城乡居民全部纳入长护险参保范围，形成单位和个人缴费、财政补助、医保基金划转的多元筹资渠道，全年保费收入1.20亿元。年内，居家护理服务中重度失能人员每月服务次数提高至18次，失智人员护理项目、符合规定的辅助器具费用纳入长护险基金支付范围。全市全年享受长护险待遇1.05万人，其中居家护理9053人、机构护理1458人，提供护理服务229.19万人次，基金支付9875.82万元。全市有长护险定点护理机构32家，评估机构3家，辅具服务机构3家，推出苏州市域首个《长护稽核负面清单》，开展定期巡查、早晚突击检查、专项稽查和电话暗访，全年现场巡查5386次，终止协议管理2家，暂停违规护理人员服务6名，协议管理考核扣款78.03万元，回访满意度99%；成立苏州首个"长期护理保险服务行业协会"。

（唐怡玲）

【全国特殊困难老年人家庭适老化改造工作推进会在常熟召开】2月28日至3月1日，全国特殊困难老年人家庭适老化改造工作推进会在常熟召开。民政部养老服务司司长俞建良、副司长李邦华等出席会议，全国各省、自治区、直辖市和新疆生产建设兵团民政部门养老服务处负责人以及相关专家参加会议。与会人员实地调研虞山街道北门大街社区和海虞镇汪桥村的适老化改造工作，参观常熟市老年生活场景体验中心。常熟市以《适老化改造，亮出虞城长者的幸福"密码"》为题，作经验交流。2020—2022年，常熟市坚持"政府引导、部门联动、国企示范、社会参与"的思路，为全市近4000户老年人家庭实施适老化改造，改造户数、任务完成率均位居苏州各市（区）首位。

（顾君才　徐之佼）

残疾人事务

【残疾人权益维护】2023年，市残联及时处理和妥善解决残疾人来信来访问题，协调组织市法律援助中心、上海融孚（常熟）律师事务所、圣益律师事务所3家助残单位分批次、常态化到各镇（街道）残联开展法律咨询和维权工作，开展巡回法律咨询服务32场，解答残障人士相关法律咨询服务约150人次。接待残疾人上访及咨询8次，来电咨询65次，处理市"12345"便民服务中心咨询信件93件次。为全市残疾人"一站式"办理代步机动轮椅车8辆，并对182辆机动轮椅车办理第三者责任保险，补贴机动轮椅车燃油人数为197人、4.97万元。

【残疾人就业】2023年，常熟市通过各类残疾人专项招聘会提供残疾人工种岗位185个，达成就业意向残疾人144人，全市实名制新增就业555人，净增182人。年内，常熟市开展春风行动专项行动就业援助活动，举办春风行动招聘会3场；举办春季人才招聘活动暨残疾人专场招聘会、"促进残疾人就业增收 创造幸福美好生活"——2023年全国助残日公益性残疾人专场招聘会以及"职面未来，逐梦虞城"高校毕业生暨公益性残疾人专场招聘会。

【残疾人职业技能培训和比赛】2023年，市残联开展残疾人实名制培训，完成培训333人。举办2023年常熟市残疾人职业技能大赛，设置商业摄影、钩针编织、盲人保健按摩、园艺等9个竞赛项目，全市各乡镇14个代表队97名残疾人选手参加比赛。举办非物质遗产项目培训之糕团培训，18名残疾人参加传统糕点定胜糕、黄尚糕、青团的制作。开展盲人按摩、西点、园艺等技能培训。在企业产业服务园开展"一收一纳，美好生活家"残疾妇女整理收纳技能培训，13名残疾妇女参加此次培训。与常熟税务局举办残疾人创业指导进基层暨残疾人创客沙龙活动。

（丁　力）

退役军人事务

【退役军人服务保障体系】2023年，市退役军人事务局推进"社会治理网格化+退役军人服务"，全市1251个基层网格参与退役军人服务保障、帮扶援助、思想教育等工作。全年帮扶困难退役军人232人次，发放慰问金45万元，为71名困难退役军人购买医疗救助保险，为58名低保、低边、重病对象申请苏州退役军人关爱基金。全市设立退役军人法律援助站12个、心理咨询站15个，在全市镇（街道）退役军人服务站设立老兵调解室。

【退役军人安置】2023年，市退役军人事务局做好移交安置，邀请纪委监委、司法公证人员全程监督积分选岗，全面推行军人退役一件事线上办理，实现"一次告知、一表申请、一套材料、一窗受理、一网办理"。举办退役军人专场招聘会5场，首创"一城双招"模式，协调公安、消防等单位专场推介公益性岗位，提供就业岗位2232个。

【优抚工作】2023年，常熟市提高优抚对象抚恤补助标准，年内完成抚恤补助金、义务兵家庭优待奖励金发放。市退役军人事务局动态调整优抚对象身份及生存状态，年度确认率、核查率100%。做好优待证申领、发放工作，落实退役军人及其他优抚对象免费乘公交、免费游公园政策，在贯彻上级优待目录清单的基础上，全市近百家企业在"衣食住行"方面为持证人提供优惠、优待、优先服务。开展"红色档案抢救性保护行动"，拍摄抗美援朝老兵口述历史短片2部，联合民政局、慈善总会，完成重点优抚对象“适老化”改造33户。

【烈士纪念褒扬】 2023年，市退役军人事务局开展“清明祭英烈”、烈士公祭日等系列活动，组织群体性祭扫活动1000余场次，线上线下祭扫群众3.6万余人次。开展“尽锐·薪火相传”系列活动，组建由现、退役军人组成的红色讲师团和红色志愿讲解队，赓续红色血脉，讲述先烈故事50余场，受众2500余人。全市763份烈士档案完成重新分类、整理、高清扫描与修复，并全部移交常熟市档案馆。开展“致敬英雄 关爱烈属——圆梦微心愿”活动，为141名烈属“圆梦”。

【军队离休退休干部休养】 2023年，常熟市有军队离休退休干部休养人员34人，年内市退役军人事务局落实军休干部“两个待遇”，组织军休干部参加以及列席市人代会、全市离退休干部大会、军政座谈会等重要会议。开展亲情化、精细化管理服务，定人包户，做好军休干部走访慰问、体检陪护、日常关爱等工作，建立军休干部“一人一档”服务档案，及时处理军休干部的急难事。引进社会资源，成立老年大学军休所办班点以及家庭医生工作室。充实军休红色宣讲团队伍，组织开展“老兵永远跟党走”主题教育13场，受众千余人。军休干部家庭医生签约服务工作获2023年健康苏州建设典型案例，军休所获2018—2022年度全市老干部工作先进集体。

（杜敏燕）

新市民事务

【概况】 2023年，全市登记新市民117.3万人，即时实有89.6万人；全市出租房屋总数18.12万户，备案出租房屋总数18.09万户，排查整改出租房屋红色、黄色隐患2.82万处。聚焦出租房、“三合一”、电动自行车、小餐饮场所领域火灾隐患排查整治，“两类场所”合规改造率保持在95%以上；全市345个村、社区均启动“全电厨房”建设，其中205个村、社区完成首轮全量整治。全市验收通过消防安全专项治理“心防社区”342个，消防安全专项治理“心防校园”95所。通过“活动+服务”，推出《新市民在常熟》——“虞城新民声”电视栏目，组织开展各类新市民融入活动347次；创新“村民组长+新市民志愿者”联合服务的“1+1”服务新模式，由新市民党员带领新市民群众共同参与社会治理活动，全年累计开展各类新市民党员活动41次。年内，常熟市新市民发展联谊会成立并设立常熟市新市民发展联谊会孟加拉国联络处。

【新市民积分管理】 2023年，常熟市取消新市民积分管理的入医、落户项目，全年受理新市民积分入学申请7950人，准入7805人。年内，市新市民事务中心编写《2023年新市民子女积分入学情况分析报告》《2023年新市民落户情况及落户意愿调查分析报告》。

【新市民住宿安全管理】 2023年，市新市民事务中心系统整治隐患突出区域，化解群租安全风险，推进“两类场所”消防安全突出问题整治行动，排查全市商品房起居室（厅）分隔出租现象，拆除整治162户违规隔断的出租房。出台《常熟市政府关于商品房屋起居室（厅）不得隔断出租居住的规定》，规范商品房出租管理。

【常熟市新市民发展联谊会成立】 9月28日，常熟市新市民发展联谊会第一届第一次会员大会暨成立大会在常熟评弹艺术馆举行。会议审议及表决《常熟市新市民发展联谊会章程》等文件，选举产生第一届联谊会理（监）事会。王海英当选为联谊会首届会长，王旻月当选为秘书长，聘任王嘉鹏为名誉会长。大会现场，还举行联谊会活动基地及合作单位代表授牌签约仪式。联谊会成立之后，将按照不同行业，吸收多种身份、多种岗位的新市民加入联谊会，并围绕社团职责，明确任务，开展就业创业、技能培训、文化交流、公益慈善等方面活动。常熟市新市民发展联谊会是全省首家服务新市民群体的公益性非盈利社会组织。

【新市民活力跑】 5月20日，“2023常熟市第三届新市民活力跑暨首届全市新市民志愿服务队员联谊会——关爱民生法治行”举行。162名选手在碧溪街道浒西村参与全程2.8千米

5月20日，“2023常熟市第三届新市民活力跑暨首届全市新市民志愿服务队员联谊会——关爱民生法治行”举办 （市新市民事务中心 提供）

的活力跑比赛，在6个打卡点完成答题、拼图、平板支撑和指压板跳绳等互动游戏。活动现场还提供新市民积分管理、自主申报、出租房屋安全管理、技能提升、法律服务等相关政策咨询。

【新市民"一站到底"挑战赛】 10月27日，"强国复兴有我，'敢'字当头，虞城有我，争当文明守法新市民"常熟市第七届新市民"一站到底"挑战赛举行，比赛围绕党的二十大精神、常熟文化、历史典故、诚信教育等主题，涵盖各类法律、行政知识和社会文明常识。经过角逐，琴川分中心代表队获得一等奖，碧溪分中心代表队获得二等奖，东南分中心代表队、海虞分中心代表队获得三等奖。

【首届常熟新市民才艺大赛】 11月18日，"常熟银行"2023首届常熟新市民才艺大赛举行，75组新市民选手报名。经过舞蹈类、声乐类、综合类3场专场预赛，选拔出新市民选手18组进入决赛，最终评出一等奖2组，二等奖6组，三等奖10组，舞蹈《天鹅之歌》和古琴曲《袍修罗兰·水》获一等奖。

【新市民电视专栏】 2023年，市新市民事务中心以新市民在常熟工作、生活、创业的奋斗"故事"为蓝本，联合市融媒体中心在《淘最常熟》电视栏目推出《新市民在常熟——虞城新民声》栏目，宣传各行各业新市民群体中的优秀典型代表，制作发布节目11期。先后采访全国人大代表、中国常熟世界联合学院创办人董事会主席王嘉鹏，常熟农商银行党委书记、董事长庄广强，海虞镇新市民美发师董广壮，新市民献血志愿者朱德洋等。

（汤若冰）

社区建设

【城乡社区治理】 2023年，市民政局制定《关于加强职工集宿区社区化管理的工作方案》，牵头开展职工集宿区社区化管理试点。实施"睦邻空间"新三年行动计划，推进社区治理"五社联动"实践。建立"民生议事日"制度，全年开展村（居）民议事活动800余场，形成"'琴'你来""大家讲庄""香樟树下话民生"等议事品牌，梅李镇瞿巷村议事协商案例被《新华日报》宣传报道。推进自治规约修订完善，2个社区开展《居民守则》试点工作。举办"智慧社区"平台培训14场。建立村级组织民生综合台账，调整村级组织"三份清单"，其中主体责任清单5大类、18项，协助办理事项准入清单3大类、14项，履职负面事项清单9大类、21项。举办城乡社区书记轮训班和基层治理能力提升专题培训班；举办社区对话微论坛3期，累计举办16期，实现社区对话微论坛各镇（街道）全覆盖。持续实施城乡社区综合服务设施提升行动，年内21个村（居）启动社区综合服务设施改扩建，改扩建面积2.37万平方米。

【社工机构和人员】 截至2023年年底，全市登记注册社工机构36家，年内新注册4家。全市拥有持证社工3443名，每万人（常住人口）拥有持证社工20.25人。其中，城乡社区工作人员持证人数1175人，占村（社区）全体工作人员总数的32.8%。年内，开展"星火计划"社工人才继续教育（精英班）培训4次，培训专业社工28人。举办社工技能大赛，全市611名一线社工参加比赛。13人获评"苏州市红色社工"，1名专职社工获评江苏省第四届"最美社工"。

【基层社工站建设】 2023年，常熟市加强基层社工站建设，全市有14个社工站，年内沙家浜镇、东南街道、常福街道、古里镇、辛庄镇5个镇（街道）成功打造"特色社工站"。琴川街道社会工作发展中心获评"全省党建引领社会工作服务示范点"，2家基层社工站获评"苏州市优秀红色社工站"，3家基层社工站获评"苏州市红色社工站"。

【"社工月"活动】 2023年，常熟市开展"社工月"活动，以"为你提升自我"为主题，其间，开展社区志愿"微服务"行动，服务群众1150人次；组织"我眼中的社工"风采展示大赛、"社工养成计划"职业能力培训班、"走出去，现场学"外出参访等系列活动。

（顾君才　徐之佼）

社会组织管理

【组织管理】 2023年，常熟市新登记成立社会组织46家，其中社会团体14家、民办非企业单位32家；注销社会组织29家，其中社会团体6家、民办非企业单位23家。至年末，全市有登记注册社会组织977家，其中社会团体400家（行业性社团105家、学术性社团43家、联合性社团150家、专业性社团102家）、民办非企业单位576家（教育类142家、卫生类28家、文化类65家、科技类5家、体育类68家、人社类17家、社区服务类32家、其他类219家）、基金会1家，每万人（户籍人口）拥有登记社会组织9.22家；有等级社会组织741家，其中AAA级以上81家、AAAA级27家、AAAAA级3家； 已认定的慈善组织16家。新增社区社会组织92家，组建6家社区社会组织联合会，全市有备案的社区社会组织2768家。社会组织年检参检率96.88%。

【社会组织监督】 2023年，市民政局举办第九届"常熟公益汇"项目招投标活动，15个项目投入实施；2003年以来，累计实施公益采购项目226个，投入资金超1000万元，服务群众超20万人次。举办"爱在虞城，益向未来"2023年度"益沙龙"公益组织交流活动3期。开展非法社会组织打击整治专项行动，取缔1家非法社会组织。开展"党建引领千社联万家"活动，指导8家社会组织对接3个镇的9个重点帮扶村，助力乡村振兴。

表 77　　2023 年常熟市新核准登记社会团体一览表

序号	社会团体名称	法定代表人	业务主管部门/业务指导部门	登记日期
1	常熟市丝路文化研究促进会	徐　戈	市文体旅游局	2月14日
2	常熟市海虞镇青年企业家联合会	邵怡平	市工商联	2月21日
3	常熟市电梯安全协会	陆　健	市市场监管局	4月27日
4	常熟市智能制造学会	陈启东	市科协	5月11日
5	常熟市孤独症关爱协会	赵苗苗	市残联	6月12日
6	常熟市虞山医派研究会	熊秀萍	市科协	7月25日
7	常熟市安全生产服务行业协会	郭　斌	市应急管理局	8月16日
8	常熟市街舞运动协会	张鹏寅	市文体旅游局	8月31日
9	常熟市琴川街道新一代企业家商会	邵　妍	市工商联	9月5日
10	常熟市咖啡行业协会	张　钧	市商务局	10月11日
11	常熟市新市民发展联谊会	王海英	市新市民事务中心	10月25日
12	常熟市三江悦读会	钮达人	市文体旅游局	10月30日
13	常熟市道教协会	田晓锋	市民宗局	11月20日
14	常熟市瑜伽运动协会	蔡　波	市文体旅游局	12月13日

表 78　　2023 年常熟市新核准登记民办非企业单位一览表

序号	民办非企业单位名称	法定代表人	业务主管部门/业务指导部门	登记日期
1	常熟市昊仁爱心成长公益社	李　诺	市妇联	1月16日
2	常熟市吴门拳社	曹建亚	市文体旅游局	2月1日
3	常熟市源诚民商事调解中心	朱永玲	市司法局	2月21日
4	常熟市集贤里同心社会工作服务中心	沈军明	市民政局	1月29日
5	常熟市金音爱心公益社	奚　洋	市文体旅游局	3月7日
6	常熟市医路相伴医养服务公益社	黄　郁	市卫生健康委	4月11日
7	常熟市弈智棋类运动俱乐部	孙林曦	市文体旅游局	4月24日
8	常熟世华高级中学	王嘉鹏	市教育局	4月25日
9	常熟市心程特殊儿童早期干预中心	程　维	市残联	5月11日
10	常熟市江南爱生活义工社	胡　胜	市民政局	5月25日
11	常熟市新动力社会工作事务所	刘绍飞	市民政局	6月12日
12	常熟市思迈健身彩绸舞龙俱乐部	沈家焕	市文体旅游局	7月6日
13	常熟市英皓击剑俱乐部	徐荣春	市文体旅游局	7月18日
14	常熟市东南街道乡村公益医疗互助社	张紫玄	市农业农村局	7月25日
15	常熟市常青树社会工作服务社	王文静	市民政局	8月3日
16	常熟市鲁虞情爱心社	程卫庆	市民政局	8月16日
17	常熟市莫城街道乡村医疗互助社	缪丽霞	市农业农村局	8月21日
18	常熟市振兴足球俱乐部	朱洪泰	市文体旅游局	8月23日
19	常熟市沙家浜芦荡学堂	张忆妍	市委党校	8月23日
20	常熟市邻悦公益社	张惠萍	市民政局	8月23日
21	常熟市濠玖掼蛋俱乐部	范金良	市文体旅游局	9月5日
22	常熟市蜗牛宝贝儿童发展服务中心	赵苗苗	市妇联	9月11日

续表78

序号	民办非企业单位名称	法定代表人	业务主管部门/业务指导部门	登记日期
23	常熟江南诗词曲社	黄　宏	市社科联	9月11日
24	常熟市善游游泳俱乐部	陆　彪	市文体旅游局	9月18日
25	常熟市禧爱婚恋与家庭服务工作室	朱莹洁	市文体旅游局	9月18日
26	常熟市惠乡邻社会工作事务所	高俊平	市民政局	10月19日
27	常熟市博航公益社	钱婷婷	市民政局	10月25日
28	常熟市德斋文化艺术研究院	邵　民	市文体旅游局	10月25日
29	常熟市拾光公益服务社	刘凤英	市残联	11月2日
30	常熟市青藤幼儿园	陆　莹	市教育局	11月27日
31	常熟市飞扬赛车运动俱乐部	邵翼军	市文体旅游局	12月1日
32	常熟市闽商服务中心	欧阳文换	市工商联	12月14日

（资料来源：市民政局）

【苏州市社区社会组织培育发展观察点暨社会组织培育基地经验交流会】 7月20日，苏州市社区社会组织培育发展观察点暨社会组织培育基地经验交流会在常熟市召开。苏州市各县级市（区）民政部门分管负责人、业务科室负责人，社区社会组织培育观察点、部分社会组织培育基地负责人等约70人参加会议。会议通报2022年江苏省社会组织协同基层治理优秀案例、2023年苏州市社会组织培育孵化优秀案例评选结果，并向获奖对象颁发荣誉证书。常熟市有7个案例获得表彰。其中，虞山街道烟雨社区烟雨四季花园志愿服务队的“党建引领，海棠满园”项目入选2022年度江苏省社会组织协同基层治理优秀案例之“社区社会组织优秀项目案例”；虞山街道虞北社区虞音合唱团的“用好双‘能’激活社区，社区合唱团唱响美好生活”入选2022年度江苏省社会组织协同基层治理优秀案例之“社区社会组织高质量发展案例”；常熟市流水琴川和爱社会工作发展中心的西庄街“琴艺”评弹社孵化案例等5个案例入选2023年苏州市社会组织培育孵化优秀案例。　（顾君才　徐之佼）

区划与地名管理

【地名管理】 2023年，常熟市有行政村214个、社区居委会136个。年内新增社区1个（虞山街道春晖社区）。全市命名道路53条、桥梁11座、建筑物（群）4个、住宅区6个；实施地名调整27条、地名销名2条。市民政局编印出版2023版《常熟市政区图》和《常熟城区标准地名图》。

【界线联检】 2023年，常熟市与张家港市、相城区联合开展界桩联合检查，完成“常张线”和“苏常线”界线联检任务。持续开展平安边界建设。

【地名文化宣传】 2023年，常熟市加强地名文化保护传承，4个红色地名入选苏州市级名录，28处地名文化遗产入选苏州市级或省级名录。碧溪街道中南村开展地名文化宣讲活动。推进地名文化进校园，向教育系统捐赠《常熟地名掌故》300余本。在“常熟民政”政务微信开设“常熟地名掌故”专栏，推送地名故事38期。

（顾君才　徐之佼）

表79　2023年常熟市入选苏州市第二批红色地名名录一览表

类别	地名
重大历史事件发生地	中共常熟县代表大会会址
革命遗址和纪念地	徐政村
	常熟烈士陵园
	王淦昌故居

表80　2023年常熟市入选苏州市级以上地名文化遗产保护名录一览表

类别	入选苏州市第二批地名文化遗产保护名录	入选2023年省级地名文化遗产
路、街、巷（里、弄、坊）	言子巷、醉尉街、报本街、君子弄、南赵弄、紫金街、繁荣街、阁老坊、南泾堂、翁家巷门	言子巷
古桥梁	迎恩桥、通江桥、钓渚渡桥、丰乐桥、香花桥、月河桥、集贤桥、程家桥、甸桥、拂水桥、广嗣桥、平墅桥、顺民桥、聚福桥、北新桥、长寿桥、照山桥	—

（资料来源：市民政局）

责任编辑　李　妍

公共安全

应急管理

【概况】 2023年，常熟市深化应急管理综合执法改革，深入推进专项整治巩固提升年、基础建设强化推进年和重大事故隐患排查治理行动，协调推动安全治理模式向事前预防转型，提升本质安全水平。全市安全生产事故起数和亡人数实现“双下降”，未发生较大以上及有影响生产安全事故。市应急管理局获评国家第三届应急管理普法三等作品奖、省“安全生产月”活动先进单位、省级安全发展城市创建工作先进地区、苏州中小型企业现场管理整治提升工作先进单位。

【应急管理机制建设】 2023年，常熟市优化专委会设置和运行机制，形成23个专委会行业领域全覆盖格局。推动基层安委办、消防机制办和消委办“三办合一”，围绕安全生产、应急管理和防火灭火等重点任务，统筹执法资源、增强队伍素质，加快推进8镇6街道安全生产和消防能力建设。深化应急管理综合执法改革，落实《江苏省应急管理综合行政执法队伍规范化建设标准》，以“派驻+委托”执法模式推进执法中队实体化和规范化运作，设立5个职能中队和5个派驻中队。围绕“实用、好用、管用”原则，构建全领域、多层级的应急预案体系，市级层面完成“1+38”个预案（1个全市总体应急预案+38个专项应急预案）修编工作；镇级层面17个板块完成“1+13+X+Y”预案（1个乡镇街道总体应急预案+13件共性专项应急预案+X件个性专项应急预案+Y件村居社区现场处置方案、生产经营单位应急预案）修编工作，共修编预案224个。年内，常熟市发挥减灾委统筹协调作用，理顺防灾减灾救灾、防汛抗旱防台、森林防灭火工作机制。突出重点时段抓好防范，聚焦节假日、极端天气形势，加强会商研判，做好预警提示、应急值守和信息报送。做好全市“1+38”应急预案梳理，围绕安全生产、防汛抗旱、森林防灭火等应急救援过程中的重点难点，常态化开展桌面推演和现场演练。落实防灾减灾救灾五项机制，完善健全防灾减灾救灾体系架构和处置流程，将自然灾害风险普查系统纳入风险报告动态监管系统。

7月1日，市应急管理局走进市融媒体中心《政风行风热线》节目直播间，通过电波向全市人民介绍安全生产、应急管理和防灾减灾等工作，并对市民朋友关心的安全生产问题进行了互动交流（市应急管理局 提供）

【应急信息化建设】 2023年，常熟市围绕安全生产事前预防开展集约化平台建设，建成工伤事故联动调处系统、工业集中区和群租厂房整治系统。增开工伤事故联动调处模块。深化“智慧应急”工伤平台建设，在全省范围内率先实现人社、应急工伤事故信息联动，将工伤事故按属地管理要求第一时间分解到企业和各板块、部门进行核查，锚定工伤事故多发区域、企业和类型，推进建筑施工、特种设备等重点行业领域工伤事故核查工作。升级工业集中区和群租厂房整治系统。在原有工业群租企业安全环保消防整治信息管理平台基础上迭代更新，根据企业固有安全风险高低确定企业初次风险定级，企业安全风险等级从高到低依次分为A、B、C、D四级。将37项整治内容纳入系统，完成出租方、承租方、网格巡查3张工作表单，企业登录“常i企”对照清单完成日常检查整改并自动进行点位打分评级，实现对群租点位分级分类监管。优化工业企业安全生产综合监管系统。推动工业企业信息填报、风险点绑定和功能模块打造，通过系统指导服务企业排查风险，合法合规生产。

【应急救援体系建设】 2023年，常熟市以应急志愿者协会为枢纽，以1个安全文化教育体验馆、2个培训基地（安全文化教育体验基地、应急救援实训中心）、N个应急驿站为阵地，创新打造“1+2+N”社会应急救援体系。全市有社会救援队伍3支（蓝天、青年蓝天、星光青年），有172人；有水、电、气、通信、防汛抗旱和危化救援等行业领域27支专业应急救援队伍；14个乡镇板块建立以综合执法人员和民兵骨干为主要力量的应急救援队伍，有1299人。消防救援大队有综合性国家救援队4支，乡镇地方政府专职消防队（含战勤保障中队）14支，6个小型消防站。年内，全市首批14家应急驿站投入使用，建成首个微型应急基地。

安全生产

【安全生产日常化监管】 2023年，市应急管理局健全安全管理体系，加强“九小场所”、企业班组、重点行业领域安全生产和消防能力建设，推动企业单位安全管理机构或部门设立。推动“九小场所”、工矿企业和重点领域配备安全员、消防员，在风险报告系统中绑定责任，明确职责清单、行为规范和臂章样式，实施公告公示。规范员工日常操作，以有限空间、动火、检维修和委外作业等安全管理手册为试点，制定并推广各行业岗位职工安全手册，推动工业企业、重点领域单位细化制定安全操作规程、落实员工岗位安全操作手册化。发挥安全协会作用，指导第三方协会制定安全生产服务规范标准，强化行业自律和政府监管，提升全市安全生产行业服务水平。安全生产协会新吸纳99家安全生产标杆企业为会员，推动重点行业领域企业建立安全生产联盟。

【安全生产专项整治】 2023年，常熟市开展各类安全专项整治，落实事故压降总体方案，开展重大事故隐患排查整治专项行动、专项整治巩固提升年行动、基础建设强化推进年行动。工贸领域开展18项整治，涉及工业集中区和群租厂房、中小型、劳动密集型、电镀、有限空间、金属熔融等；危化领域开展16项整治，涉及烷基化工艺、双氧水生产、重大危险源、化工仪表等。统筹推进重点领域监管，对建筑施工、城镇燃气、交通运输、市场监管、自建房、消防等重点领域开展百日攻坚和突出风险治理工作。开展重点驻点监督，对既有建筑和小型零星工程领域开展全覆盖专项调研督导；对市属国企开展落实安全生产责任专项监督指导。对高新区（东南街道、沙家浜）开展安全生产驻点监督，问询谈话、座谈18人次，对145家企业开展执法检查。联合各板块开展乡镇街道异地交叉执法，检查企业66家次，立案17起。

【安全生产宣传教育】 2023年，常熟市开展“5·12”防灾减灾日、“安全生产月”等活动。《常安·常熟》系列视频在3个电视频道、1600辆公交车及微信公众号、手机App等平台循环播放。延续开设《常熟日报》专栏专版、发送25万条公益短信、举办文艺晚会巡演26场、组织吸引观看联合执法直播等，开展白茆山歌《安全生产连万家》主题歌曲制作、场景找碴类游戏、体验馆线上直播、新媒体宣教作品制作等创新活动。落实班前班后5分钟安全培训，打造32家示范企业，6745家企业常态开展，覆盖一线班组9491个，涉及一线员工15万余人。推进培训考试工作，实现教考分离，并通过省应急管理厅复核；建设完成苏州唯一钎焊项目考点；组织开展主要负责人和安全管理人员、从业人员、各类特种作业人员考试工作。（唐梦茹）

【既有建筑安全隐患排查整治】 2023年，市住房城乡建设局不断完善既有建筑安全隐患排查整治责任链条和管控体系，督促指导属地“一房一策”采取工程措施消除房屋安全隐患，通过常态化的督促指导和板块走访，年末全市95幢在册隐患房屋全部采取工程措施消除隐患，实现在册隐患房屋清零。构建“常熟市房屋使用安全信息管理系统”，督促各板块开展房屋信息动态更新，年末完成第一轮系统数据动态更新，更新房屋信息4.29万幢。指导各板块建立既有建筑安全专职网格，结合信息化管理手段，开展区域内房屋常态化巡查。（王　瑾）

防灾减灾

【气象灾害预测】 2023年，常熟市气象局发布各类预警信息154次、气象短信1447条覆盖173万余人次、专题气象服务107期、重要天气公告2期、森林火险等级预报476次，海事搜救应急气象服务232次，启动内部应急响应11次。加强气象监测网建设。2023年，新增气象区域自动站10套，全市累计建成气象区域自动站31套。加强沿江行业气象服务，联合张家港、太仓推进“苏州市沿江气象服务与决策系统”“预报服务产品制作发布系统”和“精细化短临预报系统”开发，建设“常熟气象”微信公众号沿江行业服务模块。市气象局加强与常熟海事局协作，点对点提供气象保障服务，年内防抗西北大风37次、东南大风42次、大雾天气12次、雷雨大风44次，保障海事部门实施水上搜救行动58次，救助遇险船舶72艘，遇险人数651人。（孙嘉路）

【防汛抗旱防台风】 2023年，常熟汛期强降雨特点明显，共经历9轮强降雨过程，气象台发布暴雨黄色预警14次、暴雨橙色预警6次和暴雨红色预警1次。其中，“7·20”大暴雨引发山洪，对周边区域排涝造成一定影响。年内，常熟市制定《常熟市特大暴雨城市防洪避险预案》《常熟市2023年防汛抗旱工作意见》，明确防汛工作目标，更新防汛指挥组织体系，调整防汛抗旱、防台风、重点堤防责任人并向社会公示。徐六泾河道整治、张家港河除险加固二期、白茆塘、常浒河生态美丽河湖建设一期工程在主汛期前发挥效益，城区防汛能力提升工程五期开工建设，完成青墩塘、耿泾塘等城区河道清淤8条，完成农村河道清淤120条、75.1千米。新（改）建圩区排涝站6座。养护、改造和提升城市雨水排水设施，完成市政雨水管网清疏280千米，对302座市政雨水边井进行微改造，清捞各类雨水井3万口。筑牢城区防洪安全屏障，防洪大包围汛期共计动力排水1亿立方米。汛期沿江各闸（不含望虞河枢纽）累计引水329潮次、引水量4.05亿立方米；排水346潮次、排水量5.72亿立方米。汛期内仅第5号台风“杜苏芮”对常熟外围影响，距离较远，风雨影响不大，市防汛抗旱指挥部于7月28日15时30分启动防台风Ⅳ级响应，29日19时解除防台风应急响应。（陆小祥）

【地震监测】 2023年，常熟市发生无感地震3次。年内，常熟市住房城乡建设局加强对虞山测震台、强震动台站、支塘窑镇观测站设备和设施维护管理，定期对支塘窑镇观测仪器进行巡检。制定《常熟市2023年度震情监视跟踪工作方案》，加强与常熟地震台信息交流和季度震情会商，及时掌握震情趋势。首次开展土壤气（二氧化碳）专项运维技术服务，对土壤气（二氧化碳）监测设备进行1次系统升级和2次二氧化碳标准气标定及刻度仪器。

【震害防御】 2023年，常熟市住房城乡建设局对苏州市市域（郊）铁路苏州经常熟至张家港线（苏虞张线）重大建设工程项目实施地震安全性评价，“中电常熟燃机热电联产项目配套天然气管道”重大建设工程通过省地震局专家组检查，达到抗震设防要求。组织相关部门和板块开展2023年度房屋设施抗震设防信息采集工作，采集信息2190项，其中城镇住宅类306项，农村民居类1883项，应急避难场所类1项。加强应急避难场所维护管理，各应急避难场所内各类设施、设备运转正常。

【地震科普宣传】 2023年，常熟市住房城乡建设局参加“三下乡”“5·12防灾减灾日”等大型集中宣传活动，发放《常熟市防震减灾知识读本》、笔记簿等宣传资料1000余册（份）。组织开展防震减灾微视频类科普作品征集工作，枫泾社区地震科普馆经省地震局、省科协评审，被认定为江苏省防震减灾科普教育基地（2023—2027年度）。年内科普馆接待访客2000多人次。（蒋志刚）

【“7·20”大暴雨防御】 7月20日，全市经历大暴雨，常熟站累计雨量114.1毫米，全市8个站雨量超100毫米，最大小时雨强达66.2毫米，市防汛抗旱指挥部启动Ⅲ级应急响应，城区防洪大包围启动全部泵站排水，沿江各闸全力排水，海洋泾枢纽配合城区排水，福山塘经谢桥闸向望虞河直接排水；市政府组织市防指成员单位进行防汛汇商，并检查城区积水情况；市政府主要领导检查碧云路、通林路等区域积水情况；水务、住建、应急、交运、公安、消防单位及社会救援队伍出动2620人次，进行排涝作业和保障城市正常次序。至下午4时积水全部清除，市防汛抗旱指挥部解除防汛Ⅲ级应急响应。（陆小祥）

消防安全

【消防救援】 2023年，常熟市未发生较大以上火灾，火灾形势保持基本稳定。年内，市消防救援大队接警出动2303起，出动人员3.48万人次，出动车辆6116车次，立案调查火灾事故93起。推进板块消防队站建设，参与选址座谈5次，提请市政府召开专题会议，完成白茆、大义、周行专职消防站选址；练塘（华达路）、中心河路、中天路3个小型站建成投用。

【消防监管】 2023年，市消防救援大队每季度分析研判火灾形势，聚焦消防安全领域“不放心区域和领域”发送11份提示函，构建与板块、消委会成员单位联动机制。推进消委办实体化运作，全市乡镇板块完成消委办挂牌并实体化开展工作。联合相关部门下发《关于加强镇（街道）安全生产和消防监管能力建设的实施意见》，对各乡镇（街道）的消防安全工作、板块消委办实体化运作情况等进行考评。

【消防执法】 2023年，市消防救援大队开展“双随机、一公开”消防监督检查959次，专项检查67次，其他检查563次，发现火灾隐患或违法行为3749处，督促整改火灾隐患或违法行为3714处，下发责令改正通知书1692份、行政

11月13日，东湖社区组织开展少儿安全文化教育活动。图为社区儿童在市安全文化教育体验基地，沉浸式体验如何加强自我保护　（常熟高新区　提供）

处罚决定书861份、临时查封决定书17份、重大火灾隐患整改通知书3份，处罚金额546.03万元、拘留8人。提请政府挂牌重大火灾隐患单位5家并全部整改销案。受理公众聚集场所投入使用、营业前消防安全检查告知承诺制191起，其中合格165起，承诺告知制的安检有96起，开展大型群众性活动举办前消防安全检查3次。贯彻《常熟市基层消防委托执法工作方案》，组织召开消防委托执法推进会，在古里镇和莫城街道试点开展消防委托执法工作。在古里镇率先建成投用消防执法工作站，成立执法工作队，开展穿透式消防安全专项检查，累计检查企业488家，发现各类隐患863处，促进企业间互查互学互联互商的安全消防共治联盟初步建立，通过消防安全约谈和"一刻钟警示教育"约谈企业232家。

【火灾防控专项整治】 2023年，常熟市消防救援大队先后组织或联合其他部门开展消防安全大排查大整治专项行动、消防安全重大风险隐患专项排查整治2023行动、城镇燃气消防安全专项整治、劳动密集型工业企业"生命通道"专项联合执法检查、重点工贸企业火灾防控专项联合执法检查、重点工贸企业火灾防控专项联合执法检查、全市开展危险化学品企业消防安全检查等。

消防安全大排查大整治专项行动 检查大型商业综合体和商场市场61家、宾馆饭店88家、劳动密集型企业81家、公共娱乐场所82家、施工工地1家、学校16家、医院12家、养老机构11家、党政办公用房3家、危化品企业36家、文物古建筑和博物馆18家、室内冰雪活动场所1家、剧本娱乐场所8家、厂中厂112家，发现隐患问题1186处，督改1186处，收集整理二三级重点单位"生命至上，隐患必除"消防安全承诺书590份。

消防安全重大风险隐患专项排查整治2023行动 组织1445家单位开展自查，收集自查表1445份，开展部门联合检查1次，发送提示函1份，查处事故隐患单位（含企业自查、部门检查）660家，检查发现隐患数2425个，完成整改数2382个，检查发现重大事故隐患43家，其中提请政府挂牌督办的重大火灾隐患3个，全部整改完毕并摘牌，43家重大事故隐患单位处罚金额64.2万元。

城镇燃气消防安全专项整治 排查摸底餐饮企业2179家，检查2179家，排查率100%；排查隐患数量406个，整改完成数406个，整改率100%；排查城镇燃气企业71家，排查率100%；排查隐患数量2个，整改完成数2个，整改率100%。

劳动密集型工业企业"生命通道"专项联合执法检查 对129家单位开展检查，发现火灾隐患231处，督改火灾隐患231处，处罚23家，受案39个案由，处罚金额72.1万元，停产整顿2家，关停8家，查封2家，拟提请市政府挂牌重大火灾隐患单位3家。

重点工贸企业火灾防控专项联合执法检查 对全市75家单位检查，发现火灾隐患154处，督改火灾隐患67处。

全市开展危险化学品企业消防安全检查 检查危险化学品企业112家，发现问题隐患495条，整改486条，未发现重大火灾隐患，对2家危化品企业违法违规行为进行行政处罚，处罚金额5万元。

【消防能力建设】 2023年，市消防救援大队新增车辆7辆，验收器材14类53种1774件。组织开展消防车驾驶员复训，强化消防车辆装备实战实用效能。研发革新器材17件套（获得实用型国家专利7个）。推动差异化练兵，强化技能基础，完成差异化练兵体技能竞赛、全市消防救援人员全员普考，面向班长骨干及指挥员开展指挥能力评估工作。承办支队差异化练兵现场会。组织编写《消防装备与应用手册》。紧扣化工救援编队建设标准，组织召开"五知五能三会"专题建设研讨会5次，新型化工编队建设研讨会4次，实战拉动2次，对照新标准推进化工轻型编队达标验收工作，开展地震灾害事故拉动3次。组织开展固定消防设施培训班、队列教官训练营、绳索救援研训班、游泳培训班，并挑选6名化工集中区骨干参加全省化工救援培训，遴选5名骨干参加车辆破拆救援师资力量培训。

【消防安全宣传】 2023年，市消防救援大队深化"五进"活动，发放宣传教材20万份，发送消防安全提示类短信10万条，开展消防培训、演练400余次，举办各类宣传活动600余次，受众覆盖面10万余人。深化"消校融合"机制，打造"消防安全教育示范学校"5个，开展消防安全教育"四个一"活动、"走进消防救援站"主题实践、校

11月9日，常熟市"11·9"消防宣传月启动仪式暨大型商业综合体消防应急演练活动在常熟高新区举行 （常熟高新区 提供）

园消防安全宣传教育查改、消防安全亲子乐趣跑、"进军训"夜直播，通过"消防小实验"、"消防七字言"朗诵、"消防走秀"、"综合技能应用操"让抽象的消防安全理论变成具体可观的实践操作。走进常熟市融媒体中心向全市人民发出冬季防火提示，做客"午间风法治会客厅"节目，与全市居民共话消防安全，组织"最美志愿者"——微型消防站人员竞技赛活动，制作《消防器材古今说》微视频，推出119路消防主题公交，推出"消防主题"奶茶。

(王轶超)

2月，市农业综合行政执法大队与市市场监管局开展春季农资打假联合执法行动

(市农业农村局 提供)

农产品质量安全

【农产品安全体系建设】 2023年，常熟市推进农残风险监测、农产品质量追溯体系建设、绿优农产品发展、农产品品牌建设等，印发《关于开展2023年度常熟市农产品质量安全监测工作的通知》《关于开展2023年度常熟市食用农产品"治违禁 控药残 促提升"专项行动检测的通知》等文件，落实"四个最严"要求，实行全主体、全品种、全链条监管。全面推行"合格证+追溯码"证码合一的精准监管模式，落实"追溯四挂钩"要求，加强农产品生产经营主体质量追溯跟踪管理。逐步完善市、镇、村三级质量监管体系，累计建设完善12个农产品质量安全镇级监管站，51个村级服务点。

【地产农产品质量检测】 2023年，全市开展地产农产品质量安全抽样检测2918批次，其中风险监测1768批次，包含种植业(稻谷、蔬果等)1277批次、畜禽431批次、水产品1批次和绿色食品专项59批次；监督抽检1150批次，包含种植业(稻谷、蔬果和各类专项等)1000批次，水产150批次。全年检出不合格产品30批次，涉及监督抽检蔬菜水果20批次、风险监测蔬菜水果10批次，不合格产品均按照规定进行核查溯源等，总体检测合格率98.97%，地产农产品总体抽样检测量达1.7批次/千人以上。

【食用农产品电子合格证发放】 2023年，全市2147家农业生产经营主体纳入江苏省农产品质量安全追溯平台，上传溯源产品4028个，完善9497条电子生产档案，新增溯源标签1694万余张，打印承诺达标农产品电子合格证375万余张。

【农药农资管理】 2023年，常熟市印发《关于开展春季农资打假联合执法行动的通知》《2023年常熟市农资打假专项整治行动方案》《关于开展常熟市农业农村"关爱民生法治行"暨春季"送法送技下乡"活动的通知》，打击"忽悠团"、游商游贩兜售假劣农资等违法行为。开展种子市场、农药市场、肥料市场及兽药(饲料)市场专项执法行动，发放农资打假"十问十答"宣传册300份，张贴"以案释法"宣传海报80份，悬挂放心农资进乡村宣传横幅14条，在电视台播放"以案释法"方言节目1期，在微信公众号编发专题新闻2期，开展广场宣传2场次。 (陆喜媚)

食品药品安全

【食品安全监管】 2023年，全市有食品生产经营单位21316家，其中获证食品(食品添加剂)生产企业130家，食品小作坊216家，食品销售主体10155家，餐饮服务主体5477家，食堂1550家，小餐饮备案4134家。全市实现生产经营单位"包保"工作全覆盖。年内，全市完成食品安全监督抽检和风险监测1.51万批次，达9.17批次/千人。其中食用农产品完成抽检6218批次(农业农村局2857批次，市场监管局3340批次，海关21批次)，达到3.71批次/千人。全市零售集贸市场完成快检53.61万批次，检出阳性74批次，合格率99.98%；农批市场共完成快检75497批次，检出阳性3批次，合格率99.99%，各市场对疑似阳性产品处置率达100%。检查学校食堂269家，校内超市及小卖部14家，校内社会餐饮单位1家，校外食品销售经营者70家，校外餐饮服务经营者61家。学校食材配送单位9家，学校食堂"五常法"等先进管理方式实施率为98.51%，量化分级评定优秀率94.36%，明厨亮灶实现全覆盖。制定《常熟市家宴中心规范化建设试点标准》，全市31家农村家宴中心达到规范化建设要求。核发"集体聚餐服务"类食品经营许可证700张，组织《常熟市农村集体聚餐食品安全监督管理办法(试行)》培训会19场，培训民间厨师1025人次。

表 81　2023 年常熟市食品安全监督抽检和风险监测统计表

类型	部门	抽检数量（批次）	合格数量（批次）	不合格数量（批次）	合格率
食品监督抽检	农业农村局	2857	2827	30	98.94%
	市场监管局	12018	11732	286	97.62%
	海关	200	198	2	99.00%
	小计	15075	14757	318	97.89%
风险监测	卫健委	301	198	103	64.78%

（资料来源：市市场监管局）

【药品医疗器械安全监管】 2023年，常熟市有药品生产企业14家，药品零售企业787家（其中连锁门店394家，单体药店393家），一类医疗器械生产备案企业57家，二类、三类医疗器械生产企业35家，持证医疗器械经营企业258家，备案医疗器械经营企业1064家，医疗机构599家（其中三级医院3家，二级医院8家），化妆品生产企业3家。年内，市场监管局对完成110批次药品苏州市抽任务、3批次医疗器械省抽任务，其中有1批次药品抽检不合格，予以立案查处。其间，查处药械化违法案件160件，其中责令改正与警告935件，罚没款184.9万余元，移送司法机关案件25件。全年完成审核并上报不良反应（事件）2900例。（殷嘉晨）

公共卫生安全

【综合监督执法】 2023年，全市出动卫生监督执法人员1.63万人次（其中市级6560人次），检查各类生产经营单位1.07万户次（其中市级3280户次），实施行政处罚204件（其中市级65件），罚没款495.09万元（其中市级105.47万元）。完成国家“双随机”监督抽查任务119家单位，5家消毒产品生产企业年内未生产，监督检查完成率95.8%，完结率100%；立案处罚案件8件，处罚率6.7%，处罚金额1.2万元。完成省级“双随机”抽查任务523家单位，其中3家单位（涉及4个任务）关闭，监督检查完成率99.24%，完结率100%；立案处罚案件46件，处罚率8.80%，处罚金额200.71万元。《某口腔诊所重复使用一次性消毒产品等案》入选国家2020—2022年度医疗机构传染病防治监督执法优秀典型案例名单。制定《2023年镇域综合执法卫生健康考核内容及评分标准》，首次将轻罚免罚列入考核加分项。各镇、街道查处非法行医投诉举报68起，办理投诉举报147件。市卫生监督所获评2023年度全省卫生监督机构执法办案先进单位。

【公共卫生监管】 2023年，市卫生健康委对卖场、超市组织消毒产品经营单位专项检查6户次，抽检的6份卫生用品全部合格。对2家餐具、饮具集中消毒服务单位开展多轮次监督检查，抽检的40批次餐具、饮具全部合格。组织开展全市沐浴场所专项监督检查，检查沐浴场所45家，对5家浴室提供的顾客用品用具和部分场所的空气质量进行抽检，抽检结果全部合格。组织各镇、街道开展公共场所卫生随机监督抽查，抽查公共场所单位267家，抽检244家，合格203家，合格率83.2%。开展2023年度公共卫生监管领域信用评价工作。

表 82　2023 年度常熟市卫生健康行政处罚情况统计表

处罚类别	案件数（件）		罚没金额（万元）
	总数	重大行政处罚数	
医疗服务	16	2	19.7
公共场所与涉水产品	43	1	5.994
传染病与消毒产品	18	18	2.6
职业卫生与放射卫生	108	75	420.33
学校卫生	1	0	0
计划生育	2	0	0
非法行医	16	16	46.475

表 83　2023 年度常熟市镇域综合执法卫生健康行政处罚情况统计表

处罚类别	案件数（件）			罚没金额（万元）
	总数	重大行政处罚数	移送数	
公共场所	42	1	0	5.694
无证行医	16	16	3	46.475
职业卫生	80	61	0	337.46
学校卫生	1	0	0	0

（资料来源：市卫生健康委）

【医疗服务监管】2023年，市卫生健康委对医疗机构实施行政处罚16件，罚款19.7万元。对32家医疗机构实施记分处理，对3名医务人员实施行政处罚，罚款2.2万元。对20名医务人员进行记分处理。启动常熟市社会办医疗机构诊疗数据归集及数字化监管项目，数字化监管覆盖率96%。对35家《母婴保健技术执业服务许可证》持证单位进行监督检查，对2家未设置禁止"两非"警示标志的医院当场责令整改。组织实施辅助生殖技术违法犯罪专项整治行动，对45家医疗机构进行监督检查。组织开展全市中医医疗机构二轮依法执业专项检查，检查机构69家，发放卫生监督意见书9份，对4家单位负责人进行约谈，对任用助理医师单独执业的机构立案查处，对擅自经销西药的中医诊所移交市场监督管理局进行查处。联合医保局、民政局对本级发证的8家护理院进行信用等级评定。成立常熟市医疗美容机构卫生健康信用评价领导小组，组织对全市12家医疗美容机构开展信用评价工作。（周志英）

表84　2021—2023年度常熟市公共卫生监管信用评价规模统计表

类别	2021年（家）	2022年（家）	2023年（家）
涉水产品	17	17	16
餐具饮具集中消毒服务单位	2	—	2
消毒产品生产企业	9	—	11
住宿业单位	383	381	385
沐浴业单位	309	336	392
美容美发业单位	1077	1149	1234
星级宾馆	—	9	9
游泳场所	23	23	29
学校卫生	117	123	127

表85　2023年度常熟市公共卫生监管信用等级评价结果统计表（一）

类别	A（家）	B（家）	C（家）	不予（未）评定（家）
涉水产品	1	11	—	4
餐具饮具集中消毒服务单位	—	2	—	—
住宿业单位	10	56	316	3
沐浴业单位	2	20	364	6
美容美发业单位	—	16	1210	8
星级宾馆	3	6	—	—
游泳场所	6	13	8	2

表86　2023年度常熟市公共卫生监管信用等级评价结果统计表（二）

类别	优秀（家数）	合格（家数）	合计（家数）
消毒产品生产企业	8	3	11
学校卫生	—	4	4

（资料来源：市卫生健康委）

【突发公共卫生事件】2023年度，常熟市报告突发公共卫生事件5起，其中首例猴痘确诊病例1起、水痘暴发疫情1起、诺如暴发疫情1起，均妥善处置。（肖　焕）

信息安全

【网络安全管理】2023年，常熟市深入打造"虞城护网"安全品牌，加强全域态势感知能力，组织实施"网安2023"系列行动，开展攻防演练和公益问诊等特色活动，主动发现并及时修复安全漏洞400多个，全年未发生重大网络安全事件。常态开展网络安全宣传教育，组织宣传周系列活动30多项，联合高校共建实训基地。深化网络数据安全管理，落实外包网络安全要求开展风险排查，主动服务企业开展数据出境合规审查业务。（杨　阳）

【无线电监管】2023年，市工信局利用无线电监管系统开展重要考试防作弊保障工作和"黑广播"信号监测工作。完成高考、会计师资格考试、成人高考、公务员考试等6场考试的无线电防作弊保障工作；监测"黑广播"信号，未发现"黑广播"电台。（戴亦捷）

【密码法治建设】2023年，常熟市国家密码管理局依据《中华人民共和国密码法》及《商用密码应用安全性评估管理办法》等规范性文件，通过各种形式广泛推动密码法治和商密评估体系建设，完善商用密码安全性评估备案机制，形成密评备案规范化流程以及检查监督机制，将"三同步一评估"纳入全市信息系统建设和运维要求，举办密码沙龙、开展"4·15"密码安全宣传。（李　锐）

责任编辑　汤　涵

虞山街道

【概况】 虞山街道位于常熟城区西部，北临常福街道，东连琴川街道，南靠莫城街道，西接尚湖镇。2023年，街道区域面积48.32平方千米，辖35个社区、6个村、3个管理区，常住人口19.35万人，其中户籍人口12.67万人。街道一般公共预算收入10.6亿元，限额以上批发业销售额100.77亿元，比上年增长14.3%；限额以上零售业销售额15.6亿元，比上年增长5.7%；限额以上住宿业营业额2.55亿元，比上年增长35.9%；限额以上餐饮业营业额1.44亿元，比上年增长34.1%；规模以上文化产业企业完成营收4.21亿元。

表 87　　2023 年虞山街道各村（社区、管理区）基本情况一览表

村（社区）	面积（平方千米）	户数（户）	户籍人口（人）	集体经济总收入（万元）	总资产（万元）	党组织书记	村（社区）主任
花园浜社区	0.4	881	2053	—	—	张　竹	张　竹
四丈湾社区	0.48	1164	2629	—	—	顾玉萍	顾玉萍
学前社区	0.42	1326	2959	—	—	金　燕	金　燕
报本社区	0.5	1608	3985	—	—	章　叶	章　叶
清和坊社区	0.46	1707	4060	—	—	张　益	张　益
北门大街社区	0.47	1996	4983	—	—	苏咏梅	苏咏梅
西泾岸社区	0.5	1543	3872	—	—	林妹萍	林妹萍
西庄街社区	0.38	989	2602	—	—	张　恬	张　恬
烟雨社区	0.5	1016	2489	—	—	邹　艳	邹　艳
南门社区	0.41	1322	2926	—	—	温祎炜	温祎炜
湖中社区	0.5	375	947	—	—	陆　琪	陆　琪
尚湖社区	8.7	191	524	249	1230.81	张明华	张明华
山前社区	0.72	1067	3096	—	—	王　驰	王　驰
菱塘社区	0.48	1432	3882	—	—	朱　丹	朱　丹
常福社区	1	1790	4660	—	—	秦建环	秦建环
甬江社区	0.81	1160	3118	—	—	包新羽	包新羽
泰安社区	0.5	1669	4481	—	—	陈　榅	陈　榅
五星社区	0.4	1388	3898	—	—	胡　怡	胡　怡
琴枫社区	0.6	1188	3376	—	—	陈　轲	陈　轲
闽江社区	1	1078	3038	—	—	钱美珠	钱美珠
张坝社区	1	562	1943	583	8891.03	冯国强	冯国强
星海社区	0.5	1853	4784	—	—	蒋艳兰	蒋艳兰

续表87

村（社区）	面积（平方千米）	户数（户）	户籍人口（人）	集体经济总收入（万元）	总资产（万元）	党组织书记	村（社区）主任
李桥社区	1.5	984	3252	761	5702.69	张志文	张志文
兴福社区	0.36	453	1492	486	3208.62	钱　勇	钱　勇
明晖社区	0.48	1368	3518	—	—	王　薇	王　薇
报南社区	0.35	1052	2806	—	—	高佳莉	高佳莉
报北社区	0.48	1687	4740	—	—	吴　辉	吴　辉
华山社区	0.3	875	2911	—	—	查　胜	查　胜
南沙社区	0.4	1297	3155	—	—	宋陶星	宋陶星
枫林社区	0.5	947	2601	—	—	黄茂花	黄茂花
虞北社区	0.45	320	862	—	—	王　怡	王　怡
望湖社区	1.02	367	848	—	—	潘　炜	潘　炜
梅园社区	0.38	389	1077	—	—	钱　雯	钱　雯
福泰社区	0.3	447	1102	—	—	沈　婵	沈　婵
嵩山社区	0.3	1186	3276	—	—	周文澜	周文澜
宝岩村	2.5	740	2642	708	4159.86	严　黎	严　黎
甸桥村	3.5	1539	5122	2056	14627.61	许　峰	许　峰
元和村	2	1378	4427	1341	10842.18	钱卫春	钱卫春
洩水村	1.8	534	1816	884	7449.02	蒋雪峰	蒋雪峰
大湖甸村	1.8	702	2249	484	3693.24	缪　钧	缪　钧
建华村	1.5	425	1726	894	12801.6	陈飞宇	陈飞宇
兴福管理区	5.5	516	1838	625	1758	张　恒	张　恒
三峰管理区	4	508	1788	550	1971	张　明	张　明
宝岩管理区	3.34	410	1382	431	1338	潘　鹤	潘　鹤

（资料来源：虞山街道）

【经济发展】 2023年，虞山街道服务诺滋薇尔观光工厂建设，卡兹贝诺完成个转企。王四、凤禧等本土品牌获评首店经济开拓性品牌。完成纳统45家，新增营业收入超亿元。推进报慈商业中心、建华商贸综合体等重点项目开工，苏州安省建筑设计中心竣工投用。推进耘林二期、汇金广场、中远海运等项目建设。县南街项目处置基本完成。完成科技招商项目申报34个，亿通、牧风等16家企业申报高新技术企业。申报国家级人才4名，苏州级姑苏领军人才3名。金丰化工认定省三星上云企业。先后落地沪虞文旅、劲创数字中心等产业项目7个，盘活三峰工业园、虞山茶厂等闲置资产面积约7100平方米。完成方塔街13号、虞山大戏院等零星地块出让工作。招引河东街青年公寓、和平街优创中心、塔弄“一茶一仕”、虞景文化满福楼等各类新业态20余个，盘活商圈低效载体超1.7万平方米。

【社会事业】 2023年，虞山街道建成“15分钟综合为老服务圈”和16个文化退管特色社区，完成适老化改造243户。清和坊、星海社区卫生服务站升级投用。开展群众性精神文明活动800余场。建设“家门口”就业服务站2个，社保扩面新增1473人。增设公共停车泊位500个，新接入市级智慧停车平台泊位2000余个，南门坛上开辟全市首个“机改非”停车场。新建沿山、环湖、古城区域农产品自产自销点、便民服务点5处。完成寺路街、破龙涧路等3处4.4公顷林相改造，建成苏州市山地森林步道6条。编制出台《虞山尚湖古城保护利用和高质量发展行动方案》，推进西泾岸历史街区整理更新，空间集中面积超2.2万平方米。打造琴川河历史文化街区通江路段“虞美街巷”“微更新”示范点。编制发布《虞山街道古建老宅活化利用白皮书》，推出古建老宅院落14处。完成南泾堂一期6.99公顷古城历史文脉探源。启动元和路一弄（二期）等5个单元城中村自主更新、朱家巷西等11个单元基础设施建设，惠及居民428户。完成尚湖水街、新开元等既有建筑更新4个，新开工博物馆等改造2.3万平方米。完成四丈湾、花园浜等老旧小区改造约9万平方米，惠及居民1276户。交付增梯5台。新增8处口袋游园，整理空中缆线125千米。

苏州市特色田园乡村——洩水村鲶鱼滩　　（2023年摄　虞山街道提供）

推进“千村美居”工程，验收完成“千村美居”村组35个、特色康居乡村5个。打造虞山尚湖一二三产融合发展示范片区，“常熟虞山风景片区”特色田园精品示范区通过苏州市级验收。建设鲶鱼滩高标准农田29.67公顷。

【15分钟综合为老服务圈建设】 2023年，虞山街道规划“15分钟综合为老服务圈”，实现服务圈内综合性为老服务全覆盖。启用虞山街道综合为老服务中心（城南），试点推进报本社区、花园浜社区、北门大街社区、五星社区、星海社区、张坝社区、李桥社区“15分钟综合为老服务圈”建设。打造“为老集市”“虞悦空间”助老服务站、“虞养”药店微服务站等为老服务阵地。以街道老年大学、文体活动中心为主阵地，成立5个片区文化中心，打造“家门口的老年大学”。与市中医院虞山院区联合开展“虞养康乐·医社联动”老年康养服务项目。5个日间照料中心开展“老年康复工程慢病筛查公益项目”。

【虞山文化产业党委成立】 6月10日，中共常熟市虞山文化产业委员会成立暨“虞起LAN”党建共享阵地启用仪式举行。文化产业党委主要职责包括赋能古城文商旅深度融合、助力文创产业高质量发展、推动特色化精品化服务3个方面，将发挥组织服务功能，构建组织联建、党员共管、服务联抓、资源共享、文化联创的工作格局。“虞起LAN”党建共享阵地位于蓝·原茸森林文旅产业园内，是集党建学习、文化展示、研学实践、志愿服务等为一体的党群活动场所。活动中，“虞起LAN”党建赋能项目清单、“虞起LAN”讲师团成员名单、“双城联袂　虞见沧浪”红色文旅精品研学路线发布，“虞山新峯·青力青为”青年成长与城市发展双向赋能活动月项目启动。

【《虞山尚湖一二三产融合发展片区规划》发布】 9月22日，《虞山尚湖一二三产融合发展片区规划》发布。虞山街道实施“千村美居”和特色田园乡村建设，打造“山水相映·茶缘趣田”乡村振兴一二三产业融合发展片区。片区覆盖3个管理区、8个村、1个社区，共153个自然村，总面积约41.99平方千米，构建“三带九组团多节点”的总体空间结构，发挥鲶鱼滩、陈家坞、钱家村、舜过井等特色保护和集聚提升村庄的带动作用，串点连线成片。（顾雪怡）

常福街道

【概况】 常福街道位于城市北部，东连海虞镇，南与琴川街道、虞山街道相接，西邻尚湖镇，北与张家港市凤凰镇交界。2023年，街道区域面积88.93平方千米，辖21个村、11个社区（含1个撤村建居单位），常住人口16.2万人。街道一般公共预算收入17.85亿元，比上年增长16%。规模以上工业产值384.63亿元，限额以上批发业销售额81.4亿元，限额以上社会消费品零售总额33.68亿元。

表88　2023年常福街道各村（社区）基本情况一览表

村（社区）	面积（平方千米）	户数（户）	户籍人口（人）	集体经济总收入（万元）	总资产（万元）	党组织书记	村（社区）主任
东联村	6.1	1213	4123	1865.13	12833.4	赵国成	—
勤丰村	6.15	1767	6783	3187.62	56502	黄继晨	—
联盟村	1.25	339	1502	1160.23	14115	顾友洁	—
蜂蚁村	5.58	1182	4205	1100.54	8101	王晓东	王晓东
小山村	2.66	910	2900	1223.86	13536	宗顺林	宗顺林
顶山村	1.36	396	1502	884.06	5972	丁　俞	—
合丰村	2.2	561	2060	1854.27	12034	薛建国	薛建国
毛桥村	6.02	1526	5638	1893.10	26615	归燕青	归燕青

续表88

村（社区）	面积（平方千米）	户数（户）	户籍人口（人）	集体经济总收入（万元）	总资产（万元）	党组织书记	村（社区）主任
五新村	3.5	540	1740	1396.25	9822	吴　刚	吴　刚
小义村	6.18	1320	4884	1069.53	11257	殷文元	殷文元
方浜村	6.04	1710	6693	1606.62	20545	鱼利锋	鱼利锋
明晶村	4.16	1087	3890	1260.59	8547	吕　飞	吕　飞
压路机村	5.76	1033	3714	907.23	14855	阙　勇	阙　勇
光明村	4.74	970	3192	1222.08	11800	范永平	范永平
翻身村	3.14	626	2323	1215.15	10658	丁　科	丁　科
常隆村	4.97	897	2998	964.84	10573	陆静忠	陆静忠
中泾村	5.542	1020	3599	1260.43	14040	王志荣	—
福圩村	2.63	666	2515	720.24	9803	何正祥	何正祥
常福村	2.6	613	2435	970.91	8205.6	倪向全	倪向全
永红村	4.78	756	3178	1157.82	7804.22	徐　威	徐　威
新红村	2.63	654	2412	813.06	5323	徐建锋	徐建锋
丁坝社区	0.45	431	1616	1366.91	13031	顾志敏	顾志敏
谢桥社区	1.2	704	1730	—	—	陈明珠	陈明珠
绿地社区	0.6	3889	2363	—	—	徐　群	—
景泰社区	0.56	5732	564	—	—	庞晓晔	庞晓晔
碧海社区	0.53	4325	2780	—	—	吴静芳	—
大义社区	1.95	2949	2472	—	—	陆卫中	陆卫中
珠海社区	0.4	4539	632	—	—	应惠珍	—
游文社区	0.36	3287	882	—	—	钱洲洋	钱洲洋
怡馨社区	0.24	3208	397	—	—	倪　吉	倪　吉
新义社区	0.5	2523	446	—	—	黄礼花	黄礼花
景华社区	0.64	4224	666	—	—	张俊达	—

（资料来源：常福街道）

【经济发展】 2023年，常福街道发展新型工业化，41家规模以上企业产值增速超10%，32家企业入库“四上”名单，常熟汽饰、日禾戎美入选苏州总部企业。推进“双碳”工作，分布式光伏新增并网13.4兆瓦，通润驱动获评省绿色发展领军企业。立项建设高标准农田240公顷，竣工173.33公顷，实现粮食生产0.35万公顷，总产量2.5万吨。培育特色农业品牌，新认证绿色食品4个，“恒洋澳龙”入选全国特质农品名录，虞美润家庭农场获评全国名特优新农产品、全国社会化服务典型案例。省农业农村重大项目虞山优农、亨霖现代农业对外营业，莫凡庄园获评常熟市五星级旅游民宿。探索委托经营、飞地投资等路径，村级平均年收入提升至1522万元。统筹实施常福街道详细规划编制，完成《常福街道城乡融合发展片区乡村振兴发展规划》，推动全域“多规合一”。推动实现拆旧复垦13.2公顷，零散地整治项目纳入省农村综合性改革试点试验项目。完成重点项目搬迁41户，收储收购企业8家。提质增效地块企业全部签约，纬一路及周边地块腾退清零，腾出发展空间46.67公顷。

【社会事业】 2023年，常福街道优化公共资源供给，民生领域支出8.52亿元，比上年增长超20%。市工人文化宫、市现代产业技能实训中心竣工投用，丁坝集贸市场重装启用，综合为老服务中心投运，大义社区卫生服务中心医疗设备提档升级。新备案托育机构1家、新增托位40个；建成小区养老服务用房5处，完成家庭适老化改造381户；开设“家门口的老年大学”3所，新增学位670个。推进就业与用工服务，建设特色就业服务站2处，新增就业岗位4100个，开展社保“扩面提质增效”专项行动，年度增量处于

7月5日，常福街道开展"福务生·益企办"入园联动惠企活动

（常福街道　提供）

全市前列。持续推进"千村美居"工作，建成美丽村庄25个、苏州特色康居乡村14个，完成农村生活污水治理141户。完成新一轮乡村公益医疗互助，筹集互助资金617万元，惠及农户3434人次。落实各项惠民政策，发放各类救助金、慈善金945万元；安置返乡退役士兵，发放重点优抚对象补助慰问金875万元。整治太湖流域入河超标排口41个，治理劣V类水体4条、销号17条，建成幸福河湖5条。实施文体惠民活动近300场，获常熟市级以上群众文艺奖项10个。

【常福街道综合为老服务中心启用】 2月9日，常福街道综合为老服务中心启用，成为全市首家启用的乡镇（街道）级综合为老服务中心。该中心为街道2022年度十大民生实事项目，位于大义集镇区，建筑面积660平方米，具有老年助餐、慢病筛查康复干预、娱乐社交、便民惠民服务、托养照护服务五大功能，可提供日托、全托、上门服务等近30个综合养老服务项目，为辖区内的日间照料中心、社区居家养老服务中心提供服务辐射、资源导入等支撑。

【常福首推"云勘验"模式】 9月25日，常福街道通过线上连线、音画同步的方式，完成首次户外店招"云勘验"。为应对传统现场勘验人手不足、点位分散、时间冲突、来回耗时较长等问题，常福街道行政审批局作为全市唯一试点，首推智慧"云勘验"模式，确定首批户外广告设置审批、占用挖掘城市道路审批、出版物零售业务经营许可、公共场所卫生许可、房屋结构改造安全行政许可共5大类、11个子项易甄别、低风险的"云勘验"事项清单，打造"不见面审批"应用场景，勘验周期由2~5个工作日压缩至当天，勘验时间平均节省85%以上。

（华恬逸）

莫城街道

【概况】 莫城街道位于常熟市南部，东濒昆承湖，南接辛庄镇，西靠元和塘，西北和尚湖镇相邻，北部与虞山街道、琴川街道接壤。2023年，街道区域面积40.8平方千米，辖14个村、5个社区，常住人口14万人。财政收入13.2亿元，比上年增长10.74%；街道一般公共预算收入4.95亿元，比上年增长19.2%；线上线下市场交易额2155亿元，比上年增长11.22%；进出口总额23.55亿美元，比上年增长8.3%；规模以上工业总产值16.29亿元，较年初目标提高4.42%；工业投资1.23亿元，比上年增长119.6%；规模以上生产性服务业营业收入50亿元，比上年增长80%；规模以上营利性服务业营业收入21亿元，比上年增长26.8%，规模以上文化产业营业收入8.7亿元，比上年增长25%。

表89　　2023年莫城街道各村（社区）基本情况一览表

村（社区）	面积（平方千米）	户数（户）	户籍人口（人）	集体经济总收入（万元）	总资产（万元）	党组织书记	村（社区）主任
青莲村	1.78	593	1874	1317	9764	夏志良	夏志良
湖泾村	1	426	1563	1171	5793	徐　骏	徐　骏
新建村	1.1	412	1599	1215.49	7606.41	袁伟良	袁伟良
安定村	1.73	621	2361	1012	8319.6	周雪强	周雪强
言里村	3.2	918	3480	2105.54	14073.53	张永刚	张永刚
三塘村	4	1002	3881	2175	13789	祝　庆	祝　庆
燕巷村	2.3	555	2285	2350	18695	周建新	周建新
和甸村	1.59	289	1180	1029	6578	时小兵	—

续表89

村（社区）	面积（平方千米）	户数（户）	户籍人口（人）	集体经济总收入（万元）	总资产（万元）	党组织书记	村（社区）主任
湖鹤村	2.3	676	2517	1211	18481	顾文云	顾文云
东青村	3.88	667	2594	937	9987.91	钱志方	钱志方
东始村	3.2	831	2700	1658	8057	牛建平	牛建平
长瑞村	3.1	559	2036	1529	12327	顾丽新	—
三和村	4	688	2595	1516	7251	戈全龙	戈全龙
三星村	6.75	1129	4238	1660	14879	章开军	—
琴南社区	1.2	2661	1109	—	—	李加慎	李加慎
山湖社区	1.1	2404	1231	—	—	周敏文	周敏文
莫城社区	1	1109	1159	—	—	陈静君	陈静君
聆湖社区	2	2350	172	—	—	何　虹	—
和莫社区	0.24（待划定）	1142	57	—	—	沈丽萍	沈丽萍

（资料来源：莫城街道）

【经济发展】 2023年，莫城新能源汽车零部件产业园满园运营，规模以上工业企业和高新技术企业各入库5家。莫城智尚产业园入驻纺织服装等企业14家，入驻率超95%。全年工业投资项目6个，完成投资1.23亿元，弘能精密、科傲电子、东凌新材料3家企业实施智能化改造，完成技改投资1417万元。南部新型工业区及莫城智能装备产业园规划通过市规委会评审，规划产业用地面积超200公顷，机械五厂、合隆金属启动存量更新。普洛赛斯、海鑫船舶获省级专精特新认定，高新技术企业认定8家，春来机械等3家企业上榜苏州瞪羚企业，科技型中小企业入库35家，发明专利授权21件。智改数转项目完成23个，其中省级三星级上云项目4个，衫数科技平台交易额近18亿元，飞榴科技获评全球先锋科技奖。引进AIGC智能服务商"时代涌现"、AI创意平台"图蝇科技"等科技型项目32个。直播电商全平台线上直播交易额完成650亿元，比上年增长30%，销售额破10亿元主播3位。引进国货品牌郁美净，暇步士品牌总部落地云裳消费小镇。新增直播电商纳统主体68家，全年实现纳统销售额32.66亿元。江苏省首个快手直播电商集聚区落地服装城，云裳小镇获评省级现代服务业高质量发展集聚示范区，中服产业获评"江苏省女大学生创业就业实践基地"，中服网科上榜抖音电商产业带银牌服务商。"市采通"平台落地服务中心8个，完成"物流管家"体系建设，累计服务商家超1.6万家，全年出口44.74亿美元，比上年增长40.87%，其中常熟出口22.38亿美元，比上年增长8.59%，获评首批江苏省数字贸易平台。阿里巴巴全球速卖通、苏州跨电公共服务中心等载体服务企业近千家，跨电B2B交易额完成2.9亿元，比上年增长51%。签约MRO工业品数字科技平台、懂播电商跨境直播基地等新经济贸易项目5个。16个市级重点项目完成投资12.9亿元，其中1953文创园、尚瑭数智产业园、东瑾供应链竣工或基本竣工，已与40多家企业达成入驻协议，签约面积超10万平方米。新引进项目供地6个，计划总投资13亿元，其中隋心洛哥电商直播基地等5个项目开工建设。

【社会事业】 2023年，莫城街道完成长瑞村等5村1社区"多规合一"规划编制。黄土山路、老池巷路等6条村道及聚福路、燕泾路等4条城市道路竣工投运，总投入1.07亿元。八一排涝站改建项目启动，吉家桥涵闸改建项目竣工投用。恩潭路30户启动更新建设，南青路、庙弄区域更新启动。张家港河沿岸绿廊景观项目建设启动，建设服装城与昆承湖联动休闲步道。完成新一轮土地经营权流转发包，涉及农田758.67公顷。完成2021年高标准农田、池塘等项目验收，高标准农田建成率占比提高5.3个百分点。完成千村美居工程市级验收8个，惠及农户300余户。创建苏州市特色康居乡村5个，培育苏州市级示范家庭农场1家，和甸村获评江苏省生态宜居美丽示范村。推动农村人居环境长效管理，开展专项行动150场次，清理各类垃圾480吨。创新农宅成片归并移位模式，湖西片区汤家娄农宅归并建新地块首批90户农宅启动建设。新增机动车停车泊位500个、非机动车泊位200个，新建电动自行车充电桩600个，提档升级充电桩900个。完成义庄小学操场、商场小学录播教室、莫城中学教学楼墙面等提升改造项目，购买民办学校学位、校车接送和课后延时等服务，财政投入超1400万元。举办文艺演出、展览讲座等文体活动600余场次，新增公共体育场地3500平方米，首建家门口老年大学，提供学位560个，累计服务740个课时。街道2家社区卫生服务中心连续4年达成"优质服务基层行"标准，莫城街道社区卫生服务中心开展家庭病床试点工作。助力城镇失业人员再就业570人，城乡就业困难人员再就业100人。推进全民参保计划，参保缴费人数2.3万人，年度基金实缴3.18亿元，

5月3日，在中国纺织服装品牌大会上，常熟纺织服装创意产业园被授予第二批全国“纺织服装创意设计示范园区”　　（莫城街道　提供）

公积金缴存新增749人。乡村公益医疗互助“福村宝”覆盖率超75%，惠及村民2.6万人。全年完成适老化改造78户，80周岁以上老人居家养老服务率达95%。开展各类服务残疾人活动100余次，资助家庭困难学生350多名。完成慈善会换届选举，发放各类救助金、补助金、慰问金、尊老金1070万元，惠及13万人次。

【莫城新市民融合项目启动】 4月28日，莫城街道“新心向融·莫上花开”新市民融合项目启动暨常熟农商银行市民贷（新市民专属）发布会举行。该项目由市新市民事务中心莫城分中心联合常熟农商银行莫城支行发起。项目在湖泾村、三瑭村、三和村、燕巷村4个村试点，推出“莫上新联盟”志愿服务项目、“新市民融合学堂”项目、“新心游乐园”新市民子女暑托服务项目。

【“虞商·青蓝”莫城链动站启动】 7月11日，莫城街道新一代企业家商会成立大会暨“虞商·青蓝”莫城链动站启动仪式举行。“虞商·青蓝”莫城链动站以云裳小镇为中心点，并在常熟直播电商服务中心、服装城集团男装中心、玖号源点数字时尚基地设3个分站点基地，畅通上下链动新矩阵。链动站将青年企业家分片编成若干链动小组，开展学习、研讨、交流、参访活动。当日，莫城街道新一代企业家商会成立。活动现场发布“聚智链新”链动站品牌和“益企直通车”服务项目，聘任智库导师团和“虞商·青蓝”营商环境前哨监督员，成立适岗体验基地，举办虞商沙龙。

【莫城穆店党建共建结对】 8月9日，常熟市莫城街道（服装城）党工委与盱眙县穆店镇党委开展党建共建结对活动。穆店镇党委书记徐乃军一行考察湖鹤村时尚智能智造产业园、云裳客厅、依链数字展厅、直播产业党群服务中心，了解莫城街道（服装城）抢抓数字经济时代发展机遇，推动服装产业转型升级取得的阶段性成果。座谈会上，双方就两地经济社会发展情况作介绍，并签署党建共建结对协议。

（刘　珏）

琴川街道

【概况】 琴川街道位于常熟城区东部，北倚常福街道、海虞镇，西与虞山街道相邻，东联古里镇，南至东南街道，濒临昆承湖。2023年，街道区域面积48.7平方千米，辖15个村、42个社区。常住人口24.52万人，户籍人口12.67万人。街道一般公共预算收入22.17亿元；规模以上工业总产值44.53亿元，比上年增长1.5%；限额以上批发业销售额122.71亿元；固定资产投资总额84.08亿元，其中服务业投资84.07亿元；进出口总额7.64亿美元，比上年增长2.4%；实现限额以上社会消费品零售总额91.37亿元，比上年增长2.0%。

表90　　2023年琴川街道各村（社区）基本情况一览表

村（社区）	面积（平方千米）	户数（户）	户籍人口（人）	集体经济总收入（万元）	总资产（万元）	党组织书记	村（社区）主任
渠中村	4	834	3676	2703	29068	冯振中	冯振中
（藕渠社区）		6864	1486	—	—	冯振中	—
戈庄村	1.01	362	1496	548	14585.71	顾　忠	顾　忠
湖圩村	2.5	591	2650	950	13200.88	陈瑞明	陈瑞明
新厍村	1.7	315	1499	2830	22362.87	颜永刚	颜永刚
梦兰村	0.96	201	979	1787	40838	卢文东	卢文东
荷花社区	1.1	328	1483	1005	8173	吴子江	吴子江
环湖社区	0.33	246	1064	1719	13617.16	钱伟平	钱伟平

续表90

村（社区）	面积（平方千米）	户数（户）	户籍人口（人）	集体经济总收入（万元）	总资产（万元）	党组织书记	村（社区）主任
花溪社区	1.18	478	1882	582	12937	何卫东	何卫东
庞浜社区	1	1716	1975	578	5509	季　琼	季　琼
青龙社区	1.17	310	1382	1291	14737	陈　平	陈　平
泯泾村	1.9	812	3069	1268	17408	张真荣	张真荣
泰慈村	1.2	565	2407	922	12564	施梦涛	施梦涛
九里村（星茂社区）	2.5	553	2007	874	7917	陶　义	陶　义
		2693	1590	—	—	陶　义	刘　明
泰安村	1	448	1900	1060	11426	范建康	范建康
石墩村（竞文社区）	2.8	536	2333	1313	18500	徐　俊	徐　俊
		1390	471	—	—	徐　俊	—
浦浜村（金桂社区）	1.5	409	1169	1096.71	14416.26	顾耀东	顾耀东
		2980	1030	—	—	顾耀东	陆正芳
东环村	1.5	540	2267	1461	12792	陈　良	陈　良
大虹桥村	1.63	547	2050	919	7534.42	盛晓明	张　军
景龙村	2.86	824	3262	857	6612	浦东华	—
新造村（静海社区）	3.08	486	1867	821	13429	徐忠祥	徐忠祥
		3500	245	—	—	徐忠祥	—
杨荡社区	1.25	541	2108	586	9386	周春华	周春华
漕泾社区	0.8	598	2090	670	5920	程　莉	程　莉
绿源社区	0.9	1879	2709	—	—	丁　燕	丁　燕
洪泾里社区	0.82	2277	3170	—	—	张燕芳	张燕芳
漕湖社区	0.4	1253	1856	—	—	曹卫娟	曹卫娟
湖苑社区	0.46	1681	2462	—	—	胡　玫	胡　玫
迎春社区	0.65	2106	4285			周　瑜	周　瑜
花溪苑社区	0.873	2850	2904	—	—	马丽亚	马丽亚
锦荷社区	0.9	4940	4551	—	—	唐丽芳	唐丽芳
金山社区	1	2722	2512	—	—	顾浩军	顾浩军
富阳社区	0.5	6322	1577	—	—	赵　娜	赵　娜
胜湖社区	0.95	2273	2504	—	—	杨汝佳	杨汝佳
百盛社区	0.36	2267	1566	—	—	孙浩英	孙浩英
枫泾社区	0.47	2161	2906	—	—	高晓锋	高晓锋
颜北社区	0.2	2210	3305	—	—	邵秋萍	邵秋萍
阜湖社区	0.3	2278	3123	—	—	张　青	张　青
昭文社区	0.66	2140	3189	—	—	缪玉兰	缪玉兰
衡山社区	1	2039	3340	—	—	陈薇薇	陈薇薇
虞东社区	0.6	2609	3906	—	—	吴　燕	吴　燕
虞园社区	0.6	3230	4313	—	—	刘　义	刘　义
兴隆社区	0.83	2547	1737	—	—	李凤竹	李凤竹

续表90

村(社区)	面积(平方千米)	户数(户)	户籍人口(人)	集体经济总收入(万元)	总资产(万元)	党组织书记	村(社区)主任
泰山社区	1	2408	2470	—	—	严静亚	严静亚
世茂社区	0.4	4213	2703	—	—	朱文婷	朱文婷
润欣社区	0.5	3725	2855	—	—	龚芝芳	龚芝芳
珠江社区	0.8	2205	3650	—	—	邹　洁	邹　洁
虞枫社区	0.54	4814	1121	—	—	潘琴芬	潘琴芬
衡泰社区	0.3	2504	2859			刘　陶	刘　陶
中南南苑社区	1	4851	1879	—	—	薛　萍	薛　萍
锦丰社区	0.9	2992	1721			郭　欢	郭　欢
凯文社区	1.3	7299	1602	—	—	陈　英	陈　英
陈家市社区	0.45	2352	1187	—	—	崔红平	崔红平
前港社区	0.8	4843	556	—	—	黄明燕	黄明燕

(资料来源:琴川街道)

【经济发展】 2023年,琴湖溪里花园城北岸区开业,完成方塔东街、八佰伴二期改造。新增消费载体4处,举办各类促消费活动近40场。3个市级以上重点产业项目完成投资8.58亿元,企服园、众创视觉数字工坊等产业园在册企业超460家,实现开票额超21亿元,税收近5000万元。世茂新天地高端商业载体建成,新增特色楼宇1幢、亿元楼宇1幢。开展异地招商洽谈30余次,对接项目超50个,江苏盐铁预制菜供应链项目、米九数字生活体验中心、大润发M会员店、航天龙梦信创产业园等6个重点项目相继落地。开展入规纳统,新增入库38家。推进建设智能化改造数字化转型项目1个,新增三星上云企业4家、省级两化融合管理体系贯标示范培育企业1家。有效申报国家级人才项目2个,获评苏州级、市级人才项目各1个,引进人才企业4家,打造江苏省博士后创新实践基地1个。新增科技型中小企业36家、高新技术企业4家,苏南国家自主创新示范区瞪羚企业1家。完成技术合同成交额超亿元,规模以上工业企业研发投入超3800万元,净增有效发明专利25件。

【社会事业】 2023年,琴川街道建成投用前港社区党群服务中心,改造世茂、绿源和湖苑社区党群服务中心。启用碧海家园三区居民文化礼堂,完成竹行街、东仓街污水管网铺设改造,增设楼道照明500多个楼幢,惠及居民3200余户。迎春、静海社区卫生服务站迁建完成,新厍、梦兰、青龙三村合一卫生服务站建设推进,完成健康自助检测点5处,新增家庭医生工作室2处、巡诊室1处。揭牌投用实体化运行培训基地暨琴川街道质量赋能站,建设开放式“家门口的老年大学”,开设课程23类。依托“琴公益”伙伴联盟开展各类文化活动900余场次、服务超60万人次。新增各类锻炼设施13处、体育场地超5000平方米,“10分钟健身圈”实现区域全覆盖。完成安置房分配473套,惠及搬迁户281户,核准购房和租房补贴申请72份。新增就业近16000人、劳资纠纷调处率100%。新增外来人员参保近4000人、公积金开户单位986家。推进全民医保参保,创建“15分钟医保服务圈”省级示范点。运营街道综合为老服务中心,受益老年人超5000人次。完成适老化改造208户,试点建设全市首家普惠性社区托育点。建立健全“1+52+16”全域文明实践所(站、点)网络,推选获评“江苏好人”“苏州时代新人”2名,街道新时代文明实践所获评“苏州市新时代文明实践示范所”。完成舞台类原创作品14件,《编出幸福路》《小桥·流水·人家》获第五届苏州市群众文化“繁星奖”。

6月21日,“琴川YES 东街里巷”首届东街后浪生活节在方塔东街开幕

(琴川街道　提供)

【琴川街道垃圾分类工作首上央视】 5月11日，CCTV 13《新闻直播间》播出《创新固废回收模式 促进资源节约利用》报道琴川街道推动垃圾分类的情况。琴川街道琴东雅苑小区为常熟首个无人督导小区，小区将垃圾分类积分平台与数字人民币平台链接，以“一户一档”模式为居民建档，每个家庭正确分类投放垃圾后产生的积分，按照一定比例兑换为数字人民币，可在京东、淘宝等App进行线上消费，还可在小区便利店、洗车店及社区周边支持数币支付的各类商户享受优惠服务。

【首届东街后浪生活节开幕】 6月21日，“琴川YES东街里巷”首届东街后浪生活节开幕，升级后的方塔东街重新开街。活动持续至6月28日，其间举办分会场演艺活动、气模巡游、老照片展、曳步舞表演等，八佰伴、波司登推出专场活动。开幕式现场还举行方塔东街商圈联盟成立仪式、“琴川YES”首批主理人品牌授牌仪式、数字人民币收单试点商圈授牌仪式，发布方塔东街平面图，“琴川YES”护卫队也于当天成立。

【琴湖溪里花园城北岸区开业】 6月30日，琴湖溪里花园城北岸区开业。花园城北岸区商业整体体量约3.5万平方米，引入北岸艺术馆、電LIVEHOUSE等6家苏州首店及11家常熟首店，补充一期业态、错位协调发展。开业期间，花园城延续上年琴潮音乐节主题，邀请音乐人轮番开启夏乐狂欢；举办第二届无人机空中艺术展；在琴湖水域举办2023年中国桨板公开赛。琴湖溪里花园城还推出一系列优惠活动，让消费者乐玩、乐购、乐享。 （金　宏）

碧溪街道

【概况】 碧溪街道位于常熟市东北部，北濒长江，东邻太仓市璜泾镇，南与支塘镇、董浜镇交界，西与梅李镇接壤。2023年，街道区域面积113.94平方千米，辖20个村、8个社区，户籍人口10.27万人，外来暂住人口7.11万人。120家规模以上工业企业实现工业总产值94.83亿元，比上年增长0.23%。全社会固定资产投资完成5.6亿元，比上年增长96.28%；其中工业固定资产投资额3.2亿元，比上年增长42.76%，服务业投资额2.4亿元，比上年增长287.16%。

注：碧溪街道和常熟经济技术开发区实行一体化管理。

表91　　2023年碧溪街道各村（社区）基本情况一览表

村（社区）	面积（平方千米）	户数（户）	户籍人口（人）	集体经济总收入（万元）	总资产（万元）	党组织书记	村（社区）主任
溪南村	4.33	935	3265	1156	5011.27	施仲辉	施仲辉
溪东村	4.18	1772	6478	1144	6763.24	陈　健	陈　健
聚福苑社区（溪西村）	6.9	2321	7999	1093	6421.8	张　乐	—
港南村	4.3	1598	5657	1378	11208.84	殷政军	殷政军
周泾村	3.4	991	3489	1296	6321.55	戴伟华	戴伟华
徐虎村	4	693	2587	971	5456.17	王　振	王　振
李村村	2.6	572	2062	870	5173.89	钱志光	钱志光
碧溪社区	2.5	393	864	—	—	陈建军	陈建军
聚和佳苑社区（小市村）	1.99	1105	4068	1241	16133.85	陈　健	陈　健
浒西村	4.13	1383	4769	1347	10977.68	王　俊	王　俊
留下村	2.4	599	2153	1339	8139.46	季利峰	季利峰
李袁村	4.08	1226	4276	2592	16415.45	袁新春	袁新春
浒东村	2.8	1514	4836	1001	6194.98	居　润	—
浒浦集镇社区	2.9	1971	5328	—	—	俞　晓	俞　晓
浒浦渔业社区	0.9	354	1018	—	—	倪建新	倪建新
滨江社区	4.3	857	1967	—	—	陈　怡	陈　怡
阅江佳苑社区（新苑村）	0.16	43	157	861	8089.78	薛　晓	薛　晓
泗湖村	1.4	1233	4259	578	4828.88	宗　健	宗　健
三湾村	4	1456	4778	1136	7168.61	黄国明	黄国明
周家桥村	4	779	2775	830	5592.97	黄建波	—
太平桥村	2.1	275	913	658	7682.24	毛梦婷	—
万福村	0.8	1023	3428	759	6738.18	张卫星	张卫星

续表91

村（社区）	面积（平方千米）	户数（户）	户籍人口（人）	集体经济总收入（万元）	总资产（万元）	党组织书记	村（社区）主任
吴市市镇社区	0.5	250	454	—	—	阮利强	阮利强
龙桥村	4.32	825	3025	1009	5459.83	龚爱东	龚爱东
中南村	4.36	2721	10046	1486	10195.9	王建新	王建新
白莲村	2.65	1469	5545	1059	9128.87	张建平	张建平
横塘村	4.43	856	3195	1114	9542.46	顾志杰	顾志杰
东张社区	1.2	261	494	—	—	周晓波	周晓波

（资料来源：碧溪街道）

【经济发展】 2023年，碧溪街道研发投入1.5亿元。完成500万元以上技改项目6个、设备投资8924万元。21家企业获评全国科技型中小企业，7家企业获评“省三星级上云”，24家企业获评“江苏省创新型中小企业”，14家企业通过江苏省高新技术企业评审。常力紧固件获评“江苏省智能示范车间”、通恒化纤获评“苏州市智能示范车间”，常明电力获评“苏州市企业技术中心”。浦江科技产业园二期6.3万平方米厂房竣工投用，小市区域企业搬迁完成签约15家。推进“一图一表”工作，完成企业退出签约21.37公顷，入库面积22.97公顷。启动实施农业农村重大项目4个，完成投资1.57亿。完成周泾村绿色蔬菜高质量发展示范基地、李袁村绿色蔬菜保供基地建设。建成高标准池塘1个、高标准农田2个。街道现代设施农业科技示范园区获评第一批江苏省农业科技自主创新技术集成示范基地。“吉礼葡萄”基地申报常熟市“百万收入家庭农场”。香子芋获评全国名特优新农产品。启用林禾农庄、浒西四季果园，全年接待游客3万人次。

【社会事业】 2023年，碧溪街道完成“多规合一”实用性村庄规划全覆盖，完成《常熟市碧溪街道镇村布局规划（2022版）》《东张片区控规》《浒西村村庄规划》修编修正；完成农宅归并、留下工业园产业更新等2个专项规划编制。拟定《碧溪街道传统村落三年修缮保护计划》，启动问村传统建筑修缮工程及环境整治提升工程。完成海太高速民宅搬迁57户、常谢线220千伏线路迁建。牵头编制发布《常熟沿江生态观光农业片区规划》。“千村美居”38个自然村组通过市级验收。14个自然村通过苏州市特色康居乡村验收，9个老三星级村庄完成再提升工程。李袁村费巷、浒西村大居家通过苏州市级特色田园乡村验收。李袁村费巷通过江苏省特色田园乡村验收。李袁村、留下村获评省级生态宜居美丽乡村示范村。李袁村获江苏省乡村振兴示范村。便民服务中心东张分中心启用。完成4条劣V类河道整治和2条幸福河湖建设。沈村河农村生态河道通过省级验收。发放各类救助金1087.38万元。发放尊老金2191万元，惠及3242人，完成老年人家庭“适老化”改造265户。慈善募捐募集善款778.41万元。“福村宝”医疗互助项目累计筹集资金470.52万元。公办义务教育阶段学校入（转）学475人，公办幼儿园、普惠性民办幼儿园入（转）学185人。扬子江大道（徐六泾—通支线）改扩建工程通车。医疗机构优化整合，实行“两中心两院区”一体化管理。完成21个新村小区天然气覆盖，惠及1686户居民。化解江海花园房屋产权办证历史遗留问题，发放不动产权证168本。公共电动助力车站点扩展到67个，投放870辆，新增电动汽车公共充电桩46个。推出“物业+养老”服务模式，建成7个住宅小区养老服务站点。举办“元四家”故里美术作品邀请展等大型活动18场。举办公益文艺巡演活动103场。建成投用新风礼堂5所。组织李袁、留下浒西、滨江新城3场常熟“村跑”。原创节目《鹞灯乘着新风飞》入选全国第四届“县乡长说唱移风易俗”优秀节目展演。

2023年，碧溪《鹞灯乘着新风飞》入选全国第四届“县乡长说唱移风易俗”优秀节目展演

（碧溪街道　提供）

【李袁村入选中国传统村落】 3月24日，住房和城乡建设部、文化和旅游部等6部门公布第六批列入中国传统村落名录村落名单，碧溪街道李袁村入选。李袁村位于碧溪街道西南，2004年由原李袁和问村两村合并而成，面积4.08平方千米，曾获评“全国农业旅游示范点”“全国特色景观旅游名村”“中国楹联文化村”。李袁村历史悠久、文化底蕴深厚，区域内有千年古村——问村。问村老街形成于宋代，有“荷塘消夏”“御渡马迹”等十八景。丁字形布局的街巷保留着一批清代建筑风格的老房，其中尤以薛家大院为代表，院内厅、室、房俱全，天井院墙错落搭配，花园、鱼池仍见踪迹，为常熟市文物保护单位。

【《常熟沿江生态观光农业片区规划》发布】 10月14日，《常熟沿江生态观光农业片区规划》发布。2023年，常熟以“千村美居+乡村振兴片区化”为统领，以“服务产城，生态涵养”为主线，加快建设新时代锦绣江南鱼米之乡，由碧溪街道牵头，与梅李镇、海虞镇形成沿江乡村振兴片区，推动美丽乡村向宜居宜业和美乡村转变。常熟沿江生态观光农业片区规划涉及海虞镇、梅李镇和碧溪街道，总面积约244.78平方千米。规划依托346国道、扬子江大道和长江大堤形成乡村振兴联动带，串联发展基础较好、具有特色的6个重点村落，形成6个特色主题组团。规划通过构建探、寻、慢、观4条乡村特色游线，落实特色田园乡村建设、村庄撤并、乡村风貌单元建设等措施，建设和美的乡村风貌，全力构建“一带四廊多脉链田园”生态格局。此外，规划在共治共富等方面提出了一系列举措和政策建议。（尹学伟）

东南街道

【概况】 东南街道位于常熟高新技术产业开发区内，北倚琴川街道，东联古里镇，西傍昆承湖与莫城街道相望，南接沙家浜。2023年，街道区域面积27.98平方千米，实际管理区域82.33平方千米，辖5个村、4个社区；户籍人口23077人，外来人口99968人。

注：常熟高新技术产业开发区统筹管理东南街道的经济发展、招商选资、企业服务、项目建设、科技人才创新等工作。东南街道办事处与常熟高新技术产业开发区社会事业局合署运行。

表92 2023年东南街道各村（社区）基本情况一览表

村（社区）	面积（平方千米）	户数（户）	户籍人口（人）	集体经济总收入（万元）	总资产（万元）	党组织书记	村（社区）主任
小康村	19.45	2614	11123	3962.00	27152.65	周文燕	周文燕
苏锋村	2.33	380	1730	2350.33	18445.80	顾永明	顾永明
东渔村	1.51	267	1186	1607	10414.88	谭国民	谭国民
昆承村	4.4	461	2113	2835	17436	顾　星	顾　星
湖东村	3.63	544	2416	2305	15688	朱振江	朱振江
东湖社区	1.5	582	1391	0	0	钱湘红	钱湘红
启文社区	0.9	7149	1389	0	0	钱林亚	钱林亚
湖畔社区	0.5	3628	852	0	0	赵　丹	赵　丹
金麟社区	0.43	3200	877	0	0	邵建明	邵建明

（资料来源：东南街道）

【社会事业】 2023年，东南街道做好中新昆承湖园区要素保障，沙蠡线以北区域征收地块签约企业18家，腾出土地13.04公顷。加快已征地块拆除，统筹推进企业权证注销、地块考古等工作，完成伟恒地块13家企业拆除工作，腾出土地8.67公顷。完成湖东、双港、苏锋3个区域379.8公顷存量产业用地调研，启动28家企业及集体资产评估工作，探索村级经济抱团发展项目，成立东南聚盈置业有限公司，投资存量更新项目，提升村级经济活力。

【人民生活】 2023年，东南街道“千村美居”工程建设投入4332万元，惠及小康村、湖东村6个点位，644户农宅。推进3条劣V类水体整治，开展金门河、新华河、东杨树澝支河3条河道整治。推进“和正东南”健康联盟品牌建设。新建乐邻小屋8处、综合为老服务中心1处，改扩建村（社区）日间照料中心2处。依托湖畔社区日间照料中心，试点社区食堂建设，逐步完善社区老年人助餐服务体系。推进“擎动体育”项目建设，开展城市活力跑和气排球联赛等群众体育赛事。（祝嘉宇）

【“爱阅之城”全民阅读启动】 4月12日，常熟高新区东南街道在中国常熟世界联合学院（UWC）剧院以“书林漫步全民共览书香高新志阅山海”为主题，启动第三届“爱阅之城”全民阅读推广系列活动。活动以“记忆与留白”“视野与方法”“对话与回响”“凝视与想象”为关键词，开展“书香浩然”阅读分享、图书馆奇妙夜、“共书童心”图书捐赠等一系列特色项目。中国作协报告文学委员会主任何建明以“文学对我们每个人的意义”为题作现场授课。

【聚焦常熟高新区摄影训练营开营】 3月23日，“奋进二十载，魅力高新区”中国摄影报“聚焦常熟高新区”摄影训练营活动在东南街道开营，中国摄影报社社长赵迎新为训练营学员进行现场授课。训练营是常熟高新区成立20周年系列活动之一，吸引来自全国各地150余位摄影爱好者及常熟市摄影家协会会员参加。23至26日，训练营成员由导师带队，对常熟高新区进行集中拍摄，全面反映高新区20年来在建设成就、产业发展、生态文明、小康生活等方面的发展成果。

（年鉴编辑部）

海虞镇

【概况】 海虞镇位于常熟市北部，北枕长江，东与梅李镇接壤，南与古里镇和常福街道相邻，西与张家港市塘桥镇交界。2023年，全镇区域面积109.97平方千米。辖17个村、7个社区和1个棉花原种场。户籍人口89150人，暂住人口23635人。全镇地区生产总值140亿元，一般公共预算收入16.15亿元，全社会固定资产投资29亿元，工业投资20亿元，规模以上工业产值352.4亿元，工业开票销售收入420亿元，服务业开票销售收入155亿元，完成到账外资4029万美元。

表93　　2023年海虞镇各村（社区）基本情况一览表

村（社区）	面积（平方千米）	户数（户）	户籍人口（人）	集体经济总收入（万元）	总资产（万元）	党组织书记	村（社区）主任
王市社区	4.5	1759	3963	—	54.90	朱志刚	朱志刚
福山社区	0.75	1190	2340	—	67.76	王　斌	王　斌
周行社区	1	562	1861	—	58.90	钱　江	钱　江
海福新城社区	0.24	1181	451	—	108.81	徐月红	徐月红
南塘社区	3	3058	333	—	154.60	陆志亚	陆志亚
海洲社区	0.5	876	102	—	11.89	季丽明	季丽明
丽都社区	0.405	1489	259	—	51.83	王梦雷	王梦雷
府东村	5.55	1476	5472	2100	6903.00	陆志君	陆志君
河口村	7.12	1478	5266	2111	6435.00	赵明霞	赵明霞
望虞村	4.5	972	3683	1089	5559.00	周伟刚	周伟刚
龙墩村	4.41	1137	4026	994.33	7258.33	黄　逸	—
东泾村	3.5	1020	3934	705.17	7174.13	苏志军	苏志军
邓市村	5.83	681	4945	1368.69	8794.05	陆静欢	陆静欢
聚福村	5.87	1219	4224	1420	8686.00	奚文裕	奚文裕
福山村	9.2	1902	7018	1807	11072.00	傅　桥	—
铜官山村	7.94	1420	5714	1640	15419.19	程　刚	程　刚
徐桥村	6.05	1059	4196	3455	13894.00	李　进	李　进
郑家桥村	4.821	850	3303	1697	5169.90	张叶峰	张叶峰
肖桥村	8.04	1658	6335	4690	12148.00	袁保中	袁保中
新州村	6.9	1500	5391	2322	10349.00	朱志洋	朱志洋
虞南村	4.03	991	3685	1300	8877.00	蔡海军	蔡海军
汪桥村	1.5	526	2056	2857	26600.00	钱晓东	钱晓东
里泾村	3.9	1221	4707	1358.07	8934.42	金利峰	金利峰
香桥村	5.03	1537	5674	1328.56	9794.07	叶　彪	叶　彪

（资料来源：海虞镇）

【经济发展】 2023年，海虞镇列入2023年市级重点产业项目26个，总投资101.97亿元，当年完成投资25.45亿元，其中16个新开工项目完成投资12.76亿元；重点项目竣工11个。新增签约项目16个，总投资逾44亿元项目13个，其中超5亿元项目4个。实施智能化改造项目35个，新增省三星级上云企业15家、省级企业技术中心3个、省级服务型制造示范企业1家、苏州市级企业技术中心3个。江苏新泰材料科技有限公司获评国家级专精特新“小巨人”企业，全年新增省级专精特新中小企业13家、创新型中小企业64家，认定高新技术企业27家、科技型中小企业75家，全年新增发明专利94件，技术合同总额22.53亿元，新增省级双创人才1名、“昆城英才”2名。全镇种植水稻2593公顷，种植小麦2520公顷。郑家桥村、徐桥村460公顷高标准农田建设开工，府东村7.74公顷高标准农田补建完成。邓市村、福山村创建小麦绿色高效示范方各1个，铜官山村和徐桥村分别建立部、省级稻麦示范方各1个。虞盛农产品专业合作社建立常熟大米核心种植基地26公顷，获评“2023中国农民合作社500强”。海虞茶叶公司茶叶基地被认定为省级园艺作物标准园，徐桥沁园葡萄合作社在省优质鲜食葡萄品鉴推介会上获2个金奖、1个银奖。德康农牧有限公司建成国家级非洲猪瘟无疫小区，申福奶牛场通过中国良好农业规范认证，威怡科技有限公司晋升为苏州市农业龙头企业。

【社会事业】 2023年，海虞镇完成存量产业、铜官山长江文化公园、“一山一策”等专项规划和多规合一村庄规划论证。“千村美居”工程建设43个自然村通过验收，13个自然村通过苏州市特色康居乡村验收，河口村螺蛳湾和肖桥村梨花邨通过苏州市特色田园乡村验收。实施“美丽庭院”全域品质提升，打造“五治融合”（政治、法治、德治、自治、智治融合）示范点15个。农宅翻建审批601户、放样开工434户、建成验收370户。完成沪武高速主线段征迁。完成选房安置443户、交房584套，安置面积7.4万平方米。完成企业拆旧43家、拆除建筑面积4.5万平方米，实现复垦复耕18公顷。苏州外国语学校初中部、小学部建成投用，海虞卫生院住院大楼及肖桥社区卫生服务站建成投用。农村公厕通槽改建97座、集镇公厕改建提升7座。建成健康村（社区）4个、常熟市病媒生物防制示范点1个。建成北福山塘、芦浦塘省级生态河道，疏浚河道21条，消除劣V类水体13条。新材料产业园启动国家环境健康管理试点，完成污水厂提标改造。铜官山公益诉讼生态环境损害赔偿示范修复基地设立启用，“生态铁黄沙 社科一小时”长江大保护项目获评江苏省社科联系统创新案例。新增社保参保人员1850人，新增住房公积金缴存人数1421人，城镇失业人员再就业450人，新增公益性岗位安置就业困难人员7人，落实政策救助困难户1040户，发放各类补贴1012.88万元。募集慈善款772.96万元，慈善救助困难人群800人，发放善款123.26万元。发放尊老金1696.92万元，完成老年人家庭适老化改造235户。发放退役军人、“三属”等优待金抚恤金。海虞护理院投用，收住老人89人，建成常熟市“敬老文明号”1家。

【海虞镇（稻米）入选国家农业产业强镇】 8月8日，农业农村部办公厅、财政部办公厅发布首批国家农业产业强镇名单。常熟市海虞镇（稻米）入选。海虞镇优质水稻种植面积2593公顷，粮食生产全程机械化，拥有国家级农民合作社示范社1家、省级示范合作社

海虞镇铜官山风貌 （刘文忠 2023年摄）

2家、常熟市级以上农业龙头企业9家、绿色食品8个。形成奶牛养殖与水稻种植相结合的农牧循环生产模式，奶牛养殖与优质稻米产业协同发展、产业链互相促进的双主导产业格局。

【海虞护理院开业】 3月30日，海虞护理院开业。护理院位于海虞镇通江路20号，紧邻海虞卫生院，是一家集医疗护理、中医康复、膳食起居、文化娱乐、生活照料等功能于一体的区域性养老服务中心。服务对象为海虞镇及周边乡镇老年人。护理院占地面积1.9公顷，建筑面积2.3万平方米，绿化和活动场地1300平方米，设置床位459张，设有活动区、康复区、安养区和失智区4个主要功能区。

【"中国新农民"故事会永久会址落户海虞】 9月10日，第三届"中国新农民"故事会暨海峡两岸青年农民交流活动在海虞镇铜官山村举办。"中国新农民"故事会是由中国农民丰收节组织指导委员会办公室指导，农民日报社、中国人民大学中国乡村振兴研究院联合有关单位共同打造的品牌活动。此次活动以"故事话乡村、和美润中国"为主题，分"党建引领""逐梦乡村""产业创新""基层服务"4大板块，邀请来自全国各地15位农民代表讲述自己在农业农村领域的奋斗故事。开幕式上，"'中国新农民'故事会永久会址"揭牌，海虞镇铜官山村被确定为故事会永久会址。

（钱亚娟）

梅李镇

【概况】 梅李镇位于常熟东北部，东与碧溪街道接壤，南连董浜镇、古里镇，西与海虞镇相接，北临长江。2023年，全镇区域面积80.84平方千米，辖15个村、4个社区，户籍人口7.9万人。全镇地区生产总值96.89亿元，比上年增长4.5%；一般公共预算收入8.65亿元；规模以上企业工业总产值398.92亿元；工业投资20.01亿元，其中工业设备投资9.21亿元，高技术产业投资5.34亿元；服务业投资5.23亿元；实现限额以上批发业销售额168.65亿元；进出口总额11.63亿美元；到账外资1051万美元。

表94　2023年梅李镇各村（社区）基本情况一览表

村（社区）	面积（平方千米）	户数（户）	户籍人口（人）	集体经济总收入（万元）	总资产（万元）	党组织书记	村（社区）主任
胜法村	5.5	1621	6494	2091	13525	杨立新	杨立新
塘桥村	3.13	896	3296	1113	5475	祝志国	祝志国
寨角村	5.98	1236	5196	2119	11572.3	曹宇成	曹宇成
梅南村	3.3	889	3564	920	7732	糜　鎐	糜　鎐
聚沙村	4.23	1247	5048	1202.67	11244.98	胡俊芳	胡俊芳
天字村	5.53	1820	6227	2597	16652.6	朱建东	朱建东
赵市村	6.8	1828	6738	1492	11769	戈学峰	戈学峰
圩港村	4.43	1327	4852	890	5889	龚　旭	龚　旭
海城村	6.2	1206	4623	1073.89	5383.96	胡　烈	胡　烈
瞿巷村	0.78	408	1568	774	8232	毛　宇	毛　宇
师桥村	7.35	2026	6937	1493	8434	张建军	张建军
珍北村	6.58	1364	5033	1116	9235	计建刚	计建刚
新丰村	4.8	1070	3071	801.21	6220.49	董志军	董志军
沈市村	7.29	1358	5184	1348	8391	赵　俊	赵俊
珍南村	4.883	952	3567	2014	5509.47	李志欢	李志欢
梅李社区	3.2	1703	4431	0	0	张　宏	张　宏
天和社区	3.5	776	2306	0	0	张俊峰	张俊峰
赵市社区	2.5	335	551	0	0	唐爱花	唐爱花
珍门社区	1.8	253	557	0	0	黄　炎	黄　炎

（资料来源：梅李镇）

【经济发展】 2023年，梅李镇签约落户安巢五恒智能系统、明澄半导体、兴威联智能系统等8个工业项目，投资总额超26亿元。开工智越智慧社区、华谊新材料、龙特耐磨球技改项目等9个市级重点产业项目，入库率100%。年中调入项目开工3个。续建项目13个，其中投产9个、设备安装调试中3个、项目验收中1个。引进科创项目61个，申报国家级人才计划7个、省"双创计划"项目1个、昆承英才项目3个，招引初创企业50家。龙腾特钢列中国民营企业500强，获"中国工业碳达峰'领跑者'企业"称号；常熟纺机、宝沣特纤获评国家级专精特新"小巨人"企业；鼎新印染、宝沣特纤获评2023年度中国纺联科学技术奖二等奖。新增省级智能制造示范车间2家、省专精特新中小企业4家、省级企业工程技术研究中心1家、省级企业技术中心2家；天顺复材获2023年苏锡常首台（套）认定；昌盛经编获评省四星级上云企业；群英针织入选省两化融合管理体系贯标示范企业培育名单。年内举办装备制造产业联盟大会。全镇水稻、小麦种植面积2666公顷，蔬菜播种面积4600公顷。完成珍南村优质稻米高质量发展示范区、胜法村田美乡村示范点建设。吉成酱业获评第三届全国乡村文化产业创新发展典型案例。创建国家级示范合作社1家、江苏省级、苏州市级示范家庭农场3家。创建各级水稻绿色高产高效示范方3个。

【社会事业】 2023年，梅李镇完善国土空间规划体系，实现多规合一实用性村庄规划编制全覆盖。完成拆旧复垦15.4公顷，违法建设治理拆除24.6公顷。实施农宅归并移位，涉及3个村，惠及农户122户，节约土地1.02公顷。农宅建设审批505户，验收466户。完成镇"污水处理提质增效达标区"建设"三个一批"行动任务，完成梅李镇第一批村庄污水治理工程，疏通雨污水道11千米。实现沪武高速公路太仓至常州段扩建工程（常熟主线段）梅李镇段住宅房屋搬迁清零。东环路通车，合纤路大修完成，汤家新桥、高滃桥和牛家坝桥建成。验收"千村美居"村组20个，苏州市特色康居村组10个。全年新增造林1.33公顷，更新林地4公顷。新增漆划机动车停车位320个，镇域首个"可变式"停车泊位投入使用。全镇居民医保参保2.69万人，参保率89.5%，基本养老保险参保3.12万人，参保率90%。新增社保开户企业173家、1936人。全年发放各类救助金905.94万元。开展爱心企业、爱心人士募捐活动，筹集善款820万元。梅李镇老年大学获评省优质老年学校。暑托班全年服务青少年4325人次，梅南村暑托班获评"爱心暑托班"省域突出单位。梅李人民医院健康管理体检中心投用。开设家庭医生工作室并提供家庭医生签约服务。全年完成老年人家庭适老化改造179户，发放尊老金1576万元，惠及2.3万人。举办首届梅李"江南牡丹节"暨第五届"常熟市江南红豆园牡丹花会"系列活动；开设"龙园会书·每月一书"超百场，聚沙园免费开放，全年接待游客25.49万人次。广场舞《唱支山歌给党听》获得苏州群众文化"繁星奖"银奖、常熟市第四届群众文艺"星光奖"比赛金奖，梅林艺术团入选省"优秀群众文化团队"培育对象，江南戏曲艺术团入选苏州"优秀群众文化团队"培育对象。

【梅李首推证照审批联办新模式】 2023年，梅李镇行政审批局在全市首推"无人机集中踏勘"+"免证办"的证照审批联办模式，对商业综合体"悦江南"商业坊等81家商铺实行无人机一次性集中踏勘、提前预审。通过"无人机集中踏勘"，实现即来即办，免勘可办。梅李镇行政审批局同时利用"江苏省政务服务网"等各类网上申请渠道，减免提交身份证复印件、营业执照复印件等纸质资料环节，实现食品经营许可证、小餐饮备案证等许可全程"免证办"。对纳入集中办理重点区域内后续入驻商户提供"集中办""免证办"服务，实现商户办证开业无缝衔接。

【首届梅李"江南牡丹节"】 4月3日，首届梅李"江南牡丹节"暨第五届常熟市江南红豆园牡丹花会在江南红豆园开幕。江南红豆园内有西北、西南、中原、江南等7个种群，白色、粉色、黄色等10大色系500多个品种10000多株精品牡丹。花会通过"赏牡丹""种牡丹""诵牡丹""展牡丹""写牡丹"等活动，展示常熟农文旅融合以及乡村振兴成果。当日，首届"长三角牡丹芍药产业发展研讨会"举行，会议围绕"赏牡丹·话振兴"主题，以"长三角牡丹芍药产业发展文化传承——助力乡村振兴"为主旨展开讨论研究。牡丹节期间，景区入园参观人数约3.1万人次。 （金宇翔）

4月3日，首届梅李"江南牡丹节"暨第五届常熟市江南红豆园牡丹花会开幕。图为游客在观赏牡丹花

（梅李镇 提供）

辛庄镇

【概况】 辛庄镇位于常熟市西南部，东接沙家浜镇，南毗苏州市相城区，西邻无锡市锡山区鹅湖镇、羊尖镇，北与尚湖镇、莫城街道接壤。苏虞张一级公路和锡太一级公路在境内交会，辛庄大道、G524 复线贯穿全境。2023年，全镇区域面积104.26平方千米，辖20个村、4个社区，户籍人口75466人，常住人口107135人。全镇一般公共预算收入9.72亿元，增长31.68%；实现规模以上工业总产值348.3亿元，增长2.52%；实现全社会固定资产投资30.8亿元，工业投资18.78亿元，服务业投资11.82亿元。

表 95　　2023 年辛庄镇各村（社区）基本情况一览表

村（社区）	面积（平方千米）	户数（户）	户籍人口（人）	集体经济总收入（万元）	总资产（万元）	党组织书记	村（社区）主任
金荡村	3.85	601	2108	1295	6072	谢　芳	谢　芳
潭荡村	5.47	879	3250	911	5034	沈伟中	—
辛中村	2.89	682	2260	661	3827	陆建华	陆建华
张港泾村	4.2	866	2953	1499	6381	龚　华	—
常南村	4.47	838	2841	1223	5881	潘　琪	潘　琪
吕舍村	5.52	1236	4081	1105	7823	陶晓春	陶晓春
华欣村	6.22	845	3143	1203	6526	钱卫良	钱卫良
合泰村	4.8	677	2370	1385	6340	周文明	周文明
双浜村	4.18	1050	3606	928	5233	柏林森	柏林森
洞港泾村	8.64	1853	6508	1525	8158	高丽芬	高丽芬
桃园村	1.62	587	1880	882	6750	张文兵	张文兵
杨中村	6	1478	4852	1746	6528	毛国明	毛国明
朱家桥村	5.6	865	3335	851	5862	唐志军	唐志军
沈浜村	4.2	765	2610	898	4605	程龙斌	程龙斌
平墅村	4.97	849	3248	1593	6855	高　军	高　军
旺倪桥村	5.76	1012	3815	1348	7950	顾洪英	顾洪英
东旺村	4.2	691	2507	633	4758	戴海军	—
张家桥村	5.2	1211	4365	1636	9430	平新峰	平新峰
嘉菱村	6.14	846	3295	1556	9817	李　刚	李　刚
卫家塘村	8.138	1621	5921	1668	13462	朱冬春	朱冬春
辛庄社区	1.96	1027	2441	33	499	胡锦峰	胡锦峰
杨园社区	0.83	852	2106	26	278	周冠毓	周冠毓
张桥社区	2.68	891	2474	14	846	张立新	张立新
辛阳社区	0.72	4775	290	0	89	汤志清	汤志清

（资料来源：辛庄镇）

【经济发展】 2023年，辛庄镇形成“新能源、高端装备制造、新一代信息技术”三大主导产业。全年新签约项目25个，超亿元项目12个，投资总额61亿元，新增科技招商项目86家。德扬智能、鹏昌精密等9个市级重点项目开工，5个续建项目按时推进。创乐橙商业综合体奠基，肯德基等优质商业配套落地开业。全年累计完成“智改数转”项目76个。新增星级上云企业15家，新获评国家级专精特新“小巨人”4家，阿特斯获评苏州市智能工厂，博涛获评国家级博士后科研工作站、苏州市总部企业。高新技术企业数和科技型中小企业数均突破100家，新增省工程技术研究中心2家、苏南国家自主创新示范区瞪羚企业7家、苏州瞪羚企业7家、苏州“独角兽”培育企业1家。新认定省服务型制造示范企业2家、苏州市数字经济示范企业1家。持续强化人才引育，获评国家级人才、江苏省双创人才各1名、苏州双创人才1名、常熟双创人才8名。南京理工大学—常熟技术转移中心落户揭牌，与南京理工大学等高校达成产学研合作30余项。高铁北城先导示范创新中心获评苏州市级众创空间。竣工高标准产业园载体4个，建成面积30.28万平方米；临港常熟绿洲芯城一期开园，二期工业用地和人才公寓用地摘牌；星润一期、中科天洲招商进度超80%，新增入驻项目45个；第五、第六产业园聚焦产业特色，引进保时来、苏润机械等细分行业龙头。开展产业用地更新项目11个，新增建筑规模11.3万平方米；净增A、B类资格认定企业68家，关停低端低效企业53家，腾挪厂房7.4万平方米；优化提升租赁厂房13.5万平方米。全年粮食播种面积0.34万公顷，粮食总产量超2.5万千克，"退草还田"经验做法获央媒跟踪报道。新增注册资金500万元以上农业企业8家，新晋常熟市级农业产业化龙头企业1家，获评姑苏乡土人才3人。"潭荡金爪蟹"入选全国名特优新农产品名单，辛庄现代渔业产业园获评省级青虾良种繁育场。举办辛庄镇首届农渔文旅节，金灿灿稻趣农庄竣工投用。

6月21日，临港·绿洲芯城开园　　（辛庄镇　提供）

【社会事业】　2023年，辛庄中学改建工程二期主体结构封顶，辛庄人民医院扩建病房楼装饰工程竣工投用，辛庄第二幼儿园装修启动。建设广济北路北延工程，协同配合苏州地铁轨交规划研究。实施新阳大道、长盛路等主干道提档升级，完成昌乐路大修工程。通苏嘉甬铁路辛庄段搬迁项目实现"清零"，通过定向房票政策完成农户搬迁安置。全镇新增停车位767个，施划、翻新停车线6421米。城镇失业人员再就业640人，就业困难人员再就业148人，开发安置就困人员公益性岗位5人。推进商业街区、出租集中区智能充电设施建设，新增智能充电设施622个、完成提档升级717个。"千村美居"村（组）点位开工建设35个，通过市级验收25个，建成苏州特色康居乡村11个。完善G524东侧田园综合体策划与概念性规划，推进金阳王共享农庄建设。实施文明城镇常态长效建设"辛十条"，"全民创建日"全域推进。"新风礼堂"模式入选全国"文明乡风建设"典型案例、省移风易俗优秀案例，辛庄镇被推荐入选苏州"全国文明镇"培育名单。开展镇容镇貌集中整治127次，清理乱涂写及小广告1400余起。　（支欣溢）

【临港·绿洲芯城开园】（参见区域发展与合作·推进长三角一体化发展）

【首届辛庄镇农渔文旅节开幕】　8月26日，首届辛庄镇农渔文旅节暨金阳王六月黄品蟹节开幕。开幕式上，辛庄镇发布辛庄镇"'辛'六道"六月黄大闸蟹菜单、"辛辛香农"抖音官方号、"悦上辛田"田园综合体规划发布，并进行项目签约。活动还举行"金阳王&帝师问蟹六月黄"专属品牌揭牌、"辛辛香农"线上运营推广发布及品牌入驻签约、"我为家乡代言"乡贤推介视频发布等仪式，并为2023年度辛庄镇优秀学子代表送上开学礼。

（年鉴编辑部）

古里镇

【概况】　古里镇位于常熟市东郊，东与支塘镇、董浜镇接壤，南与东南街道毗邻，西与琴川街道接界，北与梅李镇、海虞镇为邻。2023年，全镇区域面积96.4平方千米，辖18个村（社区），其中1个为村居合一，常住人口10.2万人，其中户籍人口6.6万人。全镇地区生产总值122.5亿元；一般公共预算收入12亿元，比上年增长9.9%；完成全社会固定资产投资21.61亿元，其中工业投资8.1亿元；实现规模以上工业总产值243亿元，比上年增长3.1%；完成限额以上社会消费品零售总额16.4亿元，比上年增长97.5%。

表 96　　2023年古里镇各村（社区）基本情况一览表

村（社区）	面积（平方千米）	户数（户）	户籍人口（人）	集体经济总收入（万元）	总资产（万元）	党组织书记	村（社区）主任
新桥村	6.89	1248	5350	2047	9897	张进峰	张进峰
双港村（社区）	5.5	679	2148	1406	7146	密春华	密春华
琴东村	7.16	687	2853	1561	6815	孙益军	孙益军

续表96

村（社区）	面积（平方千米）	户数（户）	户籍人口（人）	集体经济总收入（万元）	总资产（万元）	党组织书记	村（社区）主任
苏家尖村	6.01	1038	4172	1469	8481	马　健	马　健
高长村	5.99	997	4151	1379	8435	姚志高	姚志高
下甲村	6.5	1364	5044	1798	6932	徐　健	徐　健
吴庄村	7.1	1567	6055	2512	12613	姚建东	姚建东
陈塘村	7.28	1613	5948	2382	11225	张雪燕	张雪燕
淼泉社区	7.06	674	3039	1062	3256	周　锋	周　锋
紫芙社区	2.24	1430	4579	1467	6979	陈　明	陈　明
康博村	2.7	432	1701	1162	13915	高晓东	高晓东
紫霞村	6.8	1054	4267	1862	9505	方　超	方　超
芙蓉村	7.31	810	3371	1717	6007	王冬明	王冬明
坞坵村	7.06	941	3815	2175	11936	唐俊江	唐俊江
联泾村	6	595	2409	1361	5702	朱　明	朱　明
李市村	7.1	667	2485	1280	7268	张利刚	张利刚
金湖社区	1.4	8117	751	0	0	唐　鹤	唐　鹤

（资料来源：古里镇）

【经济发展】 2023年，古里镇落地费森尤斯扩产项目，签约泰迅通科技、裕钦精密等8家企业，总投资12.8亿元。启动古创融城产业园、波司登科技等14个项目，投用久杰二期、晟丰电子等12个项目，新增年产值17亿元。波司登公司在古里年度纳税超11亿元，首次入围世界品牌500强。新认定高新技术企业31家，新增授权发明专利58件。建成企业省级研发平台4家，立项苏州市工程技术研究中心3个。完成"智改数转"项目91个，新增星级上云企业14家、苏州市智能制造车间2家。引进各级各类人才60名，新增国家级人才项目1项、苏州市"姑苏人才"项目2项、常熟市"昆承英才"领军人才项目7项。佳顺智能获评国家级专精特新"小巨人"企业，波司登科技获评国家5G工厂，常铝铝业获评江苏省质量信用AAA级企业。规划确定存量更新片区3个、总面积126.07公顷，完成企业整优收储5家、更新收储12家，盘活土地13.4公顷。虹桥印染、新泰印染等5宗地块完成土地清障。原鑫立达地块、佳顺北地块启动更新改造，推进建设开元数字经济创新中心、智能物流装备等6个项目，全年新增高标准产业载体11.8万平方米。康博、开元工业邻里中心先后投用。乐吔咖啡研学基地、群利体育创意产业园、新桥商业中心等载体建成投用，波司登入选全国"两业融合"典型案例。红豆山庄景区完成游玩类项目设施提升，游客访客超40万人次，营业收入3500万元，比上年增长60%。

【社会事业】 2023年，古里镇历史文化名镇保护规划完成论证，实用性村庄规划实现全覆盖，红豆路北侧、黄山路东侧等地块编订成片开发方案。铁琴路、新市北路完成提升改造，泉兴路、淼旺路一期建成通车，塘坊北路、高白路等8条农村公路提档升级。双港倚晴苑老旧污水管网改造启动，康博大道污水主管网升级推进。常浒河沿线防汛工程竣工投用。发放补助救助资金740余万元，建成"家门口"就业服务基础站、特色站各1处，

古里镇康博村　　（2023年摄　古里镇提供）

推荐就业3000余人次。完成老年家庭适老化改造143户，新增小区养老用房10处。完成医疗机构整合优化，国医馆获评省五级中医馆。推出公办学位523个，白茆小学改扩建二期主体竣工，古里小学文学街校区改造工程开工建设。康博村通过“全国文明村”复评。全年开展“书香驿站”公益课堂50场，完成省公共文化云直播6场、文化下乡配送54场，“山歌文化和藏书文化”获评全国首批“一县一品”特色文艺典型案例。康博村健身公园获评省最美乡村健身公园，坞坵村稻乐文化园入围年度省“最美公共文化空间”打造对象。古里镇获评省生态宜居美丽示范乡镇。建成“千村美居”点位21个，苏州市“特色康居乡村”点位10个，创成“书香古里 田跃锦鲤”特色康居示范区。

【首届长三角乡村“微度假”旅游节】 6月16日，“诗情红豆 爱在古里”首届长三角乡村“微度假”旅游节在古里红豆山庄开幕。旅游节期间，古里镇举办红豆山庄端午游园会、暑期嘉年华系列夜游活动、红豆山庄草地音乐节等主题活动，推出“耕读江南，书香古里”历史人文游、“红豆情缘，文化乐园”休闲度假游、“古村田野，享慢生活”乡野田园游、“国潮崛起，产旅结合”现代工业游4条旅游线路。开幕式现场，古里镇精品旅游线路，美食、民宿地图发布；古里镇与长三角一体化旅游联盟、苏州市国内旅行社协会等10家协会、企业签订长三角文旅产业战略合作协议。旅游节持续至8月底，其间还将陆续举办“游园惊梦——红豆山庄端午游园会”、“2023盛夏缤纷季——古里‘粽享’嘉年华”、铁琴铜剑楼音乐会、汉服嘉年华等系列活动。

【“古里镇山歌文化和藏书文化”入选全国典型案例】 2023年，“古里镇山歌文化和藏书文化”入选第一批全国“一县一品”特色文化艺术典型案例，入围“文旅融合类”名单。近年来，古里镇将“弹好铁琴、唱响山歌、红豆有缘、文旅融合”思路贯穿文旅工作，以白茆山歌和铁琴铜剑楼为主线，做深内容、丰富业态，引入文创设计、研学旅游、文化演艺等沉浸式、体验式旅游业态，打造差异化、个性化旅游产品，构建古里旅游核心竞争力，铁琴铜剑楼历史文化街区和红豆山庄景区先后入围江苏省重点文化产业项目。

（钱凯舟）

支塘镇

【概况】 支塘镇东连太仓市璜泾镇、沙溪镇，南接昆山市周市镇，西靠古里镇、沙家浜镇，北邻董浜镇、碧溪街道。2023年，全镇区域面积128.96平方千米，常住人口7.74万人，外来人员2.22万人，辖16个村、3个社区。全镇地区生产总值85.09亿元，比上年增长1.3%；完成一般公共预算收入6.81亿元，比上年增收2.69亿元、增长65.21%；完成限额以上批发业销售额234.05亿元、限额以上零售业销售额1.67亿元，比上年分别增长64.5%和39.8%；完成全社会固定资产投资23.14亿元。实现工业总产值178.62亿元，其中规模以上工业总产值117.54亿元；完成工业投资13.49亿元。

表97　　2023年支塘镇各村（社区）基本情况一览表

村（社区）	面积（平方千米）	户数（户）	户籍人口（人）	集体经济总收入（万元）	总资产（万元）	党组织书记	村（社区）主任
市镇社区	6.2	2210	5746	1039.6	4236.9	王国峰	黄军英
阳桥村	2.6	370	1512		4236.9	王国峰	王国峰
八字桥村	7.9	1221	4753	1408.42	6519.37	陆庆丰	陆庆丰
窑镇村	8.2	851	3198	1332.84	7526.23	陶文冲	陶文冲
枫塘村	8.77	1230	4814	2641	6670	吴叶锋	吴叶锋
长桥村	6.8	964	3610	1349	6760	陈启航	陈启航
支东村	7.23	1300	4385	1955	6550.43	刘军良	刘军良
任阳社区	5	1248	4006	336	1123	戴建峰	戴建峰
蒋巷村	3	200	872	2853.32	36233.85	蒋玉英	蒋玉英
凤泾村	10.5	896	3486	1444	5437	王利娟	王利娟
盛泾村	8.23	631	2468	1548	4489	周　舟	周　舟
徐政村	9.275	714	2797	1236	3848	王文清	王文清
丰联村	8.8	892	3646	3340	7925	张虎荣	张虎荣
任南村	10.8	986	3516	2190	6380	杨　飞	杨　飞
何市社区	2	877	2321	0	59.49	刘志平	刘志平

续表97

村（社区）	面积（平方千米）	户数（户）	户籍人口（人）	集体经济总收入（万元）	总资产（万元）	党组织书记	村（社区）主任
何东村	9.26	1185	4452	1777	5133.61	姚利军	姚利军
项桥村	8.3	1140	4048	3737	7038	周　慧	周　慧
何南村	10	1175	4299	1357	5102	马庆峰	马庆峰
何北村	10.7	1617	5712	2815	5780.7	李　平	李　平

说明：市镇社区和阳桥村实行村居合一

（资料来源：支塘镇）

【经济发展】 2023年，支塘镇签约项目15个，总投资27.75亿元；列入市级重点项目18个，总投资37.78亿元，全年入库投资8.2亿元。申报通过国家级专精特新“小巨人”企业1家、省专精特新中小企业5家、省星级上云企业7家、省服务型制造业企业1家、省企业技术中心1家、苏州市企业技术中心3家；申报省两化融合贯标试点企业6家、苏州市智能制造车间2家、苏州市工业互联网典型应用企业1家、苏州市工业设计中心1家；申报改造类企业35家。累计入库地块144个、总面积27.45公顷，完成复垦地块82个、总面积13.61公顷。通支路两侧工业片区连片更新，挂牌出让土地6.13公顷，成为全省首宗“国有+集体”混合所有权工业用地出让地块；林园路省级城市联合更新试点项目，一期综合楼和企业投资部分厂房竣工，二期国资投资厂房开工；外泾区域成片更新拟申报全市第二批存量更新项目，完成19家企业、4户农宅评估工作。蒋巷村农产品专业合作社被农业农村部授予“国家农民合作社示范社”称号。全年水稻播种0.35万公顷、产量3.16万吨，小麦播种0.34万公顷、产量1.88万吨。项桥村与曹家桥冷链达成合作，打造江苏省菜篮子工程绿色蔬菜保供基地；蒋巷村千亩粮田区域实施传统创新工程，80公顷绿萍沃土稻鸭、鹅共作；何北村开展农作物秸秆回收利用饲料化、肥料化，全年实现稻秸秆离田利用3000吨。何北村优质稻米项目、窑镇村优质稻米项目、项桥村田美乡村项目完工并通过市级验收。盛泾村、窑镇村创建成功苏州市级“智慧农村”示范村。全年完成新型职业农民认定7人，遴选2023年度渔业科技示范户20人。

【社会事业】 2023年，支塘镇落实全镇控制性详细规划和古镇保护规划调整编制；完成集镇庙湾地块、何南村工业收储地块居民动迁安置补偿13户；基本完成海太过江通道支塘段、沪武高速公路扩建工程涉及117户、249位征地安置人员确认工作；推进“农宅归并移位”“镇中村更新”工作，完善《支塘镇村庄归并移位专项方案》；推进市级村庄归并试点项目——何市汽车站地块（岳阳小区）项目，完成一期地块清障和规划方案上报备案；完成“千村美居”创建14个、特色康居乡村创建12个，各类乡村创建率75%，支东村获评江苏省绿美村庄、蒋巷村获评江苏省生态宜居美丽示范村，丰联村、盛泾村等6个村的10个村组获评苏州市特色田园乡村；开展80年前房屋摸排改善，完成76户居民房屋改善和132户未改善户现场勘探，初步拟定《80年前住房改善工作镇级方案》；完成全镇11个农村住房改善奖补项目审计验收。竣工王淦昌高中周边环境整治提升、园区广润、广通、广达路道路提升、何市临时菜场附属道路工程、一体化小区喜宴场所综合提升、朝阳南路及部分集镇道路亮化、三过娄河道综合整治、胡家泾涵闸及新庙涵闸改建等年度民生实事工程，推进何市农贸市场改建工程以及何项路农路提档升级一期工程。出台并实施《关于全面推行乡村公益医疗互助制度的实施意见》，覆盖全镇3.81万人，参与率55.61%。组织线下招聘会，提供就业岗位835个，375人现场与企业达成就业意向；开展“月末讲座”培训、“菜单式”培训等创业培训班，针对支塘未就业高校毕业生开展企业职通车活动，高校毕业生就业率92.51%。完成2023年度企业社保缴费基数申报工作1713家，完成比例87.13%。累计发放社会救助、社会福利生活补助及慈善救助资金1514.9万元。发放各类优抚金、慰问金等726.6万元。投入200余万元完善任阳小学和王淦昌初中配套教学设施设备；完成王淦昌初级中学、张青莲小学灯光改造工作。制定基层医疗机构整合实施方案和卫生服务站资源优化整合方案，推进基本和重大公共卫生服务项目。老年人日间照料中心实现全覆盖，完成老年人家

支塘镇蒋巷村东大溇　　（2023年摄　支塘镇提供）

庭适老化改造166户，居家养老服务4249人、服务率95%，全年发放尊老金1482.5万元、受益老人2.2万人。支塘文体公园完成“江苏最美乡村健身公园”复审，七浦塘南岸改建廉政建设步道3000米，举办支塘镇第28次全民健身月活动和第15次全民健身日徒步走等活动。

【政务服务“跨区通办”启动】 6月30日，“红三角”政务服务“跨区通办”在支塘镇任南村启动。启动仪式上，支塘镇与昆山市周市镇、太仓市双凤镇启动三地审批服务区域联动机制。三镇分享交流各自审批服务特色亮点做法，签订“红三角”行政审批局支部共建协议，组建先锋志愿服务队；公布三镇“红三角”政务服务事项“跨区通办”清单，包含线下通办事项18项、指导网办事项76项、帮代办事项64项；启用“红三角”“跨区通办”专窗。启动惠企利民——“红三角”下基层活动，支塘镇任南村与周市镇鑫茂社区、支塘镇窑镇村与双凤镇凤中村、周市镇斜塘村与双凤镇勤力村现场结对。

【支塘镇商会调解中心揭牌】 6月26日，支塘镇商会调解中心揭牌成立。支塘镇商会调解中心设有矛盾纠纷调解室、法律服务室，邀请人大代表、协会会长等担任特邀调解员，调解中心与支塘法庭建立纠纷预警机制，将涉及商会成员的民商事纠纷在立案后转由特邀调解员与社会组织进行协调化解。揭牌仪式上，支塘镇商会与源诚民商事调解中心签约。双方将各自委派专业调解人员参与矛盾纠纷调解，为一站式矛盾化解工作提供专业指导、相关法律咨询及人员培训，共商共建民商事纠纷一站式、多元化化解机制。

（邹巨豪）

沙家浜镇

【概况】 沙家浜镇位于常熟市南部，北靠东南街道、古里镇，南接昆山市巴城镇、苏州市相城区阳澄湖镇，西邻辛庄镇，西北濒昆承湖。2023年，全镇区域面积65平方千米，辖13个村、2个社区，总人口8万人，其中户籍人口4.1万人。全镇实现一般公共预算收入6.04亿元，财政总收入11.6亿元。

注：常熟高新技术产业开发区统筹管理沙家浜镇的经济发展、招商选资、企业服务、项目建设、科技人才创新等工作。

表98　　2023年沙家浜镇各村（社区）基本情况一览表

村（社区）	面积（平方千米）	户数（户）	户籍人口（人）	集体经济总收入（万元）	总资产（万元）	党组织书记	村（社区）主任
横泾村	4.94	789	2936	1404	5694.62	金建新	金建新
常昆村	5.1	924	4062	1306	6404.29	平敏佳	平敏佳
红石村	5.2	689	2779	1115	4204	张耀明	—
昆南村	4	739	2638	2071	8656	赵志明	—
芦荡村	6.5	585	2076	1902	9116.68	张忆妍	—
唐北村	8.9	817	3324	2527	8468.45	胡雪强	胡雪强
沙南村	5.2	595	2242	1091	7216	唐瑞栋	—
华阳村	5.4	917	3300	766	4038	周纪忠	周纪忠
昆承湖村	4.32	491	1917	776	5744.53	沈辉	—
苏南村（唐市社区）	4	2621	8312	770	4271.58	王春雷	王春雷 谭振宏
唐东村	5.58	670	2610	988	6924.88	郁俊明	杨建中
朗城村	3.99	630	2542	627	5143	姚志江	姚志江
新湖村	5.2	657	2501	1981	3756.12	许雪军 （副书记主持工作）	—
芦荡社区	2.81	1332	3685	—	—	张黎钰	—

（资料来源：沙家浜镇）

【社会事业】 2023年，沙家浜镇推进“镇中村”自主更新，编制《沙家浜镇镇中村自主更新专项方案（2023—2028年）》并获批复，完成芦荡社区河南街试点改造方案。沙南村裴家庄通过田美乡村验收，获评苏州特色康居乡村7个，累计建成各类美丽乡村141个，覆盖率87%。推进基础设施升级，水南路、唐东路二段、中环路西延（陈许路至唐市南路）等既有道路实现提档升级，下段泾基础设施工程道路、桥梁完成建设，沙阳线建成通车。推进复兴路西段、苏滨路等工程建设，开展中天东路、湖滨路（横泾村段）道路修复工程。万丰家园二区交付，分配安置房457套，发放房票620张。完成金玉满唐、万里公寓基础设施提升。新建物流服务驿站14个。完成全镇22处美丽游园（健身公园）更新，添置安装全民健身路径171件，完成江苏省健康镇创建工作。

11月11日，沙家浜田园会客厅启用，虞林世家非遗馆、常熟市明式家具制作技艺公共实训基地揭牌（沙家浜镇 提供）

【文旅融合】 2023年，沙家浜镇发布《芦荡片区乡村振兴示范区规划》，启动沙家浜渔文旅片区建设。唐市古镇区域完成房屋修缮4500平方米，中心街立面改造1.5万平方米、道路管综改造400米。沙家浜田园会客厅启用，忆想村特色民宿区、芦荡火种研学营地、体验园等点位加快建设，芦荡村入选全国乡村文化产业创新典型案例、省乡村振兴示范村。开展“芦荡有戏”文化惠民文艺巡演14场，文化惠民评弹专场演出4场，“我们的节日”系列活动5场，举办红色活力跑、景观龙舟赛、“村BA”篮球赛等全民健身活动，打造特色原创文化精品项目3个，民族室内乐《江南汲古行》获苏州第五届“繁星奖”金奖。

【《常熟沙家浜渔文旅融合发展片区规划》发布】 5月10日，“锦绣水乡 福地江南”常熟沙家浜渔文旅融合发展片区规划发布活动在沙家浜风景区举行。活动现场发布《常熟沙家浜渔文旅融合发展片区规划》，片区涉及沙家浜镇、古里镇、支塘镇，覆盖21个行政村，以现代渔业产业和文化旅游资源为依托，构建“一带三心四组团”的总体空间结构，打造常熟“虞文化”与“渔产业”协同发展的综合展示区。打造以芦苇荡湿地资源为依托，以现代渔业产业及文化旅游体验为特色的渔文旅融合示范片区。活动表彰助力乡村建设的10位乡贤，举行常熟姑苏“双城联袂”助力乡村振兴协作框架协议签约，苏州市金融服务乡村振兴合作联盟成立仪式，“我的家乡我建设”倡议活动及片区农文旅活动发布等。活动现场9个片区重点项目进行集中签约。

一带三心四组团：“一带”即鱼米蟹乡产业联动带。“三心”即为以芦荡村、李市村、蒋巷村为核心的渔文旅产业融合发展增长极。“四组团”即芦荡火种、古镇文韵、水韵李市、匠心蒋巷4个发展组团。

【环阳澄湖游学联盟首届学习节】 11月7日，环阳澄湖游学联盟首届学习节暨2023年沙家浜镇全民终身学习活动周开幕。活动主题为“学习让乡村更美丽”，旨在展示环阳澄湖游学联盟创新发展建设的学习成果，推进学习型乡镇建设。活动发布水乡古镇游学、美丽乡村生态游学、环阳澄湖红色文化游学和文化科普系列游学4条游学线路和地图。现场还发布18项学习节系列活动，活动依托环阳澄湖游学联盟单位、学习体验基地、乡村振兴教学点开展，为区域终身学习提供多元平台。

【沙阳线改造工程通车】 11月21日，沙家浜镇沙阳线（暨澄林路北延）改造工程竣工通车。沙阳线（暨澄林路北延）改造工程于2022年5月开始施工，起于昆承快速路东侧，下穿常台高速，止于相城交界处，全长约3.1千米。改造后的沙阳线按照三级公路标准，设计时速为40千米，道路宽幅由原来的6米提升到12米，并设置机动车道、非机动车道。（倪静逸）

董浜镇

【概况】 董浜镇位于常熟市东部，东南邻支塘镇，西北接梅李镇，西南与古里镇接壤，东北与碧溪街道相邻。2023年，全镇区域面积62.5平方千米，辖14个村、2个社区，户籍人口5.05万人，常住人口7.01万人。全镇一般公共预算收入4.04亿元，比上年增长46.3%；完成规模以上工业总产值121.03亿元，比上年增长1.2%；完成工业开票销售收入156.64亿元；完成固定资产投资14.29亿元，其中工业投资11.41亿元。

表99　2023年董浜镇各村（社区）基本情况一览表

村（社区）	面积（平方千米）	户籍（户数）	户籍人口（人）	集体经济总收入（万元）	总资产（万元）	党组织书记	村（社区）主任
北港村	4.20	907	3236	899	6461	马　悦	马　悦
东盾村	4.80	999	3502	804	8073	谢　磊	谢　磊
黄石村	3.35	658	2303	845	4608	吴晓丹	—
里睦村	3.52	769	2813	853	4122	顾　雁	顾　雁

续表99

村（社区）	面积（平方千米）	户籍（户数）	户籍人口（人）	集体经济总收入（万元）	总资产（万元）	党组织书记	村（社区）主任
智林村	5.12	1206	4119	1011	9847	姚贤军	姚贤军
陆市村	4.81	1053	3570	871	9105	钱晓斌	钱晓斌
杨塘村	4.29	1068	3653	610	6440	顾　哲	顾　哲
旗杆村	3.13	1070	3702	755	5223	邵　飞	—
天星村	3.10	1230	4570	689	5057	王　飞	—
新民村	3.80	732	2754	748	8240	孙佳丽	—
永安村	4.15	850	3096	769	5871	沈志强	沈志强
杜桥村	5.36	823	3419	760	6776	朱振荣	朱振荣
观智村	4.65	845	3425	799	8022	何　军	何　军
红沙村	3.10	619	2521	832	8034	王　进	王　进
董浜社区	1.05	550	1155	103.3	80	潘　炬	—
徐市社区	1.10	1678	4693	—	—	沈晓波	沈晓波

（资料来源：董浜镇）

【经济发展】 2023年，董浜镇完成投资15.9亿元，新开工项目14个，在建工程累计40个，建筑面积86万平方米，竣工投产卡斯特金属、创至信新材料等22个项目。全年实施智改数转项目77个，覆盖企业56家。涤纶公司入选江苏省互联网标杆工厂，公司产品细旦长丝获评国家级绿色设计产品；盛贸公司获评江苏省两化融合示范企业；创美公司获评江苏省五星级上云企业，新增省四星级上云企业4家、三星级上云企业5家；新增苏州市示范智能车间3个。全年净增发明专利44件，新增PCT国际专利2件。董浜镇入选江苏省科协2023年度“四长”科技服务工作室试点单位。完成高新技术企业认定20家、技术合同成交额2.46亿元，新增苏州市级工程技术研究中心3个、苏南国家自主创新示范区瞪羚企业2家、苏州市瞪羚计划拟入库企业5家，完成国家级人才有效申报3个。完成杜桥村优质稻米示范区，北港村蔬菜高质量发展示范基地，北港村、东盾村、里睦村高标准农田，智林村田美乡村示范点建设，面积172.67公顷，创建美丽牧园11家。董浜乌塌菜、筒管玉丝瓜获评农业农村部“名特优新”农产品。完成董浜黄金小玉米核心示范基地建设，获评江苏省黄金小玉米特色产业小镇，智林黄金小玉米保育基地获评江苏省现代农业全产业链标准化基地，董浜育苗中心获评江苏省第三批优势种苗基地。

【社会事业】 2023年，董浜、徐市卫生院完成整合，新增CT机等大型医疗设备。完成妇女病普查、两癌筛查服务4855人次、家庭医生签约服务2.97万人次。创建省级健康村1个、苏州级健康村1个、常熟级健康村2个。打造董浜老年大学项目点，提供学位293个。全镇公共文体设施总面积33.4万平方米，举办董浜镇第九届体育运动会。建成“家门口”就业服务站6个，高校毕业生就业率96.3%，帮助城镇失业人员再就业585人，开展城乡劳动者技能培训330人次，通过职业技能等级认定277人，新增高技能人才331人、中高级工程师15人。“15分钟医保服务圈”实现全覆盖，社保扩面新增开户单位76家、社保参保1822人，社保缴费总人数17545人，基金征缴总额2.25亿元。苏康养董浜护理院开业，首批开设床位60张；完成138户适老化改造，提供80周岁及以上老年人上门居家养老服务3373人次，打造乡村互助养老睦邻点1家，发放尊老金1152万元。华烨大道、董徐大道东延二期B段竣工通车，安然路道路工程一期项目开工建设，完成沿海天然气施工董浜段、沪武高速扩建先导段绿化搬迁，沪武高速扩建一般段项目完成搬迁征地，徐市丰晟商业广场、工业

6月10日，第三届董浜农文旅节暨第七届黄金小玉米节第二届荷花节自媒体采风活动举行 （董浜镇　提供）

邻里中心主体封顶，室外配套工程基本完成。完成农村污水收集处理349户、公厕污水收集处理72座。黄石、新民、杨塘、天星等8个自然村组实现天然气入户127户。（郭晟君）

【董浜"大数据分中心"揭牌】 6月27日，全市首个乡镇"大数据分中心"在董浜镇揭牌。董浜镇通过构建"市镇两级业务沟通机制"，加速政府数字化转型；引入技术支撑团队，提升应用开发和系统架构能力，打造"数字董浜"平台为核心、搭配"PC端、手机端"的多场景应用体系。构建政务数据库，实现"数字董浜"一张图，归集基础底图3张、三维倾向影像图1张、专题图层29张，空间、人口、法人、房屋、基础设施等基础数据实现落网入格。开展数字门牌、市场主体数据纠察专项行动，更新数据约9800条，建立拆旧复垦等8个专题数据库。复用各级共享数据，数据申请量突破300万条，成为常熟首个将本镇数据共享至常熟市级平台的乡镇。

（年鉴编辑部）

尚湖镇

【概况】 尚湖镇东靠虞山街道、常福街道，南接辛庄镇，西接无锡市锡山区，西北与江阴市顾山镇交界，北邻张家港市凤凰镇。2023年，全镇区域面积112.5平方千米，辖22个村、3个社区，总人口12.5万，其中户籍人口7.94万人。全镇一般公共预算收入6.9亿元，比上年增长35.3%，税收超千万企业家数比上年增长83.3%，610个工业点位税收申报数比上年增长30.9%；完成规模以上工业总产值154.06亿元；工业用电量5.4亿千瓦时，比上年增长6.3%；实现固定资产投资20.35亿元，其中工业投资11.58亿元；分别完成限额以上批发、零售业销售额66.69亿元、4.6亿元；进出口总额4亿美元。

表100　　2023年尚湖镇各村（社区）基本情况一览表

村（社区）	面积（平方千米）	户数（户）	户籍人口（人）	集体经济总收入（万元）	总资产（万元）	党组织书记	村（社区）主任
王庄社区	0.92	413	981	142	68	贡卫东	贡卫东
冶塘社区	0.89	586	1243	195	276	屠雪华	屠雪华
练塘社区	6.28	977	2105	213	671	钱佳炜	钱佳炜
河金村	3.88	588	2213	652	5720	钱　云	钱　云
车路坝村	4.16	831	3034	668	5747	夏士江	夏士江
福寿村	5.99	928	3553	1164	9972	戴文飞	—
东桥村	3.09	749	2499	844	6592	张　斌	张　斌
张村村	2.8	448	1625	966	6216	陆伟新	陆伟新
家鑫村	5.02	832	2943	1211	7853	丁　锋	丁　锋
南村坝村	1.52	324	1141	534	4483	王学忠	—
山鑫村	3.07	633	2386	740	5641	钱　华	—
大河村	5.35	1105	3843	989	8980	金卫良	—
湖庄村	6.07	1533	5356	1038	6161	陈　江	陈　江
新和村	4.6	967	3371	757	5238	沈国英	沈国英
新鑫村	4.85	778	2821	744	6673	须　乾	须　乾
新巷村	4.1	766	2625	1114	6558	周小江	周小江
蒋巷镇村	4.36	919	3415	595	9886	宣杰洲	宣杰洲
新裕村	6.37	1290	4336	1430	7897	徐敬国	徐敬国
常兴村	4.77	1044	4058	1278	9536	高立锋	高立锋
鸳鸯桥村	3.22	813	3216	1116	9058	丁　晓	丁　晓
吉桥村	6.25	1714	5962	1881	11339	孙　仁	孙　仁
罗墩村	7.17	1545	5427	930	8662	陆　军	陆　军
练南村	4.08	844	2938	868	7472	陈丽娟	陈丽娟
颜巷村	4.01	842	3127	969	5582	朱　溪（副书记主持工作）	—
翁家庄村	8.37	1537	5222	1466	15745	查志明	查志明

（资料来源：尚湖镇）

【经济发展】 2023年，尚湖镇新开工中集智谷、振业汽车等产业项目10个，竣工投产禾泽汽车、创轩激光、首镭激光等项目20个。启动智能化数字化改造项目40个，获评省星级上云企业11家，中集智谷挂牌工业和信息化部“专精特新企业培育加速基地”，众捷汽车获评苏南国家自主创新示范区瞪羚企业和苏州市智能工厂，因达孚入选省潜在独角兽企业，博众、金申、欧泰克入选省专精特新中小企业，高强激光所认定为苏州市新型研发机构，新增苏州市工程技术研究中心3家、苏州市企业技术中心3家。认定高新技术企业26家，备案科技型中小企业82家，创新型中小企业53家。注册落户人才企业3家、科技型企业37家，认定省双创领军人才1家、姑苏领军人才1家、“昆承英才”领军人才2家。盘活存量资源，签约拆旧地块19.53公顷，18.27公顷启动复耕验收流程。启动中集、天玺、宜第安、梦飞等产业园更新项目，存量建设用地实质性更新31.33公顷，完成173.87公顷存量产业用地更新规划方案，其中翁家庄工业园片区42.27公顷列入市级项目库。完成143家0.26万公顷粮食作物种植、86家154.33公顷水产养殖、38家128.53公顷果蔬种植及农业设施用地租赁等项目流转发包，113个集体经济组织纳入第三方监管，农村产权交易、农村集体资金非现金结算、村级零星工程均实现平台“云”监管。推动镇农文旅公司实体化运作，实现营收415万元。完成公共资源交易项目90个，中标总额较预算标底价下浮1385万元、14.6%。

【社会事业】 2023年，尚湖镇启动镇级国土空间规划编制、生态管控区调整、翁庄园区规划修编等各类规划项目26个，“多规合一”村庄规划编制完成全覆盖；通苏嘉甬铁路尚湖镇民宅拆搬迁项目192户签约，完成主线段清零94户，累计去化房源249套。王庄区域归并移位完成方案报批，首期地块签约32户。新和佳苑一期安置房完成交付，尚湖梦乐城投用，尚湖大道镇区段完成路面大修改造，金羊路完成改造。新增“千村美居”点位42个，创成首批“苏州市特色康居乡村”14个；建成投用建筑装修、绿化大件及废纺垃圾等终端消纳中心3处，发布“五治融合一起‘尚’”人居环境长效管理品牌，东桥村获评省级生态美丽宜居示范村。42.67公顷低效田块改造提升和200公顷高标准农田提升项目启动实施，王庄西瓜被纳入“全国名特优新农产品”名录，培育苏州市级示范家庭农场2家，“百万收入”家庭农场1家，新型职业农民7位。尚湖幼儿园扩建和尚湖中心小学维修改造项目竣工，练塘小学获评全国国防教育示范学校。练塘卫生院、冶塘卫生院完成优化整合，成立尚湖中心卫生院，投用颜巷社区卫生服务站、常熟医学检验所练塘共享分中心。6个村183户老年人适老化改造完成，发放尊老金1261.5万元。全年组织各类文体活动144场，惠及群众37.1万人次，成立“锡澄张虞”旅游战略联盟，“四色游”品牌发布，“和美雅镜 灵韵尚湖”入选苏州乡村旅游精品线路；“黄草荡里话百年，红色精神入人心”和“非遗黄麻制作技艺”入选第三届全国乡村文化产业创新发展案例。便民服务中心新大楼建成投用。开发就业见习基地2家、41个见习岗位，帮助城镇失业人员再就业498人。老兵行动志愿者服务队入选全国退役军人关爱青少年志愿服务项目。启动元和塘治理工程，完成锡北运河整治工程前期踏勘上报，疏浚河道34条，建成生态美丽河湖2条，完成4条劣V类河道销号和15个自然村共345户居民生活污水纳管处理。

尚湖镇集镇风貌　　（2023年摄　尚湖镇提供）

【尚湖迎阳护理院启用】 5月30日，尚湖镇区域性养老服务中心迎阳护理院启用。护理院是镇政府民生实事项目，于2020年3月规划建设，占地7131平方米，建筑面积5572平方米，设置床位150张，实行“公建民营、医养结合”模式。依托王庄医院综合医疗资源，融合医养结合，提供医疗护理、康复保健、慢病管理、心理安慰、关爱照护、特殊失能群体照料及临终关怀等服务，为区域老百姓提供差异化、家门口养老服务。

【商用服务设备产业带峰会】 8月17日，“数字新苏商 竞速赢订单”2023中国苏州商用服务设备产业带峰会在尚湖镇货架产业园举行。会上阿里巴巴国际站苏州商用服务设备产业带项目启动。市商务局为与会人员讲解当前跨境电商政策，阿里巴巴国际站“小二”分析国际外贸趋势和商用服务设备核心策略，江苏戴之信科技有限公司分享团队开展数字化跨境贸易的心路历程。

【苏州常熟·中集智谷招商中心投用】 11月9日，“时代光芒 智造未来”——苏州常熟·中集智谷招商中心开放典礼举行。该项目规划建设38万平方米激光及智能制造产业园，联合工信部中小企业发展促进中心、中集资本、长三角G60激光产业联盟、苏州产研院高强激光所等构建6大企业服务平台。园区还规划约1.6万平方米产业生活配套。

（杨曼珺）

责任编辑　汤　涵

人物·荣誉

先进人物

国际赛事金牌获得者

曹宁宁 男，1987年11月出生，江苏邳州人，常熟市平方轮椅有限公司员工。2000年5月，当13岁的他得知以轮椅代步的孩子同样可以打乒乓球时，立刻报名参加乒乓球训练。曾多次在国内、国际比赛中获所在级别单打和团体冠军，获“全国五一劳动奖章”“中国青年五四奖章”等荣誉。2023年，获残疾人世界乒乓球锦标赛C8级别男子双打金牌、C10级别混合双打金牌、C5级别男子单打银牌。

杨中慧 女，1996年1月生，江苏常熟人，常熟中信建材有限公司员工。2013年9月开始接受乒乓球专业训练，并崭露头角。曾获全国第十一届残运会暨第八届特奥会乒乓球TT2-TT3女子团体金牌、TT3女子单打决赛季军、TT2-TT3女子双打金牌。2023年获残疾人世界乒乓球锦标赛C4级别混合双打金牌。

周影 女，1988年生，江苏邳州人，江苏常铝铝业股份有限公司员工。9岁进入“希望之家”轮椅乒乓球俱乐部训练。15岁进入江苏省残疾人乒乓球队，后进入国家队。曾获2008年北京残奥会乒乓球女子单打F4级决赛金牌、2020年东京残奥会乒乓球女子单打4级决赛金牌、2021年全国第十一届残运会暨第八届特奥会乒乓球TT4女子单打金牌。获“北京残奥会先进个人”“全国五一劳动奖章”“中国青年五四奖章”“全国三八红旗手”等荣誉。2023年，获残疾人世界乒乓球锦标赛C4级别女子单打铜牌、C10级别女子双打铜牌、C7级别混合双打铜牌，杭州第4届亚洲残疾人运动会女子乒乓球WD10级双打第一名、混双XD7-10级第一名、C4级单打第二名。

谷晓丹 女，1999年4月生，江苏常熟人，共青团员，常熟市达敏机械有限公司员工。2012年11月，谷晓丹入选江苏省残疾人乒乓球队。曾获2013年亚洲青年残疾人运动会银牌、2021年东京残奥会乒乓球女子单打4级决赛铜牌。2023年，获残疾人世界乒乓球锦标赛C10级别女子双打金牌、C4级别女子单打银牌、C7级别混合双打银牌，杭州第4届亚洲残疾人运动会女子乒乓球C4级单打第一名、WD10级双打第二名。

全国无偿献血金奖获得者

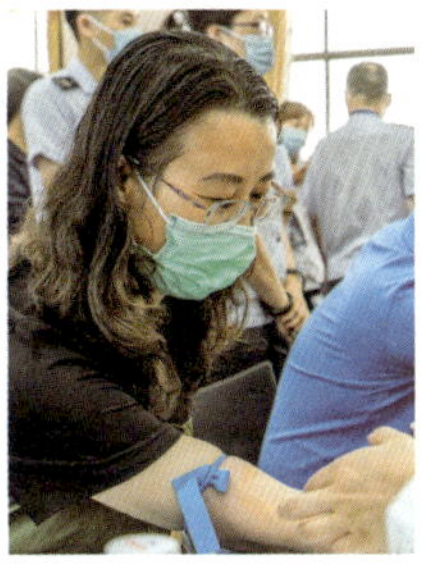

何湘谊 女，1976年生，江苏常熟人，中共党员，国家税务总局常熟市税务局三级主办。自2006年第一次无偿献血开始，18年间风雨无阻，每年坚持参与无偿献血，2010年以后，更是每年两次，每次400毫升。先后献血23次，捐献总量达8500毫升，相当于2个成年人的总血量，用自己的实际行动诠释着税务人的社会担当。2023年获评“2020—2021年度全国无偿献血金奖”。

全国“无偿捐献造血干细胞奖”获得者

何洁 女，1987年6月生，江苏常熟人，常熟禧爱汇月子中心工作人员。2017年5月报名采集血样加入中华骨髓库。2019

年9月，何洁与1名患儿配型成功。通过高配、体检后，何洁于2020年1月13日成功捐献造血干细胞，成为常熟市第18例、江苏省第800例非血缘造血干细胞捐献者，常熟市总工会授予“五一劳动奖章”。2023年获评2020—2021年度全国“无偿捐献造血干细胞奖”。

陈　辉　女，1981年5月生，江苏常熟人，AIA友邦人寿保险营销员。2019年5月报名采集血样加入中华骨髓库。2020年12月，陈辉与一名患者配型成功。通过高配、体检后，陈辉于2021年6月23日成功捐献造血干细胞，成为常熟市第19例、苏州市第185例非血缘造血干细胞捐献者。2023年，获评2020—2021年度全国“无偿捐献造血干细胞奖”。

全国优秀共青团员

颜福明　男，1995年10月生，江苏常熟人，共青团员，常熟市莫城街道青莲村村民委员会村委委员。在东青村任职期间，通过认证芡实A级绿色食品、创建“苏州水八仙”公用示范基地、直播带货等方式，推动当地特色农业发展。调任青莲村后，积极探索新的群众服务思路，将服务范围向服装城“三新”领域群体延伸覆盖，用好用活“心莲心语”村民议事会，推进“瓶改管”“气改电”等民生工作，提升为民服务水平。2023年4月，获评全国优秀共青团员。

江苏省见义勇为先进个人

吴德才　男，1981年8月生，江苏灌南人，古里镇吴庄村村民。2020年12月24日，一位高龄老人在吴庄村跌入河中，刚经历左肩骨折手术的吴德才听到呼救后不顾寒冷跳入河中，将老人抱住游到岸边，在闻声赶来的群众协助下将老人托举上岸。2023年11月，获评江苏省见义勇为先进个人。

江苏省最美拥军人物

赵平华　男，1962年6月生，江苏常熟人，中共党员，常熟市沙家浜爱国拥军联合会会长。赵平华牵头成立常熟首家专门从事双拥工作的社会组织，在全军率先为沙家浜部队设立爱军习武训练奖励基金。疫情防控期间，赵平华第一时间发出向武汉抗疫献爱心捐款的倡议，得到全市111位会员响应，相关善款通过常熟市慈善总会定向捐赠给武汉火神山医院。2023年8月，赵平华被评为“江苏省最美拥军人物”。

江苏最美退役军人

范建刚　男，1954年12月出生，江苏常熟人，中共党员，常熟风范电力设备股份有限公司党委书记。1972年12月入伍，1977年3月退役，范建刚致力于地方经济社会发展，30年艰苦创业，带领常熟风范电力设备股份有限公司上市、成为苏州市百强民营企业；他心系社会，热心慈善事业，累计向常熟市慈善基金会、儿童基金会、地方统战文化事业等捐款3500余万元。2023年8月，范建刚获评第三届“江苏最美退役军人”。

逝世人物

蒋云仙　女，1933年出生，江苏常熟人，国家一级演员，著名评弹表演艺术家。1948年进“钱家班”学习苏州弹词，1951年拜苏州弹词名家姚荫梅为师，1959年加入上海长征评弹团。擅长单档演出，精通各地方言，说表灵活而老练。在弹词音乐方面大胆尝试多调多用的唱法。1986年应邀赴香港参加第七届布莱希特戏剧研究会，获得好评。此后在培养学生、海外传播评弹等方面发挥着重要影响。代表作有《啼笑因缘》《欢喜姻缘》《什锦开篇》《旧货摊》等。曾任上海长征评弹团副团长、上海曲艺家协会副主席。2023年11月18日，蒋云仙在加拿大多伦多逝世，享年90岁。

潘　季　1934年4月出生，江苏常熟人，中共党员，西安交通大学原党委书记。1953年2月加入中国共产党，1957年毕业于交通大学电机系，随校从上海迁往西安，迁校时为电机系助教。1959年赴苏联科学院列宁格勒机电研究所留学，1963年获副博士学位。1963年起任西安交通大学讲师，1981年任副教授，1991年任教授。历任西安交通大学超导研究室主任、电机系系主任、副校长、党委副书记，1985年底至1996年初任西安交通大学党委书记。1989年获“全国优秀党务工作者”称号，2019年作为“最美奋斗者”西安交通大学“西迁人”群体代表，赴京接受

中央表彰。是第七、八届全国人大代表，第七、八届全国人大常委会委员。曾兼任中国电工学会第一届理事会理事、中国高等教育学会理事会理事等。2023年3月11日，潘季在西安逝世，享年89岁。

表 101　　2023 年常熟市享受副县（处）级以上政治待遇的离休干部逝世情况一览表

姓名	性别	出生年月	籍贯	离休前职务	逝世时间
孙祖培	男	1930年2月24日	吴县	市建设委员会主任、建委党委书记	1月7日
邹　龙	男	1931年7月31日	常熟	常熟印刷厂政工、劳资科长	1月7日
杨煜生	男	1933年2月12日	上虞	市报社副总编辑	1月12日
马志辉	男	1932年6月22日	新绛	市医药公司经理、调研员	1月16日
项　珊	女	1929年3月12日	射阳	人民银行常熟支行副行长	1月16日
王昌年	男	1929年8月15日	海安	石油公司常熟支公司副书记	2月13日
王进龙	男	1931年2月12日	昆山	市委老干部局局长、市老龄问题委员会副主任、老龄办公室主任	7月12日
范浩元	男	1929年5月12日	常熟	市邮电局副股长	7月14日
张长明	男	1932年3月31日	洪洞	市第一人民医院医生	10月25日

表 102　　2023 年常熟市四套班子老领导逝世情况一览表

姓名	性别	出生年月	籍 贯	退休前职务	逝世时间
包永泉	男	1936年5月1日	常熟	常熟市人民政府原督导员	2月10日
唐伟萱	男	1946年2月23日	常熟	常熟市人大常委会原主任	2月13日
邵文虎	男	1943年4月5日	常熟	常熟市人大常委会原副主任	6月24日
戈炳根	男	1952年2月12日	常熟	常熟市人大常委会原主任	6月27日

（资料来源：市委老干部局）

先进集体

表 103　　2023 年常熟市获全国条线表彰的先进集体一览表

荣誉名称	获奖集体	表彰单位
中华老字号	常熟市金蝙蝠工艺家具有限公司	商务部
中英现代产业合作伙伴关系示范项目	奇瑞捷豹路虎汽车有限公司	工业和信息化部
国家级绿色工厂	大陆汽车系统（常熟）有限公司	工业和信息化部
“专精特新”小巨人企业	常熟纺织机械厂有限公司、常熟市宝沣特种纤维有限公司、苏州福斯特光伏材料有限公司、江苏萃隆精密铜管股份有限公司、苏州康尼格电子科技股份有限公司、常熟特固新材料科技有限公司、苏州佳顺智能机器人股份有限公司、常熟市飞龙无纺机械有限公司、常熟市友邦散热器有限责任公司、常熟市华德粉末冶金有限公司	工业和信息化部
国家级工业设计中心（2024—2027）	波司登羽绒服装有限公司	工业和信息化部
国家级绿色工厂	江苏雪中飞制衣有限公司	工业和信息化部
国家级旅游度假区	常熟虞山文化旅游度假区	文化和旅游部
全国民主法治示范村	铜官山村	司法部 民政部

续表103

荣誉名称	获奖集体	表彰单位
2023年度纺织行业中小企业公共服务示范平台	江苏中服网络科技有限公司	中国纺织工业联合会
中国经编名镇	梅李镇	中国纺织工业联合会
2021—2022年度全国侨联系统“侨胞之家”典型选树单位	枫泾“侨胞之家”	中国侨联
中国民营企业500强	常熟市龙腾特种钢有限公司、波司登股份有限公司	全国工商联
2022—2023年度全国“五好”县级工商联	常熟市工商联	全国工商联
国家卫生镇（2022—2024）	古里镇	全国爱卫会 中央宣传部 司法部
全国“两业”融合典型案例	波司登羽绒服装有限公司	国家发展改革委
第三批全国乡村治理示范村	康博村	农业农村部
国家农民合作社示范社	常熟市蒋巷农产品专业合作社	农业农村部
2022年全国乡村特色产业产值超亿元村	东盾村（蔬菜） 里睦村（丝瓜）	农业农村部
全国国防教育示范学校	常熟市练塘中心小学	教育部 中央军委政治工作部
中国传统村落	李袁村	住房城乡建设部
全国侨联系统先进集体	常熟市侨联	人力资源社会保障部 中国侨联
全国一等年鉴	常熟年鉴2022	中国地方志工作办公室
全国示范数字档案馆	常熟市档案馆	国家档案馆
全国公安机关成绩突出青年集体	市公安局情报指挥中心指挥调度科	公安部 共青团中央
一级图书馆	常熟市图书馆	文化和旅游部
市场监督所标准化规范化建设和五星所评定工作表现突出集体	常熟市市场监督管理局	国家市场监督管理总局
五星市场监督管理所	常熟市市场监督管理局虞山分局	国家市场监督管理总局
中国专利优秀奖	常熟通润汽车零部件股份有限公司	国家知识产权局
国家知识产权示范企业	苏州腾晖光伏技术有限公司	国家知识产权局
全国税务系统县级税务局政治机关建设示范单位	国家税务总局常熟市税务局	国家税务总局
最美工会户外劳动者服务站点	常熟市税务局通江路工会户外劳动者服务站点	全国总工会

表104　　2023年常熟市获省条线表彰的先进集体一览表

荣誉名称	获奖集体	表彰单位
推动科技政策落实和科技体制改革成效明显的地方	常熟市	省政府办公厅
促进制造业创新转型、先进制造业集群培育、推进产业基础高级化和产业链现代化、保持制造业比重基本稳定等成效明显的地方	常熟市	省政府办公厅
促进乡村振兴、改善农村人居环境成效明显的地方	常熟市	省政府办公厅

续表104

荣誉名称	获奖集体	表彰单位
推动外贸稳定和创新发展、利用外资提质增效等成绩突出的地方	常熟市	省政府办公厅
普惠托育体系建设成效明显的地方	常熟市	省政府办公厅
江苏省民营经济高质量发展示范县（市、区）培育名单	常熟市	省发展改革委 省委统战部 省工商联
省级安全发展城市创建工作先进地区	常熟市	省安全生产委员会办公室
全省信访工作示范县（市、区）	常熟市	省信访工作联席会议办公室
江苏省法治政府建设示范市	常熟市	省委全面依法治省委员会办公室
2022年度江苏省自然资源节约集约利用模范县	常熟市	省自然资源厅
2022年度江苏省土地执法模范县	常熟市	省自然资源厅
2023年省级耕地保护激励单位	常熟市	省自然资源厅
2023年江苏省“平安农机”示范县	常熟市	省农业农村厅 省应急管理厅
全省推进乡村振兴战略实绩考核县级综合排名第一等次、农村人居环境整治提升工作评估第一等次	常熟市	省委农村工作领导小组
江苏省科技创新发展奖先进单位（集体）	江苏省声学产业技术创新中心	省科技厅
省级示范物流园区	常熟国际物流园	省发展改革委
2023年度江苏省知识产权建设示范（园区）	常熟高新技术产业开发区	省知识产权局
江苏省现代服务业高质量发展集聚示范区	常熟国家大学科技园	省发展改革委
第二批江苏省文化和旅游产业融合发展示范区建设单位	常熟虞山文化旅游度假区	省文化和旅游厅　省自然资源厅 省住房城乡建设厅
江苏省特色田园乡村	大湖甸村、明晶村、李袁村费巷	省农村住房条件改善和特色田园乡村建设工作联席会议
2023年度江苏省省级地名文化遗产	言子巷	省民政厅
江苏省生态文明建设示范街道	常福街道、莫城街道	省生态环境厅
“15分钟医保服务圈”省级示范点	常福街道行政审批局 海虞镇便民服务中心	省医疗保障局
江苏省现代服务业高质量发展集聚示范区	云裳小镇	省发展改革委
全省红十字会基层组织工作先进集体	琴川街道	省红十字会
江苏省生态文明建设示范村	华阳村、康博村、铜官山村	省生态环境厅
江苏省A级创业孵化示范基地	海虞电子商务产业园	省人力资源社会保障厅 省财政厅
江苏省五四红旗团委（团工委）	沙家浜镇团委、常熟市龙腾特种钢有限公司团委	共青团江苏省委
江苏省优秀企业	常熟阿特斯阳光电力科技有限公司	省工业和信息化厅 省人力资源社会保障厅 省工商联
农业高质量发展“四个一”建设工程“头雁”示范社	蒋巷农产品专业合作社	省农业农村厅
江苏省传统村落	观智村	省住房城乡建设厅

续表104

荣誉名称	获奖集体	表彰单位
江苏省生态文明建设示范乡镇	董浜镇	省生态环境厅
2023年省级耕地保护激励单位	董浜镇	省自然资源厅
2022年度全省基层党员冬训工作示范乡(镇、街道)	碧溪街道、东南街道	省委组织部　省委宣传部
江苏民盟县(市、区)组织先进集体	民盟常熟市委员会	民盟江苏省委员会
全省民建思想政治建设工作先进集体	民建常熟市委员会	民建江苏省委员会
民进全省宣传思想工作先进集体	民进常熟市委员会	民进江苏省委员会
2023年宣传工作先进集体	九三学社常熟市支社	九三学社江苏省委员会
全省老干部工作先进集体	市委老干部局	省委组织部 省委老干部局 省人力资源社会保障厅
全省示范性老干部活动中心	常熟市老干部活动中心	省委老干部局
2022年度全省共青团工作争先进位奖	共青团常熟市委	共青团江苏省委
江苏省妇联系统先进集体	常熟市妇联	省人力资源社会保障厅 省妇联
2022年度“县级科协创新发展能力提升计划”优秀单位	常熟市科协	省科协
2022年度全省方志文化宣传工作先进单位	常熟市地方志办	省地方志办
2023年全省年鉴质量评定一等年鉴	常熟年鉴(2022)	省地方志办
2022年度江苏省公共机构能效领跑者	常熟市市级机关事务管理中心	省机关事务管理局 省发展改革委 省工业和信息化厅 省财政厅 省生态环境厅
全省广播电视系统先进集体	常熟市融媒体中心	省人力资源社会保障厅　省广播电视局
全省法院“优化法治化营商环境执行年”1+4专项行动先进集体	常熟市人民法院清算与破产审判庭(执行裁判庭)	省高级人民法院
全省法院打击整治养老诈骗专项行动先进集体	常熟市人民法院刑事审判庭	省高级人民法院
全省检察机关先进集体	常熟市人民检察院	省人民检察院 省人力资源社会保障厅
2022年度全省政务信息工作先进单位	常熟市政府办公室	省政府办公厅
推动人防工程规划建设审批改革成效显著	常熟市国防动员办公室	省国防动员办公室
江苏省2023年度省级中小企业特色产业集群	常熟市声通信产业集群	省工业和信息化厅
2022年度全省福利彩票销售先进县(市)奖	常熟市福利彩票发行中心	省福利彩票发行中心
“法律明白人”培育工作成绩突出集体	常熟市司法局	省司法厅
全省司法行政为民先进集体	常熟市司法局普法与依法治理科	省司法厅
社区矫正和安置帮教工作成绩突出单位	常熟市司法局社区矫正工作科	省司法厅
2022年信息宣传工作优秀单位	常熟市财政局	省财政厅
2023年国有企业经济效益月报先进单位	常熟市财政局	省财政厅
2022年度全省自然资源系统法治建设和普法工作成绩优秀单位	常熟市自然资源和规划局	省自然资源厅

续表104

荣誉名称	获奖集体	表彰单位
2022年度全省市县防震减灾工作县级优秀单位	常熟市住房和城乡建设局	省地震局
2023年度全省市县防震减灾工作县级优秀单位	常熟市住房和城乡建设局	省地震局
三八红旗手(集体)示范工作室	周丽娟工作室	省妇联
全省交通运输先进集体	常熟市交通运输局	省人力资源社会保障厅 省交通运输厅
2023年省级平安百年品质工程创建示范项目	342省道常熟东段改扩建工程	省交通运输行业党委
2023年度第二批省精细化管理工程一级单位	江苏省望虞河常熟管理所	省水利厅
江苏省优质工程奖“扬子杯”	常熟市水利工程建设管理中心	省住房和城乡建设厅
全年粮食增产贡献突出单位	常熟市农业农村局	省农业农村厅
2022年度江苏省农机推广信息宣传先进集体	常熟市农业机械技术推广站	省农机推广站
2022年江苏省土壤墒情监测工作通报表扬单位	常熟市耕地质量保护站	省耕地质量与农业环境保护站
2022—2023年度全省文化市场综合执法重大案件办案单位	常熟市文化市场综合执法大队	省文化和旅游厅
2023年度江苏省县级体育工作先进单位	常熟市文体广电和旅游局	省体育局
江苏省爱国卫生运动70周年表现突出集体	常熟市卫生健康委员会	省爱卫会
2022年度全省退役军人宣传工作先进集体	常熟市退役军人事务局	省退役军人事务厅
2022年度全省行政执法工作先进集体	常熟市应急管理局	省应急管理厅
2020-2022年全省生态环境信访工作先进集体	苏州市常熟生态环境局	省生态环境厅
南京海关2020-2022年度先进集体	常熟海关运输工具监管科	南京海关
2023年省住建系统“五一巾帼标兵岗”	苏州市住房公积金管理中心常熟分中心公积金服务大厅	省建设工会

责任编辑　汤　涵

重要文献

保持信心定力　矢志接续奋斗
奋力展现“走在前、做示范”的常熟担当

——在市委十四届七次全体会议暨市委经济工作会议上的报告（摘要）

中共常熟市委书记　周勤第

（2023年12月28日）

这次全会的主要任务是，高举习近平新时代中国特色社会主义思想伟大旗帜，深入学习贯彻党的二十大、二十届二中全会精神和习近平总书记对江苏、苏州工作重要讲话重要指示精神，全面落实中央、省委经济工作会议和省委全会、苏州市委全会暨经济工作会议要求，总结今年工作，部署明年任务，动员全市上下更加坚定自觉地牢记嘱托、感恩奋进、走在前列，奋力谱写更高品质“江南福地”现代化建设新篇章。

深入学习领会习近平总书记重要讲话重要指示精神　坚决扛起常熟责任担当

2023年是江苏发展史上具有特殊意义的一年。这一年，习近平总书记两次亲临江苏考察、三次对江苏工作作出重要讲话重要指示，为江苏奋进新时代点穴把脉、指航定向。我们要把这三次重要讲话重要指示精神与党的二十大精神和党中央重大决策部署结合起来，一体领会把握、坚决贯彻落实。

*要在深学细悟笃行中强化使命担当。*始终牢记“代表未来发展方向”的殷切期望，牢牢把握中国式现代化这个最大的政治，牢牢把握高质量发展这个新时代的硬道理，完整准确全面贯彻新发展理念，扎实推进“四个走在前”“四个新”重大任务，为全省、苏州发展大局作出应有贡献。要坚决落实国家战略和重大任务，始终扛牢“勇挑大梁”的政治责任，辩证看待面临的困难挑战和自身的优势潜力，增强信心决心，保持战略定力，努力实现质的有效提升和量的合理增长。

要在体悟民生情怀中站稳人民立场。“人民”二字贯穿总书记今年三次对江苏工作重要讲话重要指示。要自觉践行以人民为中心的发展思想，始终把增进人民福祉作为工作的出发点和落脚点，将心比心，换位思考，设身处地站在群众角度想问题、办事情。要落实“四下基层”要求，深化“千村万企、千家万户”大走访，畅通民意反映途径，让群众有地方说话、有渠道表达，事事有回应、件件有反馈。要充分尊重基层首创精神，不断激发凝聚群众的智慧和力量，共同投身常熟高质量发展。

*要在系统学习领会中掌握科学方法。*习近平新时代中国特色社会主义思想是一座丰富的思想宝库，谋划开展各项工作首先要把握好这一伟大思想的世界观方法论，坚持好、运用好贯穿其中的立场观点方法。要坚持理论联系实际，系统学习总书记对本部门本领域的重要讲话重要指示精神，深化循迹溯源，增强学习的针对性实效性。要着重在“悟”上下功夫，吃透精神实质、做到心领神会，创造性抓好贯彻落实，确保各项工作效果符合党中央决策意图。

积极应对挑战
经济社会发展取得新进展

2023年是全面贯彻党的二十大精神的开局之年，是三年新冠疫情防控转段后经济恢复发展的一年。面对错综复杂的形势，全市上下攻坚克难、承压前行，经济运行稳健有进，高质量发展扎实推进。预计实现地区生产总值2870亿元、增长4%，一般公共预算收入增长8%、占苏州比重持续提升。综合实力保持百强县第四，位列高质量发展百强县第三、县域投资竞争力百强县第二、科技创新百强县第三、新型城镇化质量百强县第二、全国县域旅游综合实力百强县第二、绿色发展百强县第二、县域知识产权竞争力百强县第五、中国县域数字经济发展榜第一。5项工作获省政府督查激励，获省级以上"苏州第一、唯一"荣誉56项。

一年来，全市上下坚持以学促干、知行合一，把准干事创业"方向标"。把深入学习宣传贯彻党的二十大精神、习近平总书记对江苏、苏州工作重要讲话重要指示精神和主题教育三件大事紧密结合起来、一体推进，市委理论学习中心组专题学习交流，带动各级党组织广泛开展学习讨论，层层抓好贯彻落实。践行"以学促干"要求，全面对标对表，大兴调查研究，出台贯彻落实《决定》和十个《高质量发展行动方案》，切实把总书记的重要讲话重要指示精神细化为"任务书""路线图"，进一步明确更高品质"江南福地"现代化建设的目标定位。扎实开展第二批主题教育，高质量落实读书班、专题党课、大讨论、典型案例解剖式调研等重点任务，开展"千村万企、千家万户"大走访，推动问题检视整改5688个，解决企业群众问题4865个，主题教育取得实实在在成效。

一年来，全市上下坚持克难求进、承压前行，稳住经济发展"基本盘"。持续应对经济发展需求收缩、供给冲击、预期减弱等多重压力，出台经济运行率先整体好转50条措施，预计实现规上工业产值4732亿元，工业用电量增长11.3%、苏州第一，新能源、声学产业规上产值增长均超20%，声通信产业集群获评省中小企业特色产业集群，战略性新兴产业产值占规上产值比重继续提升，工业基本盘支撑有力。预计实现社会消费品零售总额1290.4亿元、增长7.5%、总量苏州第二，网络交易额1100亿元、增长10%、总量苏州第一，A级旅游景区游客接待量、营收分别增长74.2%、82.6%，获评首批全国县域商业"领跑县"。预计实现进出口总额1508亿元，"市采通"平台服务中小微企业超1.4万家、出口额超38亿美元，跨境电商进出口24亿元、增长67.6%，综保区发展绩效评估提升至双B类，常熟港外贸货物吞吐量增长17%。实际使用外资3.8亿美元。实施"六不五优化"营商环境专项行动，新增市场主体4.3万户、苏州第二，新增"四上"企业383家，获评全国城市营商环境创新县(市)，入选省民营经济高质量发展示范县培育名单。

一年来，全市上下坚持重抓投入、量质并举，牵牢项目建设"牛鼻子"。努力克服房地产投资下降带来的不利影响，全力以赴"引进推进"项目，预计完成固定资产投资615亿元，其中工业投资超280亿元、总量连续5年苏州第一。续建项目140个、竣工投产104个，新开工项目183个、单体投资较上年提高20%。省重大、苏州重点项目投资完成率超100%。新签约亿元以上项目106个、总投资626.2亿元、增长24.3%，其中超10亿元18个、超亿美元3个、整机型链主型项目31个，申报2024省重大项目、苏州重点项目数量分别增长58.3%、11.5%。竣工投用高标准产业园16个130万㎡，在建31个277万㎡；启动20个500亩以上存量产业用地连片更新，首批57个项目已开工18个、总投资44亿元。

一年来，全市上下坚持产创融合、攀高逐新，跑出创新转型"加速度"。深化科技创新与先进制造融合，推动产业锻强柱、立新柱，R&D经费投入强度4.02%、苏州第三，高新技术产业产值占规上产值比重继续提升3.7个百分点。新增苏州市级创新联合体10家，新认定省级工程技术研究中心、企业技术中心43家，获批建设国家级知识产权快速维权中心、苏州唯一。设立"言子基金"鼓励常熟籍学子及校友来常创业，新增国家级人才11个、省双创人才17个、姑苏重大创新团队1个。有效高企达1185家，新增18家国家级专精特新"小巨人"企业，正力新能入选"中国独角兽企业"，英华特成功上市。建成百度智能云长三角首个"AI+工业互联网"基地，新增工业机器人5000台(套)，新增省级智能制造示范工厂和工业互联网标杆工厂12家、苏州第一。获评国家消费品工业"三品"战略示范城市，波司登首次入选世界品牌500强。新增并网分布式光伏容量苏州第一，交易绿证54万张，高新区获评中国投资协会"零碳园区"标准试点，经开区化工园区通过省级认定，新材料产业园获评省新能源材料产业基地。

一年来，全市上下坚持区域统筹、紧抓快干，按下南向发展"快进键"。加快推动城市南融，编制完成重点组团片区建设规划，制定虞山尚湖古城及周边村落保护利用方案。片区建设加快起势，中新昆承湖园区核心区全面开工，湖西片区拆迁工作基本完成，UWC+创新岛、常春藤国际人才港、松下协同创新中心主体封顶，临港常熟绿洲芯城一期顺利开园，西泾岸历史街区整理更新有序推进，县南街项目历经6年艰难处置基本完成，沙家浜温泉酒店烂尾资产盘活全面启动。项目招引有力推进，"南园"签约落地中国·沙特中心和产创项目118个，"中城"签约6家企业功能性总部，"北谷"落地产创项目54个。

一年来，全市上下坚持民生优先、用情用力，增强人民群众"幸福感"。民生实事项目基本完成。教育新增学位3450个、幼儿园托位900个，普职比持续提升，高考拔尖人才培养和本科达线人数实现"双丰收"，县域义务教育优质均衡发展通过国家评估认定，现代产业技能实训中心启用。市中医院创成三甲中医医院，完成9个板块基层医疗机构整合。建成养老服务设施14家，完成家庭适老化改造2416

户、累计数苏州第一，适老化改造经验在全国推广。虞山文化旅游度假区荣膺“国家级”，常熟村跑成为群众体育新名片。慈善总会AED普及项目开全国慈善会系统先河。开通惠农公交、校园快线15条，调整优化公交线路18条。深化“停车难”治理，新增停车泊位3.3万个。改造升级集贸市场12家。

一年来，全市上下坚持更新建新、提升品质，绘就城乡建设“新图景”。加速区域交通互联互通，沪宁沿江高铁开通，启动沪武高速扩建工程先导段建设，海太过江通道、通苏嘉甬铁路具备开工条件，完成高铁西站站房初步设计、如通苏湖城际铁路（常熟段）工可报告，青墩塘高架、广济路北延等工程加快建设。城乡面貌更新焕新，完成老旧小区改造15万㎡、惠及居民1840户，完成城中村自主更新147户、既有建筑更新改造19个。琴湖片区更新基本完成，招商力宝医院、琴湖溪里北岸区开业；日航、凯悦、现代工人文化宫、经开区文体中心等一批载体配套建成投用，开工建设海吉亚医院、华师大二附中常熟实验学校。“千村美居”实施覆盖率近82%，建设高标准农田2.7万亩，“五治融合”实现行政村全覆盖。

一年来，全市上下坚持绿色发展、防范风险，严守安全环保“高压线”。全域推进长江大保护，完成徐六泾治理工程等重点水利项目建设，建成幸福河湖84条，劣V类水体实现动态清零，投用洪洞水质净化厂，省生态环境厅水平衡核算生活污水收治率全省县市第一，地表水环境质量、$PM_{2.5}$浓度分别位居全省第三、第七，空气质量改善率苏州第一。安全生产事故起数和亡人数分别下降30%和25.8%，连续五年未发生较大以上事故。全力防风险、护稳定，社会稳定风险合成处置机制高效运行，群众安全感满意率居苏州前列，一批信访积案和历史遗留问题得到化解，完成省定化债任务、乡镇隐债全面消红，社会大局平安和谐。

一年来，全市上下坚持勠力同心、团结协作，奏响人民民主“最强音”。加强和改进党对人大工作的全面领导，支持人大常委会围绕中心大局开展监督，用好人大代表之家，推动建立开发区人大工作协调会议制度和人大代表联席会议制度。全面加强党对政协工作的领导，支持政协围绕重点工作组织开展协商议政活动，推动政协协商与基层协商有效衔接。坚持巩固完善大统战工作格局，系统做好统战领域精英人才工作。

一年来，全市上下坚持全面从严、刀刃向内，拧紧管党治党“责任链”。全力配合做好省委巡视和苏州市委联动巡察，从严从实抓好反馈问题整改，建立“1+7”工作清单制度，一批突出问题得到解决。强化基层党组织建设，深入推进抓党建促乡村振兴“十百千”工程，实施产业链党建“聚力赋能”行动，成立重点产业链党组织14个。持续优化干部队伍建设，出台推动“干部敢为”锻造过硬队伍若干措施，制定年轻干部“严选严育严管严用”若干规定、“八小时外”活动负面清单和监管清单，选派45名年轻干部“上下内外”交互式挂职锻炼。坚定不移推进党风廉政建设，开展“双提双促”专项监督、“新风护航”专项行动，出台推动落实“四敢”要求12条举措，巩固发展良好政治生态。扎实推进意识形态基层建设年工作，守牢前沿阵地。

准确把握大局大势
进一步明晰目标任务和思路举措

明年是中华人民共和国成立75周年，是完成“十四五”目标的关键一年，做好明年工作意义重大。全市上下要始终把坚持高质量发展作为新时代的硬道理，既要坚定发展信心，又要事事用心，进一步明晰目标要求，把准思路举措，推深做实各项工作，全力争取最好结果。

明年工作的总体要求：坚持以习近平新时代中国特色社会主义思想为指导，全面贯彻党的二十大、二十届二中全会和习近平总书记对江苏、苏州工作重要讲话重要指示精神，坚决落实中央、省委经济工作会议和省委全会、苏州市委全会暨经济工作会议部署要求，坚持稳中求进工作总基调，完整准确全面贯彻新发展理念，全面落实“四个走在前”“四个新”重大任务，加快服务构建新发展格局，统筹扩大内需和深化供给侧结构性改革，统筹新型城镇化和乡村全面振兴，统筹高质量发展和高水平安全，巩固和增强经济回升向好态势，持续推动经济实现质的有效提升和量的合理增长，谱写更高品质“江南福地”现代化建设新篇章。

明年主要预期目标：地区生产总值增长5%以上；一般公共预算收入增速高于苏州平均；规上工业产值增长5.5%以上；全社会固定资产投资630亿元左右，其中工业投资308亿元；实际使用外资稳量提质；进出口总额实现正增长；社会消费品零售总额增长6%以上；居民人均可支配收入与经济增长基本同步，约束性指标完成上级下达任务。

明年工作要着重把握好以下几个方面：

一要树立大局意识。自觉把常熟发展放在苏州、全省大局中思考谋划，在经济增量、发展质量、创新能量等方面都要勇于挑重担、扛重责、多作贡献。各地各部门都要立足实际、主动作为，争先进位、多挑担子。

二要坚持求真务实。树立正确的政绩观，多做高质量发展的事，多做对人民有益的事，坚决不搞面子工程、形象工程。要坚持项目化管理、清单化落实、节点化推进，说一件干一件，干一件成一件。加强改革创新，善于打破路径依赖，用改革的办法、创新的思路、顽强的作风克服困难、应对挑战，实现新突破新发展新提升。

三要注重统筹协调。经济上要“稳”“进”齐抓，立足当前抓好“稳”，着眼长远抓好“进”，全力厚植经济动能；城市建设要“形”“魂”同塑，加快重点组团片区“塑形”与“塑魂”，形成投入与产出相互促进、投资与消费双向循环；民生事业要“软”“硬”结合，“花小钱、办大事”，逐步从“重硬件”向“优服务”转变，更加注重抓好存量资源整合，小切口办好让老百姓得实惠、鼓腰包、暖人心的实事；安全环保要“标”“本”兼治，聚焦重点领域、突出问题铁腕抓“治标”，加快推进产业转型源头抓"治本"，推动高质量发展和高水平安全、高品质生态良性互动。

四要全力防范风险。增强"时时放心不下"的责任感，提升敏感性和预见性，加强风险隐患排查和研判，全力抓好社会矛盾源头防范和信访积案化解，打好金融、债务、房地产等领域防范化解风险的主动仗。凡事都要作最坏的打算、争取最好的结果，努力以自身工作的确定性应对形势变化的不确定性。

紧抓重点关键
以最大努力争取更好结果

聚焦明年工作目标、要求和思路，重点抓好七项任务：

一、全力推动经济发展持续稳健增长。坚持稳中求进工作总基调，全力优服务、强调度、稳盘子，推动经济运行持续向好、社会预期持续改善、内生动力持续增强。

精准做好企业服务。坚持"无事不扰、有求必应"，建立企业综合服务中心和企检服务中心，更大力度推动政策直达快享和兑现落实，建立工业、服务业、贸易业和建筑业等不同领域的企业动态感知系统，落实挂钩联系、走访调研等机制，精准掌握企业经营情况、困难诉求和发展规划，推动钢铁、化工、纺织等传统企业技术更新、产品迭代，帮助企业达产满产、做大做强。精准掌握企业产线外迁、产能转移情况，及时跟进做好工作，坚决稳在当地。帮助企业搭建"链盟"，强化本地企业产业链上下游串联对接，推动企业空间上集聚、产业链上配套。推动化工园区内企业产业链整合，争取母公司支持，加快新产品开发、新市场拓展。

推动贸易消费放量提质。统筹抓好"一稳三新"，支持企业"出海"参展办展，积极开拓"一带一路"沿线等新兴市场，加大"市采通"平台推广使用力度，带动更多中小微企业合规高效出口，"市采通"平台出口超50亿美元。深耕电商"沃土"，发挥产业带供应链优势，全年实现网络交易额超1200亿元。大力发展"跨境电商+产业带"模式，推动更多货品通过跨境电商出海，力争跨境电商进出口额增长100%。精心举办促消费活动，促进新能源汽车、家电家装等大宗商品消费和文体旅游、健康养老等服务性消费，提振整体消费热度。加大改善型住房供给力度，推动房地产市场稳健发展。

全力培育新增长点。抓好"两产""两进"，加快项目建设进度，优化验收流程，推动新竣工投产企业晋级纳规入库，重点服务好新增销售3000万元以上的工业企业。支持有需求的企业就地增资扩产、做大做强，推动外资企业利润再投资，推动一批企业"增资拓品"，在老企业上形成新增长点。抓好"四上"企业培育入库，鼓励批发零售企业向区域总部、功能性总部转型，扩大有效产能，形成更多推动经济稳健增长的支撑点。

加强经济运行调度。做好各项经济指标的监测预警，深入研究指标结构，抓紧抓实"经济大镇"主阵地，紧盯重点行业、重点企业，坚持规上规下、限上限下同步抓，做到各行各业共同支撑。

二、加快建设现代化产业体系。聚焦汽车及零部件、装备制造、纺织服装三大支柱产业，新能源、新一代信息技术、声学、生命健康、数字经济五大重点产业，以及生产性服务业、文体旅产业"3+5+2"产业方向，推动产业集群化、融合化、智能化、绿色化、服务化发展。

扎实推进集群化。树牢"整机+链主+生态"的理念，突出整机链主企业引领带动作用，支持整机链主企业加强与高校院所、产业链上下游企业合作对接，实现产业联动、创新协同，推动聚链成群，全面提升产业链现代化水平。

务实推进融合化。深化产学研对接，提升科创平台运行质效，支持企业组建高水平创新联合体，推动科技创新与先进制造深度融合。全年落地科技招商项目超1200个，新增独角兽和瞪羚企业超60家、专精特新企业60家，有效高企达1300家。

全面落实智能化。实施产业焕新工程，围绕"数实融合"，深入推进"智改数转网联"，引导企业"上云、用数、赋智"，推动产业数字化、数字产业化，全年新增工业机器人2500台（套），传统骨干企业"智改数转网联"动态全覆盖。

科学谋划绿色化。坚持低碳、零碳、脱碳发展理念，加快从能耗双控向碳排放双控转变，帮助企业买绿电、用绿电，探索碳汇交易和碳排放交易，加快绿色转型，实现节能、减排、降碳。

加快布局服务化。引导制造业企业由提供"产品"向提供"产品+服务"转变，支持英特模、中汽研、声学联合检测中心等一批服务机构发展壮大，推动生产性服务业与制造业融合共生、双向赋能。

三、突出"项目为王"积蓄新动能。聚焦"大企业、大项目、大载体、大平台和专业产业园"五大关键抓手，不断推动常熟经济扩规模、提质量。

支持服务形成一批大企业。围绕当前发展规模较大、市场前景好、成长空间足、根植性创新性强的企业，用好"组长+链长"机制，"一企一策"做好资源配置，集中力量培育扶持，推动企业快速成长、做大做强，形成一批百亿销售和十亿、数亿税收的大企业。

加快建设投用一批大载体。加快建设"南园中城北谷"三大创新核及苏州高铁北城产业先导区，UWC+创新岛、低碳数字岛等载体加快投用，同时建好机制、引育人才、配足资源、出准政策，让优质项目、优秀人才有好载体、好生态。

谋划争取用好一批大平台。融入苏州科研体系建设，发挥现有平台创新策源功能，谋划加快中国·沙特中心挂牌运作，全力争创全国重点实验室、国家技术创新中心，加快落定胡润排名榜发布基地，链接国际国内科创资源，集聚科创项目和科创人才。

全力招引一批高质量大项目。坚持"招大引强、培优育强"，把握产业发展的主流、确定性，聚焦新能源、新型储能、数字经济、信创安可、航空航天等产业方向，抓好市场招商、链式招商、要素招商，聚焦世界500强、中国500强、行业前五和专精特新，全力招引整机型、链主型项目，围绕整机链主找配套、补链条、建生态，实现重点产业“沿链聚合、集群发展”，力争全年新招引50亿元以上项目2个、超亿元项目100个。

培育形成一批高产出专业产业园。稳步推动20个存量产业用地连片更新，经开区、高新区和辛庄镇要重点打造一批产业特色鲜明的专业产业园，提升园区内同一“链”上企业集聚度，构建定位清晰、项目集聚、配套完善的产业生态。

四、深化改革创新持续优化营商环境。进一步解放思想，以更大的决心和力度推进深层次改革，营造健康有序的市场环境，不断增创现代化建设新优势。

尽心履责做好“分内事”。深化数字化改革，推动“免证审批”，优化服务流程，全面拓展办事全流程智慧化应用，让“数字多跑路、企业少跑腿”。积极推进投资促产“一件事”改革，全链条优化项目建设审批会办，深化企业承诺、证照分离、容缺受理、并联审批，加快实现“拿地即开工、预验即试产、竣工即领证、投产即上市”。深化要素市场化配置综合改革，强化土地、能源、人才、数据、金融、技术、物流等方面要素保障；加快推行“数据得地”，对优质项目优先配置土地资源，提升土地集约利用水平。推进新一轮国有企业改革深化行动，推动国有企业做强主业、提高效益。

建立专享机制“优服务”。建好服务企业“五项机制”。围绕“住宿住房”，完善全方位人才住房保障体系，优化人才公寓拎包入住等服务，让来常人才住有宜居。围绕“教育”，优化人才子女入学政策机制，保障企业员工子女学位供给，解决后顾之忧。围绕“医疗”，探索建立企业人才快捷就医、日常保健等机制，畅通就医绿色通道。围绕“资金”，健全支持科技型企业、重大项目融资协调机制，帮助企业畅通融资渠道，指导支持企业用好资本市场。围绕“人才”，健全劳动力供需适配机制，精准掌握企业用工需求，对重点企业“一企一策一档”重点服务，发挥常熟理工学院、职业院校和现代产业技能实训中心作用，赋能企业人才培养，更好满足企业用工需求。

包容审慎监管“显温情”。全力破解企业健康经营与检查频次较多的矛盾，突出安全、环保、综合执法等领域监管重点，推广“打包式”检查，推进跨部门联合检查监管，横向打通“审管执信”平台管理，“线上线下”协同、减少检查频次。落实涉企行政执法“免罚轻罚”清单，引导和帮助企业制度纠错和信用修复，从“单一执法”向“管理服务”转变、从“刚性执法”向“柔性管理”转变，让监管更有温度。

五、加快推动区域协调发展。认真落实长三角一体化、长江经济带等国家战略，研究制定常熟参与沪苏（州）同城策略，进一步深化跨区域、跨领域协调联动。

加快推进区域交通设施联通。深入谋划常熟港区及沿线区域发展，更好利用长江岸线和腹地资源，加强常熟港建设，主动融入苏州港一体化布局。稳步推进通苏嘉甬铁路建设，青墩塘快速路高架、广济路北延年内通车，常熟西站枢纽连接线、辛渭线改扩建前期工作加快推进、力争年内开工，深化S342常熟西段改扩建、G204常熟东段改扩建、开元大道东延等项目前期研究。围绕南部重大基础设施，积极研究重大基础设施集疏运体系，加速构建内畅外联的立体交通体系。

加快建设高品质片区组团。以文化、低碳、创新等“软实力”优品质、聚人气、增活力，加快打造“形”“魂”兼备的产城人融合新高地。要推动文化与创新共同彰显，发挥高端社区运营商在文化塑造上的优势，打造既有“文化”又有“创新”的中新昆承湖园区；稳步推进西泾岸历史文化街区整理更新、打造“虞美街巷”示范街区，让文化气息浸润每一个角落，彰显古城底蕴魅力。要注重数字低碳，结合改善型住房供给，探索社区光储充一体示范应用，提升智慧管理水平，强化“绿色”“科技”属性，打造低碳智慧高品质社区。要展现生态宜居魅力，发挥常熟理工学院、UWC资源优势和“一山两湖”生态优势，搭建更多创新人才、青年人才交流空间，加快龙腾希尔顿、海吉亚医院、华师大二附中常熟实验学校等高端载体建设，吸引更多富有创新活力的年轻人来常创业生活。

六、推动更高水平“民生七优”。坚持尽力而为、量力而行，全力推进民生实事项目，以真招实策解难题、补短板、增福祉，让发展的“民生含量”更足、“幸福指数”更高。

推动服务精准供给。围绕“人的一天、人的一生”，扩大优质公共服务供给，打造全龄友好型城市。集约优化教育资源配置，理顺幼托一体运行管理机制、增加公办幼儿园托位，创建国家级学前教育普及普惠先进市，竣工新改扩建学校项目11个，继续提高普通高中录取率。促进医疗资源“横向整合、纵向贯通”，全面完成镇（街）卫生医疗机构整合，深化紧密型医共体建设，促进人员双向流动。坚持养老存量资源提质与家庭适老化改造“双管齐下”，实施家庭适老化改造超2000户，全面提高养老服务质效。深入实施就业优先战略，扎实做好农民工、高校毕业生、失业人员等重点群体的就业服务，建成“家门口”就业服务站50个以上，新增就业2.3万人，高校毕业生年末就业率95%以上。深化民生领域改革，全面推进“扩中”“提低”，推动共同富裕。发展公益事业，弘扬慈善文化，打造善美常熟城市品牌。健全困难群众综合帮扶体系，开展“兜底解忧暖民心”行动，加强医疗保障纾困工作，常态化做好社会福利、妇女儿童权益保障和残疾人保障等工作，织密社会保障网。持续深化城市更新，完成城中村自主更新4个、既有建筑更新10个、老旧小区改造8.2万平方米。统筹交通出行和特色服务，优化调整公交线路18条，推动“校园快线”提质扩面，持续探索旅游、惠农、就医等特色线路。

切实增强文化软实力。深入学习贯彻习近平文化思想，以落实苏州“811”计划为主抓手，助力苏州打造全面展现中华民族现代文明的最美窗口。挖掘弘扬历史文化，擦亮红色沙家浜、言子文化核心IP，通过文艺精品创作、群众性文体活动等延续城市文脉、塑造文化认同。全时域、全地域、全要素保护利用好历史文化资源，加快引育文化头部企业，建设一批特色文化产业园区，推动文化、体育、旅游与工业、科技、城市深度融合。推进常熟虞山派古琴艺术馆重建工作。发展品质旅游，整合山、水、城、村资源，办好虞山文化暨沙家浜旅游节、"遇见沙家浜"全国戏曲票友大赛、全国桨板公开赛、尚湖半程马拉松、常熟村跑等系列活动，稳步提升酒店民宿服务水平，推动"流量"变"留量"，全年新增住宿游客20万人次以上，让"一城山水 自在生活"在常熟得到充分体验。

*持续深化乡村振兴。*学习运用"千万工程"经验，聚焦基层组织、基础设施、基本公共服务和主导产业、主体风貌、主题文化，深入推进乡村全面振兴。坚决守住耕地红线，建成高标准农田1.35万亩，保持农业稳产丰产。开展强村富民帮促行动，拓宽农民就业创业渠道，培育高素质农民和"新农人"，促进农民收入稳步增长。坚持片区化、组团式开展乡村建设，新建苏州特色康居乡村150个。推深做实"五治融合"，推动农村人居环境管理常态长效，实现农村的自我管理、自我服务、自我提升。

七、营造平安和谐的发展环境。统筹发展与安全，以"时时放心不下"的责任感守牢底线红线，做到守土有责、守土尽责。

*突出重点抓安全生产。*强化风险隐患源头治理，压实"四方责任"，全面落实企业主体责任，抓好"全员化""实体化""手册化"建设，用好"班前班后5分钟""一带一帽"等"小切口"举措，推动安全治理向事前预防转型。建立健全分层分类监管体系，加强网格化、专业化、数字化监管，紧盯群租厂房、群租住房、仓储用房、"三合一"场所等重点领域和危化品使用、动火作业、有限空间作业等关键环节，开展安全生产风险专项治理，坚决防范较大以上生产安全事故发生。未雨绸缪做好极端天气灾害应对准备，完成城市易涝点和虞山山洪治理，提升城市安全运行保障能力。

*多措并举抓环境保护。*协同推进降碳、减污、扩绿、增长，全面落实长江大保护、太湖综合治理任务，加强沿江危化品船舶管理，保护好长江水源地。聚焦污防攻坚、设施运行、绿色低碳等重点任务，抓好群众"看得见、闻得到、摸得着、听得到"的问题治理，系统推进耕地、湿地、绿地、林地生态维护，空气质量优良率、$PM_{2.5}$均值保持全省前列，国省考断面水质达到上级要求。持续提升环境治理能力，推动现有环境基础设施运行提质增效，完成滨江第二污水处理厂等33个重点项目，新建生活污水管网32公里，加快建设城南生活固废资源化处置中心。一以贯之推动绿色低碳转型，加强重点行业企业节能降碳和资源循环利用，扩大绿电使用，打造绿色工厂、零碳产业园，新增并网分布式光伏容量150兆瓦，切实提升发展含绿量。

*一着不让抓社会治理。*建立应急处突机制，完善矛盾纠纷排查预警、多元化解机制，做到问题发现在早、处置在小。深入践行新时代"枫桥经验"，不断完善网格化管理、精细化服务、信息化支撑的基层治理平台，发挥市镇村三级矛调中心作用，推动矛盾纠纷"一站式受理、一揽子调处"。推进重点领域信访突出问题专项攻坚，重点关注投资失败、生活失意、关系失和、心态失衡、精神失常等"五失人员"，常态化开展清理欠账、欠款、欠薪工作，着力维护群众合法权益。持续推进政府隐债化解，守牢不发生区域性、系统性金融债务风险底线。紧盯基层治理突出问题，落实风险防范四项机制，纵深推进平安建设，坚决做到"六个不发生"。

强化党建引领
凝聚推动发展的强大合力

推进中国式现代化常熟新实践，关键在党、核心在人。要深入学习贯彻习近平总书记关于党的建设的重要思想，落实新时代党的建设总要求，以巡视整改为有利契机，坚持不懈用党的创新理论凝心铸魂，着力锻强干部队伍，持续筑牢战斗堡垒，驰而不息正风肃纪，切实以党建引领凝聚起狠抓落实、推动发展的强大合力。

*一是守正创新抓落实。*要全面把握事物发展的趋势性变化，主动识变应变，在谋划工作部署时顺应大趋势、遵循大规律，注重从人口的变化、产业发展形态的变化、发展环境的变化中找出不利影响和正面效应，因势利导推动思路的转变、战略的调整、政策的匹配，让工作更好地适应外部的变化。要避免简单套用老办法来管新事物，现在新业态新模式发展很快、而其发展往往"未知大于已知"，要持续关注、深化研究，在坚守安全底线的前提下，在监管上厘清边界、把握好度，既为企业和基层发展明确底线，又为探索创新留足空间。要强化创新思维，坚持"实事求是是最大担当"的工作导向，面对新情况新问题，要敢于突破"自我设限"的传统思维，克服"按部就班"的守成心态，守正创新探索形成更多破解难题的好制度好做法，真正做到创造性开展工作、创造性抓好落实。

*二是改进作风抓落实。*实践证明，浮于表面的作风，会让落实不到位；浅尝辄止的工作，会让成效打折扣。我们必须以更深远的眼光、更深入的工作思考谋划，推进各项部署落实落地。要强化系统思维，梳理工作之间的有机联系，主动拓展工作的内涵外延，减少"就事论事""头痛医头"的浅层现象，不断拓展工作的"朋友圈"、项目的"信息圈"、企业的"配套圈"，持续扩大工作"半径"、拓展工作"圈子"，实现思考更深一层，落实更进一步，推动思考和落实有机结合，实现成效再拓一圈。要注重具体深入，对工作要抽丝剥茧、深挖根源，通过现象看本质，善于找出具体、关键的环节和抓手，对症下药，事半功倍，防止大而化之、不深不透，挖"井"一定要见"水"。

*三是调动基层积极性抓落实。*坚持"以事找人、人事贯通"的用人导向，着力锻造"看得出、站得出、豁得出"的干部。建立领导干部关心关爱基层机制，常态开展"我向组织说句心里话""干部家访""谈心谈话"等活动，动态掌握基层干部工作生活、思想动态，及时帮助解决困难，保障

身心健康。支持基层更好干事创业，既要通过定任务、定人员、定时限、定期督办，确保工作高质量落实；同时，还要给资源、给方法，支撑干部始终保持抓落实的饱满激情。

名词解释

1.“四下基层”：即宣传党的路线、方针、政策下基层，调查研究下基层，信访接待下基层，现场办公下基层。

2.“六不五优化”营商环境专项行动：“六不”即融资贷款不愁、招工引才不缺、办事审批不烦、项目建设不慢、执法监督不扰、轻微违规不罚；“五优化”即优化产业配套、优化科创生态、优化数字赋能、优化税费服务、优化法治环境。

3.“四上”企业：即规模以上工业企业，有资质的建筑业企业、房地产开发经营企业，限额以上批发零售住宿餐饮单位（含个体户），规模以上服务业企业。

4.“1+7”工作清单制度：“1”就是总书记重要讲话重要指示精神落实情况，“7”就是巡视巡察发现问题、审计发现问题、上级督查问题、生态环保督察发现问题、安全生产和自然灾害排查中发现的问题、网络舆情、群众信访问题。

5.“一稳三新”：即外贸工作要稳住现有订单，开拓新市场、发展新模式、引育新主体。

6.“两产”：即企业扩产、投产。

7.“两进”：即项目引进、推进。

8.苏州“811”计划：即苏州市委办公室、苏州市政府办公室印发的《深入学习贯彻习近平文化思想加快建成社会主义文化强市行动方案》中提出的8大行动+100项重点任务+100项重点工程。

9.“六个不发生”：即不发生政治性事件、不发生重大群体性事件、不发生较大以上安全生产事故、不发生影响恶劣的重大治安案件、不发生因自然灾害应对不力造成群死群伤事件、不发生重大舆情事件。

10.“双提双促”专项监督：即“提作风促担当、提效能促落实”专项监督。

政府工作报告（摘要）

——在市十六届人大三次会议上

常熟市人民政府市长　秦　猛

（2024年1月8日）

2023年工作回顾

2023年，我们迎来了撤县设市40周年，顶住了各类风险挑战和下行压力，非同寻常、殊为不易。一年来，我们坚持以习近平新时代中国特色社会主义思想为指导，深入学习贯彻习近平总书记对江苏、苏州工作重要讲话重要指示精神，团结动员全市人民牢记嘱托、感恩奋进，较好完成了市十六届人大二次会议确定的目标任务。预计全年实现地区生产总值2870亿元、增长4%，一般公共预算收入237.4亿元、增长7.9%，社会消费品零售总额1290亿元，全社会固定资产投资625亿元，进出口总额1508亿元，综合实力稳居全国百强县第四，县域投资竞争力、新型城镇化质量、绿色发展、数字经济、旅游综合实力均位居全国中小城市百强县前二，5项工作获省政府督查激励，迈出了高质量发展的坚实步伐。

一、坚持以稳促进，经济发展保持韧性。主动应对国内外形势变化，出台系列稳增长措施和十大高质量发展行动方案，及时召开民营经济创新发展大会，全力提振发展信心，经济运行保持在合理区间。

1.工业经济稳中有进。工业大盘基本稳健，企业用工保持稳定，工业用电持续增长，规上工业总产值完成4732亿元。产业含金量进一步提升，战略性新兴产业、高新技术产业产值占规上工业总产值比重达51%和45%，占比分别提高1个和2.8个百分点，波司登入选世界品牌500强，电子氟材料产业集群获评国家中小企业特色产业集群、苏州唯一，声通信产业集群获评首批省级中小企业特色产业集群，新材料产业园、经开区化工园区通过省级化工园区认定复核。产业影响力进一步增强，主导和参与制修订国家和行业标准94项，新增苏州市质量奖17个、“江苏精品”“苏州制造”品牌认证产品6个，龙腾特钢获苏州市市长质量奖，恺博座椅获苏州市质量管理优秀奖。产业智能化进一步加快，完成“智改数转”项目1100个，新增工业机器人5000台（套），获评省级智能工厂3家、苏州第一，获评省工业互联网标杆工厂9家、全省县级城市第一。

2.服务产业进中向好。服务业增加值占GDP比重达49.5%、提升1.6个百分点，获评省级服务业集聚示范区4个、省级服务业领军企业1家，新增苏州市级以上总部企业11家、其中外资总部企业4家，波司登入选全国“两业融合”典型案例、苏州唯一。贸易新业态蓬勃发展，完成市场采购贸易常熟出口22.4亿美元、增长9.2%，电商纳统取得突破，直播电商网络交易额突破650亿元，通润汽车零部件、伊斯格入选省重点培育和发展的跨境电商知名品牌。获评全国首批县域商业“领跑县”，落户苏州首家M会员店，引进盒马鲜生等新零售业态，金蝙蝠工艺家具获评“中华老字号”。

3.农业发展好中提质。粮食产量24.3万吨、实现“四连增”，“虞山绿茶”“恒洋澳龙”“王庄西瓜”“董浜乌塌菜”

上榜全国名特优新农产品和特质农品名录，“常熟鸭血糯”获评国家地理标志证明商标、年度苏州唯一。种业振兴扎实推进，农科公司完成组建，自主创新水稻品种苏州覆盖率达22.8%。农业体系持续健全，新增省级农业农村重大项目21个、创历史新高，虞美润农业专业合作社入选全国农业社会化服务典型案例，虞恒食品获评农业产业化省级龙头企业，董浜镇获评省级黄金小玉米特色产业小镇，铜官山村被确定为“中国新农民故事会”永久会址。农业载体更加丰富，建成绿色蔬菜高质量发展示范基地2个、优质稻米高质量发展示范区7个，立项建设高标准农田2.7万亩。

二、坚持以产强市，转型升级蹄疾步稳。坚定制造业立市不动摇，以集群引领、以创新支撑、以融合赋能产业转型，发展动能更加强劲。

1.产业集群加速成势。汽车及零部件、装备制造、纺织服装三大支柱产业完成规上产值3030亿元，增速超规上工业3.9个百分点，新能源、声学产业规模增长均超20%。狠抓强链补链延链项目攻坚，加密境内外招商频次，办好金秋经贸洽谈会、精英创业联盟大会等活动，落户产业项目153个、投资总额622亿元，落地“中国·沙特中心”、中国常熟“一带一路”（巴基斯坦）中心等重大平台。特别是成功举办中国声学产业创新发展大会，完成声谷战略发展规划、声学产业发展指数（常熟指数）等编制发布，吸引航盛、华域等优质项目落地，声学产业加速集聚。优化项目管理推进和保障服务机制，重点项目投资均超序时进度，完成工业投资超280亿元、连续5年苏州第一。

2.创新要素加速集聚。研发经费支出占GDP比重突破4%，居全省县级城市前列，连续三年获评全国科技创新百强县前三名。强化双招双引，新增科技招商项目超千个，认定国家级人才11名、创历史新高，入选省“双创计划”17个、“姑苏计划”47个，人才总量达45万人；“苏州·中国声谷”引进培育的南智芯材获评姑苏重大创新团队、年度苏州县级市唯一。加速科技成果转移转化，新立项科技项目243个，获得资金支持超2亿元。声学产业技术创新中心入围全省首批自然科学基金省地联动试点项目。连续三年跻身“中国县域知识产权竞争力十强”，每十亿元地区生产总值发明专利拥有量提升至32件，获批建设国家级知识产权快速维权中心、苏州唯一，获评“国家知识产权强县建设示范县”，高新区获评省知识产权建设示范园区。

3.科创制造加速融合。出台科技创新与先进制造融合发展方案，深入推进产创融合“十百千”平台载体建设工程，新增苏州市级创新联合体10家、新型研发机构4家，认定省级企业研发载体45个，累计建成产业创新基地5个、产业创新平台108个、企业研发载体722个，实现重点产业领域全覆盖。优质企业梯度培育结出硕果，正力新能入选中国独角兽企业、英华特在创业板上市，国家级独角兽认定、人才企业上市均实现零的突破；入选“中国潜在独角兽企业”4家、苏州县级市第一；新增国家专精特新“小巨人”企业18家、创历史新高；认定科技型中小企业1560家，净增高新技术企业185家、总数达1185家，入围省科技企业上市培育计划8家、苏州第一。

三、坚持以融兴城，城乡品质提档升级。加快推动城市南融苏州主城，持续深化区域、交通、城乡、文旅的互联互促，城乡面貌与内涵显著提升。

1.城市布局全面优化。重点组团片区规划编制基本完成，沿G524南向发展轴的空间布局初步成型。日航、凯悦等地标跃然而起，UWC+创新岛、常春藤国际人才港、松下协创中心主体结构封顶，临港常熟绿洲芯城顺利开园，声谷科创中心启动建设，西泾岸历史街区房屋使用权集中、解危及收储超2.2万平方米，重点组团加速崛起、城市发展日新月异。

2.城市交通更加畅捷。区域互联步伐加快，沪宁沿江高铁按期通车，常熟站北厅投入使用，常熟迈入“双铁”时代；沪武高速扩建工程先导段开工，常台高速高新区互通建成启用，通苏嘉甬铁路常熟段民宅搬迁实现清零；G524市政提升工程、沙阳线完工。内部衔接持续加强，青墩塘快速路工程有序推进，扬子江大道等乡镇干线公路建成通车，“一环八射、环射衔接”城市交通格局加速成型。港口能级不断提升，组建苏州港常熟港区管委会并实体化运行管委会办公室，完成进港航道维护性疏浚，实现货物吞吐量6250万吨，其中纸浆进口超560万吨、总量全国第二。

3.城乡发展日益均衡。全面深化城乡协同，扎实推进共同富裕，城乡居民收入差距继续缩小。城市更新走向深入，新竣工既有建筑更新改造试点项目19个、改造面积超12万平方米；滚动实施老旧小区改造更新，竣工报本等7个片区15万平方米，增设电梯24部；完成城中村自主更新单元10个；林园路地块联合更新项目入选省级首批城市更新试点；县南街展现新容颜，古城焕发新活力。城市治理更加优化，完成拆违140万平方米，建成投运建筑垃圾处置场11个；新增停车泊位3.3万个，及时调优道路泊位免费停放时长及收费标准，群众停车更便捷、更从容。“千村美居”持续推进，累计建设美丽村庄3794个、覆盖率近82%，认定省特色田园乡村3个、苏州特色精品乡村6个，建成苏州市特色康居乡村120个、特色康居示范区1个，农村生活污水治理率达99.6%；村均集体经营性收入超950万元。城乡精神文明建设融合发展，“新风礼堂”模式入选全国“文明乡风建设”典型案例，碧溪街道“鸥灯乘着新风飞”唱响全国，古里康博村入选全国乡村治理示范村。

4.城市魅力越发彰显。推动虞山、尚湖、古城高质量发展，举办城市品牌上海推介会，发起成立长三角县域历史文化名城交流协作联盟，“一城山水、自在生活”文旅品牌全面打响。深入实施“江南文化”品牌塑造常熟行动，“虞城文化图鉴”系列视频广为传播，铁琴铜剑楼更新亮相，新增市级非遗项目12项，千年文脉传承保护取得新成效。加快景区向度假化转型，优化虞山文化国家级旅游度假区运行机制，策划虞山尚湖古城特色徒步旅游线路11条，举办“常熟村跑”10场，引进花间府·烟波里等主题度假酒店，虞山文化旅游度假区获评“国民休闲旅游度假目的地”，沙家浜虞山尚湖旅游线入选文旅部长江主题国家级旅游线路，A级景区年接待游客近700万人次、增长76%，常熟成为更多人纵情山水、拥抱自然、品味江南的"诗与远方"。常熟籍运动员在杭州亚运会、亚残运会上顽强拼搏，斩获4金3银2铜；2023—2024赛季中国女子篮球职业联赛江苏队主场落户常熟，中国桨板公开赛、第四届中国未来景区大会等活动精彩纷呈，让市民"过瘾"，让城市"出圈"。

四、坚持以民为本，民生福祉持续增进。深入开展"千村万企、千家万户"大走访等活动，着力听民声、解民忧，民生支出占一般公共预算支出比重超82%。

1.公共服务更有深度。顺利通过国家县域义务教育优质均衡发展评估认定，实施学校新建、改扩建项目27个，新增学位3450个；各学段教育质量均居苏州前列，普高拔尖创新人才培养成果丰硕；现代产业技能实训中心正式投用，职业教育"一校三区"协同发展，新增职业技能取证1.3万人次。市中医院创成三甲中医医院，市一院获评全省唯一"中国县域急诊急救大平台示范单位"、三甲医院创建完成现场评审，市二院获国家自然科学基金青年项目2项，招商力宝妇产医院开业，海吉亚医院开工；9个板块完成基层医疗机构优化整合。开通首条惠农公交，调整优化毗邻公交、城市干线、微循环线18条，重点打造校园快线30条、保障学生出行45万人次。市工人文化宫建成投用。市档案馆获批"全国示范数字档案馆"。市地方志馆挂牌开放。

2.民生答卷更有厚度。强化基本医疗保障，落实门诊共济保障机制、重特大疾病医疗保险和救助制度，实时救助19.5万人次；二级以上定点医疗机构实现"先诊疗后付费"全覆盖，建成村(社区)医保公共服务点349个、医保便民服务站101个。加强"一老一小"保障，新备案托育机构10家、可供托位560个，开设幼儿园托班45所，幼托一体发展取得突破；建成投用养老服务机构14家，完成适老化改造2416户，承办全国特殊困难老年人家庭适老化改造工作会议、常熟经验获得交流推广；布点"家门口"的老年大学27所，新增学位1.2万个、苏州第一。坚持就业优先，新增就业2.3万人、稳定参保5.1万人，完成市民卡、社保卡"二卡合一"，发放第三代社保卡超137万张。取消积分落户限制，新增落户9648人。慈善总会筹集善款1.1亿元助力乡村振兴和扶贫济困，慈善药品援助项目累计发药8200万元，AED普及项目开全国慈善会系统先河。

3.生态建设更有力度。深入打好污染防治攻坚战，国省考断面达标率100%、优Ⅲ率93.3%，河湖水生态环境综合评价指数居苏州第一，$PM_{2.5}$浓度28微克/立方米、苏州第二，空气质量优良率80%、提升1.1个百分点。强化污水收集治理，投用洪洞水质净化厂一期项目、净增污水日处理能力7万吨，新建污水管网21.9公里，城市生活污水集中收集处理率全省县级城市第一，劣Ⅴ类水体实现动态清零，获评苏州市级幸福河湖8条。"双碳"工作稳步推进，交易绿证59万张，新增并网分布式光伏容量267兆瓦、苏州第一；高新区入选全国"零碳园区"标准试点。城市噪声地图应用纳入国家级试点。新材料产业园启动国家环境健康管理试点。

五、坚持以严筑底，社会大局平安稳定。牢牢守住安全发展底线，社会环境稳定和谐。

1.安全基础持续夯实。安全生产事故起数和死亡人数实现"双下降"、非亡人事故起数压降36%，未发生较大以上生产安全和亡人火灾事故。开展重大隐患排查整治专项行动，落实企业"班前班后五分钟"安全教育培训，持续推进"零亡人"板块创建；深化仓库消防、城镇燃气等专项整治，城市安全治理水平进一步提升。强化排水防涝保障，完成徐六泾治理工程等重点水利项目建设，有效应对"7·20"大暴雨，实现平稳度汛。

2.平安建设持续深化。刑事发案数实现"十六连降"、重大涉稳事件预警率达100%。深入推进打击治理电信网络诈骗违法犯罪系列行动，持续推动派出所巡区建设、巡处一体改革和路面警力融合，警情处置能力有效提升。全面运转社会稳定风险合成处置工作专班，一批信访疑难案件、突出问题纠纷得到有效化解。持续拓展12345热线受理范围，高效对接110平台，实现需求回应、矛盾处理等非紧急类诉求"一个号码"服务。

3.风险防线持续织密。全力以赴"保交楼、保民生、保稳定"，房地产市场总体平稳。防范和处置金融领域涉企涉众风险，严厉打击非法金融活动，持续推进政府债务化解，守住了不发生区域性、系统性金融风险的底线。

六、坚持以实为要，自身建设纵深推进。"实"字当头、"干"字为先，扎实推动政府职能转变和行政效能提升，政府履职能力和服务水平迈上新台阶。

1.政治担当全面强化。扎实开展学习贯彻习近平新时代中国特色社会主义思想主题教育，坚定不移贯彻落实上级决策部署。认真配合市委接受省委巡视，不折不扣抓好巡视整改，驰而不息纠"四风"树新风。

2.法治政府全面深化。高标准完成全国首批普法守法示范城市试测评，更大力度推动行政争议实质性化解，行政诉讼案件数量和败诉率显著下降。办复人大建议209件、政协提案240件，办结率均为100%。

3.政府改革全面推进。聚力政府数字化转型，初步完成三大全生命周期管理服务平台建设，基本掌握21万家活跃市场主体、194.7万实有人口、38.8万栋既有建筑运行状态，政府治理效能持续提升。深化国资国企改革，完善新一轮国企高质量发展三年行动计划，形成9大市级国企架构体系，资产规模突破2000亿元，国投公司获双AAA评级、全国县级城市第五家。

4.营商环境全面优化。获评全国城市营商环境创新县(市)，入选全国"个体工商户信用监管数据质量提升试点名单"、全国县级城市唯一。聚焦企业发展痛点堵点，实施"六不五优化"专项行动，持续推进"一件事一次办"改革，平均办理时间压缩69%，新登记各类市场主体超4.3万户，企业获得感、满意度不断提高。

此外，共青团、妇女儿童、关心下一代、老龄、红十字等事业加快发展，民族宗教、侨台事务、人民防空、审计、统计、外事、电力、供销等工作取得了新的进步。

2024年工作安排

今年是新中国成立75周年，是实施"十四五"规划的关键之年。新的一年，我们将以习近平新时代中国特色社会主义思想为指导，全面贯彻党的二十大、二十届二中全会和习近平总书记对江苏、苏州工作重要讲话重要指示精神，坚持稳中求进工作总基调，完整准确全面贯彻新发展理念，全面落实"四个走在前""四个新"重大任务，加快服务构建新发展格局，统筹扩大内需和深化供给侧结构性改革，统筹新型城镇化和乡村全面振兴，统筹高质量发展和高水平安全，巩固和增强经济回升向好态势，增进民生福祉，保持社会稳定，谱写更高品质"江南福地"现代化建设新篇章。

2024年经济社会发展的主要预期目标是：地区生产总值增长5%以上，一般公共预算收入增速高于苏州平均，规上工业总产值增长5.5%以上，全社会固定资产投资630亿元以上，实际使用外资稳量提质，进出口总额实现正增长，社会消费品零售总额增长6%以上，居民人均可支配收入与经济增长基本同步，约束性指标完成上级下达任务。

2024年发展环境复杂性、严峻性、不确定性上升，要实现以更高质量的"进"促进更加全面的"稳"，注定是一个充满机遇与挑战的不平凡之年，更需要我们树立直面困难、勇往直前的斗争意识，做到保持定力、提振信心，牢牢把握发展的主动权；更需要我们树立敢拼敢闯、敢想敢干的创新意识，做到刀刃向内、自我革命，全面激发活力增强动能；更需要我们树立走在前列、争做示范的进取意识，做到逢先必争、逢旗必夺，努力在区域竞争中勇立潮头；更需要我们树立统筹兼顾、综合平衡的协同意识，做到十指联动、弹好钢琴，凝聚推动高质量发展的强大合力；更需要我们树立狠抓落实、久久为功的实干意识，做到善始善终、善作善成，以钉钉子精神抓好落实，努力在逐梦奋进中开创发展新局面，重点做好七方面工作。

一、更大力度强化统筹协调，开创经济发展新局面

把坚持高质量发展作为新时代的硬道理，完成第五次全国经济普查登记，抓细抓实经济运行分析调度，以更加积极主动的政策举措，营造有利于发展的良好环境，推动经济实现质的有效提升和量的合理增长。

1.推动有效投入量质齐升。坚持扩产投产和引进推进并举、招大引强和培优育强并进，掀起"大抓项目、抓大项目"热潮，为高质量发展蓄势赋能，完成工业投资308亿元。强化项目招引。聚焦"3+5+2"产业方向，完善产业图谱，强化"整机型""链主型"企业和产业链缺失、薄弱环节招商，优化产业生态，不断增强产业韧性和稳定性，力争围绕重点产业链引进超20亿元内资项目3个、超10亿元内资项目8个、超亿美元外资项目2个。提升项目质量。深化"数据得地"机制，持续优化"网上评审+专题会审"新增制造业用地项目评价模式，把牢准入关口。实体化运行重大项目保障服务领导小组，落实项目全流程跟踪和精细化服务，确保274个市级以上重点产业项目早建设、早竣工、早达效。

2.推动外贸外资多元共进。不断提升对外开放平台能级，拓展方法路径，力促外资外贸回升向好。着力稳外贸。精心谋划"展会+贸易+投资"系列活动，引导企业积极对接RCEP、CPTPP等协定，持续深化与"一带一路"共建国家等新兴市场合作，借力"中国·沙特中心"、中国常熟"一带一路"（巴基斯坦）中心等平台，千方百计抢订单、拓市场。深化"区港联动"模式，探索开展保税维修等新兴业务，力争保税区进出口额突破10亿美元。推动跨境电商B2B业务拓展，加快启动高端美妆跨境电商进口分拨中心等重点项目，探索发展"保税仓+直播"等新模式。深化市场采购贸易"江苏模式"省内外联动，新增落地省内联动服务中心3个、省外推广试点1个，助力更多中小微企业"扬帆出海"，力争市场采购贸易常熟出口额达25亿美元。着力增外资。落实外资总部经济和外企利润再投资专项支持政策，深入挖掘外商投资潜力，新增苏州市级以上跨国公司地区总部和功能性机构3家。

3.推动消费回暖速效同增。传统消费潜能激发与新型消费培育并举，消费环境改善和消费内涵丰富齐抓，让消费市场旺起来。改善消费"硬条件"。因地制宜推进商圈周边街道整修、景观亮化、泊位增补等举措，科学布局"一刻钟便民生活圈"3个，提升消费便捷度。优化消费"软环境"。加快特色商业街区、体验式消费场景建设，持续擦亮王四酒家等"老字号"招牌，提升世茂商圈、方塔东街、琴湖片区、尚湖景区、沙家浜景区等夜经济集聚区发展质态，打响"虞歌畅晚"夜经济品牌；办好"五五购物节""双十二购物节"两大节点性活动，推出惠民补贴、以旧换新等举措，推动新能源汽车、家电家装等大宗消费持续放量。抢抓消费"新风口"。建设电商创业综合服务平台、直播电商数据平台等配套设施，建成城市配送中心、中通智能科技电商快递产业园等功能载体，持续壮大电商平台经济，力争实现直播电商网络交易额超720亿元，全力打造"电商创业福地"城市IP。

二、更实举措服务产业发展，激活转型提质新动能

以创新、智能、绿色、安全为方向，深入推进新型工业化，加快产业结构调整和转型升级，推动产业体系实现更高质量跃升。

1.全面推进产业集群建设。对标学习上海临港等先进地区经验，以更大力度推进产业链上下游集聚、制造业与服务业融合，促进"3+5+2"产业集群壮大成势。

推动三大支柱产业"提质"、稳基础。汽车及零部件产业加快构建集整车、关键零部件、智能网联、验证测试于一体的全产业链，引导存量汽车及零部件企业向新能源化、智能化、轻量化转型，力争规上产值达1100亿元；装备制造产业聚焦新能源、半导体、低空飞行器等专用装备及配套，强化本地化集成和模块化制造，狠抓首台（套）重大装备挖掘和培育，力争规上产值突破1580亿元；纺织服装产业聚力向"微笑曲线"两端延伸，加速国际纺织服装服饰品牌中心建设，培育更多企业总部和优势品牌，力促千亿级纺织服装产业中规上产值达530亿元，线上线下两大市场规模超2760亿元、其中线上交易额突破1200亿元。

推动五大重点产业“提效”、拓增量。新能源产业深耕锂电、第三代光伏、氢能等细分领域，做强动力电池及上游新材料、氢能装备研发测试、光伏发电及核心组件，力争规上产值突破800亿元；声学产业紧盯电声学、材料声学、海洋声学等领域，强化旗舰型项目招引，集聚更多产创资源、赋能更多产业发展，力争规上产值超450亿元；新一代信息技术产业重点瞄准汽车电子、电子材料、电子元器件等领域发力，规上产值突破550亿元；数字经济产业锚定直播电商、跨境电商下功夫，持续深化数实融合，数字经济核心产业增加值占GDP比重提升至7.3%左右；生命健康产业重点围绕医药制造、医疗器械等领域，发挥省药监局审评核查常熟工作站、市生命健康产业创新服务中心作用，加快科创成果转化和项目集聚，规上产值增长8%。

推动两大服务业“提档”、强赋能。生产性服务业聚焦检验检测认证、研发设计、现代物流物贸等领域，既满足“3+5”产业高质量发展需求，又逐步形成专业化、特色化的产业集群；文体旅产业全面整合山、水、古城等资源，打造精品赛事，发展品质旅游，既提升城市经济活力和形象内涵，又为吸引优质项目、高端人才提供助力。

2.全面加快结构调整步伐。坚持存量增量并重，更大力度支持扎根常熟的优质企业固本、焕新，稳住基本盘、实现新突破。推进智能化改造。以“智改数转网联”为抓手，在规上企业全覆盖的基础上，推动更多有基础、有意愿的存量企业转型突围，争创苏州市级以上荣誉标杆200个，新增工业机器人2500台（套）、工业互联网应用（上云）企业100家、工业互联网（两化融合）示范企业30家。推进高端化转型。加强“单项冠军”、专精特新等优质企业梯度培育和专业辅导，新增省级以上专精特新企业60家；强化优质企业上市的全周期政策扶持，新增上市挂牌企业2家，通过资本市场实现直接融资额不少于20亿元。推进绿色化发展。强化绿色技术创新引领，落实工业企业资源集约利用综合评价差别化政策，加快推动优质企业做大做强、落后企业淘汰退出；稳步推进能耗双控向碳排放双控转变，推动重点行业和企业节能降碳增效，扩大绿证交易规模。推进质量强市建设。新增“江苏精品”“苏州制造”认证产品不少于4个，主导和参与制修订国家和行业标准不少于12项。

3.全面强化资源要素供给。坚持要素跟着产业走、资源围着项目转。强化土地保障。推进全市域详细规划编制，优化土地指标交易管理机制，“一地一策”处置闲置土地，盘活存量建设用地7000亩，确保好项目不缺用地、好产业不缺空间。强化载体保障。竣工星润智谷二期、智慧能源创新中心等项目，开工长三角（常熟）国际先进智造产业园三期、中新智地产业园等载体，高质量推进20个存量产业用地更新片区建设，以优质产业载体吸引更多优质项目。强化人才保障。做好“昆承英才”等高端人才引进的同时，深入推进8个苏州市级以上职业教育“双优计划”，发挥现代产业技能实训中心、常熟工匠学院等平台作用，新增高技能人才5000人以上。强化资本保障。实质化运营苏创新能源、吴越天使等基金，加快融入市、县一体的产业基金架构，综合运用融资担保、普惠金融风险补偿等模式，助力优质项目落地和重点企业发展。

三、更强定力深化科创赋能，点燃产创融合新引擎

围绕产业需求抓创新，推动科技创新与先进制造深度融合，以创新激发产业高质量发展动能，力促研发经费支出占GDP比重提升至4.15%左右，加快培育形成新质生产力。

1.持续引育创新主体。坚持内培外引两手抓，不断壮大创新平台和创新主体阵容。促进创新平台扩容提效。深入实施产创融合“十百千”平台载体建设工程，新增产业创新基地1个、产业创新平台5个、企业研发载体60个，重点推动省产研院金属所、液晶所等存量创新平台向公共化服务和高质效运营转变，加快北大分子前沿技术研究中心、中汽研氢能测试中心等增量创新载体建设，力争中国科学院声学研究所常熟基地落地开工、海底观探测与传输技术全国重点实验室创建实现重大突破。促进创新主体量质齐升。健全科创型企业联合培育辅导和全生命周期服务机制，确保高新技术企业总数突破1300家。持续推进国家知识产权强县示范建设，每万人口高价值发明专利拥有量提升至23.3件。瞄准北京、上海、南京、西安等创新型产教资源集聚地区，积极对接大院大所和央企国企重点资源，落地科技招商项目1200个以上。

2.加速集聚创新要素。以“南园、中城、北谷”三大“创新核”建设为牵引，全面提升创新资源集聚度和向心力，更好赋能产业集群建设。优化创新资源配置。推进迈宝国际品牌创新中心、数字科技新城科创港等高能级载体建设，初步展现UWC+创新岛、声谷科技产业园形象面貌，加速集聚优质企业研发总部、高能级创新平台和高端人才；支持乡镇板块联动三大“创新核”，积极承接产业和科技资源溢出，加速构建“总部/研发+生产基地”协同互促的发展格局。强化创新人才引育。持续推进人才归谷建设，激发企业引才、平台引才、以赛引才、以才引才活力，创新校地人才双聘、人才“周转池”等机制，培育新能源、先进材料、声学等行业领军人才180名以上；发挥国家大学科技园作用，赓续“科技镇长团”品牌，构建人才产业链生态沙龙互动机制，推进“揭榜挂帅”扩面提质，撬动企业技术合作不少于200项。

3.着力优化创新生态。强化政府、企业、机构、人才等多方联动，为创新主体发展厚植成长“沃土”。提高创新服务“精准度”。依托“汇科创”大数据管理平台，实现企业研发载体数字画像全覆盖，动态掌握企业技术创新需求，力争在工业母机、“双碳”等重点领域实现关键技术突破。做强科技金融“支撑力”。依托常创股权等基金，优化“以投带引”基金投资招商新模式，深化投贷联动，打造覆盖科技项目全生命周期的投融资生态体系，以金融活水滋养“创新之花”。构建创新成长“全链条”。持续发挥“众创空间—孵化器—加速器—产业园区”创新培育体系作用，深化与南京大学、常熟理工学院等科研院所的校地合作，新增苏州市级以上科创孵化载体超5家。

四、更宽视野推动融合协同，展现城乡发展新面貌

着眼长三角一体化、长江经济带等国家战略，积极参与沪苏（州）同城化发展，持续深化区域、城乡协同，全面提升城市品质和能级。

1.持续优化城市发展格局。加快城市南融步伐，加速重点组团和交通设施建设，实现更高水平的“产城人”融合发展。

提升组团片区开发质效。中新昆承湖园区加快推进基础设施、创新载体建设及高端项目招引，开工阿那亚创新街区、昆承科创港等项目；数字科技新城建成投用常春藤国际人才港、松下协创中心，基本形成“一轴两心三片区”空间布局；“苏州·中国声谷”统筹推进基础设施建设，骨干道路框架全面成型，声谷科创中心一期完成主体结构封顶；苏州高铁北城完成片区详细规划，确定项目合作方，启动产业先导区建设和项目招引；西泾岸历史街区完成整体运营方案制定，修缮项目完成施工，改建项目主体结构封顶，运营业态基本确定；云裳消费小镇综合推进产业、商业及生活配套布局，加快打造消费品牌数字社区；红色沙家浜建成集红色演艺、红色培训、酒店会务为一体的红色文旅综合体，完成景区度假化转型；高铁西站片区完成地下空间工程前期工作；花溪片区加快形成片区综合开发方案。

不断完善交通路网体系。加快对外畅联。配合推进通苏嘉甬铁路、沪武高速扩建等工程建设，做好锡太高速、通常高速前期，深化苏通二通道、嘉常高速等方案研究；持续优化常熟站停靠列车班次，更好发挥铁路作用。提速市域协同。确保广济路北延工程建成通车，启动迎宾路西延、相石路-任昆路连接线工程建设，做好常昆线、辛渭线改扩建项目前期。深化市内联动。完成青墩塘快速路高架施工，推进西站枢纽连接线前期、S342常熟西段改线方案研究，加快虞山南路修复等市政道路工程，推动农村公交、物流、道路提档升级，争创全国“四好农路”示范县和城乡交通运输一体化示范县。深入谋划常熟港区及沿线区域发展，更好利用长江岸线和腹地资源，加强常熟港建设，主动融入苏州港一体化发展大局。

2.持续提升城市文化内涵。用足用好国家历史文化名城“金字招牌”，打造以虞山、尚湖、古城为核，历史文化为魂的城市人文比较优势。做优名城保护。深化常熟古城与姑苏古城“双城联袂”，积极开展第四次全国文物普查，加快实施言子仲雍墓区域保护性提升工程，鼓励多元主体参与西泾岸、南泾堂等历史文化街区以及沙家浜、李市村等古镇古村的保护活化利用，守护历史根脉、留住乡愁记忆。做好文化传承。加快推进常熟博物馆提升工程，推动各类公共服务场所向市民开放，精心办好“遇见·虞山”全国美术名家写生展、非遗入校园进社区等活动，深入探寻言子“小康大同”等优秀传统文化新时代价值，传承发扬常熟琴诗画印等文化流派以及花边、红木等非遗工艺，讲好故事，创新路径，让常熟千年文脉得到更好延续。做精文体旅融合。完善“历史人文线”“活力山地线”等徒步特色旅游线路，深化“虞·YUE”系列四大主题产品内涵，办好“遇见沙家浜”全国戏曲票友大赛、中国女子篮球职业联赛江苏队主场比赛等活动，争创全国红色旅游融合发展示范区，推动红豆山庄创建AAAA级旅游景区、铁琴铜剑楼创成AAA级旅游景区，评定省级旅游休闲街区1家，新增过夜游客突破20万人次，形成“以文促旅、以旅兴城”的良好格局。

3.持续深化乡村振兴战略。学习运用“千万工程”经验，扎实推进农业农村现代化，加快建设新时代鱼米之乡。提高农业发展质效。抓紧抓好粮食和重要农产品稳定安全供给，新建高标准农田1.38万亩，持续推动种业“育繁推”一体化建设；新认定苏州市级以上示范家庭农场10家、农业龙头企业4家，建成农产品产地冷藏保鲜设施20个。推动乡村振兴片区化建设。扩面推进农宅归并移位和村庄基础设施配套，改造老旧、低压区供水管网4000户，新改善农村住房2700户，加快“千村美居”连点成线、连线成面发展，建成苏州市特色康居乡村150个、特色康居示范区1个，新增省市级特色田园乡村3个；深化“五治融合”，持续提升农村人居环境长效管理水平。壮大村级财力。支持镇村因地制宜探索农文旅融合、“飞地抱团”等发展路径，放大乡村旅游、“常熟村跑”等赋能效应，以“美丽乡村”带动“美丽经济”，力争村均集体经营性收入超980万元。

五、更深情怀办好为民实事，书写民生幸福新答卷

坚持在发展中保障和改善民生，尽力而为、量力而行办好民生实事，更好满足市民群众对美好生活的向往，打造全龄友好型城市。

1.推动社会保障更暖心。持续完善多层次社会保障体系，兜住、兜准、兜牢民生底线。更加突出就业优先导向。完善“职通常熟”用工服务体系，新增就业2.3万人；发挥“言子基金”等引人留人作用，进一步提高本市籍优秀高校学子以及常熟理工学院毕业生留常率；深化灵活就业人员参缴公积金试点，新增住房公积金缴存职工4万人。完善基本养老服务体系。推动养老机构等级评定和质量提升，力争机构入住率达39%；推广“社区+物业+养老”模式，完成适老化改造超2000户。做好重要民生商品保供稳价，抓牢食品、药品安全监管。大力发展公益慈善事业，全力打造“善美常熟”品牌。争创全国双拥模范城“六连冠”，扎实做好退役军人服务保障。

2.推动公共服务更贴心。围绕市民需求加快社会事业发展，增强公共服务供给的均衡性和可及性。强化教育资源统筹调配。深化全国义务教育优质均衡发展示范县创建，竣工学校项目11个，扩大高中学位资源供给，提升普高录取率2个百分点以上；完成省、苏州优质幼儿园创建3所，重点培育示范性幼托一体园5所，争创全国学前教育普及普惠县（市、区）。全心守护青少年健康成长。推进关爱青少年生命健康“润心”行动，提高中小学专职心理健康教育教师、校医专业水平。提升医疗健康服务能力。深化紧密型县域医共体全国试点改革，全力推进市一院创建三甲医院，进一步提升三甲医院诊疗和运营水平，全面完成基层医疗机构整合，持续优化分级诊疗体系。

3.推动居住生活更舒心。办好群众身边可见可触可感的平常事、关键事，让城市更宜居、生活更美好。深化城市更新行动。完成既有建筑更新项目10个、老旧小区改造4个、城中村自主更新单元4个。支持改善性住房需求，促进房地产市场平稳健康发展。提升市民出行体验。新增停车泊位2万个以上，实施常熟站等重点区域停车综合治理，优化停车收费政策，进一步提高主要路段停车泊位周转率；推动公交线网优化，探索开设就医、观光等特色公交路线，扩面校园快线、日均服务学生超2000人次。提高城市管理水平。建立市容环境乱象预警和动态清零制度，深化“席地而坐”城市客厅示范区建设。启动新一轮城镇燃气“瓶改管”扩面行动，建设天然气管网260公里，完成城乡居民天然气管道安装1.6万户，加快瓶装燃气供应站点整合归并。启动农副产品交易城扩建工程，完成东张、何市等5家集贸市场升级改造。

六、更严标准做精社会治理，构筑本质安全新格局

增强“时时放心不下”的责任感，落实“1+7”问题清单制度，严紧细实抓好风险隐患防范化解，努力实现高质量发展和高水平安全的良性互动。

1.坚决守住安全生产底线。坚持问题导向、突出重点领域、层层压实责任抓安全生产，全力遏制较大及以上生产安全事故。持续提升本质安全水平。发挥专委会行业管理作用，建立安全生产、自然灾害突出问题清单，持续强化巡查检查和宣传培训，压紧压实业主、房东主体责任，推动治理模式向事前预防转型。紧盯建筑施工、特种设备、工贸、危化品等重点领域，深化工业集中区、群租厂房安全整治提升，开展老旧化工装置更新改造、有限空间“上锁设柜”提质扩面等专项行动，落实“3+2”企业工伤事故监管机制。持续稳定消防安全形势。全面推开基层消防委托执法工作，织密建强“5分钟消防救援圈”，挂牌整治一批重大火灾隐患。持续提升防汛安全保障能力。完成元和塘治理工程等重点水利项目，深入推动城市易涝点和虞山山洪治理。

2.坚决守住生态环保红线。系统推进污染治理、生态环境基础设施建设，着力解决突出环境问题，全力守护蓝天碧水净土，力争实现国家级“两山”实践创新基地零的突破。持续改善大气质量。突出$PM_{2.5}$和臭氧协同控制，高标准推进挥发性有机物精细化深度治理提升行动，进一步提高空气质量优良率。大力开展河湖水质提升攻坚。坚定不移推动长江保护与修复，深入实施新一轮太湖治理，加强沿江危化品船舶管理，保护好长江水源地。深化国省市考断面汇水区溯源排查，强化昆承湖和苏州市考断面总磷指标攻关，巩固劣Ⅴ类水体动态清零成果，持续推进幸福河湖建设，国省考断面水质优Ⅲ率达到100%。深化“无废城市”建设。加快推进飞灰与废盐综合利用处置等重点项目，推动垃圾分类提质增效，提升固废“趋零填埋”和规范化管理水平。强化环保基础设施建设。完成滨江第二污水处理厂等33个年度重点建设项目。

3.坚决守住社会稳定防线。深化平安常熟建设，常态化推进扫黑除恶专项斗争，保持对各类违法犯罪活动的高压严打态势。完善重大涉稳风险挂牌督办机制，深入开展清理欠账、欠款、欠薪“三清”等专项行动，着力防范化解金融、房地产、劳资纠纷、政府性债务等风险。坚持和发展新时代“枫桥经验”，完善“微网格”治理体系，深化“网格+检察公益诉讼”等“网格+”内涵，提升基层防范化解风险能力。探索建立“突出信访矛盾及时就地解决”工作处办机制，统筹开展信访积案化解与信访问题源头治理攻坚行动，进一步提高信访矛盾实体性化解率。

七、更优作风强化自身建设，提升政府服务新水平

新时代赋予新使命，新征程要有新作为，政府系统将坚决做到知责于心、担责于身、履责于行，不断提高治理体系和治理能力现代化水平。

1.始终坚持改革提效。认真贯彻落实党中央关于机构改革的决策部署，持续优化政府职能、完善体制机制、提高运行效率。深化数字政府建设，完善市场主体、实有人口、既有建筑“三位一体”的全生命周期管理服务平台功能，开发更多“切口小、方法巧、效果灵”的数字化应用，提高对企业、群众的动态感知能力，为政府精细化治理、精准化服务提供更强支撑。持续深化行政审批制度改革，建立企业服务中心和企检服务中心，全力简流程、优服务，让涉企政策“自动直达”、惠企政策“免申即享”。推进新一轮国有企业改革深化提升行动，上线国资国企一体化信息系统，加快国企数字化、市场化转型。

2.始终坚持依法行政。强化普法宣传，夯实全国首批普法守法示范城市和全国唯一普法先进“八连冠”创建基础。强化依法行政，扎实开展行政执法突出问题专项整治行动，探索建立分级分类监管、部门板块联合执法检查机制，推进包容审慎监管，少说“不能做”、说清“怎么做”，坚决杜绝“一刀切”，减少对企业正常生产经营的干扰；加强涉企政策评估，探索建立企业参与的政策制定机制，构建良好发展环境。强化诉源治理，加大行政争议实质性化解力度，持续压降行政诉讼风险案件数量和败诉率。强化依法决策，严格落实重大行政决策机制，主动接受人大及其常委会法律监督和政协民主监督，自觉接受监察、司法、舆论监督，加强审计监督，确保政府所有工作都在法律框架内进行。

3.始终坚持锤炼作风。深入学习贯彻习近平总书记对江苏、苏州工作重要讲话重要指示精神，巩固拓展主题教育成果，努力将学习成效转化为干事创业的实际行动，以顶格标准、满格状态落实“四敢”要求，奋力开创高质量发展新局面。深入推进政府系统党风廉政建设和反腐败工作，持之以恒正风肃纪。倡导勤俭节约优良作风，持续压降“三公”支出，坚决兜牢“三保”底线，将更多财力用在发展紧要处和民生急需上，以政府的“紧日子”换市场主体和市民群众的“好日子”。

组织机构及负责人名录

（截至2023年12月31日）

常熟市四套班子领导机构及市纪委监委领导机构

中共常熟市第十四届委员会

书　　记　周勤第
副 书 记　秦　猛　潘志嘉
　　　　　韩华溢（挂职）
常　　委　薛　啸　王建国
　　　　　潘　浩　宋　刚
　　　　　吴晓红（女）　陈国栋
　　　　　周　晓（女）　万晓军

常熟市第十五届人民代表大会常务委员会

党组书记、主任　王建国
副 书 记　张建强
副 主 任　张建强　张月明
　　　　　陈邵东　马维刚（1月任）

常熟市人民政府

党组书记、市长　秦　猛
党组副书记　韩华溢（挂职）
　　　　　吴晓红（女）
副 市 长　韩华溢
　　　　　吴晓红（女）　万晓军
　　　　　杨晓峰　史　纲
　　　　　王志军　徐　正
　　　　　俞　翔　谈晓华（5月任）

中国人民政治协商会议常熟市第十四届委员会

党组书记、主席　沈晓东
党组副书记　周　晓（女）　邓国华
副 主 席　邓国华　金健峰
　　　　　钱向前（女）
　　　　　芮卫国（1月任）

中共常熟市纪律检查委员会

书　　记　薛　啸
副 书 记　沈剑峰　李　燕（女）
常　　委　周志新　李彦久
　　　　　戴　丹（女）　万晓峰

常熟市监察委员会

主　　任　薛　啸
副 主 任　沈剑峰　李　燕（女）
委　　员　李彦久　戴　丹（女）
　　　　　尹　伟　魏少鹏

常熟市人民武装、审判、检察机构

市人民武装部

政治委员　宋　刚
部　　长　杨海生

市人民法院

党组书记　祁　锋
院　　长　祁　锋
党组副书记　朱一鸣（女，10月任）
副 院 长　朱一鸣（女，10月任）
　　　　　俞惠中　周　薇（女）
　　　　　马建锋
政治处主任　张　波

市人民检察院

党组书记　明文建
检 察 长　明文建
副检察长　姜兆军
　　　　　邢桂霞（女）
　　　　　闻丽娜（女，12月任）
政治部主任　邓　樱（女）

中共常熟市委工作机构及部门管理机构

市委办公室

主　　任　徐惠东
副 主 任　朱　钰（女）　黄亦范
　　　　　张　伟
　　　　　邵金婷（女，7月任）

市委研究室

主　　任　张　伟（兼，12月任）

市档案局

局　　长　朱　钰（女，12月任）
副 局 长　刘尊祎（12月任）

市委组织部

部　　长　潘　浩
副 部 长　潘　伟　丁建刚
　　　　　高延君（女）
　　　　　陆　珩（女）
　　　　　王正国（兼）
部务委员　于　珂（女）

市委非公有制企业和社会组织工委

书　　记　潘　伟（兼）
副 书 记　于　珂（女）

市委市级机关工作委员会

书　　记　高延君（女，兼）

市委党建工作领导小组办公室

主　　任　高延君（女）

副 主 任　钱韵娅（女，12月任）

市公务员局

局　　长　丁建刚
副 局 长　张志新

市委宣传部

部　　长　潘志嘉
副 部 长　王　燕（女）　程　立
　　　　　秦　珺（女，10月任）
　　　　　王启罡（10月任）
部务委员　徐　雯（女）

市精神文明建设指导委员会办公室

主　　任　王　燕（女）
副 主 任　王铭涛（12月任）

市新闻出版局（市版权局）

副 局 长　陈雪莲（女，12月任）

市互联网信息办公室

副 主 任　汪家鼎（12月任）

市哲学社会科学界联合会

主　　席　程　立
副 主 席　徐　雯（女）

市委统一战线工作部

部　　长　周　晓（女）
副 部 长　吴文进　贾宇烨
　　　　　戴亚芳（女）
　　　　　赵　军（兼）

市民族宗教事务局

局　　长　戴亚芳（女）
副 局 长　顾文婷（女）

市政府侨务办公室

主　　任　贾宇烨

市委政法委员会

书　　记　潘志嘉
副 书 记　王志军（兼）
　　　　　唐剑锋（12月任）
　　　　　张志强　黄　剑
政治处主任　施国芳

市委机构编制委员会办公室

主　　任　陆　珩（女）
副 主 任　葛　刚
　　　　　王　晴（女，10月任）

市事业单位登记管理局

副 局 长　徐荣雷（12月任）

市委巡察办

主　　任　周志新
副 主 任　王　臻　徐懿亭

市委巡察组

组　　长　李　艳（女）　王　曦
　　　　　陆志强　蔡晓军
副 组 长　薛　政　毛建锋
　　　　　马可玮（女）
　　　　　吴夏阳　赵庆锋
　　　　　沈　锋（10月任）
　　　　　钱敏霞（女）
　　　　　陈建良（12月任）
　　　　　郑　霞（女，12月任）

市纪委监委派驻纪检监察组

派驻市委办公室纪检监察组组长
　　何静芬（女，12月任）
派驻市委组织部纪检监察组组长
　　俞进锋（12月任）
派驻市委宣传部纪检监察组组长
　　陆建青（12月任）
派驻市公安局纪检监察组组长
　　朱云涛（12月任）
派驻市发展和改革委员会纪检监察组组长
　　尹春华（12月任）
派驻市教育局纪检监察组组长
　　陈　剑（7月任）
派驻市财政局纪检监察组组长
　　张培新
派驻市住房和城乡建设局纪检监察组组长
　　陈虎刚
派驻市交通运输局纪检监察组组长
　　朱洁琼（女）
派驻市农业农村局纪检监察组组长
　　唐文俊
派驻市卫生健康委员会纪检监察组组长
　　张　杰（12月任）
派驻市行政审批局纪检监察组组长
　　唐晓毅（女）
派驻市市场监督管理局纪检监察组组长
　　汤　涌
派驻市人民检察院纪检监察组组长
　　陆　斌
派驻市城投公司纪检监察组组长
　　王雪军

市委老干部局

局　　长　王正国
副 局 长　马建新　杨　恺（女）

市委离退休干部工作委员会

书　　记　王正国
副 书 记　杨　恺（女）

常熟市人大及常委会工作机构

市人大常委会办公室

主任、机关党组书记　陆益斌
副 主 任　卜蕾蕾（女）
　　　　　陈　玲（女）
　　　　　王　珏（12月任）

市人大常委会研究室

主　　任　陈　玲（女，兼，12月任）

市人大社会建设委员会

主任委员　邹燕兰（女）
副主任委员　杨　林

市人大常委会人事代表联络工作委员会

主　　任　费卫东
副 主 任　宗　霞（女）

市人大常委会监察和司法工作委员会

主　　任　戴玉华（女）
副 主 任　张　英（女）

市人大常委会财政经济工作委员会

主　　任　沈　军
副 主 任　顾军明

市人大常委会农业农村工作委员会

主　　任　范国华
副 主 任　曹　华（女）

市人大常委会城建环保工作委员会

主　　任　王　维
副 主 任　章伟东

市人大常委会教科文卫工作委员会

主　　任　浦明霞（女）
副 主 任　华　胜

常熟市人民政府工作部门及派出机构

市政府办公室

主任、机关党组书记　温献民（7月任）
副 主 任　高　宇　费春明
王越飞（3月任）
艾　萌（3月任）
水　淼（7月任）
刘恩原（兼）

市政府研究室

主　　任（空缺）

市政府外事办公室

主　　任　王　刚（兼）

市大数据管理局

局　　长　温献民（兼，7月任）
副 局 长　张井明

常熟市发展研究中心

主　　任　王　刚

市发展和改革委员会

党组书记、主任　朱晓峰（7月任）
副 主 任　殷　伟　王　陶
邹建安（12月任）
周晓丽（女）　王晓龙
总工程师　姚　君（挂职，12月任）

市国防动员办公室

主　　任　朱晓峰（兼，7月任）

市长三角地区合作与发展办公室

副 主 任　李　丹（女，10月任）

市人民防空办公室

主　　任　朱晓峰（兼，7月任）

中共常熟市委教育工作委员会

书　　记　赵明华

市教育局

局　　长　杨俊达
副 局 长　赵明华　王志明（7月任）
顾　泳（女）
陈　丹（女，3月任）

市政府教育督导室

主　　任　杨俊达（兼）
副 主 任　潘一兵

市科学技术局

党组书记、局长　顾晓丹（女）
副 局 长　王　天　田雪峰
钱人杰

市科技创新办公室

副 主 任　花雪东

市工业和信息化局

党组书记、局长　马建峰
副 局 长　邵志达　俞　平（女）
曹　滨
赵　赴（12月任）

市公安局

党委书记、局长、督察长　王志军
政治委员　许晓东（12月任）
党委副书记　许晓东（12月任）
李伟国
副 局 长　许　琦　张　达
朱　翔　唐　宇
政治处主任　李伟国

市外来人员服务和管理办公室

主　　任　柯志刚（7月任）
副 主 任　沈　午　平　江
钱　霞（女，10月任）

市民政局

党组书记、局长　唐　晓
党组副书记　徐　健
副 局 长　姚彩莲（女）
袁　丰（女）

市司法局

党组书记、局长　吴　宏（12月任）
副 局 长　高　虎　吴文龙
王　强　孙　玮
政治处主任　汤　妍（女）

市委全面依法治市委员会办公室

副 主 任　黄　薇（女）

市财政局

党组书记、局长　范立军

副局长　殷新勇　钱　瑛（女）
吴志鹤　胡国平
杨立峰（10月任）

市政府国有资产监督管理办公室

主　　任　范立军（兼）
副主任　姚　胜

市人力资源和社会保障局

党组书记、局长　陈晓宇
副局长　顾文杰　姚　亮（女）
杨　晨　祝　锋

市自然资源和规划局

党组书记、局长　董国新
副局长　徐雪峰
邹云英（女）
严丽萍（女）
赵学峰
总规划师　陈　雷

市林业局

局　　长　董国新（兼）

市土地储备中心

主　　任　吴志平
副主任　冯　可　杨益平

市住房和城乡建设局

党组书记、局长　钱建平
党组副书记　陈　立
副局长　陈　立　仲春剑
陆志明　王海晖
张　宇
总工程师　姚文龙

市房产管理处

主　　任　仲春剑
副主任　袁卫东
陈　煜（10月任）
查　枫

市城市建设基金管理中心

主　　任　姚文龙
副主任　薛　青

市历史文化名城保护管理办公室

主　　任　王　奕
副主任　陈文彬

市房屋征收管理办公室

主　　任　顾利东

市城市管理局

党组书记、局长　薛建伟
副局长　周　政　秦　怡

市环境卫生指导中心

主　　任　陆卫民
副主任　朱明华　浦晓峰

市交通运输局

党组书记、局长　陈　义
党组副书记　黄若葵（女）
副局长　杨　燕　姚哲翊
殷文新
总工程师　仲崇谨

市港口管理处

主　　任　蔡宇恒（12月任）
副主任　顾炜标　周　竣
钱　俊

市水务局

党组书记、局长　瞿文明
副局长　金　辉　张　琪
刘双佳（7月任）
总工程师　沈　应（女）

市农业农村局

党组书记、局长　乔小力
党组副书记　洪　卫（3月任）
副局长　陈　宏　邹拥军
陆　益　时利锋
顾维嘉
总畜牧师　王　中
总农艺师　钱　彪

市乡村振兴局

副局长　吴　俊

市委农村工作领导小组办公室

副主任　高　飞

市商务局

党组书记、局长　徐国强
党组副书记　张　毅
副局长　张　毅　许　柳（女）
钱以临（女，7月任）
李　薇（女）

市口岸办公室

主　　任　徐国强（兼）
副主任　李一鸣（10月任）

市文体广电和旅游局

党组书记、局长　钱　强
副局长　戚晓维（女）　佘　阳
王纪渊　陆　晗

市文物局

局　　长　钱　强（兼）
副局长　韦剑章

市卫生健康委员会

党组书记、主任　黄熙枚（7月任）
党组副书记　马汉青
副主任　马汉青　唐佩军
徐晓萍（女）
姚　慧
石　星（兼，10月任）

市疾病预防控制局

局　　长　石　星（10月任）

市退役军人事务局

党组书记、局长　施珉珏（女）
副 局 长　陆培新
　　　　　吴奇华（10月任）
　　　　　李　程（兼）

市应急管理局

党委书记、局长　俞　铁
副 局 长　蒋永卫　罗来一
　　　　　顾宇飞
　　　　　周　剑（12月任）
总工程师　李　铭

市安全生产委员会办公室

副 主 任　武志军（12月任）

市审计局

党组书记、局长　王海燕（女）
副 局 长　张军波　袁建军
　　　　　查银华　王裕安
总审计师　陈志英（女）

市行政审批局

党组书记、局长　方　宇（7月任）
党组副书记　柴　畅
副 局 长　吕　松　王　韵
　　　　　钱美芳（女，12月任）
总工程师　浦方勇

市政务服务管理办公室

主　　任　方　宇（兼）（7月任）
副 主 任　吕　松

市市场监督管理局

党组书记、局长　王晓东（3月任）
党组副书记　袁　瑜（女，7月任）
副 局 长　朱建中　沈　琴（女）
　　　　　吴　东　陆建峰
食品安全总监　郁志坚

市知识产权局

局　　长　王晓东（兼，3月任）

市统计局

党组书记、局长　戴庆仁（7月任）
副 局 长　章　虹（女）　张　惠（女）
总统计师　周建峰

市医疗保障局

党组书记、局长　黄晓东（7月任）
副 局 长　李　军　周宇峰

市信访局

党组书记、局长　刘恩原
副 局 长　徐家农　阮　超
信访督查专员　王文红

市地方金融监督管理局

党组书记、局长　顾　麟
副 局 长　顾　晨　黄　伟

市政府金融工作办公室

主　　任　顾　麟（兼）
副 主 任　顾　晨

常熟市政协工作机构

市政协秘书处

秘 书 长　范建峰
副秘书长　沈靖波　朱立新
　　　　　衡成军　项　颖（女）

市政协办公室

主　　任　沈靖波
副 主 任　朱立新　衡成军
　　　　　项　颖（女）

市政协研究室

主　　任　衡成军（兼）

政协委员服务联络工作办公室

主　　任　朱立新（兼）

市政协提案委员会

主　　任　钱晓东
副 主 任　顾永忠

市政协经济科技和农业农村委员会

主　　任　徐学东
副 主 任　陆敏学

市政协城乡建设委员会

主　　任　陈向忠
副 主 任　陈建刚

市政协社会事业委员会

主　　任　季建农
副 主 任　张建华

市政协港澳台侨（民族宗教）委员会

主　　任　唐建军
副 主 任　苗卫东

市政协文史委员会

主　　任　李　忠
副 主 任　何君良

常熟市委、市政府直属事业单位

市合作交流中心

主　　任　聂加敏（女，10月任）
副 主 任　庄明明
　　　　　李　锐

市档案馆

馆　　长　唐　坚
副 馆 长　殷　红（女）
　　　　　朱凤伟
　　　　　钱棣华（女）

市委党校

校　　长　潘志嘉
常务副校长　时映光
副 校 长　王永前　陈云水
　　　　　邵　镭

市行政学校

校　长　时映光（兼）

市委党史工作办公室、市地方志编纂委员会办公室

党组书记、主任　潘志英（女）
副 主 任　归岳钦　张　军

市市级机关事务管理中心

党组书记、主任　丁　雷
副 主 任　石建东　谈晓枫
　　　　　王　科（7月任）
　　　　　周锦芳（女）

市供销合作总社

党组书记、理事会主任　顾雪峰
理事会副主任　范惠清　徐国兴
监事会主任　桑建刚

市融媒体中心（市传媒集团）

党委书记、主任（党委书记、董事长）
　　　　　陆　清
党委副书记、总编辑　夏玲慧（女）
副主任（副总编辑）　巴泽民
　　　　　陶　胜
　　　　　杨　绮（女）
　　　　　祁晓霞（女）
纪委书记　王振荣
传媒集团副总经理　支建新
　　　　　杨怡芳（女）

市检验检测中心

党组副书记、副主任　赵洲洋（主持工作）
党组副书记　诸雪梅（女）
副 主 任　孔　巍　任　星

市社会治理现代化综合指挥中心

主　　任　沈卫东
副 主 任　夏　健
　　　　　邹　瑛（女）

市便民服务中心

主　　任　沈卫东（兼）

垂直条线管理机构

市邮政管理局

局　　长　郝　磊

国家税务总局常熟市税务局

局长、党委书记　朱　青
副 局 长　顾伟国　龚婷瑜（女）
　　　　　陆　强
纪检组组长　孙　军

国家税务总局苏州常熟经济技术开发区税务局

党委书记、局长　丁　锋
党委副书记、副局长　吴志刚（8月任）
　　　　　肖　盈（女）
党委委员、纪检组组长　顾雪中

苏州市常熟生态环境局

党组书记、局长　王晓东
副 局 长　刘家鹏　刘　玮
　　　　　时晓波　张金宗
　　　　　张　韬（4月任）

江苏省统计局常熟调查局

局　　长　徐冰炎（女）

苏州市住房公积金管理中心常熟分中心

主　　任　沈利亚（女，11月任）
副 主 任　瞿丽霞（女）
　　　　　刘宁军（11月任）

市消防救援大队

党委副书记、大队长　姜修德
党委书记、政治教导员　钟移峰
副大队长　叶晨飞（12月任）
　　　　　张纪华（12月任）

中国人民银行常熟市支行

党组书记、行（局）长　钱晓萍（女）
副 行 长　金耀良　蔡　铭
纪检组组长　金耀良

中国银行保险监督管理委员会苏州监管分局常熟监管组

副 组 长　赵　冲（主持工作）

常熟市烟草专卖局（苏州市烟草公司常熟分公司）

局长、经理　王　渊
副 经 理　王　彤

常熟市气象局

党组书记、局长　孟祥飞
副 局 长　季　嫣（女，10月任）

常熟市民主党派、工商联及社会团体

中国民主同盟常熟市委员会

主　　委　俞　翔
副 主 委　金振飞　唐佩军（兼）
　　　　　徐丽娟（女，兼）

中国民主建国会常熟市委员会

主　　委　张月明
副 主 委　胡益梅（女）
　　　　　屈建龙（兼）
　　　　　陈　梅（女，兼）

中国民主促进会常熟市委员会

主　　委　金健峰
副 主 委　缪晓东

王筱虹（女，兼）
朱　震（兼）

中国农工民主党常熟市委员会

主　　委　钱向前（女）
副 主 委　徐醒尉　韩　冷（兼）
　　　　　王俊良（兼）

中国国民党革命委员会常熟市基层委员会

主　　委　查银华

九三学社常熟市支社委员会

主　　委　施　杨

市工商业联合会

党组书记　赵　军
主　　席　王春华（兼）
副 主 席　赵　军　陈芳勇
　　　　　罗卫刚　冯文澜（女）
　　　　　顾群益

市总工会

党组书记、主席　贺勇胜
副 主 席　朱　炬　龚春霞（女）
　　　　　朱文勇　黄晓刚

共青团常熟市委员会

书　　记　吴　晓
副 书 记　杨潇澜（女）　陈　谈
　　　　　马芯怡（女）
　　　　　孙嘉维（兼）

市妇女联合会

党组书记、主席　李　梅（女）
副 主 席　秦雅红（女）　毛　华（女）
　　　　　高　怡（女）

市科学技术协会

党组书记、主席　吴　鹏（7月任）
副 主 席　吕廷钧　祝　丹（女）

市文学艺术界联合会

党组书记、主席　张　怡（女）
副 主 席　张　雷（2月任）　李向东
　　　　　戚晓维（女，兼）
　　　　　陆建华（兼）
　　　　　朱　晞（兼）

市归国华侨联合会

主　　席　贾宇烨
副 主 席　杜建刚　冯文澜（女，兼）

市残疾人联合会

党组书记、理事长　童建清
副理事长　孙　坚　吴　洁（女）

市红十字会

会　　长　徐　正（兼）
常务副会长　陈伟娟（女）

常熟市无党派知识分子联谊会

会　　长　戚晓维（女，兼）
副 会 长　章伟东　邢桂霞（女）
　　　　　龚　政　吴颖锋

开发区、口岸管理机构

常熟经济技术开发区党工委

书　　记　周勤第
副 书 记　秦　猛（9月任）　陈国栋
委　　员　顾伟明　顾志强
　　　　　唐志军　徐　峰
　　　　　褚新宇（3月任）
　　　　　姚卫东
　　　　　裴玉龙（挂职，7月任）

常熟经济技术开发区管理委员会

主　　任　秦　猛（9月任）
副 主 任　陈国栋　顾伟明
　　　　　顾志强　唐志军
　　　　　徐　峰　姚卫东
　　　　　裴玉龙（挂职，7月任）

常熟经济技术开发区纪工委

书　　记　褚新宇（3月任）
副 书 记　王　宏

常熟经济技术开发区党政办公室

主　　任　常晓晨（10月任）
副 主 任　陈维佳　周莲珠（女）

常熟经济技术开发区财政局

局　　长　郑　健
副 局 长　冯　静（女）　王　佳（女）

常熟经济技术开发区组织人事劳动局

局长（主任）　陈正东
副局长（副主任）　吴燕婷（女）
　　　　　　　　　郭　浩
　　　　　　　　　黄晓红（女，挂职）

常熟经济技术开发区经济发展局

副 局 长　朱　慧（10月任）
　　　　　王亚南
　　　　　盛振琪（12月任）

常熟经济技术开发区招商局

局　　长　许　俊
副 局 长　周军丽（女）　吴　健
　　　　　黄　俊　唐琼烨（女）
　　　　　曹敏丹（女，挂职）

常熟经济技术开发区规划建设局

局　　长　陈琰新（3月任）
副 局 长　孙　磊
　　　　　李　佳（12月任）

常熟经济技术开发区安全生产监督管理和环境保护局

局　　长（主任）　鞠庆丰

副局长　陈　璇（女）
吴　晓（女）　严　涛

常熟经济技术开发区行政审批局

局　　长　王井刚

常熟经济技术开发区科技创新局

局　　长　钱　韧
副局长　唐建峰

常熟化工集中区管理办公室

主　　任　鞠庆丰
副主任　李　虎

常熟科创园管理服务中心

主　　任　仲建军
副主任　葛　龙　应春雷

江苏省常熟高新技术产业开发区党工委

书　　记　王建国
副书记　须亚军（4月任）
委　　员　张宁江　蒋向阳
陶传龙
黄　黎（女，3月任）

江苏省常熟高新技术产业开发区管委会

副主任　张宁江
蒋向阳　陶传龙
朱宇翔（挂职，12月任）

江苏省常熟高新技术产业开发区纪工委

书　　记　黄　黎（女，3月任）
副书记　高向军

高新技术产业开发区党政办公室

主　　任　毛雨东
副主任　李　斌
陆秀芳（女）

高新技术产业开发区组织人事劳动局

局　　长　俞　敬
副局长　田菊芳（女）

高新技术产业开发区规划建设局

局　　长　张国庆
副局长　姚晓锋　沈建刚

高新技术产业开发区招商局

局　　长　石　梅（女）
副局长　章　晖　孙　晗（挂职）

高新技术产业开发区经济发展和统计局

局　　长　李文平（3月任）
副局长　王　蓝（女）　黄　莺（女）

高新技术产业开发区安全生产监督管理和环境保护局

局　　长　王　诚（3月任）
副局长　曹仁明
王冠楠（挂职，5月任）

高新技术产业开发区科技与知识产权局

局　　长　张　健
副局长　杨　晋　钱芝英（女）

高新技术产业开发区财政局

局　　长　李军良
副局长　刘耀东　徐志良
王　琳

高新技术产业开发区服务业发展局

局　　长　李索一（女）

高新技术产业开发区社会事业局

局　　长　吴　勇
副局长　于　宙

常熟国家大学科技园党工委

副书记　王奇峰
委　　员　董国新
玛依拉·吾斯曼（女）
张　华（挂职，10月任）

常熟国家大学科技园管委会

主　　任　王奇峰
副主任　董国新
玛依拉·吾斯曼（女）
张　华（挂职，10月任）

大学科技园科技招商部

部　　长　王　翼
副部长　罗　丽（女）　徐　旖（女）

大学科技园企业服务部

部　　长　梁红梅（女）
副部长　陈　疆

大学科技园综合事务部

部　　长　沈晓明
副部长　袁学文

大学科技园投融资管理部

副部长　孙　诚　胡宇鹏

江苏高科技氟化学工业园（江苏常熟新材料产业园）党工委

书　　记　朱惠明
副书记　金永青　凌建东
委　　员　马卫江　俞建军
王　成　陈瑞洲

江苏高科技氟化学工业园（江苏常熟新材料产业园）管委会

主　　任　金永青
副主任　凌建东　马卫江
俞建军　王　成
陈瑞洲

常熟国家农业科技园区管委会

主　　任　洪　卫（3月任）
副主任　朱方明　王文青

中华人民共和国常熟海关

党委书记、关长　李建新（11月任）
南京海关党委派驻第二十纪检组组长
　　沈汉平
副 关 长　王澍军　李信军
　　张友生　廖太林（6月任）

中华人民共和国江苏常熟海事局

党委书记、局长　彭慧敏（3月任）
政委、党委副书记、纪委书记
　　黄　梅（女）
副 局 长　杨宗保　王水华（6月任）
　　阮成虎

中华人民共和国常熟出入境边防检查站

党委书记、政治委员　吴　勇
党委副书记、站长　张　莉（女）
副 站 长　杨　任　张文勇

长江引航中心常熟引航站

副 站 长　赵留旗（主持工作）
　　杨永生　田河伟

市属企业

市城市经营投资有限公司

党委书记、董事长　田维兴
总 经 理　常　旭
党委副书记　常　旭　沈架飞
副总经理　金　科　徐　键
总经理助理　程　璐　薛正晖

市保障房开发建设有限公司

董事长、总经理　田维兴
总经理助理　王志强

市发展投资有限公司

党委书记、董事长　徐学峰
总 经 理　蒋　伟
党委副书记　蒋　伟
副总经理　倪　佳（女）
纪委书记　曹　俊
总经理助理　徐　雯（女，10月任）

市环境保护科技有限公司

党委书记、董事长、总经理　顾洪良
副总经理　杨世怡　鲁　成
总经理助理　汪叶枫

江苏江南商贸集团有限责任公司

党委书记、董事长　钱晓锋（12月任）
总 经 理　钱晓锋
党委副书记　陈剑江
副总经理　叶永盛
纪委书记　王建平
总经理助理　周宏雷
　　周耘文（10月任）

常熟文旅发展有限责任公司

党委书记、董事长、总经理　陈　勇
党委副书记　吴　颖（女）
副总经理　吴　颖（女）
　　顾晓强　史晓滨
纪委书记　许卫明

市农业科技发展有限公司

党委副书记　唐　青（7月任）
副总经理　唐　青（7月任）
总经理助理　张　虹（12月任）

常熟经开控股有限公司

党委书记、董事长、总经理　李春洪
副总经理　周　杨　陶立雄
　　张　诚（10月任）
纪委书记　丁金国（12月任）
总经理助理　姜添翼（女，3月任）

市昆承湖建设投资集团有限公司

党委书记、董事长　徐学峰
总 经 理　王　远
党委副书记　王　远　黄延飞
副总经理　黄延飞
　　袁　明（10月任）
总经理助理　马　杰（3月任）
　　王国樑（3月任）

高等学校、中专、省重点中学及市直属医院

常熟理工学院

党委书记　王培君
院　　长　姜建明
党委副书记　姜建明　李俊峰
副 院 长　张根华　王　任（女）
　　徐惠钢　王继元
　　冯　勇
常　　委　张根华　王　任（女）
　　闫海波　徐惠钢
　　王继元　冯　勇
纪委书记　闫海波

江苏省常熟职业教育中心校

党委书记　苏建青
校　　长　徐丽娟（女）

江苏省常熟中学

党委书记　龚胜强
校　　长　邹　燕（女，7月任）

常熟市中学

党委书记　马　宁
校　　长　华国平（7月任）

市第一人民医院

党委书记　张碧波（12月任）
院　　长　叶宏伟

市第二人民医院

党委书记　王志强
院　　长　陈志军（12月任）

市中医院（新区医院）

党委书记　叶文华
院　　长　邓正泊

各镇、街道（场）领导机构

虞山街道

党工委书记　苏利刚
党工委副书记　许　杰　高　平
周春阳
党工委委员　陈晓华（女）
李媛媛（女）　朱　徽
曾昊清　汪志军
金　卫（挂职）
曾维忠（挂职，3月任）
纪工委书记　陈晓华（女）
人大工委主任　朱卫东
办事处主任　许　杰
副　主　任　支晓东　邵雪明
钱佳倩（女）
朱敏敏（女）

常熟虞山文化旅游度假区管理办公室

主　　任　钱建平
副　主　任　苏利刚（10月任）
高　平　吴　伟（7月任）

虞山林场

场　　长　许　杰
副　场　长　邹红斌　秦剑霞（女）
邓志英（女）

常福街道

党工委书记　韩晓诚
党工委副书记　凌志勇　余盛州
孔丹枫
党工委委员　顾　玮（女）
陶丽阳（女，12月任）
黄之雄　王建明
严　伟（12月任）
石　益（女，挂职）
左东亮（挂职）
纪工委书记　严　伟（12月任）
人大工委主任　邹　捷（女）
人大工委副主任　徐建良
办事处主任　凌志勇
副　主　任　贝宝芬（女）　陈　杰
姚　蕾（女，12月任）
朱　剑

常熟虞山高新技术产业开发区（筹）

党工委书记　韩晓诚
党工委副书记　钱　洁（女，10月任）
党工委委员　蔡　胜
管委会主任　韩晓诚（10月任）
副　主　任　钱　洁（女，10月任）
蔡　胜（10月任）

莫城街道

党工委书记　许晓挺
党工委副书记　章一帆　周　青（女）
党工委委员　钱志国　顾亿春
江　夏（女）
朱仪沁（女）　吴文超
陆　铭（挂职）
王凯铭（挂职，10月任）
人大工委主任　张建明
办事处主任　章一帆
副　主　任　张志军　金宇恒

常熟服装城

党工委书记　许晓挺
党工委副书记　章一帆
刘　祎（10月任）
党工委委员　唐国林　李　艳（女）
顾辛辛
纪工委书记　李　艳（女）
管委会主任　章一帆
副　主　任　唐国林　顾辛辛

琴川街道

党工委书记　顾　锋
党工委副书记　刘　飞　张蔼琦（女）
张　戟
党工委委员　颜　容（女）　罗文中
王浩强　胡敏钰（女）
钱敏亚（女）
沈怡萍（女，挂职）
殷建平（10月任）
纪工委书记　王浩强
人大工委主任　汪　群（女）
办事处主任　刘　飞
副　主　任　吴宇昇　薛文磊
叶文光　吴　胜

常熟国家大学科技园琴川分园综合管理办公室

主　　任　徐　强（12月任）
副　主　任　朱　铭

碧溪街道

党工委书记　赵　斌
党工委副书记　王伟东　沈　成
黄晓红（女）
党工委委员　黄一鼎　吴　飞
陆海空　邓　雪（女）
曹敏丹（女，挂职）
陶雪江（挂职）
纪工委书记　陆海空
人大工委主任　袁建军
办事处主任　王伟东
副　主　任　季黎明
金　红（女，10月任）
陶培雄　尤　军
吴　骏　盛振琪（挂职）
严　涛（挂职）

东南街道

党工委书记　吴　勇
党工委副书记　于　宙　陈建良
党工委委员　周丽芳（女）
陈燕薇（女）
俞晓燕（女）
郎　平（女）　刘　强
宋卫峰（挂职）
张倩仪（挂职，12月任）
纪工委书记　陈燕薇（女）
人大工委主任　郭晓峰
人大工委副主任　钱晓东　陈志军
办事处主任　于　宙
副　主　任　钱闻波　邹　斌

海虞镇

党委书记　朱惠明
副　书　记　李志刚　窦明春

周雯霞（女）
党委委员　姚　君（7月任）
吴　江　沈　彬
钱敏蕾（女）
俞灵芝（女）　周文虎
顾为红（女，挂职）
尤德丰（挂职）
纪委书记　沈　彬
人大主席　陶俊明
人大副主席　王卫东　窦卫东
镇　　长　李志刚
副 镇 长　苏剑峰　余振荣
吕　宏　陈　荣
张子真

梅李镇

党委书记　许晓波
副 书 记　褚宏伟　冯利明
倪佳慧
党委委员　马　新（3月任）
陆超群　周琴花（女）
朱志春　许永峰
徐　斌
陆瑜雯（女，12月任）
杨文晓（挂职）
陆耀明（挂职）
纪委书记　朱志春
人大主席　顾玉芬（女）
人大副主席　仲建东
镇　　长　褚宏伟
副 镇 长　陆超群　薛建国
陆建东　戴志健
王　宸

辛庄镇

党委书记　杨晓峰
副 书 记　周振洪　吴利锋
章晓熠
党委委员　陈伟忠（12月任）
姚　成　王　吉（女）
奚新科　彭谏明
顾　辰（女）　季子牛
沈益明（挂职）
冯志强（挂职，7月任）
纪委书记　奚新科
人大主席　龚　强
镇　　长　周振洪
副 镇 长　陈伟忠　仇　雷
王　熙　陆建佑
李　铮

古里镇

党委书记　谈晓华
副 书 记　石　君　赵红芳（女）
查仁芳（女）
党委委员　刘　呈
陈莉莉（女，12月任）
金晓燕（女）　徐　强
邹辰平　刘　喆
王荔菁（女，12月任）
张　韧（挂职，3月任）
郁敏康（挂职，12月任）
纪委书记　金晓燕（女）
人大主席　顾小燕（女）
人大副主席　严晓波
镇　　长　石　君
副 镇 长　刘　呈　万拥东
管国军　陈新华
陈　琦

支塘镇

党委书记　周志坚
副 书 记　张志强　付春秀（女）
党委委员　李晓明　张　健
陈　军　李　庆
徐佳瑜（女）
夏　强（挂职）
唐晓旭（挂职，12月任）
纪委书记　张　健
人大主席　沈振新
人大副主席　张丽芳（女）
镇　　长　张志强
副 镇 长　顾　俊　吴启帆
朱　晔　朱　晓
周宇衡　李　俊（3月任）

沙家浜镇

党委书记　沈育军
副 书 记　徐　玉　沈建环
廖旭晖
党委委员　朱惠江　钱英杰
马伟宇　张亚明
陆建双　陶晓英（女）
王平成（10月任）
杜　燕（女，挂职）
何　斌（挂职，10月任）
纪委书记　钱英杰
人大主席　夏　冬
人大副主席　金国锋（7月任）
镇　　长　徐　玉
副 镇 长　朱惠江　黄立冬
张红杰　陆伊婷

董浜镇

党委书记　倪烨敏（女，7月任）
副 书 记　桑国成（7月任）
叶　斌
陆耀光（10月任）
党委委员　杨　萌（10月任）
姚玉婷（女）　袁英杰
张怡冬（女）
王建国（挂职）
朱　曦（挂职）
纪委书记　姚玉婷（女）
人大主席　顾建东
人大副主席　俞拥军　章伟平
镇　　长　桑国成（7月任）
副 镇 长　杨　萌（10月任）
王静良　吴　强

尚湖镇

党委书记　金　晓
副 书 记　葛昊旻　吕　刚
顾丽娟（女）
党委委员　金雪良　浦利明
王晓楠（女，10月任）
王丽红（女）　王　一（女）
尹　睿　张征宇
张历青（女，挂职）
黄建良（挂职，3月任）
纪委书记　尹　睿
人大主席　吕　刚
人大副主席　周冬青　曹建国
镇　　长　葛昊旻
副 镇 长　金雪良　陆任协
陶文军　王平平
严　虹（女）

统计资料

2023年常熟市国民经济和社会发展统计公报

2023年，全市上下坚持以习近平新时代中国特色社会主义思想为指导，深入学习贯彻习近平总书记对江苏、苏州工作重要讲话重要指示精神，聚焦全面推进中国式现代化常熟新实践，加快构建新发展格局，统筹扩大内需和深化供给侧结构性改革，统筹新型城镇化和乡村全面振兴，统筹高质量发展和高水平安全，巩固和增强经济回升向好态势，增进民生福祉，保持社会稳定，谱写更高品质“江南福地”现代化建设新篇章。

一、综合

经济运行稳中向好。全年实现地区生产总值2800.16亿元，比上年增长3.6%。其中：第一产业增加值42.56亿元，比上年增长4.5%；第二产业增加值1379.16亿元，增长2.5%；第三产业增加值1378.44亿元，增长4.5%；三次产业结构比例为1.52：49.25：49.23。按常住人口计算，人均地区生产总值165921元。

财政收支提质增效。全年实现一般公共预算收入237.39亿元，比上年增长7.9%。其中，税收收入194.54亿元，比上年增长14.0%。全年实现一般公共预算支出273.22亿元，比上年下降5.1%。

物价水平保持稳定。全年居民消费价格与上年持平。八大类消费品和服务项目价格六增二降，其中医疗保健类价格上涨7.1%，其他用品和服务类价格上涨3.5%，教育文化和娱乐类价格上涨2.0%，生活用品及服务类价格上涨1.7%，食品烟酒类价格上涨0.2%，衣着类价格上涨0.2%，居住类价格下降0.6%，交通和通信类价格下降5.6%。

就业形势保持平稳。全年新增就业人员2.9万人，城镇失业人员就业8524人，就业困难人员就业3601人。本市籍高校毕业生就业率达98.4%。发放稳岗返还资金近1.17亿元，惠及企业2.43万户。

二、农业

农业生产稳步提升。全年粮食总产量24.35万吨，比上年增长2.0%，其中，夏粮产量7.06万吨，比上年增长5.3%；秋粮产量17.29万吨，增长0.7%；蔬菜及食用菌总产量72.40万吨，增长0.1%。肉类总产量10008吨，比上年增长44.0%；禽蛋产量710吨，下降23.4%。水产品产量25862吨，比上年增长4.0%。

现代农业蓬勃发展。全年新建及改造高标准农田2.70万亩，建成“菜篮子”工程绿色蔬菜保供基地4.36万亩，全市17家规模养殖场实现美丽生态牧场建设全覆盖，累计成立省级农民合作示范社16家，全年农业电商销售额达55.99亿元，获评“全国县域农业农村信息化发展先进县”。

三、工业和建筑业

工业生产持续恢复。全年实现规模以上工业总产值4725.39亿元，比上年下降3.0%。按企业规模分，大型企业产值1447.86亿元，占规上工业总产值的比重为30.6%；中型企业产值1370.22亿元，占比29.0%；小微企业产值1907.31亿元，占比40.4%。按注册类型分，内资企业产值2721.78亿元，占规上工业总产值的比重为57.6%；外资及港澳台企业产值2003.61亿元，占比42.4%。

全市规模以上工业33个行业大类中，有16个行业产值同比实现增长，占行业总数的48.5%，其中5个行业增速超过10%。前十大行业合计实现产值3775.18亿元，占规上产值的79.9%。

支柱产业保持平稳。全市三大支柱产业实现产值3032.39亿元，比上年下降0.2%。其中，装备制造产业产值1490.87亿元，增长0.1%；汽车零部件产业产值1033.88亿元，增长0.7%；纺织服装产业产值507.64元，下降2.6%。

建筑行业总体稳定。全年资质以上总承包和专业承包建筑业企业实现建筑业总产值230.52亿元，比上年增长5.0%；竣工产值166.85亿元，下降1.5%。资质以上总承包和专业承包建筑业企业房屋施工面积1318.37万平方米，比上年下降18.0%，其中新开工面积322.14万平方米，下降29.0%；竣工面积365.80万平方米，下降17.3%。

四、固定资产投资

投资需求总体低迷。全年完成固定资产投资628.50亿元，比上年下降14.0%。分行业看，工业投资完成285.64亿元，比上年下降13.5%；服务业投资完成341.86亿元，比上年下降14.6%。分投资主体看，国有投资完成141.17亿元，比上年增长25.4%；港澳台及外商投资完成69.82亿元，下降25.6%；民间投资完成417.51亿元，下降20.4%。

投资结构深化调整。全年完成新兴产业投资244.59亿元，比上年下降11.2%，占固定资产投资的比重为38.9%；高技术产业投资122.23亿元，下降19.4%，占固定资产投资的比重为19.4%；工业技改投资132.56亿元，下降8.8%，占工业投资的比重为46.4%。

房产市场低位运行。全年完成房地产开发投资198.64亿元，比上年下降29.1%；房屋施工面积871.26万平方米，下降14.7%。全年实现商品房销售面积149.91万平方米，比上年下降27.5%；销售额183.68亿元，下降26.9%。

五、国内贸易

消费市场加速回暖。全年实现社会消费品零售总额1290.28亿元，比上年增长7.5%。按行业分，批发和零售业零售额1231.89亿元，比上年增长7.5%；住宿和餐饮业零售额58.40亿元，增长8.1%。

全年限额以上单位商品零售额中，服装、鞋帽、针纺织品类增长83.3%，中西药品类增长33.6%，通讯器材类增长23.8%，日用品类增长17.7%，石油及制品类增长5.2%，汽车类下降1.8%，化妆品类下降19.0%，粮油、食品类下降33.8%，家用电器和音像器材类下降52.7%，饮料类下降57.3%。

六、开放型经济

利用外资整体平稳。全年新增注册外资5.22亿美元，其中新设项目64个，注册外资4.51亿美元；实际使用外资3.49亿美元。

对外贸易承压前行。全年实现进出口总额214.22亿美元，比上年下降10.8%。其中，进口60.69亿美元，比上年下降17.0%；出口153.54亿美元，下降8.0%。进出口差额（出口减进口）92.85亿美元，比上年减少0.97亿美元。分进出口方式看，加工贸易进出口38.82亿美元，比上年下降22.4%；一般贸易进出口137.35亿美元，下降13.8%。

外经外包稳健发展。全年新设及增资境外企业20家，新批中方境外协议投资额4853.45万美元，历史累计16.98亿美元。全年新签境外劳务及承包工程合同额444万美元，完成营业额1403.30万美元。全年服务外包接包合同额4.83亿美元，比上年增长1.5%；离岸接包执行额2.96亿美元，比上年下降3.1%。

七、交通、邮电和旅游

交通运输较快恢复。全年旅客运输量584.86万人次，比上年增长6.3%；旅客周转量5.46亿人公里，增长19.5%。全年货物运输量2161.45万吨，比上年增长19.2%；货物周转量43.22亿吨公里，增长12.5%。全年常熟港货物吞吐量达6204万吨，比上年下降2.3%。其中，外贸货物吞吐量1363万吨，比上年增长18.1%，集装箱吞吐量28.73万标箱，比上年增长37.7%。

汽车保有量不断增加。年末民用汽车保有量达58.95万辆，比上年增长3.7%，其中私家车保有量52.14万辆，增长4.0%。

交通体系逐步完善。沪宁沿江高铁顺利通车，通苏嘉甬铁路初步设计已批复，正在推进征地拆迁，常熟西站地下空间连同站房初步设计已通过国铁集团审查。扬子江大道改扩建顺利通车，圆满完成524国道绿化及市政化提升工程、2023年农村公路大中修工程，指导完成董浜华烨大道和沙家浜沙阳线改造。完成苏虞线（唐家宅基-界泾河）航道整治专项整治工程。常熟站配套公交首末站二期工程建成投用。

邮电业务保持稳定。全年实现邮电业务总收入78.79亿元，比上年增长11.1%。其中，邮政业务收入52.01亿元，比上年增长17.2%；电信业务收入26.78亿元，比上年增长1.0%。

旅游市场持续火热。A级景区全年接待境内外游客674.95万人次，比上年增长76.1%，全年实现旅游收入17049万元，增长82.2%。举办第四届中国未来景区大会，长三角历史文化名城交流协作联盟首届联席会议等活动。常熟荣膺2023全国县域旅游综合实力百强县第二，虞山文化旅游度假区获评“2023国民休闲旅游度假目的地”，沙家浜革命历史纪念馆、沙家浜·虞山尚湖旅游区入选文旅部长江主题国家级旅游线路，艺术鸭智创中心创成省级工业旅游区。

八、金融、证券和保险业

金融信贷增长有力。年末金融机构本外币各项存款余额5453.01亿元，比年初增加654.02亿元，其中人民币存款余额5301.68亿元，增加701.92亿元。年末金融机构本外币各项贷款余额4663.83亿元，比年初增加453.14亿元，其中人民币贷款余额4611.11亿元，增加500.33亿元。

证券交易发展平稳。年末证券交易股票开户总数74.80万户，比上年增长4.8%；全年各证券营业点股票交易额8212.11亿元，增长24.4%。年末证券机构托管股票市值709.97亿元，比上年减少4.4%。

保险业务增长有力。全年保险机构实现保费收入74.64亿元，比上年增长5.6%。其中，寿险业务保费收入38.86亿元，增长10.4%，财产险业务保费收入27.05亿元，增长3.4%。全年支付各类赔款及给付25.13亿元，比上年增长23.7%。

九、科学技术和教育

创新动能加速集聚。全社会研发经费支出占地区生产总值比重达4.02%，居全省县市第一。“苏州·中国声谷”加速建设，全年引进声学产创项目58个，总投资超100亿元；支持亨通华海牵头争创海底通信与探测全国重点实验室，相关建设方向纳入《江苏省海洋产业发展行动方案》。获评苏州市级创新联合体10家、新型研发机构4家，全年新增苏州市级及以上各类企业研发机构150家。新认定高新技术企业476家、科技型中小企业1560家，获评苏州市独角兽培育企业13家、瞪羚企业72家。

创新成果不断涌现。2023年，全市专利授权量达9943件，其中发明专利授权量1896件。年末拥有有效发明专利10498件，按常住人口计算，万人发明专利拥有量达62.03件，比上年增加10.43件。

人才队伍快速壮大。2023年末，全市人才总量为45.22万人，其中高层次人才4.08万人，高技能人才11.66万人，比上年分别增长5.1%、10.1%和7.8%。

教育供给稳步增加。全年竣工新建改扩建学校项目12个、新开工项目8个，学位供需基本平衡。高中教育持续攀高，全市特控线（本一）上线率60.0%，超去年7个百分点，高于全省21个百分点，本科上线率保持高位，高于全省30个百分点，连续13年领跑区域。年末拥有各类学校132所，在校学生数18.17万人，毕业生数3.82万人，专任教师1.30万人；拥有幼儿园134所，在园幼儿数3.68万人。

十、文化、卫生和体育

文化事业发光发热。成功举办2023虞山文化暨沙家浜旅游节、“我是虞乐大玩家”文旅新零售消费节、首届“遇见·虞山—全国大学生美术作品（中国画）展”、第二届“遇见·虞山—中国美术名家写生作品展”等活动。年末拥有备案博物馆6个，艺术表演场馆4家，美术馆2个；公共图书馆1个，图书分馆14个、24小时城市书房21个、对内流通点47个，特色对外流通点31个，社区（村）图书室336个，网借智能柜8个，网借人工借阅点5个，总流通124万人次；文化馆1个，社区文化活动室114个，村文化活动室210个，实现全覆盖。

卫健事业蓬勃发展。成立常熟市疾病预防控制局，市中医院建成三级甲等中医医院、市一院完成三级甲等综合医院现场评审，落实《常熟市基层医疗机构优化整合实施意见》，完成梅李镇、海虞镇、支塘镇等9个涉农板块医疗机构整合。年末拥有各类医疗卫生机构598家，拥有床位12073张。年末拥有卫生技术人员12834人，其中执业医师（助理）5257人，注册护士5536人；乡村医生和卫生员196人。

体育事业活力彰显。举办昆承湖城市活力跑、常熟市登山比赛等全民健身赛事，组织常熟市首届外商投资企业运动会、首届现退役军人运动会等行业赛事，举办铁人三项、尚湖半程马拉松等精品赛事，2023年常熟市青少年阳光体育联赛等青少年体育赛事，全年组织全民健身赛事活动51项，参与人次超10万。承办中国桨板公开赛（常熟站）、2023–2024赛季WCBA江苏女篮主场比赛、江苏省龙舟精英赛等9项省级以上赛事。推动68所学校体育设施向社会开放，年度新增10套健身路径。组队参加上级比赛，获得苏州市级以上竞赛金牌151枚、银牌139枚、铜牌144枚。

十一、环境保护、节能降耗和安全生产

环境质量持续改善。全年空气质量优良率80%，$PM_{2.5}$平均浓度28微克/立方米。国省考重点断面优于Ⅲ类水的比例达到93.3%，长江干流常熟段水质达到二类水标准。全市湿地保护率为57.2%，新增营造林1058亩。加快推进“千村美居”工作，2023年内完成315个村庄的优化提升，成功创建3个省特色田园乡村、6个苏州特色精品乡村、1个苏州特色康居示范区、120个苏州特色康居乡村。

资源利用持续提升。继续开展化工产业安全环保整治提升，关闭退出化工生产企业1家。完成幸福河湖建设105条，整治劣Ⅴ类水体75条。完成洪洞水质净化厂一期工程并投入商业运行；完成7.1公里互联互通管网、21.9公里污水主管网、121.6公里污水支管网、消除直排口90个、整治工业企业排水35家、“小散乱”330家，城镇、农村生活污水治理率分别为100%，99.6%。全年盘活存量建设用地10211亩。

安全生产巩固提升。全年实现了安全生产一般事故得到有效严控，未发生较大及以上生产安全事故的目标，事故起数和死亡人数“双下降”水平低于全省。亿元GDP生产安全事故死亡人数为0.0021人。

十二、人口、人民生活和社会保障

人口总量保持稳定。年末全市户籍人口105.10万人，比上年末减少0.56万人。全年出生3780人，人口出生率3.59‰；死亡12482人，人口死亡率11.84‰；人口自然增长率为–8.26‰。年末常住人口168.29万人，比上年末减少0.95万人，城镇化率为74.29%，比上年末提高0.25个百分点。

居民收入稳步增长。全年城乡居民人均可支配收入71555元，比上年增长4.6%。其中，城镇常住居民人均可支配收入83384元，比上年增长4.2%；农村常住居民人均可支配收入46816元，增长5.7%。全年城乡居民人均生活消费支出44597元，比上年增长7.5%。其中，城镇常住居民人均生活消费支出49372元，比上年增长6.8%；农村常住居民人均生活消费支出34612元，增长9.1%。

社会保障纵深推进。民生支出占一般公共预算支出比重达82.2%。年末城镇职工基本养老保险参保人数（含参保离退休人员）92.99万人，失业保险（人社）、工伤保险分别达48.98万人、53.99万人。年末城乡居民基本养老保险参保人数（含参保退休人员）7.44万人，城乡居民基本医疗保险参保人数32.80万人。居民基本医疗保险（含大病补充医疗保险）人均筹资标准达到1349.2元。城乡低保标准提高至1115元/月，发放各类救助帮扶资金4.4亿元，优租房累计安置252套256人。新增实际缴存住房公积金职工58892人。

养老事业加快推进。全市共有养老机构31家，其中公办1家、民办10家、公建民营20家。全年6家区域性养老服务中心、1家高端养老机构建成投用，新增护理型养老床位1520张。全市拥有各类养老床位数达1.39万张，每千名老年人拥有各类养老床位数38张。新运营综合为老服务中心4家，新建社区老年人日间照料中心35家、示范性乡村互助养老睦邻点14个、日间照料站27个，全市累计建有社区养老服务设施425家，保持村（社区）全覆盖。累计建有社区老年人助餐点392个，其中纳入“乐龄助餐”项目的老年人助餐点共有42个，全年助餐4.9万人次。完成老年人家庭适老化改造2416户，累计改造6169户。为1860户老年人家庭安装烟雾报警器，为100户高龄独居老年人家庭安装智能水表，向45名高龄独居老年人赠送智能手环。全市接受上门服务的居家老年人数5.95万人。实施特殊困难老年人探访关爱行动，全年巡访关爱重点空巢独居在册老年人148人，保障率达100%。

注释：

[1]本公报中部分数据因四舍五入的原因，存在着与分项合计不等的情况。

[2]地区生产总值、各产业增加值和人均地区生产总值绝对数按现价计算，增长速度按不变价格计算。

[3]新兴产业包括新能源产业，新材料产业，生物技术和

新医药产业，节能环保产业，集成电路产业，智能电网和物联网产业，平板显示产业，高端装备制造产业。

[4]高技术产业分为高技术制造业和高技术服务业。其中，高技术制造业包括医药制造业，航空、航天器及设备制造业，电子及通信设备制造业，计算机及办公设备制造业，医疗仪器设备及仪器仪表制造业，信息化学品制造业；高技术服务业包括信息服务业、电子商务服务业、检验检测服务业、专业技术服务业的高技术服务业、研发与设计服务业、科技成果转化服务业、知识产权及相关法律服务业、环境监测及治理服务业和其他高技术服务业。

[5]邮政业务收入统计口径包含邮政（不含邮政储蓄银行直接营业收入）、EMS和规模以上社会快递公司。

[6]各类学校统计口径包含新市民子弟学校，幼儿园统计口径包含社会办幼儿园。普通中等专业学校在校学生数只包括普通中专一至三年级。

[7]总流通人次是指本年度内到图书馆场馆接受图书馆服务的总人次，包括借阅书刊、咨询问题以及参加各类读者活动等。

[8]常住人口是指实际经常居住在某地区一定时间（半年以上，含半年）的人口。常住人口城镇化率是指一个地区常住于城镇的人口占该地区常住总人口的比重。

[9]养老床位数统计口径包含机构和社区养老床位数。

媒体聚焦

常熟不惑

刘　亢　张展鹏　杨丁淼　陈圣炜

常熟地名是初识这座城市的入口，1983年考古人员在这里发现一处距今5000多年的崧泽文化遗址，出土的一粒粒碳化稻谷讲述着千百年间“岁得常稔”的农耕繁荣。正是在那一年，常熟成为改革开放后全国首批、江苏首个县级市。

光阴荏苒，常熟不惑。

常熟40年栉风沐雨，不仅综合实力稳居全国百强县市前五，还入选了首批“国际湿地城市”；家喻户晓的沙家浜既是红色寻根地，也成为乡村振兴的排头兵；改革开放初期蹚出“碧溪之路”的小镇，现已是高端产业集聚的滨江新城，依然澎湃着与时俱进的动能活力。

传统文化赋予40岁特殊意义：在经历勇敢不羁、富有想象力的青春期和人格自立、事业初成的而立之年后，方能迈进更加成熟理性、从容练达的不惑之年。

人是如此，城亦同样——“常”是恒心定力，把平常做成超常；“熟”是静心沉稳，锚定高质量发展走在前列的目标，在中国式现代化道路上笃定前行：在道法自然中和谐共生、在产业布局中革故鼎新、在文脉赓续中博古通今、在民生改善中愉悦共享、在城乡统筹中美美与共。

何以常熟？常熟不惑。

山水入城　留白换绿 促永续发展

行走常熟，由“圩”“溇”“浜”“泾”等字眼组成的地名比比皆是，其中沙家浜已成城市名片；溯源历史，历代文人墨客常落笔常熟慨叹风光之美，其中“七溪流水皆通海，十里青山半入城”尤为传神。

守护江南水乡、留住诗词意境，常熟人为此孜孜以求。

1985年尚湖开闸放水、在国内率先“退田还湖”，被视为里程碑事件，之后沙家浜、昆承湖、南湖等相继实施生态修复工程。与此同时，聚焦宅前屋后、田间地头的河沟水塘，探索“小微湿地”保护之道。

绿色是常熟给人的第一观感，也是最鲜明的发展底色。较早提出考核不唯GDP，严守城市开发边界、耕地保护和生态保护红线，特别在沙家浜、尚湖虞山等“黄金地带”，顶住开发冲动坚决“留白”；布局重大基建项目从生产性工程思维转向生态性有机思维，近5年累计投入近130亿元，构建集污水、垃圾、固体废物等处理处置设施和监测监管能力于一体的环境基础设施体系。

近5年，常熟地区生产总值年均增长5.4%以上，而主要污染物排放量以每年约5%的幅度递减，空气质量优良率提高到83%，水功能区达标率100%。

“生态是城市的命脉。”常熟市委书记周勤第谈到城市发展首先强调生态保护的重要，他认为要重塑城市与自然的关系，努力打通“绿水青山”与“金山银山”的转化通道，“山水人城和谐相融才是常熟最具优势的城市竞争力”。

身处苏州乃至长三角一众明星城市中，常熟在吸引人才等方面曾苦苦寻找着比较优势。随着新发展理念日渐深入人心，好生态化身提升城市能级的“变压器”，源源不断地输出生态“价值”——不少企业家、创业者和教育专家因“半山入郭、三湖簇拥”的自然风貌而落户扎根于此。

经历过退田还湖、将最好资源留给生态而非房地产等重要抉择，如今又享受到生态红利，年届不惑的常熟市更不疑惑；矢志追求人与自然和谐共生。

常熟龙腾特种钢有限公司位列中国民营企业500强，近年累计投入约15亿元进行全流程超低排放改造。这家“江苏省绿色工厂”年减排颗粒物、氮氧化物、二氧化硫总计超3000吨；由6.8万块单晶光伏板拼接的厂房棚顶，每年可减少碳排放量约3.8万吨。董事长季丙元希望早日实现年营收500亿元，底气就在于走绿色低碳、科技创新之路。

比肩当年尚湖退田还湖的大手笔，常熟面向未来又起笔一篇生态大文章：以18平方公里的昆承湖为纽带，联通望虞河、虞山、尚湖、沙家浜、阳澄湖打造生态廊道，从而形成“山河湖浜”的生态风景链。

常熟北联张家港、东邻昆山太仓、南接苏州城区，是苏州市域一体化北向发展轴上的关键节点。昆承湖作为核心区域，将承载更多优质新兴产业，承担起优化拓展城市空间的使命，打造绿色、低碳、智慧的示范高地，实现“湖城相拥、产城相融”，精彩呈现生态、生活、生产、生意“四生合一”的城市风貌。

从空中俯瞰，虞山、尚湖呈椭圆形状，大小相当、基本对称，恰似“城市绿肺”，一呼一吸间，不仅能感受到城市的绿色脉动，也能看到它的来路与未来。

革故鼎新　产业强筋壮骨 焕然迭代

“通往碧溪镇的几条宽阔的马路上，自行车的铃声响成一片，数以千计的雨伞犹如起伏的波涛，从四面八方滚滚而来。”这是1984年新华社长篇通讯《碧溪之路》记录下的忙碌清晨，“离土不离乡，进厂不进城，亦工又亦农，集体同富裕”，“碧溪之路”成为“苏南模式”的代表。

时隔近40年，重访碧溪这个曾经“户户织毛衣”的毛衫名镇，周宇告诉记者她的童年就在针织横机声中度过，海外学习服装设计回国后，她接手父亲经营的“金开顺”，同步提升制造工艺和美学表达，从一般羊毛制品向国际化羊绒奢侈品牌转型。

与周宇的父辈一样，高德康也曾骑着“二八大杠”，以每小时30公里的速度狂奔向100公里外的上海，取到布料后连夜返回常熟乡下，用剪刀、缝纫机编织出日后畅销全球72个国家的“波司登”。这一品牌现已竞逐国际一线，在全球时装界占有一席之地。

在代际传承和全球竞争的同时，服装产业“乘云而上”。走进全国最大的县级服装专业市场常熟服装城，已不见车水马龙和人声鼎沸，但在“云裳消费小镇”电商直播间里，一个个爆款“秒空”“断货”。电商竞争力县市排名常熟位居全省第一、全国第六。

笃定产业兴城，一根丝“衣被天下”。常熟不安于一城山水的小生活，立于产业发展前沿潮头，彰显乘风破浪的大格局。从丰田研发中心到奇瑞捷豹路虎整车工厂，早早谋划“车”行四海；到近年来布局未来产业“声”动八方，常熟坚持产业定向，以“熟”作答。

轻车熟路，传统制造攀高。依托临江优势，常熟集聚千亿级汽车及零部件生产企业，“纺织城”迈入“汽车城”时代。特斯拉中国工厂的汽车立柱，全部产自常熟汽饰集团。这家企业正在研发引领市场的新一代智能座舱，收购了宝马系工程设计的研发中心，去年营收近百亿元。“我们正在跟随国产整车企业走出去，在全球布局中寻找新的增长点。”集团董秘罗喜芳说。

熟能生巧，细分赛道深耕。从竹器、农具小作坊起步，到“千斤顶第一股”，常润股份成功的关键在于深耕。“在一公分宽度的赛道上，做出一公里的深度。”常润股份董事长季俊说，50多年专注一件事，通过不断提高柔性生产能力，“芝麻行业”也能“四两拨千斤”，目前产品市场占有率全球遥遥领先，已成为世界最大的千斤顶生产基地。三年来，常熟培育国家级专精特新“小巨人”企业从1家提升至15家。

通计熟筹，未来产业蓄能。–8.5分贝，是位于苏州·中国声谷全消声实验室的背景音量，这个亚洲最安静的地方，响彻创新声浪——既有解决“卡脖子”问题科研攻关的“顶天立地”，也有约200个科创项目孵化的“铺天盖地”。“国际顶尖人才和生产要素从循声而来，到听见未来。”国际声学产业技术研究院院长卢明辉说。

“机遇就像拔河，一头是危机、一头是新机，用力就会赢得新机，乏力就会输给危机。”常熟经开区招商局局长许俊表示，常熟正在加速建设新能源产业创新集群，已开启氢燃料电池应用和第三代“光伏赛道”的新冲刺。

城以文兴　奏响新时代“弦歌之治”

“曲径通幽处，禅房花木深。”这首留在常熟兴福寺的题壁诗，古人描绘的诗意今天依旧触手可及。地处经济高速发展的长三角，常熟古城肌理仍保持明清格局，与同为国家历史文化名城的姑苏古城遥相辉映。

徜徉在诗人的妙句中，会遇见常熟人黄公望笔下《富春山居图》似的山水，可听见琴学正宗严天池的余音……文化赋予这座古城千年的风雅、风情与风骨，汲古润今，弦歌不辍。

——四时风雅浸润人心，又刻入城市肌理。常熟人言子是孔门七十二贤弟子中唯一的南方弟子，后葬于虞山。这位道启东南的“南方夫子”倡导以礼乐教化人心，“弦歌之治”后世尊崇千年，使得海拔不到300米的虞山成为江南文化高峰。

文脉源远的虞山不仅滋养了这方水土，也延伸出诗、画、琴、印等诸多以虞山命名的文化流派，成为江南文化的显著地标。

“以一邑之收藏，为中原之甲秀。”常熟藏书风炽，是中华文脉延续的重要参与者。在国家图书馆的“再造善本”工程中，近四分之一的古籍善本由常熟历代藏家有序传承，得以存世。

在清末四大藏书楼之一铁琴铜剑楼旁的古街上，记者随意走入一间咖啡屋，店主何江竟是一位旅居荷兰多年的画家，他采用的焦墨画法融汇中西，以写实手法描绘出写意的水墨江南。

街头可以偶遇画家，乡村也有砖雕陈列馆，多个民间诗社至今活跃……常熟的文脉，不仅在博物馆赓续，更在民间接力传承。

——人文风情与古为新，俘获年轻人的心。劲橹翻飞，龙舟破浪而行。临近端午，尚湖以东的湖甸人家热闹起来。这条湖甸龙舟游弋千年，后因制作技艺后继无人而中断40余年，如今在一群中青年龙舟爱好者努力下再度兴盛。

文化是久远的历史回响，也是可亲近的生活日常。虞山脚下的“山前坊”，原貌恢复的清代山前街祠堂作为策展空间对外开放，成为街区“会客厅”；老旧的厂房区改头换面，踩着凹凸不平的石板向前，各具特色的小店，都长着一张符合年轻人审美的脸。

“别人的旅行是说走就走，常熟这座城市让人愿意说停就停。”山前坊运营经理桑佳瑜说。白天在这里点一杯咖啡慢饮，享受不赶时间的当下；夜游沙家浜“横泾不夜天”，以城门为天然幕布打造的全息沉浸式投影秀，上演沙家浜的峥嵘岁月和绚丽画卷。

——坚韧风骨凝心塑魂，励精更始踔厉奋发。“沙家浜革命传统精神”是常熟红色基因中的珍贵底色。抗日战争时期，沙家浜人民掩护36名新四军伤病员在芦苇荡里养伤的故事，成为镌刻在中国革命史上的一段传奇。

常熟人善于挖掘和调动精神力量。在物质匮乏的建国初期，肩挑背扛开挖望虞河流传下来战天斗地、改造山河的雄心壮志和把不可能变成可能的“望虞河精神”振奋人心；翁同龢故居知止斋里传递的清白家风和清廉作风，警醒后人“禄厚贵知足，位高贵知止”。

以精神主动，探求发展主动，是常熟人的文化基因。从改革开放一路走来，蒋巷村发扬“天不能改、地一定要换”的精神，村书记常德盛带领全村走出了一条“农业起家、工业发家、旅游旺家、生态美家、精神传家”的强村富民之路。

苏南是“四千”精神的发源地之一，常熟今年以此鼓舞民营企业家开新局、攀新高、创新业。

以文弘业，以文聚力。在承压前行的市场环境中，常熟为城市发展不断注入精神动力，展现城市韧劲，以“敢为、敢闯、敢干、敢首创”的状态奋进新时代。

“千年常熟从历史文脉的钩沉中唤醒文化自觉，从壮阔时代的体察中坚定文化自信，在勇毅前行中走向文化自强。”常熟市市长秦猛说。

常来常熟　呈现高品质“江南福地”

常熟人的早晨，被一碗蕈油面唤醒。“蕈”是取自虞山上的菌类，有“尝过松树蕈，三日不思荤”之说，兴福寺旁万人吃面的场景堪称城市奇观。下午泡一壶茶，茶里有“铜壶煮三江”的豪情，“招待十六方”的底气，茶馆里的热气腾腾与悠然自在，是散落在光阴中的慢生活。

这些充满烟火气的日常景象，恰是观察常熟人幸福生活的最佳切面。常熟历来藏富于民，发轫于20世纪80年代初的千亿服装城，从马路市场起步，实现了“兴一方产业、活一片经济、富一地百姓”，如今的常熟人均存款达27万元。

或许是自古富庶殷实的常熟人早已见惯了兴衰起伏，当地很少以领跑的经济指标沾沾自喜，而是把教育作为头等人事。在这个自古状元频出、诞生过26位院士的江南小城，“崇文”刻入基因。

“绵世泽莫如为善，振家声还是读书。”常熟把教育上升到城市核心竞争力的高度，打造产教融合型城市。近5年，常熟投入学校建设经费80多亿元，实施改扩建学校项目67个，增加学位近5万个，到2024年将实现全部新市民子弟学校关停或转设成公办，实现随迁子女同城待遇。

常熟不仅有县级市为数不多的本科院校常熟理工学院，在高新区昆承湖畔的小岛上，还有一所汇聚了超过100个国家和地区学生的学校——中国内地唯一的世界联合学院（UWC），培养兼具民族认同感和国际视野的国际化人才。

民生大事要落实落细落小，江南福地才可知可感可及。作为拥有两家三甲医院的县级市，常熟全面推进“少生病、生小病、看好病”，推动优质医疗资源集约共享，向上对接江苏省人民医院、上海瑞金医院等知名医院，成立分中心、医联体，将先进技术人才引进来；向下延伸城乡医疗服务联动，与乡镇医院建立远程医学诊断等资源共享中心，将优质医疗服务送下去。

前不久，“没有围墙的养老院”——常熟市综合为老服务中心正式启用，向周边孤寡、失能等特殊老年人群体，提供定制居家上门生活照料。近乎每三个人中就有一名老人，常熟加快构建多元化普惠养老服务体系，形成“15分钟养老服务圈”，3800户老年人家庭完成适老化改造。

经历风浪，方显精细治理成色。在去年新冠疫情多点散发的情况下，常熟通过健全分级诊疗体系，加强生活物资、就医购药供给、统筹疫情舆情社情，保持了没有聚集性疫情、没有规模扩散、没有全域提级管理的良好局面。

常熟之美，不仅在景，更在于人。中国恒瑞总裁顾勇涛2015年回国创业考察时，发现常熟的工业园区竟然有白鹭栖息，而决定落户更源于一段特殊的经历。顾勇涛在尚湖景区手机意外落水，一位身着渔夫装的大爷闻声赶来，毫不犹豫下水搜寻并打捞出手机，但谢绝了他的感谢金。“常熟浓厚淳朴的风土人情非常打动我。”顾勇涛说。

常来常熟，从陌生到熟悉，福地之“福”愈发清晰。这里有高架直通乡村的交通便利，也可去170多万册的常熟图书馆里探寻精神世界的“诗和远方”，或是在万人环湖马拉松中饱览“一城山水，自在生活”的靓丽风景……

精雕细刻　共绘锦绣“江南鱼米乡”

草帽、水杯、高筒靴、笔记本，76岁的端木银熙带上“四件套”，就能在稻田里忙碌几个钟头。他带领常熟市农科所育成的水稻新品种，推广后增产粮食约21亿公斤，增加经济效益逾31亿元。

“85后”陶胜在城市被称为“码农”，2010年返乡当“虾农”，攻克澳洲淡水龙虾养殖、繁育等技术难关，获得国家专利，年销售额超1亿元，并陆续开发餐饮、垂钓等配套项目。

“全凭着劳动人民一双手，画出了锦绣江南鱼米乡。”正如阿庆嫂在《沙家浜》中所唱，以端木银熙、陶胜为代表的一代代“种粮人”，没有辜负“土壤膏沃、岁无水旱之灾”，年复一年辛勤劳作，让常熟“常熟”：常年保留种粮面积50万亩以上，其中水稻种植面积约占27万亩，是苏州地区种粮面积最大的县级市；全年粮食生产总量保持在23万吨以上，为全市居民用粮需求提供有力保障。

迎来40岁生日的常熟市，思考着如何让农业焕发更大活力。常熟市委、市政府最新出台以促进农民增收、推进农业高质量发展为目标的“百万收入家庭农场”培育计划，并优先扶持粮食类家庭农场。受此鼓舞，种粮大户宗建东今年投资100万元，添置无人驾驶辅助设备、建设无人农场，新农具新技术新政策加持，他对打理几千亩地信心十足。

田成方、路成行、渠成网，千亩连片的高标准农田在寸土寸金的苏南地区并不多见。“十三五”以来常熟累计投入11亿元，至今全市建成约38万亩高标准农田，规模为苏州最大。

新时代鱼米之乡，高颜值农居与高标准农田相映成趣。信步于干净平整的村道，田园、花园、果园、菜园鳞次栉比，篱笆疏影间，可见紫红的杨梅与白里透红的蜜桃；整齐排列的楼房装修精致，燃气管道等配套设施一应俱全……如果看小义村归城片区之前照片，变化翻天覆地，因为靠近工业区，当时家家出租住房、私搭乱建严重，“脏乱差”自然留不住人。多轮整治后焕然一新，城区上班的年轻人选择回来住，真正成了“归来之城”。

归城这样的村庄在常熟比比皆是。得益于2019年起推进的“千村美居”建设，常熟以村（组）为单位，翻新农房、整治人居环境，实施全域美丽宜居村庄优化提升，目前累计实施“千村美居”村（组）近3800个，2025年将实现全覆盖。

农村回归的不仅有人气，更有文明之风。成立农民读书协会、组建村级文艺团队、开展家风家训征集……蒋巷村提出“精神传家”，不断丰富创建形式，获评全国文明村；潭荡村以常熟“新风礼堂”建设为契机，成立村民议事会，营造“人人争当文明户”的良好氛围；桃园村小游园议事亭里，村民常在此聊聊村里事务、琢磨怎样把村子建设得更好，看似唠唠家常，却慢慢涵养着文明乡风。

“朝霞映在阳澄湖上，芦花放，稻谷香，岸柳成行。”端木银熙这一辈人特别熟悉《沙家浜》唱词，深爱着家乡的老人，虽然已经育成江苏杂交粳稻最高亩产品种，仍在向着更高亩产的目标奋进。

稻香盈野，梦想新发。水稻开花不过几十分钟，稻穗成熟却是春华秋实。常熟也如此，过往四十年，以及未来若干年，都将以静待花开的笃定和练达，奋力迈向“锦绣”前程。

（摘自2023年6月16日《新华每日电讯》）

表105　2023年国家级主流媒体对常熟市部分报道一览表

时间	媒体	标题
4月9日	央视新闻	江苏常熟 万株牡丹花盛开 国色天香动江南
5月20日	央视新闻	联播调查·服装产业观察
6月11日	央视新闻	我国超大型盾构机主轴承通过评审
8月18日	央视新闻	江苏常熟：从藏书阁到图书馆，铁琴铜剑楼：琴心剑胆 五世传家藏书报国
9月14日	央视新闻	在希望的田野上 江苏苏州 想方设法增耕地 多打粮
12月10日	央视新闻	何以“苏大强”
12月11日	央视新闻	《约定“苏”城“县”在出发》常熟 沙家浜国家湿地公园
2月2日	人民日报	江苏常熟：净化湿地水质 开展自然教育
4月21日	人民日报	江苏苏州为乡村人才营造好环境“新农人”成为乡村振兴生力军
6月8日	人民日报	江苏常熟纺织服装产业走上升级之路
6月8日	人民日报	做大产业链 做强品牌链（专家观点）
9月22日	人民日报	和美乡村 丰收景象（乡村观察·喜迎中国农民丰收节特别报道）
10月13日	人民日报	江苏常熟组织各方力量为困难群众提供暖心服务
11月10日	人民日报	“中国坚持对外开放的生动实践”
11月23日	人民日报	江苏常熟创新企业党建 把党组织建在产业链上
1月12日	光明日报	江苏省常熟市：法治教育基地助力未成年人健康成长

续表105

时间	媒体	标题
3月22日	光明日报	苏州探索适老化改造新模式
4月13日	光明日报	“书香政协”引领城市文明——记江苏常熟政协委员读书活动
5月18日	光明日报	思政与心理教育同向而行 培养全面发展的高素质人才
6月16日	光明日报	江苏常熟：古城更新催生活力
8月9日	光明日报	顺应新媒体发展趋势 探索思想政治教育创新
6月13日	新华每日电讯	常熟保护修复小微湿地，小水塘孕育绿色大能量
6月16日	新华每日电讯	常熟不惑
11月3日	新华每日电讯	江苏：文明实践“夜”模式引发“热”效应
5月24日	新华社客户端	常熟：虞青悟“四敢”
6月8日	新华社客户端	新华社 | 江苏常熟：大力发展氢燃料电池产业
6月8日	新华社客户端	新华社 | 江苏常熟：电商直播助力服装产业发展
6月8日	新华社客户端	江苏常熟：汽车饰件企业生产忙
6月12日	新华社客户端	新华社 | 江苏常熟：尾水生态净化造城市“绿肺”
6月15日	新华社客户端	江苏常熟：以“绣花功夫”编织城市更新路径
6月15日	新华社客户端	新华社 | 微视频・幸福如常
6月17日	新华社客户端	最美“乡”逢！常熟撤县设市40周年暨2023常熟精英创业联盟大会举行
7月1日	新华社客户端	2023中国桨板公开赛举行
7月7日	新华社客户端	常熟，不“负”盛夏！
9月16日	新华社客户端	常来常熟，邀您赴一场金秋之约！
10月12日	新华社客户端	常熟“西子”，扮靓亚运城！
10月12日	新华社客户端	江苏常熟：上新！虞高新科创成绩单
10月23日	新华社客户端	常熟村跑：乡村振兴与媒体融合的特色答卷
3月1日	经济日报	唯创新者胜——江苏苏州高质量发展路径调查
7月1日	经济日报	江苏沿江而动向绿而行
12月21日	经济日报	打造区域发展金名片——江苏地理标志产品调查
5月25日	中国青年报	绿水青山铺就江苏最美生态底色
6月5日	中国青年报	苏州：让博士后心无旁骛在实验室搞科研
6月22日	中国青年报	青年发展型城市建设试点巡礼・亮点聚焦
1月12日	新华网	从平凡生命中感受非凡力量——“中国网事・感动2022”年度网络人物获奖者群像
6月8日	新华网	江苏常熟：大力发展氢燃料电池产业
6月8日	新华网	江苏常熟：电商直播助力服装产业发展
6月9日	新华网	江苏常熟：尚湖夏日美
6月9日	新华网	江苏常熟：电商直播助力服装产业发展
6月10日	新华网	江苏常熟：尾水生态净化造城市“绿肺”
6月13日	新华网	常熟保护修复小微湿地，小水塘孕育绿色大能量
10月10日	新华网	苏州常熟：“银发先锋”传递邻里乡情
11月1日	新华网	江苏常熟：奇瑞捷豹路虎第50万辆整车下线
3月30日	光明网	常熟：融合创新成高质量发展最大增量

续表105

时间	媒体	标题
5月25日	光明网	以党建“红引擎”激发乡村振兴“核动力”
6月8日	光明网	一个传统产业 两个千亿级市场
6月8日	光明网	做大产业链 做强品牌链
9月5日	光明网	善美常熟的慈善之路
9月11日	光明网	第三届“中国新农民”故事会在江苏常熟举办
10月13日	光明网	江苏常熟组织各方力量为困难群众提供暖心服务
2月2日	人民网	江苏常熟：净化湿地水质 开展自然教育
4月24日	人民网	全国首个！苏州常熟市在编公务员实行工资全额数字人民币发放
4月25日	人民网	蒋巷村：打造党建引领乡村振兴的“江苏样本”
5月13日	人民网	240套工程机械在江苏常熟出海奔赴“一带一路”沿线港口
6月8日	人民网	江苏常熟纺织服装产业走上升级之路
6月16日	人民网	信长星在苏州常熟深入企业调研时强调：把发展经济着力点放在实体经济上
8月7日	人民网	苏州首条杂货班轮航线在常熟港区开通
5月27日	央广网	行走江苏湿地城市丨沙家浜国家湿地公园：在芦苇丛中感受生态大美
8月2日	央广网	江苏常熟凝聚多元力量推动社区矫正高质量发展
8月9日	央广网	江苏常熟着力打造特色法治文化阵地
8月15日	央广网	常熟“1+2+N”推动社区矫正高质量发展
8月16日	央广网	常熟“三步走”高标建设法治文化高地
8月28日	央广网	常熟“望闻问切”解决群众“急难愁盼”
12月4日	央广网	常熟市常福街道这群“蓝马甲”服务30多万就医群众
12月12日	央广网	江苏常熟：“慈善+线路”爱国主义教育基地迎来“打卡”热
4月20日	中国网	魏小安：苏州不需要网红 常熟老城改造将成全国爆款
4月20日	中国网	秦猛：常熟在传承保护中焕发活力形成新发展路径
6月11日	中国网	江苏常熟：尾水生态净化造城市“绿肺”
5月27日	环球网	行走江苏湿地城市丨走进“湿”意常熟，感受诗意之美
6月8日	环球网	江苏常熟纺织服装产业走上升级之路 一个传统产业 两个千亿级市场
6月16日	环球网	江苏常熟：古城更新催生活力

（资料来源：市委宣传部）

文件目录

表106　　2023年中共常熟市委员会部分文件目录一览表

日期	文号	内容
3月20日	常发〔2023〕1号	关于印发《常熟市“六不五优化”营商环境专项行动方案》的通知
2月12日	常发〔2023〕4号	关于2022年度常熟市推进农业农村现代化工作先进集体和先进个人的通报
2月13日	常发〔2023〕5号	关于转发《政协常熟市第十五届委员会常务委员会2023年工作要点》的通知
2月14日	常发〔2023〕6号	关于印发《中共常熟市委常委会2023年工作要点》的通知

续表106

日期	文号	内容
3月6日	常发〔2023〕7号	关于转发《常熟市人大常委会2023年工作要点和工作安排》的通知
3月7日	常发〔2023〕8号	关于印发《中共常熟市委常委会“三重一大”事项决策议事规则》的通知
3月20日	常发〔2023〕10号	关于表彰创一代本土企业家、新生代优秀创业者、新时代双创领军者的决定
4月7日	常发〔2023〕11号	关于2022年度高质量发展综合考核情况的通报
5月8日	常发〔2023〕13号	关于给予沈剑峰等276名同志记个人三等功的决定
5月12日	常发〔2023〕14号	批转《常熟市人大常委会关于对法官检察官开展2023年度履职评议的实施方案》的通知
5月25日	常发〔2023〕15号	关于命名常熟市劳动模范的决定
6月20日	常发〔2023〕16号	批转《常熟市人大常委会关于组织代表评议部门工作的实施意见》的通知
6月29日	常发〔2023〕17号	关于庆祝中国共产党成立102周年活动安排的通知
6月30日	常发〔2023〕18号	关于表彰常熟市“江南福地·四敢先锋”优秀共产党员、先进基层党组织的决定
8月18日	常发〔2023〕19号	中共常熟市委关于深入学习贯彻习近平总书记对江苏工作重要讲话精神在推进中国式现代化中走在前做示范谱写更高品质“江南福地”现代化建设新篇章的决定
9月19日	常发〔2023〕21号	中共常熟市委印发关于深入开展学习贯彻习近平新时代中国特色社会主义思想主题教育的实施方案的通知
9月22日	常发〔2023〕23号	关于授予2023年第一批常熟市“昆承英才”科技创新创业领军人才称号的决定
10月16日	常发〔2023〕26号	关于印发《常熟市关于深化质量强市建设的工作方案》的通知
10月16日	常发〔2023〕27号	中共常熟市委关于成立省委第二巡视组巡视反馈意见整改落实工作领导小组的通知
12月7日	常发〔2023〕29号	关于印发《常熟市委关于省委巡视巡察工作专项检查反馈意见整改方案》的通知
12月7日	常发〔2023〕30号	关于印发《常熟市委关于省委巡视选人用人专项检查反馈意见整改方案》的通知
12月29日	常发〔2023〕32号	关于授予2023年第二批常熟市“昆承英才”科技创新创业领军人才称号的决定

（资料来源：市委办）

表107　　2023年常熟市人民政府部分文件目录一览表

发文日期	发文字号	文件标题
1月5日	常政发〔2023〕1号	市政府关于印发《常熟市卫生健康第十四个五年发展规划》的通知
1月16日	常政发〔2023〕2号	市政府关于印发《2023年度常熟市政府民生实事项目建设计划书》的通知
2月3日	常政发〔2023〕3号	市政府关于印发《常熟市“十四五”时期“无废城市”建设实施方案》的通知
2月13日	常政发〔2023〕4号	市政府关于落实《政府工作报告》2023年主要目标任务分工方案的通知
2月20日	常政发〔2023〕5号	市政府关于下达2023年常熟市房屋征收搬迁计划任务的通知
2月27日	常政发〔2023〕6号	市政府关于对2023年常熟市安全生产（消防）重大隐患单位进行挂牌整改的通知
3月17日	常政发〔2023〕7号	市政府关于表彰2022年度常熟市市长质量奖获奖组织的决定
3月27日	常政发〔2023〕8号	市政府关于明确常熟市2023年度住房保障申请条件和保障标准的通知
3月30日	常政发〔2023〕9号	市政府关于印发《常熟市2023年度国有建设用地供应计划和住宅用地供应计划》的通知
4月13日	常政发〔2023〕10号	市政府关于2022年度高质量发展优秀企业的通报
4月13日	常政发〔2023〕11号	市政府关于2022年度纳税百强企业、亩均税收50强工业企业和纳税十强金融企业的通报
4月14日	常政发〔2023〕12号	市政府印发《常熟市生态环境基础设施建设规划（2023—2025年）》的通知
4月17日	常政发〔2023〕13号	市政府关于公布常熟市第八批非物质文化遗产代表性项目名录和第七批非物质文化遗产代表性传承人名单的通知
4月23日	常政发〔2023〕14号	市政府关于做好第三次全国土壤普查工作的通知
4月27日	常政发〔2023〕15号	市政府印发《常熟市生态空间管控区域监督管理评估考核办法》的通知
5月4日	常政发〔2023〕18号	市政府印发《常熟市创建江苏省城市管理示范市（县）实施方案》的通知

续表107

发文日期	发文字号	文件标题
5月9日	常政发〔2023〕19号	市政府关于公布2023年度市政府重大行政决策事项目录的通知
5月10日	常政发〔2023〕20号	市政府关于做好常熟市第五次全国经济普查工作的通知
5月22日	常政发〔2023〕21号	市政府关于全市2022年度质量工作考核情况的通报
6月2日	常政发〔2023〕22号	市政府关于印发《常熟市城市桥梁突发事件应急预案》的通知
6月16日	常政发〔2023〕23号	市政府关于聘任常熟市卫生健康高质量发展咨询顾问的决定
7月11日	常政发〔2023〕24号	市政府关于印发《常熟市2023年度地质灾害防治方案》的通知
7月26日	常政发〔2023〕25号	市政府关于市长副市长工作分工的通知
8月3日	常政发〔2023〕26号	市政府关于对2023年常熟市安全生产(消防)重大隐患单位(第二批)进行挂牌整改的通知
8月23日	常政发〔2023〕28号	市政府关于公布第十二批常熟市文物保护单位保护范围及建设控制地带的通知
9月3日	常政发〔2023〕29号	市政府印发《关于深入推进计量工作的实施方案》的通知
10月26日	常政发〔2023〕30号	市政府关于公布常熟市实施市容环卫管理区域范围、主要道路(街道)和重点地区的通知
10月26日	常政发〔2023〕31号	市政府关于印发《常熟市县域节水型社会达标建设复核评估实施方案》的通知
11月24日	常政发〔2023〕32号	市政府关于成立苏州港常熟港区管委会的通知
12月25日	常政发〔2023〕33号	市政府关于印发《常熟市"四好"社区建设试点工作方案》的通知
12月26日	常政发〔2023〕34号	市政府关于废止《常熟市生态红线区域保护规划》的决定

(资料来源:市政府办)

文件选编

常熟市电子商务高质量发展行动计划(2023—2025)

(节选)

一、总体要求

(一)指导思想

以习近平新时代中国特色社会主义思想为指导,坚持政府引导、市场主导、创新驱动、规范健康的原则,在数字经济时代下,以推动电子商务产业高质量发展为主线,激发电子商务创新创业活力,打造品牌电商名城。

(二)发展目标

利用三年的时间,让全市电子商务产业呈现集聚化、合规化、品牌化、规模化的健康发展态势,支撑产业配套服务体系持续优化,行业发展规范逐步有序,创新能力显著增强,数字化水平有效提高,将常熟打造成长三角区域乃至全国区域内电子商务领域的标杆城市,将电子商务产业塑造成拉动常熟经济社会发展新的增长极。

具体到2025年:

——全市实现电子商务网络零售额突破1200亿元,跨境电商交易额年均增长50%以上;

——全市引进和培育年网络零售额超10亿元并合规入统的电子商务龙头企业8家以上、超5亿元的20家以上、超1亿元的50家以上,孵化150家跨境电商企业。

二、重点任务

(一)优化空间布局,推动产业集聚

1.以服装城为主体,打造产城一体的电子商务集聚区。服装城要持续聚焦"城市更新+产业创新"双轮驱动发展策略,深层次谋划研究,高标准编制电子商务集聚区发展空间规划,将服装城打造为规模集聚、品牌引领、亮点纷呈、功能齐全的标杆电商集聚区。重点规划建设200—300亩电商核心示范区,以品牌电商总部为主,配套仓储物流、直播基地、平台运营、人才培训等功能区域。同时,以市场载体升级为抓手,盘活闲置、提升存量,加快"智慧商城"建设,不断提升市场经营环境及运营水平。抢抓新兴业态快速发展机遇，探索聚商引流新模式，积极深化直播电商的综合服务能力，依托常熟直播电商服务中心，积极建设主播公寓等服务设施，逐步形成“线上引流+实体批发+直播带货”的新销售模式。实施常熟服装供应链走出去计划，在全国布局8家以上服装供应链选品基地，积极组织品牌厂家参加各类展会活动，提升常熟服装的影响力和竞争力。

2.以现有产业为依托，打造一批特色鲜明的电子商务产业园。支持各板块基础扎实、成长性好的电子商务产业园不断提档升级，重点推进常福街道鲲驰美妆电商基地、海虞家居服电商产业带等特色园区建设；鼓励各板块在现有产业基础上叠加电子商务功能，围绕做大做强优势产业，促进线上线下深度融合；引导头部电商企业从销售端不断向研发设计、制造、品牌等全产业链延伸，形成一批“小而美”的特色电商产业园。到2025年，争创国家级、省级电子商务示范（试点）5个以上。

3.提升电商载体服务能力。做优做强载体运营水平，深化服务内涵，由单纯的物业管理，不断拓展服务功能，构建起适合产业特色的增值服务平台。鼓励载体运营方对接主流平台，积极争取资源嫁接，通过集中化管理，并提供项目招引孵化、数字化场景应用、供应链整合、人才引进及培育、技术支持、资本金融等一站式服务，增强区域引导、行业辐射和产业带动能力，增强入驻企业的“黏性”，强化园区自我造血功能。

（二）聚焦电商主体，激发产业动能

1.支持电商企业品牌建设。强化电商产业发展过程中的品牌战略意识，抓好存量产业的优质化提升，一方面培育引导发展潜力好的电商企业规模化发展，尤其是以服装服饰为代表的终端消费品新零售品牌电商企业；另一方面鼓励传统制造业企业主动拥抱互联网，开拓新业态、探索新模式，实施品牌化战略，引导消费升级，推动企业打造自身私域流量电商体系，培育一批销售千万级电子商务企业。强化优质电商项目招引，对知名电商品牌企业总部入驻常熟或在常熟设立区域运营中心、结算中心及研发中心的给予重点政策倾斜。到2025年，累计引进全国知名互联网企业30家，网络销售2000万电子商务企业50家以上。

2.发挥电商平台带动作用。持续深化与阿里、京东、抖音、快手等知名电子商务平台企业全面务实合作，发挥平台“强磁场”效应，建立并拓宽平台落地运营中心功能，发展网络零售、网络批发、同城购物等业务。依托平台，挖掘业务在常、注册在外的电商企业，力争招商回流。培育支持中小微企业依托第三方电商平台、小程序、公众号、社交媒体等创新发展，不断培育壮大电子商务市场主体。发挥头部电商企业、头部主播、主流平台对常熟纺织服装产业的带动作用。

3.引导电商企业合规健康发展。引导电商产业规范化、健康化、有序化发展，以合规入统为抓手，循序渐进、开放包容提升产业高质量发展。持续推动电子商务企业“个转企、小升规”，依托市场采购试点经验，探索推进电子商务领域“以数治税”，在优化营商环境的同时，提升电商企业涉税事务的合规性，通过主管部门、行业协会等，合理监控测定不同企业类型、各细分行业的平均利润率，以稳字当头、稳中求进的原则开展审慎包容监管，积极引导头部电子商务企业纳入社零统计体系。到2025年，全市引进和培育年网络零售额超10亿元并合规入统的电子商务龙头企业8家以上、超5亿元的20家以上、超1亿元的50家以上，限上网络零售额在全市社会消费品零售总额的占比达到20%以上。

（三）创新业态模式，推动产业融合

1.提升工业电商发展水平。以智能化改造、数字化转型，畅通制造企业与互联网平台、商贸流通企业的产销对接，推进工业电子商务应用。支持企业利用大数据对接用户个性化需求，发展“以销定产”及“个性化定制”生产模式，加快工业企业间集采集供、统仓共配、要素共享等B2B电子商务应用。鼓励大中型企业在常设立独立核算的销售公司或电商公司，通过自建平台或第三方平台开展集中采购、产品分销和售后服务。重点支持汽车零部件、装备制造、纺织服装等产业发展以产业链协同为核心的电子商务，打造3–5个具有行业优势的电子商务产业集群。到2025年，龙头骨干工业企业电子商务应用率达100%，建成省级工业互联网平台5个。

2.培育壮大直播电商产业。持续深化“万千百十”工程，加强同头部直播平台的合作，举办或承办直播电商论坛会议和供应链选品会等重大活动，营造浓厚的直播电商发展氛围。力争落地多家平台官方直播基地，培育引进直播、短视频等内容生产企业，引进和培育有影响力有示范带动作用的头部直播机构、MCN机构入驻，引入优质主播资源，招引和培育平台服务商，构建有影响力的直播电商产业集聚区，更好服务电商企业和品牌制造企业。到2025年，在全市形成10个以上特色突出、示范性强的直播电商基地，参与直播的商品网络零售额年均增长15%以上。

3.深化跨境电商出海工程。抢抓跨境电商发展风口期，发挥电子商务协会跨境电商专委会、跨境电商公共服务中心作用，加强与深圳、浙江等地区的对接交流，导入服务商资源；升级构建常熟市跨境电商综合服务平台，发挥跨境电商综试区线下园区服务功能，实现商务、海关、税务、外管等部门数据交换和互通互联，为企业提供一站式跨境电商服务；利用常润集团等龙头企业的物流、品牌、海外仓等跨境电商优势资源，引导传统外贸企业用好第三方平台、尝试独立站构建，加快品牌出海。推动和指导常熟服装城跨境电商集聚区合规健康发展，积极打造特色跨境电商产业园等载体平台。抓住常熟服装城国家市场采购贸易方式试点机遇，发挥“市采通”平台优势，探索双业态融合发展，积极主动融入上海浦东“丝路电商先行合作区”，创新发展外贸新业态新模式，完善跨境电商生态体系。到2025年，孵化跨境电商企业150家。

（四）完善配套体系，夯实产业基础

1.构建电商人才支持体系。同常理工、职业院校等，开展校地、校企合作，专题开设“校企合作班”“学历提升班”“创业班”等，培育与产业相匹配的电商人才池，并适时组织电商企业赴外地院校开展电商专业应届毕业生的专场招聘活动。加大电子商务高层次人才引进，鼓励企业面向国内外引进一批高素质、有丰富电子商务大型团队运营经验的职业经理人队伍。推进“电子商务师”“互联网营销师”等职业技能等级认定工作，落实电商人才相应的生活保障及政策待遇。加强对残疾人电商就业创业工作的指导，在产业发展政策上予以支持。发挥党建引领作用，为新业态新就业群体蓄力赋能。

2.提升电商配套服务水平。建立健全电商公共服务体系，构建集仓储、物流、金融、运营、行政等多元化服务的一站式全产业链公共服务体系。推动快递物流园区基础设施建设，提升数字化、智能化水平，大力发展云仓服务，形成产业集聚效应，提高区域辐射能力。着重引导有产业基础的板块打造特色产品供应链生产基地及品牌仓储配送结算中心，实现互联网消费新模式加持的贸易叠加。同时要发挥好电子商务在居民生活中的正向便利作用，鼓励社区电商主体在“一刻钟便民生活圈”建设中丰富居民服务类的应用场景，以及发挥好生活类电商企业在应急保供中的作用。充分发挥电子商务相关行业协会作用，提升电商组织化程度。

3.推动电商快递融合发展。扎实推进全国“农村电商快递协同发展示范区”创建工作，推动形成与电子商务产业发展相匹配的仓储物流、快递配送、流通服务体系，全面提升电子商务与快递物流融合发展水平。每年新建20个以上智能快件箱、智能信包箱等基础设施，提高快递末端服务能力。依托电子商务进农村综合示范项目，大力实施“快递进村”工程，整合资源解决农村物流“最后一公里”问题，鼓励有条件的企业参与农产品冷链运输和农村寄递物流体系建设。加大京东智能配送车布局推广力度，拓宽应用场景，持续打造“无人配送城”。到2025年，快递业务量超过10亿件，业务量在全省县（市、区）中保持领先水平。

4.加快电子商务诚信建设。深入落实《电子商务法》《网络安全法》《个人信息保护法》相关规定，深化国家网络市场监管与服务示范区建设，建立与产业特点及发展水平相适应的监管模式，净化网络市场环境，维护网络交易秩序，保护网络数据安全。加强网络消费维权，及时处置投诉纠纷，严厉打击假冒伪劣等违法行为，净化电商市场，维护常熟产地的名片形象。完善网络交易信用评价体系，落实身份认证和实名登记要求，推进电子商务全流程信用建设，建立健全信用记录、事前承诺、投诉处理、产品溯源、信息共享等制度，全面推动电子商务信用信息共建共享。实施信用分级分类监管，推进电子商务信用联合奖惩，依法查处整治电子商务领域违法失信行为，营造诚实守信的电子商务发展环境。

摘自《市政府办公室关于印发〈常熟市电子商务高质量发展行动计划（2023—2025）〉的通知》（常政办发〔2023〕17号）

常熟市纺织服装产业高质量发展实施方案（2023—2025）

（节选）

一、总体要求

深入贯彻落实习近平新时代中国特色社会主义思想，坚持纺织服装产业高质量发展方向，以构建新型产业生态为主线，以创新力铸就新高地，以数字化激活新动能，以政策激励企业向“微笑曲线”两端攀升，提升发展质量和效益，推动产业优化升级，为我市纺织服装产业发展再赋新能。

二、主要目标及重点领域

把握产业发展新趋势，坚持科技赋能、时尚引领，深化实施“三品”战略，进一步巩固我市纺织服装产业的优势和地位。依托服装城、云裳小镇等载体，将常熟打造成为具有全国影响力的服装时尚风向标，力争到2025年产业产值规模稳定在1000亿元左右，线上线下交易额超3000亿元。

加强科技赋能。助推企业研发投入提质增效，赋能产业优化升级。持续推进企业智能化改造数字化转型，打造数据驱动、敏捷高效的柔性生产体系。精准定位消费群体，建立新型供求关系。进一步增强常熟服装产业带在全国电商版图中的影响力。

加速时尚引领。全力营造城市时尚氛围、引领时尚消费、集聚行业人才，形成时尚产业生态圈，提升常熟时尚产业的影响力和竞争力。充分发掘文化创意资源，聚焦时尚创意总部经济，着力将云裳消费小镇建设成为长三角的线上消费生态圈和时尚产业消费高地。

强化“三品”战略。以提升产品为根本，引导企业实施增品种、提品质、创品牌，不断完善产业体系。依托本土产业集聚及产业链优势，大力发展高端面料，充分发挥波司登等龙头企业在区域品牌中的引领作用，催生一批“小而美”的数字化个性化品牌，完善产业生态。

三、主要任务

（一）以科技创新为抓手，赋能产业品质化提升

1.加强关键核心技术攻关。加强服装、家纺及装饰等

面料研发与设计，支持企业开展关键技术攻关，逐步形成整体布局完善的产业科技创新平台体系。推动中小企业瞄准细分市场专注创新能力与管理能力提升。推广先进无水少水加工技术和中水回收等减排技术应用，降低能耗水耗水平。持续推动印染行（企）业高质量发展，充分发挥出印染在纺织产业链、价值链中的作用。到2025年底，培育各级各类科技项目5项以上，培育3个支撑性产业创新平台、10个高质量企业研发载体，培育6家省级专精特新中小企业、2家省级服务型制造示范企业、2家省级工业设计中心。

2.加快推动数字化转型升级。鼓励服务商围绕企业需求开展工业软件技术攻关、智能制造装备研发和一体化解决方案集成。支持企业应用智能化技术和装备，加强“小单快返”柔性智造升级，发展按需生产、个性化定制、柔性化生产、用户直连制造。加快发展智慧营销，推动企业建设智能化供应链管理体系，支持重点企业建设工业互联网标识解析二级节点。探索元宇宙等虚拟现实技术应用，强化数字技术和服务对产业支撑作用，推动常熟服装城建设成为辐射整个长三角区域的纺织服装数字化产业示范基地。到2025年底，全市培育10家苏州市级以上智能制造示范车间（工厂）、3家省级工业互联网标杆工厂、100家星级上云企业，培育3家国内领先的智能制造服务商（平台）。

3.大力推进直播电商发展。以“万千百十”工程为基础，加强同淘宝、抖音等头部平台合作，举办或承办直播电商论坛会议和供应链选品会等重大活动，营造良好的直播电商发展氛围。构建直播电商产业集聚区，引进和培育有影响力的头部直播机构、MCN机构和优质主播资源。加快电商产业园发展，积极引入年开票销售额5000万元以上的电商企业。大力发展跨境电商，带动内贸企业开拓国际市场。支持纺织服装企业培育塑造网络品牌，推动电商企业入规纳统。到2025年底，孵化年销售亿元以上直播企业20家。

（二）以时尚创意为牵引，打造服装时尚风向标

4.加强时尚设计。引导企业加大产品企划、创意设计和时尚运营力度，充分发挥云裳小镇纺织服装创意优势，将常熟国际时装周打造成为具有行业引领作用的标杆活动。鼓励与服装设计大师、工艺美术大师合作，破解低端同质化竞争。支持时尚产业企业发展应用大数据挖掘与分析技术，精准定位消费群体，建立“需求定义设计、需求定义制造”的新型供求关系。多渠道加强时尚设计师的招引和培育，进一步链接生产和设计能力，壮大转型升级原动力。到2025年底，引进和培育纺织服装创意设计机构30家，创意设计类技术人员500名。

5.推动文创融合。增强历史文化资源向服装时尚产业创造性转化的能力，以江南文化特质为核心，构建贯穿文化IP、服装品牌、销售渠道、消费场景等全产业链的品牌故事链、产品生态链。依托线上渠道、新零售窗口、融媒体平台，以国潮、国风、国粹为时尚风向标，不断创新服装品牌传播方式。加强常熟市服装科技文创产业园等重点文化产业项目建设。到2025年底，建成文创推广载体15万平方米。

6.打造时尚名片。持续发挥波司登龙头企业带动效应，扩大以羽绒服为主导产品的秋冬装产业集群时尚影响力。通过常熟国际时装周、纺织服装服饰博览会、“常熟杯”潮流服饰组合设计大赛等活动争取行业内更多时尚资源。加强对外推广，深化媒体合作，深度对接上海、深圳时尚设计资源，吸引年轻设计师集聚，依托服装城和云裳小镇，形成长三角时尚品牌集聚高地，打造集产业链、创新链、服务链于一体的时尚生态圈。在加强常熟秋冬装、常熟男装等区域品牌宣传的同时，重点打造“常熟羽绒服”等城市标签，持续领跑羽绒服行业。到2025年底，举办30场时尚宣传活动。

（三）以三品战略为指导，推动产业实现质的提升

7.发展高端环保面料。探索建立时尚面料创新中心，结合我市产业特点，深耕细分领域，在现有亚麻、羊毛针织等高端面料基础上，发挥重点企业研发团队力量，加强产品开发，从科技、时尚设计等层面进一步推进运动、抗菌、阻燃等功能性面料以及化纤绒类面料向高端化转型。抢抓绿色环保面料成为未来面料的发展趋势，重点研发生物基合成纤维、再生PET（RPET）等更加绿色、环境友好的面料。鼓励相关生产企业建立回收利用体系，引导支持纺织企业使用再生纤维及制品，促进废旧纺织品高值化利用。到2025年底，全市培育3家绿色制造体系示范企业，争创一批纺织创新产品。

8.提升品质管理水平。支持企业完善质量管理体系建设，推进“同线同标同质”发展。深化企业首席质量官制度建设，发挥标准引领作用，以新型纺织纤维材料、功能性纺织品、智能纺织品、产业用纺织品为重点，鼓励企业参与或主导各级各类标准的制定和修订。充分发挥国际纺织服装服饰品牌中心作用，通过促进存量提升和吸引增量入驻，深层次助力产业发展。到2025年底，力争实现全市纺织服装规模以上企业首席质量官制度全覆盖，培育一批“江苏精品”“苏州制造”品牌认证产品，争创一批纺织服装领域质量奖企业。

9.加强品牌培育宣传。创新品牌运营模式，加强品牌战略管理，拓展品牌营销渠道，提升品牌文化内涵，加快服装产业从OEM向ODM和自主品牌转型。全力服务产业链“链主”型企业提升品牌发展能力。利用服装城、新东方男装城、天虹服装城等“中国服装品牌孵化基地”，加强品牌培育，构建品牌供应链生态体系，树立优秀行业标杆，持续推进成长型品牌的创新发展。举办常熟十大自主品牌服装评选活动，营造更好的自主品牌建设氛围。到2025年年底，新增个性化原创品牌30个，培育新零售品牌1000个，力争再培育一批具有较强影响力的自主品牌服装企业，品牌制造能力明显提升。

四、保障措施

（一）强化组织领导

成立纺织服装产业高质量发展领导小组，统筹纺织

服装产业发展相关工作，领导小组办公室设在市工信局，负责综合协调工作，发改、科技、商务、财政、人社、教育、资规、市场监管、金融监管、行政审批等相关部门及各板块各负其责、各司其职，协同推进我市纺织服装产业发展。建立领导小组联席会议机制和考评机制，强化工作研判和工作联动，推动任务落实，重大事项报请市领导专题协调。

（二）突出规划统筹

立足我市纺织服装产业基础与特色，强化全市产业发展规划，明确产业发展方向，坚持规划引导、科学推进，注重市级产业整体布局统筹和协同发展，加快差异化发展和分层次梯队建设。

（三）加强人才引育

根据产业链完善人才链，通过各级重点人才计划，积极帮助企业引进解决“卡脖子”技术难题的高层次人才。通过搭建供需对接服务平台，精准开展招聘服务，吸引各地职业院校优秀服装人才来常，保障企业用工需求。坚持校地融合发展战略推进产业学院建设，培育符合需求的本土应用型人才。

（四）做好要素保障

通过招商投资、科技创新、企业发展、金融基金等政策方面的保障，推动纺织服装产业进一步发展壮大、做优做强。支持重点服装产业招商项目落地，对用地评审、设备奖补、项目审批等给予政策倾斜。

（五）抓好工作落实

组建纺织服装产业工作专班，由工信、发改、科技、商务、市场监管等部门具体工作负责人组成，同时增加产业工作专家成员，为产业发展方向制定、项目评审、重大问题研究等工作提供决策参考和政策建议。深入摸排纺织服装产业创新链、供应链、人才链等资源体系情况，有关工作任务列入相关部门、板块高质量考核个性化指标。

摘自《市政府办公室关于印发〈常熟市纺织服装产业高质量发展实施方案（2023—2025）〉的通知》（常政办发〔2023〕96号）

常熟市虞山尚湖古城保护和利用高质量发展行动方案（2023—2026）

一、工作思路

虞山尚湖古城组团是常熟山水城融为一体独特格局的核心承载地，是常熟的自然生态之核、历史文化之魂。迈进新时代，对照高质量发展新要求，虞山尚湖古城组团存在优秀传统文化彰显不足、山水生态优势未充分发挥、组团空间功能品质有待提高、多元业态发展融合不充分、旅游度假品质有待进一步提升等问题。必须加强顶层设计和整体规划，把优秀传统文化保护传承工作放在重要位置，深入挖掘好、保护好、运用好历史文化资源和山水生态资源，加快将山水人文资源优势转化为发展胜势，以虞山尚湖古城保护和利用高质量展现苏州市域一体化（常熟）融合创新区的美好图景。

二、工作目标

以习近平总书记考察江苏重要讲话精神为引领，围绕“强富美高”新苏州现代化建设，以服务加快建设苏州市域一体化（常熟）融合创新区为方向，紧扣“美丽常熟”和更高品质“江南福地”建设目标，统筹“一山（湖）一策”、历史文化名城保护、乡村振兴片区建设及旅游度假区品质提升要求，通过加强优秀传统文化资源保护利用、优化提升山水生态空间本底、加强国家历史文化名城保护更新、加快推进环山绕湖美丽乡村建设、推进国家级旅游度假区品质提升五个方面工作，实现虞山尚湖古城文化有传承、生态高价值、生活优质量、业态深融合、度假提品质的保护和利用高质量发展目标，打响“一城山水、自在生活”文旅品牌，擦亮国家历史文化名城和国家级旅游度假区金字招牌，建成山水城一体化绿色生态发展典范区、国家文旅融合发展示范区。

三、工作举措

（一）加强优秀传统文化资源保护利用

1.加强优秀历史文化资源挖掘。深入挖掘并系统梳理以吴地先贤文化、虞山流派文化为代表的常熟优秀传统文化内涵，实施优秀传统文化资源普查、常熟文脉整理研究与传播、文化数字化工程，建立虞山尚湖古城文化资源库。深入研究言子“大同小康”“弦歌之治”等儒家礼治学说，着力挖掘阐发弘扬优秀传统文化在优化社会治理等方面的新时代价值，提高常熟优秀传统文化美誉度。

2.加强文化遗存空间保护利用。坚持依法保护、整体保护，提升兴福寺、仲雍墓、言子墓等各类古建筑古墓葬等文保场所的景观环境和管理水平。加强文保控保建筑等不可移动文物的活化利用。提升仲雍、言子、黄公望、钱柳墓等文化遗存空间的可达性和游览性，实施言子墓至书台公园区域“亮石”工程，盘活利用博物馆、图书馆、石梅园、书台公园等区域，开展文化艺术课堂等活动传承文脉，打造融山水实景于一体的沉浸式吴文化体验新空间。

3.加强虞山非遗文化活态传承。深入挖掘非物质文化遗产资源，推动虞山琴派国家级非遗项目以及虞山印派、虞山画派、湖甸龙舟、赭石刻砚、虞山绿茶制作工艺等地方非遗项目繁荣发展，重视培养传统工艺新生代传承人群，促进传统工艺创新提升。合理利用严讷宅等载体，通过生产性保护方式，在保护传承基础上，利用5G、元宇宙等新技术，提供线上线下融合的文化体验。以市场化手段加强非遗项目的产品转化、创新传播和社会参与。

（二）优化提升山水生态空间本底

4.提升虞山“绿核”生态空间品质。因地制宜对虞山中路、虞山南路、虞山北路、中山路沿线节点，对杉木林、竹林等单一树种区域及亚健康中龄林开展森林抚育和林相更新，改善林木生长质态，打造山体季相色彩景观效果，提升森林资源品质。加强林业有害生物防治，依托生物天敌等绿色措施加强生态防治，持续巩固松材线虫病疫点拔除成果。持续加强森林防灭火基础设施建设，提高森林火灾应急处理能力，实现虞山无较大森林火灾。开展受损山体生态修复，着力提升山体及周边景观环境。优化提升贯通环虞山生态步道，结合山地森林步道建设，针对不同游客需求打造“雄鹰线”“摩崖石刻文化线”等多主题登山线路，增设配套设施及标识系统，提升上山步行体验。优化虞山泄洪涧沟，新建改建虞山北路、通林路、碧云路等雨水管网及过路箱涵，有效提升虞山周边防洪排涝能力。实施环山区域内未分流区域雨污改造，消除污水管网空白。

5.提升尚湖“蓝核”生态空间品质。严格落实尚湖饮用水源地保护要求，建立健全水域岸线空间管控体系，严格规范各类建设活动。实施尚湖护岸、闸站提升工程，提升尚湖排涝能力。推动尚湖水生态保护修复，增强湖泊生物多样性，强化长效管护和联合执法，确保尚湖断面稳定达到湖泊Ⅲ类水质。围绕环湖生态景观元素，丰富完善滨水栈道、观景平台等亲水功能，织密环湖步道系统，优化提升环湖骑行绿道。增设环湖周边厕所、停车位、直饮水点等公用配套设施，全面加强公共休憩空间的管理养护水平，打造近悦远来的高品质滨湖惠民空间。

6.优化山水城村互动联系组织。丰富运用各类小规模、低影响、渐进式、适应性的微更新手法，规划控制“湖—山、山—城、山—田”景观视廊，串点成线与步道体系相衔接。完善环山、环湖、古城公共交通线路，策划打造千年文脉、名人文化、宗教寺庙、古建园林等文化遗存主题游径。优化特色慢行道路体系，串联构建虞山福道、尚湖碧道、山林趣道、悠然水道、田园慢道五条慢行线路，构建山林、环湖、古城、田园风景路线系统，展现“山水城村”互融互通风景。优化环虞山旅游线路，拓展自驾、公交、骑行、徒步等多种游览方式，提升不同品质旅游需求的上山体验。完善指月路、小坝路等城村道路基础设施建设，改善交通通行条件。

（三）加强国家历史文化名城保护更新

7.优化完善名城保护规划体系。坚持保护为先，完成《常熟历史文化名城保护规划》（2035）版修编，形成保护规划、古城控规和街区保护规划的完整规划体系，坚持“一空间、两融合、三路径”的保护格局，进一步建立和完善古城各类保护对象的保护名录和分布图，明确保护范围和管控要求。注重不同历史文化街区空间肌理、景观环境的统一规划和整体保护，传承传统营建智慧。

8.创新古城空间资源活化利用。全力推进西泾岸历史文化街区整理更新先行先试，2026年前打造成为以体验居住功能与历史文化载体有机结合的文旅融合样板。实施常熟“古城历史文脉探源工程”，对古城保护对象和历史遗存有序开展全要素深度普查。编制古建老宅活化利用《白皮书》，鼓励多元主体参与古建老宅活化更新。规划建设历史城区核心文化路径，设置历史文化资源标识引导系统，规划实施古城夜间景观提升工程。实施“虞美街巷”建设，采用“绣花”“织补”等方式，修补市政设施、增加景观绿化、城市家具，持续推进古城街巷微更新。逐步实施古城雨污分流改造，提升古城生活空间品质和居民幸福感，做精苏式生活典范。

9.推进古城低效载体转型提升。持续推进古城闲置载体和存量低效资源盘活利用，构建“政府引导、国资参与、市场运作、互利共赢”的转型发展模式，引导商业业态向办公、服务等业态转变，发展科技创新、文化创意等生产生活性服务业，打造产业融合的综合服务社区。加快县南街竣工验收交付，推动老城区基础设施优化提升，拓展城市广场综合功能，推动活力人群有效导入。持续提升山前坊、“蓝・原葺森林”等现有产业园运营水平，促进环虞山文创产业带高质量发展。

（四）加快推进环山绕湖美丽乡村建设

10.提升山水村落空间风貌品质。以虞山尚湖山水资源为依托，注重彰显江南山水田园风貌，延续“常熟田”的传统空间肌理，加强村落建设风貌整治引导，坚持“黑白灰”的淡素雅风格，彰显江南水乡特色风貌。加快片区内村庄“千村美居”建设，以“重点项目+微更新”方式持续推动山水之间美丽乡村基础设施提档升级，2025年实现“千村美居”等各类美丽乡村建设全覆盖。加强特色田园乡村建设，串联“舜过井、张乌园、山湾里”等特色田园精品乡村，高标准推进常熟虞山风景片区特色精品示范区建设。

11.一二三产深度融合促发展。品牌化推动第一产业发展，打造“常熟田”品牌高标准农田。深挖农林产品价值，因地制宜盘活林下资源。打造蕈菌基地，争取纳入省重要农业文化遗产。景观化提升有机茶园，探索林茶间作，以“虞山绿茶”“剑门绿茶”为引领，拓展茶叶加工有机绿色产品认证，提升湖甸大米、宝岩杨梅、太公鱼头等农产品品牌价值。加强农文旅融合，建设中草药研学基地，推进“虞山人家”农家乐提档升级持续引导民宿产业由点到面集群发展，打造体现山水城村共融的乡村振兴一二三产业融合发展示范片区。

12.构建常态长效管理新格局。学习借鉴“千万工程”经验，构建以“五治融合”为基础的人居环境常态长效管理新格局。建立健全正向激励和反向约束机制，全面推广“星级选树”“分红挂钩”“一户四照”等经验做法，引导村民共同参与村庄环境净化、美化、绿化和长效管护，探索外来人口集聚区和农家乐区域长效管护有偿服务。开展虞山南路沿线美丽庭院改造，对自然村落基础设施进行微更新，逐步实现环虞山村组“美丽庭院”全覆盖，打造有虞山特色的共议共建共治共享治理品牌。

（五）推进国家级旅游度假区品质提升

13.加强规划引领促提升。坚持以发展度假旅游产业为主责主业，对照新版国标要求，编制虞山文化旅游度假区高质量发展提升策划。梳理形成《存量资源清单》《重点工作任务清单》《旅游产品提升清单》三份清单，融合文化休闲、水上运动、山地运动、主题露营等新潮元素与文旅产业联动，推动度假区品质提升。到2025年，江苏省旅游度假区发展评价考核排名力争进入全省前五，苏州市旅游度假区高质量发展监测评价考核排名保持前三，全力提升游客数、客均消费、客房数、游客过夜率等核心指标，打造高品质旅游度假目的地。

14.突出以文塑旅促融合。坚持文旅融合、主客共享的发展定位，激活现有公共文化建筑、历史街区、存量空间、户外公共空间四类文旅空间。立足生态人文底蕴，突出度假产品品质化、专业化，围绕长三角主要客群消费需求，推动旅游与乡村振兴、体育、商务、康养等深度融合，创新打造“虞YUE”系列四大主题产品。讲好吴地先贤、虞山流派等为代表的“虞阅文化”；策划“虞山探秘”“环湖骑迹”“虞城漫步”等为主题的“虞跃运动”；开发“华灯初上”“琴川夜画”等沉浸式“虞月夜游”，体验“在乡野”“闲话虞城”“文艺虞城”等为亮点的“虞悦生活”。丰富核心吸引物，提升度假功能，实现文旅产品和消费升级。

15.持续提优配套树品牌。从游客体验角度，围绕“吃、住、行、游、购、娱”持续提升全链条服务供给能力，实施公共服务设施和环境提升，完善标识导览、休憩驿站、旅游厕所等配套设施，打造主题场景，营造度假氛围。持续办好尚湖牡丹、虞山茶文化、尚湖国际马拉松、铁人三项等活动赛事，提供日常体育训练服务产品，细化度假产品与主题的接入，丰富度假体系。加强与头部文旅平台渠道合作，强化抖音、小红书等新媒体的体验式内容营销和引流推介，构建全媒体时代的立体营销网格，打响度假区品牌IP。

摘自《市委办公室 市政府办公室关于印发〈常熟市虞山尚湖古城保护和利用高质量发展行动方案（2023—2026）〉的通知》（常办〔2023〕43号）

常熟经开区高质量发展行动方案（2023—2026）

一、总体思路

坚持以习近平新时代中国特色社会主义思想为指导，深刻领悟“四个新”重大任务的丰富内涵，牢牢把握高质量发展首要任务，奋力推进产业创新、科技创新和开放创新，全力在培育先进制造业集群、推动产业沿江转型中走在前列；在高标准打造苏州·中国声谷，厚植产创融合发展动能上做出示范；在加快片区开发，融入苏州市域一体化发展中争当标杆，切实以殷实可感的发展质效，为谱写更高品质“江南福地”现代化建设新篇章贡献更大力量。

二、目标任务

到2026年，经济社会高质量发展迈上新台阶，实现一般预算收入60亿元，规上工业总产值达2000亿元；年完成社会固定资产投资120亿元、工业投资100亿元。经开区排名全国进入前五十位，省内进入前五位（年度具体目标任务见附件）。

产业转型明显加快。到2026年，钢铁、能源、化工、造纸等传统制造业比重从54%降到40%，绿色智能汽车、新能源、新材料等新兴产业比重从42%升到60%。“2+4+1”新兴产业布局起势，汽车产业规模突破1000亿元，声学产业规模突破600亿元，新能源产业规模突破100亿元。发挥主机厂牵引作用，围绕汽车及零部件、高端智能装备、新能源装备等重点行业领域，集聚“链主”型企业超30家。

创新动能加速释放。到2026年，力争全国重点实验室、国家技术创新中心、国家重大科学装置项目等重大平台建设取得突破，省声学产业技术创新中心跻身全国一流科研平台。力争拥有高新技术企业数量超300家，规上企业研发经费投入达80亿元，年技术合同成交额达50亿元，年引进科创企业超200家。

发展载体提档升级。到2026年，常熟港深度融入苏州港一体化发展体系，岸线利用、码头功能、通航能力、商贸业态全面提档升级，实现港口总吞吐量6200万吨。新增特色载体130万平方米，其中工业载体74万平方米、科创载体38万平方米、商业载体18万平方米。更新提升存量产业载体57万平方米。

功能服务更加完善。到2026年，人才创新创业和安居环境不断优化，校地对接、产教融合、产研协同持续深化，优居、优教、优医、优养服务配套体系日益完善，为高质量引人用人留人提供坚实保障。城市功能不断提升，声谷核心区道路框架全面成型，天籁湾中心湖、环湖景观带和常浒河滨河景观带等“一湖两带”全面建成。滨湖商业、花园总部实施建设。

三、工作举措

瞄准"产业转型、创新动能、开放领域、城市能级、集约发展"等方面的问题精准补短，加快经开区高新化转型步伐，厚植高质量发展竞争优势。

（一）强化集群培育，进一步推动产业转型

1.做强先进产业规模。坚持存量挖潜和增量提质并举，持续开展强链补链延链招商。引导捷豹路虎、长春、立讯、亨通等龙头企业拓展"制造+研发+总部+服务"全功能布局，加强产业链配套和协作项目引育，打造"拉不走、拆不散、压不垮"的企业集群。围绕"科技创新+先进制造"方向，聚焦绿色智能汽车、新能源、声学、新材料、高端装备等重点新兴产业，引链主龙头、强梯队矩阵，加快打造以汽车主机厂为链主的"千亿级"汽车产业集群，形成300亿规模整车制造及华域、长城、中航、航盛等5个50亿级企业群，引领产业链整体跃升，加速构建现代化产业体系。

2.加快存量结构升级。聚焦"高端化、智能化、绿色化"，以智改数转、高企和绿色工厂培育等工作为抓手，巩固提升汽车、化工、能源、造纸、钢铁等支柱产业，牵头与每个重点企业共同制定未来五年发展（转型）规划。积极推动路虎汽车新平台项目实施和观致产能盘活复产，引导汽车零部件企业围绕"电动化、智能化、网联化、共享化"发展趋势，加强与产业链上新技术研究应用企业合作，聚焦三电、智能座舱、氢能等前沿领域，研发具有自主知识产权的关键核心部件，与整车企业形成协同研发、融合发展、利益共享的战略合作关系。积极发挥主机厂牵引作用，在工业母机、高端智能装备主机、新能源装备主机等重点领域大力培育"链主"型企业，加快终端整机开发生产，提升产业链供应链稳定性、竞争力。深入推进钢铁、化工等高耗能行业节能降碳减排技术改造，同时加快在低耗高质新产品上的拓展，尤其在新金属材料、新能源化学材料、半导体化学材料等前沿领域导入新项目，加快延链发展。

3.提升国资国企运行水平。推动经开控股有力服务产业招商、片区开发、载体建设和产城运营，积极整合用活各类存量资源，强化投融资能力建设，创新基金投资、拓展类金融业务。壮大绿色能源业务板块，推进压缩空气、屋顶光伏和新能源充电桩等项目建设。建立现代化具备市场竞争力和可持续发展的管理体系，积极推动国有资产资本在现代产业发展和片区载体建设中发挥主责、主业、主角作用，并加强与先进地区、先进国企的业务合作和资本合作，在长三角一体化发展和市域一体化建设中实现竞争能力和盈利能力的全面提升。

（二）突出创新驱动，进一步厚植发展动能

4.推动产创融合发展。发挥诺华、锦艺、英特模、聚复、京创等创新企业引领作用，加大专精特新和上市企业梯度培育，全力支持亨通争创海底通信与探测全国重点实验室。常态化组织创新平台与存量企业双向交流，深入推进产学研合作对接，以声学技术赋能传统产业转型升级，通过共建创新联合体积极开展重大科技攻关。推动研发型总部资源集聚，优化声谷科创中心功能布局，加快赛迪声谷创新中心、声光技术赋能中心、医疗声学创新中心项目落地并发挥强劲推动作用。

5.加快创新平台建设。与南京大学深化合作，推动省声学产业技术创新中心全力争创声功能材料及器件国家技术创新中心，积极参与固体微结构全国重点实验室重组。深化与中国环境监测总站合作，推进"宁静中国"项目试点及广领域、大范围应用；充分释放声学联合检测中心、公共实验室、工程技术中心等重点平台的产业服务效应，加强与商飞、中车、苏州轨交创新合作，聚焦市域轨道交通减振降噪、航空声学材料、高端超声装备等领域加快形成一批技术成果并推广运用。

6.加大科技招商力度。聚焦"围绕创新链布局产业链"总体工作要求，紧扣声学、新一代信息技术、智能汽车、新材料等新兴产业及未来产业发展方向，组建专业的科技招商机构和团队，发挥存量创新平台和招商飞地引育人才作用，用好全国声学创新创业大赛、院校科研单位专项对接、投融资洽谈会等各类渠道资源，放大以赛代引、以投带引功效。优化合作基金序列，提高基金运作效率，形成市场资本充分参与的企业风险投资机制，建立市场导向的成果转化管理机制和多主体参与的成果市场化验证机制，构建金融支撑创新发展良好生态。力争每年新引进科创企业200家，三年累计新增各级各类人才项目不少于240个，新增科技领军型企业不少于15家。

（三）深化开放合作，进一步提升载体能级

7.优化发展空间。围绕产城人融合发展要求，积极承接海太过江通道、如通苏湖城际铁路等一批大交通规划建设辐射，完善纵横贯通、四通八达的交通框架体系。进一步调优区域规划，完成声谷片区控规和工业片区、立讯北侧、大桥西侧地块等区域规划调整。做好碧溪集镇控规修编，完成多规合一村庄规划编制。

8.推动"港贸产"协同发展。加快推动常熟港融入苏州港一体化发展体系，推进港口基础设施提级升等，系统提升进港航道上中下段通航能力。推进新泰港务、兴华码头、长江港务等码头升等，提升组揽货能力。统筹做好现有码头整合利用和存量岸线规划使用，做优纸浆、钢材、液体化工品等特色货种，加快建设以港口为核心的综合物流体系，推动港口由单纯的物流运输节点向全程物流供应链平台和国际贸易平台转型。

9.打造高能级专业产业园。以"载体高端化、产业特色化、服务专业化"为目标，针对新兴产业、成熟产业开展"产业链招、专业化引"，推动"园区功能形象"和"发展体量质量"双提升，建成投用长三角（常熟）国际先进制造产业园二期、三期，苏高科智能制造基地、汇融高科·滨江国际创研基地、常春藤国际人才港等一批特色产业园。三年内打造汽车智能网联、车载电子及新能源装备等多个特色主题产业园。

(四)推动功能升级,进一步优化发展环境

10.声谷产城建设出形象。聚焦提升片区形象功能和产创城融合发展水平,推进声谷片区道路水系、环湖景观、声谷科创中心等加快建设、全面见新。完成声谷地块、李袁南塘两侧等重点地块拆迁清零。围绕建设、招商、运营“三位一体”要求,高标准建设声谷科技产业园。根据企业需求提供定制化载体,以声功能材料、医疗声学为重点方向,服务科创园孵化企业在声谷核心区实现加速。

11.提升城市功能配套。聚焦建设“国际化、现代化、高端化”的时尚新城,依托如通苏湖城际铁路规划建设,不断提升滨江新城基础设施和功能配套,新建滨江第二小学,完成东张邻里中心建设和东张、新港集贸市场升级改造。实施马桥东路、经四路等道路和仪桥塘、谢桥塘等河道建设。推进滨江新城、产业区、集镇区城市管理精细化,科学规划网格体系,以“精网微格”工程深化基层网格治理。

12.深化工作协同机制。深入实施经开区、碧溪街道职能归并,完成街道综服中心改革。完善招商公司市场化运营机制,加强人才招聘、学习培训、考核激励等内部管理,着力打造专业高效招商服务团队。创新招商公司运营模式,探索开展股权合作、金融对接、载体运营、资产处置等业务。深化行政审批制度改革,全面提升业务人员专业素养,坚持“服务走在审批前”,积极推行“容缺受理+承诺制”服务模式,拓展“一件事”覆盖面,深化“一业一证”改革,实现“一网通办”“全域通办”,提升便民利企效能。

摘自《市委办公室　市政府办公室关于印发〈常熟经开区高质量发展行动方案(2023—2026)〉的通知》(常办〔2023〕44号)

常熟高新区高质量发展行动方案(2023—2026)

一、工作思路

围绕习近平总书记考察江苏重要讲话精神中“在科技创新上取得新突破”“在强链补链延链上展现新作为”要求,以中新昆承湖园区建设为抓手,推动高新区高质量发展。夯实实体经济基础,不断壮大先进制造业,着力引进链主型企业,充实完善产业链;着力提升产业先进性和产业链集聚水平,构建现代化产业体系;提升科技创新能力,着力集聚高端科创资源,着力提高科技成果转化和产业化水平,打造区域性科创高地;打造低碳宜居之城,着力形成绿色低碳发展态势,着力满足各类人才需求,推进产城人融合发展。通过以产兴城、以城引才、以才优产,在落实中国式现代化常熟新实践,谱写更高品质“江南福地”现代化建设新篇章中打头阵、当主力、挑重担。

二、发展目标

到2026年,全区高质量发展迈上新台阶,经济运行质量、现代产业体系、创新驱动能力、城市功能配套进一步提升,对全市贡献比例逐年提高,高新区全国排名攀升至“5”字头前列,全省排名提升至第10名。

经济质量稳步提升。到2026年,一般公共预算收入超55亿元,规上工业产值超1700亿元,4年累计实际使用外资11.2亿美元、完成工业投资超340亿元,单位规上工业产值能耗未来三年年均下降5%,限上社会消费品零售总额达24亿元,规上数字经济核心产业增加值达100亿元。

产业集群不断壮大。汽车核心零部件、高端装备制造、新一代信息技术等主导产业提质升级成效明显,氢能、新材料、生命健康等新兴产业发展加快。到2026年,汽车产业创新集群总产值突破1000亿元、新能源智能汽车相关企业超100家,高端装备制造产业总产值超600亿元,新一代信息技术产业总产值超350亿元,氢能产业总产值突破100亿元,产值超百亿企业实现零的突破、产值超50亿元企业达8家。

科创动能加速释放。依托大学科技园、创新街区等优质资源,集聚科创平台和人才,推动以企业为主的产学研深度融合,呈现科技创新引领实体经济高质量发展积极效应。到2026年,入选瞪羚企业25家次、各级独角兽企业15家次,拥有高新技术企业超320家、科技型中小企业超450家,万人高价值发明专利拥有量超65件,技术合同成交额达50亿元,规上工业研发投入超50亿元。

城市功能更趋完善。中新昆承湖园区基础设施基本建成,形象初步呈现,一批高端创新和配套载体竣工投用,产业项目同步落地。绿色低碳示范地、创新创业聚集地、文教产研融合地、美好生活向往地标识度更加鲜明。

三、重点举措

(一)夯实实体经济基础,构建现代化产业体系

1.做强做深主导产业。汽车产业创新集群发展壮大,重点围绕新能源汽车核心零部件,招引电控、电驱、智能座舱、验证测试等领域链主型、头部企业,到2026年新增链主型核心零部件总成企业3家,新增投资超50亿元项目1个、超20亿元项目4个,新能源汽车产值占总产值超80%。装备制造产业提效升级,重点招引工业母机、测控装备、航空航天装备、工业自动化装备等领域的高技术、高附加值企业,到2026年新增链主型高端装备整机企业4家,新增投资超10亿元项目3个。新一代信息技术产业加速聚能,招引5G通信、人工智能、新一代网络设备、中高端

软件等领域企业，促进以云计算、物联网为代表的新一代信息技术与先进制造、现代服务业融合创新，新增投资超20亿元项目3个。

2.培育做精新兴产业。推进未来产业发展，完善氢能产业链条，围绕催化剂、碳纸、高功率电堆等核心部件与储运、制备、站用成套设备等产业链缺失环节开展精准招商，构建以中汽研、中欧氢能等“国字头”创新平台为引领、以丰田研发、重塑科技等链主创新平台为支撑的特色创新平台体系，相关企业不少于50家。加速新材料产业发展，助推亨睿碳纤维、贺利氏电子材料等企业发展壮大，加快液晶所、金属所等研发机构的柔性显示、高端合金等新材料的产业化进程，相关企业不少于45家。激活生命健康产业潜能，培育壮大智享生物、佰鸿集团等潜力企业，加强生物医药、医疗器械项目招引，相关企业不少于50家。

3.打造特色专业园区。推动空天科技装备产业园、无人机产业园等围绕链主型企业组成的专业园区建设，形成一批产业上下游紧密联结的企业组团。落地沙特阿拉伯产业园，培育一批有意向进军国际市场的国内优质企业，成为中沙零碳装备制造合作和扩大经贸往来的窗口。完成4个存量产业用地片区更新、建筑面积217万平方米，形成新能源汽车零部件、智能装备制造、智能物联等一批特色产业园。

4.推进产业转型升级。深入推动智改数转，每年争创省级以上示范标杆企业10家以上，80%规上制造业企业基本实现数字化，重点行业骨干企业基本实现智能化。聚焦制造业和服务业“两业融合”，推进终端产品制造企业向服务型制造转化，争创省“两业融合”标杆。倡导绿色低碳发展，推进以绿色工厂为核心支撑单元的绿色制造体系建设，省级以上绿色工厂达16家，力争申报省级绿色示范园区。支持企业上市发展，鼓励和引导优质企业通过资本市场实现资源优化配置，坚持分类指导、精准培育，新增上市企业不少于2家。注重企业利润再投资，激励重点企业增加本地投资、扩大产品市场，提升产业稳定性和竞争力。重点推动存量企业再出发，通过技术创新、设备更新、产品迭代等途径适应经济发展新赛道。

（二）提升科技创新能力，打造区域性科创高地

5.引育科技创新人才。加强引才平台建设，落实落细苏南自创区建设政策和领军人才项目等扶持政策，加快打造UWC+人才归谷等高水平人才集聚平台，加强与北京、上海等人才飞地资源联动，新增各级科技领军人才项目270个、科创项目1200个，本科及以上人才数量达3.35万人，其中博士350人、硕士2550人。强化政企学育才合作，加强与常熟理工学院、重点企业在职业教育方面合作，推进智能网联汽车产业学院、汽车智能座舱技术学院建设，为企业发展培育专业技术人才。

6.推进科创平台建设。做好“量”的培育，深化“十百千”平台载体建设，建设一批产业创新基地、技术创新平台和企业研发载体，苏州市级及以上研发机构达200家。推动“质”的提升，国家大学科技园绩效评价稳中有升，打造成为外部科创资源集聚总入口和内部创新资源匹配中枢。支持液晶所、金属所、北大苏南院等新型研发机构发展，实现长三角·中国声与振动研究院实质性运营，研发项目产业化取得明显成效。推动航空发动机单晶叶片、亨睿碳纤维等项目融入苏州实验室创新网络布局，争创“苏州实验室产业化基地”。

7.推动企业自主创新。突出企业创新主体地位，助推丰田智能化战略转型、亨睿碳纤维建立院士工作站，推动延锋研发中心、永联科技研发中心等一批企业创新平台建设，招引一批科技型中小企业和项目，培育专精特新、瞪羚、独角兽企业，争创专精特新“小巨人”企业不少于10家、省级专精特新中小企业不少于50家。推动创新联合体建设，引导组建龙头企业牵头、中小企业参与、多创新主体协同的创新联合体，重点推动新能源储能电池技术创新联合体建设，组建氢能及燃料电池检测创新联合体。加强校企合作，强化大学科技园平台作用，推动企业与常熟理工学院合作，围绕企业实际需求，开展核心技术攻关和创新成果转化，每年落地10个以上常熟理工学院科技成果转化和产业化项目。

8.涵养优质科创生态。建立全链条孵育体系，新增科技企业孵化平台8家、孵化载体10万平方米，省级以上科技企业孵化器、众创空间超20家。加强科技金融支持力度，发挥高新区引导基金功能，落实“一产业一基金”模式，持续推进“昆承易融”品牌活动，科技人才企业获得市场化股权融资不少于30家，融资金额不低于10亿元。构建知识产权培育矩阵，推进知识产权创造、运用、保护、服务全链条管理，力争有效发明专利每年净增15%，争创国家级知识产权强国建设试点示范园区。

（三）建设中新昆承湖园区，推进产城人融合发展

9.深化新型城市规划。学习苏州工业园区在规划建设方面先进经验，通过与中新集团、高端社区运营商合作开发等模式，进一步细化完善阿那亚创新街区、云裳活力岛、数字科技岛等环湖重点区域详细规划及城市设计，加强街坊单元开发研究，推动规划设计与产业、人口分布相适应，形成环状生态发展群落、贯通型绿色景廊，构建贯穿建筑设计、产业导入、运营服务、生产生活等全链条的绿色低碳发展体系。

10.加快形成城市框架。推动内部基础设施建设，构建环湖道路框架，竣工投用黄山路贯通工程、湖山南路、环湖西路以及低碳科技岛中新大道、金龙路等片区主次干道路，完成低碳科技岛、中新创智岛主要市政管网建设。启动沙家浜大桥、环湖通道以及昆承湖穿湖隧道工程研究，促进湖东湖西联动发展。谋划外部交通互通格局，对接苏州市域北部重大交通规划，加强园区与苏虞张等轨道交通衔接研究，推动园区与苏州工业园区、昆山、相城等周边区域路网互连互通。

11.重点发展绿色产业。着力推动绿色产业发展，重点

布局数字科技、新能源和现代服务业“2+1”产业体系。融合中新集团资源，对接新加坡企发局以及吉宝、星狮、CDL等优势企业，引进世界500强项目不少于8个，投资超亿美元外资项目不少于8个、超10亿元内资项目不少于8个。现代服务业主攻总部经济、金融科技、文体商旅、特色教育、健康服务等领域，到2026年规上新兴服务业营收超70亿元。加快布局楼宇经济，新增总部及功能性机构不少于5家，产业特色明显的品牌楼宇达到5幢、税收超亿元的商务楼宇达到3幢。

12.完善高端配套设施。高端载体尽早投用，推动UWC+创新岛、低碳数字产业园、中新智地产业园、UWC+昆承科创港等重点产业创新载体竣工投用。高端配套加快形成，加快低碳科技岛、创新街区等项目建设进度，建成投用昆承湖凯悦酒店、金茂智慧科学城商业中心、海吉亚医院及华师大二附中常熟实验学校等配套设施，构建品质化商业街区、高端化生活社区、国际化教育校区等空间，吸引和留住更多年轻高知人才。

摘自《市委办公室 市政府办公室关于印发〈常熟高新区高质量发展行动方案（2023—2026）〉的通知》（常办〔2023〕45号）

常熟市农业农村高质量发展行动方案（2023—2026）

一、工作思路

以习近平新时代中国特色社会主义思想为指导，深入贯彻党的二十大精神和习近平总书记关于“三农”工作重要论述，坚持农业农村优先发展，聚焦农业品牌知名度不够高、新型农业经营主体培育力度不够大、农村基础设施建设不到位、乡村治理机制不够完善、城乡资源配置不平衡等问题，以目标任务为导向，以重点任务为抓手，扎实推进乡村振兴和农业农村现代化。争做基本实现农业农村现代化的先行者，为打造更高品质江南福地、全面推进中国式现代化常熟新实践提供有力支撑。

二、目标任务

力争到2026年，农业生产实现综合产能强、产业主体强、竞争能力强，全市粮食播种面积稳定在50万亩左右，高标准农田对粮食增产的成效更明显。推进种业振兴，培育推广本土“种质资源”，新育成具有自主知识产权的农作物品种12个以上。打造常熟“土特产”品牌金名片，绿色优质农产品比重达84%。培育新型农业经营主体，打造“大闸蟹”等全产业链，力争实现国家级农业龙头企业零的突破；乡村建设实现环境设施强、长效管护强、乡村治理强，巩固“千村美居”成果，持续推进农宅归并移位，推动建管结合、长效管护、村民参与，力争实现保留村庄“千村美居”全覆盖，乡村振兴片区跨镇域、跨村域规划全覆盖，村均年度日常保洁费用有效压降；农民主体实现综合素质强、总体收入强、内生动力强，推动片区资源协同优化，加快一二三产融合发展，助力村集体经济稳定创收，将“美丽资源”转化成实实在在的“经济效益”，实现村均集体经营性收入超1000万元，农村居民人均可支配收入超5.7万元，城乡居民可支配收入比缩小到1.8以内。

三、主要举措

（一）聚焦农业发展提质增效

1.夯实稳产保供基础。强化粮食安全生产责任制，将防止耕地非粮化纳入粮食安全生产责任制考核，以良种促进稻麦高产高效，粮食单产水平持续提升，全市粮食播种面积稳定在50万亩左右。完善高标准农田建设管理，注重高标准农田建设实效，突出稳产增产目标，提升资金使用绩效，分级分类建立完善全市高标准农田建设管理体系，积极引导规模种植户参与建设管理。稳步推进“菜篮子”工程建设，在条件成熟的地区，推动蔬菜地和水产养殖的规模化流转。推动全市农机装备提档升级，强化先进农机装备和数字技术的融合，重点推广绿色、环保、智能农机装备与技术。强化农业社会化服务体系业态创新，打造农业现代化现实场景。

2.推动农业产业升级。打造常熟农业品牌，充分挖掘和开发常熟特色农产品资源，培育区域公用农产品品牌，加大“常熟大米”品牌集聚效应，加快“王庄西瓜”“黄金小玉米”等农产品推广。培育新型农业经营主体，发挥示范效应，打造一批“百万收入”家庭农场，形成以家庭经营为基础，合作社和农业龙头企业为依托，社会化服务为支撑的现代农业经营体系。发挥省级农产品加工集中区平台优势，引导农业产业化龙头企业延链、补链、强链。加快粮食、蔬菜、水产三大主导产业新品种、新技术、新模式引进推广，打造大闸蟹等农业“土特产”全产业链。精准助推农业农村重大项目投资，突出产业领域农产品精深加工、新业态新模式、高技术农业项目的招引，引导每年各类主体投资重大项目不少于20亿元。推进休闲农业深度融合，支持各类农业主体开展农业+文康商体旅融合发展，探索乡村旅游新业态、新模式，争创全国、省乡村旅游重点村，力争新增1家中国美丽休闲乡村。整县推进农产品产地冷藏保鲜，引导新型农业经营主体开展产地冷藏保鲜建设，强化产地预冷、集散配送等功能。

3.强化农业科技支撑。持续推进种业振兴，深化农科公司改革，坚持“稻种为主，多种经营”理念，加快种业“育繁推”一体化建设，新育成具有自主知识产权的农作物品种12个以上，加大“松树蕈”等地方特色种质资源保护开发和转化推广。种业公司完成高新技术企业认定。深化建设智慧农业，完善农业农村基础数据中心和标准化体系，巩固数字乡村改革试点成果，推动农业农村数字化发展。加快农科园转型升级，充分发挥园区科研院校合作平台、星创天地、科技超市等载体作用，加快农业科技人才引进培养、科技成果转化应用、涉农高新技术企业培育，在国家和省级考核评估中争先创优。

（二）聚焦乡村建设宜居宜业

4.“千村美居”引领乡村建设。巩固“千村美居”工作成果，统筹推进农村道路铺设、河道清淤、农村强弱电线路整理等村庄基础设施和公共服务设施建设，深化长效管护机制，推进农村公路提档升级项目，推动农村生活污水治理提质增效工作，加强特色田园乡村和幸福河湖建设，培育苏州市特色康居乡村（示范区），力争实现全市保留村庄“千村美居”全覆盖，苏州市特色康居乡村覆盖率达35%。推进乡村振兴片区化建设，按照“片区化推进乡村振兴、组团式开展乡村建设”要求，加强线路串联和重要节点基础设施改造提升，加快片区重点项目推进，实现乡村振兴片区跨镇域、跨村域规划全覆盖，建立片区协同发展机制，以片区化推进特色康居乡村实现“从点到线到面”的集聚化发展。配合苏州规划重大基础设施研究，提前谋划控制区域建设行为。加强和规范宅基地管理，建立常熟市宅基地信息化管理平台，坚持“一户一宅”，支持鼓励闲置宅基地和农房的盘活利用，扎实推进农村住房条件改善专项行动，鼓励通过微设计、微改造、微提升塑造村庄江南水乡风貌。持续推进农宅归并移位工作，着力解决村庄散、小、乱等突出问题，强化公共空间治理，优化村庄用地布局，全力化解农房建设的问题和矛盾。

5.推动人居环境长治久洁。扩面推广群众参与乡村治理案例，全面推广“积分制”“村庄管家”“门前三包”“一户四照”责任制、星级文明户、志愿服务等多种经验做法，激发群众共同参与村庄环境长效管护热情。合理利用村庄“零星边角料”地块打造“农村美丽四小园”（菜园、庭院、果园、游园〈健身公园〉）。推进农村人居环境长效管理善治、长治，实现农村保洁费用有效压降，严格规范村保洁费用支出，倡导以本村村民为主体的劳务合作社模式，由合作社直接经营，有针对性地提供全日制村庄保洁服务，持续优化农村人居环境整治管理模式、提升管理质量、压降管理成本，推动第三方市场化保洁公司逐步退出。倡导新市民参与人居环境整治，充分挖掘本村新市民志愿者，邀请加入村民议事会、建立新市民志愿服务队，进一步调动新市民参与乡村治理的积极性和主动性。优化农村人居环境考评机制，持续抓好农村人居环境长效管理“红黑榜”考评。加强农村人居环境“随手拍”寻访，每季度做到行政村全覆盖，每半年自然村全覆盖，农村人居环境问题整改率达100%。

6.五治融合深化乡村治理。守牢政治引领制高点，深化党建引领网格治理，实现“先锋领治”人居环境类任务发布行政村全覆盖。由党员、村干部、乡贤带头加入网格化治理，依托党群服务中心、红色乡邻先锋站等先锋阵地和党建实践活动推动治理根系向一线拓展。抓住村民自治发力点，强化村规民约实效性，健全村民议事协商机制，落实村规民约履约评议机制，提升村规民约的执行力。抓细法治保障关键点，深化司法服务进乡村，推动法治文化阵地建设与乡村振兴工作相结合，加大农村学法用法示范户培育，加快农村法治文化公园和农村法治宣传教育基地建设。选准德治教育结合点，深入推进移风易俗，引导乡贤助力农村人居环境长效管理，加大新风礼堂推广与群众治理挂钩力度，倡导文明乡风。赋能数字智治创新点，加强农村人居环境数字化建设，丰富网格队伍数字化治理手段。

（三）聚焦强村富民富裕富足

7.发展壮大农村集体经济。盘活存量，挖掘发展潜力。通过推进村级经营性资产委托管理、实施参与老旧工业区（点）更新改造、落实集体“三资”一网统管等，促进村级资源资产保值增值。做大增量，提升发展后劲。以特色田园乡村为载体，大力发展都市农业等新产业、新业态，在产业融合中寻求新的经济增长点。鼓励和引导镇村开展抱团联建、发展“飞地经济”，通过资源共享，突破单个村资金紧张、土地资源不足、项目资源匮乏等局限，推动实现合作共赢、均衡发展，增添发展质效。加强部门配合以及市、镇、村联动，切实抓好集体经济相对薄弱村巩固提升，稳步推进乡村振兴重点帮促村高质量发展。聚力培育一批引领作用好、示范效应强的先进村，打造乡村振兴典型标杆。通过“抓两头，带中间”推动全市农村集体经济整体提升，到2026年，全市村均集体经营性收入超1000万元。严格控制村集体负债经营。

8.加强乡村振兴人才体系建设。统筹推进村（社区）党组织带头人队伍建设，加强后备干部储备培养。深化涉农大学生委托培养，推进新型职业农民认定与政策扶持，依托省、市、县三级高素质农民实训基地（田间学校），加快建设一支高素质农民队伍。推进现代农业科技创新中心和成果转化平台建设，为各类农业科技人才提供技术支撑。

9.促进城乡优质公共服务共享。统筹城乡资源均衡配置，多渠道增加农村普惠性学前教育资源，推动骨干教师交流和乡村教师定向培养，农村义务教育学校专任教师本科以上学历达96%。持续完善乡村医疗卫生体系，建设15分钟医保公共服务圈。推进农村养老设施建设，实现城乡低保标准并轨。

摘自《市委办公室 市政府办公室关于印发〈常熟市农业农村高质量发展行动方案（2023—2026）〉的通知》（常办〔2023〕46号）

常熟市直播电商产业高质量发展行动方案（2023—2026）

一、工作思路

坚持以习近平新时代中国特色社会主义思想为指导，深入贯彻党的二十大精神和习近平总书记关于“数字经济”工作重要论述，紧紧围绕直播电商高质量发展方向，抢抓新电商发展机遇，深耕产业带供应链优势，着力解决当前品牌化、合规化程度不高，人才培育、技术创新及应用步伐不快，优势品类、平台机构、特色载体不足等短板问题，不断优化产业生态，巩固提升全国县域直播电商排头兵地位。以直播电商助推产业转型、人才集聚、消费升级，奋力打造常熟经济社会高质量发展新增长极。

二、目标任务

到2026年，全市直播电商规模体量、发展水平实现明显提升，直播电商交易额突破1000亿元，年均增速超20%，全市限上批零业通过公共网络实现零售额拉动社会消费品零售总额的增速提升至5%，电子商务市场主体累计超8万户。旗帜鲜明打造“电商创业福地”城市IP，县市电商竞争力排名跻身全国前5位。

*发展质效明显提升。*新增一批“小而美”线上新零售品牌，引导一批“专而精”代工企业设立自主品牌，招引一批“强而稳”电商品牌落地区域或功能总部。到2026年，新增超10亿元主播10个、超亿元主播30个，力争实现纳统电商品牌（商家）100个，网络销售额在全网交易额的占比超25%，其中直播领域占比超20%。

*创新能力显著增强。*到2026年，孵化招引直播电商高端人才10000名，建立直播人才评价标准，多维度汇集头部、中腰部及创业型直播电商人才。到2026年，推动AIGC、元宇宙、ChatGPT、大模型等创新技术在直播企业应用超100家，招引创新技术服务商10家。制造企业智能化转型水平明显提升。

*集聚效应更加显现。*一是品类集聚。到2026年，打造以服装服饰为主，日用品、美妆、食品、数码家电等辅的全品类供应链，服装服饰品类直播销售额占全品类直播销售额比重从95%降至75%。二是平台机构集聚。加强与各大电商平台的官方合作，到2026年，新增产业带运营中心3个，集聚平台优质服务商15家，引入头部直播电商机构、MCN机构、明星经纪公司10家。三是特色载体集聚。打造一批配套完善、产业集聚、特色彰显的直播电商基地，到2026年，新增直播电商载体50万平方米，争创苏州市级以上直播电商基地（园区）10个。

三、工作举措

（一）聚焦供应链升级，增强产业动能

*1.支持品牌化发展。*支持波司登、雪中飞、戎美等品牌电商进一步扩大规模，发挥在直播电商领域的标杆引领作用。加大品牌电商招引力度，对重点项目予以“一企一策”，加快落地品牌电商运营中心，集聚时尚消费品牌电商总部。鼓励年销售额超亿元的头部主播发挥供应链优势及粉丝流量优势，探索向细分垂类品牌及供应链品牌转型，建设头部直播电商品牌集聚区。支持引导常熟制造企业设立自主品牌，发展线上业务，扩大品牌知名度。成立国际纺织服装服饰品牌中心，发布国际纺织服装服饰产业品牌发展指数。

*2.拓展全品类直播。*加强常熟直播官方选品中心建设，在全国设立分中心10个以上。整合常熟产业带货品，向主播集聚地区输出羽绒服、家居服等优势品类，与其他优质产业带实现品类互补，打造全品类直播选品中心集散地。支持头部供应链企业品类拓展，鼓励头部主播向供应链平台企业转型，丰富日用品、美妆、食品、数码家电等高附加值品类。

*3.加快智能化转型。*鼓励服务商围绕企业需求开展工业软件技术攻关、智能制造装备研发和一体化解决方案集成。支持服装制造企业应用智能化技术和装备，加强数字设计及“小单快返”柔性智造升级，发展按需生产、个性化定制、柔性化生产、用户直连制造。加强直播电商对苏州特色消费品的推广带动，实现直播电商与“苏州制造”双向赋能。在2022年已获评纺织服装领域苏州市级以上智能制造示范车间（工厂）17个，1家省级工业互联网标杆工厂，185家星级上云企业的基础上，到2026年，力争在纺织服装领域培育10家苏州市级以上智能制造示范车间（工厂）、3家省级工业互联网标杆工厂、100家星级上云企业，培育3家国内领先的智能制造服务商（平台）。

（二）聚焦营销端提质，加快人才赋能

*4.壮大主播梯队。*立足常熟供应链优势，依托平台合作着力引进一批头部网红主播。依托常熟直播电商服务中心、抖音、快手产业带服务商等，对直播商家提供账号孵化、直播扶持、流量投放等全流程、系统化服务，提高直播服务能力和运营能力，培育一批中腰部网红主播，形成主播矩阵。加强与遥望、谦寻、大禹等头部MCN机构、明星经纪公司的合作，整合供应链、营销及网红明星资源，成立长三角直播电商产业联盟，发展红人经济。

*5.完善人才体系。*探索建立直播电商企业纳税、主播带货销售额等市场化人才评价标准，推进将直播电商人才纳入高层次人才分类认定工作，并落实相应待遇保障。同常理工、职业院校等开展校地、校企合作，基于常熟电

商产业学院和新媒体电商创新创业教育中心，开发主播培训课程，培养相关专业学生和新就业人员成为新人主播。成立"中服数字人才服务平台"，支持专业服务机构、培训机构对主播、运营人才提供系统化、专业化培训，并整合有需求的直播电商企业进行数字人才派遣，同时提供创业资源扶持。

6.鼓励数字营销。推动AIGC、元宇宙、ChatGPT、大模型等技术在直播电商领域的创新应用，引入相关技术服务提供商。支持主播探索应用智能客服等语言大模型，快速出款、美工设计等图形大模型，导购、助播、试衣等虚拟数字人技术，拓宽内容创作、商品展示、主播打造、营销交易、客户服务等应用场景，降低直播成本，提高商家的营销能力和竞争力。对企业开展直播电商相关技术研发应用、业务模式创新等投入给予支持。

（三）聚焦生态圈优化，营造发展氛围

7.加深平台合作。持续深化与抖音、快手、淘宝等头部电商平台的对接，通过快手电商官方直播基地等官方合作平台扶持中腰部商家发展壮大，吸纳招引外市商家落户，争取更多流量政策倾斜。同时全方位对接小红书、腾讯视频号、拼多多等新势力电商平台，设立产业带运营中心，鼓励引导中小商家向多平台转移。培育平台服务商队伍，提升服务全市直播商家的覆盖率及专业度。

8.推动线上线下融合。鼓励发展"直播+"经济模式，引导文化旅游、餐饮住宿、商贸服务等向数字化、社交化、可视化、智能化方向转化，发展"线上引流+实体消费"新模式。深化"海棠铺子"惠农惠企惠民平台，持续推广特色优质农产品、加工产品、文创产品等，打造一批特色品牌。支持连锁零售企业等积极探索"直播+社区团购"模式，推进线上线下深度融合。

9.提升行业影响力。高规格、高标准、高品质持续提升昆承湖互联网创新创业大会办会水平，深化与亿邦动力等行业标杆机构的合作，打造电商行业有影响力、有知名度的产业峰会。联合各直播平台常态化举办汇聚常熟、直播大赛、产业带溯源直播等营销活动，搭建互动交流平台，提升常熟直播电商的影响力和号召力。充分利用新闻媒体资源，大力宣传常熟品牌直播机构、网红品牌和直播带货达人，营造浓厚的直播电商发展氛围。鼓励企业参加各类展销节会，支持企业积极"走出去"。

10.引导合规发展。引导直播电商产业规范化、健康化、有序化发展，发挥江苏省电商协会直播专委会苏州（常熟）工作站作用，加大对直播电商法律法规培训和税务政策宣讲，提升主播及直播电商企业的合规意识。持续推动直播电商企业"个转企、小升规"，积极探索推进"以数治税"模式，提升企业涉税实务合规性。先行推进市场监管总局个体工商户信用监管数据质量提升试点工作，进一步提升直播电商信用监管数据质量，不断夯实精准服务的数据基础，以信用赋能直播电商高质量发展。到2026年，力争实现纳统网络销售额在全网交易额的占比达25%以上，其中直播领域占比超20%。

（四）聚焦配套链完善，夯实产业基础

11.做强载体建设。持续做优海虞家居服电商园等特色园区。建设完成尚珈数智文化产业园、1953科技文创园、中服超播商务中心、云集小镇等直播电商载体并投用。建设具有场景布景、内容制作、直播设备、选品展示等多功能、"一站式"的直播电商基地，吸引和集聚国内优质直播电商平台、直播机构、经纪公司、服务机构等入驻。鼓励头部直播平台、机构、主播等在落地、运营直播电商载体，形成产业集群效应。到2026年，新增直播电商载体50万平方米，在全市形成10个苏州市级以上特色突出、示范性强的标杆直播电商基地。

12.提升基础配套。不断优化物流仓储配送能力，持续推动长三角时尚供应链枢纽、智能科技电商快递产业园等载体建设，强化直播电商与快递物流的链接。支持"运融通"等物流服务平台不断提升服务直播产业发展的能力，深化信息化物流和数字仓储建设。联合第三方打造质检平台，提升供应链货品质量。建设常熟纺织服装知识产权快速维权中心，保护服装产业原创设计。推进主播公寓建设，加快完善直播电商集聚区的生活配套设施及商业服务功能，满足直播电商从业人员对夜间餐饮等方面的需求。

13.强化金融支撑。引导银行等金融机构开发、推广适应直播电商行业发展需求的供应链金融、分账结算系统、低息创业贷款等产品，支持"苏行e链""苏云通"等特色金融产品应用。支持"中服金服"产业数字金融服务平台搭建，助力解决中小商家账期长、融资难、成本高等问题，提升电商行业融资便利度。

14.优化营商环境。开展直播电商示范争创，选树一批在选品规范、质量保障、品牌培育、直播业绩等方面的先进标杆，引领电商直播行业良性有序竞争。优化常熟直播电商服务中心功能设置，制定直播电商服务清单，建立重点企业挂钩联系制度，服务企业可持续发展。成立"网络直播产业链+法律服务"工作站，发挥常熟电商协会直播电商专委会的作用，探索建立直播电商行业规范化团体标准，推动行业自律，支持电商主体守正创新，形成既有活力又有秩序的营商环境。

摘自《市委办公室 市政府办公室关于印发〈常熟市直播电商产业高质量发展行动方案（2023—2026）〉的通知》（常办〔2023〕47号）

常熟融合创新区高质量建设行动方案（2023—2026）

一、总体思路

坚持以习近平新时代中国特色社会主义思想为指导，完整准确全面贯彻新发展理念，主动服务构建新发展格局，奋力推进中国式现代化常熟新实践，围绕《关于支持常熟南向发展加快建设苏州市域一体化（常熟）融合创新区的意见》确定的总体要求，按照"城市向南、产业沿江、老城更新"工作定位，聚焦"融合"与"创新"两个重点，立足中新昆承湖园区、苏州高铁北城、数字科技新城、云裳消费小镇、虞山尚湖古城、红色沙家浜六大功能组团的发展基础和资源禀赋，科学编制规划设计方案，进一步优化基础设施、公共服务等功能配套，带动产业、技术、资金、人才等资源要素集聚，努力打造发展活力充足、功能配套完善、居住环境优美的"产城人"融合新标杆。

二、主要目标

力争到2026年，融合创新区建设出形象、成规模、见成效，规划设计全面落地、交通网络便捷顺畅、平台载体支撑有力、功能配套持续完善，区域经济体量、科技含量、人才总量、城市能级迈上新台阶，示范带动效应显著增强，以"一山两湖"为核、科创制造为基、历史文化为魂、美好生活为追求的创新活力城、时尚消费城、文化融合城、生态绿色城初具雏形。融合创新区各组团相互贯通、有机衔接、协调发展，"产城人"共融共生、协同互动，常熟南向发展新格局基本形成。

三、任务举措

（一）加快规划设计落地

按照全域统筹、突出重点、因地制宜的原则，持续优化融合创新区空间统筹协同规划，既考虑各组团的开发进度、又重视组团之间的无缝衔接，切实以规划协同引导建设协同、以高水平规划引领高品质建设，有力提升融合创新区的品相、品位、品质。依据苏州重大区域基础设施建设带来的发展机遇，加强融合创新区战略空间前瞻性布局，优化生态空间管控区，推动各类资源要素向融合创新区倾斜，为后续发展预留空间。落细落实各组团规划设计方案，围绕"一轴多组团"空间结构，强化六大组团边缘地带、组团之间以及与周边区域的协同联动，逐步实现区域产业科创协同融合、综合交通互联融合、生态绿色共育融合、历史人文共享融合。持续深化细化融合创新区总体城市设计，统筹镇级国土空间规划、专项规划、相关板块和轨道沿线区域详细规划的编制，加快形成"二级三类"的国土空间规划体系。

（二）加快交通网络互联

统筹谋划融合创新区交通基础设施布局，加快构建外联内畅、协同高效的现代综合立体交通体系。完善对外综合交通体系。配合开展苏州规划重大基础设施研究，提前谋划集疏运交通体系。着重补齐轨道交通短板，配合推进通苏嘉甬铁路、苏州轨道10号线（苏虞张段）等项目建设。持续优化融合创新区高速环线，加快推进锡太高速建设，开展S342常熟西段改线、G204常熟东段改扩建方案研究。加强与周边县（市、区）的联通与提质，加快辛渭线改扩建、常昆线（锡太公路以北段）改扩建工程前期工作，完成广济路北延、相石路–任昆路连接线道路工程建设。提升区内交通服务水平。持续推进市域"环射衔接"快速路网建设，建成S342常熟东段改扩建工程，加快推进常熟西站枢纽连接线工程，提升主城区与各组团快速通达水平。加快研究尚湖、昆承湖"两湖"区域间的交通连接，完善以昆承湖为中心的环湖区域交通路网，强化昆承湖东西两岸以及与主城区、莫城街道、辛庄镇之间的连通互动，推进沙家浜大桥、环湖通道等工程建设，开展昆承湖穿湖隧道、锡太公路快速化改造、沙鑫线改扩建等工程方案研究。完善古里镇与主城区、虞山高新区与数字科技新城交通衔接，启动开元大道东延（三环路至G204段）建设，推进黄山路拓宽和北延、琴川大道贯通工程前期工作。

（三）加快平台载体布局

坚持"创新在城区集聚、制造在板块布局"，深化科技创新与先进制造融合发展，构建"园区孵化+区镇产业化"的一体化体系，以平台载体功能整体提升，带动高端资源加速集聚。打造高质量科创平台。聚焦产业创新集群建设和前沿领域发展需求，建设一批产业技术创新平台，积极融入苏州实验室创新网络布局，提升源头技术供给能力。围绕G524南融发展轴，打造中新昆承湖园区、数字科技新城两大创新核，布局一批定位明确、成效突出的功能性机构，集聚龙头企业和外资企业研发总部、高能级创新平台、高端孵化器、高层次人才，形成"生产基地+总部""生产基地+研发"空间布局。发挥常理工长三角工业数字化赋能中心作用，加快推进中心实体化建设，强化校地科技创新体系对融合创新区的高质量发展支撑。打造高质量产业载体。以绿色低碳、智能高效为导向，全力推进存量产业用地连片开发、提质增效，聚焦中新昆承湖园区、苏州高铁北城（辛庄）等区域，打造一批产业定位清晰、比较优势明显、集聚效应突出的特色产业示范园区。围绕"城市更新+产业创新"，深挖莫城街道时尚产业新业态，建设一批特色突出、示范性强的标杆直播电商基地。发挥古里镇近主城、毗邻高新区区位优势，加强与中新昆承湖园区协同联动，打造承接高端制造业溢出的特色产业园，谋划布局工业邻里中心等配套载体。

（四）加快城市功能配套

坚持颜值与内涵并重、硬件与软件并举，加强融合创新区教育、医疗、养老等公共服务供给，完善商业、休闲、文娱等配套设施，以功能配套之“优”支撑城市发展之“进”。构建高品质教育体系。有序推进幼托一体化、义务教育优质均衡发展，积极拓展优质普通高中教育资源，招引高层次教育人才，助力片区新校高起点办学，加快华师大二附中常熟实验学校等竣工投用。持续推动教育合作发展，深化产教融合，发挥UWC品牌优势和常熟理工学院、常熟国家大学科技园作用，构建“多元、开放、协作”的教育体系，打造区域教育和人才高地。丰富多层次医疗供给体系。市一院争创三甲医院，建成启用招商力宝妇产医院、琴川医疗康复中心，加快高新区海吉亚医院建成投用，促进优质医疗资源扩容和合理布局。高水平建设县域医共体，优化整合基层医疗机构，加快形成以3家核心医院为龙头、8个区域医疗中心为枢纽，基层医疗机构为网底的“立体式”医疗卫生服务体系，发挥以点带面辐射作用，全面提升融合创新区普惠医疗服务水平。构建多元化养老体系。优化机构养老供给，推进养老机构运营管理和服务水平双提升，提高等级养老机构占比。建设“1+N”社区颐养共同体，完善“15分钟养老服务圈”，推进老年人家庭适老化改造，优化助配餐服务体系，建成省级示范性居家社区养老服务网络地区。逐步构建覆盖城乡、分布均衡、功能完善、居家社区机构相协调、医养康养相结合的养老服务体系。打造多层次商业体系。支持现有酒店立足文化主题改造升级，建成投用日航、龙腾希尔顿、波司登凯悦、塔亚普拉等一批国际化高端酒店，打造一批虞山脚下、尚湖边上、古城中心的特色主题民宿，加快形成国际品牌酒店、星级酒店、商务酒店、精品民宿多元住宿供给体系。秉承“城市会客厅”发展定位，打造服务全市、特色凸显、适度广域辐射的琴湖市级商业主中心，协同打造“城市数智商圈”世茂市级商业副中心、“江南文化会客厅”方塔市级商业副中心和“创新型滨湖商业地标”南部新城市级商业副中心。

（五）加快产城人融合

立足常熟现代产业体系和特色产业集群建设，积极构建产业发展、城市发展、人才发展相互支撑、良性互动的多维协作格局，提升科创制造的承载力、高端人才的集聚力。坚持以产兴城。聚焦融合创新区重点产业发展细分领域和延链补链强链重点，结合各组团区位特点和产业基础，分别明确2~3个主攻产业细分发展方向，坚持招商与建设同步推进，数字经济和实体经济、现代服务业和先进制造业深度融合，切实以产业发展“提质”推动融合创新区建设“提能”。坚持以城聚人。以人才事业发展、生活需求为导向，持续提升城市宜居水平，打造高品质生活空间。加快既有建筑、城中村、老旧小区更新改造，逐步提升南部区域居住配置，中新昆承湖园区环湖定位生态品质居住区，莫城及云裳消费小镇打造宜居型产业社区，苏州高铁北城围绕产业布局打造未来社区。引入阿那亚等高水平运营主体，探索打造有归属感和舒适感的新型城市创新街区。强化古城文旅与沙家浜红色文旅双IP驱动，加快西泾岸历史文化街区整理更新、沙家浜景区旅游设施提档升级，做好历史文化遗产和传统风貌建筑保护。深入实施“一山一策”“一湖一策”，做好生态治理、国土绿化、景观提升，构筑蓝绿交织、山水交融的生态格局。坚持以人兴业。持续深化户籍制度改革，进一步放宽落户条件；加大招才引智力度，数字科技新城重点吸引科研人才，云裳消费小镇重点吸引新零售人才，古城和沙家浜重点吸引文创人才，加强配套人才政策的针对性，落实落细人才落户、薪酬补贴、人才公寓等优惠政策，持续优化人才发展生态。

摘自《市委办公室 市政府办公室关于印发〈常熟融合创新区高质量建设行动方案（2023—2026）〉的通知》（常办〔2023〕48号）

常熟市文体旅产业高质量发展行动方案（2023—2026）

一、工作思路

以习近平新时代中国特色社会主义思想为指导，全面贯彻落实党的二十大精神，坚持美丽常熟建设主轴主线，紧紧围绕“文体赋能旅游”的融合发展理念，充分发挥融山水城园为一体的自然禀赋和国家历史文化名城的人文优势，全面整合全市文化体育旅游资源，持续丰富文体旅系列产品内涵，不断彰显城市魅力，为助力常熟城市能级提升贡献文体旅力量。

二、目标任务

坚持以建设更高品质“江南福地”为目标，着力解决当前常熟文体旅产业发展中存在的品牌影响力不强、资源供给不足、文体对旅游赋能不够充分、高端品质旅游产品较为缺乏、文体旅消费尚未活跃等短板问题。到2026年，实现常熟市文体旅产业发展水平稳步提升，资源配置更加完善，旅游度假产品供给更具品质，实现高层次融合、高质量发展。进一步扩大文旅品牌影响力。打响虞山文化旅游度假区“一城山水、自在生活”和红色沙家浜文旅品牌，虞山文化旅游度假区力争进入全省前五位，沙家浜旅游度假区力争进入全省前十位。进一步提高旅游休闲度假产品质量。引育1~2个具有全国影响力的龙头型文旅项目，全年接待游客总量年增长3%以上，旅游总收入年均增长5%以上，接待旅游过夜人次（数）达苏州地区领先水平。进一步提升文体赋能旅游质效。全面提升文化体育活动影响力，做精特色体育赛事和体验项目，形成“文化内涵、体育体验、旅游载体”协同发展的良好格局，把常熟打造成为长三角独具江南文化特质、主客共享共容、文体旅深度融合的“江南文化山水名城·国内休闲度假福地”。

三、工作举措

（一）围绕“一城山水、自在生活”，打造长三角高品质旅游休闲度假目的地

1.构建“自在生活”精致度假旅游环境。从游客视角出发，推动“山、水、城”一体化发展，提炼穿越古今“虞山十八景”，打造“虞阅文化、虞跃运动、虞月夜游、虞悦生活”“虞·YUE”系列四大主题产品，丰富虞山文化主题度假体验。加快建设尚湖花间府·烟波里酒店、西泾岸澜廷度假酒店等品牌酒店，促进马宅、唐宅等古城民宿发展，支持山前坊、山湾里、蓝·原茸森林等文旅街区发展壮大，推动餐饮、酒店、客栈及农家乐特色化、体系化提升，全力打造精致休闲度假载体。实施度假区游道、步道、骑行道沿线公共服务设施提升及环境提升工程，提升虞山公园音乐喷泉水幕电影、方塔夜秀、尚湖“遇尚夜宴”影响力，优化度假旅游服务体验。全力推动度假区争先进位，至2026年虞山文化旅游度假区进入全省第一方阵（前五名）。

2.持续擦亮“红色沙家浜”文旅品牌。用好沙家浜红色资源，全面推进集红色培训、红色演艺、酒店会务为一体的沙家浜红色文旅综合体建设，联动周边优质资源开辟100个现场教学点，持续做强红色培训。对沙家浜现有住宿配套进行提档升级，依托华住集团旗下花间堂、漫心府品牌，规划改造同福裕客栈、芦花湾、芦逸酒店等住宿设施，满足商务、度假、亲子等不同客群的需求。推进沙家浜田园综合体和忆想村民宿集聚区等项目，建成集民宿、餐饮、娱乐、体验为一体的综合性休闲区域。结合地域、时令等特色元素，策划举办大闸蟹美食节、沙家浜民俗风情节、沙家浜戏曲票友大赛等节庆演艺活动，扩充夜演、夜购、夜游，放大沙家浜红色IP影响力。以沙家浜为核心，串联李强故居、王淦昌故居等红色革命遗存形成红色经典游路线，推动常熟成为长三角寻根红色初心的“首选城市”。

3.构造主客共享的全域旅游格局。以时间、空间为轴线，加强5A级景区、国家级旅游度假区与全市文旅资源联动，串点成链开发各类特色主题，打造面向多元客群的“十佳”常熟游玩精品攻略。强化对外宣传推介，加强与江浙沪等优质客源地、文体旅资源的良性互动，通过组织、参加各级旅交会、城市推荐会等形式，带动常熟全域旅游推广，巩固周边客源，拓展远端市场。打造“四季交融”旅游格局，培育“花俏江南、春来常熟”“状元故里、夏研常熟”“吴韵琴川、秋享常熟”“祈福虞城、年味常熟”四季游精品。打造“日夜联动”旅游格局，提升塔弄、方塔东街、世茂等特色街区夜经济魅力，联动开放夜公园、打造小剧场、建设美食街，打响“虞歌畅晚”夜经济品牌，让游客慢下来、留下来、住下来。打造“城乡一体”旅游格局，大力开发农业采摘、观光和休闲融合的旅游项目，支持蒋巷村、铜官山、坞坵村等为代表的乡村网红打卡地和一批主题乡村游线路。推动“工业+旅游”，打造时尚服饰、苏作红木等工业旅游示范点，通过旅游提升消费活力。

（二）围绕“江南福地、常来常熟”，打造高质量旅游休闲度假产品矩阵

4.丰富旅游产品供给。推动“兵器公园”项目落户常熟，规划建设国内唯一集“陆军、海军、空军、火箭军”全兵种军事主题公园，打造长江国家文化公园新地标。充分激活板块动能，完成铁琴铜剑楼更新、推动古里红豆山庄创建4A级景区，建设大梦想城亲子文化旅游主题乐园、芦荡火种体验园和研学营地、“水上潮集、田园农趣”体验式水乡田园综合体等文旅载体，激发全域旅游活力。集聚团建坐标资源，系统开发中高端团建产品，建立渠道合作伙伴1000家以上。持续拓展“常塾·研学堂”品牌内涵，探索研学旅行新模式。

5.优化住宿产品体系。建设国际化高端酒店，支持日航、昆承湖凯悦、龙腾希尔顿等酒店提供高品质服务。鼓励常熟现有酒店升级改造，突出江南山水文化，提供特色化服务。发展特色民宿，在古城打造书家乐、国学乐等艺家乐民宿，在重点文旅板块打造传统特色农家乐、渔家乐、林家乐民宿，促进民宿集聚发展。发展房车露营地，在虞山尚湖、沙家浜、南湖等景区打造帐篷营地，丰富户外游乐活动。

6.提高餐饮服务质量。挖掘江南传统美食优势，优化提升王四酒家、徐裕泰、马詠斋等百年老字号，培育一批龙头美食名店。打造沙家浜大闸蟹美食街、董浜羊肉美食街、支塘传统小吃街。依托阳澄湖大闸蟹、董浜黄金小玉米、筒管玉丝瓜、王庄西瓜、常熟大米等国家地理标志产品，虞山白茶、杨梅、桂花栗子等特色农渔产品，常熟方糕、蟹黄汤包、蕈油面等特色小吃，打造“舌尖诱惑福品”。

7.强化旅游导引体系。打造常熟旅游服务新窗口，依托数字化平台，规范推动订制游、网约导游等个性化“+导游”服务。强化全域旅游“攻略意识”，推动交旅融合，引导建设自驾服务、旅游专线体系，为游客提供需求明确、类型丰富、触手可及的一站式服务。开通周边机场专线大巴、定制包车等服务，强化高铁站、客运站接驳服务，推进客运枢纽与景区间的无缝衔接。强化市内客运功能，倡导开通旅游专（环）线、旅游直通车、落地自驾等业务。完善旅游交通标识体系、加强旅游交通出行引导，提升交通旅游信息宣传引导效果。

8.拓展文旅消费场景。挖掘文旅消费业态，丰富文旅产品供给，提振消费活力。活跃世茂商圈、琴湖溪里等商业综合体，支持方塔东街、街心公园等夜市发展，打造“全年龄、全时段、全天候”的文旅消费目的地。发挥常熟服装产业优势，建设综合性旅游购物店。推动旅游与农业、科技、养生等相关产业融合发展，丰富共享农庄、康养旅游基地、露营基地等旅游新业态，吸引高层次、高净值人群来常创业、休闲。

9.创新文旅娱乐活动。常态化高质量举办常熟虞山文化暨沙家浜旅游节、古琴艺术节以及白茆山歌、碧溪上鹞灯、尚湖百姓戏曲大舞台等品牌活动。深度开发长三角市场，与携程、同程等OTA平台以及重点客源地旅行社开展多渠道组合营销。强化抖音、微信等短视频平台的推广营销，拓展B站、小红书等年轻人喜爱的传播渠道，形成全方位、多元化的媒体矩阵。抢抓直播经济风口，依托"虞乐玩家"等抖音平台形成线下引流和转化。

（三）围绕"文化体育赋能旅游"，打造高层次文体旅融合产业体系

10.推动文化赋能旅游。充分挖掘在地文化元素，融入体验式旅游产品之中，打造富有虞山文化特色的文旅品牌，推动优秀传统文化创造性转化、创新性发展。推进虞山琴派数字化工作，强化"古今交融"发展理念，通过古琴资源收集、人才梯队培养、全平台科普推广等方式，扩大虞山琴派"古音正宗"影响力。挖掘言子"小康""大同"文化内涵，深化历史文脉研究，持续举办言子江南文化论坛，提升言子影响力。将虞山东麓仲雍墓、言子墓、清权祠、小三台、石梅园、书台公园"串珠成链"，打造吴文化打卡地。实施优秀传统文化资源普查、常熟文脉整理研究与传播、地域文明探源等工程，做强"虞城文化图鉴"视频号，提高虞山文化辨识度。深化非遗保护传承，推进常熟市首批非遗工坊认定，将非遗文化植入"旅游+"多产业融合发展。

11.推动体育赋能旅游。坚持"体育+旅游"融合发展理念，提升城市体育健康和休闲旅游功能。高质量办好尚湖国际半程马拉松、铁人三项、琴湖桨板、长三角龙舟赛等精品赛事，推动赛事与旅游、招商、会展、培训等产业深度融合；依托"三湖"资源，推广皮划艇、桨板、龙舟、钓鱼等水上项目，满足市民群众时尚健身需求，打造水上运动产业爆发点；依托虞山、铁黄沙等资源，推动登山、徒步、骑行、路跑、素质拓展等山地户外运动项目普及，吸引高层次、高净值人群和外地游客来常参与体育休闲。完善体育赛事体系，积极引进高水平品牌赛事，优化赛事设施场地后续利用，广泛开展全民健身运动，形成市运会、全民健身月、青少年阳光体育联赛、外商投资企业运动会等全民健身体系。

12.推动文旅产业集群发展。发挥市文体旅产业发展领导小组及办公室作用，将文化产业招商纳入全市招商体系。修订完善《关于促进常熟市文体旅产业高质量发展的若干政策意见》，扶持培育数字文化、创意设计、文化制造等核心产业，鼓励引导旅行社强化地接服务。加快推进产业园区、特色小镇等平台载体建设，以常熟国家大学科技园、数字科技新城为载体，推动新兴文化产业集聚；以云裳小镇、1953园区为抓手，建设以平台经济为主要支撑的时尚创意产业集聚区。

摘自《市委办公室 市政府办公室关于印发〈常熟市文体旅产业高质量发展行动方案（2023—2026）〉的通知》（常办〔2023〕50号）

常熟市优化"一老一小"保障工作行动方案（2023—2026）

一、工作思路

以习近平新时代中国特色社会主义思想为指导，以贯彻落实积极应对人口老龄化国家战略和促进人口长期均衡发展为统领，以满足我市"一老一小"需求为出发点，突出养老托育服务供给，不断健全规划体系、提高供给质量、加强要素保障、推动融合发展，逐步满足群众多层次、多样化需求。坚持养老服务公益属性，从满足老年群众最基本、最迫切的需求出发，发展广覆盖、保基本、可持续的基本养老服务。坚持体系化、市场化、融合化的发展思路，优化服务内容和方式方法，推进养老事业产业相互融合、医养康养深度结合，实现从"老有所养"向"老有颐养"提升。建立健全"政府引导、部门协同、家庭为主、多方参与"的托育服务工作体制，满足多层次需求，实现从"幼有所育"向"幼有优育"提升。

二、目标任务

到2026年，全市养老托育保障体系更加健全，服务和产品供给更加优质，要素支撑更加完善，满足常熟"一老一小"需求的养老托育服务体系基本建立，全市人民群众的获得感、幸福感、安全感持续提升。多层次养老服务体系加速构建。基本建成覆盖城乡、分布均衡、功能完善、结构合理、融合健康、高效利用，居家社区机构相协调、医养康养相结合的养老服务体系，实现服务对象、服务内容、服务标准等更加清晰明确，服务供给、服务保障、服务监管等机制更加健全完善，成功争创省级示范性居家社区养老服务网络地区。优质基本养老服务有效供给。养老机构服务能力不断增强，等级机构占比超70%，入住率由34.9%上升至45%。社区养老服务更加方便可及，新建居住区配建养老服务设施达标率达100%，"15分钟养老服务圈"更加完善。居家养老服务内容更加丰富，供需更加匹配，接受居家上门服务老年人占比达20%，生活不能自理特困人员集中供养率达100%，特殊困难老年人月探访率达100%。婴幼儿照护服务体系持续完善。按照"家庭科学育儿为主、机构托育

为辅”原则，构建多元化、多样化、多层次的托育服务体系。每个镇（街道）建成2家以上普惠性托育机构。全市每千人口拥有3岁以下婴幼儿托位数达4.5个左右。全市幼托一体化幼儿园以城区为主、覆盖城乡，总数达100所以上，可提供托位数达2000个以上。

三、工作举措

（一）做优做实基本养老服务

1.提升养老机构供给水平。以机构等级评定和服务质量监管为抓手，推进养老机构运营管理和服务水平双提升，持续扩大等级养老机构占比，提升养老机构入住率。以区域性养老服务中心为试点，打造认知症障碍护理特色机构或护理专区，有效服务失智老人。探索长三角区域异地养老、候鸟式养老模式，引导部分养老机构依托虞山、尚湖等资源开发短期度假式养老项目，促进养老机构持续健康发展。鼓励优质养老服务团队规模化、连锁化、专业化运营养老机构，拓展服务功能，丰富服务形式，提升服务质量。

2.优化社区养老服务体系。因地制宜建设社区养老服务设施，各镇（街道）以区域性养老服务中心或综合为老服务中心为枢纽，建设“1+N”社区颐养共同体，完善“15分钟养老服务圈”，打造“没有围墙的养老院”。支持养老机构连锁运营社区养老服务设施，发展“社区+物业+养老”，探索站点服务和上门服务相增益的模式，提升社区养老服务专业化能力。开展社区养老服务设施等级评定，评定结果与运营补贴挂钩，加强服务质量监管，提升运营管理水平。推动社区设施、社区环境、社区服务融入更多适老化元素，大力建设老年友好社区。依托信息化手段，建立老年人健康全周期管理系统，加强对老年群众的社区健康管理。

3.完善居家养老服务功能。精准对接老年人家庭改造需求，推广基础改造服务包，拓展市场化改造，到2026年完成改造超10000户，实现特殊困难老年人家庭适老化改造动态全覆盖。优化助配餐服务体系，提升居家老人用餐便利度。围绕居家老人实际需求，丰富政府购买居家养老服务产品种类，积极拓展自费市场。探索组建居家养老服务网络平台和专业团队，应用数字技术，为居家老人提供个性化、精准化、专业化养老服务。持续实施失智失能老年人家庭成员增能培训计划，着力提升家庭自我照护能力，到2026年累计培训超1000户家庭。引导养老机构、社区养老服务组织参与家庭养老照护床位设置等，提升居家养老品质。

4.强化困难老人兜底保障。将符合条件的困难老年人及时纳入相应的低收入人口救助保障范围，确保“应保尽保”。持续建设好常熟市敬老院，为全市特困供养老人提供保障性、均等化、全方位的养老服务。充分发挥区域性养老服务中心的保基本功能，保障失能和部分失能、低收入及其他特殊困难老年人的基本养老服务需求。依托信息化手段，建立健全经济困难、失能老年人精准识别和动态管理机制，常态化做好特殊困难老年人关爱巡访工作，保障老年人居家安全，兜牢民生保障底线。

5.激发老年教育发展活力。优化顶层设计，建立以市级老年大学为龙头的市镇村三级老年教育运行机制，通过多部门协同、部门板块联动，共同推进老年教育有序高效发展。加大政府支持力度，增加办学投入，优化场室功能设置，加强师资队伍建设，加快推动老年教育课程开发。发挥好老干部活动中心、新时代文明实践站点、综合为老服务中心、老年人日间照料中心、社区市民学校等基层网点的空间功能，推进老年大学教育资源下沉，增加各级老年大学学位数量，提升老年教育资源供给水平。发展“互联网+老年教育”服务模式，扩大老年教育的覆盖面，打造老年教育15分钟学习圈，建好“家门口的老年大学”。

（二）构建优质托育服务体系

6.推进幼托一体化发展。制订出台学前教育幼托一体化工作方案，做好幼托一体布局规划，鼓励幼儿园挖掘潜力开设托班，至2026年全市幼托一体化幼儿园达100所以上，可提供托位数达2000个。统筹考虑托育机构和幼儿园幼托一体的服务范围，明确托班设置及运行规定。理顺运行模式和管理体制，按照市场化运行模式，合理确定幼儿园开设托班收费标准。将托班作为幼儿园下延一个年龄段登记，落实属地管理制度。

7.优化社区托育服务供给。加强社区嵌入式、分布式、小型化的托育服务设施建设，支持多个社区机构组网集中管理运营。实施社区托育服务设施建设“1+N”计划，打造“家门口”便捷普惠的托育服务体系阵地。强化家庭科学育儿指导服务，依托托育机构、科学育儿项目点、儿童早期发展基地及社会组织等开展专题讲座、父母培训、亲子游戏、入户指导等，为婴幼儿家庭提供1年4次的免费指导服务，提升家庭育儿理念和水平。推进儿童友好社区建设，完善社区公共服务设施，2026年前建成儿童友好社区10个以上。

8.做强婴幼儿医疗服务能力。妇幼保健机构与市残联合作开展儿童康复工作，开设儿童眼保健、儿童早期发展门诊，加强对于多动症及孤独症谱系疾病的筛查及干预。推进苏州大学附属儿童医院常熟医学中心建设，重点提升儿外科服务水平，定期安排儿童医院专家来常开展门诊、教学查房、手术等日常业务。完善急救体系，成立苏州市儿童急救分站，进一步提高危重症儿童的院前急救水平。（责任单位：市卫健委、人社局、残联）

9.加强困境儿童兜底保障。健全困境儿童四色分类风险评估体系，按风险等级落实日常探访和关爱机制。链接社会资源，加强困境儿童结对帮扶，满足困境儿童家庭特殊需求。推进困境儿童教育实践基地建设，优化镇级儿童“关爱之家”阵地，规范运作，打造2~3个省级示范点。完善残疾儿童康复救助制度，提升残疾儿童康复机构服务质量，确保残疾儿童“应康尽康、应康优康”。

（三）强化养老托育服务人才支撑

10.强化人才队伍建设。建立市、镇（街道）和养老机构多层次培训体系，加强养老从业人员分类培训，加快养老护理员职业技能等级认定，提升护理员持证上岗率。依托养老机构，搭建养老护理人才培养、实训实习基地，培养契合市场需求的健康养老年轻力量、专业队伍。完善养老服务从业人员激励政策，建立养老服务社会褒扬机制。组织开展托育服务职业技能提升行动，将保育师、育婴员等职业工种纳入培训规划范围。建立托育从业人员职前职后一体化培养培训体系，实现从业人员持证上岗率达100%。依托常熟理工学院、常熟职业教育中心校强化培育养老护理、托育服务人才，搭建数字资源库平台、开展从业人员培训、开发在线课程、提供普惠型、差异化、个性化服务产品，进一步提升各类养老、托幼项目的示范性、综合性及时代适应性。

（四）推动医养医育融合发展

11.加大资源整合力度。结合老年人现实需要，发展与老年人生活密切相关的食品、药品等行业，推动健康管理类、养老监护类、康复辅具类等智能化产品运用，满足数字化时代老年人康养需求。探索建立基层医疗机构与养老服务协调联动机制，鼓励医疗卫生机构、养老机构以多种形式开展合作，畅通入住老人双向转诊渠道，推动医养康养深度结合，所有养老机构按照标准内设医务室或医疗机构。支持公立医疗卫生机构开展居家医疗服务、医养结合签约服务，有富余医疗资源的基层医疗卫生机构利用现有床位开展养老服务。依托社区小微机构，推进照护、护理、康复、医疗等专业医疗护理康复资源进社区、进家庭，在更多场景中实现医疗资源与养老服务资源的互嵌联动。完善社区养老服务设施和居家养老服务机构的医疗护理功能，推进家庭医生签约服务。大力发展中医药事业，加强中西医结合，不断提高医养能力和水平。建立各级医疗卫生机构和托育机构的互动通道，促进托育服务与婴幼儿健康管理、儿童早期发展、儿科医疗服务、家庭医生签约服务等“医育结合”服务模式。

（五）营造养老托育服务发展的良好氛围

12.完善监管服务。建立养老托育服务机构综合监管制度，整合、压实养老托育服务机构各部门监管职能和责任。全面落实相关法律法规，健全养老托育服务准入制度和退出机制。深化养老托育服务“放管服”改革，完善机构设立办理指南，优化办事流程。将养老托育纳入公共安全重点保障范围，提升养老托育机构突发事件应急保障能力，严防“一老一小”领域非法集资。

13.营造友好环境。积极发挥行业协会商会作用，引领行业规范发展。认真落实财政补助政策，加大对养老托育机构的扶持力度。加大金融支持力度，支持金融机构通过融资信用服务平台向普惠养老机构提供贷款，引导政府性融资担保机构按市场化原则为养老机构提供融资增信支持，引导更多信贷资金和社会资金投向养老服务业。加强老年人和母婴设施配套，在具备条件的公共场所普遍设置专席及绿色通道。统筹推进老年和儿童友好型城市（社区）建设，打造一批代际融合、充满活力的社区。

摘自《市委办公室 市政府办公室关于印发〈常熟市优化“一老一小”保障工作行动方案（2023—2026）〉的通知》（常办〔2023〕51号）

表 108　　常熟市部分机构全称、简称对照表

全称	简称	全称	简称
中国共产党常熟市委员会	市委	常熟市统计局	市统计局
常熟市人民代表大会常务委员会	市人大常委会	常熟市退役军人事务局	市退役军人事务局
常熟市人民政府	市政府	常熟市医疗保障局	市医保局
中国人民政治协商会议常熟市委员会	市政协	常熟市信访局	市信访局
中共常熟市纪律检查委员会	市纪委	常熟市地方金融监督管理局	市金融监管局
常熟市监察委员会	市监委	常熟市档案馆	市档案馆
中共常熟市委办公室	市委办	中共常熟市委党校	市委党校
常熟市人大常委会办公室	市人大办	中共常熟市委党史工作委员会办公室	市委党史工办
常熟市人民政府办公室	市政府办	常熟市地方志编纂委员会办公室	市地方志办
政协常熟市委员会办公室	市政协办	常熟市市级机关事务管理中心	市机关事务中心
常熟市人民武装部	市人武部	常熟市供销合作总社	市供销合作总社
常熟市人民法院	市法院	常熟市融媒体中心	市融媒体中心
常熟市人民检察院	市检察院	常熟市检验检测中心	市检验检测中心
中共常熟市委组织部	市委组织部	常熟市新市民事务中心	市新市民事务中心
中共常熟市委宣传部	市委宣传部	常熟市房屋征收管理办公室	市征收办
中共常熟市委网络安全和信息化委员会办公室	市委网信办	常熟市总工会	市总工会
中共常熟市委统一战线工作部	市委统战部	共青团常熟市委员会	团市委
中共常熟市委政法委员会	市委政法委	常熟市妇女联合会	市妇联
中共常熟市委机构编制委员会办公室	市委编办	常熟市科学技术协会	市科协
中共常熟市委巡察工作办公室	市委巡察办	常熟市文学艺术界联合会	市文联
中共常熟市委老干部局	市委老干部局	常熟市归国华侨联合会	市侨联
常熟市发展和改革委员会	市发展改革委	常熟市残疾人联合会	市残联
常熟市教育局	市教育局	常熟市红十字会	市红十字会
常熟市科学技术局	市科技局	常熟市工商业联合会	市工商联
常熟市工业和信息化局	市工信局	常熟市关心下一代工作委员会	市关工委
常熟市公安局	市公安局	常熟市哲学社会科学界联合会	市社科联
常熟市民政局	市民政局	中国国民党革命委员会常熟市基层委员会	民革常熟基层委
常熟市司法局	市司法局	中国民主同盟常熟市委员会	民盟常熟市委
常熟市财政局	市财政局	中国民主建国会常熟市委员会	民建常熟市委
常熟市人力资源和社会保障局	市人力资源社会保障局	中国民主促进会常熟市委员会	民进常熟市委
常熟市自然资源和规划局	市自然资源规划局	中国农工民主党常熟市委员会	农工党常熟市委
常熟市住房和城乡建设局	市住房城乡建设局	九三学社常熟市支社委员会	九三学社常熟支社
常熟市城市管理局	市城管局	常熟市无党派知识分子联谊会	市知联会
常熟市交通运输局	市交通运输局	常熟经济技术开发区	常熟经开区
常熟市水务局	市水务局	常熟高新技术产业开发区	常熟高新区
常熟市农业农村局	市农业农村局	常熟国家大学科技园	常熟大科园
常熟市商务局	市商务局	江苏省常熟虞山高新技术产业开发区	虞山高新区
常熟市文体广电和旅游局	市文体旅游局	江苏常熟新材料产业园	常熟新材园
常熟市卫生健康委员会	市卫生健康委	常熟市消防救援大队	市消防大队
常熟市应急管理局	市应急管理局	国家税务总局常熟市税务局	市税务局
常熟市审计局	市审计局	国家税务总局苏州常熟经济技术开发区税务局	经开区税务局
常熟市行政审批局	市行政审批局	苏州市常熟生态环境局	常熟生态环境局
常熟市市场监督管理局	市市场监管局	中国人民银行常熟市支行	人民银行常熟支行

索 引

说明：

一、本索引依照国家标准《索引编制规则（总则）（GB/T 22466—2008）》的相关规则进行编制。

二、本索引分为主题索引、表格索引和随文图片索引。

三、主题索引，以题目、条目和正文的主题为标目和主要来源进行标引；中文或字母组合标目按首字汉语拼音或字母排序，阿拉伯数字标目按数字排序；标目后的阿拉伯数字是主题内容所在的页码，页码之后的字母a、b、c分别表示从左至右第一、二、三栏的栏号；重复出现的标目只排列一次，按顺序排列，页码之间以“，”分隔；标日为原文中一级标题时，以粗体字表示。

四、表格索引，以表格题名为标目，标目后的数字表示表格所在的页码。索引按照表格在全书中的先后顺序排列。

五、随文图片索引，以图片主题为标目，标目后的数字表示图片所在页码。中文标目按汉语拼音排序。

主题索引

0~9

A

B

C

D

H

J

M

N

P

Q

R

S

T

Y

表格索引

随文图片索引

J

K

L

M

N

P

Q

R

S

T

W

X

Y

Z